十二世紀ルネサンスの精神

十二世紀ルネサンスの精神

——ソールズベリのジョンの思想構造——

甚野尚志著

知泉書館

凡　例

省略記号

ソールズベリのジョンの著作

Policraticus　WEBB, Clement C. J. (ed.), *Ioannis Saresberiensis Episcopi Carnotensis Policratici sive De Nugis Curialium et Vestigiis Philosophorum Libri VIII,* 2 vols., Oxford 1909, rep. with a Introduction by P. McNulty, New York 1979.

Metalogicon　HALL, J. B. (ed.), *Ioannis Saresberiensis Metalogicon. Corpus Christianorum Continuatio mediaeualis*, vol. 98, Turnholt 1991.

Entheticus　LAARHOVEN, Jan van (ed.), *John of Salisbury's Entheticus Maior and Minor,* 3 vols., Leiden 1987.

Historia Pontificalis　CHIBNALL, Majorie (ed.), *The Historia Pontificalis of John of Salisbury,* London 1956, rep. 1998.

Early Letters　MILLOR, W. J. & BUTLER, H. E. (eds.), *The Letters of John of Salisbury, vol. 1. The Early Letters (1153-1161)* , London 1955.

Later Letters　MILLOR, W. J. & BROOKE, C. N. L. (eds.), *The Letters of John of Salisbury, vol. 2. The Later Letters (1163-1180),* Oxford 1979.

雑誌・書物

ADLM　*Archives d'histoire doctrinale et littéraire du moyen âge*

CCCM　*Corpus Christianorum Continuatio mediaeualis*

DA　*Deutsches Archiv für Erforschung des Mittelalters*

EHR　*English Historical Review*

HZ　*Historische Zeitschrift*
JWCI　*Journal of the Warburg and Courtauld Institutes*
MGH　*Monumenta Germaniae historica*
MPL　MIGNE, Jacques-Paul (ed.), *Patrologiae cursus completus. Series Latina.*
Renaissance and Renewal in the Twelfth Century　BENSON, R. L. & CONSTABLE, G. (eds.), *Renaissance and Renewal in the Twelfth Century*, Cambridge, Mass. 1982.
RS　*Rerum Brittanicarum Medii Aevi Scriptores*
World of John of Salisbury　WILKS, Michael (ed.), *The World of John of Salisbury*, Oxford 1984.

テキストの引用について

『ポリクラティクス』の一－四巻には、新版の Keats-Rohan 版〔*CCCM*, vol. 118〕があるが、五－八巻の新版は未刊なので、ここでの引用は Webb 版を用いた。『メタロギコン』については Webb 版ではなく、新版の HALL 版〔*CCCM* vol. 98〕を使用した。

なお『メタロギコン』や他の中世の重要な著作は、すでに『中世思想原典集成』（上智大学中世思想研究所編、平凡社刊）に翻訳がある。翻訳の所在については参考文献にあげたが、対応する箇所の参照が容易なので、注ではとくに邦訳の頁はあげない。

また、本文の引用文中の〔　〕は、筆者が補った部分である。

まえがき

本書は、中世ヨーロッパ文化史上の特筆すべき事象である十二世紀ルネサンスの本質を明らかにするために、十二世紀ルネサンスを代表する人文主義者ソールズベリのジョンを取り上げ、その思想の構造を同時代の歴史的・文化的な状況のなかで解き明かし、十二世紀のヨーロッパにおいて聖職者知識人が構想した新しい知のありかたを探ろうとするものである。

これまでの研究では、ソールズベリのジョンの思想を分析するさい、政治思想史や教育思想史の文脈のなかで彼のテクストの断片を拡大解釈することが多く、彼の思想を同時代の歴史的文脈のなかに位置づけ、その思想の特徴を十二世紀ルネサンスの精神的風土のなかで解明しようとした研究は意外に少ない。本書では、彼が書いた『ポリクラティクス』、『メタロギコン』、『教皇史』、『前期・後期書簡集』といった著作のテクストを精緻に読み解き、それらを十二世紀の時代状況や他の思想家との関係のなかに位置づけ、そこから十二世紀ルネサンス期に特徴的な思想のあり方を解明しようとした。そして同時に、彼のテクストの分析から、十二世紀ヨーロッパの社会の現実を読みとることも目指している。

第Ⅰ部の「知の構図」では、彼の学問観や自然観を扱い、十二世紀ルネサンスに特徴的な知のありかたを考察する。第Ⅱ部の「君主と国家の分析」では、彼の有機体的な国家観や暴君論などを、テクストに即して克明に読むことで、同時代の思想的な文脈のなかで読解しようとする。また、第Ⅲ部の「教会への視角」では、カンタベリ大司教トマス・ベケットとイングランド王ヘンリ二世との「教会の自由」をめぐる闘争と深くかかわったジョンが、西欧カトリック教会のあり方についていかなる観念をもっていたかを考察し、彼の思想では、世俗国家論と教会思想とか分かちがたく結びついていることを指摘する。その結果として、ジョンの思考様式には、信仰と知識、政治と倫理、国家と教会といった明確な二項対立の図式は見られず、そこには、一種の思想の「星雲状態」が存在することが明らかになる。

なお本書は、私が「ジョン・オヴ・ソールズベリの政治社会論」(『人文学報〈京都大学人文科学研究所〉』五八号、一九八五年)以降、断続的に書き続けてきたソールズベリのジョン関係の諸論文をもとに、あらたに数編の書き下ろし論文を加えて一書にまとめたものである。

私自身、本書に所収された諸論文を書いてくる途上、さまざまな研究助成を受けたことにこの場を借りて謝意を表したい。とくに三度におよぶ長期の在外研究——ハーヴァード・エンチン研究所客員研究員〈ハーヴァード大学、一九八六~八七年〉、ドイツ学術交流会奨学生〈ゲッティンゲン大学およびマックス・プランク歴史研究所、一九八八~八九年〉、文部省在外研究員〈フランス国立社会科学高等研究院、一九九四年〉——は、それにより本書に所収された諸論文を書くことができたということだけでなく、私自身の中世ヨーロッパ史研究の視野を広げ、十二世紀ルネサンス以外のテーマにも私の研究対象が広がった。また二〇〇七年に東京大学基金による長期派遣助成事業により、九月と十月の二ヶ月間ドイツのコンスタンツ大学に滞在したさいには、膨大な蔵書を誇る大学図書館を利用しながら、本書所収の論文で参照した文献の照合や、論文の内容の加筆や修正を行うことができた。

そして何より本書の刊行にさいしては、二〇〇八年度の早稲田大学の学術出版補助費を受けることができた。

本書の学術的な意義が評価され、出版助成を受けることができたことに心より感謝する。

目　次

第Ⅲ部　教会への視角

十二世紀ルネサンスの精神

——ソールズベリのジョンの思想構造——

序論　十二世紀ルネサンスの精神を求めて

十二世紀には、ヨーロッパの基層文化を形づくるものがあらゆる面で出現する。この時代を見れば、中世都市の成立や集権的な国家の確立といった制度的な発展から、スコラ学やゴシック芸術の誕生という文化的な革新まで、多くの重要な歴史の事象が、凝縮された時間のなかにパノラマのように展望できる。ゆえに研究者にとって、十二世紀の魅力は尽きることがない。一般に十二世紀ルネサンスとは、この時代の西欧世界における文化的な復興の現象を指すが、本書で扱うソールズベリのジョンは、その著作『メタロギコン』と『ポリクラティクス』などにより、十二世紀ルネサンスを代表する人文主義者の一人と見なされる。とくに文化史家ホイジンガがジョンを、ゴシック建築とスコラ学の体系が完成する前の時代の精神——「前ゴシック期の精神」——の体現者と見なしたことはつとに有名である(1)。

本書では、ソールズベリのジョンの思想構造にかんする分析を、三部構成（第Ⅰ部　知の構図、第Ⅱ部　君主と国家の分析、第Ⅲ部　教会への視角）で行う。序論ではその前提として、ソールズベリのジョンの思想史的な位置を明確にするために、カロリング・ルネサンスから大学の成立へといたる文化史的な状況のなかで十二世紀ルネサンスの意義を明らかにし、それに続いてソールズベリのジョンの生涯と思想の特徴を概観して、以下に続く諸論考の導入としたい。

一　十二世紀ルネサンスの開花

（1）　カロリング・ルネサンスの遺産

十二世紀の西欧世界では、パリを中心とした北西フランスの諸都市で、自由学芸や神学、法学、医学などの諸学問が飛躍的に発展した。十二世紀ルネサンスとも呼ばれる、この知的な復興現象は、その起源をどこに求められるだろうか。一つには、イベリア半島のトレド、シチリアのパレルモなどで行われたアラビア語やギリシア語からラテン語への翻訳活動が、西欧世界における知的復興をもたらしたが、それとともに、十二世紀から開花する中世スコラ学文化の起源として、西欧世界内部で醸成された文化的な発展の側面も忘れてはならない。ここでは、十二世紀に開花するスコラ学文化の前提として、カロリング期の知的な復興の現象から考察していきたい。

中世の西欧世界で、初めて大がかりな古典文化の復興を企てたのは、八世紀末から九世紀初めにかけてカール大帝の宮廷に集った聖職者知識人たちであった。カール大帝のもとには、ランゴバルド王国の征服後に、パウルス・ディアコヌスのようなイタリア人の知識人がまず集まり、続いてアイルランドやイングランドの知識人たちが招聘された。そのなかでもとくに重要な人物は、イングランドのノーサンブリア出身のアルクインである。当時、フランク王国の文化的水準は低く、アルクインが教育を受けたヨーク大司教座の付属学校などの方が、フランク王国内の司教座や修道院に比べて、はるかに多くの古典の写本を所有していた。カール大帝はアルクインの評判を聞きおよび、フランク王国内の知的水準を高めるべく、自身のもとに呼び寄せる。アルクインはその後、トゥールのサン・マルタン修道院長となって、その修道院の学校を発展させるとともに、カール大帝の宮廷に集まった貴族や聖職者たちに、ラテン語文法や自由学芸の知識を教示し、ラテン文化の啓蒙活動にあたった。とくに、アルクインが行った重要な貢献として、フランク王国内で使われる聖書の標準的なテキストを作成させたことがあげられる。また彼は、重要なラテン語古典のうちフランク王国内で見出せないものをヨーク大司教座からもってこさせ、トゥールのサン・マルタン修道院などの写字室で筆写させ、古典写本の数を増加させた。

こうしてカール大帝の時代に宮廷を中心に芽生えた文化は、その後もカロリング朝の王たちの保護のもと、着実に発展していった。この時期の文化活動を後援した王として特筆すべき人物は、西フランク王シャルル禿頭王である。彼は九世紀半ばの時期に、カール大帝により基礎づけられたカロリング期の文化復興を完成させるとともに、その最後の輝きをもたらした人物であった。彼の周囲に集い、格別の恩顧を得た知識人として、歴史記述、教会法、「君主の鑑」などの多岐にわたる著作を残したことで知られるランスのヒンクマール、また、シャルル禿頭王の王国統治に深くかかわったフェリエールのルプス、また、ディオニシオス・アレオパギテースの著作をラテン語訳した哲学者ヨハネス・スコトゥス・エリウゲナ、シャルル禿頭王の家庭教師を務め、のちにライヒェナウ修道院長となったワラフリド・ストラボらをあげることができる。

また、シャルル禿頭王の時代以降、修道院がますます知的中心としての役割を果たすようになる。とくに、コルビ、フェリエール、トゥールのサン・マルタン、ミュルバハといった修道院では、九世紀に多くの重要なラテン語の古典が筆写され、それぞれの地域の文化的な拠点となっていた。そして、こうした修道院における大規模な写本の筆写活動とともに、それまで混乱していたラテン語の字体を統一すべく、この時期にカロリング小字体が生み出される。これは小文字の活字体に似たローマ字体であるが、それ以前のラテン語のような過度の省略がなく、書き手がより速くかつより規則的に書くのに適していた。筆写された写本の多くは、聖書、教父著作など教会関係の書物が主であったが、それとともに、文法、修辞学、弁証法、地理、医学、法律、歴史、古典詩など多くのラテン語古典の書物も筆写された(2)。

こうした文化復興の運動も、九世紀終わり以降、ノルマン人が西欧世界に侵入し司教座教会や修道院を破壊することにより停滞を余儀なくされる。だがカロリング・ルネサンスの伝統は、この後も完全に消え去りはしない。暗黒の時代といわれる十世紀にも、たとえば、アボが中心になって知的な拠点を形成したフルーリ修道院や、身分説教の著作などで有名なヴェローナのラテリウスを輩出したロッブ修道院、また、オーリヤックのジェルベールが修辞学や弁証法、四学を教えていたことで有名なランス大司教座の付属学校に、カロリング・ルネサンスの継承を見ることができる。

(2) シャルトル学派

このような伝統に依拠しながら、西欧中世文化の真の飛躍は十一世紀後半から始まる。それはまさに、農業生産力の向上、商業の発達と中世都市の成立、王権と諸侯権力の強大化といった同時代の社会の大変動がもたらした産物でもあった。十一世紀後半から、ラテン語の古典の教育が以前にも増して重要視されるようになるが、その理由としては、新たに勢力を拡大してきた諸侯や都市当局が文書発給のため、その文書局にラテン語の堪能な書記を多数必要としたことや、また都市社会の発展とともに、訴訟の数が増加し、ローマ法の専門家が必要とされるにいたったことなどがあげられよう。そして、この時期の都市の発展にともない、知の拠点も修道院から都市の司教座付属学校に移っていく。同時にその教育内容にも変化が見られる。つまり修道院の学校では、聖書や教父著作、典礼の文献が主として授業で講読されたのに対して、十一世紀終わりからフランスの各地で勃興する司教座付属学校では、自由学芸、法学、医学といった、世俗社会で有用とされた学問の著作が講読の対象となった。そしてこの時期に、とくに多くの学生たちが集まったのは、オルレアン、シャルトル、パリ、ランス、アンジェ、オーセールといった北フランスの司教座付属学校であった(3)。

こうして活性化した司教座の付属学校のうち、十二世紀前半の時期に、フランスで最もきわだった存在だったのがシャルトル司教座の付属学校である。シャルトルの学校は、十一世紀前半の司教フュルベールの時期から自由学芸教育の拠点として知られていたが、その名を一躍高めたのは、十二世紀初めにその学校の統轄者として活躍したシャルトルのベルナールであった。彼自身の著作は、最近彼の著作として同定された『プラトン「ティマイオス」注釈』以外はまったく残されていないが、彼のきわだった知性、その教育方法の巧みさについては、ソールズベリのジョンが『メタロギコン』のなかで詳しく描いている。それによればベルナールは、ラテン語の文法教育の基本を重視し、また、一つの専門にかたよらない教育を行い、古典を読むさいには、とくに信仰や道徳との関連をつねに見失わないように配慮したとされる。そこには、知と倫理の調和を図りながら人間の真の教養を目指す、人文主義の理念が見てとれる(4)。

ベルナールはそのシャルトルでの教育活動によって、シャルトルのティエリやコンシュのギヨームといったすぐれた思想家を育てたが、彼らシャルトル学派に共通する第一の特徴は、プラトン主義的な世界観を分けもっていたことである。それはたとえば、シャルトルのティエリの『六日間の御業について』のような著作で明確に現れている。そこでは、聖書の『創世記』における世界の創造が、カルキディウスの『プラトン「ティマイオス」注釈』で展開されたプラトン的な宇宙生成論の言葉で語られる。つまり、聖書上の天地とプラトンの四大が同一視され、神がみずから構想したイデアに従って、世界を創造したことが描かれる。そして、こうしたプラトン的な宇宙観の再生は、キリスト教がほんらいもっていた現世否定的な観念を変革し、自然や社会を積極的に分析していく思想傾向を生み出していった。このようなシャルトル学派の理念を最もよく代表する思想家が、コンシュのギヨームである。彼は自然探究の著作である『宇宙の哲学』や『ドラクマティコン』を書くとともに、ボエティウスの『哲学の慰め』や、マクロビウスの『キケロ「スキピオの夢」注釈』などのプラトン主義の古典に対する注釈のなかで、農民、手工業者層も含めた社会の理想的な身分編成についても議論した(5)。

さらにシャルトル学派の議論は、十二世紀後半に活躍した思想家たちに大きな影響を与えた。自然観や宇宙生成論にかんしては、ベルナルドゥス・シルヴェストリスの『コスモグラフィア』、リールのアランの『自然の嘆き』といった、アレゴリー文学の手法を用いた自然哲学的な著作のなかにその影響を見出すことができる。また、コンシュのギヨームに直接師事したソールズベリのジョンもシャルトル学派の影響下にあった思想家である。彼はラテン語文法、論理学、雄弁術の三学の学び方を論じた『メタロギコン』で、シャルトルのベルナールの教育方法を賛美しながら、とくにこの時期に目立ってきた論理学の偏重が、調和の取れた知性の陶冶を損なうことを主張している。そして、彼の政治社会論の著作『ポリクラティクス』では、コンシュのギヨームの理想的社会編成の議論をさらに発展させて、人体の部分と国家の構成員を比較しながら、理想的な国家のあり方をそれまでにない詳細さで論じ、中世における有機体的な国家論の展開に大きな影響を与えた(6)。

(3) シャルトル学派の評価をめぐって——サザーンの説

ところでイギリスの中世史家サザーンは、「人文主義とシャルトル学派」と題した有名な論文のなかで、それまでのシャルトル学派にかんする研究が大きな思い込みによってなされてきたことを指摘し、先行研究に対する根本的な批判を行った。とりわけ、彼が批判の対象としたのは、シャルトルの文書館長であったクレルヴァルが、十九世紀末に行ったシャルトル学派についての研究に対してである。サザーンによれば、クレルヴァルの思い込みと誤解により形成されたシャルトル学派の像は、その後の中世ヨーロッパ文化史研究の基礎となり、シャルトル学派に対する過大評価を生んだとされる(7)。

クレルヴァルは、シャルトル司教座の付属学校の知的な興隆を次のように説明する。司教イヴォ（一一一五年没）より前の時代には、司教自身が付属学校で教育活動を行っていたが、しだいに司教たちはさまざまな職務に追われるようになり、教育の仕事を自身が任命した文書局長や教師たちにまかせ始める。その結果、付属学校における教育活動は、もっぱら司教座の文書局長と、文書局長が選んだ教師たちが行うことになった。十二世紀初めのシャルトル司教座の文書局長ウルグリヌスは、シャルトルのベルナールを自身の助手の教師として用いていた。ベルナールが文書局長になったときには、ポワティエのジルベールやシャルトルのティエリが教師としてベルナールを助けた。ジルベールとティエリが続いて文書局長になるが、この間、グイド、フゴー、イヴォ、パガヌス・ベロティヌス、ガリヌス、オド、ロベルトゥス・パルヴス、グイレルムス・デ・モダリブス、ライナルドゥス、コンシュのギヨームらが教師として活動した。彼らは皆、人文主義の理念にもとづいて教育を行っていたとされる。このようなクレルヴァルの見方は、さらにプールの論文により踏襲されることになる(8)。

しかしサザーンは、こうしたクレルヴァルらによって定式化されたシャルトル学派についての理解に対し、その見取り図があまりに少ない情報により構成されているので、さまざまな疑問が生じうることを指摘した。

第一の疑問は、文書局長の理解である。司教座の文書局長が付属学校で教えたかどうかは、必ずしも明白な事実ではないとする。有名な人間が司教座の文書局長の職にあったとしても、その人物がその付属学校で教えていたことの証拠にはならない。たとえばその例として、彼はポワティエのジルベールをあげる。ジルベールは、一一二六年からシャルトル司教座の文書局長であったが、パリで講義を行うために文書局長の職務を放棄したといわれる[9]。

第二の疑問は、クレルヴァルが十二世紀前半にシャルトルで教えていた教師としてあげた人々のなかで、じっさいにシャルトルで教育を行っていたことが知られているのは、ベルナールしかいないことである。ベルナールは、一一一九年から二四年の時期に在職したシャルトル司教座の聖堂参事会員のリストに、学校の教師（magister scholae）として現れる。しかしそれ以外の教師について、シャルトルでの教育活動を推定できる唯一の証拠は、シャルトル司教の証書のリストに、教師（magister）という称号とともに名前があげられることのみである。とくに問題となるのは、シャルトル学派の代表とされる、シャルトルのティエリ、ポワティエのジルベール、コンシュのギョームの三人の人物である[10]。

まずシャルトルのティエリについては、クレルヴァルが、次のような古典的な説明を確立した。ティエリはシャルトルのベルナールの兄弟で、ベルナールが文書局長だったときシャルトルで教えていた。そしてベルナールが一一二六年頃に没すると、ティエリはパリに行き、その後またシャルトルに戻り、一一四一年から一一五一年に亡くなるまでシャルトル司教座の文書局長となり、教師の活動も行っていた、と。これについてサザーンはまず、ティエリがベルナールの兄弟だったのかどうかという点に疑義を呈する。フライジングのオットーが、彼の時代の三人の賢明なブルターニュ地方出身者として、アベラール、そしてティエリとベルナールの兄弟をあげている。ここで言及されたティエリが、のちにシャルトルの文書局長になったティエリであるとしても、兄弟として言及されるベルナールが、シャルトルのベルナールであるというのは純粋な仮説にすぎない。ソールズベリのジョンも、彼らについて多くを語るが、彼らが兄弟であるとはいわない。また、ベルナールがティエリよりもほぼ三十年前に没している事実もある。ティエリとシャルトルとの結び付きは、ティエリが一一四一年にシャルトル司教座の文書局長になるまでは確認されない。また、彼が文書局長の間にシャルトルで教えた証拠もない。彼が教えたとして知られている場所はパリのみであり、パリで長い間、教師として生活している。

同様のことは、ポワティエのジルベールについてもいえる。ジルベールとシャルトルとの結び付きは、彼がシャルトルのベルナールのもとで文法学を学び、その後、神学を学ぶべくランに赴いた事実にもとづいている。彼が学者としての知名度を上げた書物を書いたのは、ランにおいてであった。彼が自身の書物に対する批判を請うたのは、シャルトルのベルナールではなく、ランの教師であったアンセルムスである。ジルベールが一一二四年までにシャルトル司教座の聖堂参事会員になっていて、一一二六年に文書局長であったのは確かなので、おそらく彼はシャルトルでも教えたであろうが、彼の教師歴については、一一四一年にパリで教えていた事実があるのみである。

コンシュのギヨームについても同様の疑問がある。彼はシャルトルのベルナールの弟子だったとされるが、それは同時代の史料によって十分に裏づけられるものではない。これまで、両者の師弟関係の証拠としてあげられてきたのは、ソールズベリのジョンによる『メタロギコン』での記述である。彼は二度、ギヨームとベルナールを結び付けて言及する。それは、ギヨームがベルナールと同じ教育方法を取ったことを述べる箇所、また、ギヨームをベルナール以降の同時代の最もすぐれた文法学者と呼ぶ箇所においてである。そして、これまでの研究史では、ギヨームがシャルトルで学びかつ教えたこと、ジョンがシャルトルにおける彼の弟子の一人だったことは確かな事実とされてきた。その証拠として、『メタロギコン』におけるジョンの遊学時代の記述があげられる。

ジョンは一一三八年から四一年の三年間、ギヨームの講義を聴講したことをいう。しかしその間、ジョンはどこで学んだのかは明確に言及していない。これまでは無批判に、ジョンがシャルトルへ行ったとされてきた。しかしサザーンは、次のように仮定する。ジョンはそのときパリにいたのではないか。確かにアベラールのいたサント・ジュヌヴィエーヴの丘（セーヌ左岸のサント・ジュヌヴィエーヴ修道院の場所。そこで教師たちが教育活動を行っていた）を離れたが、それはこの丘を去って、パリ市内へと行ったということではないのか。そう理解すれば、一一三八年から四一年の間に教えを受けた他の教師たち――プティ・ポンのアダム、ティエリ、ペトルス・ヘリアスといった人物――がその当時パリで教えていた事実とも符合する、と。

サザーンはこうした具体的な人物の調査から問題を提起するとともに、シャルトルがこれまであまりにも思想史的に過大評価されてきた事実も批判する。つまり、十二世紀前半の時期の北西ヨーロッパで、パリがシャルトルに代わって、他の都市を圧倒する学問の中心になっていたことを強調する。サザーンは次のようにいう。ジョンの場合、一一三七年から四七年の間、パリで十人から十二人の教師の講義を聴くことができたが、このように数多くの教師の講義を聴講できたのは、パリでは司教座付属学校以外の場所でも多くの教師たちが教えていたからであり、一方で、司教座付属学校のみで教師が教えていたシャルトルでの教育が、パリに比べれば規模においても質においても劣るものになっていた、と[11]。

さらにサザーンの疑問は、シャルトル学派に固有の人文主義の問題へと発展する。サザーンは、これまで無条件に想定されてきた、シャルトル学派に特有の人文主義の理念が存在したことを否定する。シャルトルでの教育が、パリ、オルレアン、トゥールといった場所での教育よりも、より人文主義的であったとする証拠はないという。またサザーンは、これまでいわれてきたように、十二世紀前半のシャルトル学派の衰退とともに、この時代の人文主義が終焉を迎えるということもいえないとする。そこで終わるのは、少ないテキストにもとづいた古い教育方法による人文主義が終焉を迎えるということ、すなわち、カロリング期から続く人文主義の伝統がそこで途絶えることを意味する。さらに彼は、ギヨームやティエリの著作を、シャルトルの司教座付属学校を代表するものとして見ず、初期中世の少ない古典文献のみで思索を行った時代の最後のもの、つまり、多くの古典文献が流入する次の時代へいたる過度期の著作と見なすべきだという[12]。

このようなサザーンの主張については、本書の第一部で、ジョンの遊学時代が語られる『メタロギコン』二巻十章の解釈の問題を扱うさいに再び触れることになる。ただいずれにせよ、パリが十二世紀中葉の時期に、他の北西ヨーロッパの司教座都市に比べて、一つだけ抜きん出た知的な中心になっていたことは事実であろう。

(4) 知的中心としてのパリ

シャルトルが、十二世紀の中葉に知的な求心力を失うと、その後は、パリが北西ヨーロッパでの最大の知的な中心となる。パリでは、シテ島にあった司教座付属学校で、十一世紀にすでに活発な教育活動が行われていたが、十二世紀に入って学生数がしだいに増加すると、教師と学生はシテ島のみならず、プティ・ポンの周囲や、さらにはセーヌ左岸のサント・ジュヌヴィエーヴの丘に移り住み、教育活動を行うようになった。シテ島の司教座付属学校では主として神学が教えられ、またそれ以外の場所では、主として自由学芸が教えられていたが、とくにこの時期のパリで顕著な現象は、弁証法つまり論理学への関心が高まったことである。そして論理学こそが、新たなスコラ学の方法の核心として、十二世紀に神学や教会法学の研究を飛躍的に発展させる原動力となった。

こうしたスコラ学的方法については、すでに十一世紀にその萌芽を見出すことができる。教会法の領域では、シャルトルのイヴォらが、それまで体系化されていなかった教会法を集成する試みを行い、また神学の領域でも、トゥールのベレンガリウスのように、聖体の神秘の問題を論理的に説明しようとする試みがなされていた。こうした教会法や教父の教義における矛盾を整理し、キリスト教信仰にかかわる教義の整合性を理知的な方法で追究しようとする試みは、十二世紀の多くの知識人を捕らえる関心事となるが、そうしたスコラ学の方法の発展を如実に示すのがこの時期の普遍論争である。そもそもキリスト教神学においては、すべての知覚される対象をイデアの反映以上のものではないとするプラトン的な実在論の観念が受け入れられていた。とくにそれは、父なる神と聖霊とキリストがことなる三つの人格をもちながら、同じ神としての普遍をもつとする三位一体の教義を正当化するために都合のよい観念であった。しかし、十一世紀末に活躍した弁証法学者ロスケリヌスは、論理学方法を駆使しながら、実在論を初めて明確に批判する。彼は人間存在にかんして、個々の人間が人類という普遍の反映にすぎないとする実在論の立場を否定し、我々が人間について語るとき、それはそのさいに言及された個別的な人間以上のものは意味しないとした。そこから彼は、三位一体についても、三つのことなる人格を越える普遍は存在しないことを導いた。彼のこうした議論は、教会から敵視されたが、この時期、神学の教義を論理学的方法で説明しようとする学者たちに大きな影響を与えることになった(13)。

ロスケリヌスの議論から最も深い影響を受け、神学に論理学の方法を適用しながら初めて本格的なスコラ学の方法を形成したのがアベラールである。彼は一一三〇年代にパリのサント・ジュヌヴィエーヴの丘で教え、多くのパリの学生を魅了したが、彼の神学の方法の特徴は、『然りと否』に最もよく表されているように、信仰の問題を徹底的に知的で論理的な方法で解決しようとしたことにある。彼もまたロスケリヌスと同様に、人間の類的な普遍性の議論を否定し、個々に存在する人間が個別的な存在でしかないことを主張し、プラトン的な実在論を批判している。そうした議論は、当然、教会の三位一体論を否定する議論を導くがゆえに、アベラールは一一四〇年のサンス教会会議で断罪されることになった。しかし、こうしたスコラ学的な議論が活発になればなるほど、論証の道具となる論理学への関心が高まり、十二世紀半ばには、パリにはさまざまな論理学の学派が生まれるようになる。まず、アベラールの二人の傑出した弟子パリのアルベリクスとムランのロベルトゥスが、アベラールの教えを受け継ぎながら、それぞれアルベリクス派、ロベルトゥス派と呼ばれる学派を形成した。さらにポワティエのジルベールの弟子たちが、ポレタヌス派といわれる学派を作り、プティ・ポンの周囲で論理学を教えていたプティ・ポンのアダムの弟子たちもプティ・ポン派といわれる一派を形成した。彼らはそれぞれ独自の論理学の綱領をもち、スコラ学の議論でそれぞれの独自の見解を示している(14)。

しかし、パリでのこうした論理学の発展に対して批判的な同時代人がいたことも忘れてはならない。その一つは、ソールズベリのジョンが『メタロギコン』で述べたような、論理学がたんなる詭弁に堕していく傾向を危惧する人文主義者からの批判である。だがこれ以上に、神学を知識によって理解しようとする立場自体を批判する者もいた。それは修道院の神学者たちであり、彼らは瞑想や神秘的な体験を、世俗的学問よりもつねに上に置いていた。同時代の修道院の神学を代表する人物は、シトー会のクレルヴォーのベルナールであるが、彼は、論理学の方法を駆使した新しい神学を徹底的に批判し、アベラールを一一四〇年のサンスの教会会議で、ポワティエのジルベールを一一四八年のランスの教会会議で断罪したことでよく知られる。こうして、ベネディクト会やシトー会などの修道院では、霊性、瞑想、神秘的体験といったものを重視する神学の理念が生き続けていくことになった。それは、アベラールらのスコラ学の流れと対立するものだったが、神学における一つの保守的な流れを形成した。

だがさらに、十二世紀のパリには、こうした修道院の神学の流れを汲みながら、同時に新しいスコラ学の成果も摂取した知的な拠点が出現する。それは、十二世紀の初めにシャンポーのギヨームにより創設されたアウグスティヌス律修参事会のサン・ヴィクトル修道院である。この修道院の付属学校の教師たちは、極端な神秘主義に走らず、同時代のスコラ学の成果を十分に吸収しながら、霊性にかんする諸問題を論じていた。そこでの最も有名な神学者はサン・ヴィクトルのユーグであるが、彼はとくに、中世を通じて初学者が読む必須文献と見なされた学問体系の書『ディダスカリコン』を書いたことで有名である[15]。

(5) 大学の成立へ

このようにパリでは十二世紀において、シテ島の司教座付属学校、プティ・ポンの周囲、サント・ジュヌヴィエーヴの丘といった場所に、しだいに多くの学生と教師が集まり生活するようになっていた。彼らは十三世紀になると、自治組織としての大学の形成へと向かう。こうした大学の形成過程は、よく同時代の都市のギルド団体の形成と比較されて論じられる。しかし、その過程を詳しく考察すれば、そこでは類似点よりも大学の特殊性の方がはるかにきわだっている。とりわけ大学の方は、教師と学生たちが都市のなかに住みながらも、身分的には市民ではなかったことに最大の特徴がある。じっさい彼らは、剃髪しており、下級品級をもつ聖職者身分の者たちであった。しかし一方で、彼らは個々の教会に直接に所属してはいなかった。大学が形成される以前の十二世紀のパリにおける教師と学生は、聖職者身分でありながら、実質的には直接に教会に従属することなく、都市のなかで市民と接しながら生活し、王の裁判権に服していた。

だが都市民との間に軋轢が頻繁に生じるようになると、彼らは周囲の圧力からみずからを守るべく、自分たちが聖職者身分の者として、教会の裁判権に服する者であることを主張するようになる。その主張は、まもなく国王フィリップ二世により正式に認められた。すなわち、一二〇〇年に学生たちとサン・ジェルマン・デ・プレ修道院付近の住民との間で生じた流血事件をきっかけとして、王は教師と学生たちの要求に従い、それまで王の裁判権下にあった彼らの人格と財産を、パリ司教の教会裁判権下へと移す証書を与えたからである。さらに彼らは、教皇庁の後ろ盾を得ながら、この後の時期に、パリ司教座の支配からも逃れ、明確な自治団体を形成していく。自治団体形成へ向かう第一歩となったのは、教授免許（licentia docendi）を与える権利をみずからのものとしたことである。それまで教師たちに教授免許を与える権利は、パリ司教座の文書局長が握っていたが、この時期から、実質的に彼らが教授免許を与え、それを文書局長が形式的に事後承諾する形に変わっていく。また同時に彼らは、団体としての規約をつくり、その役職も作り始める。さらには、パリ司教の裁判権とは別の独自の裁判組織も構成するようになる。こうしてしだいに認められていった大学の諸特権は、最終的に教皇グレゴリウス九世が一二三一年に出した教勅『パレンス・スキエンティアルム』で確認された。その結果、ヨーロッパ史上初めてパリに、法的な自治組織としての大学が成立した(16)。

(6) アリストテレスの受容

ところですでに述べたように、十二世紀以降の西欧世界の文化の発展にとり、アラビア語やギリシア語からラテン語への翻訳の活動が与えた影響は計り知れない。スペインのトレドのようなイスラム世界とのフロンティアで、さまざまな古代の哲学、科学文献がラテン語に訳されることがなければ、十二世紀以降のスコラ学の飛躍的な発展はありえなかったであろう。とりわけ西欧世界の知的な発展に貢献したのは、アリストテレスの著作の翻訳である。そもそもアリストテレスの著作は、十二世紀前半までの西欧世界では、ボエティウスがラテン語訳した『カテゴリー論』、『命題論』といった論理学の著作の一部のみが知られていた。しかし、十二世紀の中頃から十三世紀にかけて、次々とアリストテレスの他の著作がラテン語に訳され始める。まず十二世紀の前半に、アリストテレスの論理学関係の著作のうち、それまで知られていなかったボエティウス訳の『分析論前書』、『ソフィスト駁論』、『トピカ』のテキストが西欧内で再発見され、またヴェネツィアのヤコブスが十二世紀中頃に、『分析論後書』、『自然学』、『霊魂論』、『形而上学』などをギリシア語からラテン語に訳している。さらに十三世紀後半には、モエルベカのウィリアムが、アリストテレスのほぼすべての著作を一人で訳したが、そのうちとくに『政治学』の訳は、世俗国家の固有の存在意義を擁護する議論として、その後の中世政治思想に大きな影響を与えた。(17)

アリストテレスの全著作が西欧世界で知られるようになった時期は、ちょうど大学の成立期であったが、とりわけ、彼の論理学関係の著作と自然学関係の著作は、大学の教師たちに大きな影響を与えている。とくにこの時期の教師たちは、アリストテレスの自然学関係の著作から膨大な知識を吸収しながら、キリスト教の教義に反しない形で、その新しい知識を生かした知の体系を打ち立てようとした。そうした知識人のなかでも、ドミニコ会士アルベルトゥス・マグヌスとその弟子トマス・アクィナスはとりわけ重要である。アルベルトゥス・マグヌスは、一二四一年頃にパリ大学で神学の教師となった人物だが、彼は当時次々とラテン語訳されたアリストテレスの自然学関係の著作に依拠しながら、動植物、鉱物にかんする知識を体系化する著作を書いた。アルベルトゥスの著作の画期性は、それまでの自然学がプラトン的観念に従って、自然世界を抽象的理念のもとに理解しようとしていたのに対し、自然にかんする経験的知識の独立的な意義を、初めて明確に主張したことにある。こうしたアリストテレスの影響は、この時期に多く書かれた百科全書的な書物における自然の知識の集成にも反映しているといえよう。その最も代表的なものに、ドミニコ会士ボーヴェのヴァンサンの『自然の鏡』があるが、それは、個々の自然の事象にかんする記述を膨大な古典のなかから抜粋し集成したもので、解釈の独自性こそないが、この時期の自然への新たな関心を如実に反映したものといえる。

こうしたアリストテレスの理念を神学において巧妙に取り入れたのがトマス・アクィナスであった。彼は『神学大全』などの著作で、彼の神学の概念的基礎として、アリストテレスの論理学の諸概念を取り入れ、神学をあくまで理知的に体系化させようとした。トマスは、人間の理性が人間世界を把握するためのみならず、神について理解するためにも必要不可欠な道具であるという確信をもっていた。そのかぎりでトマスにとり、知識による理解が、聖書を理解するために最も重要な方法と見なされる。しかし一方で、トマスは、理性の力の及ばない恩寵の領域を明確に認め、理性と恩寵が相互補完的な関係にあることを述べる。すなわち、トマスの神学の独自性は、信仰の理性に対する最終的優越を前提としながらも、アリストテレスの論理的な分析概念を神学において非常に巧みに利用したことにあった。

(7) アリストテレス『論理学』の意義

ところで十二世紀における知的な発展を考えるとき、その契機となった重要な現象は、アリストテレスの論理学の諸著作が知識人に与えた影響であろう。アリストテレスの論理学の著作は数多くあるが、すでに触れたようにボエティウスが訳したいくつか（『カテゴリー論』、『命題論』、さらにアリストテレスの論理学の解説書であるポルフュリオス『イサゴーゲー』——これらは「旧論理学」と呼ばれる——）は初期中世から西欧世界で知られていた。十二世紀の初めに活躍したアベラールは、このいわゆる「旧論理学」を読み、そこでの論証の手法を用いながら、普遍の問題など神学上の重要なテーマを議論した。このアベラールの知的活動とともに、中世スコラ学は始まるといっても過言ではない。中世スコラ学とは、神学などでの一定の命題にかんして、聖書や教父、その他の古典的な著作家のことなる意見を調和させて、その背後にある真理を発見しようとする知の作業であった。それは、言葉の厳密な定義やさまざまな論理的手法を駆使して、対立する見解から最も妥当な結論を導く営みであった。アリストテレスの論理学はまさに、この当時、スコラ学的分析のために不可欠な道具と見なされたのである。

アベラールの時代のパリで、多くの学生や教師たちが、アリストテレスの論理学に熱中し始めたが、この流れをさらに加速したのが、アリストテレスの他の論理学著作の流入である。十二世紀中葉の時期に、ヴェネツィアのヤコブスがギリシア語からラテン語に訳したアリストテレスの『分析論後書』と、新たに発見されたボエティウス訳の『分析論前書』、『トピカ』、『詭弁論駁論』がまもなくパリに流入してくる。まとめて「新論理学」と呼ばれたこれらの翻訳が出回ると、パリの教師や学生たちの論理学への熱狂は一段と高まり、論理学の有名な教師たちは多くの学生を集め、それぞれ自分の論理学の学派を作るようになる。こうした学派はそれぞれ、自身の論理学の綱領をもち、自分たちの考えの正しさを証明しようと、互いに熱心な討論を行っていた。

セーヌ左岸のサント・ジュヌヴィエーヴの丘では、パリのアルベリクスとムランのロベルトゥスが、それぞれ自身の論理学の学校を作り学生を集めていた。アルベリクスの学派は、モンタニ派あるいはアルベリキ派と呼ばれ、ロベルトゥスの学派は、ムラン派あるいはロベルティニ派と呼ばれていた。またパリでは十二世紀中葉の同じ頃に、プチ・ポンのアダムの学派や、ポワティエのジルベールの学派であるポレタニ派も存在した。十二世紀の中葉にムラン派のある教師が『ムランの論理学』という書物を書いているが、そこでは、この時期のムラン派の哲学的な意見が五十三の命題として提示されている。それはたとえば、次のようなものである。「どんな虚偽も存在しない」、「すべての名詞は両義的である」、「すべての命題は複数の意味をもたない」、「魂は人間の部分ではない」、「どんな議論も必要性がある」など。同じ時期にポレタニ派の者が書いた『論理学の手引き』にも、この学派の命題のリストがある。いくつかあげてみよう。「すべての声は肉体である」、「有限と無限は同じ意味である」、「能動と受動は同じ意味である」、「『ある』という動詞は普遍を意味しない」、「個物と無限は同じ命題である」、「すべての肯定的な命題は何らかの真実を指す」、「すべての否定的な命題は何らかの虚偽を指す」など。[18]

現代の我々はこうした命題から、まさに中世スコラ学の否定的な側面、つまり、意味のない煩瑣な議論という印象を受けるだろう。しかしこの当時の論理学者たちは、理性の表現である言葉の論理によって、天地のあらゆる事象の真理を、より的確に把握できると考えた。まさに世界の意味を解く鍵が、論理学のなかにあると考えたのである。ただし同時代の知識人のなかには、いきすぎた論理学への熱中が、かえって真理の探究にとり有害だと考える者もいた。最も有名な批判は、ソールズベリのジョンが『メタロギコン』で語ったものである。ジョンは、論理学にだけ人生を費やし不毛なソフィスト的な議論に終始する同時代の学者を痛烈に批判した。ジョンは、彼らが行ったソフィスト的議論の例――「市場につれて行かれる豚は、人間により引かれているのか、綱によって引かれているのか」、「大きな縁なし帽を買った者は、頭巾を買った者といえるか」といった議論――をあげ、その無意味さを指摘して、論理学に熱中する当時の学者の姿を揶揄している。ジョンは、論理学が他の学問の補助として使われるのでなければ、それ自体としては不毛なものとなり、学問を真に深めるには、文法学、雄弁術、論理学がバランスよく学ばれねばならないことをいう。だが重要なのは、こうした人文主義の理念を説いたジョンでさえ『メタロギコン』のなかで、アリストテレスの論理学についてきわめて詳しく解説していることである。彼の論理学批判の言説は、いかにこの時代に論理学が知識人を熱狂させたかの裏返しの証明でもある。[19]

ジョンが『メタロギコン』を書いた頃、神学の領域でも、論理学に方法的に依拠し、矛盾する諸観念を調和させた体系が現れる。それは、このあと長く大学における神学の教科書となったペトルス・ロンバルドゥスの『命題集』である。これはまさに、アリストテレスの「新論理学」の影響なしには生まれなかったスコラ学の画期的な成果であった。こうした論理学の方法に依拠したスコラ学は、十三世紀に開花することになる。

(8) アリストテレスの世界観への批判

アリストテレスの論理学の著作はすべて十二世紀中葉には西欧世界で知られていたが、それに比べて自然学関係の著作の翻訳はやや遅れていた。アリストテレスの『自然学』、『霊魂論』、『天について』、『形而上学』といった書物がクレモナのゲラルドやマイケル・スコットらにより次々とアラビア語からラテン語に訳されたが、それらがパリに入ってくるのは、十二世紀終わりから十三世紀初めにかけての時期である。

しかしアリストテレスの自然学関係の著作は、当時の西欧世界に大きな問題を引き起こす。というのはその根底にある世界観が、キリスト教的な世界観とまったくことなっていたからである。つまり、アリストテレスが前提としている世界観では、世界は始まりも終わりもなく永遠であり、すべての事物に神性が宿りうるという汎神論の立場である。一方、キリスト教の教義では、神により無から創造された世界は、最後の審判とともにいずれ終わる運命にある。また人間は神の恩寵にあずかれるが、決して神そのものにはなれない。アリストテレスの自然学関係の書物は、十二世紀終わりから十三世紀初めにかけて、パリの教師や学生たちを魅了したが、それがキリスト教の教義を否定する観念を含むために、神学者や教会当局はそれに重大な脅威を感じていた。

かくて、アリストテレスの自然学関係の書物に対する禁書の命令が、教会当局によりパリの学生と教師たちに対して出される。その最初の禁令は一二一〇年、パリを管轄するサンスの大司教区教会会議で公布された。そこでは、アリストテレスの自然学関係の書物、すなわち『形而上学』、『霊魂論』、『自然学』と、それへの注釈書の読書が、破門の罰のもと禁じられた。また続いて一二一五年、枢機卿で教皇使節であったクールソンのロベールが出したパリの教師と学生に対する布告において、アリストテレスの論理学以外の著作の読書が禁止された(20)。

しかしこうした禁令にもかかわらず、十三世紀初めの時期には、アリストテレスの著作のアヴェロエスによるアラビア語訳と同じアヴェロエスによるその注釈が、トレドでアラビア語からラテン語へ訳され、パリに流入してくる。パリの教師と学生は、アヴェロエスの翻訳と注釈を読むことにより、アリストテレスを自由に研究することができた。アヴェロエスの書物を読むことに対する禁令は一二五〇年代に出されているが、パリ大学の学芸学部の教師たちはそれを無視して研究を続けた。そこから、アヴェロエス主義という思想がパリで生まれる。その代表がブラバンのシゲルスであり、彼は人間の世界に、信仰と理性の二つの独立した領域があることを認め、それぞれの領域でことなる真理があると主張した。つまり聖書的な世界観とならんで、アリストテレス的な自然哲学によっても世界の説明は可能だと考えたのである。そして彼自身、世界の永遠性を肯定する発言を行ったりした。彼のこの考え方は二重真理説と呼ばれるが、これは当然、キリスト教の教義の否定につながるため、神学者や教会当局から激しい反発を受けることになる。

十三世紀後半に保守的な神学者たちは、アヴェロエス主義者たちを相手に激しい思想闘争を行うが、この対立は中世において最も激しい知的な闘争となった。一二七〇年にパリ司教エティエンヌ・タンピエは、アヴェロエス主義を大学での教育の場から追放するために、その断罪されるべき命題を十三に要約して提示したが、このとき両者の間の緊張は頂点に達したといってよい。教育が禁じられた命題の主要なものは、「人間の意志は必然性に従って望み、選択する」、「この世で生じることすべては、天体の必然性に従っている」、「世界は永遠である」、「最初の人間はいなかった」、「人間の形をとる魂は肉体と同時に滅びる」といったものである。[21]

ブラバンのシゲルスらアヴェロエス主義者は、このあとパリ大学から追放される。しかし同じ時期に、こうしたキリスト教の教義とアリストテレス的世界観との相克のなかから、両者を調和させるような形で、中世スコラ学の記念碑的な体系が生まれる。それはいうまでもなくトマス・アクィナスの『神学大全』である。『神学大全』では、キリスト教的思考とギリシア哲学の理念、神の啓示と感覚的な知識、恩寵と自然、信仰と理性の問題が、前者に後者が服する形で見事に調和されている。そこに、中世スコラ学の最高の到達点を見ることができる。また一方で、このときに生じたブラバンのシゲルスらの二重真理説は、自然の領域を独立したものとして考察する思想潮流を発展させ、この後の自然科学の展開の基礎を形成する。

(9) 十二世紀ルネサンスへの視角

ここまで、十二世紀における知的復興の問題に関連して、シャルトルやパリにおける知識人の問題やアリストテレスの受容の問題を概観してきた。次には、十二世紀ルネサンスとはどのような社会現象だったのかについて考えてみたい。そのためにここでは、十二世紀ルネサンスの研究動向を簡潔にまとめたジャック・ヴェルジェの議論に沿いながら、十二世紀ルネサンスにかんして何が重要な問題なのかを提示しておきたい。[22]

ヴェルジェによれば、十二世紀ルネサンスという言葉は、すでに十九世紀から使われていた。だがこの言葉を一般に流布させたのは何よりも、一九二七年に出版されたハスキンズの書物『十二世紀ルネサンス』の功績である。[23]ハスキンズはその著書で、十二世紀における知的復興の現象を、ラテン語古典の復興、法学の再生、大学の成立などの個々のテーマに即して提示したが、その議論が明快にすぎた分だけ、その後さまざまな批判を受けることになる。ヴェルジェはこの書物の第一部で、ハスキンズの議論がその後、どのように修正されてきたのかを紹介している。それによれば、ハスキンズ以降とくに明らかにされたのは、十二世紀ルネサンスと同時代の歴史状況との密接な関連である。つまり、開墾運動と人口の増加、都市の発達と貨幣経済の進展といった種々の出来事が、知的な覚醒をもたらすための前提となったことが具体的に解明されてきた。またもう一つ、十二世紀ルネサンスと同時代の教会改革運動との関連が明らかにされてきたことも、ハスキンズ以降の重要な成果である。西欧世界では十一世紀後半から十二世紀にかけて、宗教的な再生の大きなうねりが生じるが、十二世紀の文化復興も教会の聖職者により担われたかぎりで、霊的な再生運動の一環として考えられねばならない。さらに、十二世紀ルネサンスの時代的な枠組も、ハスキンズ以降に議論された重要なテーマである。ハスキンズは、一一〇〇年頃から十三世紀の初めまでの時期を一つの時代として考えたが、その後の研究ではむしろ、一〇六〇年頃から一〇七〇年頃に文化復興の起点を考え、それが十二世紀後半には異質な局面へと移行することが主張されるようになってきた(24)。

ヴェルジェの議論は多岐にわたるが、そのうちいくつかの論点について、ここで触れておきたい。一つは、十二世紀における進歩の意識の問題である。ヴェルジェによれば、十二世紀は、若さや活力、進歩の観点だけから見ることはできない。十二世紀の知識人のなかには、世界の老いや終末の意識を語る者も存在したからである。進歩意識の表明として引き合いに出されるシャルトルのベルナールが語ったとされる言葉――「我々は巨人の肩に乗った小人である。しかし巨人の肩の上に乗っているので、彼らよりもっと遠くを見ることができる」――の意味も、非常に穏健な進歩の観念として理解されるべきだといわれる(25)。

十二世紀において進歩の意識はあったのか。またそれが存在したとすれば、どのようなものだったのか。この問題については、もう少しきめ細かな議論が必要だろう。そもそも十二世紀ルネサンス期の進歩意識の表明として引用される、シャルトルのベルナールに帰されるこの「巨人と小人」の比喩は、ソールズベリのジョンが『メタロギコン』(三巻四章)で書き記したものだが、これが書かれたのは一一五九年で、シャルトルのベルナールが活躍した時代よりも約半世紀もあとのことである。ジョンは、ベルナールに直接師事したわけではないので、おそらく教えを受けたコンシュのギヨームから間接的に聞いたものを書き留めたのだろう。ジョンはこの比喩に言及する箇所で、同時代人が、古代人の著作にも劣らない論理学の書物を書くだけの知識をもっていることを語っているので、確かにジョンの文脈では、古代の知識を習得した同時代人の自信と向上の意識があるといえる[26]。だが、同じ「巨人と小人」の比喩は、『メタロギコン』よりも約三十五年前に書かれた、コンシュのギヨームの『プリスキアヌス注釈』でも言及されている。そこでは、シャルトルのベルナールの名はあげられていないが、次のようなことがいわれる。後世の者は古代人よりも、より多くそしてより遠くを見ることができる。だが彼らは、古代人ほど賢明ではない。彼らはたんに、より高い場所から見ているにすぎない。彼らはちょうど、巨人の肩に乗った小人のようなものだ、と[27]。

ギヨームは古代の著作家の偉大さを称えて、古典こそが真に学ぶべきものだと見なした。当然、それに匹敵する同時代人の著作などあるとは考えていない。おそらく、ギヨームよりも以前の十二世紀初頭に活躍したベルナールでは、「巨人と小人」の比喩はギヨーム以上に、古代人の偉大さとそれに対比しての同時代人の卑小さを表すものとして、意識されていたのではなかろうか。つまり、『メタロギコン』でいわれる「巨人と小人」の比喩の文章を引用して、半世紀前に活躍したシャルトルのベルナールが進歩の観念をもっていたと論じるのはおかしい。『メタロギコン』でこの比喩は、進歩に傾いた解釈がなされているが、それはあくまでもソールズベリのジョンの解釈である。「巨人と小人」の比喩が両義的なもので、自身に満ちた進歩の意識と同時代人の知的な劣等感との両方を含意できるものであるがゆえに、シャルトルのベルナールに帰されるこの比喩の解釈には注意が必要である。いずれにせよ、十二世紀における進歩の観念を論じるさいには、数十年単位で意識が変化していくことに注意しなければならないだろう。

さらにこれと関連して、十二世紀の知識人が古代ローマをどう受容したか、という問題も重要である。ヴェルジェによれば、十二世紀の知識人たちは、自分たちが古代ローマの文化の伝統に属していると感じていた。つまり、ラテン語やローマ法を受け継ぎ、ローマ時代に普及したキリスト教を受容した中世において、古代ローマとの間に断絶の意識はないとされる。ゆえに、十二世紀ルネサンス期の知識人たちは、古代ローマの文化を自分たちの文化とは異質なものとして再生させるという「再生＝ルネサンス」の意識よりも、みずからの基礎としてすでに存在するものを若がえらせるという「刷新（renovatio）」の意識をもっていたといわれる(28)。

たしかに、十二世紀の人文主義を代表する著作家たちは、ラテン語古典への強い愛着を示すとともに、自分たちが古代ローマと連続しているという強い意識をもっている。それはたとえば、彼らの著作で、ローマの著作家たちの記述を権威として無批判に引用しているようなところからも推察できよう。連続する過去としての古代ローマの再発見は、さらに都市ローマとその周囲に残された建築や彫像などの芸術の再評価、あるいはローマの共和政思想や帝政理念の再興などに現れる。十二世紀ルネサンスを特徴づける古代ローマ的な要素については、もっとその意味が強調されてもよいと思う(29)。

さらにもう一点あげれば、ヴェルジェもいうように、十二世紀ルネサンスは、たんに知識人によって担われた運動ではなく、さまざまな社会層を巻き込んだものであった。知識が十二世紀の社会の現実をどう変革していったのか。その点については、今後、さらなる実証研究が待たれる分野である。それにかんして、例をあげておこう。ソールズベリのジョンは『メタロギコン』の一巻四章で、自身の周囲で、文法学もよく知らない者が、二、三年で哲学を修得できると吹聴して、弟子たちを集めて教えていた様子を描いている。そして、その弟子たちは、ほんの短期間、自由学芸を学んだだけで学校を出て、修道士となったり、サレルノやモンペリエに行って医学を学んで医者となったり、貴族の家政に入って宮廷人となったり、あるいは商売の道に入って金儲けをしたことが述べられている(30)。ここでジョンは、知識を獲得することが、自由学芸の教育の理想を離れて金儲けや出世のための手段としか見なされない状況を慨嘆しているのだが、この興味深い記述で描かれた、学校の世界と、修道士、宮廷人、商人、医者などの世界との人的な交流については、さらに具体的な分析ができるのではないだろうか。ちなみにジョンが「コルニフィキウス」と呼んだ、学芸の十分な知識もなく、杜撰な教育を行った者が誰かもよくわかっていない。じっさい、十二世紀の知識人と社会をめぐっては、未解決の問題が多くある。

今のところ最もすぐれた十二世紀ルネサンスの総合的研究は、ベンソンとコンスタブルが編纂した論文集『十二世紀におけるルネサンスと刷新』であることは疑いないが、そこに収められた諸論文を見れば、十二世紀ルネサンスにかかわる諸問題について、多くの個別研究がなされているのがわかる(31)。おそらく今後の十二世紀ルネサンスの研究は、さらに個別的な問題を掘り下げていく方向へと進むだろう。それは一見すると、十二世紀ルネサンスの精神の統一的なイメージを把握することとはかけ離れたことに見えるかもしれないが、この時代の新たな見取り図を書くためには、避けて通ることができない作業である。ヴェルジェの書物からも、十二世紀ルネサンスの捉え方の多様性や、多くの未解決の問題の存在という状況が窺える。このことは何よりも、十二世紀の知識人や思想のあり方が一種の星雲状態にあって混沌としていて、また残された史料も非常に少ないことによっている。いずれにせよ十二世紀ルネサンスの研究は、一筋縄ではいかない難題を多く内包するものであることを指摘しておきたい。

二　ソールズベリのジョンの生涯と思想

さて、これまで十二世紀の知的な復興の様相と十二世紀ルネサンスをめぐる研究状況について論じてきたが、以下では、本書での主題となる十二世紀ルネサンスを代表する人文主義者ソールズベリのジョンの生涯と思想の特徴について、かいつまんで述べておきたい。

(1)　生　涯

ソールズベリのジョンは、一一一五年から二〇年の間頃、現在のソールズベリの郊外にある昔の町オールド・セイラム（Old Salem）に生まれた。明確に貴族の家系ではないが、おそらくそれほどは卑しくはない家門に生まれたと思われる。彼の出自した家門は、ソールズベリとエクセタの司教座聖堂参事会とかかわりをもつ家門であったと考えられている。そのことは、彼がシャルトル司教になる前、エクセタ司教座聖堂参事会の財務官職を保持し、また一一六三年までには、ソールズベリ司教座聖堂参事会員、一一六〇年までにはエクセタ司教座聖堂参事会員の職を保持していたこと、ジョンの兄弟リチャードも、エクセタ司教座聖堂参事会員の職を保持していたことから類推されている。しかし、ジョンがその著作や書簡で、自身の生活や出自について語ることはほとんどない。

ジョンは、ソールズベリ司教ロジャーがその職にあったときに生まれている。ロジャーはイングランドの国王にも奉職し、国王の文書局長も務めた人物であったが、ウィルトシャー近くの彼の城で、内縁の妻ラムズベリのマティルダや、彼の息子や甥たちとともに華美な生活を送っていた。彼は、教会改革派からは当然、腐敗聖職者と見なされた。ジョンはロジャーについては語らないが、おそらくジョンの父は、ロジャーと縁故関係にあった人物で、妻帯していたソールズベリ司教座の聖堂参事会員であったと思われる。その後ジョンの家族は、一一四〇年代から五〇年代にソールズベリからエクセタへと移ったと推定される。ジョンとその兄弟リチャードがエクセタ司教座の聖堂参事会員職を獲得することになったのは、この移住と関係があろう。ジョン自身、後年に少なくともエクセタとソールズベリの二つの司教座聖堂参事会員の職を得たが、彼自身はエクセタには断続的に住むことがあってもソールズベリには知られるかぎりまったく居住していないので、この職を不在聖職禄として保持していたと思われる[32]。

ジョンは一一六〇年代に、カンタベリ大司教トマス・ベケットを助けるべくフランスに亡命していたとき、エクセタで家族といっしょに生活していた母に書簡を一通送っている。さらに一一七〇年十一月十六日に、亡命から帰ったジョンは、カンタベリとウェストミンスタに足早に立ち寄ったあと、病気の母を訪ねている。その後十二月二日までに――おそらくその数日前には――、彼はカンタベリに戻っている[33]。

ジョンはヘンリ一世の死の翌年、一一三六年に若くしてパリへ行き、ほぼ十二年間さまざまな勉学を行った。彼がパリにやって来た時期はちょうど、パリがシャルトルに取って代わって、新しい学問の中心地となっていく頃であった。

ジョンはまず、パリ郊外のサント・ジュヌヴィエーヴの丘へと行き、アベラールの講義を聴く。そしてまた、他の有名な教師たち――ロベルトゥス、ムランのロベルトゥス、コンシュのギヨーム、シャルトルのティエリ、ポワティエのジルベールなど――の講義も聴いた。この間、コンシュのギヨームのもとで勉学した三年間は、ジョンはシャルトルへ行っていたと思われる――ただしこれについては、本論の第Ⅰ部で詳述するように、ジョンはパリのシテ島の司教座付属学校でギヨームの講義を聴いたとするサザーンの説もある――が、それ以外はパリにいて、多くの教師から自由学芸や神学を学んだ。彼の遊学時代については『メタロギコン』の二巻十章で詳しく描かれているが、この箇所は、十二世紀中葉の教師たちに言及する数少ない貴重な記述となっている。(34)

ジョンはこの遊学時代に、シトー会のクレルヴォーのベルナールと出会う。彼がベルナールと知り合ったのは、ベルナールと親しかった教師ロベルトゥス・プルスのもとで神学を学んでいたときだったと思われる。ベルナールは、パリで教師をしていたイングランド人ロベルトゥス・プルスをひいきにしており、そのもとで学んでいた俊秀のジョンは、ベルナールの目に留まったと思われる。ベルナールからの知遇を受けたジョンは、ベルナールからカンタベリ大司教シオボルドへの推薦状をもらい、カンタベリ大司教座に奉職することになる。これは一一四七年頃のことで、それ以降ジョンは、教会行政にかかわることになった。ジョンが行った業務は、カンタベリ大司教のスタッフとして、大司教を補佐する仕事であった。その一つは、大司教の書簡作成の業務であり、この間にジョンが作成した書簡は『前期書簡集』として刊行されている。またジョンは大司教の代理として、一一五〇年代に何度か教皇庁に滞在したが、彼は教皇庁にいたときに、ローマ法の詳細な知識を獲得したと思われる。シオボルドは、彼を繰り返し教皇庁に派遣した。ジョンは『メタロギコン』で、「イングランドを離れてから、十回アルプスを越えた。二回アプリアを旅した。そして、ローマ教皇庁で、上司や友人に代わり、しばしば仕事

を行った。何度もイングランドを回り、フランスへも行った」と語っている。(35)

ジョンは一一五〇年代後半に、何らかの理由で国王ヘンリ二世からの不興を被り、カンタベリ大司教座での職務から一時離れて著述に専念することになる。そして一一五九年に書き上げたのが、『メタロギコン』と『ポリクラティクス』の二つの著作である。その後、カンタベリ大司教トマス・ベケットとヘンリ二世が、聖職者裁判特権の問題などをめぐり対立すると、ジョンは、トマス・ベケットのフランス亡命に先立ってフランスに移り、遊学時代からの友人であったセルのペトルスが院長を務めるランスのサン・レミ修道院に滞在しながら、トマス・ベケットを擁護する活動を、書簡などを通じて行った。

ジョンはサン・レミ修道院にいたこの時期に『教皇史』を書いた。この著作は、自身が教皇庁に滞在したときの見聞を交えながら、教皇エウゲニウス三世期（在位、一一四五―五三年）の出来事を描いたもので、とくに、一一四八年のランス教会会議におけるポワティエのジルベールとクレルヴォーのベルナールとの対決の描写は生彩に富んでいる。また『教皇史』には、異端者ブレシアのエルナルドゥスが首謀したローマでの蜂起についての貴重な記述もある。その後、国王ヘンリ二世とカンタベリ大司教トマス・ベケットとの闘争は、一一七〇年にベケットが殺害されることで終わったが、ジョンはこの争いの終了後に、自身がこの間に書いた書簡を『後期書簡集』として集成している。

『後期書簡集』には、さまざまな同時代の事件についての証言がある。たとえばジョンは、一一六〇年代のフリードリヒ・バルバロッサとロンバルディア同盟との対立にかんする同時代の証言を残している。一一六七年の夏に、バルバロッサは強力な軍隊とともにローマまで来るが、イタリアの諸都市の軍隊との戦いに敗れ、バルバロッサは逃走し、彼の主たる助言者の何人かもそこで疫病で死ぬ。バルバロッサは一一六七年から一一六八年の冬の間に、北イタリアからアルプスへと逃走する。この機会にロンバルディアの諸都市は、一一六七年十二月、最初の同盟を結成した。続く春には、バルバロッサはドイツへと逃げるが、このような政治状況がジョンの書簡からは知ることができる(36)。

また一一六八年の早い時期に、パヴィア近くにアレッサンドリアという名の要塞都市が築かれたが、その名前は教皇アレクサンデル三世にちなむものであった。ジョンはこれについて、「ロンバルディア人は、皇帝の恥となるように、パヴィア近くのロボレトゥム（Roboretum）と呼ばれていた要塞に都市を作り、教皇アレクサンデルに敬意を表してアレッサンドリアと呼んでいる」と語る(37)。

ただし、彼の記述に誤りがないとか客観的だとかいうことはできない。とくに、バルバロッサの評価ではバランスを欠いているといえよう。ジョンのバルバロッサへの反感の原因は、彼がイングランド人の教皇ハドリアヌス四世と親密だったことに起因するように見える。じっさいジョンの書簡からは、ハドリアヌス四世がジョンを枢機卿にしようとしていた意図が暗示されているが、それはハドリアヌス四世が教皇在位の早い時期に亡くなったことで実現しなかった。バルバロッサと教皇ハドリアヌス四世は折り合いが悪く、一一五九年に教皇が没すると、教皇の二重選挙が生じる。バルバロッサは、対立教皇ヴィクトル四世を支持し、イングランド教会の高位の者は皆、ヴィクトル四世を正統な教皇と見なさず、アレクサンデル三世を正統な教皇と見なしたが、ジョンのバルバロッサへの反感も、こうした状況によると思われる(38)。

ジョンは、トマス・ベケットのカンタベリ帰還の直前にカンタベリに帰るが、一一七〇年に、王の配下の騎士によるベケット殺害事件が起こった後、一一七六年に彼はシャルトル司教となり一一八〇年に亡くなった。彼はシャルトル司教として没し、シャルトルのノートルダム・ド・ジョサファ（Notre-Dame-de-Josaphat）修道院の付属教会の墓に埋葬された。

(2) 思想の特徴――時代を映す鏡

ジョンは学芸論の著作『メタロギコン』と、政治論の著作『ポリクラティクス』を書いたことで、十二世紀を代表する著作家と見なされているが、彼の著作の特徴は、同時代のカンタベリのアンセルムスやアベラールの著作のような思想の革新性・独創性にあるとはいえない。むしろジョンの著作の重要性は、そこに、十二世紀の知識人が到達した知識の段階とこの時代の特徴的な精神構造が、鏡のように映し出されている点にある。

『メタロギコン』と『ポリクラティクス』では、十二世紀中葉の時代に西欧の知識人が手にできたかぎりでの、多くの古典からの雑多な引用と、体系性のない議論が見出されるが、そのことは、これまでの研究でもしばしば指摘されてきた。たとえばホイジンガは、ジョンを「前ゴシック期の精神」を代表する人物として好意的に描いたが、彼でさえもその論考のなかで、ジョンによる雑多で過剰な古典の引用については、「古代の先達たちへの敬意を今少し少なくし、より多くを彼自身および彼の時代について我々のために語ってくれたらと思います。彼が自己の姿をコルニフィキウスとかグナトとかあるいはまたトラソとかタイスなどの古代の衣裳で変装させたりしなければよかったのです」と批判的に語っている。[39] また『初期書簡集』を編纂したブルックも、ジョンの著作がさまざまな古今の著作の雑多な観念を集めてはいても、そこにまったく体系性がないことを指摘し、「ジョンには、一つの本を書く能力が欠けている」とまでいう。[40]

だが一方で、マックス・ケルナーやペーター・フォン・モースらによる最近の研究は、こうした混沌ともいえるジョンの議論や、その豊富な古典引用のありかたのなかにこそ、ジョンの思想の独自性を見ようとしている。[41]

そうした研究では、ジョンの暴君論や教権と俗権をめぐる議論でとくに顕著な、政治や社会にかかわる問題を、人間の道徳や倫理の問題と公的な権力の問題とを区別せず総合的に論じる独特の論述について、それを否定的に捉えず、人文主義的な理想との調和のなかで専門的学知を位置づけようとする、十二世紀に独自な思考と見なしている。また、彼の著作における過剰な古典引用については、ジョンが自身の論証の作法として、古典の例話を引きながら論証を行ったがゆえに、引用が過多になったという説明がなされ、それもまたこの時代に特有の議論のあり方の現れとされる。いずれにしてもジョンの思想の根幹には、キリスト教の信仰に依拠しながら、人間の精神の陶冶とその倫理的完成を第一に考える立場がある。それはまた、シャルトルのベルナールらのシャルトル学派が共有していた理念であり、ジョンはおそらく、コンシュのギヨームに師事したさいにそのような人文主義的な理念を学んだのであろう。

だが一方で、ジョンがパリで遊学していた時代には、アリストテレスの「新論理学」――『分析論前書』、『分析論後書』、『トピカ』、『ソフィスト駁論』――の著作が翻訳を通じて新たに西欧世界に流入しそれとともに論理学がもてはやされるようになり、また社会の発展は法実務への関心を高めてローマ法学が脚光を浴びるようになって、学問の世界ではますます知的な専門主義の傾向が強まりつつあった。そうした状況のなかジョンは、信仰と教養を深めることを第一の目標とするシャルトル学派的な学問の理想を見失わずに、専門性の高い学科と人文主義的な教養とを、学問体系のなかでバランスよく位置づけようとしたといえる。ジョンの人文主義的な態度は、『教皇史』での人物描写や『後期書簡集』での友人に宛てた書簡においても顕著である。彼の著作全体に、個としての人間の尊厳に目覚めた人文主義の精神が息づいているといってよい。

(3) 道徳論と懐疑主義――キケロの影響

西欧中世思想史において、プラトンとアリストテレスが与えた影響については、これまで非常に多くの研究がなされてきた。しかし一方で、キケロなどのローマの古典が、中世思想史上で果たした役割については、欧米の学界においてさえ以外に研究が少ない。その理由は何よりも、プラトンやアリストテレスの哲学が、その宇宙論や論理学の方法などで、キリスト教神学の体系化に深く影響を与えたのに対して、キケロなどのローマの古典は、その関心が主として人間の実践的な道徳哲学にあり、キリスト教神学の体系化に寄与するところが少ないと見なされるからであろう。

しかし、だからといって、キケロらのローマの古典が中世思想に果たした役割が小さかったかというとそうではない。中世社会が新しい変動をみせ、キリスト教の基本倫理のみでは人の行動の善悪が計りきれなくなった十二世紀ルネサンスの時代、キケロの『義務について』や『友情について』で語られた道徳哲学は、知識人たちの間で、有徳の人士が従うべき道を教えるものとして大いに議論されるようになる。シャルトル学派のコンシュのギヨームやシャルトルのティエリは、キケロの著作を授業のテキストとして使ったことが知られている。シャルトル学派が共有した人間および社会への新たな関心は、キケロの著作の読書に負うところが大きい。

ソールズベリのジョンは、この時代にキケロの強い影響を受けた著作家の一人といえる。ジョンは、自身が師事したコンシュのギヨームやシャルトルのティエリから、キケロのテキストを学んだと思われる。のちにジョンが書いた著作『メタロギコン』と『ポリクラティクス』では、遊学時代に学んだキケロの思想が一種の執拗低音として、全体を一貫して流れている。ジョンのような十二世紀中葉の知識人が、なぜキケロに心酔したのか。それは、彼が生きた時代が、大規模な変革の時期であったからだろう。十二世紀中葉の時期、西欧社会は、都市の発展や集権国家の成立など未曾有の社会変動に襲われ、旧来の道徳を超えた新しい社会倫理が必要とされるようになっていた。そこでは、聖書や教父の教えだけでは対処できない、多くの複雑な道徳的な問題が出現していた。こうした状況のなか、キケロの『義務について』のような道徳哲学の著作は、人間が国家や社会において、いかに道徳的に正しく生きうるかを教えてくれるものとなったのである。

ジョンの著作において、キケロの影響のもとで展開された議論として最も有名なものは、『ポリクラティクス』での暴君論であろう。キケロは『義務について』の三巻十九章で、親友を殺すことほど凶悪な犯罪はないと述べた上で、暴君の場合はそれがたとえ親友であっても殺すことは罪ではないと語る。つまりキケロは、暴君の殺害が友人の殺害という大罪さえも打ち消す行為として称揚する。ジョンは、このキケロの暴君殺害を正当化する文言を『ポリクラティクス』に取り入れ、西欧中世史上、初めて、明確に暴君放伐を肯定する文章を書き残した。ジョンがキケロに従い暴君放伐を論じた背景には、十二世紀の時代、強大な権力で教会などを抑圧する君主が出現し始めたことがある。ジョンは、現実の君主たちへの警告の意味をこめて、暴君放伐の正統性を論じたわけだが、重要なことは、彼が最初はキケロに依拠して肯定した暴君殺害を、『ポリクラティクス』の後半の部分では否定し、暴君を取り除く最善の方法は神への祈りであると結論づけていることである。彼はまさに、中世キリスト教世界に生きる教会人として、異教の道徳哲学のみに従うわけにはいかなかったのである。

ジョンにおいてキケロが重要なのは、こうした実践的な道徳哲学の点だけではない。キケロの哲学の根幹にある懐疑主義の精神が、ジョンの自然認識に深く影響を与えている。周知のようにキケロは、世界を支配する一定の法則の存在には懐疑的であり、世界の動きは蓋然性によってのみ語れるものとした。それにより彼の哲学は、実践的あるいは折衷的といわれるようになる。つまり、さまざまな変化する状況のなかで、人がいかにしてよりよく生きるかという主題を追求したキケロにとり、世界を支配する不動の法則といった考え方はなじまない。キケロは、懐疑の精神と蓋然性を擁護することで、自由な人間の主体性を認める立場に立っているのである。この考え方は当然、ソールズベリのジョンにおいても受け継がれている。

ジョンは『メタロギコン』の序でいう。「賢人にとって疑わしいことがらについては、私はアカデミア派の者であるので、私がいうことが真実であるなどと誓ったりしない。命題が真実であろうが虚偽であろうが、私は蓋然的な確実性で満足したい」と。(42) ジョンがここで、アカデミア派の哲学者として想定しているのは、明らかにキケロである。彼は『メタロギコン』と『ポリクラティクス』で、キケロあるいはキケロの注釈者ウィクトリヌスの著作を用いながら、自然あるいは社会の事象が絶対的な必然性では語れず、蓋然性によってしか語れないことを繰り返していう。この議論の重要性は、ジョンの『ポリクラティクス』の第二巻における占星術批判の箇所で明らかになる。占星術はこの時代、天文学と同じく星の観察の学として哲学のなかに位置づけられていたが、ジョンは両者を区別していう。「天文学は、それに従う者を節度の範囲内に置くとき、高貴で栄光ある学である。しかし、それが僭越にも節度を超えれば、それは哲学の一分肢というよりも邪悪な教えとなる。……天文学と占星術には共通のことがらが多いが、後者は理性の境界を超える傾向にある。そしてその解釈者を啓発せずに惑わす」(43)。ジョンが占星術を批判する理由は、占星術が我々の世界の将来を、星の動きから決定論的に説明しようとするからである。それに対して天文学は、星の動きの観察から一定の蓋然的な知識のみを演繹するので、学問として信頼しうる。ジョンは結論としていう。「星の観察者はアカデミア派の流儀で、蓋然性の議論により天体に向かった方がよい」と。(44)

ジョンの一世代前、コンシュのギヨームやバースのアデラードは、世界を因果的法則が貫徹する領域として理解しようとしていた。彼らは、天体の動きが自然に対してのみならず、地上の人間にも影響を与えると見なし、占星術の方法により、世界の動きを完全に理解できると信じていた。しかしこうした決定論的な世界観は、人間の意志の自由を前提とするキリスト教的な世界観と対立する。十二世紀中葉以降、世界を因果性の網の目のなかに還元しようとする立場は、護教的な教会知識人から大きな批判を受けるようになる。ソールズベリのジョンもまた、そうした立場には批判的であった。だがジョンの時代、すでにあまりにも多くの自然にかんする知識が存在していた。自然学の膨大な知識をいかにキリスト教的な世界観のなかに統合すべきか。この問いに対して彼が用いた方法が、キケロから学んだ蓋然性の議論であったといえる。それは、決定論的な自然理解をあくまでも否定しながら、一方で自然のなかに、一定の蓋然性を措定できる現象を経験主義的に認めていく立場である[45]。

ジョンがキケロに依拠しつつ述べた経験主義的な自然認識の方法については、これまで十分に議論されてきていない。シャルトル学派の占星術的な世界観を越えて、十三世紀のアリストテレス受容以降の自然認識へと橋渡しする議論として、ジョンの蓋然性による自然認識の議論は、さらに検討されるべき問題であろう。ジョンの思想についてはこれまで多くの研究がなされてきたが、今後取り組むべき未解決の問題が多数あることを最後に指摘しておきたい[46]。

第Ⅰ部　知の構図

第一章　学問観

はじめに

ホイジンガはソールズベリのジョンを、アベラール、リールのアランらとともに、「前ゴシック期の精神」を代表する思想家として分類したが、それはジョンが、スコラ学の体系が構築される以前の自由な知的精神を体現する者と見なされるからであった。(1) 確かにジョンの思想、とりわけその学問観には、初期人文主義と名づけることも可能な、人間の精神の陶冶とその倫理的完成を第一に考える立場が見出せる。しかしまた、そこには、十二世紀初めから中頃にかけて明確になる知的専門主義や、知識を金儲けの手段として考える商業主義に対する批判も感じられる。すなわち、ジョンが『メタロギコン』などで描いた教育と学問のあり方の見取り図は、十二世紀の同時代の知的状況に対する、ある種の危機意識の現れでもあったといえよう。とくにジョンは、諸学問のなかで論理学の力のみが強まることへの批判の意識をもっていた。つまり、論理学の有用性を完全に認めながらも、論理学が他の基本的な学芸を圧倒し、ほんらい、人間の道徳や信仰を深めるのに役立つべき学問全体のあり方を歪め始めているという意識をもっていたのである。

Ⅰ-1　学　問　観

ジョンが、パリでその学生時代を過ごした一一三〇年代から、その主著『メタロギコン』と『ポリクラティクス』を書いた一一五〇年代の終わり頃の時期、ヨーロッパ社会は未曾有の社会変動に襲われていた。都市を中心として経済活動が飛躍的に増大した結果、貨幣経済がかつてない進展を見せ、それにともない知識を売ることによって生計を立てる者の集団が出現する。このような職業としての教師の登場は、学問を商売と見なす傾向を増大させ、人間の人格的修養としての学問研究という、ジョンの一世代前にシャルトルのベルナールらによって唱えられた学問の理想を根本から変えてしまう。こうして時代が変化し、知のあり方も変貌するなかで、彼は主としてその著作『メタロギコン』で、いかにして人間が学問を修めることにより、ラテン語の表現力と理性による知的思考法を身に付けることができるか、そしてさらに自身の信仰を深め、倫理的に完成した人間となりうるかについて語った。ここでは、まず最初に彼の学問観を検討するための前提として、彼が『メタロギコン』二巻十章で語る遊学時代の知的遍歴についてたどりながら、どのように彼が知的な自己形成を行ったのかを概観することにする。

一　ジョンの知的遍歴

中世都市の勃興とともに十一世紀の後半になると、司教座の付属学校が新たな知的中心となるが、そのなかでまず隆盛したのは北フランス、とくにロワール川北部に位置するフランスの王領地、またはそれに隣接する伯領のなかに存在するものであった。ル・マン、アンジェ、トゥール、オルレアン、ラン、シャルトル、パリといった都市の司教座付属学校がそれである。十二世紀初めまでの時期に、とくに栄えたのはランであった。ランの司教座付属学校ではアンセルムスが一一一七年まで教え、知的な中心となっていたが、彼が没すると衰退する。その後はシャルトルに有名な学者たちが集まることになるが、そこでは一一三〇年頃までシャルトルのベルナールとその兄弟ティエリが司教座付属学校を統括し、そのまわりにペトルス・ヘリアス、コンシュのギヨーム、ポワティエのジルベールなどが集まり、いわゆるシャルトル学派を形成していた。

しかし同時期に、新しい知的中心となり始めていたのはパリである。このパリにジョンは、イングランドから学問を修めにやって来ることになる。パリで中心となった学校はシテ島の司教座にあった学校であり、当時は司教座聖堂参事会の建物に教師と学生が住んでいた。ここには次第にフランス以外の地域からの学生も集まり、とくにイングランドから数多くの学生が来ている。そしてさらに、この学校に所属しない教師たちも出現し、プティ・ポンの橋上とその近くの家々に住むことになり、プティ・ポンとその周囲は、パリにおける学問の第二の中心となった。さらにこの時期、一一三一年に、第三のパリの知的中心となるサン・ヴィクトル修道院の付属学校が創設される。この学校を指導したサン・ヴィクトルのユーグのもとには、一一四一年に彼が死ぬまで、多くの弟子たちが集まることになる。そしてさらに重要なのは、パリ司教の監督を逃れようとする教師たちが、セーヌ左岸の丘の上にあるサント・ジュヌヴィエーヴ修道院のまわりに住むようになったことである(2)。一一三六年にイングランドからパリにやってきたジョンは、まずサント・ジュヌヴィエーヴ修道院のある丘へ行き、そこでアベラールの講義を聴く。

「私は、当時サント・ジュヌヴィエーヴの丘の上にいたアベラールのところへと赴いた。彼は明晰で卓越した教師であり、あらゆることに熟達していた。そこで彼のもとで、私は、この学芸［論理学］の初歩を学んだ。私は自身の卑小な能力に従い、彼の口から出るすべてを貪欲な精神で理解した(3)。」

このときジョンは十代後半か二十歳ぐらいだったと思われる。一方アベラールは五十代後半で、この時期『然りと否』に手を入れ『神学』を書いていた。しかしアベラールはサンス教会会議（一一四一年）で異端宣告を受け、パリの弟子たちのもとから去って行った。

アベラールが去った後、ジョンは論理学を専門とする他の教師、アルベリクスとイングランド人ムランのロベルトゥスの教えを受けた。ジョンは同郷人であるムランのロベルトゥスの教育についてよい思い出を語っている。彼は困難な問題を避けるようなことはせず、明晰にそして簡潔に答えを提示できた、と。[4]

このアベラール、アルベリクス、ロベルトゥスといった論理学の教師たちのもとで過ごした時期が、ジョンにとり幸福な時期であった。まもなく彼は、すべてを知りうるという幻想から醒め、文法の基礎的な修練を始める決心をする。そしてそのためにコンシュのギヨームのもとへ赴く。

「それから私は熟慮し、私の力を考え、そして私の教師たちの暖かい好意と配慮によって、コンシュの文法学者のもとに移った。そして私は三年間、彼の講義を聴いた。[5]」

ジョンはどこでコンシュのギヨームの教えを受けたのだろうか。この部分は、ジョンがシャルトルへ行き、ギヨームの教えを受けたと理解されてきた。だがサザーンにより疑問が提示され、ジョンはパリのなかで、サント・ジュヌヴィエーヴ修道院の丘からシテ島の司教座付属学校に移ったにすぎないのではないかという批判が出された。この問題については今のところ十分な証拠がなく解決はつかないが、この部分をそのまま読む限り「移った（transtuli）」という表現は、シャルトルのようなある程度遠い場所へ行ったことと解するほうが自然であろう。[6] ところで、このコンシュのギヨームのもとで学んだ三年間が、ジョンに決定的な影響を与えることになる。ジョンが『メタロギコン』のなかで、理想の教育方法として語るシャルトルのベルナールの教育方法を彼に教えたのは疑いなくギヨームである。マルティアヌス・カペラ、キケロ、セネカの存在を教えたのもギヨームであろう。またジョンの思想に見られるシャルトル学派的なプラトン主義の傾向は、このときに学んだと考えられる。[7]

続いてジョンは、のちにアヴランシュ司教となった「司教」のあだ名をもつリカルドゥスと出会う。そして彼から四学を学ぶ。さらにシャルトルのベルナールの兄弟ティエリとペトルス・ヘリアスから修辞学を学ぶ。ジョンはまた、この時期に自分が論理学の初歩を教えた生徒としてソワッソンのギヨームに言及しているが、これはジョンからしか知られていない人物である。ジョンはこの時期、生活のために友人の勧めで教師になったと語っているが、どのような教師となったのかはわからない。[8] そして次のようにいう。

「そして私は三年の後に帰り、教師ジルベールと再会し、彼の論理学と神学の講義を聴いた。[9]」

ジョンはどこから帰ってきたのか。全体の文脈からすると、サザーンを批判してドロンケがいったように、シャルトルから帰ってきたと考える方が説得的である。この時期ジルベールはシャルトルからパリに来ていたが、おそらくジョンはシャルトルですでに出会っていたジルベールをパリで捜し、その弟子となったのであろう。[10] しかしジルベールは、その講義を始めるやいなや、一一四二年にポワティエ司教に任命されパリを去って行く。ジルベールはこのあとランス教会会議（一一四八年）で、彼の三位一体のテーゼについてサン・ティエリのギヨームとクレルヴォーのベルナールにより攻撃されることになるが、ジョンは『教皇史』のなかでその三位一体論の内容を伝えている。『教皇史』ではジルベールの議論が好意的に扱われているが、とくにジルベールがその神学において哲学者、修辞家、詩人の議論を参照しながら、個々の神学用語の属性、特徴を解明したと、称賛をもって語られる。(11)

ジルベールがポワティエに移った後、続いてジョンはロベルトゥス・プルス、ポワシィのシモンの講義を聴く。ロベルトゥスは、一一三三年にオックスフォードで教師だったことが知られているイングランド人であり、一一四四年に枢機卿に任命されイングランド人最初の枢機卿となった人物である。ジョンはロベルトゥスについて、徳があり優れた知識をもっているとのみ語る。一方、ポワシィのシモンは一一四五年にパリ司教座の聖堂参事会員だったことが知られている人物だが、彼については古典のよき理解者だが討論については知識が乏しかったと感想を述べている。(12)

こうしてジョンは十二年にわたる知的遍歴を終え、一一四七年にクレルヴォーのベルナールの推薦によりカンタベリ大司教シオボルドのもとに奉職することになり、パリを離れる。その後、彼は教会の行政にかかわり、さらにはカンタベリ大司教トマス・ベケットとイングランド国王ヘンリ二世との間でなされた教会の自由をめぐる闘争にかかわり、波乱に富んだ人生を送ることになるのだが、彼の学問観は、このパリもしくはシャルトルでの十二年に及ぶ学生生活において形成されたといえる。

二 「コルニフィキウス」への批判

このような知的遍歴を経てジョンは、自らの学問観を形成して行ったわけだが、彼が『メタロギコン』などで、あるべき学問と教育の方法について論じた背景には、彼自身が十二年にわたる遊学中に多くのまがいものの教師たちを見たことがある。ジョンが『メタロギコン』のなかで「コルニフィキウス（Cornificius）[13]」と名づけ辛辣な批判を加えるのは、深い知識もなく詭弁や揚げ足取りの議論に専念し、金銭欲によってのみ動かされる同時代の唾棄すべき教師たちに対してであった。ジョンはまさに、この「コルニフィキウス」のあり方を批判することによって、自身の学問と教育の理想を語っているのであり、それゆえに彼の学問観を検討するさいには、彼の「コルニフィキウス」批判をまず考察する必要がある。ジョンは「コルニフィキウス」の特徴を次のようにいう。

「私は、キリスト教的な名前への敬意に固執することがなければ、彼［コルニフィキウス］のよく知られた名前を指し示すだろう。そして、その心身における腫瘍、慎みのない口舌、貪欲な手、無責任な振る舞い、悪しき習俗――すべての隣人がこうした姿を忌み嫌っている――、汚れた肉欲、醜悪な体つき、恥ずべき生活、悪い評判について、はっきりと公衆に明らかにするだろう[14]。」

このような「コルニフィキウス」批判の背景には、とくにこの時期の貨幣経済の発展とそれにともなって生じた、知識が商売の対象となるようになった社会状況が考えられねばならない。つまり十二世紀に入ると、聖俗両方の権力がその行政機構を拡大するとともに、文書を作成できる多くの書記官僚を必要とするようになった。また訴訟の解決のために、法律の専門家が必要とされるようになる。さらに医学を学び医者になることも、よい収入を得る方法となる。こうした金になる職業に就くために学生の間で、短期間で利益になる学問のみを修めようとする風潮が当時起こっていたが、ジョンの「コルニフィキウス」批判は明らかにそうした傾向に対するものであった。[15] ジョンは『メタロギコン』のなかで「彼らにとり、知恵の唯一の果実は富である」と語り、そしてそうした者たちに多くの愚か者たちが従っていると辛辣に批判する。[16]

こうした「コルニフィキウス」と呼ばれる者たちは、人間の論証の能力そして言葉による表現の能力が、一定の訓練の結果としてではなく、むしろ個々の人間に内在する自然の能力によって決定されていると主張した。つまり彼らは、人間の知的な修練や教育の意味を過小評価する立場の者たちであった。ジョンは次のようにいう。

「誤った意見も判断と呼ばれるのなら、その［コルニフィキウスの］判断では、雄弁の規則を学ぶことは何の意味もない。なぜならそれは、自然が個々人に与えているか、または与えることを拒否しているか、どちらかのものである。自然が自発的に雄弁を与えている者には、勤勉なる修練は余計なものである。一方、自然がそれを与えることを拒否した者には、勤勉なる修練は不毛で無駄なことになる。[17]」

人間に内在する自然の才能のみに頼る「コルニフィキウス」は、ジョンに従えば、知的な修練をあざけるうぬぼれた者たちであり、怠惰と放蕩のうちで享楽の道を進み、信じやすい学生にむなしくつまらないものごとを教え、彼らに従う学生たちをも同じようにしてしまう。[18] ジョンは「コルニフィキウス」を批判して、人間がその内在的な才能を十分に実現するためには、一定の訓練が必要であるとする。つまり「コルニフィキウス」が、自然によって雄弁になりうる人間と、決してそうなりえない人間とをはっきり分け、雄弁を獲得する努力の意味を否定するのに対して、一定の訓練によってこそ、こうした自然の恵みは開花し発展すると語る。彼はヘブライ語の習得の例を出す。もし「コルニフィキウス」のいうことが正しければ、彼らはその自然の才能によって、母なる自然が我々の最初の先祖に与えた言語であるヘブライ語をすぐに話せるはずである。だが現実には、彼らは努力して習得することなしには、ヘブライ語を話すことはできない[19]。つまり人間に与えられた自然の能力は、それ自体としてはまだ有効なものではなく、一定の訓練の後に開花するものなのである。

「確かに自然は恵みを与えてくれる。しかしそれは、訓練なしに十分に開花するようなものでは決してない。また、そのようなことがあったとしてもまれにしかない。……逆に最も低い能力でさえも、倦むことなく勤勉であれば、高められ維持される。つまり、自然は恵み深いものであるから、放っておくのではなく陶冶されねばならない。そうすれば、自然は容易に恵みを与えてくれる[20]。」

「自然（natura）」と「学芸（ars）」の関係についてジョンは次のようにいう。人間に内在する自然の才能が熟練した学芸へといたるためには、固有の訓練を必要とするものであるが、自然はそうした学芸の完成のために、その乳母として人間に理性を与えた。そして、理性を媒介にして自然の能力は発展し、学芸を習得していく。いいかえれば、人間の自然の能力は、理性という人間に内在する力によって陶冶されていくのである[21]。要するにジョンにとって「学芸（ars）」とは、人間の「自然（natura）」を陶冶する「技術（ars）」にほかならず、学問とはその陶冶の方法を体系化したものといえる。

ところで、ジョンが『メタロギコン』のなかで批判する者のカテゴリーには、もう一つの類型があるのに注意しなければならない。それは論理学だけに人生を費やし、不毛なソフィスト的な議論に終始する者たちのことである。ジョン自身は論理学の有用性をはっきりと認め、『メタロギコン』のなかでアリストテレスの論理学著作群の議論の要約を行っているほどだが、一方で論理学のもつ否定的な側面についても意識していた。ジョンは次のようにいう。

「私はここで、論理学を攻撃することをもくろんでいるわけではない。それは好ましく有益な学である。むしろ私は、次のような者にとって、明らかに論理学が助けとなっていないことを示したい。つまり、辻で大声で議論し公共の場で教えながら、論理学を唯一の関心として、十年や十二年のみならず全人生をそれに費やす者たちである。老年になり体が弱り、感覚の鋭さが失われ、以前のような情熱がうせてもなお、彼らにおいては論理学のみが話題にされ、その思考を専有し、他のあらゆる学問の場所を奪っている。[22]」

ジョンは、論理学が他の学問の補助として使われるのでなければ、それ自体としては不毛なものとなりうることを指摘する。[23] そのような例として、「市場に連れて行かれる豚は、人間によって引かれるのか、綱によってか」とか「大きな縁なし帽を買った者は、頭巾を買った者だといえるのか」とかいったソフィスト的な議論を行う学者の例をあげている。[24] ジョンの理念に従えば、個々の学問は相互にかかわりあうものであり、一つの学問のために他の学問が犠牲にされることがあってはならない。まさに十二世紀のこの時期に、論理学が他の学問を追いやり、全体の調和を脅かすほどになっていた。それについて、彼の韻文の著作『エンテティクス』で次のようにいう。

「アリストテレスのみが称賛され、キケロや征服されたギリシアがローマに残したすべてが軽蔑される。法学は軽視され、自然学は価値のないものと見なされ、あらゆる文芸が粗野になり、論理学のみが喜ばれる[25]。」

ジョンの学問論の背景には、このように新しく流行となった論理学が、学問の全体の調和を損なって行く状況を見るべきであろう。いわばこうした、知識が金儲けになり、さらに論理学という新しい学問が支配力をもった時代に、古典の十分な読書と時間をかけた言葉の訓練を要請したのが『メタロギコン』の意図なのである。

三　認識の構成

ジョンの具体的な学問観を考察する前に、彼が『メタロギコン』で描く、学問の営みの基礎となる人間の認識のあり方について概観してみたい[26]。

ジョンはアリストテレスの『分析論後書』に依拠しながら、人間のすべての認識の基礎が「感覚（sensus）」であると語る。人間は感覚なしには、まったく認識することができない。そしてまた、我々が感覚的な経験をもたなければ、それをもとにして推論を行うこともできない。感覚的経験によって認識された事物は、学問の営みに対して素材を提供する。ジョンに従えば、「肉体的な感覚は、我々の自覚的な魂の第一の力、または最初の働き」であり、人間はそれによって、あらゆる学芸の基礎となる最初の知識を形成する[27]。そのことについて、アリストテレスに従いながら次のようにいう。

「感覚は、アリストテレスに従えば、事物を判断する自然の能力であり、感覚なしには認識はありえない。もしある者が自然学者のように、四大もしくは質料と形相からなる自然の作品を扱うとき、その分析のありかたは感覚のもたらす情報に依存している。……哲学者もまた推論を行う点で自然学者と数学者の仲間であるが、彼もまた感覚の証拠を使いながら、非物質的な知性の認識のために役立つ事物を扱う。(28)」

人間はその感覚の経験によってものごとを把握し、その似姿を自身のうちに保持する。さらにこうして保持された似姿が、しばしば思い浮かべられることによって「記憶（memoria）」が形成されることになる。こうした似姿を思い浮かべるさいに働く力が「想像力（imaginatio）」である。そして、感覚の活動が現在あるものを把握する行為であるのに対し、想像力は一定の場所や時間に捕らわれることのない精神の働きであるとされる。(29)

ジョンはいう。感覚とは、あるものが白いとか黒いとか、暖かいとか冷たいとかを表明する行為であり、それは人間の認識における第一の判断である。また、すでに獲得されたイメージにもとづいて、認識されたものを確認する想像力の行為が、認識の第二の判断である。そして、このような感覚と想像力による判断は「意見（opinio）」と呼ばれる。しかし意見は、必ずしも信頼できるものではない。理性をまだ十分に所有していない子供だけでなく、大人も、意見においては誤ることがある。ジョンはそのような例として、アリストテレスに従いながら、子供がすべての男を父と見なし、すべての女を母と見なす例、また水のなかの棒が、どんなに視力がある者にも、曲がったように見える例をあげている。(30)

このように我々の感覚的経験はだまされることがあるが、それを防ごうとする徳が「洞察（prudentia）」である。つまり、感覚による認識が誤りを犯す可能性があるために、人間の精神は、「洞察」の力で、より確実な認識を目指そうとする。「洞察」の徳は、それぞれの状況に従って、先見性、抜け目なさ、巧みさ、注意深さといった形で働き、確実な判断を実現すべく努めるのである[31]。

しかし人間が、明晰な理解、確かな記憶、正しい判断の能力をもつようになるのは、「理性（ratio）」によってである。ジョンに従えば、理性は、物質的のみならず非物質的な対象を探究し、それについての正しい判断を形成しようとする精神の力である。感覚が物質的なもののみにかかわるのに対して、理性の向かう対象には物質的なもののみならず、非物質的なもの、つまり感覚を超えた思弁的なものも含まれる[32]。ジョンは理性の働きについて、次のようにいう。

「魂は感覚により刺激され、さらに洞察力による配慮で強く動かされながら、自身を働かせる。そして魂は、力を一つに集中させながら、感覚と意見から生じる誤りを避けるようにもっぱら努める。そうした努力によって魂は、より鋭く観察し、より確実に理解し、より正しく判断するようになる。そしてこの努力する力が理性と呼ばれる。理性は自然本性にもとづいた霊的な力であるが、それは物質的な事物と非物質的な事物を識別し、事物を確実で正しい判断で探究しようと努める[33]。」

そして理性によって人間は、動物を超えるものとなる。動物もまた、一定の食べ物を区別したり、危険を避け必要物を手に入れる判断力をもつが、それは理性の働きによるのではなく、動物の自然の感覚にもとづくものである。つまり、神が人間を、「神的な理性（divina ratio）」を分かち合えるように創造したので、人間のみが正しく考えることができる。すなわち、創造の初めに神の摂理によって、人間以外の動物たちには自然の感覚のみが与えられたが、人間のみに正しく議論を行うための推論の力が与えられた。そしてそれは、最後に神のもとに帰るであろう人間の魂が、神の真実を思いめぐらすことができるようになるためである[34]。

このように人間は、理性が与えられることで、動物を超えるものとして創造されたが、一方で人間の理性は、神の理性に劣る。神の理性はすべての対象を認識し、その本質や意味を限界や誤りなく理解する。つまり神の認識は無限である。しかし被造物である人間の認識は、人間の罪と弱さのゆえに、多くの誤りにゆだねられており、神のような完全性、無欠性からは離れている。不完全である人間の認識は、自分で発展させねばならないのである[35]。

ところで、人間が理性を用いた活動を行うさい、その媒体となるのが言語である。従って理性と言語が、人間を動物以上のものに高める。ゆえにジョンは、文法や論理学、雄弁術といった言葉にかかわる自由学芸を、人間の精神を高めるための基本的な営みとする[36]。

さらにジョンは理性の上に、理性を超えるものとして「知性（intellectus）」という真実の直観的な理解のしかたがあることを語る。しかしそれは、神と少数の選ばれた人々によってのみ所有されるものである[37]。

四　学問の体系

（1）学問の意味

ジョンは、今見てきたような人間の知的認識の論理を定式化するが、このようにして認識された事物を分析し整理する装置として、彼は学問をどのように理解しているのだろうか。それについて、ここで検討してみよう。

ジョンにとり、我々の用語でいうところの学問を意味する言葉は、哲学である。しかし彼が使う哲学の意味は、同じ中世の思想家とはいえトマス・アクィナスなどが用いるさいの意味に比べるとはるかに広い。

トマスが、哲学と神学とを対比的にとらえ、哲学が理性による事物の認識を扱う学、神学が神と被造物の認識を聖書における神の啓示の言葉を媒介にして考える学とするのに対して、ジョンの場合は、哲学によって、実践的な生の知恵のようなものが考えられている。つまりジョンにおいては、学問は何らかのしかたで、個々人の生にとり意味をもつものでなければならない。すべての学問の究極の目標は、汝自身を知れ、ということであり、そのような自己認識の成果が、真の有益性、隣人愛、俗世の軽蔑、神への愛となる(38)。

さらにこのような、哲学における知識と倫理の調和の発想は、哲学に求められるものにも現れる。ジョンは、次のようにいう。哲学は、その活動に従って二つの段階がある。第一のものは、認識のそれである。つまり、事物の種類や特徴を研究して、その真の関係や意味を認識することである。第二のそれは、認識したものを獲得しようとする行為である。そして両者の活動は統一されていなければならず、第一のもので満足しようとする者は、真の哲学者ではない。彼によれば、哲学の働きは、人間にすべての出来事や外からの影響に対して免疫を与え、すべての運命を担い、事物を正しく統御しうるための力を与えるものである(39)。

(2) 学問の分割

さて次に、彼の具体的な学問の体系について見てみよう。彼が『メタロギコン』で定式化する学問の分割は、いわゆるプラトン主義的なものである。つまり、哲学＝学問の総体を、自然学、倫理学、論理学へと分割する(40)。自然学の扱う問題は、「世界が永遠不変であるか、始まりをもち時間において終わりをもつか、またはこれらの二者択一のどれも正確でないか」といった問題を探究する。つまり、事物の総体をその存在に従って研究する。これに対して倫理学は、「親に従うよりも法に従った方がよいかどうかといった問題」を検討する。さらに論理学は、これら二つに、迅速な推論という方法を提供する学問である。ゆえにそれは、たんに推論と論証についての独立した学問であるのみならず、他の諸学の基礎となる分析の道具でもある(41)。

さらに彼の学問の体系においては、数学が自然学から除外され、自然学、倫理学、論理学とならぶものとして扱われていることに注意しなければならない。そして数学は、四科（天文学、幾何学、算術、音楽）を包摂する学問として言及される(42)。

ところで、この時期の学問分割の議論としては、サン・ヴィクトルのユーグによる定式が大きな影響力があった。彼の『ディダスカリコン』に従えば、学問は、理論学、実践学、機械学、論理学に分割される(43)。ユーグの学問分割は、ジョンに影響しなかったのだろうか。ジョンは、『エンテティクス』のなかで、ユーグのものを思わせる学問分割に言及している。そこで次のようにいう。

「哲学は、聖書を自身の頭と見なす。
すべての学問は聖書に奉仕する。あらゆる機械的技芸や思弁的な学も、
その用途が多様であることを、あなたは見るだろう。
法もそれらを制限せず、公的な利用が認められている。
学芸は聖書に仕え、自身の職務を成し遂げる。
実践学も聖書に奉仕し、理論学もまた仕える。

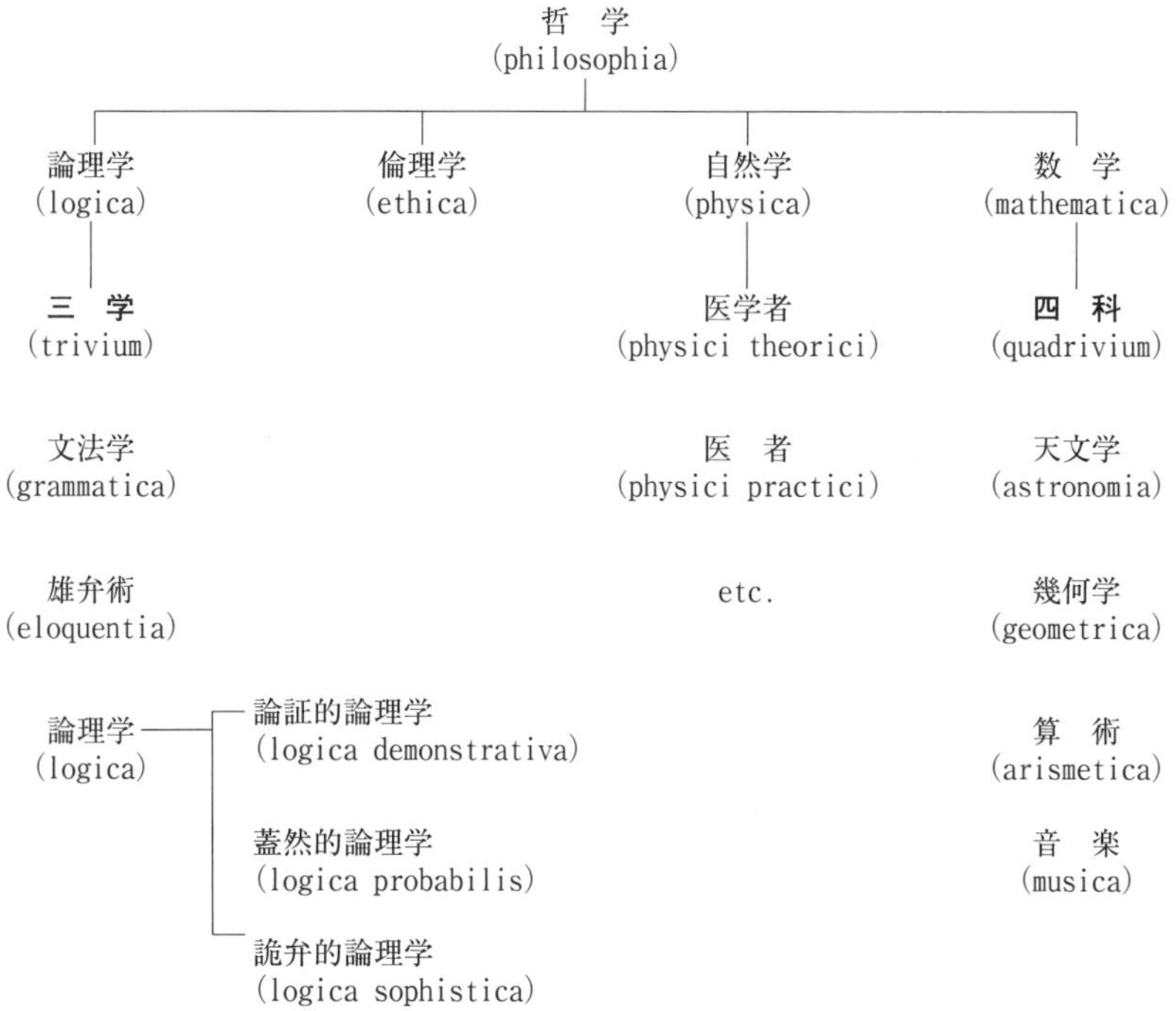

図 ジョンの学問分割

哲学が聖書の国の城となる。(44)」

ここで、ユーグに近い分類がなされている。しかし論理学は言及されず、また、理論学と実践学の内容については、どこにも言及されない。ただし、ユーグが論じた機械学については、『メタロギコン』でも言及される。(45)だが、ユーグに近い分類が言及されるのはここだけであり、彼の学問分割の基本となるのは、すでに述べたプラトン主義的なものである。

次に、ジョンの言説に従って、自然学、倫理学、論理学、数学といった個々の学問について詳しく見ていきたい。

まず自然学は、基本的な学問であり、自然の研究にたずさわるものである。自然学の任務は多様である。それは存在や世界の起源のような基本的な問題を扱う一方、またそれは動物学として動物について記述したり、分類したりする。また自然の法則に従った出来事の把握によって、将来の出来事の認識を可能にしたりする。(46)

また自然学者（physici）は、その特殊な意味として、医学者（physici theorici）と医者（physici practici）という意味をもつことをジョンはいう。医学者は、健康や病気の条件にたずさわる者とされるが、ジョンは、同時代の医学者にほとんど信頼をおいていない。なぜなら彼らは、その認識の可能性の限界を守らず、なしうる以上のことを約束するからである。それに対して、その職を真摯に遂行する限りで、医者が高く評価される。(47)

次に倫理学について見れば、ジョンの体系のなかで、倫理学にはとくに高い位置が与えられる。倫理学なしには、哲学はありえない。それは重要性と品位において、他のすべての学問を凌ぐ。それは、人間の行為の善悪を判断し、行為を倫理的な序列に従って上下に位置づけていく学問であり、全学問のうちで、最も卓越したものと見なされる。ジョンはいう。

「学問のすべての分肢のなかで、最大の美を与えるものは倫理学である。それは哲学の最も卓越した部分であり、それなしには、哲学はその名にさえ値しない。(48)」

ところで論理学については、『メタロギコン』で自然学や倫理学についてよりも詳しく論じられる。彼は論理学という言葉で二通りの理解を示す。一つは広い意味での論理学であり、それは「話し議論するための理性（loquendi uel disserendi ratio）」ともいわれる。そしてもう一つは狭い意味での論理学であり、それは「議論するための理性（disserendi ratio）」ともいわれる。(49) 広い意味での論理学は、「言語表現と推論の学問」である。つまりそれは、言葉にかかわるすべての教えを包括する。狭い意味でのそれは、推論の規則に限定される。そして、このような二つの意味は、ギリシア語のロゴスという言葉のもつ、言葉と理性という二つの意味から派生する。(50)広い意味での論理学には文法学も含まれることについて、次のようにいう。

「すべての自由学芸のなかで、第一のものは論理学である。とくに論理学の役割は、言葉についての第一の教えを与えることである。すでに説明したように、論理学という言葉は広い意味をもっており、論証的な推論の学問にもっぱら限定されるものではない。［それは］正しく話すことと書くことの学問であり、すべての自由学芸の出発点である文法学を［含む］(51)。」

そして文法学が、すべての哲学の揺籃であり、言葉にかかわる研究の第一の乳母とされる。文法学は、「我々を、その幼時において育み、哲学における我々のすべての前進の歩みを導く。それは母のような配慮で、哲学者を最初から最後まで育み、保護する」とされる。(52)

ところで狭い意味での論理学は、次の三つのものに分けられる。それは、「推論の論理学（logica demonstrativa）」、「蓋然性の論理学（logica probabilis）」、「誤謬の論理学（logica sophistica）」である。「推論の論理学」は、必然性をもった原理によって帰結を導く推論にかかわるものである。「蓋然性の論理学」は、多かれ少なかれ、蓋然性によって明らかになる推論について扱う。そこでは、「推論の論理」が、証拠のみに頼るのに対して、支配的な意見を考慮せねばならない。「誤謬の論理学」は、誤謬のさまざまな可能性と種類を扱うものであり、それについての知識は、誤った構成を避け、正しく判断し、真実を認識するのに不可欠である。(53)

ジョンは、これらについて次のようにいう。「推論の論理学」は、所与の命題について、人々が何を考えるかといったことには注意を払わないものであり、その唯一の関心は、ものごとがそうあらねばならないということを示すことである。つまりそれが明確にするのは、命題の不可避性である。一方、「蓋然性の論理学」は、多くの者にとって、少なくとも賢人にとって、妥当と見える命題にかかわるものである。ジョンによれば、これは弁証法と修辞学を含むものである。なぜなら、弁論家や雄弁家が、その相手や裁判官を説得しようとするさい、彼らにとってその議論が蓋然性をもつかぎりで議論は有効なのであり、それの真実や偽りにそれほどかかわることはないからである。さらに、「誤謬の論理学」つまり「詭弁」は、蓋然性または不可避性の見かけをもつに過ぎないことを扱うものである。[54]

こうして分類される論理学は、一つの学問の分肢であるとともに、すべての学問を貫く方法となるものでもあった。ジョンは、とくにこの後者の意味を強調する。論理学のみでは、それは役に立たない。それは他の学問との関連で初めて意味を獲得する。[55]

次に、自然学、倫理学、論理学とならぶものとして独立的に考えられている数学について見てみよう。ジョンによれば数学は、すべてを包括する「多さ（multitudo）」と「大きさ（magnitudo）」を扱う学問とされる。「多さ」それ自体は算術の対象である。また「他のものに関係づけられた多さ」は音楽の対象である。また「不動の大きさ」は幾何学の対象であり、「動きうる大きさ」を扱うのは、天文学と天体研究である。[56]

さらにジョンは、星の研究では、二つのしかたが区別されるべきことを述べる。つまり「教義的な数学（mathesis doctrinalis）」と「神的な数学（mathesis divinatoria）」である。学問的な星の研究は、その学問性を失うことがないように、一定の限界を守らねばならない。この両者は、多くの点で共通するが、「神的な数学」

が星の解釈や占いとなるとき、もはや真実ではなく、誤りへと導かれる。だが、学問的な限界内であれば、星の観察とその自然法則に従った関係づけから、何らかの将来への推論がなされるべきでない、とはいえない(57)。こうした数学の考察方法はきわめて抽象的なものであり、堅固な証明と一貫性によってのみ構築される。

このほかに、ジョンが学問の一分肢として分類したわけではないが、彼が言及する他の知の領域として歴史と法学がある。彼は、これらの知の分野についても、少なからず重要な言説を残している。まず歴史については、ジョンが『教皇史』の序で、歴史記述の役割と方法について述べたところが注目される。そこで次のようにいう。歴史記述の任務は、同時代と後代の人々の役に立つことである。であるから、そこでは知るに値することが記されるべきである。そして、出来事の叙述によって、神の存在とその働きを明らかにし、また報いと罰によって、人間を神の恐れや正義へと導くためになされるべきだ、とされる。つまり、ジョンは歴史記述に、宗教的かつ実践的な役割を与え、そうした宗教的かつ倫理的な要請を、歴史からの範例で基礎づけることを歴史記述の任務とした。『教皇史』におけるジョンの歴史記述の方法は、自身の体験から事実と認められたことがらとともに、信頼しうる人々が書物で書き残したことがらを報告しようとする態度にある(58)。

一方、ジョンの法学についての見方は、『ポリクラティクス』で見出されるが、そこでは第一に、訴訟手続きの問題が扱われている。また、裁判官に正確な法の知識を望み、教会法と世俗の法の区別を協調するが、我々が法学と見なす内容については何も語っていない(59)。

五　あるべき教育の方法

ところで、このように体系立てられた学問はいかに学ばれるべきか。ジョンは、『メタロギコン』のなかで理想的な教育の方法について詳しく述べている。彼に従えば、学問に入るための最もよい手段は、「読書（lectio）」、「学習（doctrina）」、「瞑想（meditatio）」を熱心かつ勤勉に行うことである。それについて次のようにいう。

「あらゆる哲学と徳の修練のために重要なものは、読書、学習、瞑想、そして勉学の熱心さである。読書は、目の前にある書かれたものの内容を扱う。学習は同じようにたいていは書かれたものを探究することであるが、しばしばそれは、記憶のなかに保存されている事物や、あるいは、現在の問題の理解に役立つ事柄のような、書かれたものでないものも対象とする。一方、瞑想は知られていないものを目指し、しばしば、理解しえないもののところへまで自身を高め、事物の明確な様相のみならず、隠された側面をも探究する行為である。」(60)

とくに学問の最初の営みであり、かつその中心になるものは読書である。ジョンは、クィンティリアヌスに従って読書を二つのものに分ける。一つは、自分で行う「私的な読書（lectio）」、もう一つは、教師による「講義（prelectio）」である。

「読書という言葉は曖昧なものである。それは、教えそして教えられることの活動を指すか、または書かれたものを自分で探究する行為を指す。一方の教師と学生の交わりは、クィンティリアヌスの言葉を使えば、講義といわれる。一方の学生による探究は、単純に読書といわれる。[61]」

ところで、こうした古典の読書や講義を核とする教育において、ジョンがその模範として語るのはシャルトルのベルナールが行った教育である。『メタロギコン』で語られるベルナールの方法とは、次のようなものである。ベルナールはまず、読んでいるテキストの箇所を文法的および内容的にわかりやすく説明し、そののちに、その内容が示す他の諸学科との関連を明らかにした。そうすることで、そのテキストから読み取れる、知るに値するすべてのものを引き出そうとした。また、ベルナールは個々の学生に対して、それぞれの状態に従って理解しうるテキストを与えていた。そして授業の次の日には、前日に扱ったものの復習をさせた。また夜の授業では、まず文法のおさらいをし、そののちに信仰を深め道徳心を陶冶するための主題を講義した。さらに彼は、詩人と歴史家の書いたものの読書をとくに勧め、毎日そうしたものを学ばせていた。また彼は、学生に余計なものに取り組まないように注意した。なぜなら取り組むべきものは、定評ある作家だけで十分だからである。[62]

こうした模範的なベルナールの教育方法と対比的に、ソフィスト的な議論に終始し、知恵や徳を求める学問の本質を忘れた教師たちの悪しき様相が『ポリクラティクス』で語られている。ジョンはそこで、彼らを「言葉が知恵であると見なす軽薄な者たち（nugatores qui sapientiam uerba putant）」と呼び、その特徴を次のようにいう。彼らは、実際に賢明であることより、人からそう見られることを望む者であり、些細な問題を取り沙汰して深く考えることもなく、意味のない議論に終始している。彼らは知恵があると自慢するが、いつもその無知が露呈するのを恐れている。だが、彼らは学んだり研究したりするのを嫌うので、無知のままにとどまらざるをえない。そしてあらゆるテーマについて語りたがり、すべての人物について評価を下すが、自身のみを称讃し自分以外の者はすべて批判する。また彼らは、古典のなかですでに知られている事柄をまるで自分が発見したかのように自慢したがる。そして、たとえ扱う問題が難しくなくても、その言葉数の多さで難解さを装い、難解でよくわからないことをいうことが哲学者の条件であると考える。彼らは、その無知のゆえに、講義で繰り返し同じことをいう。そして笑うべきことには、彼らの間では、より多くの言葉を語りうる者がより学識ある者と見なされている。それゆえ、彼らの意見が何にもとづいているのか、またどのようにして論証されたのか、といった問題はどうでもよいものとされる。[63]

こうした言説は、「コルニフィキウス」への批判と重なるものだが、同時代の学者に対するジョンの批判は辛辣を極めており、それが彼に理想の教育を語らせる原動力になっている。さらにジョンは、教師が講義を行うさいの注意として、次のようなことをいう。第一に、講義はできるだけわかりやすく単純であるべきである。また学生には、それぞれの時期や段階に合ったものを講義しなければならない。そして学生が、テキストの読解の過程で理解しえない箇所に遭遇しても、そこで留まらせるべきではなく、むしろ先に進ませるべきである。なぜなら読書が進めば、あとで得た知識で、以前理解できなかった箇所も理解できるようになるからである。[64]

六　古典への態度

ジョンはこのように、学問の基礎的行為として読書を考えたわけだが、具体的にどのような古典の読書を勧めたのだろうか。彼が学問を修めようとする者に提示する読書のプログラムのなかで、はっきりと優越した位置が与えられるのは聖書である。のちにシャルトル司教にもなったジョンは、当然、聖書を熟知し、聖書についての専門的知識をもっていたであろう。学問分割のところですでに引用した『エンテティクス』の箇所でいわれるように、ジョンは、聖書をすべての学問の上に立つものと見なし、聖書の理解のために、あらゆる学問が奉仕すべきだと主張する。(65)さらに異教の優れた哲学者の言説さえも、モーセの言葉よりは劣ると述べ、聖書が異教の古典に対して優位にあることを明確にする。(66)

しかし、このように聖書を最も重視する一方で、十二世紀ルネサンスにおける古典研究の復活は、ジョンにも大きな影響を与え、異教の古典が彼の思想の中核をなしていることも事実である。だが彼にとって、すべての哲学者が同じように重要なわけではない。重要な者もいれば、重要でない者もいる。(67)彼が最大の哲学者と見なしたのはプラトン、アリストテレス、セネカ、キケロといった者である。とくに彼は、プラトンを「哲学者たちの君主（philosophorum princeps）」と呼ぶ。(68)プラトンは、ソクラテスが基礎を作った倫理学とピタゴラスが基礎を作った自然学に、論理学を付け加え、哲学全体を倫理学、自然学、論理学の三つの部分に分けた。(69)しかしプラトン自身は論理学の規則を集成せず、その仕事はアリストテレスにゆだねられた、と彼はいう。(70)ところで、ジョンが直接読んだことのある唯一のプラトンの著作は、カルキディウスによって翻訳された『ティマイオス』の一部分（17A-53C）である。彼はそれを完全に知っていたが、またプラトンの『国家』や『パイドン』のような他の著作からも文章を引用している。だがそれらは、キケロやカルキディウスの著作のなかで伝えられたものの孫引きである。ジョンはさらに、アプレイウス、アウグスティヌス、マクロビウスなどの著作から、プラトンやプラトン主義の観念を受容している。(71)しかし、彼自身のプラトンに対する称讃にもかかわらず、ジョンは、完全にプラトンに従ったわけではない。たとえば普遍の問題では、プラトンよりもアリストテレスに従っている。[72] また、信仰の啓示にプラトンの教説が反するとき、ジョンはそこから離れている。たとえば、一度天上に昇った魂が再び地上に降りて、動物などの魂になるというピタゴラス学派の教義に従ったプラトンを批判する。

「ピタゴラス学派が無垢、質素、俗世の軽蔑を教えるかぎり、それに従うべきである。しかし彼らが、天上に昇った魂が再び降りて動物の体に入ることもあるというとき、その点ではピタゴラス派に従ったプラトンも否定されねばならない。なぜなら、プラトンはピタゴラス学派に従い、生者から死者が、死者から生者が、相互的に作られると教えたから。[73]」

しかし、結局プラトンは、誤りよりも真理を教えている。『エンテティクス』で次のようにいわれる。

「プラトンの教えは誤りもあるが、注意深い者には害がない。
その教えにはいくつか悪しき部分があるが、悪よりも善を多く教えている。
賢明なる者は刺草《いらくさ》を避け、健全な薬草をその手で取ることができる。
また棘に傷つけられずに、薔薇を摘むことができる。[74]」

一方、彼のアリストテレスに対する態度は一見すると曖昧である。プラトンのようにアリストテレスも、ジョンによって「君主」の称号を与えられるが、その支配力は、プラトンのようにすべての哲学に及ぶものではない。

なぜなら、アリストテレスを「哲学者の君主」ではなく、たんに「逍遥学派の君主（Peripateticorum princeps）」と呼ぶからである。(75) しかしジョンは、アリストテレスを西欧の知的世界で復活させた初期の重要な人物である。彼はアリストテレスの『トピカ』が不当に無視されてきたことに驚き、忘却の淵から引き上げられたことを喜びをもって語る。(76) ジョンは、アリストテレスが必ずしもつねに正しいわけではないという留保を付けながらも、アリストテレスの著作を無視し、ボエティウスの論理学のみで満足する者は、ほとんど何も学ぶことはできないと語る。(77) 彼は『メタロギコン』四巻五章で、なぜアリストテレスは他の者にまして哲学者の名に値するのかと問う。それに対して、それはアリストテレスが論理学で最高の者であるからである、と答える。そして「もしあなたが私を信用しないのなら、ピサのブルグンディオのいうところを聴け。彼が私の主張の根拠である」という。(78)

だがプラトンについていうのと同じように、つねにアリストテレスが正しいわけではない。ジョンはいくつかのアリストテレスの誤りをあげる。たとえばアリストテレスが、神自身も悪をなしうるとしたこと、また神の摂理が月より下には届かず、地上の現実は神慮によって支配されないとしたことは誤っている。(79) しかし、こうした欠点を埋め合わせることがある。それはアリストテレスが、論理学では比肩するものをもたない、という点である。彼はとくに論理学の武器の扱いを教える教師である。アリストテレスは、「論理学を学ぶ者たちの教練指導官（campidoctor eorum qui logicam profitentur）」と呼ばれる。(80) そしてジョンが、アリストテレスに従うのは、まさに論理学における有用性のゆえである。

ジョンにとって、さらなる古代哲学の大人物はセネカである。セネカは徳と倫理の偉大な教師であり、彼の文章は簡潔で非常に美しい。「異教徒の倫理学者で彼ほど、その言葉と文章をあらゆる問題で適切に使うことのできる者はほとんど見出されない」とされる。[81] しかしそれ以上にジョンが、哲学の教師として最も模範としたのは、キケロであった。『エンテティクス』で「ラテン世界は、キケロ以上の者をもたなかった」と述べるように、キケロはジョンにとり、たんに雄弁術の教師であるのみならず思想の教師でもあった。[82] ジョンの思想を貫く節度ある懐疑主義を教えたのはキケロであったといえよう。さらに、ジョンの政治社会論の種々の論点でもキケロの観念が現れる。たとえば、国家や社会が形成されるさい、「最高の生の指導者（optima uiuendi dux）」たる「自然」に従うべきであるとした議論や暴君放伐論の言説では、彼は明確にキケロに従っている。[83]

おわりに

ソールズベリのジョンが『メタロギコン』などで定式化した学問観は、大部分、彼の修学時代に彼の師たちの授業で取ったノートにもとづいていると考えてよいだろう。たとえば『メタロギコン』のなかで彼は、アリストテレスの論理学の議論を要約しているが、それなどはまさに、彼の師たちの教えの再現といってよい。『メタロギコン』、『ポリクラティクス』、『エンテティクス』といった彼の著作から見てとれるのは、古典からの引用がそれ以前の中世の著作家のみならず同時代の他の学者に比べても膨大な量に上っていることである。これは、いかに彼の修学時代が実り豊かであったかを示すとともに、当時の学問水準が、古典研究に関して飛躍的に上昇したことを表すものでもある。『メタロギコン』のなかで言及される「われわれは巨人の肩に乗った矮人のごとき者である」というシャルトルのベルナールの言説は、まさにこうした古典研究の飛躍的な進展を表現したものとも受けとれる。[84] ジョンが一定の古典に依拠せず、個々の古典を折衷主義的に利用したということがこれまで彼の学芸論でいわれてきたが、そうしたジョンの態度は、古典研究の進展により、数多くの古典著作を相互に比較し批判的に摂取しうる状況が生まれてきたことの証拠ともいえよう(85)。

おそらく、彼が『メタロギコン』で述べた学問分割もその修学時代に学んだものであろうが、サン・ヴィクトルのユーグが『ディダスカリコン』で定式化した分割とはまったくことなることから、この時代なお、定まった学問分割の方法は知的世界のなかで形成されていないことがわかる。いずれにせよ、彼が『メタロギコン』などで意図した主張は、十二世紀中頃の急激に変化する社会のなかで専門化および商業化する知のあり方を批判し、知が人間の生に奉仕し人格を陶冶するためのものであることを説くことであった。それは、彼の「コルニフィキウス」批判で明確に見ることができるが、とくに彼は、学問のなかで狭義の論理学が突出するのに対して、論理学を文法学などの三学を包括する広い学問として捉えながらも、人間の基本的素養として言語表現の訓練が不可欠であることを述べた。そうした彼の主張は、行き着くところ優れた古典の読書の勧めとなる。ジョンにとっての学問は、いわば人間が正しく生きるための手段にほかならない。そのかぎりで、彼の学問体系のなかで倫理学が中心となるのは当然であり、そこに彼が「キリスト教人文主義者」と呼ばれる所以がある(86)。

（補論）

遊学時代をめぐって

――『メタロギコン』二巻十章の解釈

はじめに

ソールズベリのジョンは、一一三〇年代から一一四〇年代終わりにかけて約十二年間、パリおよびシャルトルで勉学を行った。この時期、北フランスの司教座付属学校を中心に、自由学芸や神学などの学問への関心が急速に高まっていた。とくにシャルトルとパリの司教座付属学校がその中心であった。シャルトルの学校は、シャルトルのベルナール以降、ラテン語古典の講読による自由学芸教育の中心となり、そこでは新しい人文主義的な教育の体系が生み出されていた。またシャルトルの知的な繁栄に続いて、パリでも神学や自由学芸の教育が活発に行われるようになる。シテ島の司教座およびサント・ジュヌヴィエーヴの丘の上で、アベラールなどの教師たちが多くの学生を集めていた。こうしたなか、イングランドのソールズベリに生まれたジョンは、新しい学問を身につけるべく、まずパリのアベラールのもとに遊学する。さらにパリで、さまざまな著名な教師たちの教えを受け、新たにラテン語訳で読むことができるようになったアリストテレスの論理学などを学んだ。またシャルトルではコンシュのギヨームのもとで文法学、自然学などを学ぶ。

こうした彼の知的な遍歴の過程は、『メタロギコン』の二巻十章に詳しく描かれている。『メタロギコン』のこの部分は、十二世紀中葉の大学成立以前の時代における教師と学生の状況を伝える数少ない史料の一つとして重要である。しかしまた、ここでの知的な遍歴の記述は、ごく簡単でしかないので、その解釈をめぐってはこれまで見解の対立があった。とくに、ジョンがシャルトルでコンシュのギヨームの教えを受けたとする通説的な理解に対して、サザーンが、ジョンはシャルトルには行かずパリでのみ勉学を行ったとする解釈を打ち出したのはとくに有名である。それは、シャルトル学派自体の意義をどう評価するかという問題ともかかわる重要な問題提起であり、なお検討する余地のある議論であろう。ここでは、これまでの『メタロギコン』二巻十章の解釈を手際よくまとめたウェイヤースの研究を参照しつつ、ジョンの知的な遍歴の年代的な経過と、それぞれの時期に教えを受けた教師たちについて明確な見取図を描いておきたい(1)。

一 抄訳

『メタロギコン』二巻十章は、ジョンが「イングランド王ヘンリ一世の死の翌年」つまり一一三六年に初めてガリアへと赴いたという記述から始まる。そしてそのときから十二年にわたり勉学を行ったと語る。そのあとで、具体的な勉学の過程が師事した教師たちの名前をあげながら語られるが、その内容は次の五つの部分に分けることができよう。以下は、それぞれの部分についての抄訳である。

［1］ 私はイングランド王ヘンリ一世の死の翌年、まだ若いときに、勉学のため初めてガリアへと渡った。私はアベラール（Peripateticus Palatinus）のもとへと赴いた。彼はそのとき、サント・ジュヌヴィエーヴの

丘の上で教えていた。彼は高名で学識のある教師だった。……彼が去ったあと――それは私にはあまりにも早く思えたが――、私は教師アルベリクス（magister Albericus）の弟子となった。彼は弁証法学者のなかでも、最もすぐれた者で高い評価を得ていた。アルベリクスは、唯名論の一派に対する最も厳しい批判者だった。私はほぼ二年間、こうしてこの丘の上で過ごした。その後、この学芸［論理学］の教師として、アルベリクスと教師ムランのロベルトゥス（magister Robertus Meludensis）に付いた。後者はイングランド人だったにもかかわらず、このあだ名を、指導した学校の場所にちなんで付けられた。……私はこの教師たちのもとで二年間勉学して、命題や規則、他の基本原理を用いることに精通した。それらは若者の心を満たしてくれた。この教師たちはこの問題に通じ、能力があった。その結果、それらは私の指や爪のようなものとなった。私はこの主題［論理学］を完全に学んだので、若さの軽率により、私は自身の知識を過大評価するようになった。私は学んだことをよく理解したので、自分を若い賢者とみなした。[Cum primum adulescens admodum studiorum causa migrassem in Gallias, …eo quod in his quae audieram promptus eram.][2]

［2］　それから私は我に返り、自分の力を理解したので、私の教師たちの良き配慮と助言により、コンシュの文法学者（grammaticus de Conchis）［コンシュのギヨーム］のもとへ移った。私は彼のもとで三年間学んだ。その間私は多くの書物を読んだ。私はその時間について、決して後悔することはないであろう。[Deinde reuersus in me et metiens uires meas, …nec me unquam paenitebit temporis eius.][3]

［3］　その後、私は「司教」のあだ名をもつリカルドゥス（Richardus cognomento Episcopus）の弟子となっ

た。リカルドゥスはどの学問の分野にも通じていた。……リカルドゥスに付いて私は、他の者のもとで学んだすべてを復習した。また、かつてドイツ人ハルデウィヌス（Teutonicus Hardewinus）から手ほどきを受けた四学にかんしても付加的なことがらを学んだ。また修辞学を復習した。それについては他のことがらとともに、かつて教師ティエリ（magister Theodoricus）［シャルトルのティエリ］のもとで少し学んでいたが、そのときは少ししか理解していなかった。のちに私は、ペトルス・ヘリアス（Petrus Helias）から修辞学を十分に学んだ。また私は、貴族の子供たちを生徒としてもった。私には友人や親戚の助けがなかったので、神が助けて下さり、この子供たちが私の貧困に対して日々の糧を与えてくれた。……続いて私は、教師アダム（magister Adam）［プティ・ポンのアダム］のもとに行き、彼と非常に親しくなった。アダムは鋭敏な才能の持ち主で、他人がどう見なそうと、広い学識をもった人物であった。彼はとくにアリストテレスの研究に没頭していた。私は彼の弟子ではなかったが、彼は喜んで私にその知識を伝授してくれた。そして、彼がほんのわずかの者にしか説明しなかったことを私には明確に教えてくれた。彼は周囲から妬まれているように見えた。この頃私は、ソワッソンのギヨーム（Willelmus Suessionensis）に論理学の初歩の規則を教えたが、のちにギヨームは、古い論理学を打ち壊して革新的なものを考案し、古代人の見解を超えた理論を構築した人物といわれた。私は彼を、前述の教師［アダム］のところに送った。私の経済的困窮、仲間たちの懇願、および友人たちの助言により、私は教師の職を引き受け、それを行った。［Postmodum uero Richardum cognomento Episcopum, …. Extraxerunt me hinc rei familiaris angustia, sociorum petitio, et consilium amicorum, ut officium docentis aggrederer. Parui.］(4)

［4］　私は三年後に戻り、教師ジルベール（magister Gillebertus）と再会した。そして私は、弁証法と神学で彼の弟子になった。だが、あまりにも早くジルベールは移った。彼の後継者は、ロベルトゥス・プルス（Rodbertus Pullus）だった。彼は、その生活と知識の両方を称賛されていた。次に、ポワシィのシモン（Simon Pexiacensis）が私を引き受けてくれた。彼は信頼できる注解者であったが、議論には弱かった。私は、最後に言及した二人［ロベルトゥスとシモン］からは、神学を学んだのみだった。［Reversus itaque in fine trienni reperi magistrum Gillebertum,…. Sed hos duos in solis theologicis habui praeceptores.(5)］

［5］　私は、このようにさまざまな学問を学びながらほぼ十二年を過ごした。私は、以前にそこを去った丘の上でなお弁証法に取り組む古い仲間たちを再訪して、かつてはあいまいに見えたことがらを彼らと議論し、互いの比較から我々の進歩を知るのは楽しいだろうと考えた。私は彼らを、私が彼らのもとを去ったときと同じ場所に見出した。彼らは少しも進歩していないように見えた。彼らは、古い問題を解決するために、一つの小さな命題も付け加えていなかった。彼らは、自身がかつて刺激を受けたものになお執着していた。彼らは一つのことで変わっていた。それは、彼らが節度を忘れ、自己抑制を知らなくなっていたことである。それは彼らの回復が絶望的なほどであった。従って私は、次のように確信した。弁証法が他の学問を超え、それだけで置かれると不毛なものになる。それは他のものと結合しないと、魂に哲学の果実をもたらさない、と。［Sic fere duodecim mihi elapsum est, …nec ad fructum philosophiae fecundat animam, si aliunde non concipit.(6)］

二　内容の解釈

抄訳して提示した五つの部分を内容的にまとめれば、次のようになろう。

［1］ジョンはまず、パリ郊外のサント・ジュヌヴィエーヴの丘に赴き、そこで講義を行っていたアベラールのもとで弁証法を学ぶ。まもなくアベラールはこの場所を去り、その後はパリのアルベリクスとムランのロベルトゥスの弟子となり、弁証法を学んだ。

［2］そして周囲の助言により、コンシュのギヨームのもとへ行き三年間学んだ。

［3］そのあと、「司教」リカルドゥスの弟子となる。彼のもとでジョンは、それまでに学んだことを復習し、また四学も学んだ。さらに以前シャルトルのティエリから少し学んでいた修辞学をペトルス・ヘリアスから学ぶ。そしてプティ・ポンのアダムと親しくなり影響を受けた。またソワソンのギヨームを自分の生徒とし、彼に論理学を教えた。場所は明らかにパリである。

［4］どこからか三年後に戻り、教師ジルベールを探し、弁証法と神学で彼の弟子となる。だが、ジルベールはあまりにも早く去ってしまった。彼の後継者となったロベルトゥス・プルスのもとでさらに学ぶ。続いてポワシィのシモンがジョンの教師となる。場所は明らかにパリである。

［5］ほぼ十二年にわたる勉学を終え、再びサント・ジュヌヴィエーヴの丘に戻り、かつての仲間たちと再会する。そして彼らが、以前と同じ弁証法の問題に没頭して、少しも進歩していないのを見る。弁証法がそれ

自体では不毛なものとなることを理解する。

年代的な継続とみる理解

この五つの部分は、サザーンの解釈が出されるまでは、一般的に年代的に継続する知的遍歴の記述と見なされてきた。そのように考えれば、次のように理解できる。

つまりジョンは、［1］サント・ジュヌヴィエーヴの丘の上で二年間過ごした後、［2］三年間、コンシュのギヨームのもとで過ごし、［3］そのあと、「司教」リカルドゥスのもとで勉学を行うために戻る。彼はまた、修辞学をペトルス・ヘリアスのもとで学び直し、同時に教師としての活動も行う。さらにプティ・ポンのアダムと親密な関係を結ぶ。そしてアダムのもとに自身の生徒ソワッソンのギヨームを送る。［4］続いて三年後にどこかから帰り、ポワティエのジルベールと再会する。［5］そしてサント・ジュヌヴィエーヴの丘に戻る。

これをさらにわかりやすく要約すれば、次のようになる。


［1］一一三六〜三八年。サント・ジュヌヴィエーヴの丘で二年間アベラールに師事する。

［2］一一三八〜四一年。コンシュのギヨームのもとへ移り三年間過ごす。

［3］一一四一〜四四年。パリに戻り、「司教」リカルドゥスとペトルス・ヘリアスに師事する。

［4］一一四四〜四七年頃。三年後どこかから帰り、パリでポワティエのジルベールと再会する。

［5］一一四七年頃。サント・ジュヌヴィエーヴの丘に戻る。

しかし、このように全体を年代的な継続とみると、［4］の部分の理解で大きな問題が生じる。なぜなら、この時期に師事したとされるジルベールは、一一四二年にはポワティエ司教に任命され、ポワティエに去っているからである。さらにここで、ジルベールの後継者として言及されているロベルトゥス・プルスも、一一四四年にはパリを離れ枢機卿になっている。これらのことから、［4］の部分を年代的な継続のなかに位置づけることはできない。プールらに代表される以前の研究では、この部分を曖昧にしたまま全体を年代的に継続する記述として理解していた(7)。ではどうすれば、［4］の部分を全体のなかで整合的に読み解くことができるのだろうか。

サザーンの説

この矛盾を解決しようとする試みの一つに、サザーンによって提示された説がある(8)。サザーンは、［2］で述べられた内容を、［3］で述べられたことと同時期の出来事として理解する。それにより、［4］の冒頭での「三年後に帰った（Reversus itaque in fine triennii）」という表現も、［5］のギヨームのもとでの勉学から三年後に帰ったということであると理解する。それは［2］で、ジョンがギヨームのもとで三年間、勉学したという表現と対応するものとされる。

このサザーンの説は、［2］のギヨームに師事した場所を、シャルトルではなく、パリであるとする彼の見方と密接に結びついている。［2］と［3］を同時期のパリにおける勉学のことだと彼は考える。そうすることで、ジルベールやロベルトゥス・プルスへの師事を整合的に説明できるとした。しかしこれは、今度は［2］と［3］が、同じ場所での同時期の勉学と見なせるかどうかという問題を引き起こす。

サザーンがこの解釈を打ち出した背景には、シャルトル学派が文化史的に過大評価されているという彼の主張があるが、彼は、［2］でジョンがギヨームに師事した場所をシャルトルだと明確に言及していないことから、［2］でいわれる、ジョンがギヨームのもとに「移った（transtuli）」という表現は、サント・ジュヌヴィエーヴの丘からシテ島の司教座付属学校へ移ったことであると見なした。彼によれば、［4］で、ジョンがシテ島でコンシュのギヨーム、ペトルス・ヘリアス、プティ・ポンのアダムらのもとで行った勉学を終えて、サント・ジュヌヴィエーヴの丘に帰り、ジルベールと再会したと考える。

しかしこのサザーンの見方は、いくつかの点で受け入れがたい。まず、［2］と［3］の関係で、［2］の「コンシュのギヨームのもとで三年間学んだ」という表現と、［3］の「そのあと、私は「司教」のあだ名をもつリカルドゥスの弟子になった」という表現からは、［2］と［3］が同時期ではなく、それぞれことなる時期の勉学を指すものとしか理解できないことがある。なぜなら、［3］の冒頭の「そのあと（postmodum）」という言葉は、時間的な継起を表現しているからである。さらにジョンとジルベールとの関係を検討すると、サザーンの議論が受け入れがたいものとなる。なぜなら、ジョンは『メタロギコン』の一巻五章で、彼がジルベールとシャルトルで個人的に知り合っていたことを示唆しているからである[9]。ここから、［4］でいわれる「私は三年後に戻り、ジルベールと再会した」という表現は、シャルトルからパリへの帰還を意味するものと考えられる。なによりもドロンケが指摘するように、シテ島からサント・ジュヌヴィエーヴの丘までは、十分程度歩けば到達する距離であり、「私は三年後に戻り、ジルベールに再会した」という表現が、その程度の距離の移動を示すものではありえない[10]。そうすると、ジョンがコンシュのギヨームのもとで学ぶべくシャルトルに移り、三年後に戻って、すでにシャルトルからパリに来ていたジルベールと再会したと考えるのが妥当であろう。

このようにサザーンの説は批判できるが、なお［4］をどう読むかという問題は残る。

リーベシュッツの説

おそらく全体を整合的に読むための最も妥当な解釈は、リーベシュッツが提示したものであろう。リーベシュッツは、この章でのジョンの記述が必ずしも年代に沿って書かれているわけではなく、連想の結果による脱線を含むものとした[11]。つまりジョンは、ギヨームから学んだことがらについて、のちに教師リカルドゥスのもとで再び学んだので、ここでコンシュのギヨームに言及した後、教師リカルドゥスのことも連想して触れたとする。その結果、［3］の部分が一種の脱線として書かれたとされる。

［3］の部分の始まりで重要な言葉は「再び学んだ（relegi）」であり、ジョンはコンシュのギヨームのもとで学んだことがらをリカルドゥスのもとで復習した。ジョンはまた、最初、シャルトルのティエリのもとで学んだ修辞学をペトルス・ヘリアスのもとで再び学ぶ。こうした言及に続き、ジョンは自身の教師としての活動にも言及する。生計を立てるために教育活動を行い、これによりまた、自身が学んだことを復習できたことをいう。その頃彼は、プティ・ポンのアダムと親密になる。アダムのことに触れながら、そのときの彼の生徒であり、アダムのもとに送ったソワッソンのギヨームのことにも言及する。そして経済的な困窮から教師の職に就いたことをいう。リーベシュッツは、これが、一一四六年頃におそらくプロヴァンでジョンが行った私的な教師としての活動のことではないかと推測する。

いずれにせよ、［4］の冒頭でいわれる「三年後に帰った」は、［2］で言及された、ほぼまちがいなくシャルトルにおける、コンシュのギヨームのもとでの「三年間」に対応するといえる。つまり［4］の部分は、年代的には［2］に続く、一一四一年からのこととなる。ここから、［3］と［4］の部分がオーヴァーラップするものであることが明らかになる。［3］と［4］は、両方とも、一一四一年以降のことを指していると考えれば、ポワティエのジルベールについて知られている事実とうまく適合する。すなわちジョンは、一一四一年から一一四七年頃まで教師たちの自由学芸と神学の講義を聴き、同時に私的な教育活動を行っていたと考えられる。その後、［5］でいわれるように、再びサント・ジュヌヴィエーヴの丘を訪れ、ジョンの十二年に及ぶ勉学は終わる。

これを要約すれば次のようになる。

［1］　一一三六〜三八年。サント・ジュヌヴィエーヴの丘で二年間アベラールに師事する。
［2］　一一三八〜四七年。シャルトルでコンシュのギヨームに三年間師事する。
［3］　一一四一〜四七年頃。シャルトルからパリに戻る。「司教」リカルドゥスとペトルス・ヘリアスに師事する。
［4］　同じく一一四一〜四七年頃。三年間過ごしたシャルトルからパリに戻る。ポワティエのジルベールと再会する。
［5］　一一四七年頃。サント・ジュヌヴィエーヴの丘に戻る。

おわりに

『メタロギコン』二巻十章の記述の理解は、すでに述べたように、シャルトル学派をいかに理解するかという問題と密接にかかわっている。とくにジョンが、シャルトルのベルナールの弟子でシャルトル学派を代表するコンシュのギヨームにどこで師事したかは、きわめて重要な問題である。ジョンが、一一三八年から四一年の三年間、ギヨームの講義を聴講したことはまちがいない。しかしその間、どこでギヨームの講義を聴いたのかは、ジョンも明確に言及していない。その場所をシャルトルではなくパリだとするサザーンの説は、すでに見たようにさまざまな点で受け入れがたい。

ただし重要なことは、サザーンの説が、シャルトルの司教座付属学校の役割がこれまで過大評価されてきたことへの批判を意図していることである。すなわち、十二世紀前半の北フランスでは、パリがシャルトルに代わって新しい学問の中心になりつつあった。ジョンの場合、十二年の勉学の過程で、パリで十人ほどの教師の講義を聴くことができた。このように多くの教師の講義を聴くことができた理由は、この時期のパリでは司教座付属学校以外の場所でも多くの教師たちが教えていたことによる。一方、シャルトルでの教育の場所は司教座付属学校のみであり、その教育活動は規模においても質においても、パリに劣っていたと思われる。

しかし、このようにパリが十二世紀前半に他の北西ヨーロッパの司教座付属学校に比べて、格段に発展した知的中心だったことを前提にしても、『メタロギコン』の二巻十章で述べられるジョンとコンシュのギヨームとの出会いは、テキストとそれに付随する傍証を考慮するかぎり、やはりシャルトルであったとするのが妥当であろう。いずれにしても『メタロギコン』の二巻十章の解釈については、リーベシュッツが提示した理解が現在のところ、最も整合性があるといってよいのではないだろうか。

第二章　歴史思想

はじめに

中世ヨーロッパにおいて、知識人たちは自分たちの世界の歴史を、地上的なものに超越する神的な原理の顕現の過程と見なしたことはいうまでもない。中世ヨーロッパの人々にとり歴史とはつねに、キリスト教神学の観念に依拠した創造と救済の歴史であり、予定された神の摂理の実現過程であった。従って中世の歴史記述の最大のテーマとなるのが、歴史の過程に神の意志を見出し、神の栄光を称えることであったのは当然である。そのかぎりで、歴史の過程で生じる個々の具体的な出来事は、無目的、無意味に生起することはない。キリスト教的な摂理史の体系のなかで、歴史のなかで生じる偶然の出来事も、すべて大きな必然的な歴史の過程のなかに位置づけられる。このような中世的な歴史意識は、アウグスティヌスが『神の国』で定式化した歴史哲学の大きな影響を受けつつ、初期中世から十二世紀にいたるまで思想家たちが共有した歴史観であった。

しかし十二世紀になると、西欧における大きな社会変動と相俟って、このような神学的な摂理史観を超えた新しい歴史意識が登場する。すでにハスキンズが『十二世紀ルネサンス』で明確に述べたように、それは歴史意識における地理的、時間的な枠組みの拡大、そして地上の世界で生じる世俗的な出来事への関心の増大を特徴とする。十二世紀における歴史記述の発展を如実に表す事態は、それまで書かれてきた地域的な編年誌とともに、新しい形の世界年代記が書かれ始めることである。十二世紀に登場する世界年代記は、摂理史の伝統のなかで世界の創造から現在までの歴史の過程を述べるとともに、その上で、ヨーロッパ世界を超えた領域も含めた地理的な世界の歴史を、世俗的な事件の経過も踏まえて説明しようとする。[1]

こうした新しい世界年代記の出現とともに、世俗的な出来事を客観的、自然主義的に叙述する歴史の著作が十二世紀には多く著述されるようになる。摂理史的な歴史の枠組みを考慮せずに、世俗の出来事を客観的に描こうとする歴史記述としては、カファッロによるジェノヴァの都市年代記や、ソールズベリのジョンの『教皇史』があげられるが、これらの著作は、スモーリの研究によれば、十二世紀における世俗的な政治意識の高揚を反映した公的な歴史記録のジャンルに分類される。[2]

ただしジョンの歴史思想の全体像を考えるとき、『教皇史』だけでなく、彼の主著である『ポリクラティクス』で表明された歴史にかかわる言説も考察の対象としなければならない。とりわけ『ポリクラティクス』では、古典古代の歴史家、とくにローマの歴史家たちの著作を典拠として異教的古代あるいはキリスト教的古代の史実が多く引用されるが、ジョンは古代の歴史を参照することで、そこから同時代人の行為の指針を求めようとしたからである。

ここでは以下で、ジョンの『教皇史』と『ポリクラティクス』を分析の対象としながら、ジョンの歴史思想を考察する。そのさいまず、同時代の世界年代記の特徴をいくつかの代表的な著作から提示し、それらと比べてジョンの歴史思想がどのような特徴をもつのかを明確にしていきたい。

一　十二世紀の歴史記述

政治的な事件や天変地異などの地上の出来事を扱う歴史記述は、中世ヨーロッパでは初期中世から連綿と続いていた。そのような歴史記述としては、修道院で周囲の出来事を記録した編年誌や、各司教や修道院長の事蹟録、あるいは世界年代記などがあげられよう(3)。

しかし歴史記述の形態は、十二世紀になると大きな変化を遂げる。それはすでに述べたように、歴史意識における地理的、時間的な枠組みの拡大、世俗の出来事への関心の増大であり、それらの特徴は、十二世紀に新たに書かれた世界年代記に最もよく見てとることができる。そして、新しい類型の世界年代記が登場する背景には、十一世紀末から始まる神学研究の発展があるといってよい。つまりこの時期に、聖書における多様な象徴を解釈することで人類の歴史を理解しようとする試みが盛んになされるようになったが、そのような聖書の象徴的な解釈が、新しい類型の世界年代記の歴史意識に大きな影響を与えることになる。そのような聖書注釈は、とくにこの時代の神学者たち、すなわち、ハーフェルベルクのアンセルムス、ドイツのルペルト、ホノリウス・アウグストドゥネンシス、ライヒェルスベルクのゲルホーらが行ったが、彼らは、その教会論の著作のなかで、聖書の言葉を手がかりにしながら世界史の段階について議論を行い、天地創造から最後の審判にいたる人類の歴史を明確な図式により提示した(4)。

聖書の象徴解釈にもとづく歴史の理解とともに、もう一つ十二世紀の世界年代記に大きな影響を与えた理念として、いわゆる「帝権移転論」があげられよう。これは、叙任権闘争期にドイツ王権側の政論家が展開した皇帝権の東から西への歴史的な変遷の議論であるが、その理念は十二世紀には、フライジングのオットーが描く壮大な世界史の図式に大きな影響を与えた。

さらに十二世紀における知的な復興は、古典古代の人文主義に対する関心を高揚させたが、その結果、知識人の間でラテン語古典、とりわけローマの歴史家の著作が熱心に読まれ、人文主義的な歴史記述も世界年代記とならんで出現する。(5) 人物の生き生きとした描写や人間の内面の観察を行うことに特徴をもつ人文主義的な歴史の著作としては、ノジャンのギベールやアベラールの自伝からソールズベリのジョンの『教皇史』まで数多くのものがあるが、この類型は十二世紀において、一つの重要な新しい歴史記述のジャンルを形成した。

以下では、聖書の象徴的な解釈で世界史の段階を提示した思想家ハーフェルベルクのアンセルムスの歴史思想について触れ、およびそのような聖書解釈に影響を受けつつ成立した新しい世界年代記について、その代表であるフライジングのオットーとオルデリクス・ヴィタリスの歴史記述の特徴を述べる。それにより、ここで扱うソールズベリのジョンの人文主義的な歴史記述の特徴をより鮮明なものとして浮かび上がらせたい。

最初に、ハーフェルベルクのアンセルムスの聖書の象徴的な解釈を見ておこう。アンセルムスは、十二世紀の中葉に北ドイツのハーフェルベルク司教を務めたプレモントレ会の修道士で、おそらくクサンテンのノルベルトゥスの弟子であった人物だが、その『対話』と名づけられた聖書注解の著作で、世界史を父と子と聖霊の時代、すなわち、律法の前の時代、律法の下にある時代、恩寵の下にある時代の三つに分ける。さらに彼は、キリストが誕生して以降の恩寵の下にある時代について、『黙示録』の六章で言及される馬を象徴的に解釈することにより、次のように七つに区分する。(6)

アンセルムスによれば、『黙示録』の六章で子羊により封印を解かれることで最初に出現する白い馬は、歴史の第一の段階、原始教会の時代を象徴する。それは、誕生したばかりのキリスト教会が奇跡の光のもとで輝き、日々、信徒の数が増した時代である。第二の段階を表すのは、次に出現する赤い馬であり、その赤い色は殉教者の血を象徴する。それは、殉教者ステファヌスの時代から始まる教会の迫害の時代である。そして敵対する勢力に打ち勝ち、キリスト教が勝利することでこの段階は終わる。次に、黒い馬が表す第三の段階は異端者の時代である。異端者はドラゴンのように教会に対して反抗的であるが、それは決定的な影響を教会の歴史に与えることはない。なぜなら教父たちが教会を救い、キリスト教徒の生活に新しい指針を示すからである。続いて青白い馬が第四の段階を象徴する。その時代には、キリスト教の名前と聖職者の衣服を悪用する偽りの兄弟たちが教会に危機的状況をもたらすが、この危機から教会は修道士たちにより救われる。そして、教会のさらなる発展への新しい刺激がもたらされる。続く三つの段階は現在を超えていくものである。それらは、純粋に救済史的な理念を述べたものであるが、第五の段階は終末を期待する時代で、教会はその地上での完成の直前にいる。第六の段階は反キリストの時代であり、世界の終末が予示される。第七の段階は永遠の至福へといたる時代である(7)。

このアンセルムスの聖書注解にもとづく歴史区分論のなかで、最も興味深いのは、彼の同時代の歴史を象徴する第四の段階の描写である。その段階は、教会を没落から救う修道士の時代とされ、修道士に、教会の刷新を担う重要な役割が帰されている。こうした修道士が属する修道会は多様な活動を行うが、一つの使命を共有する。それは、聖霊に導かれながら、歴史の発展を担う役割である(8)。アンセルムスが修道士の使命を強調する背景には、アンセルムス自体が、十二世紀の改革派修道会の一つプレモントレ会の修道士であったことと深くかかわっていよう。またそこには、新たな修道会の登場による教会の刷新という、社会の進歩を確信するオプティミズムの精神を感じとることもできる(9)。

ハーフェルベルクのアンセルムスが提示したような聖書にもとづく歴史区分論が十二世紀の神学者の間で流行し、この種の神学的な思想が世界年代記の歴史記述にも大きな影響を与えている。歴史を区分し段階づける思考様式は、フランジングのオットーの世界年代記である『年代記あるいは二つの国の歴史』での歴史観に最もよく反映しているといってよい。オットーは、先にも触れた、叙任権闘争期の「帝権移転論」のイデオロギーと、聖書の象徴的な解釈にもとづく歴史区分論とを結びあわせた独自の世界史論を展開している[10]。

またフライジングのオットーの『年代記あるいは二つの国の歴史』では、世界の歴史を構成する要因として帝国の存在が強調されるが、そのことは何より彼がフライジング司教であり、シュタウフェン朝の家門に属していたことによる。オットーは世界史の発展を、最終的にシュタウフェン朝の帝国の実現へと向かう歴史として描くが、彼はそれを大がかりな歴史哲学的な議論を用いながら説明した。さらに『年代記あるいは二つの国の歴史』というタイトルが暗示するように、そこにはアウグスティヌスの歴史哲学の色濃い影響も見てとれる。じっさいオットーもアウグスティヌスの歴史哲学に従い、歴史の過程を、天上と地上、時間と永遠、善と悪、教会と世俗、神の国と地上の国、エルサレムとバビロンといった対立概念を用いながら説明する。オットーは世界史の発展を、神の国と地上の国という二つの大きな共同体の歴史として語り、歴史を担う者としての個人の役割をほとんど無視しているといってよい[11]。

しかしオットーの歴史論がアウグスティヌスの歴史哲学とことなる点は、オットーの場合、神の国と地上の国の対比のほかに、歴史における偉大な世俗の諸王国――バビロン人、メディア人、ペルシア人、マケドニア人、ローマ人の王国――の存在価値を認めることである。それらの王国は無条件に悪しき存在ではなく、最終的にキリスト教化されたローマ帝国を実現するために存在した。キリストがローマ帝国で、新しい神の国の創造者として登場することで、世界に平和がもたらされる。コンスタンティヌス大帝とカール大帝はキリストが創設した神の国においてキリストを継承する者として君臨する。そして彼らのもとで、教会と帝権が結合する。こうして生まれた帝国が、オットーがいう神の国である。アウグスティヌスの場合、神の国は、霊的生活を行う者の共同体としての教会を指し示しており、キリスト教的な帝国ではない。しかしオットーの場合は、キリスト教的帝国こそが神の国なのである(12)。

オットーは、アウグスティヌスが定式化した神の国の理念を、シュタウフェン朝の帝国理念と結合したが、このように、現実の国家と神の国とを結び付けた歴史記述を行ったのは、同時代の歴史家では彼以外にはいない。オットーの歴史思想において、キリスト教とローマ帝国が結合されたことで、ローマ帝国の意義が再認識される。ローマ人はその政治体制の強大さによってではなく、何よりもキリスト教を受容したことで偉大な民族となった。つまり古代文化の卓越性ではなく、使徒ペテロとパウロの功績により、ローマは続く時代に評価されることになる。その点でオットーは、ソールズベリのジョンが古代ローマを人文主義や古典文化のゆえに評価したのとは対照的である。

オットーに従えば、ゲルマン人の移動により西のローマ帝国が崩壊すると、帝権はギリシア人のもとへ移る。そこでは「新しいローマ」としてのコンスタンティノープルが繁栄するが、帝権はカール大帝の皇帝戴冠とともに、再びローマに戻り、帝国は今度はフランク人により担われる。しかしカロリング朝の没落後は、帝権はザクセン家へ移るが、ハインリヒ四世の治世に皇帝と教皇が争い、教皇が皇帝を破門することが可能となったことで、それまでの皇帝の偉大な理念は崩壊する。その後、帝権の権威はさらに動揺する。すなわち、ドイツ王ロタール三世は帝国に再び、カール大帝の栄光を回復しうる才能の持ち主であったが、任務を果たさず没し、コンラート三世の時代は混乱と災厄の時代であった。帝権は没落したが、この時代、新たに改革修道院が興隆することで、帝国の未来への展望が開ける。オットーは同時代の修道士を世界の刷新を担う者と見なし、じっさい年代記の七巻では、この時代に改革された修道制を称賛する。さらに八巻では、反キリストの出現と最後の審判が語られ、世界の終末に地上の国が没落し、神の国が永遠の人類の秩序として残ることがいわれる(13)。

オットーの歴史思想が、シュタウフェン朝の帝国の正統化という、彼自身の政治的立場を反映するものだったのに対して、十二世紀の同じ世界年代記の潮流のなかにある歴史記述の一つ、オルデリクス・ヴィタリスの『教会史』は、ノルマン朝の新しい世俗国家を擁護する立場に立った歴史記述として注目に値する。オットーとはことなった歴史観に立つ世界年代記の例として、オルデリクス・ヴィタリスの著作に触れておこう。

彼が一一四三年に完成した『教会史』は、ノルマンディーのサン・エヴルール修道院がノルマン征服後にたどった歴史について、当時の修道院長ロゲリウスの依頼により叙述したものであった。この著作はこの修道院の歴史を描くことを目的としているが、じっさいの叙述では、修道院の外で生じた重要な出来事にも言及している。一、二巻では、キリストの誕生から同時代までの歴史を語り、三巻から六巻では、サン・エヴルール修道院の歴史を叙述しながら、ノルマン人のフランス、イングランド、アプリアへの侵入の経過を扱う。さらに七巻から十三巻で、ウィリアム征服王以降のノルマン朝の統治について記している。

この『教会史』は、一つの修道院年代記であるとともに、叙述の対象がノルマン人の民族性、芸術、言語、地誌などにも及び、さらには、さまざまな政治的な事件、貴族の歴史、重要な同時代人の素描もある。まさに十二世紀に出現した新しい類型の世界年代記といってよい(14)。

とくにオルデリクスの記述の背景には、一定の政治的イデオロギーが存在することが重要である。すなわちそこには、修道院文化を称揚する精神とともに、ノルマン人の国家を擁護する政治的な意識が見てとれる。オルデリクスにとり歴史は、フランジングのオットーのように帝権移転の歴史ではなく、ノルマン人という世界史を動かす民族の歴史と捉えられる。つまりそこでは、「帝国」のような非個人的な権力を体現するシンボルが、ある民族から他の民族へと移ることが問題なのではなく、じっさいの歴史の発展を担う具体的な民族が重要視される。オルデリクスは、ノルマン人がフランス、シチリア、イングランドに創設した政治体制を観察しながら、ノルマン人に同時代の世界史を動かす力を見て、歴史の過程をキリスト教的な摂理史としてではなく、純粋にノルマン人の政治的な権力の増大の過程として描いた[15]。

以上、十二世紀の時代を代表する歴史記述の形態として、象徴的な歴史哲学を展開したハーフェルベルクのアンセルムス、帝権擁護の立場に立つフライジングのオットー、新たに勃興したノルマン人の視点から世界史を構想したオルデリクス・ヴィタリスの歴史の議論に触れてきたが、次にはこれらに対比する形で、人文主義に立脚するソールズベリのジョンの歴史思想の特徴について考察したい。

二　歴史（historia）の意味

まず、ジョンが歴史（historia）について語る内容の考察から始めよう。彼は『教皇史』の冒頭の部分で、歴史がなぜ書かれねばならないのかについて言及する。そこでは次のようなことがいわれる。つまり、ジャンブルーのシゲベルトゥスが記述した教会の年代記が一一四八年の出来事をもって終わっていて、その後についてはまだ誰も記していない。そしてシゲベルトゥスの著作はドイツ側に都合のよいようにバイアスがかかっており、それゆえジョン自身が、一一四八年の出来事から記述を始め、自身の著作をシゲベルトゥスの継続の形にした、と。[16]さらにそこで、歴史記述の意味が三種類あることを述べる。それは、（一）過去の人間の行為に神の意図を見てとること、（二）歴史の史実を道徳的な範例として見ること、（三）現在の諸特権を歴史的に確認すること、これらの三つである。（一）はいうまでもなく、アウグスティヌス以来のキリスト教的な摂理史の観念にもとづく。また（三）は、中世的な先例主義の表明であり、自身の権利を確認するために歴史的な先例や根拠を調べることは、中世では日常的に行われていた。[17]

この三つのなかでも、（二）は、ジョンに特徴的な歴史意識として重要であると思われる。過去の歴史を範例（exempla）の宝庫と見なし、それにもとづいて人間や社会のあるべき進路を見極めようとする態度は、ジョンの『ポリクラティクス』で典型的に見出される歴史観である。ジョンは『教皇史』の序で、『カトーの二行連詩』［中世で流布した著者不詳のラテン語の道徳教訓詩。著者が大カトーに帰せられる］を引用して、「その異教徒がいうように、他人の生涯は我々の教師である。過去について何も知らない者は盲目的に未来へと急ぐ」と、歴史を探究することの実践的な意義について述べる。[18]

『ポリクラティクス』では歴史（historia）という言葉自体が、道徳的な範例の意味でしばしば用いられる。たとえば五巻七章では、例話と歴史とがほぼ同義のものとして語られており、歴史は人間の行為の範例となる逸話の集成として理解され、そのような意味で使われている。ジョンはローマ人の歴史を、政治的および軍事的な範例となる例話として捉えている。

とくに歴史（historia）がジョンにとり、政治的な範例となる逸話を指すものにほかならないことは、『ポリクラティクス』で、過去の暴君の逸話がさまざまな古典から引用されるのを見れば明らかであろう。ジョンは八巻十八章で、同時代の暴君たちが今後いかなる結末を迎えるかを知ろうとすれば、古典に描かれた歴史上の暴君の逸話を読むようにという。

「暴君の残虐さと彼の悲惨な結末については、他の歴史家たちも十分に述べている。もしだれかそれを熱心に探究しようと欲するなら、トログス・ポンペイウス、ヨセフス、エゲシップス、スエトニウス、クィントゥス・クルティウス、コルネリウス・タキトゥス、ティトゥス・リウィウス、セレヌス、トランクィルスなどの歴史家たち――その名前を列挙すれば長くなる――が、自身の歴史で書いていることを読めばよい。[19]」

またジョンは『ポリクラティクス』の八巻二十章で、暴君の実例について、聖書での事例からも論証する。そのさい彼は「大部分が異教徒にかんして異教徒により書かれたローマの歴史ばかりにならないように、聖書に書かれたキリスト教の歴史から今度は確証しよう」と述べ、旧約聖書での暴君の事例をあげていく。ジョンにとっては、聖書で記された暴君にかんする例話も、歴史そのものであった。[20]

サザーンによれば、十二世紀には未来に生じる出来事に対する関心が高まり、出来事を占う予言が巷間に流布するようになる。そして予言の流行により、占星術や魔術という迷信的な俗習がもてはやされるようになった。また同時に、人間が今後なすべきこと、避けるべきことを知るための鏡として、過去の歴史への関心も高まった。歴史のなかに暴君の悲惨な結末を探り、範例とすべき徳ある行為の逸話を読むことで、人間の将来の指針を見出そうとする姿勢は、ジョンに代表される十二世紀の人文主義者に特徴的な歴史意識であるといってよい。[21]

三　なされたこと（facta）と語られたこと（dicta）

このようにジョンは歴史の探究を、人間の行為の範例を見出す営みとしたが、歴史から人間の行為の範例を導くには、古典の著作家が書いた書物を読むことが最善の方法であることを強調する。ジョンは『ポリクラティクス』の序の冒頭部分で、歴史の知とは何かについて詳細に説明し、次のようにいう。

これまで文芸は、偉大な人物の範例（exempla maiorum）を提示して人々に徳を教えてきた。そのことに文芸の特別な功績があるが、書物により文芸が伝達され、過去の出来事の記憶が伝えられることにより、人間は、人の世の有為転変から身を守ることができる。すなわち人間は、自身に不可避な、人生の短さ、認識力の弱さ、不注意、時間の浪費、知識の不足、忘却といったことがらに抗して、文芸による知の伝承により、記憶に値することを保持し、時間や歴史を越えた理想的な楽園の状態、到達できない永遠の相を知るための手がかりを得ることができる、と。そのことについて『ポリクラティクス』の序で次のようにいわれる。

「神の憐れみが人間の弱さへの救済として、人間に文字の使用を与えなかったならば、学芸は滅び、法も消え、信仰やすべての礼拝も衰え、適切な言葉の使い方も失われたであろう。徳の涵養を促す偉大な人々の範例は、著作家の敬虔なる配慮と怠惰に打ち勝つ勤勉さにより後世に伝えられなければ、正しく記憶されなかったであろう。じっさい人生の短さ、感覚の鈍さ、不注意さ、そして無益な雑務により、我々はほんのわずかしか知識を得ることができない。そしてこのほんの少しでさえ、知の裏切り者で、記憶に敵対する信頼のできない継母、すなわち忘却により我々の魂から追いやられてしまう。[22]」

ジョンは同じ『ポリクラティクス』の一巻の序で、著作家が書き残さなければ、「だれがアレクサンドロスやカエサルを知ることができたか、だれがストア派や逍遥学派に尊敬を感じただろうか」といい、また著作家たちが後代に伝えなければ、「だれが使徒や預言者の足跡に従っただろうか」と述べ、書物による伝承の意義を強調する。[23] このようにジョンは『ポリクラティクス』で、書かれた形で先人の範例を永続化させる文芸を賞賛する。

またジョンは、自分がアレクサンドロス大王もカエサルも個人的には見たわけではないこと、ソクラテス、ゼノン、プラトン、アリストテレスが議論するのを、自分の耳で聴いたわけではないことをいう。しかし、著作家たちの伝承のおかげで、彼らの事蹟や言行を知ることができる。そこに歴史の知識の意味がある。ジョンはいう。

「もちろん私は、アレクサンドロスもカエサルも会ったことがない。またソクラテス、ゼノン、プラトン、アリストテレスが議論するのを聞いたこともない。しかしこれらの人々、また、他の私が直接会っていない人のいうことから、私は読者の益になるように、多くを提示した。[24]」

ジョンの歴史への態度は、フライジングのオットーのように一貫した歴史の法則に裏づけられたものではない。むしろ過去の歴史の範例から、人間がどのような行為を学ぶことができるかという問題意識が、彼の歴史思想の背景にはある。そのような彼の歴史の立場にとり、史実の真偽を確証するということはあまり意味をもたない。史実の正確さへの配慮よりも、歴史として伝えられる話から何を範例として学びとることができるのか、ということが、彼にとっては歴史を探究する意義にほかならない。

そのかぎりで彼は、古典の例話に登場する人物の正確な名前に無頓着である。たとえばそれは、『ポリクラティクス』三巻十四章のアレクサンドロス大王に捕らえられた海賊の例話で明らかである。これは、アレクサンドロスに捕らえられた海賊が、この王に対して、自分とアレクサンドロスとは行っていることは本質的に同じだと語る例話だが、この話はもともと、キケロの『国家について』で語られ、それがアウグスティヌスの『神の国』でも引用され、それらでは、この海賊の名はとくに言及されていない。だがジョンは自分で、この海賊にディオニデスという名を付けている。(25) また『ポリクラティクス』五巻十章では、美しく貞潔で高貴な生まれの妻と離婚した男の例話があげられるが、その典拠であるヒエロニムスの著作では、この男について、ある高貴なローマ人としか語られないのに、ジョンはこの人物に、プブリウス・キネウス・グレキヌスと恣意的な名前を与えている。(26) 同じ五巻十章で、ジョンがピタゴラスの例話を提示する部分では、ジョンはこの主人公がピタゴラスであろうがプロタゴラスであろうが、その例話の主人公の名前はどうでもよく、その例話が教えることが問題なのだと語る。(27) こうした、ジョンによる古典に登場する歴史的な人名についての無頓着、あるいは捏造といった事例は、まさにジョンの歴史に対する態度を表しているといってよい。

そしてジョンにおいて歴史の範例と見なされるのは、歴史上の二種類の人間、すなわち、政治的な支配者と知恵ある哲学者である。前者はその行為により、後者はその議論、言葉、思想により範例となりうる。『ポリクラティクス』では、過去の支配者によりなされたこと（facta）と、哲学者により語られたこと（dicta）が提示され、それにより君主やその他の人々に対して、政治的・倫理的な教化を行うことが目指されている。それゆえ『ポリクラティクス』では、歴史的な人物の逸話と哲学者たちの教義とが混じり合うことになる。(28)

いずれにせよ、このように過去の人間の事績や言説に、今後なすべき行為の範例を求めようとする姿勢は、ジョンの書簡でも見出すことのできる理念である。彼が一一六五年にソールズベリ司教区の大助祭レジナルドに宛てた書簡では、教会政治上の問題について、次のように助言する。

「もし私に助言を求めるのなら、あらゆる不確実で困難なことで、なされるべきだと思うことをいおう。それは、神の法で確実な解決が見出せなければ、教会法や聖人の範例を見ることである。[29]」

ここで聖人の範例（exempla sanctorum）が、行為の指針として教会法とならんであげられている。つまり、聖人の事績が規範的な権威となり高く評価される。ジョンにとり歴史の範例の知識が最終的な問題解決の典拠となることは、『ポリクラティクス』でそのような歴史の逸話が集められていることからもわかろう。

ともあれ、ここで重要なことは、歴史の範例が歴史それ自体を知るためにではなく、過去を鏡としながら将来のあるべき姿を知るために用いられることであり、この歴史への態度は、ジョンのみならず十二世紀の多くの知識人が共有していたものであった。サザーンが明確に述べたように、まさに中世の歴史家にとって、歴史とは「予言としての歴史」であった。つまりすべての出来事を知る神が人間に対して、しるしを通じて、あるいは世界の出来事に直接に介入することで、神が司る歴史の全計画を垣間見させると、中世には一般的に考えられていた。まさに過去の出来事は、しるしに満ちているものであった。ジョンも同時代人のように予言を信頼していたことは、たとえば、一一六六年にケルンの友人ジェラール・プセルに宛てた書簡で、ビンゲンのヒルデガルトがシスマの終わる時期を予言できないかと、真剣に尋ねていることからもわかる。[30]

いずれにせよ、ジョンが『ポリクラティクス』で示した異教的古代とキリスト教的古代の歴史への強い関心は、まさにそこに人間が従うべき、あるいは避けるべき範例を見出そうとしたからにほかならない。従って彼が歴史(historia)と例話(exempla)をほぼ同一の意味の言葉として、互換的に用いるのも当然であった。彼にとり歴史を考察することの意味は、人間の愚行の原因を知り、人間のあるべき姿と人間がもつべき徳を提示することであった。じっさいジョンは『ポリクラティクス』において、名誉欲、妬み、貪欲、暴政といったさまざまな悪徳を、歴史上の人物の行為と哲学者の言説を手がかりにして批判し、最終的には、真に知恵ある人間こそが、真の自由を享受することができるという結論を導いている。

四　異教世界とキリスト教世界

このようにジョンの歴史思想の根本には、ラテン語古典の人文主義的な思想に大きな影響を受けて、歴史を人間の行為の範例として捉えようとする態度があった。だが彼自身、歴史の過程を、大きな時代の推移として理解してはいなかったのだろうか。彼の歴史への態度には、フライジングのオットーが定式化したような世界史の壮大な構成はないとしても、何らかの歴史の推移の図式を構想してはいなかったのだろうか。

じっさい『教皇史』でも『ポリクラティクス』でも、ハーフェルベルクのアンセルムスが描いたような、聖書の象徴的解釈にもとづく歴史哲学はほとんど言及されない。またフライジングのオットーのような「帝権移転論」の議論もない。『教皇史』では、世界史の時代区分はまったく触れられず、その代わり事実に即した事件の描写、そして事件にかかわる人々の生き生きとした個性の叙述が見出される。すなわちそこでは歴史の摂理史的な理念に代わって、歴史を生み出す要因としての人間への視点がある。フライジングのオットーの場合はアウグスティヌスに依拠して、地上の歴史を永遠の相の下で、つまり、地上の出来事を神の意志の実現として見ようとしたといえるが、ジョンの場合は、地上の歴史は、純粋に地上のものにとどまっている。ジョンは、冷静な現実の観察者であり、ジョンには、すべての出来事を秩序化するような一定の歴史の図式はない。東から西への文化の移転とか、終末へと向かう救済史といった中世特有の歴史思想は、彼の論述には見出されない。彼にとり歴史は、さまざまな政治的な力の自由な抗争の場であり、そこには形而上学的な視点はなく、むしろ支配的なものは、善悪の行為をなす人間に対する心理的、個人的な視角である。

じっさいジョンには、時代区分の議論も人類の堕落の議論もない。彼は『ポリクラティクス』の二巻でしるしについて議論し、神の摂理と人間の自由についての議論を行っているが、人間の自由は神の摂理により侵害されないことを述べ、歴史は、人間の領域に生じることを独立的に考察する営みであることをいう。そこには、一種の経験主義的な思考様式が見られる。彼の歴史の議論には、救済史的なイデオロギーはなく、図式的な認識に対する懐疑主義的な態度がつらぬいている。ジョンの歴史思想の根幹にあるのは、神的な形而上学ではなく、歴史を形成する要因としての人間への共感である(31)。

またジョンの『教皇史』は、オルデリクス・ヴィタリスの『教会史』と同じく教会の歴史を意図した著作であるが、比較して見ると両者の記述の対象はまったくことなる。オルデリクスが教会の歴史を一定の国家や民族の歴史と関係づけて壮大な世界年代記に仕立て上げたのに対して、ジョンは『教皇史』で同時代の教皇庁で生じた事象を政治史的に記述しながら、彼の主たる関心はつねに、教会の腐敗、聖職者の規律の弛緩といった道徳的な問題にあった。また『教皇史』は教会の歴史を対象にしていたが、そこでは、フライジングのオットーやハーフェルベルクのアンセルムスが主張した、同時代の改革派修道士による教会の刷新への待望も語られることはない。ジョンは『教皇史』で、新たな教皇史を書く意図を述べているが、彼にとって教皇史は、いわゆる世界年代記を指すのではなく、教皇庁の立場からの歴史記述という意味であり、つまり、普遍的権威としての教皇庁から見た西欧世界の現代史という意味であった。ゆえにそこでは、オルデリクスのような特定の国家や民族の運命の考察はなく、国家を超えた存在としての教会が、ジョンの思考の中心を占めている。さらにフライジングのオットーとの比較でいえば、オットーは「神の国」を帝権と教権を統一する枠組みとして提示し、そのなかでの両権力の同等性を強調したが、ジョンの議論では、キリスト教世界で教権に匹敵する世俗の長はまったく考えられていない。教権の優位は当然のことであり、教会はつねに、あらゆる世俗的な圧力や拘束から自由でなければならない。そして教会は、国家権力に干渉されずに、霊的なことがらの監督を行わねばならない。

教会の独立的権威を擁護する姿勢は、『教皇史』で扱う異端関連の出来事の描写にも見てとれる。ジョンは、ポワティエのジルベールの三位一体論をめぐって行われたランス教会会議の審問を論じて、明確にジルベールに共感を示し、ジルベール個人をきわめて学問的で霊的な人間として称賛する。[32] 一方でジョンは、ジルベールの教説のなかに、教会の統一が破壊される異端の危険性も見ている。さらに『教皇史』で扱う異端者としては、霊の自由の境界を超えた者としてブレシアのエルナルドゥスが言及されるが、彼のような教会の秩序に反抗する異端者は、ジョンにとり断罪の対象でしかない。[33] いずれにせよ『教皇史』では、ポワティエのジルベールの審問事件のような、教義をめぐる思想上の対決に多くの頁が割かれ、第二回十字軍のような政治的・軍事的出来事については関心が希薄である。

このようにジョンは、教権の俗権への優位を前提にしてはいるが、一方で、教皇の至高権を制度的なものとして確立しようとする極端な教権主義に立つ者ではない。『ポリクラティクス』で明確にいわれるように、彼の観念の根底には、勃興してきた世俗国家の役割を明確に肯定する態度があり、その上で教会には、霊的な領域を管轄する権威として、世俗国家を霊的かつ道徳的に指導する役割が期待されている。しかし、このように俗権の役割に肯定的であっても、フライジングのオットーのように、諸国家を超えた皇帝権を擁護する姿勢はなく、現実の皇帝権の役割についてもほとんど何も語らない。すなわちジョンの歴史思想には、理想的な過去の称揚や、未来の待望を述べる態度はなく、あくまでも同時代の出来事を批判的に記述する立場から『教皇史』を書いている。そこでは人間を超えた摂理を前提とする歴史思想はなく、人間の行為の道徳的な評価としての歴史記述の意図が前面に出ている。彼自身、「歴史の例は人生の教師である」と述べていることからわかるように、将来の指針として過去の出来事に学ぼうとする態度が一貫して存在する。これはまさに、ジョンが愛好した古代の人文主義の著作の影響といえよう。

だが、ジョンの歴史思想に歴史の救済史的な見取り図が存在しないとしても、歴史を語る以上、時代の推移について、何らかの理解を持っていたのではなかろうか。

少なくともジョンは、アウグスティヌスに従い、歴史を「律法の前、律法の下、恩寵の下」の三つの時代に区分できることを述べている(34)。さらに、旧約聖書の固有の価値を認めながらもそれを新約聖書の先駆とし、それに続く自分たちが生きる時代は、新約のしるしの成就する時代と見なす。そこでの決定的な世界史の出来事は、キリストの誕生である。キリストとともにキリスト教の時代が始まり、コンスタンティヌス大帝がキリスト教を公認して以降、ローマ帝国はキリスト教の帝国となった。ゆえにキリスト教時代のローマ皇帝には特別な敬意が払われるべきだという。しかし、この帝国がフランク人、ドイツ人に移転するというフライジングのオットーのような主張はしない。ジョンは、キリスト教的な理想の君主として、コンスタンティヌス大帝やテオドシウス帝をあげるが、カール大帝やドイツの皇帝をあげることはない。ジョンにとり、ローマ帝国が自身の同時代まで存続しているかどうかは関心外のことであった[35]。つまり彼にとり、古代ローマ帝国はすでに没落したものであった。キリスト教的なローマ帝国は古代で終わり、現実には存在しない。キリスト教世界の統一は、同時代では教会により保証されるものであった。

ジョンはこのように歴史の枠組みを描きつつ、キリスト教が公認されたあとのローマ帝国の意義を重視するが、それだけでなく、異教時代の古典古代の世界も、人間の行為に範例を示す重要な時代と見なされる。ジョンは、キリスト教の教えが流布していなかったという理由で、キリスト教以前の古典古代を否定的に扱うことはない。逆に、キリスト教が浸透する以前の古典古代の倫理的な価値観が称賛に値するものであることを指摘し、それが、キリスト教的な倫理観にも匹敵すると述べる。そしてとくに、古代ローマの歴史を偉大な歴史として強調し、ローマ帝国が人類の歴史において最も強力な国家組織であり、ローマ史の出来事は、後世の人々にとり特別な範例となることをいう。

古代ローマの歴史は、中世の歴史記述においてつねに敬意をもって言及されたが、主として触れられるのは、キリスト教が浸透した後のローマ帝国の歴史である。しかしジョンは、キリスト教化される以前の古代ローマ帝国の歴史も十分に評価する。彼は古代ローマの史実から、同時代の人々への警告となる例を導く。また彼は、ローマ人が世界支配を実現できた最大の理由として、彼らのすぐれた徳をあげ、「志操堅固さがローマ人を有名にしたもう一つの徳である。それについてはいくつかの例話から明らかである。その人民の栄光と徳は、あなたが全民族の歴史を探究してもそれを超えるものはない」と称賛する[36]。ローマの君主でとくに称えられるのは、カエサルである。ジョンによれば、カエサルは人類の歴史に例がない人物であり、彼とともに偉大なローマが始まる(37)。同時代のウィリアム征服王は、戦いの技術でカエサルに匹敵したが、征服した土地を法で支配することをしなかったので、賢明さでカエサルに及ばなかったという(38)。彼によれば、ローマの偉大さは、とくに公的な組織の整備と軍隊の規律にあったが、ローマ人が卓越した倫理、道徳を喪失したことにより、ローマ帝国は没落した。ローマ人は徳により得たものを、名誉欲、貪欲、反乱、暴政という悪徳によって失ったとされる(39)。

おわりに

これまで見てきたように、ジョンにとって歴史とは、人間がなすべき行為の道徳的な規範を提供してくれる膨大な素材にほかならない。そのことは『ポリクラティクス』で、歴史（historia）が、古典から取られた道徳的な範例と逸話を指し示す言葉として使用されていることからもわかる。すなわち歴史とは、人間がよりよく生き、的確な行為を行うために参照すべき範例であり、そのような範例はとくに、古典の著作のなかに書き残された古代ローマの史実のなかに数多く見出されるものであった。『ポリクラティクス』では、古典の著作から取られた数多くの例話が集められているが、それはジョンが、そのような歴史＝例話により、同時代人に対してなすべき行為の指針を与えようとしたからであった。そのような彼の歴史の立場にとり、史実の真偽の確認といったことがらはあまり意味をもたない。歴史の逸話から何を学び取ることができるのかということが、ジョンにとっては歴史を探究する意義といえる。その意味で彼が、古典の例話に登場する人物の正確な名前に無頓着であったのはよく理解できる。

またそれとならんで、ジョンの歴史思想の特徴として、歴史の救済史的な見取り図が明確には意識されていないことが指摘できる。つまり、同時代のフライジングのオットーや、オルデリクス・ヴィタリスが定式化したような、十二世紀の世界年代記に共通する世界史の壮大な理念——「帝権移転論」、あるいはノルマン人の民族的な役割といった——は存在しない。そこに見出されるのは、教会が普遍的権威として存在すべきだとするジョンの明確な立場であろう。しかしジョンにとり、地上の出来事はあくまで地上の出来事にすぎず、彼は個別的な出来事を統合するような一定の歴史の図式を構想することはなかった。その歴史思想に通底するものは、人間個人への関心であり、歴史の出来事を考察することで、そこに現代の人間が模倣すべき、あるいは忌避すべき範例を見出そうとする態度であった。

すなわち彼の歴史思想には、理想的な過去の称揚とか将来の終末を待望する理念はなく、あくまでも歴史から道徳的な教示を導こうとする実践的な意図が見てとれる。このような、過去の人間の行為を熟知し、現代の人間がなすべき行為の規範を知ろうとする態度は、まさに人文主義的な精神を体現するものといってよいであろう。その意味でジョンは、十二世紀における人文主義的な学問の復興を代表する思想家であった。そして、古代の史実のなかに人間が模倣すべき範例を求めたかぎりで、ジョンにとっては、キリスト教的古代のみならず、異教の古代の例も重要なものとなる。じっさい彼は、異教のローマの歴史からも、同時代人にとり警告となる例を導いている。

古代ローマの歴史については、中世の主立った歴史記述では必ずといってよいほど言及されるが、通常の歴史記述では、キリスト教が浸透したあとの古代ローマの歴史が扱われてきた。しかしジョンは、キリスト教以前の古代ローマの歴史を、同時代人が範例にすべき歴史として十分に評価する。このような異教の古代ローマに対する関心は、十二世紀ルネサンスの時代に知識人の間に流行し、古代ローマの遺跡や芸術への憧憬の念を引き起こしたが、それと同時に、ジョンに見られるように、人文主義的な歴史記述も生み出すことになった。ジョンの歴史思想の特徴を見るとき、十二世紀における古代の人文主義と古代ローマへの関心の高揚という現象もまた考慮に入れる必要があろう(40)。

第三章　異教的俗信への批判

はじめに

　十二世紀ルネサンスを代表する思想家ソールズベリのジョンは、その著書『ポリクラティクス』の一巻と二巻で、当時の西欧世界で流布していた俗信への批判を行っている。そこで取り上げられる俗信は、予兆の解釈、夢判断、占星術、魔術である。そのなかでも悪魔の助けを介在させる魔術は無条件に断罪されるが、他の俗信については、その信憑性をめぐってかなり詳しい議論が展開されている。ここでは、ジョンが予兆の解釈、夢判断、占星術にかんして述べた言説を以下で分析するとともに、彼の自然現象の考察方法について考えてみたい。

　ところで夢判断や占星術といった俗信は、古代世界で盛んに行われ、西欧中世世界でも民衆の間で広く受け入れられていた。だが中世キリスト教会は、それらを教会会議の決議などを通じて、繰り返し断罪している。なぜならこれらの俗信は、自然のさまざまな兆候から人間と周囲の世界の将来を占おうとすることで、全能なる神に帰される予知の力と人間の自由意志の存在を否定するからである(1)。

　だがこうした俗信は、十二世紀になると、人間と自然世界への捕らわれのない関心が高まるなか、再び積極的な議論の対象となる。とくに占星術は、人間と宇宙をつらぬく因果的法則を解き明かすものとして、知識人の間に大きな関心を引き起こした。たとえば、ソールズベリのジョンの師であったコンシュのギヨームは、その著作『宇宙の哲学』において、宇宙が、四大と、寒、暖、湿、乾の原理により成り立つこと、そして、ミクロコスモスとしての人体にも宇宙の構成原理が反映していることを述べ、さらに天体の動きの地上世界への影響についても語っている。[2] ギヨームの同時代人で、占星術的な世界観をさらに明確に述べたのは、バースのアデラードである。彼は、その著作『同一性と差異について』のなかで、すべての自然現象が理性的に説明できることを述べたが、とくに、天体の動きが因果的に自然現象に影響を与えることを語り、地上で生じる過去、現在、未来の出来事は星の観察から把握できると主張した。[3]

こうした十二世紀に生じた自然世界の内在的秩序への関心により、占星術のみならず、夢判断や自然のさまざまな予兆の解釈が、知識人や宮廷人の世界で大いに議論されるようになる。だが一方で、こうした俗信は、キリスト教の教義を否定するものとして、護教的知識人からの大きな批判も呼び起こした。ソールズベリのジョンも護教的な立場から、このような運命決定論を導く俗信には批判的であった。だが一方で、多様な自然現象をまったく無秩序なものと見なすこともなかった。ジョンの俗信の議論のなかでは、十二世紀中葉における学問状況の進展を反映して、古典にもとづいた多くの自然学的な知識が表明されている。[4] ジョンが俗信の議論で目指したのは、たんにその批判だけではなく、俗信の素材となった自然現象を、キリスト教的な世界観のなかでいかに整合的に説明するかであった。以下で、ジョンの俗信批判の議論を検討しながら、彼の自然についての考察方法について考えたい。

一　前兆（omen）としるし（signum）

まずジョンは、『ポリクラティクス』の一巻十三章「さまざまな前兆について」で、当時の宮廷社会に広まっていた俗信の一つとして、動物にかかわる俗信を取り上げている。これは、人間がある特定の動物と出会ったときの吉凶の意味づけにかんする俗信である。すでに、大プリニウスやウェルギリウス、セビーリャのイシドルスなどの古典の著作で、動物の人間にとっての意味については議論がなされているが、ジョンは、こうした古典での議論と同時代の民間信仰に従って、ここでの動物にかんする俗信の議論を行っている。ジョンは、次のような例をあげる。

まず、鶏は幸福をもたらす鳥である。それは、鶏鳴が悪霊を追い払うと信じられているからである。これについては、ジョンも参照したヴォルムスのブルカルドゥスの『教令集』のなかでも記述があるが、ジョンは、「家禽もまた、この技芸［予言］にかかわる。鶏の叫びは、人の期待、旅や仕事の企ての予兆である」という。しかし、ワシミミズク、フクロウ、ミミズクとの出会いは不幸の前兆とされる(5)。

また馬もしばしば何かよいことを示す。ジョンは、ウェルギリウスに依拠しつつ、いう。「馬はしばしば、何かよいことを示す。人間の必要に奉仕すること以上に馬が役立つことはない」。馬のお告げは、ゲルマン民族でも大きな意味をもっていたことが知られている(6)。

また、ウサギと道で出会うのは不吉である。「ウサギとは道で出会うよりは食卓で出会った方がよい」といわれる。だが、狼との出会いはよい。「狼との出会いは幸運なものである。それは善を告げるものだから」といわれる。また牛との出会いについては、「それらが、あなたの行く手を遮るのは悪いことではない。それは、歓待で旅の遅れが埋め合わされることを意味する」といわれる。さらに羊との出会いは吉とされ、山羊、ラバ、ロバは凶とされる(7)。

またワシについては、セビーリャのイシドルスの『語源』に従いながら、ワシが王であり、神に信頼されたものであることをいう。

「ワシは鳥の王である。……もちろんワシは、力の点ではいくつかの鳥に劣るが、真理の予言のために、それよりも力があるものはいない。……神の恵みによる感覚の鋭さにより、真理と事物の秘密を把握する(8)。」

また昆虫や小さな動物にかんして、次のようにいう。

「バッタ（locusta）はどんなに小さくても、旅する者の願いを妨げる。それは行く者を、その場所でたちどまらせるので（loca stare）、そう名づけられる。それに対してセミは、旅人の足を速め、始めた仕事を成功に導く。クモは金運をもたらす。……ヒキガエルに出会うとき、それは将来の成功を示唆する(9)。」

また、動物が動く方向を観察する吉凶占いもある。たとえば、タカの一種のアルバネルスと呼ばれる猛禽について次のようにいわれる。「ふつう、アルバネルス（albanellus）と名づけられる鳥が、道で先に飛んでいて、左から右に曲がるとき、あなたにとり、友好的な宿があることは疑いない。その逆であれば、逆のことがある(10)。」

タカについては、古代の神託ではまったく何の意味も割りあてられていない。イシドルスでさえ知らないので、ジョンは、民間の伝承に従って言及したと思われる。

カササギやオオタカは、それに対してよい意味では現れない。

「より小さな鳥も無視してはならない。カササギがうるさく鳴くときは、あなたは客の受け入れにさいして慎重であらねばならない。[11]」

「オオタカが、歩く人の目の前で鳥を襲えば、それは略奪行為があることを示す。[12]」

ジョンはこのように、当時、民間に広まっていた動物との出会いの俗信についてまとめたあと、こうした自然世界の前兆（omen）の解釈が無意味な迷信であると結論する。彼はその例証として、くしゃみを何かの前兆として解釈することの無意味さをあげる。

「ある者がくしゃみを一度したか何度もしたかといったことは、ある出来事のためにどんな意味があるのか。そうしたことは、それらを発する人自体の問題である。それらが、他の人々の活動を妨げたり促進したりすることはない。[13]」

だが重要なのは、こうした前兆（omen）とは違う、超自然的現象を通じての神のしるし（signum）が存在することである。ジョンは、「しばしば神は、そのしるしの警告で我々を無知から守る」といい、そのような神的なしるしの例として、彗星の出現による神の警告をあげる。(14) また、神がきわめて神的な出来事の到来を、一回的な超自然的現象で告げることを述べる。その例として二巻十一章で、「『太陽と月と、星にしるしがある』という福音書の約束(『ルカによる福音書』[二十一・二十五])」に従い、「キリストの十字架刑のさい太陽が曇ったこと」、「眠っていた多くの聖者の体が起きあがるだろうこと」を、「自然の法則を破るしるし」としてあげる。(15) しかし人間が、神のしるしを偽りのしるしから区別して認識することは難しい。ジョンによれば、神のしるしを識別するには、それを受け取る者に十分な信仰が必要である。(16)

一方、自然の予兆のなかで、神的なしるしではないが、自然自体のなかで何らかの因果的影響が考えられるものもある。『ポリクラティクス』の二巻三章では、そうした例として、太陽が雲に反射してできる二重の太陽の現象があげられる。

「太陽と月にかんして、自然の法に従って生じるしるしがあることは、多くの著作家により証明されている。……太陽が天で二重に見えるとき、下の地上は洪水になる。このまれで、みかけは奇跡のような様相は自然の現象であり、じっさいに二つの太陽があるのではなく、一つの太陽が雲に反射するのである。(17)」

この記述は、ウェルギリウスおよびセネカに従ったものだが、ジョンは、二重の太陽と洪水との間に一定の因果関係を措定することで、自然現象の経験主義的な観察方法へと近づいているといえよう。同様の例としては、ジョンがウェゲティウスに依拠して述べた、月の色による天気の予想の記述がある。

「月が鏡のように示す多くのしるしにより、よい天気やさまざまな種類の嵐が予示される。月の赤い色は風を、紺色は雨、二つが結合すれば、大雨と強風を表す。[18]」

ジョンによれば、これらは、したたる露を見て企画の成功を予想したり、稲妻や雷から人の幸不幸を予言するような前兆の俗信とはことなる。いずれにせよジョンが、無意味な前兆とも神的なしるしとも違う、一定の因果性が措定できる自然のしるしに言及している点が重要である。

二　夢判断への批判

次にジョンは、当時、宮廷社会で流行していた夢判断に対して批判を行う。そしてここでも、自然世界のしるしにかんしてのように、その内容はいくつかの類型に区別される。

旧約聖書でヤハウェの警告として、たびたび夢が用いられたように、夢はキリスト教の伝統のなかで、神の啓示を伝える重要な手段と見なされた。だが一方で、アルテミドロスなどのギリシア・ローマ世界から受け継がれた豊饒な夢解釈の伝統も、中世世界では流布していた。[19] そして、民衆の俗信的な夢解釈と神の意志の夢による啓示との境界がどこにあるのかをめぐっては、アウグスティヌスを始めとする教父たちがさまざまな議論を展開したが、俗信的な夢解釈に対しては、ほぼすべての者が否定的であった。

ジョンの時代、夢にかんする議論が再び活発になされるようになるが、その背景には何よりも、人間や自然の現象に対する関心の深まりのなか、コンシュのギヨームらシャルトル学派の知識人が、自然学的な知識の宝庫として、マクロビウスの『キケロ「スキピオの夢」注釈』を読み、注釈を加えていったことがある。マクロビウスの著作ではさまざまな問題が論じられているが、そのなかでも夢の議論は、古代ギリシアとローマの夢の議論を総括するものとして、のちの中世の思想家たちに大きな影響を与えた。ジョンはこれを、コンシュのギヨームに師事したさいに学んだと思われる。[20]

(1) 夢の分類

ジョンは、夢にかんする議論を『ポリクラティクス』の二巻十四章から十七章で展開している。そこでまず、夢は次のように定義される。夢とは、「睡眠のなかで魂が休息し、精神が肉体の拘束から解放されたときに、図像や謎の形で真理が示される現象である」と。[21] そしてマクロビウスに従いながら、夢のカテゴリーを五つに分ける。それらは、妄想(insomnium)、幻覚(phantasma)、夢(somnium)、神託(oraculum)、幻視(visio)である。[22] このマクロビウスにもとづく夢の分類は、ジョンのみならず、多くの中世の思想家に受け入れられたものだが、本来の夢以外のもの、つまり神託や幻視などが入れられている点に特徴がある。以下、それぞれについて詳しく見てみよう。

第一のカテゴリーである妄想とは、酩酊やさまざまな情動、感情の混乱、観念の交錯から生じるものである。愛する者の苦しい心、あるいは深い嘆き、狂おしいばかりの喜びからそれは生まれる。[23] 第二に、幻覚とは、その本来あるがままのものとは違う奇妙な形のものを幻のうちに見るものである。人間が幻覚に惑わされるのは、半覚醒の状態においてであり、そうしたときには寝ていても起きているように感じる。また、だれかに押しつぶされているように感じることもある。幻覚に襲われた者は、すべて医者の世話になった方がよい。幻覚からは、極度につらい苦しみがあるだけである。[24] これら二つのカテゴリーのもの、つまり感情の混乱により生じる妄想と病気により生じる幻覚は、何も未来について予示しない。

第三のカテゴリーは本来の夢である。これはさらに、自分にかかわる夢、他人にかかわる夢、自分と他人の両方にかかわる夢、さらにより一般的な事物にかかわる夢に分けられる。そして、それらが何を予示するのかを解釈しようとすれば、そこに登場する人物、内容、状況に注意が払われねばならない。[25] 本来の夢のうち、王あるいは行政の長が見る夢は、すべての者の運命にかかわる事物を予示するのでとくに重要である。[26] また夢には、四季や環境の変化も影響を与える。たとえば、秋の中頃や後半には、本来の夢を見ることが少なくなり、意味のない妄想が多くなる。また、場所が違えば眠りの種類もことなるので、ある一定の夢が特定の場所でより多く見られることがある。また孤独な場所での方が、人口の多い場所でよりも、夢の内容がより豊かになる。[27]

第四のカテゴリーは幻視である。幻視とは、真理があふれる光とともに啓示されるものである。幻視により真理は、完全で具体的な形で目の前に提示される。その例として、アレクサンドロス大王の息子アレクサンドロス四世が、まだ会ったことのない、そして自分を殺害することになるカッサンドロスを夢に見たことがあげられる。幻視は、出来事の明確な像を示すときは、その意味がはっきりと理解できるが、あるときには、さまざまなアレゴリーが混合され、意味が曇らされる。その場合には考慮が必要である。ジョンはカエサルの例をあげる。カエサルがローマに侵入しようとして、ルビコン川を渡ろうとしたとき、カエサルにより殺戮されることを恐れた市民たちの思いが、カエサルに祖国ローマを示す人物像の幻を見させた。その幻は、彼に同胞を戦闘に巻き込まないように警告するものであった。この場合、祖国ローマを象徴する人物像はカエサルによるローマの破壊への警告を意味した。[28]

第五のカテゴリーは神託である。それは夢のなかに、聖者や聖職者、または重要な人物、あるいは神自身が現れ、何かが生じること、あるいは何かが生じないことを告げたり、あるいはなすべきことや避けるべきことを告げるものである。他人が夢のなかで何かを告げる場合、とくにそれが神託といえるのは、夢で告げる者が尊敬すべき人物、名誉ある地位にいる人物の場合である。神託とはつまり、一人の人間に対して神の意志が告げられるものである。[29] ジョンはここでさらに、キリスト教的な啓示と異教的な古代の神託の相違を論じる。それによれば、カトリック教会で神託を受ける者は、真の神と聖なる事物に敬虔なる献身を行う者であるのに対して、異教的古代で神託を受けた者は、偽りの神に奉仕する異端者たちである。[30]

(2) 夢の解釈

ジョンは、続く二巻十六章の「夢や他のしるしの意味にかんする一般的考察」で、本来の夢について、それが指し示す意味の解釈の問題を扱っている。そこでまず、夢に現れる一つの事象が、いくつかの意味をもちうることをいう。同じ夢でも意味がことなる場合があるので、夢の解釈者は、注意深く夢の意味を探る必要がある。[31]

ジョンは、それまでの夢判断の伝統を支配していた、夢の一義的な解釈を批判しながら、さらに次のようにいう。夢のしるしの意味は個々人により、よい意味にも悪い意味にもなりうる。ある者にとっては、金銭を夢みることは死の兆候であり、他の者にとっては不幸のきざしである。また一つの夢の像が、しばしばその逆の意味をもつ場合がある。つまり、汚らわしく不道徳な夢が名誉ある事象を示す場合がある。たとえば、カエサルが母と姦淫する夢を見たとき、彼はその恐るべき夢に驚き、その意味を占者にたずねた。その解釈は、全世界が彼の支配下に置かれるだろうというものだった。[32]

このようにジョンは、夢の解釈のさいの一般的留意を述べるが、次の二巻十七章「夢の解釈には従うべきではない」では、夢の解釈自体に対して、キリスト教的な立場から一転して批判を行う。ジョンはいう。このように夢の解釈方法に言及してきたが、自分は夢判断を肯定しているわけではない。なぜならそれは、正しい技芸ではなく、よくいっても無内容な俗信としかいえないからである。夢判断の詐術に深く関与する者はだれでも、神の法を顧慮せず、信仰を失い、身の破滅へといたる。真理は、そうした夢占い師のいうことから遠く離れており、彼らが真理を把握することはできない。それは、盲人が腫瘍を切開する手術ができないのと同じである(33)。

ジョンはとくに、彼の時代に流布していた夢判断の書『ダニエルの夢の解釈』を批判する。彼はいう。このダニエルが著者とされた書物では、一つの夢の内容に一つの意味のみが帰されているので、明らかに真理の重みを欠いている。こうした世間に出回っている夢判断の手引き書は、好奇心を満たすためだけに流布しているので、さらなる考慮を必要としない(34)。さらにいう。夢の解釈者は、いつもこのように他人の思考のなかに入り、隠されたものを明らかにし、アレゴリーのあいまいさを明らかにできるのだろうか。もし、そのような特別な才能を享受する者がいれば、ダニエルやヨセフと同等の者となろう。しかし、真理の啓示が与えられていない者が、この技芸に通じることはない。すべての技芸は、その源泉を自然のなかにもち、経験と理性によって熟練するものだが、夢解釈のケースでは、理性の力は信頼できない。理性は夢解釈では役に立たないからである(35)。

ジョンの夢の議論をみると、最終的に夢判断の能力は、特別な啓示を受けた者に限定される。だが彼は、夢が一般的に何らかの現実を予示しうることを認めている。そこに、彼が自然のしるしの解釈で行った、一種の経験主義的な自然観察の立場を見ることができる。

三　占星術への批判

次に、ジョンの占星術にかんする議論を見てみよう。すでに触れたように、ジョンが『ポリクラティクス』を書いた十二世紀中葉の時代、占星術への関心はそれ以前にもまして高まっていた。そして占星術の流行は、シャルトル学派などにおける自然探究への新たな関心が生み出した現象であったとともに、宮廷社会における廷臣たちの占いへの熱狂がもたらした現象でもあった。だがいずれにせよ、占星術は人間の自由意志を否定し、天体の動きにより人間の運命が決定されるという運命決定論を導くがゆえに、教会の側からの批判にさらされていた。こうした、一方での自然世界への新たなまなざしと、他方での教会の占星術批判の伝統との対立のなかで、ジョンの占星術批判は展開されている。

ジョンは『ポリクラティクス』の二巻十八章で、占星術者（mathematici）を一般的に批判して、次のようにいう。彼らはその教えの基礎として、理性と経験にもとづく真正な星の知識（mathesis）を利用するが、彼ら自身が不健全な考察を行うことにより、偽りの星の知識へといたる。(36) つまり占星術は、正しい星の学である天文学を逸脱したものである。

続く十九章で、天文学（mathesis doctorinalis）と占星術（mathesis divinatoria）の違いについて、詳しく述べられる。

「天文学はそれに従う者を、節度の範囲内に置くとき、高貴で栄光ある学である。しかし、それが僭越にもこれを超えれば、それは哲学の一分野というよりも邪悪な教えとなる。……天文学と占星術には共通のことがらは多いが、後者は理性の境界を超える傾向にある。そしてその解釈者を啓発せず惑わす。[37]」

ジョンはここで、天文学と占星術とに共通する、さまざま天体の知識を列挙している。それらは、星の観察の方法や、太陽が熱の源であること、月の動きで湿度の増減が決定されることといった天体にかんする具体的な知識である。[38] またジョンは、占星術の教えについても短い概説を行う。たとえば、土星は冷たく年老いているので、人に不幸と病気をもたらすこと、木星は恵み深く、人に成功と健康をもたらすこと、水星は雄弁の神であり、知恵ある者には益をもたらし、悪しき者には害悪を増幅させることなどである。[39]

しかし占星術者は、星の自然学的な観察からあまりにも逸脱する。

「占星術者のだれも、星が四大から構成されているのか、あるいは第五の要素から構成されているのかといった問題を考えない。……にもかかわらず、彼らは運命を考察しながら、星との関係が我々の世界に何をもたらすかを、彼らの満足いくまで説明する。[40]」

確かに天体には、神の意志のしるしとしての役割も与えられている。たとえば、キリストの誕生を星が予示したようにである。しかし占星術者には、そうした星に託された神的なしるしを解釈する力はない。[41] ジョンはさらにいう。占星術者は、ものごとの予知の行為を行うことで、運命、必然性の仮定へと導き、神の主権を侵害し、人間の自由意志を否定する。そして彼らは、長生きや世俗的な繁栄を約束したり、あるいは危機や死が差し迫っているといって、人々に偽りの虚栄心や絶望を与える(42)。

ジョンは、許される学としての天文学と非難されるべき学としての占星術とを区別して、次のようにいう。

「占星術師たちが、星の観察の学問に認められた目的で満足するなら、つまり、学校で学ぶことがらに満足するなら、彼らは星の位置の認識やそれらのしるしから、その時々の影響を、冷静な判断により予言する力をもつだろう。……だが彼らが、星座や惑星を過度に信頼し、それらに一種の権威を与えるとき、彼らは神を冒瀆することで終わる(43)。」

ここでいわれるように、ある一定の天体が地上世界へ与える影響を、星のしるしから因果的に読みとることも可能だとされる。しかしそれは、天体の影響力を過度に重視する占星術者には把握しえない。人間の運命を星の動きから導こうとする占星術は虚偽の学でしかないが、経験的な星の観察を行う学問である天文学は、我々に有益な情報を与えてくれる。そこからは、多様な天体の知識を得ることができる。だが占星術師たちは、占いの目的に適合しないときには、そうした天文学の知識を否定してしまう。つまり彼らは、星の観察を恣意的に行うことで、天文学をないがしろにする。

ジョンは結論的に、「星の観察者は、アカデミア派の弟子の流儀で、蓋然性の議論を知って天体に向かうことがより適切である」と語る(44)。すなわち、天体の現象の理解にあたって、観察者は、占星術におけるような決定論的な因果性ではなく、一定の蓋然性にもとづく経験的な因果性のみを求めればよいとされる。そして、こうした経験主義的な観察方法が、アカデミア派の方法すなわちキケロ的懐疑主義と関係づけられることが重要である。

四　キケロ的懐疑主義――「蓋然性」の方法

すでに見たように、ジョンの自然の予兆をめぐる議論では、さまざまな自然の事象が三つのことなる類型に従って理解されていた。それは、まったく意味のない前兆、神の真の啓示としてのしるし、そして、自然のなかの一定の経験的因果性を措定できるものの三つである。そして、この三つの区別は、夢の解釈と占星術の議論でも見ることができた。ジョンより一世代前の、コンシュのギヨームやバースのアデラードは、こうした明確な区別を行わず、あらゆる自然現象に一定の因果的法則を見出そうとし、運命決定論的な世界観に近い議論を展開した。それに対して、ジョンが自然現象を区別し、それぞれにことなる理解の方法を与えた背景には、彼の護教的な立場だけでなく、十二世紀中葉の時期、自然の知識の量的増加により、自然現象を単純な因果性の論理だけでは理解しえなくなった状況が見てとれる。

そうしたなかジョンは、自然の事象のなかに、一定の蓋然性をもって生じる因果的事象を措定し、自然観察の新たな方法へ道を開いたといえる。そしてこのような、一定の蓋然性をもって生じる因果的事象を、神による超自然的なしるしや、無意味な俗信と区別して扱おうとする態度は、一種の経験主義的な自然認識にも通じるものである。

さらにこの自然観察の方法は、ジョンが『メタロギコン』で展開した「蓋然性の論理学」の議論に深くかかわっている。彼は論理学を、明確な必然性をともなう原理によって導かれる推論を扱う「論証的論理学（logica demonstrativa）」、蓋然性によって明らかにされるような推論にかかわる「蓋然的論理学（logica probabilis）」、誤謬のさまざまな可能性と種類を扱う「詭弁的論理学（logica sophistica）」の三つに分類した。このなかで「蓋然性の論理学」は、雄弁術や弁証論で用いられる方法である。なぜなら、雄弁家や弁論家が論敵や裁判官を説得しようとするさいには、その議論は、蓋然的な妥当性をもてばよいのであり、議論の真実性や虚偽性が完全に論証される必要性はないからである。(45)

しかし重要なことは、ジョンがこの「蓋然性の論理学」の観念を展開しながら、そこからさらに、自然や社会の事象も、明確で必然的な論証によるのではなく、一定の蓋然的な妥当性によってしか把握できないことを導いている点である。ジョンがこうした蓋然性の議論を展開する二つの例をあげておこう。一つは、『メタロギコン』のなかで、キケロの『構想論』の注釈者ウィクトリヌスに従いながら語る部分である。そこで彼は、キリストが処女マリアから誕生したことから、性交の事実と子供の出産とが完全な因果性ではなく、蓋然性でしかいえないとして、次のようにいう。

「ずっと以下の原則が必然的な公理と見なされてきた。女性が子供を産めば、彼女がそれ以前に、だれかと性的な結合をもったにちがいないと。だが時が経って、最も純粋で汚れない処女が子供を産んだことにより、それがいえないことが示された。絶対的で必然的なことがらには例外がありえない。だが、条件付きで必然的なものは修正がなされうる。……子供のいる事実からは、以前の性的な結合が蓋然性とともに推測されうるとしても、そのことが、絶対的に必然的なこととしては演繹されえない。(46)」

またもう一つは、『ポリクラティクス』での占星術批判の箇所で、占星術が自然の事象を決定論的に考察することを批判して、物体の落下を例にとりながら、自然の事象の成り行きが一定の蓋然性でしか語りえないことを次のようにいうところである。

「あらゆる重い物体がその重さで地上に落ちるように、私が石あるいは矢を空中に投げれば、それらが自然の法則で地上に落ちることを私は知っている。しかしそれらが、本性的に、あるいは私がそれを知っているという理由で、地上に落ちるとは絶対確実にはいえない。それらが、落ちることと落ちないことの可能性があり、この両方が、必然性によることなく真理なのである。[47]」

こうした自然や人間にかかわる事象が、必然性ではなく蓋然性でしか語りえないという議論で、ジョンが典拠としているのは、キケロやその注釈者ウィクトリヌスの著作である。ジョンはキケロを好み、その懐疑主義に深く影響を受けていた。彼が自然認識の方法で展開した蓋然性の方法も、彼がキケロから学んだ懐疑主義にもとづくものであったといえる。

じっさい『ポリクラティクス』の序では、ジョンの「アカデミア派」すなわちキケロ的懐疑主義者としての自己表明がなされている。そこでいう。アカデミア派は、すべての議論にあいまいさを導入してきたが、真理の批判的な探求者である。「神の摂理、運命、意志の自由にかんしてずっといわれてきた言説について、私は疑わしい解説者であるよりも、アカデミア派の弟子と見られたい」と。[48] また『メタロギコン』の序でいう。「賢人にとって疑わしいことがらについては、私はアカデミア派の者であるので、私のいうことが真実であるなどと誓ったりしない。命題が真実であろうが虚偽であろうが、私は蓋然的な確実性で満足したい」と。[49]

ここで表明された懐疑主義が、彼の俗信批判に現れる蓋然性による自然認識の議論と根を同じくすることは明らかである。さらに、この蓋然性の方法が、彼の師コンシュのギヨームやバースのアデラードの自然世界を完全な因果律の支配する領域として考察する立場から、ジョンの思想を根本的に区別するものとなった。

おわりに

ジョンの思想についてのこれまでの研究は、コンシュのギヨームらのシャルトル学派との思想的な系譜関係を強調してきた。そのことは、自然学的な知識の継受のみならず、有機体的な国家観あるいは自由学芸の教育方法といった多様な問題で語られてきた。他方で、コンシュのギヨームらの世代の知識人の思想とジョンの思想の根本的な差異については、議論が十分になされていないのが現状である。ここでは、ジョンの俗信批判の議論に現れる蓋然性による自然認識の方法のなかに、彼に先行する世代との根本的な相違を見ることができた。

ここから、十二世紀ルネサンスをどう理解するかという点で、非常に重要な問題が導かれる。すでに見たように、十二世紀初頭のギヨームやアデラードらは、自然世界に内在する法則や秩序を完全に理性的に読み解こうとした結果、占星術的な世界認識にとどまった。だがこれまでの研究においては、彼らの自然認識の方法は、神学的な世界観を脱し、新たな自然認識の方法を開拓するものとして、つまり、その後の自然科学的な考察への道に通じるものとして評価されてきた。

しかし十二世紀前葉のシャルトル学派を中心とした知的活動については、サザーンがその過大評価を批判し、十二世紀中葉以降の思想との根本的な相違を指摘している。サザーンによれば、一一五〇年前後にアリストテレスの「新論理学」の著作群の翻訳が西欧世界に流入するのを契機に形成される学問的方法は、それ以前のものとは根本的にことなる。コンシュのギヨームらの世代の自然観は、非常に限られた古典の知識にもとづいた、かなり素朴で単純なものであった。それに対して一一五〇年頃以降になると、多様な古典の知識が大量に入ることにより、さまざまな観念の矛盾と葛藤のなかから、自然の知識を新たに整序する学問的な方法が形成されていく[50]。

ジョンの自然認識にかんする議論も、そうしたサザーンが述べた十二世紀の知的な変動の見取り図と対応するものである。すでに述べたように、ギヨームやアデラードの取った、徹底した自然主義の立場、そしてその帰結としての運命決定論的な世界観からは、多様な自然現象を経験主義的に読み解く方法は展開しえない。むしろジョンの取ったような、懐疑主義の立場と、そこから導かれる蓋然性による自然認識の方法のなかに、十三世紀以降のスコラ学が展開した、自然領域の経験科学的な考察へとつながる精神構造の端緒を認めることができるのではないだろうか。

さらに指摘しておきたいのは、ここで提示したジョンの自然認識のあり方は、彼の歴史認識とも密接に関わっていることである。十二世紀前半から中葉にかけて、多くの世界年代記が書かれたが、それらでは、歴史が神の摂理を体現する過程として理解されている。しかしジョンの場合、彼の歴史記述の著作『教皇史』などから見てとれるのは、同時代のフライジングのオットーの『年代記あるいは二つの国の歴史』に見られるような、歴史の摂理史的な理解が欠けていることである。ジョンの歴史記述には、歴史の過程に対するきわめて懐疑主義的な態度が浸透しており、そこには、歴史の事件に対して、明確で一義的な因果関係を提示しようとしない態度が見てとれる[51]。彼の歴史認識における懐疑主義的な態度は、彼の自然認識における蓋然性による理解の議論と、その論理構造においてきわめて類似している。ジョンにおける懐疑主義の問題は、彼の思想の全体構造のなかでさらに深く検討すべき問題であろう。

（補論）魔術への批判

ソールズベリのジョンは、同時代のさまざまな異教的な俗信について『ポリクラティクス』で言及しているが、魔術についても詳しく述べている。魔術自体は中世の教会において、多くの教会会議の決議や贖罪規定書における規定、さらには説教などで、異教的な悪魔崇拝や偶像崇拝の残滓として非難された。ジョンの場合もこのような中世の教会の伝統を受け継ぎ、魔術に対する態度は一貫して否定的である。以下では、『ポリクラティクス』で魔術について言及される部分を概観し、十二世紀の知識人にとり魔術がいかに理解されていたのかを考察したい。

一　魔術の定義

魔術師とは何かについて、ジョンは一般的に次のように定義する。

「魔術師とはその法外な悪行からそう呼ばれる。彼らは神の許しとともに四大をかき乱し、物からその形相を取り除き、起こりうることを予言し、人間の感覚を狂わせたり眠りを与えたりして、呪文の魔力で人間を殺害しさえする。[1]」

これは、セヴィーリャのイシドルス『語源』の八巻にある「魔術師について（de magis）」の章における定義――「魔術師は一般的に法外な悪行のゆえにそう呼ばれる。彼らは四大をかき乱し、人間の感覚を狂わせ、毒を飲ませることなく、言葉の暴力により人間を殺す」――から取られている。[2] 魔術師は自然の秩序をかき乱し、将来を予言し、人間を殺しさえする者と定義されるが、この箇所から明らかに、ジョンが魔術の力の存在を十分に信じ、魔術が人間に大きな害を与えると考えていたことがわかる。またジョンは、「とりわけ予言は貪欲さと邪悪な精神でなされるので、代償を求めて行われる」と語り、魔術による予言が金儲けのためになされることを非難する。[3] 結局、悪魔に身をゆだねることになる魔術師は、許される存在ではなく、破門の罰を受けるべき者であることを次のようにいう。

「感覚、舌、肉体を悪魔にゆだねるその者［魔術師］は創造主を無視している。その堕落した行為において創造主の完全性を求める彼は、真理に対して冒瀆を行う者とはいえないか。そのような行為はどんな者にも無知だからといって許されることはない。あらゆる者が、こうした不名誉な行いが信仰の破門の罰により断罪されることを知っているし、また知るべきである。[4]」

このようにジョンは魔術を批判するが、具体的な魔術の種類について、セヴィーリャのイシドルスの『語源』の八巻にある「魔術師について」の章を主な典拠としながら『ポリクラティクス』の一巻十二章で列挙している。

同様の魔術の列挙は、ジョン以前の著作家、ラバーヌス・マウルス、ヴォルムスのブルカルドゥス、ランスのヒンクマール、グラティアヌス、サン・ヴィクトルのユーグなどもイシドルスを典拠としながら行っている[5]。しかしジョンの場合、イシドルスのリストを基礎としながらも自分の見解を加えて、同時代に行われていた魔術のあり方にも言及することに特徴がある。以下、ジョンが言及する主な魔術師について概観したい。

二　魔術の種類

呪文を用いる魔術師（incantatores, arioli）

まず、呪文を用いる魔術師として、インカンタトーレース（incantatores）とアリオリー（arioli）があげられる。ジョンは、「呪文を用いる魔術師とは、邪悪な祈りと呪いをかけた供物を、祭壇で捧げる者である」という[6]。これ以上には詳しく論じられないので、おそらく彼の時代には、頻繁になされていた魔術ではなかったのかもしれない。

アルースピケース（aruspices）

次に古代ローマでよく知られていた予言者、アルースピケースについて詳しく述べられる。

「アルースピケースとは時間の観察者であり、何時に何がなされるべきかを命じる者である。しかし使徒パウロが、これを行う者の誤りを、次のようにいい断罪する。『あなたがたは、いろいろな日、月、時節、年などを守っています。あなたがたのために苦労したのは、無駄になったのではなかったかと、あなたがたのことが心配です』〔『ガラテヤの信徒への手紙』〔四：十―十一〕。仕事の幸運は時によってではなく、神の名前により期待されるべきである。アルースピキウム（aruspicium）はまた、内臓を調査することでもなされる。……ゆえにアルースピケースは、血の付いていない動物の骨で予言し、未来、現在、あるいは過去について語る者である。(7)」

これに対応する箇所は、セヴィーリャのイシドルスの『語源』にもあり、「ハルースピケース（haruspices）と呼ばれる者は、いわば時間を観察する者（horarum inspectatores）である。彼らは仕事や行為をなすさい、適切な日と時間を守り、人間が時間ごとに何を注意すべきかを語る。彼らはまた、牛の内臓も観察し、それらから未来を予言する」といわれる。(8)ジョンがこの定義に従っているのは明らかである。さらに、アルースピケースについて次のようにいう。

「アルースピケース（aruspices）の一部の者は、動物の内臓を用いて予言を行う。内臓という言葉で、外側を皮膚で覆われたものすべてが意味されている。雄羊の肩甲骨や他の動物の骨から予言する者も、明らかにそれらに数えられる。(9)」

この箇所は、雄羊の肩甲骨による予言について言及したものとしては中世で最初のものである。雄羊の肩甲骨による予言は、アジアの遊牧民の間でなされていた予言であり、古代ローマでは知られていず、中世になってからヨーロッパでは知られるものである。ジョンの同時代人ウェールズのジェラルドは、一一九一年に書いた『ウェールズ紀行』で、ウェールズ地方で当時なされていた肩甲骨による予言について詳しい叙述を行っている。そこでは、ウェールズ地方に定住したフランク人がそれを行い始めたこと、また、この技術が未来、現在、過去の探究のために使われていることを語っている。ジェラルドがジョンの記述に依拠して書いたかどうかはわからない(10)。

黒魔術師（nigromantici）

次に黒魔術師（nigromantici）が言及される。黒魔術師は、その魔術のために血を用いることで内臓占いとは区別される。内臓占いに「血が加えられるとき、黒魔術へと移る。これは死者への問いかけでなされるので、そう呼ばれる。それは死者を呼び出すことで真理を理解できる技芸のように見える。だがこれは、人間の不信仰をあざ笑う悪魔による詐欺である」といわれる(11)。さらにジョンはこの定義を明確にする。

「私は黒魔術師について何をいうべきだろうか。その父なる神への不敬虔さが、すでに彼らの信用をいたる所で奪っている。死から知識を得ようとする者は、死に値する者だとまではいわないにしても(12)。」

ここからジョンが、降霊術師（necromantici）のことを黒魔術師（nigromantici）と呼んでいることが明らかになる。一方、イシドルスの魔術のリストでは降霊術師（necromantici）という名称のもとで、次のようにいわれている。

「降霊術師は、魔法の呪文で呼び起こした死者を使い、問いに答える者である。ネクロス（necros）は死を意味する。マンティア（mantia）は予言を意味する。これらの者は何かを知るために、血を死体の上にまく。なぜなら、悪魔は血を好むからである。降霊術がなされるとき、血は水と混ぜられる。それは、凝血することでその術が容易になされるためである。[13]」

イシドルスの記述との比較から、降霊術（necromantia）という言葉がジョンの時代に、黒魔術（nigromantia）という言葉で代替されるようになることがわかる。[14] ジョンにとって降霊術は、悪魔が加担する詐欺行為であり、人間がそれにだまされることがないように警戒すべきものであった。

人形を用いる魔術師（vultivoli）

さらに人形を用いる魔術師（vultivoli）があげられる。それについては次のようにいわれる。

「人形を用いる魔術師とは、人間の感情を変えるために、柔らかい素材、つまりロウや粘土で、その感情を変えたい人の人形を作る者のことである。[15]」

人形を用いる魔術師は、魔術師のうちでも最も悪しき魔術を行う者に属する。ただこの魔術は、中世の教会の禁令ではまれにしか言及されず、人形を用いた魔術師（vultivoli）の名称は、この時代には『ポリクラティクス』でしか現れない。しかし人形を用いた魔術は、多くの民族や地域で知られる魔術である。なぜなら、原始的な思考の支配する世界ではどこでも、人物の像は、その本人にも影響を与えることのできる一種の分身と見なされ、その像に対してなされたことがその本人においても実現すると考えられたからである。おそらく、この魔術は『ポリクラティクス』で言及されるだけでなく、同時代の中世ヨーロッパで実際にしばしば行われていたと思われる。(16)

図像を用いる魔術師（imaginarii）

人形を用いる魔術師（vultivoli）に続いて、人間とその似姿を表す図像との間の関係から魔術を行う者として、図像を用いる魔術師（imaginarii）があげられる。ジョンはそれについて次のようにいう。

「図像を用いる魔術師は似姿を描き、その似姿に本人の霊を呼び込み、その霊から不確かなことがらについて知ろうとする。聖書の記述から、彼らが偶像崇拝者であり、神により断罪された者であることは明らかである。(17)」

ジョンが図像を用いる魔術師（imaginarii）について語ることは、人形を用いる魔術師（vultivoli）について語ることとほぼ同じであり、両者は名称こそ違うものの、ほぼ同じ種類の魔術師と見なすことができる。

手相見（chironomantici）

次は手相見であるが、「手相見とは手の観察から、事物の秘密を予言する者のことである」という定義がなされる。[18] さらに次のようにいわれる。

「手相見は、手のしわに隠された真実を認識することを誇る。それは理性を欠いているので、彼らの誤りを理性によって批判する必要はない。なぜなら理性は、理性が［少しでもあり、それが］不十分であるものしか批判できないからである。[19]」

手相見という名称は中世ではジョンが初めて言及する。手相の解釈は複雑な解読の規則にもとづいており、その道に通じた者しかできないものであった。中世末には手相見の多くはジプシーであった。[20]

鏡占い（specularii）

続いて鏡占いが言及され、次のようにいわれる。

「鏡占いと呼ばれる者は、輝く剣、水盤、グラス、さまざまな種類の鏡のような滑らかに研磨された物体を用いて予言し、尋ねられた問いに答える者である。それはヨセフが、兄弟たちに、彼が予言に使っていた水盤を盗んだ嫌疑をかけたとき行ったものである。[21]」

飛び跳ね占い（salissatores）

さらに飛び跳ね占いについて、イシドルスにほぼ従い述べられる。

「飛び跳ね占いは、四肢の撥ね方あるいは体の予期しえない運動から、未来の幸運や不運を推論する者である。[22]」

恣意的でない偶然の運動から将来の出来事を予知しようとする占いは、中世においてよく行われていた予言の一つであった。

籤占い（sortilegi）

次にジョンが言及するのは籤占いであるが、これは中世の予言者の種類で有名なものの一つであるが、次のようにいわれる。

「籤占いは偽りの信仰の名のもとで、事物の迷信的な観察により出来事を予言する者である。その種類には、使徒や予言者に祈願した籤、『ピタゴリカ』と呼ばれる書物の観察、さらに、事物の意味を知るために、偶然に生じることを観察することがある。[23]」

ここでの籤占いの文章はセルヴィーリャのイシドルスにもとづくが、「籤占いとは宗教の名のもとに、予言の学のいわゆる聖なるくじにより、力を得ようとする者、あるいはあらゆる可能な書物の観察により、未来を予言する者である」というイシドルスの文章よりも詳しい。[24]

ここでジョンがいう籤占いとはすべて、書物を偶然に開き、開いた箇所を複雑な読解の規則により解釈するものである。多くの場合、聖書や古典の著作を使用したが、とくに籤のために使う書物も、中世にはさまざまなものが存在した。そのなかには、ジョンがここでいう『ピタゴリカ』と呼ばれる書物もあった。しかし籤占いが、キリスト教徒に許されているかどうかは、中世の神学においても解決できない問題であった。なぜなら、旧約聖書では、神の命令でなされた籤による神託の多くの事例があり、たとえばアウグスティヌスも、それを明確に否定せず、あいまいなことがらでは、籤を神の意志を明らかにする手段として認めているからである。原始キリスト教の時代から、「使徒たちの籤（sortes apostolorum）」あるいは「聖者たちの籤（sortes sanctorum）」と呼ばれる、聖書を用いた籤占いがあり、多くの場合、聖職者自身によりなされていた。それは教会会議で繰り返し禁止されたが、ジョンは、神の意思を知るために、どんな籤の書物も使ってはならないと断定的に語ることはない。[25]

鳥占い（augures）

続いて、鳥の観察により予言を行う鳥占いがあげられる。

「鳥の観察による予言はフリギア人が発明したとされるが、それは、鳥の声あるいは飛び方を見てなされる。……たとえば歩いている鳩が、餌付けのときでさえその道をさらに歩き続ければ、これはよい予兆である。[26]」

ジョンは、『ポリクラティクス』において、当時の民間信仰にもとづき、鳥による占いについては多くのことがらを書いているが、これについては本論ですでに述べたとおりである。

三　幼少時の体験

ジョンはこのように魔術の種類を列挙するが、自身の幼少時に、鏡占いを行う聖職者の手伝いを無理矢理させられた体験についても、次のように述べている。

「私が子供の頃、『詩編』を学ぶためにある司祭のもとに預けられた。その司祭は鏡占いを行っていたが、彼はこの魔術のために、私と少し年長の少年を自身の足下に座らさせ、この神聖を汚す鏡を見させようとした。そして彼は爪に聖なる油を塗り、よく磨かれた水盤に何が見えるか我々に尋ねた。私は少年だったので恐怖に捕らわれながら、悪魔の名前のような名を告げ、私の仲間の少年は、神に対して自分は何もよく知らないという誓約をなした後で、自身がぼんやりとした像を見たといった。しかし私には、そこで前から見ていた爪、水盤などのほかには何も現れなかった。その結果、私は、この目的のために無用な者と判断された(27)。」

さらにジョンは、自身の幼年時に知り合った魔術師たちの多くが、さまざまな苦しみに遭遇したのを見て、魔術を忌み嫌うようになったと語る。

「しかし私は大きくなるにつれ、この恥ずべき行為を忌み嫌うようになった。そして私の恐れは、私が知っていた多くの行為者が皆、亡くなる前に、自然にか敵対者の手により、盲目となったのを見たことで強められた。また私から見れば、神の力で破滅したり、おかしくなったりした他の不幸な人々もいたが、それについては黙っていよう。ただし二人の例外があった。一人は、私がここで言及した司祭であり、もう一人は、ある助祭である。彼らは鏡占いの受ける苦しみを見て、一人は、ある聖堂参事会教会へと逃げ、もう一人はクリュニー修道院へと逃避して、そこで彼らは聖職者になった。だが私は、彼らがそれぞれの教会で、多くの苦しみを後に受けたことを哀れに思う。[28]」

以上が、ジョンが魔術について述べる部分の概略であるが、彼はこのように魔術の種類を列挙し、その特徴を述べた上で、魔術が信仰に反し、さまざまな悪を引き起こす行為であることを『ポリクラティクス』で論じた。ジョンの議論は、それまでに魔術について言及した中世の著作を超えた詳細なものとなっている。これは当時、魔術がいかに民衆の間で普及していたかを逆に指し示すものであろう。ジョン以降、魔術を批判する中世の知識人の記述は着実に増えていく。そのような意味で、ジョンの議論は中世の知識人による魔術批判の先駆けとなったものといえる。また重要なことは、彼の魔術批判は、当時の異教的俗信――占星術、夢解釈、動物との出会いによる吉凶占いといったもの――に対する彼の批判の文脈で論じられることである。いずれにせよジョンの立場は、キリスト教の信仰の立場に立って、キリスト教の教義に反する魔術や俗信を理性的に排除していくというものであった。

第Ⅱ部　君主と国家の分析

第一章　政治社会論

はじめに

十二世紀ルネサンスを代表する人文主義者の一人であるソールズベリのジョンは、主としてその著書『ポリクラティクス』のなかで、十二世紀の他の著作家には見られない、詳細かつ卓抜な政治や社会の議論を展開している。ここでは、ジョンの政治や社会についての議論を、十二世紀の思想構造の特徴的なあり方のなかで考察したいと思う。まず、ジョンの政治思想を考察する上での前提として、ジョンの思想に大きな影響を与えた、当時の学問や知識をめぐる状況について触れておきたい。

いうまでもなく十二世紀は、知的・文化的領域での大きな変革期であった。それは、トレドやパレルモにおけるギリシア語およびアラビア語からの科学文献の翻訳活動や、ボローニャを中心としたローマ法学の復興、そして北フランスの司教座付属学校での自由学芸や神学の新たな研究に象徴される(1)。とくに、シャルトルの司教座付属学校が、北西ヨーロッパにおける十二世紀前半の知的活動の中心であった。そこには、この時期に、すぐれた人文主義の教育を行ったことで有名なシャルトルのベルナール、また、ソールズベリのジョンにより、当時の「諸学芸の最も勤勉な探究者」として称賛されたシャルトルのティエリ、さらにランス教会会議（一一四八年）

で、クレルヴォーのベルナールにより、その三位一体の教義を断罪された神学者ポワティエのジルベール、そして、『宇宙の哲学』で自然の世界の体系的説明を行ったコンシュのギヨームら、すぐれた教師たちが存在した。シャルトル学派と総称される彼らは、ラテン語の古典を読み解くことで自由学芸の知識を深めるとともに、こうした探究により、人間の尊厳の観念と、自然科学的な分析の萌芽を生み出したとされる(2)。

このようなシャルトル学派の理念は、その直接あるいは間接の影響を受けた十二世紀中葉以降の他の思想家たちにも見出される。たとえば、カルキディウスがラテン語訳した『ティマイオス』を手がかりにして、宇宙と人間の創成を『コスモグラフィア』で寓意的に描いたベルナルドゥス・シルヴェストリス、また、これを模倣する形で『自然の嘆き』を書いたリールのアラン、さらには、コンシュのギヨームの教えを受けて自身の学芸論、政治論にシャルトル学派の観念を反映させたソールズベリのジョンがあげられる。

一方でこの時期、とくに一一五〇年代以降の十二世紀後半に、北西ヨーロッパにおいて政治的にきわめて強大な権力を誇ったのは、いわゆる「アンジュー帝国」であった。イングランドは、内乱の続いたスティーヴン王治世のあとを受けて、一一五四年にアンジュー家のヘンリ二世が登位すると、即位前の彼の所領を合わせ、イングランドのみならずフランスの西半分も領有して強大になるとともに、集権的国家への道を歩むことになる。

このように、ヘンリ二世が集権的国家を実現しようとした十二世紀後半の時期に、この王の統治に対して、「君主の鑑（speculum regis）」の著作で影響を及ぼそうとした一群の聖職者知識人が存在した。それは、ソールズベリのジョン、ブロワのペトルス、ウェールズのジェラルドらであり、彼らはともに、パリなどの学校で学び、そののち教会行政や王の行政にかかわりながら、ヘンリ二世の宮廷を熟知していた人々であった。彼らは、この時代の急激な社会の変革に対応した統治のあり方を道徳哲学的な見地から論じた(3)。

ソールズベリのジョンの政治思想を問題にする場合、以上のようなシャルトル学派の新しい思想傾向と、ヘンリ二世に代表される世俗王権の伸長という二つの時代的状況に加えて、叙任権闘争に端を発した「教会の自由(libertas ecclesiae)」をめぐっての教権と俗権の争いが考慮されねばならない。とくに、聖職者に対する裁判権をめぐるヘンリ二世とカンタベリ大司教トマス・ベケットの対立の事件に、ベケットの支援者としてかかわったジョンにとって、その教権と俗権の関係についての議論は、彼の政治思想のなかで無視しえない位置を占めているからである。

以下でまず、ジョンの政治思想にかんする先行研究について、いくつかの傾向をまとめておこう。

まず第一に、ジョンの政治思想を、十三世紀から十四世紀にかけて教会法学者、神学者たちにより定式化される教権制理論の先駆と見なす立場がある。この議論は、ジョンがその言説で、俗権を象徴する「物質的剣(gladius materialis)」が教会に由来し、君主は「教権(sacerdotium)」の代理人にすぎないとする「両剣論」に触れていること、また、「魂(anima)」が「肉体(corpus)」を支配するように、聖職者が君主を含めた世俗国家全体に対して優位にあるという主張を述べていることを根拠としている。この立場は、ゲンリヒにより典型的に主張されたが、その後の研究ではあまり支持されていない(4)。

第二に、ジョンの議論のなかに、国家を原罪による悪と見なしたアウグスティヌス主義的な政治理念を克服した、国家の自然性の観念を見出そうとする立場がある。これは、十二世紀ルネサンスの評価の議論と相俟って、多くの研究者を引きつけた議論であった。たとえばシュペールによれば、ジョンの思想は、世俗国家に対して固有の存在の論理を与えており、それにより、中世における国家観念の世俗化への道が開かれたとされる(5)。シュペールにより明確に提示された、ジョンの思想に新しい国家観念の萌芽を見る立場は、その後、ポウストの研究に受け継がれることになる。ポウストは、十二世紀中葉以降のローマ法学者や前期教会法学者《デクレティスト》、また、ローマ法学と教会法学の強い影響を受けたジョンの政治思想を積極的に評価し、国家の自然性の観念が、アリストテレスの『政治学』のラテン語訳がなされるよりも一世紀早く、西欧で普及していたことを主張する。(6)

さらに第三に、リーベシュッツの研究があげられよう。彼は、ジョンの思想に国家の自然性の起源を求めようとする議論を批判し、むしろジョンの政治思想を、教皇グレゴリウス一世の『モラリア』の伝統にまでさかのぼる純粋に道徳論的な君主の教育書として、初期中世以来の「君主の鑑」の伝統のなかで理解しようとした。(7)

以上のような研究史を踏まえた上で、ここではジョンの政治や社会にかんする議論を、同時代の政治思想のなかに位置づけて分析したい。そのためにまず、十二世紀の政治思想にとって機軸となる、いくつかの観念について最初に分析する。それらは、国家の自然性の理念の基盤となる「自然」の観念、そして、ジョンにより提示された国家と人体の比較の思想的根拠となる「大宇宙―小宇宙」の観念、さらに、中世の政治思想で機軸となる、法の観念である。そしてそれぞれが、ジョンの同時代に、他の思想家において、いかなる観念として理解されているのかを考察する。続いて、そこで明らかとなる同時代の政治的な観念の体系にもとづいて、ジョンの政治や社会の議論を詳しく論じることにしたい。

一　分析の諸観念

（1）制作者たる自然（natura artifex）

自然の観念ほど多義的で定義の難しいものはないが、一方でそれゆえに、それはさまざまな観念体系を生み出しうる力をもっている。つまり、自然という同一の言葉のなかに、ことなった意味が内包されることで、自然の観念は、それまでの思想構造自体を変革する原動力となる。とくに中世の政治思想史において、自然の観念は、一種の鍵概念の役割を果たしており、それはとくに、国家の自然性の問題において明らかとなる。

一般に、国家が自然なものと見なされるようになるのは、十三世紀後半におけるモエルベカのウィリアムによるアリストテレス『政治学』のラテン語訳（一二五六年）と、その中世政治思想への多大な影響である。人間は、本性上、政治的動物であり、国家はそれ自身自然なものであるとするアリストテレスの政治理念により、中世政治思想史上、初めて、国家は自然なものとして考察されるようになるといわれる(8)。

だがこのような理解に対して、アリストテレスの『政治学』受容以前に、国家の自然的性格が、すでに政治的議論の対象となっていたとするポウストの説がある。ポウストは、十二世紀中葉から十三世紀初頭にかけての教会法学者、ローマ法学者たちの注釈や、ソールズベリのジョンのような聖職者知識人の著作を検討し、そのなかに、プラトンの『ティマイオス』のカルキディウスによるラテン語訳や他のラテン語古典を媒介にして構想された、国家の自然性の観念が見出せることを論証しようとした(9)。

とくにポウストは、ジョンが『ポリクラティクス』で、人間が自然により政治的動物であるという議論を提示しえたと指摘する。それは、ジョンの次のような議論に見られるという。すなわちジョンは、以下で詳しくみるように、国家を自然の法に服する自然の有機体と考える。国家は、その生命を神の賜物として与えられ、自然の理性により統制されるものであり、それゆえ、神と自然に服する。また、ジョンにとって法とは、人間と神にかかわるすべての物事を統制するものであり、事物と人間の支配者で、指導者である。ここからジョンは、国家が自然の理性と法を通じて導かれるべきものと考えたと、ポウストは指摘する(10)。

またジョンは、カルキディウスの『プラトン「ティマイオス」注釈』に由来し、コンシュのギヨームからそれを学んだ、「自然を模倣する職人（artifex imitans naturam）」としての人間という観念を、その学芸論においてのみならず、政治の「技術（ars）」の議論でも使用した(11)。

学芸論での議論は次のようなものである。『メタロギコン』でジョンは、諸学芸（artes）を論じて、自由学芸を修得するためには、可能なかぎり、自然を模倣することが必要であるといったが、彼によれば、「あらゆる事物の最も温和な母親（clementissima parens omnium）」である自然は、人間に理性と言葉を与えることで、人間を他のすべての動物にまさるものにした。文法学などの自由学芸は、自然の賜物である理性の適切な使用にもとづくがために、理性を媒介として、自然がすべての学芸の母親といえる。ゆえに学芸は自然にその起源をもつので、学芸を修得するときにはできるだけ、人間の自然本性に一致するようにしなければならない(12)。

そしてジョンにとり、国家も「自然を模倣する技術」の作品と見なされる。つまり、自然を模倣することによって、学芸と同様に、それはその起源を自然にもつ。『ポリクラティクス』では、「最も勤勉な母親（diligentissima parens）」である自然が、内臓を保護するように人体の諸器官を配置したように、「国家において制作者（opifex）たる自然のこのような似姿を保つこと」が必要であるとされ、「市民生活（vita civilis）」は、「最高の生の指導者（optima vivendi dux）」たる自然を模倣すべきであるといわれる(13)。

またポウストによれば、十二世紀後半から十三世紀初頭にかけての教会法学者やローマ法学者も社会と自然の観念を考察し、政治的領域での新しい自然性の観念の発展に寄与した。グラティアヌスの『教令集』における自然法や自然の意味を論じた前期教会法学者《デクレティスト》たちは、グラティアヌス自身が自然法と神の法を同一視したように、彼らもまた、自然法が神の理性であるとし、「自然、それは神である（Natura, id est deus）」と注釈することによって、最高の自然つまり神が、自然法の源泉であるとした。すなわち、自然とは神の代理人であり、自然法にかかわる神の意志を体現し、神の道徳命令を最高位で指示する。そして、自然と自然法は、神が世界と人間に命令を下すための神の理性の道具と見なされる。前期教会法学者《デクレティスト》たちは、このような自然が万民法（ius gentium）、市民法（ius civile）の基礎になることを強調することによって、原罪による国家の必要性というアウグスティヌス主義的な教義を弱め、人々が国家を統治し法を作るとき、正義（iustitia）と衡平（aequitas）の原理として、自然法における神の理性を使うべきであると一致して主張したとされる[14]。

他方、この時期のローマ法学者も、教会法学者のように、「自然、それは神である」という定式を用いることによって、自然法と神の理性を体現する最高の自然が、神の命令が世界、社会、人間に関与するための道具であることを意味させたと考えられる。それは、自然法が、ある意味で万民法でもあること、つまり自然法の道徳的命令が個々の国家の法に関与する一方、自然法が市民法の上の基本法であることも意味している。つまり、自然の神格化によって、ローマ法学者は、自然法に現れる神の理性と、国家とその法を作るときに使用される人間の理性の関連を強調したとされる[15]。

結局、教会法学者、ローマ法学者ともに、自然と自然法の観念を協議しながら、人間が国家を構成するために、神が与えた自然の理性を使うことが許されているという観念に向かいつつあった。そしてそこでは、より世俗的な自然観念が重要な役割を演じ始めている。教会法学者においても、ローマ法学者においても、一方での自然法における、より高次の永遠不変の自然と、他方での変化する状況の自然性、つまり自然を模倣する人間の技術の自然性が認められる。そして、この変化する状況の自然性のなかに一種の世俗的な自然主義が見出されると、ポウストは主張する[16]。

このようにポウストは、ジョンのような聖職者知識人、そして教会法学者やローマ法学者が、国家の自然性を明確に述べていたために、アリストテレスの『政治学』は、中世の思想家に容易に受け入れられたとする。しかし十三世紀後半に、『政治学』に従って受容された国家の自然性の観念が、十二世紀における古典やローマ法学の復活の過程で準備されていたとするポウストの議論は、自然という観念が内包する概念内容を明確にしなかった点に最大の問題があるといえよう。

アリストテレスの『政治学』とともに西欧の政治思想に受容され、スコラ学の体系のなかに融合されて正統的地位を獲得した自然の観念は、「個物に内在する本性、目的」としてのアリストテレス的観念であり、それはスコラ学の体系のなかで、「恩寵（gratia）」によって完成されるべき世界のなかでの自然の相対的自立性を保証するものであった(17)。一方、十二世紀に、プラトンの『ティマイオス』やラテン語古典にもとづき流布した自然の観念は、宇宙の「制作者（artifex）」として擬人化される自然である。これは、新プラトン主義を基軸として、さらに女神「自然」というラテン語古典の伝統が加わった、シャルトル学派を中心に醸成された特殊十二世紀的ともいえる自然観念である。

この自然観念の形成に多大な影響を及ぼしたのは、まず、カルキディウスの『プラトン「ティマイオス」注釈』やマクロビウスの『キケロ「スキピオの夢」注釈』といった新プラトン主義的な文献である。カルキディウスは、『プラトン「ティマイオス」注釈』のなかで、イデアの物質における似姿を生み出すものとして自然を擬人化する。つまり「自然」は、イデアと物質の媒介者として機能する。またカルキディウスは、物質を母、イデアを父、物質のなかに新たに生み出されるイデアを子にたとえる。この比喩に従えば、「自然」は、創造の過程で一種の産婆役として行為するといえる。ここで、「自然」は、ほとんど神の代理人といってもよい媒介者の役割を果たす[18]。

また同様に、十二世紀の知識人によって、好んで取り上げられたマクロビウスの『キケロ「スキピオの夢」注釈』でも、次のように「自然」は、小宇宙つまり人間の「制作者（artifex）」として擬人化される。

「種子がいったん人間が形成されるべき鋳造所に置かれると、制作者たる自然は、七日目に薄い皮膚によって液状のものに自然の小さな袋をめぐらそうと努める[19]。」

一方、十二世紀における自然の観念は、この時代のラテン語古典の復興に多くを負っている。クルツィウスによれば、ベルナルドゥス・シルヴェストリスやリールのアランにおいて、神格化される女神「自然」は、十二世紀における古代末期のラテン世界の伝統の復活にもとづいている。

それは、オウィディウスがその宇宙生成論で述べた混沌世界の争いを収める恵み深い「自然」であり、また、クラウディアヌスが描いた四大の騒擾に決着をつけ神々の婚姻をつかさどる女神「自然」である。このように、古代ラテン世界の著作に現れた神の秩序と世界を統合するものとしての「自然」は、十二世紀以降の擬人化された女神「自然」の観念の展開に大きな寄与をしている[20]。

このような源泉にもとづいた十二世紀に特徴的な自然の観念は、ベルナルドゥス・シルヴェストリスにおける女神であり、制作者でもある「自然」において典型的に表されている。『ティマイオス』の宇宙生成論を基本的に模倣したベルナルドゥス・シルヴェストリスの『コスモグラフィア』のなかで、女神「自然（Natura）」は、「大宇宙（megacosmus）」と「小宇宙（microcosmus）」の創造の過程で決定的な役割を果たす。

まず女神「自然」は「大宇宙」の創造の過程で、物質界の実現のために「制作者（artifex）」として関与する。この過程は、初めに神の理性である「ノイス（Noys）」が、神のイデアを世界霊魂である「エンデリキア（Endelichia）」に渡し、一方、「エンデリキア」は、魂に実体を与えたあと、「ノイス」から受け取ったイデアをそれらに付与する。さらに、この魂が女神「自然」に引き渡され、制作者である女神「自然」は、それらに肉体を付与する。このようにして物質界は作り上げられる。

「エンデリキアは魂に実体を与え、制作者である自然が魂の住み家である肉体を、四大の実体と性質から作りだす。[21]」

また、「小宇宙」つまり人間の創造では、女神「自然」は、女神「ウラニア（Urania）」によって与えられた魂に、女神「フュシス（Physis）」によって形成された肉体を結びつけ、人間を完成させる職務を果たす。

「三つの仕事が三人のそれぞれに割りあてられる。それらは、エンデリキアに由来する種々の徳からなる魂の作成、物質の調整による肉体の作成、そして、天上の秩序にならって形づくられる肉体と魂の両方の結合である。第一のものはウラニアに、第二のものはフュシスに、第三のものは、あなた、自然（Natura）に属する仕事であることは明らかである。[22]」

「大宇宙」と「小宇宙」の創造で制作者たる「自然」は、魂と肉体を結びつけることによって、地上的なものと天上的なもの、神的なものと物質的なものを結合する媒介者の働きをする。

このような自然の観念は、また、ベルナルドゥス・シルヴェストリスの『コスモグラフィア』を踏襲する形で書かれたリールのアランの『自然の嘆き』にも見出される。そこで、女神「自然」は、自身が人間を宇宙の似姿として作り出したことを語る。

「私は宇宙のからくりの範例に従って、人間の自然本性を、そこで鏡のように宇宙自体の自然本性が現れるように作った。(23)」

また、女神「自然」に呼びかけ、その役割を次のように述べる。

「神の子、そして事物の母、宇宙のきずな、そして、確固とした結び目よ。……あなたは、ノイスの純粋なイデアについて考え、個々の事物のイデアを鋳造し、事物に形を与え、形のおおいを親指で作り出す。(24)」

ここで女神「自然」は、ベルナルドゥス・シルヴェストリスにおけると同様に、一種の神の代理人として、「大宇宙」と「小宇宙」を創出する制作者の働きをなす。

さらに、シャルトルのティエリの弟子であるアラスのクラレンバルドゥスも、制作者である「自然」の観念を『創世記注釈』のなかで述べている。彼によれば、宇宙を創造したのは神であるが、暖、冷、湿、乾の相反する諸要素を結合する役割は、制作者である「自然」に帰される。(25)

またソールズベリのジョンにおいても、自然は宇宙を創出し、秩序づけるものとして擬人化される。「自然」は「神の意志」であり、「制作者」であり、「すべてのものの最も温和な母親であり、最も秩序だった支配者である」とされる。そして「自然」はあらゆるものに存在し、すべてのものは「自然」によって行為をなす。事物はその端緒をすべて、「自然」に負っており、それに逆らっては何も正しく行うことはできない。(26)

このような「自然」は、ジョンにおいて「最高の生の指導者」と呼ばれる。すでに、ポウストの議論において見たように、『メタロギコン』でジョンは、「自然を模倣する技術」という議論を諸学芸について展開した。この場合の「自然」とは制作者であり、かつ自身が制作した事物に内在する「指導者」としての自然である。政治にかんする技術である国家の構成においても、この「最高の生の指導者」としての「自然」を模倣しなければならないが、それは、「自然」の原理が最もよく示される「自然」自身が制作した「小宇宙」である人体の構成に従って国家を構成することにほかならないとされる。

従って、国家の自然性についてのポウストの議論は、その自然の観念がここで考察したような制作者としての「自然」であることを前提として初めて、その議論の有効性が主張できるものである。

ポウストが、国家の自然的性格を表出した者の例としてあげるソールズベリのジョンも、リールのアランも、その中心的な自然の観念は、すでに見たように、制作者、指導者として擬人化された「自然」であった。(27)

では、ポウストの論拠の中心をなす、ローマ法学者、教会法学者における自然についてはどうだろうか。ポウストが、自身の議論の中心にすえたローマ法学者、教会法学者の「自然、それは神である」という定式は、十二世紀後半のローマ法学の註釈学派に属するプラケンティヌスが、オウィディウスからの引用文とともに論じていることからも明らかなように、直接にはラテン語古典の影響を反映したものであろう。(28)しかしまた、同時代の知識人が共有していた「制作者としての自然」の観念の影響もそこには考えられうる。

いずれにせよ「自然、それは神である」という言葉は、自然が一種の神の代理人として、宇宙と人間に関与し、さらに国家を構成するときに、人間が自然を模倣することによって、神の理性に従うという意味で理解されるべきものと考えられる。

結局、アリストテレスの『政治学』の導入とともに、スコラ学のなかで形成された国家と社会についての自然の観念を、そのまま十二世紀から十三世紀初頭にかけての知識人、法学者の自然の観念にまで遡及させることができないのは明らかである。他方、これまで論じてきたことから明らかなように、国家の自然性が、十三世紀以降のアリストテレスの『政治学』にもとづく政治論を待って初めて成立した観念であるとすることもできない。

十三世紀後半以降、正統となった国家と社会についての自然の観念が、「恩寵」の観念と相補関係にあることによって、国家や社会の宇宙論的定位の問題にかかわることなく、国家社会を相対的に自立したものと見なす理論的な基礎となったのに対して、十二世紀において正統的理念を構成した国家と社会の自然の観念は、一つの「宇宙」としての国家や社会を生み出す制作者としての「自然」の観念であり、それに従って初めて、国家や社会は宇宙論的な定位と調和とを獲得しうるものであった。

(2)　大宇宙―小宇宙（megacosmus–microcosmus）

ところで、西欧中世の政治思想では、宇宙は一つの分節化した全体と見なされる。そこでは、共同体や個人といった、個々の有機体的な存在がみずからの固有の位置と、他のものに対する固有の関係をもちながら、階層秩序を形成しつつ、単一でありながら分節化した全体として考えられる。

そこでは、個々の存在が存在の秩序のなかで、宇宙の最終的な目的によって支配される部分でありながら、それ自身の最終的な目的を内包する一つの全体を形成する。すべての存在は、宇宙の全体のなかで部分としての位置が与えられる一方、それ自体と同じ原理をもつ「宇宙の似姿（imago mundi）」、「小宇宙（microcosmus）」となる。(29)

さらに中世の政治思想では、全体としての人間社会についての有機的な観念がふつう用いられ、人間社会のあらゆる形態を有機的な統一体として取り扱う議論が政治や社会の観念に浸透していた。

この人間社会についての有機的な全体性の観念は、大宇宙と小宇宙の対比という形をとって、人間の体の比喩によりふつう表現される。(30)とくに、国家や社会と人体との比喩的な関係は、プラトンの『ティマイオス』や他の新プラトン主義的文献にもとづいて、十二世紀の知識人たちが好んで論じた「大宇宙―小宇宙」の観念を発端として、政治や社会の議論として発展していくことになった。

この観念の最も基本的な形態は、人間がその存在の内部に、宇宙を構成するすべての要素を含んでいるという形で現れる。つまり、人間が自身のなかに現実の世界の諸要素を統合し、宇宙を小さな規模でみずからのなかに体現すると考えられる。(31)たとえば、十二世紀の神学者ホノリウス・アウグストドゥネンシスは、九世紀の新プラトン主義者ヨハネス・スコトゥス・エリウゲナの強い思想的影響を受けながら、人間をその構成要素により、「小宇宙」と呼ぶ。なぜなら人間は、土から肉を、水から血を、空気から息を、火から暖かさを取り入れて創造されているからである。そして人間の頭は、天球のように丸く、息とせきが生じる胸は、風と雷を生み出す空気に対応する。胃は海のように、自分のなかに液体を取り入れ、大地がすべてのものを支えるように、足は体の重さを支える。石の硬さは骨に、木の強さは、爪に、草の華やかさは、髪の毛に対応するとされる。(32)

同様の観念は、同じく十二世紀の神学者リールのアランによっても述べられる。

「すべての被造物との類似性をもつ人間は、存在することで石と、生きることで草と、感じることで獣と、理性的であることで天使と類似性をもつ。[33]」

アランによれば、女神「自然」が、宇宙の構成が鏡に映ったように反映するように、人間を創造した。それは、次のような構造になっている。

「つまり、四大の調和的でありながらの不調和、単一でありながらの複数性、ことなりながらの一致、対立しながらの協調が宇宙の王宮の構造を作るように、四つの気質の等しくある不等、不公平でありながらの公平、相違する一致、ことなりながらの同一性が、人間の体の構造を組み立てている。[34]」

このように人間を、宇宙が構成される種々の要素や本性、そして、その原理や力を包含するものと見なす観念に対して、逆に、宇宙が人間にたとえられる場合がある。

これは、プラトンの『ティマイオス』で描かれる世界霊魂の観念において典型的に現れる。そこで、宇宙の創造者たるデミウルゴスは、カオス的無秩序から秩序ある世界を作り出し、それを最善のものにするために理性を与えようとする。理性は、魂のなかにのみ存在することができるので、世界は、魂つまり世界霊魂を与えられて理性をもつ生物となる。そしてさらに、人間がこのようにして作られた世界の似姿として創造される。[35]

この『ティマイオス』に特徴的な観念は、十二世紀の知識人たちによって再び活発に論じられるようになる。コンシュのギヨームは、『ティマイオス』に対する注釈のなかで、宇宙が魂をもった理性的な生物であることを述べている(36)。またベルナルドゥス・シルヴェストリスも、宇宙が「エンデリキア」と呼ばれる世界霊魂をもち、知力と感覚のある、一つの大きな生物であるという(37)。そして人間は、この大きな理性的な生物である宇宙の似姿である。すでに見たように、女神「ウラニア」が、人間の魂を、世界霊魂である「エンデリキア」から作り出し、女神「フュシス」が、四大から肉体を作り、女神「自然」が、このようにして作られた魂と肉体を結合することによって、人間は創造される。そのさい大宇宙の構造に範例を求めれば、小宇宙である人間の創造において誤ることはないとされる(38)。

このような「大宇宙―小宇宙」の観念は、さらに人間と宇宙のみならず、人間が構築する一定の全体性をもった共同体へも拡大される。これは、人間、国家、宇宙といった、すべての秩序だった全体性をもった存在が、つねにいかなるところでも、本質的に同一の秩序と原理により存在する、という観念にもとづいている。そして十二世紀において、この秩序と原理を支えるものが、「自然」の観念に帰されていることは、すでに論じたことから明らかであろう。

一つの秩序だった全体性をもつ国家は、人間と同様に、魂をもった生物である宇宙の写しであり、同じように、大宇宙の似姿である人間と同じ構造と原理を体現する有機体として構想される(39)。

コンシュのギヨームは、秩序だった全体性をもつ国家を、人体の隠喩により論じる。彼はプラトンとソクラテスに従う形で、あるべき国家の秩序について述べる。まず、人体の知恵の部分である頭が、他の部分を監視するように、元老院議員（senatores）は、国家の頂点にあって、下位の者を統率しなければならない。また戦士たちは、人体において行為のために必要な手と勇気の源泉である心臓のように、労苦に耐えて国家全体の防衛にあたらねばならない。また種々の手工業者は、人間の欲望が息づく腎臓にあたる。そして、田畑を耕す農民たちは人体の足に比較される(40)。

またベルナルドゥス・シルヴェストリスも、ウェルギリウスの『アエネイス』に対する注釈のなかで、ギヨームと同様に、国家を「大宇宙―小宇宙」の観念によって説明する。彼によれば、「魂によって動かされる人間」は「ジュピターにより支配される宇宙」と比較しうるので、「ミクロコスモス、つまり小宇宙といわれる」。一方、国家も、「その形態がもう一つの宇宙といわれるもの」である(41)。従ってベルナルドゥス・シルヴェストリスは、宇宙と国家を比較して、両者が同一の構成をもつことを述べる。

「宇宙が四つの領域をもち、それぞれが、それぞれのすばらしさをもっているように、都市国家（civitas）も、政治家たちによって四つに分けられた。宇宙の卓越した領域に、理性的な存在があり、最も低いところに理性のないものがあるように、都市国家もそのようになっている。ソクラテスとプラトンによれば、その中心には哲学者が置かれ、第二の場所には戦士が、第三の場所には貪欲な者［手工業者］が、そして、郊外には農民が置かれる(42)。」

さらに「もう一つの宇宙」としての国家は、「小宇宙」である人間とも比較される。ベルナルドゥス・シルヴェストリスによれば、「都市国家において四つのことなる場所があり、それらの場所に住む四つの人々の階層があるように、人間の体においても、四つの場所とそれらに場を占める四つの力がある。」都市国家の第一の場所である知恵ある者が住む中心の地域は、人体では、知恵が存在する頭に対応する。都市国家の第二の場所である戦士が占める場所は、人体では、心臓とそのなかにある勇気の力が対応する。都市国家の第三の場所である貪欲な者［手工業者］が住む場所は、人体では、腎臓とそのなかにある欲望の力が対応する。最後に、都市国家の郊外に農民たちが住む場所は、人体ではその最も端の部分にある、行為のための手足が対応する。(43)

ベルナルドゥス・シルヴェストリスが、「もう一つの宇宙」としての国家について語るとき、それと、彼が『コスモグラフィア』で述べた「自然」の観念とが不可分の関係にあることは、容易に明らかになる。女神「自然」が、「大宇宙」と「小宇宙」の制作者であり指導者であったように、国家は、「自然」に従うことなしには「もう一つの宇宙」たりえない。

またリールのアランでも、宇宙と国家、人体と国家の関係が比喩的に語られる。(44) しかし、「大宇宙―小宇宙」の観念にもとづいた国家と人体の比較を、単純な寓意的な社会論から、統治のための政治論にまで高めたのは、ソールズベリのジョンである。ジョンは『ポリクラティクス』で、人体と同じ構造と原理に従うべき国家について詳細に論じた。そこでは「大宇宙―小宇宙」の観念と、それと宇宙の制作者たる「自然」の観念が思索の機軸にすえられ、さらに、ローマ法学上の議論やキリスト教学の伝統が加えられて、十二世紀においては他に例を見ない有機体的な国家の議論が展開される。

このように十二世紀の思想において、国家の有機体的な理解の根底には、「大宇宙―小宇宙」の観念があるが、さらに有機体的な国家観に影響を与えたと考えられる、他の思想潮流についても言及しておこう。

まず、教会思想との関連が考えられる。キリスト教学は十二世紀中葉の時期に、一つの大きな理念的変革を被る。すなわち、信徒の共同体を指し示す言葉が、パウロの用いた「キリストの体（corpus Christi）」という言葉から、この時期に、それまで聖体を意味していた「神秘体（corpus mysticum）」という言葉に取って代わられるようになる。

この転換は、国家の有機体的な構造が人体の隠喩により活発に論じられた時期に一致するが、人体との比較を含意した「神秘体」の議論は、十三世紀以降、教会組織を論じるさいに活発に用いられ、さらに「神秘体」という言葉は、国家観念にまで転用されることになる。(45)「神秘体」の観念の生成に対する「大宇宙─小宇宙」の観念の影響について断定的に述べることはできないが、中世後期の政治思想で問題となる「神秘体」としての国家の観念について考えるさいに、その一つの影響源として、十二世紀における「大宇宙─小宇宙」の観念も考えられるべきだろう。

さらに、ローマ法学の影響も重要である。ローマ法学の伝統のなかにも、国家と人体の比較が見出され、ローマ法を熟知していたソールズベリのジョンらにおいて、有機体的な国家観に、何らかの影響を与えたであろうと考えられる。しかし、ローマ法における有機体比較は、たんなる官職と人体器官との対比以上のものではないことも事実である。その点で、「大宇宙─小宇宙」の観念が包含する原理的なダイナミズムをともなっていないともいえる。(46)

（3）　自然的正義─実定的正義（iustitia naturalis–iustitia positiva）

さて次に、もう一つの基軸となる概念として、法観念を考えてみよう。一般に、中世社会において法とは、基本的に「古きよき」ものでなければならず、その結果、いっさいの法が慣習として現出するとされる。(47)しかし、このような中世的な法観念は、十二世紀におけるローマ法の受容と、その影響のもとに教会法が体系化されるという新しい状況が生まれたとき、大きく変更をしいられることになる。ローマ法学の復活は、たんに集権化しつつある君主権力を強化したのみでなく、アベラールやペトルス・ロンバルドゥスといった同時代の神学者や教会法学者に思想的な影響を与え、また、「君主の鑑」の著作にもローマ法にもとづく君主理念を伝えた[48]。

しかし、このようなローマ法の多大な影響が存在する一方で、カルキディウスの『プラトン「ティマイオス」注釈』から導かれ、シャルトル学派を中心に普及した法の観念も、十二世紀の教会法学者や知識人たちが展開した法観念の機軸となっている[49]。

カルキディウスはその注釈のなかで、人間の国家の規範である「実定的正義（iustitia positiva)」と、宇宙の秩序である「自然的正義（iustitia naturalis)」の対観念を用いている[50]。さらにコンシュのギヨームは、彼の『プラトン「ティマイオス」注釈』のなかで、カルキディウスが述べたこの対観念を法学的定式に高めて次のようにいう。

「正義は一つは実定的なものであり、またもう一つは自然なものである。実定的なものは、盗賊の絞首刑などのように人間によって作られたものであり、自然なものは両親の愛情などのように、人間によって作られたものではないものである[51]。」

そして「実定的正義」は、国家の制度において最も明らかに見られ、また「自然的正義」は、宇宙の創造において最も明らかに現れる。そして、「自然を模倣する制作者」である人間が作る「実定的正義」は、宇宙の秩序である「自然的正義」に源泉を得る[52]。

カルキディウスにもとづきながらコンシュのギヨームによって定式化された「実定的正義」と「自然的正義」の対観念は、一一三〇年代以降のフランスの教会法学者と知識人たちの法観念の基礎となった[53]。

さらにギヨームの議論にもとづいて、十二世紀の神学者サン・ヴィクトルのユーグも、「実定的正義」と「自然的正義」の観念を用い、「自然の正義から、我々の慣習の教えである実定的正義が生まれる」と述べ、国家社会の法秩序である「実定的正義」が、宇宙の秩序である「自然的正義」の似姿であることを述べている[54]。

また、アベラールもこの対観念を受け入れて、次のようにいっている。

「正義に属するもののうち、たんに自然的正義のみならず、実定的正義の秩序も犯されるべきではない。なぜなら法は、あるものは自然なもの、あるものは実定的なものといわれるからである[55]。」

彼によれば「自然法」とは、すべての者に内在する理性に従ってなされることがらであり、他方、「実定的正義」は人間により、有用性などのために作り出されたものである[56]。

このように、十二世紀フランスの知識人たちが共有した法観念のなかに見られる「自然的正義―実定的正義」の対観念は、さらに、同時代の教会法における、神の法と人間の法の対観念のなかに受け入れられ、それと同一視されるようになる。

教会法では、自然法と同一視された神の法と、慣習にもとづく人間の法が、法の対概念として用いられたが、自然法が神の法であるとする見方は、グラティアヌスがセヴィーリャのイシドルスや他の教父の思想から受け継ぎ、『教令集』のなかで定式化したもので、教会法の最も重要な観念の一つである。また人間の法は、セヴィーリャのイシドルスにより慣習にもとづく法と見なされ、人間の法の多様性は、ことなる国家がことなる慣習をもつ事実により説明される。グラティアヌスはこのイシドルスの観念を受け入れ、慣習を人間の法という意味で用いている(57)。

このようにして、グラティアヌスによって定式化された「神の法＝自然法」と「人間の法＝慣習」の法の区分は、コンシュのギヨームや他の同時代の知識人たちの基本的法観念である「自然的正義―実定的正義」の観念と融合しつつ、フランスの十二世紀の前期教会法学者《デクレティスト》たちによって、「自然法（ius naturale）」と「実定法（ius positivum）」の対観念で説明されるようになる(58)。

前期教会法学者《デクレティスト》たちが使う「実定法」の観念が、カルキディウスの『プラトン「ティマイオス」注釈』に由来することは、十二世紀の氏名不詳の前期教会法学者《デクレティスト》が、この観念を、『ティマイオス』に関連づけていることからも明らかである(59)。しかし、この時代の前期教会法学者《デクレティスト》たちが「実定法」という、のちの西欧の法思想に決定的な影響を与える概念を受容したのは、直接にはカルキディウスそのものによるのではなく、カルキディウスの『プラトン「ティマイオス」注釈』に対してコンシュのギヨームが行った注釈に負っていることが推定される(60)。つまり、「大宇宙」の秩序原理としての「自然的正義」と「自然を模倣する制作者」である人間によって「自然的正義」を模倣して作られる「実定的正義」という観念は、コンシュのギヨームの『プラトン「ティマイオス」注釈』をもとに、十二世紀の前期教会法学者《デクレティスト》や知識人たちが共有した基本的法観念であったということができる。

さらに、この「自然的正義―実定的正義」の観念から、君主が「自然法」と「実定法」の媒介者で「生きた法（lex animata）」と見なされる王権の理念――十二世紀中葉以降に出現するエルンスト・カントロヴィッチがいうところの「法中心的王制」――も導かれることになる。

エルンスト・カントロヴィッチによれば、まさに十二世紀中葉のソールズベリのジョンにおいて、ローマ法の「国王の法（lex regia）」と「適正な法（lex digna）」の原理によって主権の正統性と神秘的な性格が議論され始める。ジョンによれば、君主は一方で、「国王の法」の原理から「解き放たれて（legibus solutus）」いるが、他方で、「適正な法」の原理によって「法に拘束されて（legibus alligatus）」いなければならない。これは、君主が「衡平の似姿（imago aequitatis）」であり、また、「衡平のしもべ（aequitatis servus）」であるものとして、法自体の超越的な価値と地上的な価値を媒介する性格をもつからとされる(61)。

このような「法中心的王制」の観念は、十三世紀に入ってさらに展開する。それは、皇帝を「正義（iustitia）」の父であり、息子、主人であり、しもべであると述べたフリードリヒ二世の『皇帝の書』（一二三一年）や、法の上にありまた法の下にある国王について議論したブラクトンの著作で見出される(62)。

またさらに、法中心的な君主観念では、君主を「自然法」と「実定法」の媒介者とするのみでなく、十二世紀のローマ法学者プラケンティヌスでのように、「正義」自身が擬人化され媒介者となる場合がある。プラケンティヌスによれば、擬人化された「理性」、「衡平」、「正義」、そして「正義」の娘として擬人化される六つの徳が住む、「正義の寺院」の美しさと荘厳さを詩的に描く。この「正義の寺院」の比喩のなかで「理性」は最高の位置にあり、神の法に等しい自然法と同一のものであり、一方、「衡平」は、国家統治のために人間により作られた実定法にかかわるものである。そして「正義」は、神と人間の両方のことがらに配慮する、このなかでの中心人物であるが、それは、自然法と実定法との両方にかかわる媒介的な地位にある(63)。つまりここで「正義」は、制作者である「自然」の観念のように、女神として擬人化され、イデアを伝える媒介者としての役割を果たす。

自然法と実定法の媒介者としての「君主」、「正義」の観念は、コンシュのギヨームらによって定式化された

「自然的正義―実定的正義」の観念と理念的に接合しうるといえる。なぜなら「一つの宇宙」である国家が、模倣すべき規範的な秩序が宇宙の「自然的正義」であり、それを実定法のなかに伝える媒介者としての役割が「君主」や「正義」に帰されているからである。このことは、ジョンの法の議論でとくに明らかになる。

二　ソールズベリのジョンの政治社会論

(1)「君主の鑑」による政治論――『ポリクラティクス』

西欧中世の政治論の多くが、いわゆる「君主の鑑」の形態を取って書かれたものであることはよく知られている。それは、初期中世では、九世紀のランスのヒンクマールの著作のようなものから、十二世紀のソールズベリのジョンの『ポリクラティクス』や、ジョンの強い影響を受けたウェールズのジェラルドの著作を経て、トマス・アクィナスやエギディウス・ロマーヌスの『君主統治論』へと連綿とたどることができる[64]。

しかしその内容は、たんなる君主への道徳的な訓戒のようなものから君主を中心とした国家全体の制度の分析という総合的な国家論にいたるまで多様であった。「君主の鑑」は十二世紀になると、イングランドやフランスにおける行政機構の拡大や、シャルトルやパリなどでの学問や教育の発展にともない、内容が大きく変化する。それは、初期中世に顕著な君主に対する徳の教示、よき統治のための訓戒といった形態から、古典にもとづいた包括的な政治論へと変わる。とくにジョンの『ポリクラティクス』など、この時期の「君主の鑑」に共通する議論は宮廷批判であり、宮廷を批判することによって、国家のあり方全体を道徳哲学的に批判しようとした[65]。

パリとシャルトルの当時の著名な知識人の教えを受けたジョンは、十二世紀に特徴的な「キリスト教的人文主義者」として、カンタベリ大司教のもとに仕え、一一五九年に、当時のイングランドの尚書部長官であったトマス・ベケットに『ポリクラティクス』を献呈し、君主や行政機構、そして社会全体のあるべき姿について、みずからの考えを伝えようとした。ジョンの政治社会についての考察は、『ポリクラティクス』においてほぼ語り尽くされており、ここでもそれが考察の中心となるが、そのなかで、国家社会のあり方について本格的に論じられているのは、四巻から六巻までの部分である。他の部分は主として、宮廷生活の道徳的な批判や人間のもつべき倫理や道徳についてであるが、全体として、道徳哲学的な問題関心と国家や社会にかんする議論が分かちがたく結びついている。(66) それは、君主への道徳的な訓戒という、「君主の鑑」のもつ本来の役割から見れば、当然のことといえるが、それ以上に『ポリクラティクス』は、十二世紀中葉における西欧社会の変容に応じて、国家や社会全体におよぶ包括的な政治倫理を考察したことに特徴をもつ。(67) その点でこの書物を、初期中世に書かれた「君主の鑑」と同質のものと見なし、君主に対する個人的な徳の教示の域を出るものではないとした、リーベシュッツの説は妥当性を欠くといえる。(68)

確かに『ポリクラティクス』は、「君主の鑑」として、道徳論の枠のなかで包括的に政治社会のあり方を論じている。そのことは、国家の目的が、個人の倫理的目標でもある「至福（beatitudo）」や「生の安寧（incolumitas vitae）」であるとされ、また、君主の暴政が道徳的悪にその端緒をもつと語られる点に明確に現れる。(69) しかし『ポリクラティクス』は、全体が一つの道徳論としての統一性を保ちながらも、そのなかで、十三世紀以降にそれぞれが独自の展開を示すことになる暴君論、有機体的な国家観、ローマ法による法の観念などが、互いに不分離の状態で論じられている。そしてそれが、ジョンの政治社会論の大きな特徴になっている。(70)

(2) 法の支配

国家や社会のあり方について論じた他の中世の思想家に劣らず、ジョンの場合も、法の観念がその政治社会論の要諦の位置を占めている。とくにジョンは、ローマ法や教会法の知識を熟知していたので、その議論は、十二世紀中葉において、知識人が知りうるかぎりの法の知識の総合となっている。[71]

ジョンは、法を「神の賜物であり、衡平の理念であり、正義の基準であり、神の意志の似姿であり、安寧の守りであり、民衆の結合の強化であり、職務の規定であり、誤りの除去および駆逐であり、暴力とすべての不正の処罰である」と一般的に規定する。[72]

しかし何よりも、ジョンの法観念で重要なことは、グラティアヌスでのように、法を、神の法と人間の法に分けることである。そして神の法とは、第一に聖書の規定であるが、さらにローマ法も含み、一般に不変の自然法を指すものである。[73] これに対して人間の法とは、人間によって作られた変えることのできる法である。しかし、「すべての法の判断は、神の法の似姿を表していなければ無効である」とされる。[74] 人間の法が神の法に従属し、理性にもとづかない慣習法が拒否されるべきことについて、ジョンは、彼の韻文の著作『エンテティクス』で、次のように述べる。

「神の法はよき人々にとり、生の唯一の教師であり、
理性を欠いた父祖の慣例はそうではない。……
人間の法は、それが神の法に反するとき、
法の起草者は非難され、法もその起草者も滅びる。[75]」

ジョンはこのように、人間の法が神の法に従属することを、さらにローマ法の「適正な法（lex digna）」の観念や、同時代のローマ法学の註釈学派が用いる「衡平（aequitas）」の観念を使っても明確にいう。君主の権威が法の下にあることを、ローマ法の「適正な法」に従い、次のようにいう。

「皇帝（ユスティニアヌス）がいうように、じっさい君主が、自身を法に拘束されていると公言することは、支配者の威厳にふさわしい言葉である。なぜなら君主の権威は、法の権威によるものだからである。そして法のもとに支配者の地位を置き、君主が、正義の衡平に反するものは何も自身に許されていないと考えることは、支配権の行使よりも重要なことである。(76)」

このように、君主が法により拘束され、「正義の衡平」から逸れてはならないことが要求される。これに続き、君主の制定する法令が「神の正義」に従うべきことがいわれる。

「君主は、神の正義――その正義は永遠の正義であり、その法は衡平である――よりも、自己の正義の法令を優先させようと考えるべきではなく、またそうすることで、自己の価値が貶められると考えるべきではない。(77)」

ここで明らかなように、君主の制定法が従うべき神の法とは「衡平」である。ジョンは、同時代のローマ法学の註釈学派における「衡平」の観念を受け継いで、「衡平」を次のように定義する。

「衡平とは、法の熟練者たちが主張するように事物の調和であり、それはすべてを道理に合わせて等しくし、不均等なものに平等な法を求め、すべてに対して平等であり、それぞれの事物に固有のものを与えるものである。(78)」

このように定義された「衡平」の媒介者は法であり、それは神的なもの、および人間的なものすべてに力をもち、事物と人間の支配者であり、指導者であるとされる。(79) ゆえに、政治的共同体に生きるすべての人々は、このような「神の賜物（donum Dei）」としての法に従って生きなければならない。(80)

ローマ法の観念により制限された君主の立法権は、神の法と「衡平」とを同一のものとすることによって、さらに、共同体の公益の原理によっても制限される。つまり、君主は「国家の利益（rei publicae utilitas）」を配慮し、自身の私的な意志よりも、他者の利益を優先させねばならない。そして、君主は公的職務において、法または「衡平」が認めるか、「公共の利益の理性（ratio communis utilitatis）」が要求するもの以外は、自身のために何ものも要求する権利をもたない。(81) このように君主の立法権は、ローマ法にもとづく「衡平」の原理と「公益」に適合するかぎりで認められる。

神の法による人間の法の制限は、ジョンにおいてさらに、シャルトルのイヴォから受容したと考えられる「不変の法」と「変化しうる法」という教会法的な対観念によって説明される。ジョンによれば、「永遠の必要性をもち、すべての民族において法の力をもち、違反すれば必ず処罰される、いくつかの規定が存在する。(82)」

それに続けて次のようにいう。「法の前の時代、法の下にある時代、恩寵の下にある時代において、一つの法がすべてを拘束して」いるが、それは「人からなされるのを欲しないことを、他人になすべきでない」という原則である。これは、グラティアヌスの『教令集』において、自然法の内容として規定されているものであり、つまり、ここでいう「不変の法」とは、教会法で神の法と同一視されている自然法と考えられる[83]。

しかし他方でジョンは、「力ある者のうち、まやかしをする者たち（dealbatores potentum）」が、支配者が法に拘束されておらず、支配者の意志が法の力であると語っているとする。これに対してジョンは、支配者の法拘束性を確認するが、それはしかし、支配者から「法の適用免除（dispensatio legis）」の権限を取り去ることを意味しない。つまり、「不変の法」は、支配者の恣意にゆだねられることはないが、「変化しうる法」では、埋め合わせが十分になされ、法の精神が完全に維持されるならば「法の適用免除」が認められる[84]。ここでジョンが語ることは、すでに神の法と人間の法の対観念によって定式化されたことと内容的に同一である。つまり、君主の立法権とそれによって改変が可能な法の、不変の法すなわち自然法による拘束である。

さらに、同時代の前期教会法学者《デクレティスト》が、神の法と人間の法を、「自然的正義」と「実定的正義」、または「自然法」と「実定法」というシャルトル学派のコンシュのギヨームから受け継いだ法観念によって説明していたように、ジョンにおいても、この法観念が受け入れられており、『メタロギコン』のなかで、次のようにいわれる。

「市民の法は、たいてい人間の秩序から力を得る。そして、公的利益に役立つと考えられるものは、自然の正義に等しいものにされる[85]。」

ここでいわれていることは、人間社会の秩序である市民の法、つまり「実定的正義」が公的利益を十分に反映すれば、それは「自然的正義」の似姿になるということである。「自然的正義」とは、国家が従うべき「最高の生の指導者」としての「自然」の法であり、それは、前期教会法学者《デクレティスト》によって同一視されているように神の法にほかならない。ジョンが教会法の影響の下で定式化した、神の法と人間の法という対概念は、当時のフランスの前期教会法学者《デクレティスト》においてと同様に、シャルトル学派的な「自然的正義―実定的正義」の法観念と置き換えることも可能なものであった。この置き換えにより初めて、「自然」の原理に従うべき「一つの宇宙」として構想された彼の有機体的な国家観のなかで、法の議論のもつ意味が明らかになる。

　そしてさらに、人間の法に神の法の似姿を伝える役割が、ジョンによって君主に帰せられる。なぜなら君主は、法の上にあり、かつまた下にある者だからである。すでに見たようにジョンは、ローマ法の「適正な法」により、君主の権威が法の下にあることを述べた。そこでは、君主の権威はただ法の権威によるものとされた。一方で彼は、ローマ法の「国王の法」にもとづいて、「君主は法の拘束から自由であるといわれている」とする。だが、「それは彼に不正が許されているからではなく、彼が罰への恐怖によってでなく、正義への愛によって衡平を重んじ、国家の利益を配慮し、すべてにおいて他の人々の利益を私的な意志に対して優先させるべきだからである[86]。」つまり君主は、法の拘束から自由であるが、それは悪をなすことが許されているということではなく、彼が罪を犯さないという前提の上で、法の拘束から自由である。従って君主は、公的な人格として公益に奉仕するがゆえに、「衡平の似姿」の保持者であり同時に「衡平のしもべ」であるとされる[87]。

　このように、ローマ法上の「法から解かれた君主」と「法に拘束された君主」という二律背反の原則により、ジョンは君主を「衡平の似姿」であり、かつ「衡平のしもべ」であるとして理解した。ここに表明された理念は、エルンスト・カントロヴィッチに従えば、超越的価値と地上的価値つまり自然法と実定法を媒介する正義の生きた似姿としての君主の観念である[88]。しかし、このような宇宙と国家、自然法と実定法の媒介者としての君主の観念は、国家が「一つの宇宙」と見なされ、本質的に宇宙と国家が同じ原理と構造をもつものとして構想されるとき、神に嘉された神聖な国家を支配する君主としての正統性を保証するものとなる。

(3) 人体の隠喩

すでに見たように、「大宇宙―小宇宙」の観念を媒介にして、十二世紀における世俗国家の集権化に対応しつつ、国家を一つの有機体と見なす観念が、シャルトル学派を中心に生じた。コンシュのギヨームらを中心にして展開されたこの観念は、ジョンによって本格的な政治社会論にまで高められる。

ジョンの人体の隠喩による政治社会論は、これまでの政治思想史のなかで、さまざまに論じられてきたが、特徴的な二つの解釈が明確に対立して存在する。

一つは、ジョンの有機体的な国家観のなかに、十三世紀後半にアリストテレスの『政治学』とともに受容されたとされる国家の自然性の端緒を見出そうとするものである。ポウストは、ジョンにおける自然に従うべき有機体としての国家という論理のなかに、国家の自然性の理論の早期的成熟を見た。しかしすでに考察したように、十二世紀のシャルトル学派を中心とした特徴的な自然の観念は、アリストテレスの『政治学』によって受け入れられた自然の観念と本質的に異質なものであった。そのかぎりで、国家のもつ自然性の意味がことなることは、すでに論じたとおりである。

またもう一つの解釈として、ジョンの有機体論を世俗国家の議論としてではなく、教会論と関係づけて考察するリーベシュッツの議論がある。リーベシュッツによれば、有機体比較のなかで、魂を聖職者に比較する見方は、教権の独立を擁護する叙任権闘争以来の教会改革の思想的伝統と結びつくもので、ジョンの有機体論は、国家に

対して教会が優越するという教権制的な理念を反映するものであるとされる。(89)

世俗国家の自律性を表現したものか、それとも国家に対する教会の優越、すなわち教権主義的な政治理念の表明であるのかという対立は、ジョンの有機体論の思想的な典拠をどこに求めるのかという点にも反映する。つまり、一方でベルゲスなどにおいてのように、シャルトル学派の宇宙論の影響を強調する見解と、他方でリーベシュッツのように、ジョンがパリ遊学時代に学んだロベルトゥス・プルスの『命題集』に彼の有機体比較の起源を求め、教会論的な伝統のなかにそれを位置づける見解がある。(90)

ジョンの人体と国家の比較は、以下に考察するように、その本質的な部分をシャルトル学派を中心に展開された「大宇宙―小宇宙」の観念に負っていると考えられる。直接的な影響としては、ジョンが師事したコンシュのギヨームの人体と国家の比較が考えられよう。また、神学者ロベルトゥス・プルスとの直接の影響関係は確定できないが、聖職者の優位を表す魂の肉体への支配という教会論的な伝統がジョンの議論に影響したことも無視できない。さらに、ジョン自身が有機体比較の典拠としてあげる偽プルタルコスの著作『トラヤヌスへの教え』も、人体と比較される官職の名称などの点で、大きな影響を与えている。結局、ジョンの有機体論の典拠は、本質的な部分をシャルトル学派の「大宇宙―小宇宙」の観念に負いながら、個々の官職の比較において『トラヤヌスへの教え』というラテン語古典に従い、さらに、魂である聖職者が他の人体の諸器官に優越するという教会論的な伝統もそこに加わっているといえる。(91) ジョンは、国家を次のように規定する。

「国家は、神の恩寵により生命を与えられ、最高の衡平の命令によって動かされ、理性の統制により支配される一種の人体である。(92)」

つまり国家は、その起源を神にもち、神の法すなわち自然法と同一視される「衡平」の命令と理性によって支配される人体のようなものである。そして、このような国家「自然」に従って構築されねばならないことをいう。「キケロとプラトンは、国家についてことなる視角から書いた。というのは、一方はそれがいかにあるべきかを論じ、他方は、古代人によって作られたそれが、いかなるものであったかを論じたからである。しかし両者とも、作られたものと作られるべきものの原則として、市民の生活が、我々がしばしば最高の生の指導者と呼ぶ自然を模倣するように規定した。(93)」

すなわち、「衡平」つまり自然法によって支配される一種の人体である国家は、「自然」を模倣し、それに従わねばならないとされるが、この「自然」とは、すでに考察したように、シャルトル学派を中心にジョンも含めて用いられた「宇宙」の「制作者」、「指導者」としての「自然」である。それはすべてのものに内在し、行為を生じさせる原理である。そして、すべてのものごとの端緒であり、それに逆らっては何事も正しく行いえないものであった。

この従うべき「自然」の秩序原理は、「自然」が制作したものに現れる。それはまず、蜜蜂の社会のなかに見出される。ジョンによれば、市民生活のあり方が蜜蜂の社会以上に適切に示されていることはなく、これに従えば、人間の国家は疑いなく幸福なものになる(94)。

このような制作者である「自然」によって創出される秩序のなかに、国家が従うべき「自然」の法を見出そうとする議論は、ウェルギリウスの蜜蜂の社会の比喩に刺激されて、当時の聖職者知識人の間で、好んで言及されたテーマであった。

たとえばリールのアランは、「自然は王の存在を例示するだろう。そしてそのことは、蜜蜂におけるように自然が王を上位においた他の動物から知ることができる」と述べ、「自然」が作り出した蜜蜂などの動物社会に王が存在するように、「自然」に従って構成されるべき人間の国家にも王が必要であることを示唆する。[95]

同様の観念は、ジョンと同時代に「君主の鑑」を著述したウェールズのジェラルドも述べている。彼は、次のようにいう。「蜜蜂のなかで王は一人である。……蜜蜂や鳥のような理性をもたない動物においてのみならず、本性的能力や理性の力をもつ人間においても、王の権力は必要である」。つまり、「自然が少数のものに支配することを許し、多数のものに従う位置を与えた」とされる。[96]

しかし制作者である「自然」の原理は、蜜蜂の社会以上に「小宇宙」である人体の構造のなかに反映されている。サン・ヴィクトルのユーグが次のようにいうとき、彼もまた、人体において「自然」の原理が最もよく表わされていることを認識していたことがわかる。

「人体の構造では、すべての部分がその機能で他の部分の助けとなって、互いの調和を保ち結合しているが、それ以上についてこれ以上何を語りえようか。このように自然により、あらゆるものは互いに愛し、一種の驚くべきやり方で、多くのことなったものが一なるものへと和合し、あらゆるものが一つの調和を作る。[97]」

ジョンにおいても、人間の体以上に「最高の生の指導者」としての「自然」の秩序原理を十分に反映させるものはありえない。従って「自然」を模倣して構成されるべき国家は、人間の体の秩序に従って作られるとき、最善のものになる。ジョンは、ベルナルドゥス・シルヴェストリスと同様に、人間を「自然」が制作した「小宇宙」と考える。そして「自然」が「小宇宙」の制作において、すべての感覚を頭に置き、他の部分を健全な頭の判断に服させたように、国家においても、すべての者の権力を君主にゆだねるとき、「最高の生の指導者である自然」に従うことになる[98]。

また、「最も勤勉な母親である自然」が、人間の体で内臓を守るために肋骨や皮膚の障壁を置き、内臓が必要とするものを供給しているように、国家で内臓に対応する財務官らに対して、困窮しないだけの十分な必要物が与えられることによって「国家においても制作者である自然のこのような似姿を保つこと」が必要であるとされる[99]。

これは、「小宇宙」のなかに表現される、制作者である「自然」の調和を目指す構成原理を模倣することによって、国家自身が「自然」の原理に従った「一つの宇宙」として構築されることを意味する。ここに見られる論理は、コンシュのギヨームやベルナルドゥス・シルヴェストリスが国家を「一つの宇宙」として、「大宇宙」や「小宇宙」と比較するのと同一のものである。

「自然」を模倣する制作者である人間が、自身の「技術（ars）」によって作りあげる国家は、「自然」の制作した「小宇宙」のなかに現れる秩序原理を模倣するとき、最善のものとなるので、ジョンは、人間の個々の器官と国家の各職務を詳細に比較して「小宇宙」に内在する「自然」の原理を国家のなかに写し出そうとする。

人体と国家は、偽プルタルコスの『トラヤヌスへの教え』に従う形で、次のように比較される。

まず、宗教の仕事を指導する者が、国家の身体のなかで魂の力をもつ。そして、人間の体が魂の支配に服しているように、国家の身体は、宗教の指導者である聖職者によって指導される[100]。ジョンは魂としての聖職者に国家の身体の指揮権を認めるが、この箇所が、ジョンの政治論を教権制理論とのかかわりで考察しようとする者には重要な意味をもつ。

次に、君主が国家の頭であるとされる。すでに見たように、人間の体で他の部分が頭の健全な判断に従うように、国家の身体の諸部分も、頭である君主に服さねばならない。しかし頭としての君主は、人体で頭が魂によって支配されるように、地上で神の代理人である聖職者に服さねばならない[101]。

国家の身体で心臓の位置を占めるのは元老院（senatus）である。心臓に人間の行為の源泉があるように、善悪の行為の端緒が元老院のふところにある。元老院という古代ローマの制度によって、ジョンがいかなる組織を考えていたのかは明らかではない[102]。

財務官（quaestor）と代官（commentariensis）は、胃と腸にあたる。これらに対しては、生活のための十分な配慮がなされねばならない。なぜなら、これらの官職にあるものが貪欲であって、みずからのために蓄財するならば、国家全体に不治の病をもたらすからである[103]。

君主の側近には、脇腹が対応する。しかしこれに対しては、なんら独立的な意義が与えられていない。むしろ、宮廷生活の悪の観点から、このような人々の力をできるかぎり、制限するのが好ましいとされる[104]。

裁判官と州の長官には、国家の身体の目、耳、舌が対応する。これらの官吏は、世俗の裁判権行使の任務をもち、両者ともその職務の必要性から、第一に正義の奉仕人たらねばならない[105]。

国家の身体の手には、その他の官吏と戦士が対応する。そして戦士は武器をもった手であり、軍役によって敵と戦い、一方、官吏は武器をもたない手であり、正義に従って法を正しく施行する。一方は平和の職務であり、他方は戦いの職務であり、これらそれぞれが、平和時と戦時において国家を守る[106]。

最後に、農民や手工業者のような生活手段を生産する者には、国家の身体の足としての役割が帰せられる。これらの者は、より上位の階層に服し、法の保護の下に身をゆだねなければならない。しかしその活動は、国家全体のために不可欠なものであるから、支配者の特別の配慮を必要とする。ジョンは、同時代の手工業の多様な展開を次のように述べている(107)。

「国家は、足の多さでは八本足の蟹だけでなく、百本も足があるムカデをも超えており、じっさい、その数の多さのために数えることができない。それは、自然によって制限があるわけではないが、職業について書いたどんな著作家も、それらのさまざまな種類に対して、個々の規定を与えたものはいないほど多様な種類がある(108)。」

このように、国家が調和を保つためには、足としての農民、手工業者が不可欠の役割を果たすという観念は、中世において、ジョンによって初めて本格的に論じられる。

以上のようにジョンは、人体の隠喩を用いながら、一つの有機体としての国家を論じたが、そこでは、国家の個々の部分が全体と有機的に連関することがとくに強調される。彼は、「宮廷人の愚行（nugae curialium）」の一つである狩猟に対する批判を例にしながら、国家の各構成員が自分の職務を怠り、他人の職務に熱中するとき、国家がほんらい従うべき「自然」に反することを、次のようにいう。

「狩猟は有益で高貴なものでありうるが、それは、場所、時、方法、人物、理由による。つまり、自身の職務に従い、他人の職務を奪わないかぎり、人はその行為をよきものにしうる。各々の職務によりいっそう適合すること以上にすべての人々にふさわしいことはない。……私やあなたは、猟師の職業とどんな関係があるのか。自身の職務を怠り、各々が他人の職務により熱中することは、最も不適当なことである。公権威の刻印によって光り輝く人にとって、このような私的でかつ粗野な行為は、どんな関係があるのか(109)」

さらに、各々が自身の固有の職務を遂行すべきことを、人体の比喩を用いて語る。

「一つの体の四肢は多いが、そのすべてが同じ行為に奉仕しているのではなく、それぞれがそれぞれの職務をもっている。だから、自分の職務を猟師に譲らないあなたは、なぜ、彼の職務を奪うのか。もし、猟師が王または司教の位を熱望するとしたら、あなたは、それを許すことができるとは思わないだろう(110)」

つまり国家では、個々のものが適切に配置されて職務の混乱がなければ、全体の国家の身体は繁栄し、最高の調和を示す。そして、このような調和が達成されるのは「生の最高の指導者である自然」に従うときであるとされる(111)。

個々がそれぞれ自身の職務を忠実に遂行するとき、全体の調和が実現するということは、換言すれば、どんな職務であれ、一つでも十分に機能しないものがあれば、国家全体の調和と秩序は失われることを意味する。とりわけ、被支配者である農民や手工業者が抑圧されるとき、国家は危機に陥る。

「国家が不正にさらされているとき、いわばそれは裸足なのであり、公官職にある者にとり、それ以上に恥ずべきことはありえない。すなわち、苦しんでいる民衆は、いわば君主の通風を表し、それを公にする。[112]」

このように、国家の足である民衆が苦しむとき、有機体としての国家の調和は崩れる。「国家全体の健康」が完全なものになるためには、「上位の者」と「下位の者」つまり支配階層と被支配階層が互いに協力し、献身しあうことが必要とされる[113]。さらに、被支配者を抑圧する「公官職者（magistratus）」は、膨れ上がった頭に比較される。他の諸器官である被支配者は、膨れ上がった頭を苦痛なしに堪え忍ぶことができない。頭が忠実に、他の身体の部分と結びつくときにのみ、国家は正しく機能する[114]。

支配者と被支配者を「頭（caput）」と「四肢（membra）」に比較して両者の不可分の関係を表そうとする議論は、ジョンの同時代に広く受け入れられていたと考えられる。ジョンにおける国家と人体の比較を、ほぼそのまま模倣したフロワモンのエリナンの『君主の善政について』にも、ジョンのこの観念がそのまま受容されている[115]。またウェールズのジェラルドも、頭が他の四肢と協力して働くものであるように、国家の頭である君主も、被支配者の協力によって初めてよく活動できるものであるとし、「四肢のない頭は、被支配者のない君主と同じものである」と述べる[116]。

さらに、君主のみならず個々の職務の者が、それぞれの義務を果たさず、国家全体が混乱と無秩序に陥れば、それは、ジョンのいう「邪悪な者たちの国家（res publica impiorum）」、つまり暴君国家となる[117]。

「その頭である暴君は悪魔の似姿であり、魂は異端でシスマ的な、そして神聖を汚す聖職者であり、……心臓は、不正な元老院のような邪悪な助言者たちである。目、耳、舌、および武装していない手は、不正な裁判官、法、および役人である。武器をもった手は、……暴力的な戦士である。足は卑しいその仕事において、神の命令と正当な規定に反する。(118)」

いわば、「自然」に従ってその秩序原理を反映した「一つの宇宙」としての国家の裏返しとして、個々の構成員が「自然」の法を踏みにじり、暴政を行っているのが、暴君国家である。

ジョンの調和的な国家の議論では、一方で、国家の足にあたる農民、手工業者といった民衆的な階層の重要性が強調されるが、他方で有機体の比喩で、「君主の鑑」がほんらい扱うべき支配者の役割が、それ以上に強調される。そのためにジョンは、教皇ハドリアヌス四世（在位、一一五四―一一五九年）が彼に語った、胃に対する他の諸器官の反抗のたとえ話に言及する。それは、貪欲に他の諸器官の働きをむさぼるように見える胃に対して諸器官が反抗すればかえって、体自体を衰弱させることになるという寓話である。このたとえ話で教皇ハドリアヌス四世は、国家の支配者も多くのものを自身のために蓄財しているように見えながら、それが被支配者にとっても有益であること、つまり人体で胃が他の諸器官に対してもつような不可欠な役割を君主が担っていることをジョンに語った(119)。

同様に、君主が国家の身体のなかで果たす重要な役割が、「自然」によって定められたものであることをジョンは主張する。「自然」によって人間の体では、諸器官が頭の保護のためにみずからを犠牲にするように、君主は、自身の危険にさいして、被支配者たちが自らを危険にさらすほどの好意をその職務によって得ることができるとされる(120)。つまり、君主は、国家や社会の調和を実現するために、「自然」によって強大な権力をもつことが許されているのである。これは、ジョンの同時代人ブロワのペトルスが、イングランド国王ヘンリ二世の言葉として、「自然によって私に許されたことは、不法なこととは思われない」という文章を引用するさいの意味を解き明かしてくれる。(121) この文章が意味することは、国王が国家における秩序原理、つまり、「自然」の法を確立するために「自然」によって権力が与えられていることであり、君主が恣意的に自由に行使しうる力をもつことではない。調和の実現者としての君主の役割の重要性がそこでは語られているといえる。

このように、「自然」によって君主に与えられた権力が、あるときには正義の厳格さで、あるときには慈悲の温和さによって、国家の秩序と調和を達成するためにあることを、ジョンはさらに、弦楽器の隠喩で語る。ホノリウス・アウグストドゥネンシスが、調和で満たされた宇宙を弦楽器にたとえているように、この時期に宇宙を表すものとして弦楽器の隠喩が広く用いられていたと考えられるが、ジョンも、国家を弦楽器に、その奏者を君主にたとえる。(122)

「キタラを弾く人や他の弦楽器奏者たちが、細心の注意深さで、おかしな弦の誤りを直し、他の弦と調和したものに回復し、弦を壊すことなく釣合の取れるように弦を張ったりゆるめたりすることによって、ことなる弦の最も喜ばしい調和を作り出すことに配慮しているように、君主は、被支配者を一つの家で和するもののごとくし、また、平和の職務と慈善の仕事において、ことなる者たちの一つの完全で最高の調和を作り出すように、あるときは正義の厳格さで、あるときは慈悲の温和さによって、注意深く統治すべきであろう。(123)」

ジョンにとり、君主の強大な権力が必要とされることは被支配者の抑圧を直接意味してはいない。むしろ、調和の実現のために君主の強い権力が「自然」によって要求されるのである。そして、国家や社会のすべての階層が「自然」に従ってみずからの職務を果たすとき、完全な全体の調和が得られる。

ジョンによって考えられている「国家の自然性」は、このように「自然」を模倣し、それに従うという意味で理解されるべきものであり、それは十三世紀後半以降に明確になる、「宇宙」の全体性とはかかわりのない、「恩寵」の領域から相対的に自立したものとしての「国家の自然性」とはことなる。ジョンはシャルトル学派的な「自然」の観念に従って、国家をベルナルドゥス・シルヴェストリスらのように「一つの宇宙」と考え、人体の隠喩で論じたが、彼にとっての「国家の自然性」とは、人間とそれを取り巻く世界のなかで国家の調和的位置づけを目指す理念であったといえる。

(4) 暴君放伐論

周知のように、中世において国家の最終的権威、主権者として現出するものが法であった。従って政治的権威の正統性は、それが正義を体現しているかどうかにかかっている。中世の政治理論家たちは、政治的権威の目的が、正義を維持することであるとする点で一致している。ここから、正義のないところに国王なく暴君のみが存在するというテーゼが導かれる。[124]

国王と暴君の区別の議論の源泉として中世で引用されたものは、セヴィーリャのイシドルスの『語源』での国王と暴君の定義である。彼によれば、国王は、その「支配する（regere）」という職務から、その名が由来しており、国王は正しいことをなすかぎり、その名を保ち、悪をなすときそれを失う。これに対して、人民を残虐に抑圧する悪しき支配者は暴君と呼ばれる。[125] このようなイシドルスによる定義は、その後の思想家により踏襲されることになり、国王が正しく法に従って支配しなければ、彼は真の国王ではないという原理は、中世政治思想の第一の原則として十一世紀頃までには確立していた。そしてそれは、叙任権闘争期に活発な議論の対象となる。[126]

国王と暴君の根本的な相違についての議論は、十二世紀になると、ソールズベリのジョンによって高度に展開されることになる。彼は、ローマ法の定式にもとづいた法の議論と関連させながら、法に従う者としての君主とそれを踏みにじる者としての暴君について卓抜な論理を展開する。法理論と結びついた彼の暴君論は、同時代のウェールズのジェラルド、十三世紀のブラクトン、さらに十四世紀イタリアの人文主義的法学者ペンナのルカスなどに大きな影響を与えている。[127]その意味で、中世後期の政治思想における暴君論の一つの大きな源泉になったといえる。

ジョンの暴君についての議論は、十二世紀に暴君殺害を正当化する主張がなされた点で、これまでとくに注目されてきた。それは、抵抗権および人民主権思想の中世的な先駆形態と見なされてきた。また一方で、彼の暴君論の論理には、明確な体系性、一貫性が欠如していることもこれまで指摘されている。ディッキンソンによれば、ジョンの暴君論の特徴は、公と私、道徳と政治の混乱にある。ジョンは、暴君を倫理的悪の見地から説明することによって、暴君の公的な権限の乱用を個人的な道徳への違反という視角から考察しており、その暴君放伐論も、私的行為としての暴君殺害と公的行為としてのそれの区別がなく、無責任な暴君殺害を認めることになりかねないとする。[128]

さらにジョンは、一方で暴君殺害を無条件に正当化するが、他方で、キリスト教的な観念によってすべての権力を神に由来するものと見なし、暴君の存在を正当化するという矛盾した議論を行っている。マッセイは、このようなジョンの暴君放伐論の矛盾について、ジョンが暴君殺害について二つのことなる考えをもっていたのでなく、彼の暴君放伐論自体が論理的に首尾一貫した議論ではなかったとする。[129]他方、この論理的な矛盾を解決しようとする者は、ジョンが無条件に暴君殺害を認めたのではなく、最終的なキリスト教的な限定によって、神のみが暴君殺害を行いうると主張したとする。シューベルトによれば、ジョンは、歴史上の暴君殺害者を、神の道具と見なして、その行為を正当化することから暴君殺害の議論に到達したので、ジョンの正当化する暴君殺害は、神の道具として倫理的に純粋な心をもった者のみがなしうるのであり、そのかぎりで暴君放伐論は矛盾を含まないとする。[130]同様にラウズも、ジョンの理論で暴君殺害が許されるのは、ただ神によってその力を与えられた場合だけであり、暴君殺害は神が人間の手を用いて、暴君を罰することにほかならないとする。[131]このような理解は、ジョンが暴君殺害の権限をすべて神に求めたとすることによって、彼の議論における人民の抵抗権を認めないことになる。このような研究史上の議論の上に立って、ジョンの暴君論の再吟味がなされねばならない。

すでに、法の議論で考察したように、ジョンは、ローマ法の「衡平」の原理や教会法、さらにカルキディウスの『プラトン「ティマイオス」注釈』にもとづくシャルトル学派的な「自然的正義」の論理によって、君主が神の法つまり自然法に拘束されることを主張した。ジョンによれば、暴君と君主の最大の相違は、この法に従うかどうかである。

「法によって統治するのが君主であるように、暴力的な支配によって民衆を抑圧するのが暴君である。[132]」

また、次のようにいわれる。

「君主は、法と民衆の自由のために戦う。暴君は、法を駆逐し民衆を隷属に陥れる以外どんな行為も考えない[133]。」

ここで法とは、すでに見たように、「神の賜物」、「衡平の形」、「正義の基準」といわれる、君主を拘束する神の法つまり自然法にほかならない。このように、君主と暴君を法に従うかどうかで区別する伝統的な観念を用いることによって、暴君の観念を自身の法理論のなかに位置づけながら、他方でジョンは、暴君の概念をたんに君主にとどまらず、何らかの支配権をもつすべての者に拡大する。

「つまり暴政は、神によって人間に認められた権力の乱用である。……ゆえに、たんに君主において暴政があるのみでなく、上から与えられた権力を服従するものに対して乱用するものは、すべて暴君であるということは明らかである[134]。」

このような暴政は、そもそも個人の名誉欲、過度の力への欲求に由来する倫理的、道徳的悪として説明される。

「名誉欲が増大するとき、衡平は抑圧され不正が現れる。それは暴政の端緒をはぐくみ、暴政を増大させるあらゆることを導く[135]。」

また、次のようにいわれる。

「力への欲求は、ある程度までは健全なものである。しかしそれは、自由と卓越の力をもたらすように思われるが、その本性により、誤りを犯す者を破滅的な方向へと導く。つまり力への欲求は、最悪の破滅へと導き、暴政の端緒を開き、健全な静寂と平和の状態を破壊する。[136]」

すなわち暴政は、倫理的な悪であり、何らかの支配権をともなう国家や社会の職務には、必ず暴政が生じる可能性がある。すでに人体の隠喩による国家論で考察したように、個々の職務に就く者すべてが神の法つまり自然法を踏みにじり暴政を行うとき、国家は暴君国家となる。

個々の職務のうち、とくにジョンは、暴君的聖職者に対して辛辣な批判をする。

「聖職者のなかで、職務にかこつけて、野心と策略により自身の暴政を行おうとするなんと多くの者が見出されるだろうか。[137]」

このように、「保持する力を禁じられたものごとに向けるかぎり」、君主のみならずあらゆる者が暴君となりうる。[138] しかし、暴君放伐論が適用されうるのは、「国家を抑圧する暴君」、すなわち暴政を行う君主に対してのみである。なぜなら、他の私的な暴君は公的な法によって容易に統制され、また聖職者の暴君については聖職であるがゆえに、「世俗の剣（gladius materialis）」を行使することが許されないからである。[139] ジョンは、キケロに従いながら、暴君放伐論を次のように展開する。

「友人にへつらうことは決して許されないが、暴君の耳を喜ばせることは許されている。なぜなら、殺されてもよいものにへつらうことは許されているからである。じっさい、暴君を殺すことは許されているのみでなく、正当であり正義にかなっている。」[140]

さらにジョンによれば、「反逆罪には多くのものがあるが正義の自体に対してなされるものよりも重大なものはない」ので、「暴政はたんに公的犯罪であるのみならず、もしそれがありうるとすれば、公的犯罪以上のものである」とされる。[141]つまり、「だれであれ、暴君を告発しない者は自分自身とすべての世俗の国家の身体に対して罪を犯す」のである。[142]ここで、暴君的簒奪者を訴追し殺害することが正当であるという暴君放伐論が、へつらいという倫理的態度の問題と対比されながら、誤解の余地なく明白に論じられている。

さらに他の箇所でも、暴君殺害は正当化される。ジョンは、ローマ皇帝カリグラとネロの暴政について述べたあとで、このような歴史的事例から「暴君にへつらうことが許され、まただますことも許され、他の方法で阻むことができないならば、殺すことも名誉あることだったということが明らかであろう」と結論づける。[143]このように歴史的な事例から、「他の方法で阻むことができないなら」という限定はされるが、暴君の殺害が正当化される。さらに同様に、君主と暴君を対比して、「神の似姿」である君主が愛され、尊敬され、崇拝されるべきであるのに対し、暴君は「悪魔の似姿」であり、そして「たいていは殺されるべきである」と語られる。[144]

以上のような暴君放伐論は、次のように理解されるべきであろう。すなわち、君主はその職務上いわば「生きた法」として「自然的正義」と「実定的正義」を媒介する役割を果たさねばならない。その君主が神の法、自然法をないがしろにして暴君となるとき、君主はもはや、「衡平の似姿」でも「神の似姿」でもありえない。そのとき君主は、「悪徳の似姿」となり、もはや「自然」の原理、つまり「自然の正義」に従った者ではなくなる。君主が「自然」に従わない国家は、それ自体「自然」に即した調和を保ちえないであろう。ジョンは、この「国家の自然性」を回復するために暴君が殺害されることを容認したといえる。

しかしこの暴君殺害の正当化は、他方で、キリスト教的な論理によって制限される。ジョンは、聖書からの暴君殺害の例示をしたあと、歴史が教えるところとして、「誠実または誓約の義務によって拘束され義務づけられている相手を殺そうとすべきではない」と述べる。(145) 結局、「暴君を殺す最も有効で安全な方法」は、「敬虔な祈りによって」受けた鞭を取り去ることである。(146)

これは、暴君を悪しき人民に与えられた罰であると見なし、すべての権力を神によって定められた神聖なものとするキリスト教的な伝統を反映するものであるが、前述のキケロに依拠した暴君殺害の正当化と対立する。この対立は、何らかの一貫した論理によって解決しようとするよりも、むしろラテン語古典のキケロに従って、暴政に対する一種の警告として暴君殺害の正当化を定式化し、一方で、キリスト教的な伝統に従って、それに制限を加えたと考えるのが妥当であろう。

またすでに見たように、ジョンの暴君論は、道徳的、倫理的な性格を強くもっている。そのことは、暴政が「保持する力を禁じられたものごとへ向けること」、「力への過度の要求」という倫理的悪から導かれ、その結果、暴君が君主に限定されず、支配関係のあるすべての領域に見出されるものとする考えに現れる。これは、ジョンの政治社会論が「政治論」として君主とあらゆる社会階層に対する一種の道徳的教示を目的として書かれている点から理解できよう。しかし、暴君論自体のもつ重要性は、彼の政治社会論の全体のなかで考察されるとき、よりいっそう明らかになる。

すなわち、国家や社会における個々の職務にある者が、「自然」の原理に従って自身の職務をまっとうするとき、全体の調和は達成されるが、それらが自身の力を「自然」に反するものごとに向けるとき、「自然」の法は犯され、国家全体の秩序と調和は崩れる。「自然」によって国家の統率者として最も大きな権力を与えられ、実定法により制限されることのない君主が、神の法、自然法を犯し暴君となったとき、あえて殺害することも辞さないことを、ジョンは語っているといえる。

このようなジョンの暴君論は、彼ほどの詳細な議論ではないものの、部分的に同時代のウェールズのジェラルドや約一世紀後のブラクトンに影響し受け継がれている。(147) ブラクトンでは、ジョンのような暴君に対する抵抗、放伐の議論はないが、ジョンと同様に、よき君主と暴君を法に従うかどうかで区別し、暴君の定義を文字通りにジョンから取り、「自身にゆだねられた民衆を暴力的な支配によって抑圧する」者と規定する。そして、正義を維持する義務を果たさない国王は、神の代理人である国王であることを止め、悪魔の代理人である暴君となる。(148) ジョンにおいてもブラクトンにおいても、エルンスト・カントロヴィッチが定式化した「法中心的王制」の基礎をなす自然法と実定法を媒介する者としての君主理念が見られるが、それが暴君の議論と切り離しえない関係にあるのは、すでに論じてきたことから明らかであろう。(149)

(5)　教権と俗権

ジョンは、政治論や学芸論で卓越した知見を示した知識人であったのみならず、聖職者として、現実の教会政治とりわけイングランド国王ヘンリ二世とカンタベリ大司教との対立という同時代の教権と俗権の対立に深く関与した人物であった。

十一世紀後半から十二世紀初めにかけての叙任権闘争が、主として、ドイツでの高位聖職者の聖職者叙任権をめぐっての教権と俗権との大きな衝突であったとすれば、ヘンリ二世期のイングランドにおける、教権と俗権の対立の争点となったものは、聖職者裁判権であったといえる。[150] 犯罪を犯した聖職者が世俗の裁判で裁かれるべきか、教会裁判により審理されるべきかの問題を発端として、最終的にトマス・ベケットの殉教にいたる、ヘンリ二世とカンタベリ大司教トマス・ベケットとの対立が生じるが、その過程で、ジョンは、教会の自由を擁護する立場から、多くの書簡でベケットに助言を与えている。ジョンは一一六三年末以降、ヘンリ二世からの圧迫により、フランスに亡命しランスに滞在したが、その当時、同じく大陸に亡命したベケットとその配下の者に対して書いた書簡からは、当時の教権と俗権の関係をめぐる問題の具体的な考察が見てとれる。[151]

ここでは、彼の世俗国家論の全体構造にかかわるかぎりで、彼の教権と俗権の関係についての議論を見ることにする。ジョンの政治思想のなかで、教権と俗権の問題を考えるとき、第一に注目されるのは、その「両剣論」である。ジョンは、君主が聖職者の下位にあることを、聖書の両剣の比喩にもとづいて提示する。

「それ［教会］自身は、流血をともなう剣をもつべきではないので、君主が教会の手からその剣を受け取る。しかし、それを所有しているのは教会であり、教会が肉体を支配する権力を与えた君主の手により用い、霊的な権力は自身において、司教たちのもとで保持する。ゆえに君主は、教権の代理者であり、神聖な職務のうち教権の手にとってふさわしくない部分を行う。[152]」

このように君主が俗権を象徴する剣を教会から受け取るということから、俗権が教権に服するべきことが述べられる。さらにまた、「祝福する者は、祝福される者よりも上であり」、支配者にその位を授ける教会は、支配者に優越する。そして、「法によって与えることのできる者は取り去ることもできる」と述べ、支配者の位を剥奪することも教会ができることを示唆する。(153)

しかし、これらからジョンが、教権による俗権への直接的介入という、いわゆる教権制の理念を考えていたと即座に結論すべきではないだろう。なぜなら、ジョンが言及する物質的剣とは、同時代の教会法学者グラティアヌスなどと同様に、教会自身が流血をともなう処罰を行うことができないので、そのために教会が俗権に委託した権力を意味すると考えられるからである。物質的剣という言葉で、教権によって制度的に支配されるべきものとしての俗権を象徴させるようになるのは、その後の教会法学者による拡大解釈とされる。(154)いずれにせよ、ジョンにおける聖職者の優位は、制度的な上位者というよりも、君主の支配権の正当な行使を監督する霊的な指導者として考えられるべきものである。

では、ジョンの政治社会論全体のなかで、教権および聖職者はどのように位置づけられるべきであろうか。すでに、国家と人体の比較で見たように、聖職者は国家の身体のなかで、魂の位置を占め、人体における魂のように、体全体を統括する。そして、頭としての君主は、人体で頭が魂に支配されるように、神と神を地上で代理する聖職者に服するべきであるとされる。しかし、ここで魂の肉体への優位という形で表された教権の俗権に対する優位は、伝統的な教会論における、魂と肉体の比喩による教権俗権論としてよりも、「一つの宇宙」として調和を目指す国家という、ジョンに特有の論理のなかで理解されるとき、彼の政治社会論における、その固有の意義が明らかになる。そこでは世俗国家に対抗し、それをみずからの構造のなかに融合しようとする教権制的な理念は考えられていない。むしろ十二世紀中葉という時期に、新たに勃興しつつあったイングランドを中心とする集権的な世俗国家に対応する形で、ジョンは、新たな教権と俗権の秩序を模索していたと考えられる。
従って教権と俗権は、ジョンにおいて、ほんらい対立するものとは考えられていない。ジョンは、教権と俗権の調和的関係について、次のようにいう。

「従って、聖職者が完全に罪なく神から十分に信頼され、皇帝権力が正しくかつ適切にゆだねられた国家を調整するなら、人間にとり有益なすべてが実現する一種のよき調和があるだろう。[155]」

つまり、魂と頭が有機体の一部として固有の職務を果たすとき、全体の調和が実現するように、君主と聖職者がそれぞれ正しく行為するとき、国家全体の調和と秩序が実現する。魂としての聖職者は、神の代理人としての神の法、自然法を守護することにおいて、他の有機体の諸器官に対して優位にある。ジョンにおける、魂すなわち聖職者の優位の主張は、教皇の俗権に対する実質的な支配を正当化しようとする十三世紀以降の教権制的な主張とはことなる。そこでは、政治的支配をめぐっての両権力の対立よりも、むしろ、そもそもことなった職務をもつ、教権と俗権の自然に従った調和が構想されている。
このことは、ヘンリ二世とカンタベリ大司教トマス・ベケットとの間でなされた教会の自由をめぐる争いにおける、ジョンの発言を見れば明らかになる。ジョンは亡命中の書簡のなかで、ヘンリ二世とベケットとの争いを「法と権力の争い」であるとし、そして、教会の自由を求める戦いを「神の法」の擁護であることを明確に述べている。[156] ジョンの政治理論において神の法とは、すでに見たように自然法であり、人体の似姿としての国家社会を支配する原理であった。そして君主が、この神の法に反すれば暴君となる。このような政治理論に従えば、へンリ二世とベケットの争いが、ジョンにより国王の不当な慣習法、つまり人間の法による、より高次の神の法の侵害と見なされているのは当然であろう。ジョンによればこの争いは、根本的に国王が承認を要求した慣習法のために生じたのであり、その結果、「神の法よりも人間の邪悪な伝統を優先することをしいられた我々は追放され、ずっと法の保護の外に置かれる」ことになった。つまりこの争いは、「慣習の悪と神の法の衡平」の戦いであった(157)。

ジョンにとり慣習という人間の法は、神の法に合致しなければその権威を失うものであり、「自然的正義」に反した実定法を制定する君主は、暴君にほかならない。そして、神の法、自然法の原理は、教会により守護されるべきものであり、それは魂に比較される聖職者の行う職務である。つまり、ヘンリ二世とベケットとの教会の独立性をめぐる争いも、この国家を支配する自然法的な普遍原理のための戦いとして、ジョンは理解していたといえる。

リーベシュッツによれば、ジョンにとり「教会の自由」という伝統的な観念は、カンタベリ大司教による王権に対しての、聖職者裁判特権に代表される教会の諸権利の奪回以上のものを意味していた。それは、教会にかかわることがらへの国王権力の介入に対する反対であっただけでなく、道徳的権威としての独立した教会を包含すべき国家における秩序確立のための理念であった(158)。結局、現実の教会政治家としてのジョンの言動は、彼の世俗国家論と表面的に対立するように見えながら、その観念構造において、同一の基盤の上に立ったものであるということができる。

おわりに

これまでの研究において、ジョンの政治思想について語られる場合、十二世紀における中世ローマ法学の復興という事態と重ね合わせて論じられるのがつねであった。ローマ法の議論から多くを取り入れた彼の法の理論はもとより、国家の有機体論も、ローマ法学とラテン語古典の伝統によりながら構想されたものと理解されてきた。確かに中世ローマ法学が中世の政治思想に与えた影響は多大で、とりわけ、ジョンの政治や社会の議論にとって大きな意義を有する。

しかし、これまで考察してきたことから明らかなように、ジョンの政治社会論の思想的ダイナミズムの機軸を形成するものは、主としてコンシュのギヨームなどのシャルトル学派において形成された諸観念であった。それは「制作者たる自然」、「大宇宙―小宇宙」、「自然的正義―実定的正義」といった観念の動的な構成として理解することができる。これらの観念は、その基盤としてカルキディウスの『プラトン「ティマイオス」注釈』などの新プラトン主義の文献のシャルトル学派を中心とした知識人による新たな解釈に負っている。しかしこれらの観念は、十二世紀における政治的観念として立ち現れるとき、ほんらいの新プラトン主義の観念がもつ形而上学的な色彩は薄れ、またローマ法やラテン語古典によりさまざまな肉づけがされ、もはや新プラトン主義とは呼びがたい特殊十二世紀的な政治の理念を構成しているといえよう。このことは、ジョンの政治社会論において検証されたが、部分的には、コンシュのギヨーム、ベルナルドゥス・シルヴェストリス、リールのアラン、また十三世紀初めにかかるがジョンの影響の強いウェールズのジェラルドの著作などにも反映されていることは、本論中ですでに述べた。

その結果、明らかになった最も重要な点は、アリストテレスの『政治学』の受容以前における国家の自然性の問題である。一般に、十三世紀後半の『政治学』の受容に帰される国家の自然性の観念は、すでに見たように、中世ローマ法学の影響を重視するポウストにより、十二世紀にすでにジョンらの政治社会論のなかに存在する観念であるとされた。しかしこの議論は、中世アリストテレス主義の「自然」の観念を、それが導入される以前の十二世紀の政治社会論のなかに遡及的に見出そうとする点で大きな問題があった。ジョンの政治社会論における国家の自然性の観念は、中世アリストテレス主義とは原理をことにする一種の宇宙論的な調和の原理であり、それは、シャルトル学派を中心に政治的観念として形成され、ジョンを含めて、同時代の政治社会論のなかに、その影響が広く認められるものといえよう。

第二章　暴　君　論

はじめに

ソールズベリのジョンは、その『ポリクラティクス』などで、君主の権限や国家のあり方にかんして、新たな時代を画する斬新な議論を展開したが、とくに後世にいたるまで大きな影響を与え続けたのが、その暴君論である。とりわけ彼の暴君殺害を容認する言説は、十六世紀にいたるまで西欧の政治思想において、暴君放伐を正当化する議論の典拠とされた(1)。

ジョンはその暴君論で、正義を抑圧する君主を暴君と定義しているが、その観念自体は、すでに初期中世から見出されるものである。それは、セビーリャのイシドルスの『語源』における王の定義、またカロリング期の「君主の鑑」における君主と暴君の比較などで見られ、さらには叙任権闘争期の政論家の著作でも暴君の議論は存在する(2)。だがジョンの独自性は、暴君についての議論のなかでこうした伝統を受け継ぎながらも、君主と暴君の単純な比較を超えた新たな論理を展開したことにあった。それは、彼の道徳哲学的な暴君の定義、暴政の諸形態についての論及、またキリスト教世界と異教世界における暴君の歴史的事例の分析に現れている。

こうしたジョンの暴君にかんする議論は、ほぼすべてがラテン語の古典文献からの引用もしくは翻案にもとづいており、その点で、十二世紀中葉における知的世界の飛躍的発展なしにそれは考えられない。(3) さらに、それとならんで、ジョンの暴君論を考えるさいに無視できないのは、叙任権闘争以降、教会側の著作家により活発に論じられた、世俗の支配者に対する抵抗権をめぐる議論との関係である。ラウテンバッハのマネゴルドゥスらにより述べられた、被治者による支配者への抵抗権の議論が、ジョンの暴君論に大きな影響を与えたことは疑いない。(4) また十二世紀には、イングランド、フランス、あるいはシチリアにおいて、強大な王権と集権的国家が形成されるが、こうした現実に対応して、ローマ法にもとづく国家論が、法学者や知識人一般の間で活発に議論されるようになる。ローマ法には、王権の絶対的権力を正当化する規定が含まれるとともに、団体としての国家の利益を支配者の私的利益に優先させる文言も存在する。すでにポウストが明確に指摘したように、ローマ法の影響によってこの時期には、国益を王の利益に優先させ、国益に反する行為をした君主を暴君と見なす観念が知識人たちの間で議論されるようになっていた。そしてまさにジョンが、こうした議論の代表者とされるのである。(5)

このようにジョンの暴君論は、これまで、十二世紀に新たに生じた政治的議論の発展を反映するものと理解されてきたが、一方、個別的な研究では、必ずしもそうした一般的な理解があてはまらないこともいわれている。とりわけ、ジョンの暴君論には、明確な体系性および一貫性が欠けているという事実が繰り返し指摘されてきた。ディッキンソンによれば、ジョンの議論には、公的な暴君と私的な暴君の区別がなく、そこには国制にかかわる議論と道徳哲学的な訓戒とが混じり合っている。(6) じっさいジョンは、以下で見るように、暴君について、「力を過度に求める者」として、完全に倫理的な見地からのみ定義を行う。トマス・アクィナスが約一世紀後に、暴君を王位の簒奪者と限定して定義したのに比べれば、ジョンの暴君論には、政治思想としての精緻さが欠如しているのは否めない。(7) しかし、それはまた、モリスやケルナーがすでに指摘したように、生活と知識、道徳と政治を二分法的に区別せず、国家にかかわる議論を、道徳的および宗教的見地から総体的に扱った、十二世紀の人文主義者に共通する特徴であったともいえる[8]。こうしたジョンの暴君論全体の性格ともかかわって、これまでの研究で最も議論が対立してきたのが、彼の暴君放伐論の解釈である。ジョンは一方で、暴君は殺害されるべきであるとしながら、他方で暴君放伐を肯定せず、神への祈りが暴君追放の最善の方法であると強調する[9]。ジョンの暴君放伐にかかわる言説については、『ポリクラティクス』での暴君論を以下で詳しく検討しながら、その意味について考えていくことにする。さらに、ジョンが暴君論を展開するにあたって、その動機を与えた同時代の暴君はだれかという、もう一つの重要な問題についても最後に検討したい。

一　君主と暴君

『ポリクラティクス』は、それが当時のイングランドの尚書部長官トマス・ベケットに献呈されたことからわかるように、ヘンリ二世の統治に一定の影響を与えるべく書かれた「君主の鑑」であった。そこでは当然、議論の最大の焦点は、支配者とその統治のあり方にある。ジョンは、とくにその四巻で、支配者の守るべき規範、避けるべき悪徳について詳しい議論を行う。ここではまず、彼がこの四巻で、暴君との対比のなかで述べた理想的君主像をたどり、同時に、彼が君主と暴君の相違を、どのように理解していたのかを見ていきたい。

まずジョンは、君主と暴君の最大の相違として、君主が法に従い、法のしもべとして人民を統治するのに対し、暴君が法に従った統治を行わないことをあげる[10]。そして、この君主が従うべき法とは、永遠の正義である神の法であり、またそれは、ローマ法に従って「衡平（aequitas）」ともいわれる[11]。ジョンは、『法学提要』（一、一、一）に従い、「衡平」を次のように定義する。それは、「事物の調和であり、すべてを理性により等しくし、不等なものごとに平等な法を要求し、また、すべてに対して平等であり、それぞれに固有のものを与える」ものである、と。[12]

そして、この「衡平」にもとづいて作られる法は、すべての善悪にまさり、事物と人間を支配する力をもつ。[13] ゆえに君主は、みずからを、「衡平のしもべ（aequitatis seruus）」と見なし、「公共の利益の理性（ratio communis utilitatis）」に従って「国家の利益（rei publicae utilitas）」を配慮せねばならない。そして君主は、「衡平」を守るかぎりで、「法の拘束から自由である（legis nexibus absolutus）」。[14] 換言すれば、君主は法を自由に作りうるが、その法は、神の法＝「衡平」の原理に裏づけられていなければならないのであり、そのことはまた、君主は、変えうる法を自由に扱うことはできるが、「永遠の規定（perpetua praeceptio）」を侵すことはできないとも表現される。[15] そして君主が、この拘束を破り、神の法や「衡平」を抑圧するとき、暴君になるのである。

このようにジョンは、ローマ法学の強い影響を受けながら、君主権力の法による拘束について、それまでの「君主の鑑」にない詳しい議論を展開した。だが一方で彼は、伝統的な教会による両剣論の議論を用いて、君主が、神の法と、それを現世で宣べ伝える聖職者に服すべきことを語る。ジョンはいう。神は、地上での霊的な剣と世俗の剣を教会に委託したが、教会は二つのうち、霊的な剣をみずから保持し、教会にふさわしくない世俗の剣を君主にゆだねた。ゆえに君主はその権力を、地上で神を代理する教会から受け取るのであり、そのかぎりで教会は君主の上に立ち、場合によっては君主から権力を取り去ることも可能である、と。そしてその例として、旧約聖書でのサムエルによるサウルの廃位があげられる。[16] しかしまた、ジョンによれば、君主が責任を負うのは、たんに神とその代理人たる聖職者に対してのみではない。また同時に君主は、自分が統治する人民に対しても責任を負う。彼は、君主が人民のために身を犠牲にする覚悟が必要なことを、アテネ王コドロスの例で示している。[17]

さらにジョンは、君主が守るべき神の法として、『申命記』十七章のいわゆる「国王の法」をあげ、それに解説を加える形で、支配者を拘束する規範について述べていく。まず初めに、君主は虚栄のために、生活に不要なものをもたないよう戒められる。とくに宮廷とその周辺から、役者、物まね師、道化師、娼婦を排除すべきことが勧告される。なぜなら、現実の生活にとり有用なもののみが価値あるものだからであると、キケロに従いジョンはいう。[18] また君主は驕慢になることで、臣下の悪しき範例となるべきでない。なぜなら臣下は、上に立つ者の驕慢の悪徳を容易に模倣するから。[19] さらに臣下の範たる君主は、妻を多く娶ってはならず、また貞潔であらねばならない。[20] また君主は、貪欲を避けるべきである。君主は富裕であってもよいが、その富をつねに民衆のものと見なすべきである。[21] さらに君主は、『申命記』の「国王の法」を日々読むべく、文盲であってはならない。ジョンによれば、ドイツ王コンラート三世がフランス王ルイ七世に送った書簡で、子供たちに自由学芸を学ばせることを薦め、「教養のない王は、王冠を被ったろばにすぎない（rex illiteratus est quasi asinus coronatus）」と語ったとされる。[22] そしてもし、君主が文字を読めなければ、学識ある者の助言が必要であり、そのさいには、聖職者が君主に神の法を伝えねばならない。[23] またジョンは、法を適用するさい、罰の厳格さと同時に、慈悲も必要であることを強調する。[24] さらに君主は、徳を過度に主張することもなく、また悪徳にも偏らない中庸の精神をもつべきである。[25] そして、こうした神の法を守ったよき君主の例として、ダビデ、ヒゼキヤ、ヨシュアといった旧約聖書中の支配者と、キリスト教の出現後については、コンスタンティヌス、ユスティニアヌス、テオドシウス、レオといったローマの皇帝があげられる。[26]

このようにジョンは、『申命記』に注釈を加えながら君主のあるべき姿について語るが、こうした神の法を守った君主が受ける報酬は、父から子へと受け継がれる王位の長い世襲である。一方、君主が神の法を逸脱し暴君となるとき、王位は他の家門へと移行する[27]。ジョンは、王家からその位が奪われる理由として、君主による正義の抑圧、悪行、傲慢な振る舞い、虚言といった悪徳をあげる。そして、こうした行為が神の怒りを引き起こし、神の意志で王位は奪われるとされる[28]。

以上のように、ジョンは『ポリクラティクス』の四巻で、法を守るかどうかという点から君主と暴君の相違を明確にしつつ、君主への訓戒を行った。そして、この君主が守るべき法とは神の法であり、それはまた、ローマ法に従って「衡平」ともいわれる。だが、ジョンにとりこの法の内実が、『申命記』の「国王の法」に見られるような、倫理的な諸規範である点が重要である。ゆえにジョンの暴君の定義で暴君は、君主に求められる倫理的規範の逸脱者として説明される。次に、ジョンが『ポリクラティクス』で展開した暴君の定義について検討してみよう。

ジョンは第八巻で、暴政が、名誉と力を過度に求める結果生じるものだと述べる。彼は次のようにいう。「力への要求は最悪の破滅へと導き、暴政の端緒を開き、……健全な静寂と平和の状態を破壊する[29]。」

『ポリクラティクス』の副題が、「宮廷人の愚行と哲学者の足跡」であることからもわかるように、この書物全体の趣旨は、支配者とその宮廷に集う人々に見られる悪徳や愚行を批判し、彼らの生を正しく導くことにある。とくにジョンは、その第一巻から第三巻において、さまざまな宮廷における悪徳を批判した。批判の対象は、狩猟、芝居、占いといった宮廷人の慰みごとであり、また、宮廷人が支配者の恩顧を得ようとして行う追従である。それらは、人間を完全なる生へではなく、空しい虚栄へと導く悪として断罪される。そして暴政も、こうした虚栄へ向かう悪徳の一つと見なされる[30]。

ゆえに、このような倫理的な悪として理解されるかぎりで、暴政はあらゆる者がいたるところで行いうる悪となる。ジョンはいう。「暴君とは、暴力的支配によって民衆を抑圧する者といわれる。だが、たんに民衆に対してのみならず、どんなに小さなところにおいても、だれであれ、自身の暴政をなしうる。[31]」またいう。「たんに君主において暴政があるのみでなく、上から与えられた権力を服する者に対して乱用する者は、明らかにすべて暴君である。[32]」このように、自身がもつ権力の乱用として暴政を一般的に定義した後、彼は再び、君主と暴君の最大の相違として、法に従うかどうかという指標をあげる。ジョンは八巻十七章で再び、「法によって統治するのが君主であるように、暴力的な支配によって民衆を抑圧する者が暴君である」と規定する。[33]

続いて、その法を定義して、次のようにいう。「法とは、神の賜物であり、衡平の形であり、正義の基準であり、神の意志の似姿であり、安寧の保証であり、民衆の結合と強化であり、職務の規定であり、誤りの除去、駆逐であり、暴力とすべての不正の罰である。[34]」

ここでの法の内容は、すでに四巻で述べられた、永遠の正義である神の法＝「衡平」と同一のものである。そしてこの法を攻撃することは、神の恩寵への攻撃に等しい。さらにジョンはいう。「君主は法と民衆の自由のために戦い」、一方、「暴君は法を駆逐し、民衆を隷属へと押しやること以外、どんな行為も評価しない」。ゆえに、「神の似姿である君主は愛され、尊敬され、崇拝されるべきであるが、暴君は悪徳の似姿であり、たいていは殺されるべきである。[35]」

ジョンはまた、君主と暴君の相違を人体の隠喩を用いても説明する。彼は、人間の体における頭と四肢の不可分の関係から、次のようにいう。人体において、すべての感覚が頭に集中しそれに四肢が服し、そして頭が正気であればすべての四肢がよく機能するように、国家でもその頭である君主が健全であれば、すべての構成員はよく統治されるが、頭である君主が正しい道から逸れれば、国家は立ち行かなくなる。[36]そして、シチリアの暴君ディオニシオスが臣下による暗殺を恐れ、つねに大勢の護衛に囲まれていた例をあげ、それが国家の頭である君主にとりふさわしくない行為であったと指摘する。なぜなら、人体において四肢が頭に対して奉仕するように、ほんらい君主と臣下の間には、臣下が身を犠牲にしても君主を守るような、深い相互の愛情がなければならないからである。[37]

またジョンは八巻十七章で、国家の個々の構成員が暴君となった「邪悪な者たちの国家（res publica impiorum）」を、人体と比較して次のようにいう。すなわちその頭は、悪魔の似姿である暴君、魂は異端的なシスマ主義者であり、神聖を汚し神の法を攻撃する聖職者、心臓は正義を抑圧し邪悪な助言者となった元老院、目、耳、舌、および武器をもたない片方の手は不正な裁判官、法および役人、また武器をもったもう一方の手は暴行を働く戦士、足は、卑しい職業の者のなかで神の命令と法に反抗する者である。[38]

ところで、こうした暴君となった国家の構成員のうち、君主以外で最も痛烈に批判されるのが聖職者の暴君である。彼はいう。「聖職者のなかに、あらゆる野心、技術、職務の口実のもとに暴政を行う非常に多くの者が見られる。[39]」さらに『ヨハネによる福音書』（十：七—十八）に従って、よい羊飼い、雇い人、盗人の三種類に聖職者を分類し、よい羊飼いでない聖職者を批判する。さらには教皇使節の堕落した行為や、賄賂による聖職者の蓄財も非難される。[40]

このように暴君となった聖職者は、すでにその職を解かれた者でないかぎり、世俗の剣によって処罰されることはないが、教会の法により罰を受ける。また、君主以外の世俗の職にある者が暴君となった場合は、国家の法により罰せられよう。[41]だが、処罰にかんして最も問題になるのは暴君となった君主の場合である。暴君となった君主はいかにして罰せられるか。ジョンは両剣論や、魂の肉体への優位といった比喩で、教権の俗権に対する優越を語るが、暴君的支配者に対して、聖職者が何らかの処罰を加えうる可能性については触れていない[42]。ジョンは、暴君殺害を容認する言説を述べるものの、暴君放伐を正当化する基準、法的手続きなどについてはまったく言及しない。次に、ジョンの暴君放伐論について詳しく検討してみよう。

二　ジョンは暴君放伐を唱えたか

ジョンの暴君論の研究で、最大の難問は、彼の暴君放伐論の矛盾をどう理解するかであった。たとえばウェッブやケルナーは、彼の暴君放伐を肯定する言説が、キケロの『義務について』にもとづいていることから、ジョンはキケロの言い回しを文字どおりに再現しただけで、それが現実に適用可能なものとは考えなかったとし、ゆえにジョンは、最後にキリスト教的倫理に従って暴君殺害を否定したと見なした[43]。またシューベルトやラウズは、暴君殺害が人間の意志によって行われるのではなく、神が人間の手を通じて行う行為であることをジョンは示そうとしたにすぎないと結論した[44]。さらにラールホーフェンは、ジョンが、あくまでも歴史上の例について、暴君殺害が正当なものとして行われ、その殺害者が罰せられなかったことをいおうとしたにすぎないとする[45]。いずれにせよ、ジョンが無条件に暴君放伐を唱えたわけではなく、むしろ恣意的な暴君殺害には否定的であったとする点で、これまでの研究はほぼ一致している。

さて、ジョンはまず『ポリクラティクス』の三巻十五章で、暴君放伐について言及する。そこで彼は次のようにいう。「友人にへつらうことは決して許されないが、暴君の耳を喜ばせることは許される。なぜなら殺すことが許されている者には、へつらうことも許されているからである。」これは、ジョンが暴君殺害を容認した部分として、つねに引用される文章である。[46] ここで重要なのは、暴君殺害とへつらいという倫理的な悪が結び付けられていることである。この文章が述べられている『ポリクラティクス』の三巻の主題は、宮廷人に見られる不誠実、とくにへつらいの悪徳についてであるが、へつらいについて論じられたあと、いわばその議論を最後に補足する形で、ほんらい許されることのないへつらいが、唯一、暴君に対しては許されることが述べられる。[47] この部分は、一種の三段論法の形を取っている。つまり、「殺してもよい者にはへつらってもよい」という前提と、「暴君は殺してもよい」というもう一つの前提から、「暴君の耳を喜ばしてもよい」という結論が導かれる。ここでは、暴君を殺してもよいということが自明の前提とされているが、その観念自体は、ジョンが好んだキケロの『義務について』での文言――「我々と暴君の間にはいかなる社会的関係もない。あるのはむしろ最高度の乖離である。そして、暴君に対して、できるなら略奪しても自然に背かない」――にもとづく。[48] 続いて、聖書の言葉「剣を取る者は剣により滅ぶ」が引用され、暴君が殺害される運命にあることが強調される。さらに暴君を定義して、それが「剣（gladius）」＝権力を「自身の大胆な行為によって奪う者（qui eum propria temeritate usurpat）、……神から権力を受け取っていない者（non qui utendi eo accipit a Domino potestatem）」、すなわち簒奪者であるといわれる。そして正義や法を抑圧する暴君は、国家に対する反逆罪を犯す者であると断罪される。[49]

この三巻十五章の部分は、一般的に、ジョンが無条件の暴君放伐を主張した箇所として指摘されてきた。しかし、ここでの暴君殺害の正当化は、このあとの第八巻における議論で限定され、否定されていく。ジョンの暴君論の主要な部分はこの八巻にあり、そこではたんに暴君が理論的に定義されるだけではなく、異教とキリスト教の歴史から数多くの暴君の例話が語られている。以下でこの部分について見ていこう。まずジョンは、八巻十七章で、「暴君と君主との相違はどこにあるか」と問い、その答えとして、よき君主は法を守り、彼自身が「神のある種の似姿（imago quaedam diuinitatis）」であるのに対し、暴君は「悪魔的な邪悪さの似姿（Luciferniae prauitatis imago）」であると述べる。そして、「神の似姿である君主は愛され、尊敬され、いとおしまれるべきであり、悪の似姿である暴君は、一般的に殺されるべきである」と結論する。[50] さらにこれに補足して、すべての暴政は、私的なものであれ、公的なものであれ、その根を原罪にもち、それにふさわしい神の審判を受けるだろうと述べる。[51]

こうしてジョンは、暴君放伐を容認しながらも、暴政を原罪と結び付けることにより、彼の暴君放伐を容認する議論を打ち消し、キリスト教倫理にもとづく権力に対する服従の論理へと変えていく。そのことは次の十八章で明らかとなる。十八章の表題「暴君が神のしもべであること」からも明らかなように、この章では、暴君が神による人間への罰として作り出された者であることが論じられる。[52]

そして、旧約聖書の暴君サウルのような異教徒の暴君でさえ、神のしもべであり神に塗油された者と呼ばれる例をあげる。[53] なぜなら『ローマの信徒への手紙』（八：十八）でいわれるように「神を愛する者にとっては、すべてのことがらが、善のために働く」ので、暴政のようなことがらも全体として見れば、何ら悪ではないからである。[54] また「神によるものはすべて善であり、すべての権力は、神に由来するので善である」と述べ、それを絵画の比喩で説明する。つまり、暗い色あるいは黒色が、絵画全体にとっては必要かつ有用であるように、悪しき恥ずべきものであっても、より広い視野に立てば善のために奉仕するものになる。[55]

続いて、こうして神罰として遣わされた暴君の例として、ローマ皇帝カリグラとネロがあげられ、その暴政が詳しく叙述される。そして、カリグラが自身の護衛に殺されたことなどから、次のようにいう。「これらのことから容易に、つねに暴君にへつらうことが許され、彼をだますことも許され、他の方法でそれを制することができないなら、殺すことも名誉あることであったことが明らかとなろう。[56]」ここでもジョンは、暴君殺害の正当性を容認する。ただし、この文章が過去形であることからもわかるように、ここで彼は、暴君殺害が歴史上の事実としてあったことを語るのみで、それを普遍的規範として語っているわけではない。[57]

続く十九章から二十一章にいたる部分では、さまざまな歴史上の暴君の例話が語られている。十九章では、カエサルからセプティミウスまでの十六人のローマ皇帝の例話が、二十章では今度は、ニムロッド、ホロフェルネスといった十人の旧約聖書中の王または指導者の例話が語られる。この二十章の表題で再び、暴君殺害を容認して次のようにいう。

「もし殺害者が暴君に対して、誠実を義務づけられておらず、他の正義や名誉を失わないならば、聖書の権威によって公的な暴君を殺すことは許されており、名誉あることである。[58]」

さらにジョン自身、『暴君の最後について』という書物を書いたことを語るとともに、ローマの歴史で提示された異教の暴君の例が、聖書での暴君の例で補われねばならないとする。[59]

この章でジョンは旧約聖書の例を取りながら、歴史上、正当化された暴君殺害が、いかなる条件のもとでなされたかを分析している。この部分は彼の暴君放伐論にとって、無視できない重要性をもつ。ここで詳しくその議論をたどってみよう。まず最初に、ニムロッドの例が出され、彼が神に立ち向かい、神によらずに王になることを望み、その統治の間に天に届く塔を立てようとしたことなどが述べられる。[60]ジョンによれば、イスラエルの統治者はダビデ、ヨシュア、ヒゼキア以外、地獄落ちを定められた暴君たちであった。そして、民衆が暴政の排除を神へ訴えるごとに暴君に死がもたらされ、そのくびきから民衆が解放される歴史が繰り返された[61]。続いてジョンは、旧約聖書中で、正当なものと見なされた暴君殺害の具体例を提示する。まず、旧約聖書外典『ユディト書』に登場するネブカドネザル王の将軍ホロフェルネスの例があげられる。彼は『ユディト書』に描かれたように、イスラエルを占領していたさいに、ユダヤ人の敬虔なる寡婦ユディトに暗殺された人物であるが、ジョンはこのユディトの行為を聖書に従って詳しく述べ、それを神の正義にかなった敬虔な暴君殺害として称賛する[62]。

だが、ここでジョンはいう。「しかし歴史は、注意すべきこととして次のことを教える。それは、誠実または誓約の義務により拘束されている者を殺そうとすべきではないことである[63]。」そしてその例として、セデキヤでさえ彼が聖なる誠実を無視した結果、捕らえられたことをあげる。さらにジョンは、「かつて異教徒が毒を使ったことを私は知っているが、知られるかぎり、どんな法も毒の使用を許してはいない」と指摘し、暴君殺害における毒の使用を厳しく批判する[64]。さらに、こうした暴君に対比する形でダビデの例が出され、彼が暴君サウルを滅ぼす機会をもちながら神の憐憫を信じ、サウルを殺さなかったことがあげられる。ダビデは、暴君サウルが神の導きで正しい道に帰るかまたは戦いで死ぬか、あるいは神の裁きで他の方法で殺されるまでじっと忍耐強く待った。この例から暴君を排除する最善の方法は、罪のない生活をしながら神に祈ることであるとされる[65]。ジョンはいう。「じっさい、暴君を殺す最も有効で安全な方法は、次のようなものである。それは抑圧されている者たちが謙虚に神の恵みの保護に避難し、汚れのない手を神に向かってあげ、敬虔な祈りによって彼らが被っている罰を取り除くことである[66]。」

続く二十一章では、暴君への神罰がさまざまな形態を取りうることがいわれる。じっさい神は、暴君を罰するために、あるときは自身の剣を使い、あるときには人間の剣を使う。たとえば『出エジプト記』にあるように、エジプトのファラオは、神によって疫病で罰せられた[67]。また聖書によれば、ヒゼキヤの統治のとき、イスラエルの人民を抑圧したアッシリア王センナケリブに対して、神の天使が降りて来て、アッシリア軍の宿営地で十八万五千人が殺されたとされる[68]。さらにジョンは、この同じ章で、キリスト教徒を迫害した暴君として、背教者ユリアヌス、イングランドを支配したデーン人の王スウェインの例をあげ、その暴政について語り、またジョンの同時代の暴君として、教会を抑圧したスティーヴン王の息子ユスタスや、イングランドで悪を重ねた貴族たちを名指しで批判する[69]。

さらに次の二十二章では、王となることを拒否し、人々を法に服させることを優先させたギデオンが支配者の模範として語られ、それに対して悪しき支配者としてアンティオコスの例が対比されるとともに、イングランド王スティーヴンがローマ法を抑圧し、イングランドにいたローマ法学者ヴァカリウスにローマ法の教育を禁じたことが言及される[70]。そして暴君について語る最後の章である次の二十三章で、ジョンは、神へ祈ることが最善であること、そして暴君には平和も安寧もないことを繰り返し強調する[71]。

以上からジョンは、三巻十五章や八巻十七章では暴君殺害を積極的に肯定したものの、一方で多くの歴史上の事例をあげながら、暴君殺害がなされた場合には、殺害者はユディトの例のように、神意に従った神の道具として行為したことを指摘した。ゆえに、暴君を排除する最も有効な方法として、神への祈りを協調するのは、当然の帰結であった。これはまた、支配者の理想像が示された四巻一章での議論と符合する。四巻一章でジョンは、君主権力を含めて、すべての権力が神に由来することを明確に指摘し、神はその力を、自身に服する手を通じて行使しながら、それによって神の意志や正義を明らかにすると語っているからである。ジョンは、『ローマの信徒への手紙』(十三・二)での「権力に抵抗する者は、神の命令に抵抗する者である」の文言を引用しながら、地上の権力はすべて、神が与えるものであること、従って君主が暴君となり、臣下に対して暴政を行うのは、君主自身の意志によるのではなく神の行為であるとする。すなわち、暴君は神の代理人であり、それは民衆に与えられる神の罰以外の何物でもない[72]。ジョンはそこで、アッティラの例話を示す。アッティラがある司教座を攻撃したとき、「私は神の罰であるアッティラだ」といい、それを聞いた司教は、彼を神の代理人としてあがめ、教会の門を自発的に開けて、アッティラ軍の攻撃により殉教したというものである[73]。このように、暴君は神の代理人と見なされるが、また一方で、暴君殺害を行うのも神自身である。なぜなら神は、人間の手を使った殺害だけでなく、自然の力、病気などのさまざまな手段を用いて、暴君に対して行動を起こすから[74]。

このようにジョンの暴君論全体の文脈を再現してみるとき、彼の暴君放伐論の意味はかなり違ったものとして理解されよう。つまり、彼の暴君放伐論は、神が人間の手を通じて暴君の排除を行うことを主張したにすぎないといえる。そのかぎりでジョンは、後の時代に誤解されたような無条件の暴君放伐を唱導する者ではない。むしろ、彼の暴君論における最大の功績は、それまでにない博識でラテン語の古典や聖書における多くの暴君にかんする例話を集成し、暴君のたどるべき結末と暴君殺害の形態を分析し提示したことにある。ジョンは、暴君に対する抵抗として、伝統的な教会の理念に従い、神への祈りの有効性を主張したとはいえ、数多くの暴君の例話を独自の視角で解釈し提示することによって、その後の暴君論の展開に測りしれない影響を与えることになったのである。

三　ジョンと同時代の暴君たち

ところで、ジョンの暴君論の主要な部分が、こうした暴君の歴史的事例の分析であったにせよ、その議論は当然、彼が経験した現実の暴政と何らかの関係をもっていると考えてよいであろう。ジョンがその暴君論を展開するきっかけを与えた同時代の君主はだれかということについて、これまでさまざまな議論がなされてきた。すでにリーベシュッツが明確に指摘したように、『ポリクラティクス』における暴君論の背景には、ジョン自身も直接に経験したであろうスティーヴン王の教会に対する抑圧があったといえる[75]。事実、スティーヴン王は『ポリクラティクス』で、法学者ヴァカリウスのローマ法の教育活動を禁止したことで批判されている[76]。また、『ポリクラティクス』とほぼ同時期に書かれた韻文『エンテティクス』のなかでは、ヒルカヌスという名の王が、教会と民衆に対して暴政を行ったことで批判されているが、それがスティーヴン王を指しているという点で、これまでの研究は一致している[77]。さらに、『エンテティクス』のなかでは、ヒルカヌス王に仕え、教会の自由を抑圧した者として、マンドロゲルスという人物があげられる。マンドロゲルスは、古代ローマ末期に書かれた著者不詳の喜劇『クェロルス』に登場する人物であるが、『ポリクラティクス』でもその名は言及されている。それは、スティーヴン王の取り巻きの重臣をあてこすったものと考えられ、具体的にはレスタ伯ロバート、あるいはルシのリシャールといった人物が比定されている[78]。さらに『エンテティクス』では、ヒルカヌス王の時代、聖職者を迫害した者としてアンティ・パテルという名の者があげられる。この人物がだれを指すのかについてもさまざまな議論がなされているが、一致した解決は見られず、むしろ、この時期に教会を迫害した者が集合的に考えられていると思われる。[79] さらに重要なことは、『エンテティクス』でも『ポリクラティクス』においてと同様に、人間の法の上に立つ、神の法の優位が述べられ、この神の法をないがしろにする者が暴君とされることである。ジョンはそこで、暴君にとり法は無に等しく、暴君は自分の意志が法であるというと語る。[80] ここでいわれることは、この直後に書かれた『ポリクラティクス』における暴君の定義、つまり、力による支配で法を無視し、人々を抑圧する者という定義を予示している。さらに、このほかにも同時代の支配者で、ジョンが暴君と見なした者がいる。『ポリクラティクス』では、スティーヴンの子ユスタスが暴政を行った者とされるほか、[81] イングランド王ウィリアム・ルフスもカンタベリ大司教アンセルムスおよびイングランド教会一般を抑圧した者として言及される。[82]

だがこれ以上に、おそらく、ジョンの暴君論と最も深い関係にある君主は、ヘンリ二世であろう。じっさい、ジョンが暴君論を展開した『ポリクラティクス』自体が、トマス・ベケットを通じてヘンリ二世の統治に影響を与えるべく書かれた書物であり、『ポリクラティクス』の多くの部分でなされる宮廷批判も、当時、宮廷人となっていたベケットに対する教化であるとともに、ヘンリ二世の宮廷全体に対する訓戒であったといえるからである。とくにジョンは、一一五六年秋から一一五七年の復活祭にかけての時期に、ヘンリ二世から不興を被っているが、それと彼の暴君論とのかかわりは無視できない重要性をもつ。[83] なぜならその不興は、ジョンの教会の自由を擁護する言動に起因するとされ、さらに、そうした言動を引き起こしたのは、ヘンリ二世による教会の自由を侵害する行為だと思われるからである。またヘンリ二世は、一一五九年にトゥールーズでの戦役のため、教会に対してのみ過去の慣習に反して、通常の軍役代納金の四倍という額の恣意的な課税を行っている。[84] このことは、ジョンのいう「衡平」の原理に対する侵害であることは明白であり、このようなヘンリ二世の教会への抑圧が、同じ年に書かれた『ポリクラティクス』における暴君論の一つのきっかけとなったと考えられる。つまり、彼の暴君論は、あらゆる暴君の悲惨な結末を強調することで、当時のイングランドの支配者ヘンリ二世への警告にもなっていると考えられよう。(85)さらにその後、ベケットがカンタベリ大司教となりヘンリ二世と対立するようになると、ジョンは明確にその書簡のなかで、ヘンリ二世を暴君と呼ぶようになる。その理由は、ヘンリ二世がクラレンドン法令などにおいて教会の自由を侵害したことにあった。(86)ジョンは、とくに『後期書簡集』で、聖書での登場人物と比較しながら同時代の支配者を論じているが、そのなかで、ヘンリ二世を『ポリクラティクス』で典型的な暴君とされたサウルと比較し、また一方でベケットを『ポリクラティクス』でよき支配者として称賛されたダビデと対比している。(87)さらにまた、他の書簡でジョンは、ベケットをモーセとアロンと比較することで、暗にヘンリ二世をエジプトのファラオと対比する。そしてこの同じ書簡で、ベケットと対立したイングランドの司教たちが、モーゼらに一時的に反対したイスラエルの指導者たちと比較され、さらには、イングランド自体がエジプトに見立てられており、エジプト人がイスラエル人を抑圧したために疫病を被ったように、クラレンドン法令によるイングランド教会の抑圧は、イングランドに災いを引き起こすであろうとジョンはいう。(88)また他に、ヘンリが旧約聖書での暴君アハブと、ベケットがアハブを非難した預言者エリヤと比較される書簡もある。(89)

さらに、ジョンが暴君と見なした支配者として、シチリア王ルッジェーロ二世も忘れてはならない。ジョンは、自身が直接に見聞したことを中心にして、一一四八年から五二年にかけての教皇庁の動向を『教皇史』で描いているが、そのなかでジョンは、ルッジェーロ二世をシチリアにおける教会の抑圧者として批判している。『教皇史』三十二章での記述に従えば、ルッジェーロ二世は「暴君たちの流儀に従って、王国の教会を隷属の状態におき」、廷臣を任命するように高位聖職者を任命していたとされる。(90)またこれ以上に、ジョンが、無条件に暴君と見なした同時代の君主は、フリードリヒ・バルバロッサであった。ジョンは『後期書簡集』のなかで、対立教皇を立てシスマをもたらしたバルバロッサのことを、一貫して「ドイツの暴君（teutonicus tirannus）」と呼ぶ。[91]また同時に、バルバロッサを陰で支えた、ケルン大司教ダッセルのライナルトのことも、暴君的な人物として言及している。こうした支配者とは対照的なのは、ジョンのフランス王ルイ七世に対する態度である。ジョンはルイ七世のことを、書簡のなかで、「最もキリスト教的な君主（christianissimus princeps）」と呼び称賛している。[92]

おわりに

すでに触れたように、ジョンが『ポリクラティクス』で、支配者に対する新しい政治的、および道徳的規範の議論を展開した背景には、十二世紀中葉における世俗国家の進展、王権の強大化という政治構造の激変があった。ベルゲスが明確に指摘したように、ジョンの暴君論は、当時のイングランドやシチリアに見られる、それまでにない強大な王権の出現を抜きにしては考えられない。[93]ジョンが一一五〇年代に、カンタベリ大司教シオボルドに奉職しながら、頻繁にローマ教皇庁に滞在し、両者をつなぐ役割を果たしていたことはよく知られているが、そのような教会政治活動のなか直接に経験し、あるいは伝聞した同時代の強大な権力をもった君主たちの教会に対する抑圧的行為が、彼の暴君論の展開に主要なきっかけを与えたであろうことはほぼ間違いない。そのかぎりで、彼の暴君論を生み出す原因となった同時代の君主は、一人に特定することはできず、スティーヴン王、ヘンリ二世、ルッジェーロ二世といった君主たちが、いわば集合的に彼の暴君論に刺激を与えたといえよう。

ジョンがこのように、自身がおかれた環境から刺激を得て展開したその暴君論は、また、彼の政治社会論全体と共通する一定の論理的特徴をもっていた。それは、知的世界と宮廷世界、自然と社会、国家と個人道徳といった領域を区別せず、人間の生の営みにかかわる事象を、総合的に論じようとする態度である。そうした姿勢は十二世紀の人文主義者に共通するものであるが、それによってジョンの国家論は、一種の道徳哲学、宮廷への倫理的批判としての特徴をもつことになった。彼の暴君論にもまた、こうした彼の思想構造全体との顕著な一致が見られる。なぜなら、すでに見たようにジョンの暴君批判は、生の完全性へいたる道から逸れ、虚栄に向かう人間への道徳的な批判でもあるからである(94)。

このように彼の暴君論は、倫理的な批判の色彩が非常に強く、とくにその暴君放伐論は、現実に適用する政治理論として構想されたものとはいいがたいが、これまでの歴史上の暴君を列挙しそれらに共通する特徴を分析し、よき君主と暴君との違いを具体的に例示した点で、中世ヨーロッパにおける初めての本格的な暴君論であった。それは、十二世紀中葉の時代における古典やローマ法の再生という知的環境の革新と、現実の世界における強大な王権の出現という二つの新しい現象があいまって初めて可能な議論であったといえる。

第三章　『トラヤヌスへの教え』をめぐって

はじめに

よく知られているように、十二世紀前半に北西ヨーロッパではパリやシャルトルなどを中心として、新たに本格的な古典研究がなされるようになった。それが、いわゆる十二世紀ルネサンスと呼ばれる現象であるが、そうした当時の古典研究の深まりを如実に体現している思想家がソールズベリのジョンである。彼は一一三〇年代から四〇年代にかけて、パリとシャルトルで、アベラール、コンシュのギヨームといった当時の代表的な知識人の教えを受けたが、そこで彼は、諸学の基礎となるプラトン、アリストテレス、キケロなどの古典の知識を得るとともに、それらに対する彼の師たちの斬新な注解を学んだ。ジョンはその後、カンタベリ大司教シオボルドのもとに奉職し、教会行政に深く関与するが、そうした職務のなか一一五九年に、彼が遊学時代に学んだ古典の知識をもとにして『ポリクラティクス』を書いている(1)。

この『ポリクラティクス』は、支配者に政治的な訓戒を与える「君主の鑑」として書かれたものだが、そのなかには、国家の構成員と人体の諸器官の比較、また暴君殺害の正当性をめぐる議論、さらにローマ法にもとづく支配者とその権力についての定義などが見られ、それまでの「君主の鑑」にはない、新たな国家や社会一般についての理解が示されている。こうしたジョンの議論は、十二世紀中葉の時代に世俗国家が、いかに積極的な考察の対象となったかを表すとともに、こうした議論のほとんどが、ギリシア、ラテンの古典、ローマ法、聖書、教父の著作などを典拠として語られていることからもわかるように、この時期に、いかに本格的な古典研究が復活したかも見てとれるのである。じっさいこのほかにも、『ポリクラティクス』では、君主のあるべき姿を例示するために、古代の支配者や有徳の人物にかんする多くの例話が、ウェゲティウス、ゲリウスなどの古典から豊富に取り入れられている。その結果この著作は、全体として、古典の知識に満たされた、百科全書的な趣のある作品となっている。(2) ところで、『ポリクラティクス』のなかでの最も重要な議論の一つは、国家と人体との比較であるが、それについてジョンは、プルタルコスの『トラヤヌスへの教え（Institutio Traiani）』という古典にもとづく形で述べている。しかし、それをめぐっては大きな問題がある。というのは、この『トラヤヌスへの教え』なる書物が、プルタルコス自身の著作ではなく、またそれが、『ポリクラティクス』で引用される以外には、まったく存在しない古典だからである。この『トラヤヌスへの教え』にかんしては、それが本当に実在した古典なのか、あるいはジョンがそれを偽作したのかをめぐって、これまでさまざまな議論がなされてきた。そしてそうした議論は、たんなる文献学的な問題を越えて、ジョン自身が、どのような思想的な系譜のなかで、人体の隠喩による国家論を構想したのかという議論ともかかわっている。ここでは、この『トラヤヌスへの教え』をめぐる問題を考えながら、ジョンがいかにして、国家を人体と比較する議論を構築したのか考えてみたい。

一 『トラヤヌスへの教え』とは何か

ジョンが『ポリクラティクス』のなかで、人体の隠喩を用いながら国家のあるべき姿を論じたのは、その五巻と六巻においてである。まず五巻の最初の章で、プルタルコスがトラヤヌスに書いたという書簡が引用される。そこでは、プルタルコスが皇帝となったトラヤヌスのために、その政治の手引きとなる書物、つまり『トラヤヌスへの教え』を書いたこと、そしてそれに従えば、よき政治ができるであろうことが述べられている(3)。さらに次の二章でジョンは、この『トラヤヌスへの教え』を言葉どおりにではなく、その考えを要約するような形で、以下で紹介しようといい、最初に、国家を次のように定義する。「[プルタルコスに従えば] 国家は、神の恩寵の恵みによって生命を与えられ、最高の衡平の命令により動かされ、理性の統制によって支配される、一種の体である」と(4)。

こうした一般的な定義のあと、国家の構成員と人体の諸器官との比較がなされる。まず、宗教にかかわる仕事を行う者が国家の体で魂の位置を占める。そして魂が体全体を導くように、宗教の監督者が国家の体を統括する役目を果たさねばならない。さらに君主が、国家の体で頭の場所を占める。人体において頭が、魂によって支配されるように、君主は神の代理人である者に服さねばならない。次に、心臓の場所を占めるのは元老院である。国家における善悪の端緒は、この元老院から生じるといわれる。また国家の体で、目、耳、舌の職務を果たすのは裁判官と州の長官であり、手に対応するのは役人と戦士である。さらに脇腹に対応するのは、君主に仕える廷臣たちである。国家の体の胃と腸と見なされるのは、財務官と代官である。財務官や代官が貪欲に蓄財するならば、国家全体の体は破滅するといわれる。最後に、足に対応するのが農民である。そして、体全体を支える足が人体にとり非常に重要であるように、農民に対しては支配者による格別の保護が必要とされる。(5)

このような国家の構成員と人体の諸器官との基本的な比較が、『トラヤヌスへの教え』に従う形でまず提示される。さらにそのあとの各章では、個々の構成員についての詳しい議論が続くのだが、そこでもジョンは、しばしば、『トラヤヌスへの教え』を引用する形で議論を展開している。五巻と六巻で、『トラヤヌスへの教え』が明確に言及される箇所としては以下のものがある。まず、支配者の徳について言及する五巻三章の部分である。そこでジョンは、プルタルコスの意見に従って、支配者のもつべき徳として神の崇敬、自己規律、官吏の教育、臣下に対する慈愛と保護という四つのことがらをあげている。(6) またジョンは、続く五巻四章で、同じくプルタルコスに従い、幸運の女神を盲目的に信じないように警告する。この章は、人間がいかにして尊敬を得ることができるかについて論じた部分だが、尊敬の生じうるケースとして、親が子供から受ける尊敬、職務による尊敬、また身分にもとづく尊敬、そして最後に、幸運により受ける尊敬という四つをあげている。それらのうち、予期せぬ幸運によるケースが、いかに人間にとり危険な結末をもたらすかについてジョンは述べ、そうした例として、老年に皇帝となり、すぐに殺害されたローマ皇帝ガルバの例を提示する。(7)

さらにジョンは、五巻七章で、支配者がもたねばならない自己抑制の徳を例示するために、プルタルコスの『トラヤヌスへの教え』とフロンティヌスの『戦略論』から取られたものとして、五つの例話を語っている。それらは、アレクサンドロス大王が冬に遠征したとき生気を失っていた兵士を見て、火に近い自分の席に座らせた話、同じアレクサンドロスが、捕虜とした美しい処女を見ることもせずに婚約者に返した話、同様に、スキピオ・アフリカヌスがスペイン遠征で、捕虜とした高貴な処女を婚約者に返した話などである。(8) また、同じ五巻七章の少しあとの部分でも、プルタルコスが述べる例話から取られたものとして、君主の自制と、物欲から離れた態度にかかわる十三の例話が述べられている。それらは、大カトーが、船の漕ぎ手と同じワインで満足した話、ハンニバルが、軍用マントを覆っただけの土の上に寝ていた話、スキピオ・アエミリアヌスやアレクサンドロス大王が、行軍中、歩きながら食事をした話などである。そして、次の五巻八章の初めでは、このプルタルコスの『戦略論』からの例話を締めくくるものとして、トラヤヌスの偉大さを称える例話があげられている。(9) このようにジョンの議論は、プルタルコスに従うことをしばしば明確にしながら進み、六巻一章では、国家の手についての議論が、『トラヤヌスへの教え』にもとづきながら詳しくなされている。それによれば、国家の体の手のうち、片方の手は武器をもち、もう一方の手は武器をもたないとされる。武器をもった手は、国家のために戦闘を行う者にあたり、武器をもたない手は、平和時に正義と法を維持する官吏に対応する。武器をもった手である戦士は、国家の体の敵に対してのみ、その武器を用いることが許され、人々から略奪を行うことは禁じられる。また、武器をもたない手である官吏には、とくにその職務の遂行のさい、賄賂を受け取らないようにと戒められる。(10)

さらにジョンは、六巻二十一章で『トラヤヌスへの教え』が語ることとして、人体のほかに蜜蜂の社会も、国家の理想的構成にとってよき範例となることをあげる。そしてその例証として、ウェルギリウスの『農耕詩』における、有名な蜜蜂の社会生活を描いた章を引用する。(11) こうして議論は進み、六巻の最後に近い二十五章で、ジョンは次のようにいう。支配者による下層身分に対する配慮が、いかに国家にとり重要であるかを知ろうとすれば、『トラヤヌスへの教え』をもう一度詳しく読め、と。(12)

このようにジョンは、自身の有機体的な国家論を『トラヤヌスへの教え』に従う形で論じているが、『トラヤヌスへの教え』という古典は、『ポリクラティクス』のなかでと、ペトラルカのような『ポリクラティクス』からその存在を知った作家の著作における以外まったく知られていない[13]。その結果、これがいつ、だれによって書かれたのかという問題がこれまで論じられてきた。これにかんしては、まず、十八世紀にプルタルコスの『道徳論集』を校訂したヴィッテンバッハが、それが、プルタルコスの著作のギリシア語で書かれた詞華集のラテン語訳であると推測した。しかしその後、ソールズベリのジョンの研究者の間で支配的になった見解は、それが、プルタルコスの名を騙って、ローマ帝国末期にラテン語で書かれた著作であるというものである[14]。

だが一方で『トラヤヌスへの教え』は、ジョン自身による偽作だという説もある。それによれば、ジョンは、現実には存在しないプルタルコスの『トラヤヌスの教え』なる書物が実在するかのように装い、そうした古典の権威のもとで、支配者や国家の構成員のあるべき姿について、自説を展開したとされる。これは、『ポリクラティクス』の文献学的な研究が進むなか、現在、かなり説得力の高い議論と見なされるようになってきている。

二 『トラヤヌスへの教え』のジョンによる偽作説

『トラヤヌスの教え』の偽作説を最初に明確に提示したのは、かつて、ソールズベリのジョン研究の第一人者だったリーベシュュッツである。彼によれば、ジョンは、『ポリクラティクス』で政治的議論を展開するにあたって、それをみずからの意見として述べれば、周囲の者からのさまざまな敵意を引き起こすことをよく承知しており、そえゆえに、有名な古典作家の名を借り、その著作に注釈を加えるという形で、自身の意見を表明したとされる。じっさい確かに、ジョンは、国家の手である戦士の職務といったデリケートな問題について詳しく論じるところで、とくに、その議論が『トラヤヌスへの教え』にもとづいていることを明確にしている。そのことは、ジョンが、危険なテーマについての自説を、古典作家の説と偽って述べたという議論に整合するものであろう[15]。また、ジョンは『ポリクラティクス』の第一巻の序文で、自身が引用する著作が実在しないものではないかと疑う者は、キケロが『スキピオの夢』で、自身のプラトン的な観念を、スキピオ・アフリカヌスに語らせる形で述べたことを思い起こせといっている。リーベシュッツによれば、この部分が示唆するように、ジョンは、キケロの『スキピオの夢』をまね、プルタルコスの口を借りて自身の主張を展開したとされる[16]。

また、なぜこれが、トラヤヌスに対する訓戒でなければならないか、という点も重要である。じっさいトラヤヌスは、異教を奉じたローマ皇帝でありながら、中世キリスト教世界で、理想的な支配者として称賛された。なぜなら中世ヨーロッパでは、ローマ後期の歴史家の著作を通じて、トラヤヌスが、その教養と道徳的な振る舞い、そして軍事的成功の点で傑出した人物であることがよく知られていたからである。とくに中世になると、ヨーロッパ世界では、トラヤヌスと教皇グレゴリウス一世とが結びつけられた逸話が出現する。もともとトラヤヌスについては、その人徳を示す次のような有名な逸話があった。それは、トラヤヌスが戦いに出発しようとしていたとき、ある女性が彼の足をつかみ、涙を流しながら、不当に息子を殺されたことを訴えたのに対して、トラヤヌスは馬から降り、行軍を遅らせてまで、その事件の解決を図ったという話である。九世紀終わりから出現する逸話では、この話をグレゴリウス一世が聞いて涙を流し、それが神に伝わり、トラヤヌスは地獄から解放されたというように変えられている[17]。この逸話は、『ポリクラティクス』のなかでもそのまま引用されているが、こうしてトラヤヌスは、異教の君主でありながら、その像がキリスト教の枠に合うよう変えられ、中世における支配者の模範とされたといってよい。いわば、こうした伝統のなかでジョンは、トラヤヌスをその偽作した古典の中心にすえたとされる[18]。

さらに偽作論を支える論拠として、より文献学的なものがある。すでに触れたように、『ポリクラティクス』の五巻七章でジョンは、君主の自己抑制の徳を示すために五つの例話をあげ、それらを『トラヤヌスへの教え』とフロンティヌスの『戦略論』から取ったと語っている。だがこの五つの例話は、じっさいすべてがフロンティヌスの『戦略論』の第四巻に見出されるものである。さらに、同じく五巻七章の続く部分で、プルタルコスの『戦略論』から取られたものとしてあげる例話も、出典はプルタルコス以外の古典であり、そのうちほぼすべての例話が、フロンティヌス『戦略論』第四巻の「節度」の章から取られている。[19] こうして、『トラヤヌスへの教え』に関係づけられた例話がすべて、フロンティヌスの『戦略論』のような他の古典から取られていることから、『トラヤヌスへの教え』という独立した文献の存在は疑わしいという結論が導かれる。[20] こうしたリーベシュッツの主張は、その後ラテン語文献学者ジャネット・マーティンにより強化された。彼女は、『ポリクラティクス』におけるフロンティヌスからの引用を丹念に調べ、ジョンが『トラヤヌスの教え』の内容として語った例話の出典となったフロンティヌスの『戦略論』について、ジョンがどの写本を用いたかまで特定している。[21]

さらに、偽作説を強化する立場からの重要な論点としては、ジョンが古典にもとづく例話を引用するにさいして、そうした例話の内実をかなり自由に改変していたという、ペーター・フォン・モースの指摘がある。[22]『ポリクラティクス』のなかでジョンは、古典の例話を引き合いに出して議論を展開するさい、そこで語られている古代の人物の実在性や史実の実証性といったことがらには、あまり関心を示していない。むしろ彼にとっては、そうした例話が、古代の権威ある著作家に由来することが重要なのであり、彼は、それらを自身の議論を説得的にするために用いたといってよい。じっさい彼は、『ポリクラティクス』の序で、目的のために必要であれば、この著作のなかで虚偽の内容も語ったことを率直に認めている。[23] そして、彼の提示する例話のなかには、現実に恣意的な改変がかなり見出されるのである。

たとえば、『ポリクラティクス』の三巻十四章で、アレクサンドロス大王に捕らえられた海賊の例話があげられる。これは、アレクサンドロスに捕らえられた海賊が、この王に対して、自分とアレクサンドロスとは行っていることは本質的に同じであり、アレクサンドロスは大きな艦隊を率いるがゆえに皇帝と呼ばれ、自分は、一艘の船のみを用いるがゆえに海賊と呼ばれると語ったという話である。この話は、もともとキケロの『国家について』で語られ、アウグスティヌスの『神の国』でも引用されるものだが、そうした原典では、この海賊の名はとくにあげられていない。だがジョンは、この海賊にディオニデスという名を与えている。[24] 同様の例は、五巻十章でも見出される。そこでは、美しく貞潔で高貴な生まれの妻を離婚した男の例話があげられているが、その典拠であるヒエロニムスの著作では、この男について、ある高貴なローマ人としかいわれていないのに、ジョンはこの人物に、プブリウス・キネウス・グレキヌスと恣意的な名前を与えている。[25] こうした、ジョンによる古典の例話の改変、とくに史的な人名についての無頓着、あるいは捏造といった事例は、記憶違いといったことがらではなく、むしろ、彼の古典の例話に対する態度自体によるものといってよい。というのは『ポリクラティクス』五巻十章で、ピタゴラスの例話が提示される部分で、ジョンは、この主人公がピタゴラスであろうがプロタゴラスであろうが、その例話の主人公はどうでもよく、その例話が教えることが問題なのだと明確に語っているからである。[26]

こうした例からもわかるように、ジョンがこれまで考えられていたほど、古典を正確に引用してはいないという事実が明らかになりつつある。じっさい彼自身、例話の史実にはあまり関心をもっておらず、それを議論の論証の道具としてもっぱら見ており、その結果、その内容を自由に改変に何のためらいを感じていなかったのであろう。このような彼の古典に対する態度からも、彼が自身の国家論を展開するために、『トラヤヌスへの教え』

を偽作した可能性は非常に高いといえる[27]。

三　『トラヤヌスへの教え』の実在説

一方、長らく一般に受け入れられ、現在でもなお完全に否定されていないのが、『トラヤヌスの教え』が、現実に存在した古典だとする説である。『トラヤヌスへの教え』が実在するとすれば、それがいつ、いかなるかたちで書かれたものかという問題について、これまでさまざまな推測がなされてきた。そうしたなか、この問題について、初めて本格的な考察を行ったのは、イタリア人古典学者デシデーリであった。デシデーリは、『トラヤヌスへの教え』の国家と人体の比較の部分に現れる、「代官（commentariensis）」のような特殊な官職名から、『トラヤヌスへの教え』がローマ帝国末期、それもコンスタンティヌス帝以降、四世紀から五世紀にかけての時期に書かれたものと推定する。また、ジョンが『ポリクラティクス』の五巻七章で、『トラヤヌスへの教え』から取られた例話としてあげるもののなかには、フロンティヌス『戦略論』の第四巻から取られたものがあるが[28]、じっさいにはフロンティヌス『戦略論』の第四巻は、フロンティヌス以外の者が、四世紀から五世紀にかけての時期に、『戦略論』に書き足した部分であると一般に認められている。このことからも、『トラヤヌスへの教え』が、『戦略論』の第四巻が書かれたあとのローマ期、つまり四世紀から五世紀に書かれたものであろうと、デシデーリは推定するのである[29]。

しかし一方で、『トラヤヌスの教え』のなかには、明らかに中世になってから現れる観念も交じっている。それは、頭としての支配者が魂である教会に服するという、教権の俗権に対する優位の表現である。そうした点からデシデーリは、古代末期に書かれた『トラヤヌスへの教え』が、おそらく「君主の鑑」が族生したカロリング期にキリスト教的に再構成され、それをジョンが『ポリクラティクス』で、翻案しながら使用したのではないかという考えを述べている。(30)

こうした実在論の立場は、さらに、ドイツ人の研究者ケルナーによって受け継がれ、根本的に再検討された。ケルナーは、『トラヤヌスへの教え』をめぐっては不可解な点が多いことから、偽作論の可能性も十分に認めてはいるが、なおそれ以上に、実在した可能性が高いことを次のような点から指摘している。彼が提示する論点は、あくまでも状況証拠的なものだが、一つは、ジョンの知的、倫理的な誠実さにかかわるものである。すでに見たように、ジョンは『ポリクラティクス』の六巻二十五章で、国家における服従する身分への配慮についてよく知るためには、「もう一度よく、上で言及した『トラヤヌスへの教え』を読め、そうすれば、これらのことがらが、一般的に論じられているのを見出すであろう」と語る。この文章についてケルナーは、『ポリクラティクス』で想定される第一の読者が、トマス・ベケットやセルのペトルスのような深い古典的教養の持ち主だけに、じっさいに存在しない古典についてもう一度よく読めと語るのは到底ありえないとする。(31) こうした見方は、ジョンが『スキピオの夢』を書いたキケロを模倣し、プルタルコスの名を騙って偽作したとする考えとまさに対照的な議論である。ケルナーのいうように、ジョンは、存在しない古典を捏造するようなことをしない、知的に誠実な人物だったのか、あるいは、リーベシュッツのいうように、みずからを新しいキケロになぞらえ、偽古典的な作品を作りだしたのか、まさにここで、ジョンの人格自体が問題となっているといってもよい。さらに、この問題については、十二世紀の知識人が、近代人のような原典引用に対する厳格さや、偽作に対する罪悪感を、どの程度持ち合わせていたのかという難問もつきまとう。(32)

さらに、もう一つケルナーのあげる論点がある。もしジョンが『トラヤヌスへの教え』を偽作したとすれば、なぜ、中世ではほとんど知られていなかったプルタルコスを、その著者にしたのかという問題である。西欧中世のほとんどの著作家は、その著作でプルタルコスをまったく引用しておらず、まさに唯一の例外といってよいのが、『ポリクラティクス』での『トラヤヌスへの教え』の引用である。ジョン自身は、ゲリウスなどを通じてプルタルコスの名を知っていたものの、かりにジョンが、古典の権威を借りて自説を展開しようとしたとすれば、なぜ、もっとよく知られた古典作家の名を使わなかったのかという疑問は残る(33)。

いずれにせよ、古代末期に『トラヤヌスへの教え』の核となる部分が書かれ、その上で中世に入ってから、それがキリスト教的に全体が再編集されたという点で、ほぼ実在論者の意見は一致している。そしてさらに、この立場に立つ者は、ジョンが、そうした原本を参照しつつ、コンシュのギヨームらから学んだ有機体比較の議論を織り交ぜて、その大掛かりな国家と人体の比較を展開したと考えるのである(34)。

四　ジョンにおける有機体論の起源

『トラヤヌスへの教え』が実在したのか、それともジョンによる偽作かという問題は、ジョンがその有機体比較の議論を、どのような思想的系譜のなかで構想したのかという問題と深くかかわっている。じっさい、国家のあるべき調和を人体の隠喩によって示そうとする議論は、すでにプラトン、アリストテレスといった古代の思想家において見出される。さらにこうした有機体論の伝統は、ローマ期のストア派の思想にも受け継がれ、さらには使徒パウロの教会論にも大きな影響を与えた。パウロは、『コリントの信徒への手紙㈠』（十二：二十七）などで述べているように、信徒の共同体を、キリストの体に比較して語っている。その観念が、その後の中世において、教皇を頂点とした、教会の階層秩序的で有機的な団体構成を理論的に正当化する思想を生み出していったことはよく知られている。[35] 一方、こうした教会における有機体論の流れとは別に、古代以来の有機体比較の伝統は、十二世紀になって新たな展開を見た。それは、コンシュのギヨームやベルナルドゥス・シルヴェストリスといったいわゆるシャルトル学派の知識人たちが、カルキディウスの『プラトン「ティマイオス」注釈』やマクロビウスの『キケロ「スキピオの夢」注釈』などの新プラトン主義的文献を読み解くことによって提示したものである。彼らは、宇宙（マクロコスモス）や人体（ミクロコスモス）といった、神の意図に従って創造された自然の制作物のうちに、国家が模倣すべき調和の原理を見出し、国家の構成を宇宙や人体の構成と比較した。たとえば、コンシュのギヨームは、マクロビウスの『キケロ「スキピオの夢」注釈』への注釈で、次のような比較を行っている。それは、国家の体の頭が元老院議員、手と心臓が戦士、腎臓が商人や手工業者、足が農民というものである。ここで農民を国家の足とする比較は、それ以前の有機体比較の議論にはなく、この時代のシャルトル学派において、コンシュのギヨームらの有機体比較で初めて現れる観念である。そしてギヨームに師事したジョンは、こうした議論をよく知っていたに違いない。[36]

事実、『ポリクラティクス』全体を見ると、コンシュのギヨームやベルナルドゥス・シルヴェストリスらが共通にもっていた観念、つまり自然の制作物のうちに、神的な調和の原理を見ようとする理念が、深く浸透しているのがわかる。ジョンは、『ポリクラティクス』のなかで、市民生活が、「最高の生の指導者たる自然」を模倣するとき、最もうまく行くと語る。そしてその模倣すべき自然とは、第一に人体であり、またあるいは、驚くべき社会生活を営む蜜蜂といったものである。こうした自然の模倣という、シャルトル学派に由来する観念が、彼の

『トラヤヌスへの教え』での有機体比較においても、基底的な原理となっている。[37]また一方でこの時期、教会改革派の聖職者が、教権の俗権に対する優位を人体との比較で好んで語るようになっていた。たとえば、十一世紀後半に活躍した改革派の枢機卿シルヴァ・カンディダのフンベルトゥスによれば、信徒の共同体において、聖職者は魂の位置を占め、頭である支配者や四肢にあたる被支配者を導く役割を果たすと述べている。こうした魂と肉体の隠喩で、教権の俗権に対する優位を導く議論は、また、ジョンの遊学時代の師ロベルトゥス・プルスの『命題集』にも見出される。そこからリーベシュッツは、ジョンが、ロベルトゥス・プルスにおける魂と肉体の隠喩に刺激を受け、自身の有機体比較を構想したと推定した。[38]現にジョンも、魂である聖職者の俗人に対する優位について語っている。しかし、彼の有機体論の重心は、世俗国家の調和的構成の方に移っており、ジョンの議論には、改革派の教会が主張したような、教権主義的な色彩はあまりない。むしろ彼の議論では、教会は、社会全体にとっての一種の道徳的な権威として位置づけられているといってよい。ジョンは、この時期に流布した、魂の肉体に対する優位の議論から影響を受けていることは確かだが、彼の有機体比較の本質的要素は、むしろシャルトル学派の観念に由来するものである。[39]

こう考えてくると、『トラヤヌスへの教え』がなかったとしても、ジョンが、国家と人体の比較の議論を展開することは可能であったということができる。ただし、ジョンへの影響が想定されるコンシュのギヨームらの有機体比較が、ジョンのそれに比べると単純なものであり、両者の間にはかなりの相違がある。当然、ジョンが、その大掛かりな有機体比較を何の典拠もなしに展開しえたと考えることには十分疑問が残る。その点で、偽作説の可能性の高さを認めながらも、実在説も完全に否定することはできないだろう。

おわりに

『トラヤヌスへの教え』をめぐる問題は、ジョンの有機体論の由来という問題を越えて、さらに、中世の知識人が、みずからの思想をいかにして表明したかという問題にもつながっている。『ポリクラティクス』のみならず、中世の「君主の鑑」や諸身分への訓戒を目的とした書物は、一般的に、その内容の多くの部分において、異教とキリスト教の古典の引用、あるいはそれへの注釈で成り立っているといってよい。従って、その著者の思想の新しさは、引用する古典の取捨選択と、注釈による古典の思想の解説のなかにある。換言すれば、中世における思想の変革とは、いかなる古典の観念を重要なものとして再発見するか、また注釈のなかで、いかに同時代の状況に合うように原典を翻案するのかにかかっている。ジョンが、『トラヤヌスへの教え』に従ってその有機体論を展開したやり方は、まさに中世の著作家の慣例に即するものであった。しかしまた、それは、著者の自由な意見の表明を制約するものであり、そこから、みずからの独創的な意見をいおうとする場合、有名な古典作家の名を騙るという事態も起こりうる。ゆえにジョンが、遊学中に学んだ有機体論をさらに展開しようとして『トラヤヌスへの教え』を偽作した可能性はかなり高いのである。さらに、すでに見たように、これまでの文献学的な成果に従えば、『トラヤヌスへの教え』として述べられている内容のなかに、フロンティヌスなどの古典から取られたものが多く見出されることからも、『トラヤヌスへの教え』の偽作説は、かなり説得力のあるものとなっている。

そして、さらに今後、こうした文献学的な研究が進めば、ジョンの思想内容のうち、これまでその思想的典拠が明確に特定できなかったものについても、その系譜が、かなり具体的に明らかになろう。じっさい、ジョンの活動が非常に広範囲だったため、『ポリクラティクス』で表明されている思想内容にかんしては、彼のパリとシャルトルで得た知識以外に、いくつかの重要な系譜関係が示唆されている。そのなかの一つで、これまで十分に探求されたとはいえないものが、ジョンの詳細な法の知識の由来である。彼は、ローマ法や教会法の知識を、カンタベリで出会った法学者ヴァカリウスを通じて得たのみならず、また、教皇庁滞在中に何らかの形で獲得したと推定されている。当時流布していた『法学提要』の注釈のなかには、国家の構成員と人体の諸器官を比較する部分が見られるが、ジョンが、そこから何らかの影響を受けたであろうことも考えられる。また、『トラヤヌスへの教え』自体についても、ケルナーは、それが、ローマ法の議論をよく知った者の周囲で書かれた著作である可能性を示唆している(40)。

いずれにせよ、現在は偽作説が、文献学的な成果により、論争に勝利しつつあるかに見える。しかし一方で、将来、どこかの修道院の図書室のなかからでも、『トラヤヌスへの教え』なる著作の断片が発見される可能性も完全には否定できない。もし『トラヤヌスへの教え』が見つかったとなれば、それによって、偽作説は完全に覆されることになろう。そして、そのときに初めて、ケルナーが主張するようなジョンの「知的な誠実さ」も証明されるのである。しかし、多くの謎に満ちた『トラヤヌスへの教え』の真偽については、今のところ決定的な解答は与えられていない。

（付録）

偽プルタルコス『トラヤヌスへの教え』抄訳

以下は、ソールズベリのジョンが『ポリクラティクス』のなかで、プルタルコスが書いた『トラヤヌスへの教え』に従って論述する主要箇所の翻訳である。前後の文章を訳していないので、全体の文意がわかりにくいものもあるが、以下の文章を読めば、ジョンが『トラヤヌスへの教え』にもとづいて論述していることがらの概略が理解できるであろう。

一　『ポリクラティクス』五巻一章

「トラヤヌスへの教えのために書かれた、プルタルコスの書簡が残っている。それは、ある種の政治的制度の意味を説明している。それには、次のようにいわれている。『プルタルコスがトラヤヌスへ挨拶を送る。私は、あなたが節度によって、君主の地位を強くは求めなかったこと、しかし、あなたがつねに、生活を正しくして、それにふさわしくあろうとしたことを知っている。あなたが野心の罪から離れているように見えれば、それだけ威厳ある者と見なされる。そのようにあなたが、自身にふさわしいこの職務を正しく遂行すれば、あなたの徳と私のよき運命を私は喜ぶだろう。だが、そうでなければ、ローマは皇帝の怠惰を許さず世論は弟子の誤りを教師に帰するので、あなたは危険にさらされ、私が批判者の悪口にさらされることは疑いない。すなわちセネカは、自身の生徒ネロのゆえに、批判者の悪口に捕らえられ、クィンティリアヌスの若い弟子たちの傲慢さは、彼のせいにされた。ソクラテスは、彼の弟子に対して寛大すぎたと非難された。ゆえにあなたが自分に対して誠実であれば、あなたは何についてであれ、最も正しくなすことができる。あなたがまず、身を正し、自身にかんするすべてのことを、徳に従い行えば、あなたにとりすべてがうまく行くだろう。私はあなたのために、祖先たちの政治制度の特徴について書いた。もしそれに従えば、あなたはプルタルコスを、あなたの人生の導き手にするであろう。もしそうしなければ、帝国の災厄のさいには、あなたがプルタルコスを導き手としなかったことが、この書簡により公になろう(1)』。」

二　『ポリクラティクス』五巻二章

「［書簡に］続いて、『トラヤヌスへの教え』と題された書物での政治制度にかんする章がある。私は、それを部分的にこの著書に挿入するようにした。それも言葉どおりにではなく、その考えの概略に沿ってである。第一に君主は、自身がその代表である国家の体全体において、何を勤勉になすべきかを、自身考えるべきである。プルタルコスに従えば、国家は、神の恩寵により生命を与えられ、最高の衡平の命令によって動かされ、理性の統制により支配される一種の人体である。そして、我々の間で信仰の仕事を引き受けて組織し、神の――プルタルコスのように「神々の」とは私はいわない――神聖な儀式を伝える者が、国家の身体のなかで魂の力をもつ。じっさい、信仰の仕事を統括する者を体の魂のように敬い、尊敬するのは当然のことである。聖なるものの奉仕者が神自身の代理者であることを、だれが疑うであろうか。そして、魂が全体の身体の指揮権をもつように、彼［プルタルコス］が宗教の監督者と呼ぶ者たちは、全体の身体を統括する。ゆえに皇帝アウグストゥスは、聖なる司祭たちに服していたが誰にも服さなくてもよくなるように、自身が最高の司祭となり、しばらくして、その存命中に神々に加えられた。また君主は、国家において頭の場所を占め、頭が身体において魂によって活力を与えられ、支配されるように、唯一の神とその役目を地上で行う者に服する。さらに、心臓の場所を元老院が占め、そこから善悪の行為の端緒が生じる。目、耳、舌の職務は、裁判官と州の長官が引き受ける。官吏と軍人は手に対応する。つねに君主のそばに仕える者は、脇腹にたとえられる。財務官と代官――刑務所長ではなく、私的な財産の管理者を意味する――は、胃と腸の似姿を表す。もし彼らが、法外な貪欲により蓄財し、蓄財したものをしっかりと手放さないならば、彼らは、数多くの治癒できない病気を生み出し、その結果、彼らの悪徳により、全体の身体の破滅が差し迫る。また、土にずっと密着している足には、農民が対応する。足が体の指示で大地を進むとき、多くの障害を見出すので、それだけ、足にとり頭の洞察が必要である。また、全体の身体の基礎を築き、支え、拡大する足に対しての保護の決定は、正しく当然のことである。強靱な肉体から足の助けを取り去ってみよ。そうなれば、自分の力によっては進まず、不面目に、不都合に、そして苦労して、手によって這うか、あるいは理性のない動物の助けで動かされるだろう(2)。」

三　『ポリクラティクス』五巻三章

「要するに、彼［プルタルコス］が国家の支配者に教えようと欲する四つのことがらがある。それは、神の崇敬、自己の紀律、官吏や権力者への教育、臣下への愛情と保護である。彼は第一に、神を敬い、自己を陶冶し、使徒パウロがいうのに従い――彼は使徒パウロを理解しなかったが――、個々人が自身の身体の器を聖性と名誉をもって所有すべきことを求めた。さらに、全体の家の紀律がその長の教えを反映し、さらに上に立つ者と臣下の共同体が、頭である支配者が健全であることに喜びを見出すように求めた。彼はまた、有名な人々の戦略、計略の例を引用しているが、もしそれらを個別に挿入すれば、読者には退屈になろうし、それらは部分的に、我々の誠実なる信仰から逸脱するものとなろう。(3)」

四　『ポリクラティクス』五巻七章

「プルタルコスの『トラヤヌスへの教え』とユリウス・フロンティヌスの『戦略論』において先例がある。(4)」

五　『ポリクラティクス』五巻七章

「私は、プルタルコスのいくつかの例話を語ることを約束したからには、自己抑制と、所有の軽蔑について、何をいうべきだろうか。たとえば大カトーは、船の漕ぎ手と同じ葡萄酒で満足したことが伝えられている。(5)」

六　『ポリクラティクス』五巻八章

「プルタルコスの例話のなかで、トラヤヌスについていわれるように、彼は剛勇と礼節とを持ち合わせており、その結果、彼は、アウグストゥス以降、輝かしい増大よりも防衛に徹していたローマ帝国の領土を、遠方まで広範に拡大した。(6)」

七　『ポリクラティクス』五巻九章

「著者プルタルコスによれば、元老院が心臓の位置を占める。元老院は、古代の人々が認めるように、官職名であり、年齢の特徴をもっている。つまり元老院は、老年からそういわれる。アテナイ人たちは、それをアリオパグスと呼んだ。それは彼らのなかに、全民衆の徳が存するからである。彼らによって、多くの卓越した物事が考案されたので、元老院よりも健全で名誉あるものは作られなかった。退役して、野蛮な職務から助言と統治の職務へと移った老人の団体よりも高貴なものがあろうか(7)。」

八　『ポリクラティクス』六巻序

「私が『トラヤヌスへの教え』でのプルタルコスの思考に忠実に従うとすれば、私が始めたことを真剣に行わないかぎり、私は、このたとえ［この直前に引用されるホラティウス『詩論』におけるへたな職人のたとえ話］にふさわしい者となり、皆に嘲笑されるだろう。私はここで、彼に従う者であることを公言する。ゆえに私は彼に従い、彼とともに、国家の頭から足へと下るであろう。しかしこの部分で、法の知識がない人々にとっては、私が辛辣であるように見えるだろう。その責任は私にではなく、プルタルコスに帰されるか、あるいはそれ以上に、生活において従うべき規則を知ろうとしなかった者たちに帰されるべきである(8)。」

九　『ポリクラティクス』六巻一章

「国家の手は、武器をもっているかそうでないかである。武器をもった手は、戦いや流血の軍務をなすものである。武器をもっていない手は正義を執行し、武器で人を殺す代わりに、法への奉仕を行う。すなわち、兜や鎧で守られ、敵に対し剣を振るい、さまざまな武器で戦う者のみが国家のために戦っているのではなく、信頼されるすばらしい言葉の助けで、破滅した者を引き上げ、疲弊した者を回復させる訴訟の弁護人もそうなのである。

そうした人々も、武器を使って、生活、希望、子孫を敵から守る人々と同じく、人間に奉仕するのである。また公的な官吏も、あらゆる法にかんする役人も、戦いを行うといえる。つまり一つは平和の職務で、もう一つは戦争の職務であり、それぞれがそれぞれを行う必要がある。武装した手は、敵に対して使われるが、武装していない手は、市民に対して延ばされる。両者ともに規律が必要である。というのは両方とも、悪徳への傾向をもつからである。さらに、手の使い方は、自身の頭を反映する。なぜなら、［聖書の］『箴言』がいうように、邪悪な王は、悪しきしもべをもち、国家の支配者のように住民たちもなるからである。ペリデス［アテネの政治家ペリクレスのこと］は、仲間のソフォクレスを非難しながら、司法官が自己抑制できる手と目をもつべきだといった。上に立つ者の自己抑制は、手にあたる者が強奪や不正から自己抑制し、自分のものと他人のものを保護するとき、称賛に値するものとなる。

武器をもった手と武器をもたない手という、二つの戦いの手は、君主自身の手である。彼が両者を抑制できなければ、彼は自己抑制しているとはいえない。武器をもった手が強奪や略奪をしないよう勧告されているように、武器をもたない手は、贈り物から離れているように厳しく統制されている。しかし合法的な処罰が誰かに課され、法が命じ認めたために、取り立てられ受け取られるのであれば、そのことで処罰されたり非難されたりはしない。これが何であれ、取り立てとは呼ばれない。またそれは、官吏が受け取ってはならない贈り物とも見なされない。(9)」

十 『ポリクラティクス』六巻十九章

「騎士となることを望んだ者が、その技芸を学び、実践と訓練で習熟し、騎士に選ばれ、誓約により軍務へと入れば、国家にとっても自身にとっても、有益に生きることができよう。そうすれば、プルタルコスがいうように、その者は不具の手にならない。そしてこれらの言葉が、彼が『トラヤヌスへの教え』で、手から足へと考察して行くときに、最後に語られることである。ゆえに彼に従い、彼自身がいうように、足のために靴を作り、足が、石や頻繁に遭遇する他の障害で傷つかないように配慮すべきだ。(10)」

十一　『ポリクラティクス』六巻二十章

「プルタルコスは、下の階層、つまり多くの者にとり好都合なことが、すべてのことがらにおいてなされるべきだという。(11)」

十二　『ポリクラティクス』六巻二十一章

「プルタルコスがトラヤヌスに、蜜蜂から市民生活の範例を借用するように教えたとき、彼はそれを、詩人のなかで最も学識あるマロ［ウェルギリウス］に従って述べた。マロは、小さなものの驚くべき光景を詠う。(12)」

十三　『ポリクラティクス』六巻二十五章

「ソクラテスが政治的なことがらを教示し、そして彼が、自然の泉のごとき純粋な知恵にもとづく法令を作ったことが、書物から知られる。そしてとくに強調されたことは、国家における下層の者が、高い地位にある者から、その義務として、大きな配慮を受けるべきだということである。もう一度よく、上で言及した『トラヤヌスへの教え』を精読すれば、そこでこれらのことが詳細に書かれているのを、あなたは見出すだろう。(13)」

十四　『ポリクラティクス』七巻十七章

「しかし『トラヤヌスの教え』に由来することは、上で語られたことで十分であろう。[14]」

十五　『ポリクラティクス』八巻十七章

「どこに君主と暴君の違いがあるか、君主の義務とは何か、国家の四肢とは何かについて、著者プルタルコスにより『トラヤヌスの教え』で語られたことは、上で詳細に提示された。[15]」

第四章　中世盛期の「君主の鑑」における徳と政治

はじめに

中世ヨーロッパの政治社会論を考える上で、「君主の鑑」という著作群が果たした役割については、これまで十分な検討がなされてきたとはいいがたい。「君主の鑑」とは、君主や、国家の統治に関与するすべての者に対して、政治的および道徳的な見地から種々の訓戒、教示を与えるために書かれた著作である。これらの著作は、中世ヨーロッパだけでなく、政治倫理を一定の道徳的な見地から論じようとする傾向の強い前近代の世界において広く見出すことができる(1)。

古代から近世にいたるまで連綿とたどることができる「君主の鑑」の伝統のなかで、中世ヨーロッパの「君主の鑑」に共通する特徴は次のような点である。まず第一に、俗権と教権が明確に区別され、その上で俗権に対する教権の優位が主張されることである。さらに、君主に要求される徳の議論が、その内容の大きな部分を占めることである。初期中世の「君主の鑑」では、キリスト教における七つの徳と悪徳の観念が簡単に述べられるだけで、徳にかんする詳細な議論はまだないが、中世盛期以降には、キケロ、セネカなどのラテン語古典にもとづき、「君主の鑑」のなかで複雑な徳と悪徳の体系が論じられるようになる。そして徳の議論と密接に結びついた形で、君主の理想像が包括的に論じられる(2)。

ここではまず、中世ヨーロッパにおける「君主の鑑」の系譜を初期中世から中世後期までたどり、その内容を概観する。そして盛期中世の時期、とくに初期スコラ学期――すなわち、アリストテレスの『政治学』が受容される以前の十二世紀後半から十三世紀前半の時期――に書かれた「君主の鑑」に焦点をしぼり、そのなかからソールズベリのジョン、ウェールズのジェラルド、ヴィテルボのヨハネスの著作を選んで、そこで展開される君主と徳の議論を考察しつつ、そのなかで表明される王権の理念を探っていきたい。

一　西欧中世における「君主の鑑」の系譜

君主の偉大な業績を記述してその徳を褒め称える形式の、いわば讃辞文学的な古代の「君主の鑑」に対して、初期中世の「君主の鑑」は、それとは明確にことなる特徴をもつ。カロリング期に数多く書かれた「君主の鑑」の議論の基本的な前提は、アウグスティヌスの『神の国』で描かれた君主理念であった。アウグスティヌスは君主について述べながら、「幸福な皇帝（imperator felix）」、「正しき王（rex iustus）」を、「不正な王（rex inius-tus）」、「暴君（tyrannus）」と対比させる。「不正な王」、「暴君」の特徴は、「高慢（superbia）」であり、それによって自己愛、不公平、不正、不服従といったさまざまな悪徳が生まれる。さらに彼らに共通する特徴として、「貪欲（cupiditas）」、「名誉欲（libido gloriandi）」もあげられる。一方、「神の国」の導き手となるのは「幸福な皇帝」、「正しき王」であり、彼にとり不可欠な徳は「謙譲（humilitas）」と、神の意志への服従である。そして彼の義務は、平和を確立し、正義を十分に配慮し実行することである。すなわち「正義」と「謙譲」の徳によっ

て、国王ならびに臣下を永遠の福利へと導くのが「幸福な皇帝」、「正しき王」である。(3)

このような君主理念は、六世紀初めの教皇グレゴリウス一世の『モラリア』においても表明された。彼はアウグスティヌスと同様に、君主の徳として「謙譲」を強調し、さらに、君主は宗教的なことがらに造詣が深く、修道士的な資質をもつべきことをいう。(4) このようなアウグスティヌス的な君主理念にもとづいた「君主の鑑」の嚆矢とされるのは、七世紀に書かれた偽キプリアヌス（キプリアヌスに帰せられているが作者不詳）の『十二の世俗の悪について』である。そこでは「徳のない支配者（dominus sine virtute）」、「悪しき王（rex iniquus）」といった表題のところで、君主のあるべき姿がアウグスティヌス的な君主理念に従い論じられている。(5)

このような前提にもとづきながら、カロリング朝に数多くの「君主の鑑」が出現する。サン・ミエル修道院長スマラグドは、その著作『王の道』で、ルートヴィヒ敬虔王に語る形で、聖書から引用した君主への警告を述べている。そこで語られることは、次のようなことである。まず第一に、君主は神を愛し、その命令に従わねばならない。そして、そのために神は、知恵、賢明さ、謙譲、忍耐、正義、温情といった種々の徳を君主に与えている。また君主は、貪欲、華美を避け、追従者に注意しなければならない。さらに君主は、教会の保護者たらねばならず、貧者、寡婦、孤児をとくに配慮しなければならないとされる。(6)

また、同時期のオルレアンのヨナスは『王への教示』において、アクィタニア王ピピンに勧告する形で、理想の君主について論じている。そこでは、教権の俗権への優位が初めて詳しく述べられる。(7) また、セドゥリウス・スコトゥス、ランスのヒンクマールの著作でも、アウグスティヌスや教皇グレゴリウス一世によって提示された君主像に従いつつ、理想の君主のあり方が提示された。(8)

このようなカロリング期の「君主の鑑」とともに、中世における君主理念の基盤が形成されたといえる。ただそれらでは、政治や社会にかんする具体的な議論は乏しく、また議論の構成も体系的とはいえず、聖書を中心にした引用も決まり切ったものでしかない。その意味で、政治的な議論として新鮮に感じられるところは少ない。しかし、それらが提示した理想の君主像は、その後の「君主の鑑」で繰り返される君主の基本理念となった。そこでは一貫して、世俗の権力に対する宗教的権威の優位が述べられ、その上で支配者に、地上における神の代理人としての神聖な権威が与えられる。支配者の任務は、正義にもとづきながら、臣下たちを神の平和のうちに守ることであり、彼はその責任を神に対してのみ負う。また、よき支配者と暴君の境界が明確にされ、暴君であるかどうかの指標は「高慢」の悪徳があるかどうかとされる。他方、「謙譲」と「正義」の徳がよき支配者に不可欠なものとされる。このようなカロリング期の「君主の鑑」は、キリスト教的な理念が完全に浸透している点で、それ以前の古代の「君主の鑑」における讃辞文学とはかなり内容がことなる。(9)

その後十二世紀になると、形式、内容ともに、それまでのものをはるかに凌駕した「君主の鑑」が現れる。その内容の変化は、この時期におけるラテン語古典の受容に多くを負っている。つまりこの時期の「君主の鑑」においては、キケロやセネカの著作にもとづいて、ローマ的な君主観念が言及されるようになり、またそこでは、さまざまな徳が君主に要求されるようになる。十二世紀後半から十三世紀前半にかけての初期スコラ学期に書かれた「君主の鑑」を代表するものは、何よりもソールズベリのジョンの『ポリクラティクス』であり、それは、質、量ともにそれ以前のものをはるかに凌ぐものであった。(10) そして、その大きな影響を受けて、ウェールズのジェラルドの『君主への教示』やフロワモンのエリナンの『君主の善政について』などが十三世紀前半に書かれた。(11) この時期の「君主の鑑」の特徴については、次節で、ウェールズのジェラルドとヴィテルボのヨハネスの著作の内容を見ることにより明らかにしていくが、同時期に書かれた「君主の鑑」としてユニークなものに、ヴィテルボのゴデフリドゥスの『王の鑑』がある。ゴデフリドゥスはイタリア人であるが、長くドイツ皇帝ハインリヒ六世の宮廷にいて、彼のために一一八三年頃にこの著作を書いた。ただしこの著作では、君主の理想像にかんする十分な議論はない。初めの献辞において、国王が同時に哲学者でもあるべきだとするプラトン的な君主理念が述べられている以外は、君主への要請は何も語られない。この「君主の鑑」は二部構成で、最初の部分ではペテロからニコラウス一世（在位、八五八—八六七年）までの教皇の歴史が書かれ、次の部分ではノアの洪水からピピン一世の国王戴冠（七五一年）までの諸王の歴史が書かれている。この記述でゴデフリドゥスは、歴史的事例から、君主のあるべき姿をハインリヒ六世に教示しようとしたといえる(12)。

初期スコラ学期の「君主の鑑」として重要なものとしては、このほかに、十三世紀中葉に書かれたトゥルネのギベールの『国王と君主への訓戒』とボーヴェのヴァンサンの『君主への道徳教育について』がある。ルイ九世に献呈されたギベールの著作では、君主に必要とされる四つのことがらが論じられる。それは「神の崇敬」、「自己の精励」、「それぞれの権力者と官職にふさわしい修練」、「臣下への愛と保護」である。彼は、ソールズベリのジョンが『ポリクラティクス』で国家と人体を比較するさいに典拠とした、偽プルタルコス『トラヤヌスへの教え』を引用して国家と人体の比較を行う。また彼の議論の多くは、『ポリクラティクス』と同様に、旧約聖書の『申命記』で述べられる国王の義務への注釈という形を取っている(13)。『申命記』への注釈というキリスト教的伝統と『トラヤヌスへの教え』というローマ的伝統の結合は、ボーヴェのヴァンサンの著作でも同様に見られる。ボーヴェのヴァンサンの著作でも、内容的にはギベールの著作とかなりの点で一致している(14)。これらのアリストテレスの『政治学』が受容される以前に書かれた「君主の鑑」は、ラテン語古典と聖書にもとづいた徳と悪徳の議論、国家と人体の比較、よき君主と暴君の相違についての議論が展開される点で共通する。

十三世紀にアリストテレスの『政治学』がラテン語に翻訳され西欧で流布すると、それ以降の「君主の鑑」は、内容的にそれ以前のものとは大きく変化する。それ以前の「君主の鑑」では、多かれ少なかれ、君主に必要とされる徳の列挙が中心となり、それぞれの徳について、可能なかぎり多くの古典の著作を引用して、その内容を説明するものだったのに対し、十三世紀以降の「君主の鑑」では、論述が詳細かつ体系的になされ、また議論の重点が、君主個人への道徳的な訓戒から、君主の国制的な役割の問題へと移っている。そこで論じられるテーマは、たとえば、君主の支配の起源、最善の国家形態、支配者と被支配者の関係、といったことがらである。この時期から「君主の鑑」は、国制のあり方をめぐる政治論争にかかわる著作となり、支配者個人の道徳的資質の議論はしだいに後退する。(15)

十三世紀後半から十四世紀にかけての「君主の鑑」を代表する著作としては、トマス・アクィナスの『君主統治論』とエギディウス・ロマーヌスの『君主統治論』があるが、ここでは、エギディウスの著作について簡単に触れておくことにする。

エギディウスの『君主統治論』は一二八五年以前に書かれたと考えられるが、このラテン語の著作は、十七世紀にいたるまで繰り返し版を重ね、また他の諸言語にも訳され、ヨーロッパ中近世世界の君主理念と政治思想に大きな影響を与えることになった。彼はこの著作を三つの巻に分けている。一巻は、王が自分自身をいかに統制すべきか、二巻は、王がその家をいかに統治すべきか、三巻は、王が国家をいかに統治すべきか、をテーマとする。一巻では、国王が君主として第一に追求すべきものが世俗的な名声や権力ではなく、神への愛であることが示される。そして国王は、神を敬い、民衆の福利を配慮するかぎりでその権力を行使しうる。この巻ではさらに、アリストテレスの徳の議論に従って、国王に不可欠な徳が扱われる。二巻では、国王が妻、子供、従僕にいかに対処すべきかが論じられる。三巻では、古代の哲学者たちの国家論が概観され、個々の国家形態の長所と短所が述べられ、最終的に君主制を最上のものと結論する。この「君主の鑑」は、議論の明断さにより、それ以降の著作家が好んで引用する模範的な「君主の鑑」となった[16]。

君主制以外の政体の議論も盛んになされるようになる中世後期には、「君主の鑑」の著作はその生彩を失っていく。この時期に書かれたものとしては、十五世紀にジャン・ジェルソンが書いた『君主がもつべき思慮について』、フランス王ルイ十一世に帰せられる『戦いの薔薇』などがあるが、それらでは、国王がもつべき徳の問題が論じられるとともに、国王に対して騎士的な理想を求めるものであった[17]。

このように概観される中世ヨーロッパの「君主の鑑」のなかから、次に、十二世紀から十三世紀初めに書かれたソールズベリのジョン、ウェールズのジェラルド、ヴィテルボのヨハネスの著作を選び、そこで展開された、君主と徳にかんする議論を考察することにする。それにより、アリストテレスの『政治学』が影響を及ぼす以前に書かれた「君主の鑑」の特徴を明らかにしたい。

二　ソールズベリのジョン『ポリクラティクス』

ソールズベリのジョンが書いた『ポリクラティクス』は、その後の「君主の鑑」に、非常に大きな影響を与えている。人体と国家の比較、暴君論、法の議論など、のちの著作家に影響を与えたテーマは多岐にわたるが、ここでは、「君主の鑑」としての議論の核となる、支配者の徳と悪徳にかんする議論を考察する。その上で、ウェールズのジェラルドやヴィテルボのヨハネスが行った議論とそれを対比してみたい。

ジョンは『ポリクラティクス』の四巻で、支配者が遵守すべき規範、回避すべき悪徳について詳しい議論を展開している。ここではまず、彼がこの四巻で、悪徳に染まった暴君との対比のなかで述べた、君主の理想について見ていきたい。

まずジョンは、君主と暴君の最大の相違として、君主が法に従い、法のしもべとして人民を統治するのに対し、暴君が法に従った統治を行わないことをあげる。第一に、君主に最も要求される行為は法の遵守である。そして、君主が従うべき法とは、永遠の正義である神の法であり、またそれは、ローマ法に従って「衡平」ともいわれる。君主は、みずからを「衡平の似姿」、「衡平のしもべ」と見なし、「公共の利益の理性」に従って「国家の利益」を配慮せねばならない。そして君主は、「衡平の似姿」であるかぎりで「法の拘束から自由」とされる。(18)

このようにジョンは、ローマ法学の強い影響を受けながら、君主権力の法による拘束について、それまでの「君主の鑑」にはない詳しい議論を展開した。だが一方で彼は、伝統的な「君主の鑑」の議論も展開する。ジョンは伝統的な両剣論の議論を用いて、君主が、神の法とそれを現世で宣べ伝える聖職者に服すべきことを語る。すなわち神は、地上での霊的な剣と世俗の剣を教会に委託したが、教会は二つのうち、霊的な剣をみずから保持し、教会にふさわしくない世俗の剣を君主にゆだねた。ゆえに君主はその権力を、地上で神を代理する教会から受け取るのであり、そのかぎりで教会は君主の上に立ち、場合によっては君主から権力を取り去ることも可能である、と。(19)

そしてジョンは、君主が守るべき神の法として、『申命記』十七章のいわゆる「国王の法」をあげ、それに解説を加える形で、支配者を拘束する規範について述べる。まず初めに、君主は虚栄のために、生活に不要なものをもたないように戒められる。とくに宮廷とその周辺から、役者、物まね師、道化師、娼婦を排除すべきことが勧告される。なぜなら、現実の生活にとり有用なもののみが価値あるものだからであると、キケロに依拠していう[20]。また、君主は高慢になることで臣下の悪しき範例となるべきでない。なぜなら臣下は、上に立つ者の高慢の悪徳を容易に模倣するから。さらに臣下の範たる君主は、妻を多く娶ってはならず、また貞潔であらねばならない。また、君主は貪欲を避けるべきである。君主は富裕であってもよいが、その富をつねに民衆のものと見なすべきである[21]。さらに君主は、『申命記』の「国王の法」を日々読むべく、文盲であってはならない。ジョンによれば、ドイツ王コンラート三世がフランス王ルイ七世に送った書簡で、子供たちに自由学芸を学ばせることを薦め、「教養のない王は、王冠を被った驢馬にすぎない」と語ったとされる。そしてもし、君主が文字を読めなければ、学識ある者の助言が必要であり、そのさいには、聖職者が君主に神の法を伝えねばならない[22]。また、君主は高慢を避け、つねに謙虚であるべきこと、法を適用するさいには、罰の厳格さと同時に、慈悲も必要であることがいわれる[23]。

このようにジョンは、『申命記』に注釈を加えながら、君主の理想的な姿について語るが、こうした神の法を守った君主が受ける報酬は、父から子へと受け継がれる王位の長い世襲である。一方、君主が神の法を逸脱し暴君となるとき、王位は他の家門へと移行する。ジョンは、王家からその位が奪われる理由として、君主による正義の抑圧、悪行、傲慢な振る舞い、虚言といった悪徳をあげる。そして、こうした行為が神の怒りを引き起こし、神の意志で王位は奪われる[24]。

このように、ジョンは君主がもつべき徳について語ったが、次にウェールズのジェラルドとヴィテルボのヨハネスの議論を見ていこう。

三　ウェールズのジェラルド『君主への教示』

ジョンと同時代の「君主の鑑」のなかで、ウェールズのジェラルドの『君主への教示』は、その君主と徳についての議論においてとくに注目に値する。一二二〇年頃に書かれたこの「君主の鑑」は、フランス王フィリップ二世の息子ルイ八世に献呈されている。イングランドのヘンリ二世の宮廷にかかわりながら、フランス王家への愛着を示したジェラルドの態度には、ヘンリ二世の政治に対する批判の意図が感じられる。(25) この『君主への教示』は、三つの部分に分かれていて、第一部では、君主に必要とされる徳が語られ、他の二つの部分では、同時代の歴史的な事例から君主への教示がなされる。ここでは、この第一部における君主と徳の議論を見ていくことにする。

彼は第一部で、二十一章にわたって君主がもつべき徳について述べるが、そこでは、古代の著作家から可能なかぎり多くの文章が引用され、百科全書的な博識が示されるとともに、とくに引用の比重が、聖書や教父の著作から、古代とりわけローマの著作家に移っている点に大きな特徴がある。彼はその序で、同時代の君主が、与えられた権力を自身の欲望のために乱用していると批判する。また高位聖職者に対しても、次のように批判を加える。彼らは司牧に奉仕しながら上に立つことのみを望み、また、教会法の命令を守ろうとしない。その結果、高位聖職者は財政のことばかり考えて、本来の司牧の業務に関与しようとしなくなる。彼によれば、このような君主や高位聖職者たちの存在が、「君主の鑑」を書く理由を与えてくれる。(26)

序に続いて、君主に必要な種々の徳目が論じられるが、そこでは、それぞれの徳を論じた古典からの引用がちりばめられている。扱われる徳は、「抑制（moderamen）」、「温厚（mansuetudo）」、「羞恥（verecundia）」、「貞潔（pudicitia）」、「忍耐（patientia）」、「節度（temperantia）」、「慈悲（clementia）」、「気前よさ（munificentia）」、「雄々しさ（magnificentia）」、「正義（iustitia）」、「知恵（prudentia）」、「先見（providentia）」、「謙遜（modestia）」、「大胆さと勇敢さ（audacia et animositas）」である。

第一の「抑制」の章では、国王が、すべてのことがらにおいて「抑制」を守るべきこと、とりわけ、会話においてそれを守るべきことがいわれる(27)。またこの章では、国家における国王の必要性がさまざまな動物とのアナロジーで語られる。つまり、蜜蜂、鳥、獣の世界にそれぞれの王がいるように、人間社会においても君主権力が必要とされる。そして、国王が民衆をよく統治するためには、まず自分自身をよく統制できなければならず、そのために、種々の徳を身に付けねばならない(28)。

次に「温厚」の徳があげられる。彼によれば、多数の人の上に立つ国王にとって、被支配者に対して寛大でへりくだること以上に品位のある行為はない。旧約聖書のダビデの例からもわかるように、国王にふさわしいのは、臣下によって恐れられることよりも愛されることである。しかし、このような「温厚」が極端な暖かさへと弛緩することのないようにも注意すべきである(29)。

「温厚」の次には「羞恥」がある。そして、この徳をもつことによって、国王が高貴な生まれの人であることが示される(30)。

さらに卓越した精神をもつ国王にとり、「貞潔」よりもふさわしい徳はない。なぜなら、情欲に身をまかせることは不名誉で卑しい行為であり、それには、恥と後悔がともなうからである。このような享楽は、もろく短く、魂の自由を失わせるが、とくに国王にとり、それはとくに卑しいものと見なされる。情欲に魂を奪われた者の例として、ローマの二人の皇帝、カリグラ、ネロ、ウィテリウスがあげられる(31)。

次には「忍耐」の徳があげられる。「忍耐」についてはキリストが偉大な模範であり、皇帝トラヤヌスもまた、「忍耐」において抜きん出ていた。[32]

また「節度」により、怒りを和らげ感情を統制しなければならない。国王は、慈悲の心をともなわない怒りをもつべきではなく、もし怒る場合でも、獅子のように熟慮の結果そうすべきである。また、「節度」の徳により、たんに怒りの感情を抑制するのみならず、あらゆる感情、とくに有害な感情である放縦と情欲を統御することができる。[33]

次には「慈悲」が求められる。「慈悲」ほど人間にとり、そしてとくに国王にとり、ふさわしい徳はない。「慈悲」を体現した、もっともよい例はキリストである。よき国王はこの徳に従い、多くの犯罪者を許し、その罰を和らげる。栄光ある行為は、罰することよりも許すことであり、国王は、自身の市民の血も敵の血も過度に流すべきではない。よき国王は、他に手段のないときにのみ極刑に訴える。[34]

また「気前よさ」も、位の高い人々、とくに国王にふさわしい徳である。そのために、さまざまな歴史的な事例があげられる。たとえばコンスタンティヌス大帝が、教皇シルヴェステル一世とその後継者に、ローマと西欧世界の全主権を与えることを約束したという、いわゆる「コンスタンティヌスの寄進」もその一つの例である。しかし「気前よさ」は、適度になされるときにのみ、国王にふさわしい徳となる。もし過度になされれば、それは疑いなく、浪費の罪を引き起こす。[35]

次に、「雄々しさ」があげられる。「雄々しさ」はまた、「剛勇（foritirudo）」ともいわれるが、これはたんに国王のみではなく、上に立つすべての人々にふさわしい徳である。[36]

続いて「正義」の徳があげられる。これは人間社会の結合に役立ち、強者の野心を打ち砕き、弱者に対しては、安寧と平穏を配慮する。国王は、武器によって国家を守るように、法と「正義」によって国家を統治しなければならない。彼はキケロに従い、次のようにいう。人間が共同生活を営むかぎり、田畑や他の所有物を多く獲得する者と、まったくそれらを得ることができない者が生じる。また個々の者は、ある者は軍事、ある者は商業といったさまざまな職業を営むが、そのため、しばしばある者の利益が他の者の利益を減少させる。このような悪と不和が生じないようにするために、各人に各人のものを配分し保持させる「正義」が必要である(37)。

しかし「正義」は、つねに愛とともに行使されねばならない。つまり医者が、人体の傷つき弱った部分をすぐに切断したりせずに、薬や包帯によって治療し、全体の健康を回復させようと務めるように、よき国王は、国家のなかに芽生えた悪徳の部分を改善すべく、慈悲心をもって努力しなければならない。そして、その悪が治癒できず、絶望的な場合に初めて、共同体から排除されるべきである(38)。

また罰する場合には、怒りの感情をできるだけ押さえねばならない。なぜなら怒りによっては、だれも中庸を保つことができないからである。また国王は、救済の手段がなくなったときでなければ、最終的な手段、すなわち極刑に訴えてはならない。十分な理由なく、血を求めて血を流すことは、獣にふさわしい凶暴な行為である。彼によれば、フランス王国の慣習は、君主の敬虔さから導かれた称賛すべきものである。そこでは、次のような三つの段階に刑罰が分けられる。第一の段階として、犯罪者が公衆の面前で鞭を打たれる。第二の段階として、顔に焼けた鉄で印を付けられるか、耳の下の肉が切り落とされる。第三の段階として、人間の社会にとり完全に不必要な者と思われた場合は、目をえぐられるか、絞首刑に処せられる(39)。

次に「知恵」であるが、これは、他の徳を完成させる役割をもっている。この徳は、国王の統治にとり不可欠のものである。つまりこの徳の力によって、国王は自身の感情を統制し、「正義」が凶暴さに変化したり、「勇気」が無謀さになったり、「節制」が怠惰になったりしないように配慮できる。とくに戦いにおいて、国王には「知恵」が必要とされる。じっさい国王は、「知恵」により、あるときには迅速に行動し、あるときには罠を使い、あるときには突撃を行い、あるときには司令官や兵士への適切な配慮を行い、戦いを勝利に導く(40)。

また「先見」こそは、知者にふさわしい徳であり、国王もそれなしには、王国の統治を堅固に保つことはできない。そのことは、小さな動物の例を見てもよくわかる。たとえば蜜蜂や蟻は「先見」によって、冬の生活のために、夏に必要なものを蓄積する。そして、たんに生活の維持のためだけではなく、幸福な時代を実現するためにも「先見」は大きな価値をもつ。たとえば「先見」によって、国王は都市を壁や溝で囲み、塔を建て、さらに、都市の防衛のために武器や食料を調達し、軍隊においては若者に戦いの技術を教える。また平和時の生活では、農業、商業、織布といった機械的な技芸において、この徳は必要とされる(41)。

次に「謙遜」であるが、この徳は「謙遜」の一部をなすものであり、「節度」が怒りの衝動を制限するものであるのに対して、「謙遜」は、野心を和らげるために用いられる。野心は国王や強者にとり、ある種の不治の病といってよいものだが、その病に対して「節制」は、治癒の手段となる。「謙遜」の徳を示したもっともよい例はキリストであり、国王はキリストを模倣しなければならない(42)。

続いて「大胆さと勇敢さ」が要求される。大胆に行動する者が幸運に恵まれているかぎり、「大胆さと勇敢さ」ほどふさわしい徳はない。だが、何の思慮もなくただ大胆であることは、徳ある行為とはいえない。理性に従って十分な注意を払い、その上で大胆であるのが徳ある行為といえる(43)。

では、以上のような徳を備えることで実現する国王の栄光とは何か。それは、臣下と民衆の間の平和である(44)。このように国王の徳について述べたあと、彼は、よき国王と暴君の相違について語る。国王（rex）は、統治すること（regere）によってそのように呼ばれるが、それは、自分自身を統制するとともに、自身に服する民衆を統治するからである。これに対して、乱暴な支配で民衆を抑圧するのが暴君である。またよき国王は、戦いのさいは軍隊により、平和時には法により民衆を支配するが、暴君は平和のときも戦いのときも、民衆をまったく保護しようとしない。さらに、よき国王は父親のような愛情で民衆を導くのに対して、暴君は継父のように民衆を保護せず混乱させる。そして、このような暴君を殺害する者には罰ではなく、栄冠が与えられる。結局、よき国王と暴君は、次の点で決定的に違う。よき国王は長く生き、善に満ちた日々を送り、自然の死を迎え、幸福のうちに自身の王国を子孫に移譲する。これに対して暴君の権力は呪われたもので短く、かつその破滅は、たいてい剣や毒によって早められ、その息子や血族が後継者になるのはまれである(45)。

以上のようにウェールズのジェラルドは、国王に必要な徳を論じながら、国家の統治にかかわる種々の問題についても言及している。このような形の議論は、同時期の他の「君主の鑑」にも見出されるが、その例として次に、ヴィテルボのヨハネスの「君主の鑑」の内容を見ていくことにしたい。

四　ヴィテルボのヨハネス『都市国家の統治』

ヴィテルボのヨハネスの『都市国家の統治』は、ポデスタを教育するための書物として、イタリアで一二二八年に書かれた。著者ヨハネスは、ヴィテルボ出身の法学者で、ポデスタにともない裁判官としてフィレンツェに赴いた人物である。彼はこの書物で、ポデスタに対して、イタリアの都市国家における裁判制度や、ポデスタの選出から官職就任までの手順などを示しながら、一方で、政治にかかわる広範な問題も論じている。たとえば、ポデスタがもつべき徳と避けるべき悪徳、また、統治や国家のあり方、さらに、教皇と皇帝の関係などが扱われる。[46]

この「君主の鑑」では、まず、「統治（regimen）」、「都市国家（civitas）」、「執政官（consul）」といった政治にかかわる基本的な言葉が説明される。たとえば、「統治」は次のように定義される。それは、人間集団を支えるものであり、それによって「国家」は保護され守られる。また、「都市国家」は「市民（cives）」の「自由（libertas）」に語源をもつとされる。[47] このような言葉の説明のあとで、いかなる「支配者（rector）」を選出すべきかについて語り、次のような条件を備えた人物が望ましいとされる。

（一）よく満足した者。
（二）知恵があり、正義を愛し、狡猾でない者。
（三）善、能力、真理、知性を愛する者。
（四）強く、雄々しく、虚栄を好まず、へつらう者を愛さない者。
（五）金銭に貪欲でなく、自分自身の欲望にふけらない者。
（六）名誉欲を避ける者。
（七）雄弁で、よき演説者。
（八）怒らず、節度をもつ者。
（九）能力以上の仁慈を避ける者。[48]

さて、このような支配者にとっての必要条件を提示したあと、支配者がもつべき徳と避けるべき悪徳を、キケロやセネカといったラテン語古典に依拠しつつ詳しく議論する。まず、避けるべき悪徳についていう。その第一は、「酩酊（ebrietas）」である。支配者は「酩酊」を避け、「酩酊」をもたらす酒杯を軽蔑すべきだ。なぜなら支配者にとり、酩酊ほど不名誉なことはなく、酩酊した者は自身を統制できないのみならず、他人にも助言を与えることができないからである(49)。

「高慢（superbia）」も支配者にとり、悪徳である。これはあらゆる悪の根源であり、支配者は、とくに会議や日常の会話において、子供じみた雄弁により「高慢」の悪徳に陥るべきではない。権力者にとり「高慢」はふさわしくなく、謙譲こそがふさわしい(50)。

また支配者は、大きな「怒り（ira）」を避けるべきである。「怒り」によって、真なるものを見分ける魂の能力が失われるからである。それゆえ知恵ある者は、自身が「怒り」によって支配されることを許すべきではない。結局、「怒り」に打ち勝つことができる者は、最大の敵に勝利する者である。とくに罰するさいの「怒り」は、最も避けねばならない。さらに処罰は、過度にも過小にもならないように、中庸を保つべきである。すなわち、都市国家の上に立つ支配者は法の似姿であり、罰するときには「怒り」ではなく、衡平によって導かれねばならない(51)。

次に都市国家の支配者および行政官は「悲嘆（tristitia）」を避けねばならない。そして忠実で、強く、正しくあるべきで、とくに自身から「悲嘆」の感情を取り去らねばならない。なぜなら精神の強さと平常心の徳によってこそ、衡平が保持されるからである(52)。

「貪欲（avaritia）」もあらゆる悪の母であり、人が不遇になる原因を作る。権力にある者は、しばしば「貪欲」

のために、公的な財産から盗みを犯しその名を汚すが、彼らは罰せられ、その封土や報酬が取り上げられるべきである。[53]

続く悪徳は「性的な享楽（luxuria）」である。これまで多くの知恵ある者が、性的な享楽の悪徳のゆえに、不貞な女性たちのとりこになってきた。不貞な者たちを罰する立場にある権力者は、自身、姦通の罪を犯すべきではない。極端な情欲は精神を弱くするのみで、肉体の生気を失わせるだけでなく、魂を汚して恥の多い人間を作る。[54]

都市国家で権力の座にある者は、「饒舌（multilogium）」も抑制しなければならない。会話をするさいには注意深く、また、適切で抑制されたしかたで語るべきである。なぜなら、語りの内容やしぐさなどから、彼が知恵ある者かどうかは容易にわかるからである。[55]

また、都市国家の支配者は「不適切な笑い」を避けるべきだ。「不適切な笑い」を抑制しなければ、彼は自身が知恵のない者と見なされよう。なぜなら笑いは、愚かな者の口もとにあるものだから。[56]

さらに支配者は「自己賛美」を控えねばならない。どんな称賛も自らの口から発すれば、汚れたものになる。[57]

以上のような種々の悪徳が指摘されたあと、さらに支配者が避けるべきことがらが述べられる。まず支配者は、執拗に尋ねる者やスパイを行う者に対し注意しなければならない。なぜなら彼らは、秘密に聞いたことを他人にもらし、また公衆に語るからである。[58] また金銭によって正義が売られるべきではない。もし都市国家の支配者が、金銭によって正義を売ったとしたら、彼は、盗みの罪に対する罰に服するべきである。[59] 支配者はまた、市民と過度に親密になってはならない。支配者が、市民から贈り物を受け取ることも許されない。[60]

支配者は、市民から耳打ちにより助言されることも避けねばならない。とくに、小さな部屋や秘密の場所、宮廷から離れた場所で、夜間に市民たちからの助言を受けるのは慎むべきだ。それにより、悪しき嫌疑をかけられないためである(61)。

それとともに支配者は、市民の誰かをともなって散歩してはならない。市民に不信感を抱かせないように、つねに配下の騎士か裁判官、または侍従を供にすべきである。また支配者は、宮廷の外で市民と食事をすべきでない。これも、それにより悪しき疑いがかけられないようにするためである(62)。

また都市国家の権力者または行政官は、自身が管理すべき公的な財貨を盗んではならない。個人的に手を下さなくても、配下の者に命じてこれを犯させ、悪行の共犯者となることも避けねばならない(63)。このように、都市国家の支配者が避けるべきことがらを述べたあと、次に、支配者がつねに留意すべきことが列挙される。まず、支配者は神を恐れねばならない。聖なる教会を崇拝し、正しい信仰を保持すべきであり、さらに善をなし、正義を維持しなければならない。また、教会、慈善施設、その他の聖なる場所を守護すべきである(64)。さらに支配者は、孤児や寡婦を守らねばならない。とくに、金持ちや力ある者の悪や不正から、彼らを保護しなければならない(65)。

続いて、支配者がもつべき徳が言及され、四つの枢要徳が論じられる。すなわち、「思慮（prudentia）」、「雅量（magnanimitas）」、「自制（contientia）」、「正義（iustitia）」の四つの徳である(66)。

まず「思慮」により、支配者は他者の助言をよく検討することができ、また、自らの狭量から誤りへといたることがなくなる。またそれにより、彼は過去を反省し、現在をよく考慮し、未来についてあらかじめ見通すことができるようになる。さらに「思慮」により、彼は、明らかなことから曖昧なことを、小さなことから大きなことを、近いことから遠くにあることを、部分から全体を、推し量ることができるようになる(67)。

次に、「雅量」は「剛勇（fortitudo）」とも呼ばれるものである。この徳が支配者にあれば、彼は人々から大きな信頼を得て、自由でかつ不動の心をもちながら幸福に生きることができる。(68)

さらに、支配者はみずから満足することを知る「自制」をもたねばならない。みずから満足することができる者は、それだけで富をもって生まれてきたと同じである。「自制」によって、怒りに遅く、慈悲にすばやく、また逆境では志操堅固で、順境では注意深くかつ謙虚であらねばならない。さらに彼は、虚栄を軽蔑しなければならず、また善を排除する者であってはならない。(69)

また、「正義」については次のようにいわれる。「正義」とは、我々の魂の命令ではなく、神の法であり、それにより人間の社会は結合される。それゆえ「正義」の法は、犯されるべきでない。(70)

だがこれらの徳は、つねに適量が守られなければ、ただちに悪徳になってしまう。すなわち、過度な「思慮」は、人を狡猾で臆病な者にする。また過度の「雅量」は増長した人間を作り、人に脅威を与える。「抑制」も適度であらねばならない。なぜなら、小さなことに心を奪われてはならないからである。また、度を超した苛酷さにならないように、中庸の「正義」が守られるべきである。(71)

さて、この「君主の鑑」の終わりの部分で、著者ヴィテルボのヨハネスは、皇帝と教皇の両権力について言及する。彼によれば、人類が二つの法、すなわち神の法と人間の法、そして二つの権力、すなわち帝権と教権によって統治されているのは理にかなったことであり、それは、人間における精神と肉体の関係と同じであるという。つまり聖俗の両権力とも、主なる神に由来しており、それぞれが、霊的な剣および世俗に対する剣を保持する。このような聖俗両権の議論は、両権力の調和的な併存を認める教皇ゲラシウス一世によって定式化された伝統的な「両剣論」を踏襲している。(72)

ヨハネスの「君主の鑑」は、ウェールズのジェラルドのものと同様に、支配者がもつべき徳と避けるべき悪徳というテーマに従いつつ、あるべき政治を論じたものといえる。そのなかでは、ポデスタ選出の具体的な手順や、それぞれの官職がもつ権限の問題なども扱われているが、それについてここでは詳しく論じる余裕はない。

十二世紀から十三世紀初めに書かれた「君主の鑑」は、政治にかかわる問題を支配者の統治のあり方、とくに、支配者の個人的倫理の問題に還元している。一方でそこでは、数多くの現実の統治にかかわる問題が論じられるようになり、統治についての助言も複雑なものになった点で、カロリング期の「君主の鑑」とは本質的に性格をことにする。つまり、この時期の「君主の鑑」は、現実の統治の問題を、支配者個人の徳の問題に関連づけて論じながらも、個人的な訓戒に終わらず、政治や社会についての包括的な議論にもなっている。それは、十三世紀後半にアリストテレスの『政治学』が受容されたあとの政治思想とも性格がことなる議論である。政体論が政治的議論の中心となる前の時期に、主としてラテン語古典にもとづきながら展開された、このような支配者の徳と悪徳の議論は、この時代に固有の政治的議論と見なされるだろう。

おわりに

ウェールズのジェラルドとヴィテルボのヨハネスが十三世紀初めに書いた二つの「君主の鑑」の内容を概観したが、この二つの「君主の鑑」に共通する性格をあげるとすれば、次のようになろう。まず、支配者の資質とその行為に、すべての国家の安寧が依拠していると見なすことである。それゆえに、君主には国家を統治する者として、多くの徳が要求され、また多くの避けるべき悪徳が提示される。そして、支配者に要求される徳の議論と結びつく形で、国家行政の問題や暴君の問題が同時に論じられる。

このような特徴は、たんにウェールズのジェラルドとヴィテルボのヤコブスの二人の著作だけに固有のものではなく、ソールズベリのジョンの『ポリクラティクス』なども含めて、十二世紀後半から十三世紀前半にかけての時期に書かれた「君主の鑑」に共通する特徴であったといえよう。

アリストテレスの『政治学』が受容されたのち、支配者の徳、悪徳を中心に扱う「君主の鑑」の著作は、生彩を失っていく。トマス・アクィナスの『君主統治論』にしても、エギディウス・ロマーヌスの『君主統治論』にしても、「君主の鑑」の伝統のなかで書かれたものではあるが、そこでは最終的に君主制が擁護されるものの、他の政体の優劣についても論じられ、また個々の政治的な問題についても、より制度的な視点から考察が加えられている。一方、支配者と徳という問題は唯一の重要なテーマというわけではなくなる。

十二世紀後半から十三世紀初めの時期の「君主の鑑」は、他方で、それ以前の時代の「君主の鑑」とも、その内容の多様性、議論の展開の広さの点で格段の相違を見せている。とりわけ徳と悪徳の議論が、単純なキリスト教的な七つの徳と悪徳の議論から、ラテン語古典の道徳論に従った、より複雑な体系へと変化したことに大きな特徴がある。

このような変化の背景として、十二世紀におけるラテン語古典研究の復活が考えられねばならない。ウェールズのジェラルドとヴィテルボのヨハネスの両方の「君主の鑑」における徳の議論の基礎となったと推定される著作として、コンシュのギヨームに帰される『道徳哲学者の教義』がある。これは、キケロの『義務について』にもとづいて徳を体系化したもので、十二世紀前半に書かれたものであるが、十二世紀後半以降の「君主の鑑」における徳の議論に大きな影響を及ぼした。そこでは、四つの枢要徳の下位にある徳として、数多くの徳が列挙されている。そして最後には、徳とそれに対立するものとしての「有用性」が比較され、徳が上位にあることが明言される。これは、同時代の「君主の鑑」のみならず、商業道徳論にも大きな影響を及ぼしたと思われる。

いずれにせよ、十二世紀ルネサンス期のラテン語古典の復活がもたらした、徳の議論の新たな体系化は、たんに「君主の鑑」の内容と形式を変化させたにとどまらず、同時代の道徳論や社会論一般を、大きく変えていったことが明らかである。

第五章　宮廷批判の系譜

はじめに

西欧中世に流布した格言に、「宮廷は、やっかいごとの母であり、悪の乳母である。そこでは、正義と不正義、誠実と不誠実とがごたまぜになる」というものがある[1]。これは、セビーリャのイシドルスの『語源』における宮廷の定義——「宮廷とは、そこで元老院議員たちが、あらゆるやっかいごとを扱う場所である[2]」——を受けて作られた格言であるが、この格言はイシドルスの素朴な定義を超えて、いかに宮廷が西欧中世の世界で、不正と悪を生む場所と見なされていたか、を教えてくれる。

西欧中世では、十二世紀から十三世紀にかけての時代に、集権的な世俗国家が出現するとともに、王の宮廷文化が開花する。しかしさまざまな享楽に満ち、悪徳や陰謀の巣窟となった宮廷に対しては、古典の人文主義的な教養を身に付けた知識人たちにより、厳しい批判が展開された。そのような著作家の代表として、ソールズベリのジョン、ブロワのペトルス、ウェールズのジェラルドらがあげられよう。彼らの共通点は、十二世紀ルネサンスの知的な復興の恩恵を受け、ラテン語の道徳論的な著作の知識をもちながら、教会行政や、イングランド王ヘンリ二世などの世俗君主の宮廷にかかわった体験にもとづいて、偽善と虚栄に満ちた宮廷と、そこでの宮廷人の愚行を事細かに批判したことにある。

こうした宮廷批判の開花の背景には、十一世紀半ばから始まる教会改革の影響があることを忘れてはならないだろう。なぜなら教会改革のうねりのなかで、何よりも批判の対象となったのは、聖職者が世俗の宮廷に奉仕し、宮廷人として俗権の利害を支えていた現実だったからである。とくに十一世紀のドイツでは、王の宮廷礼拝堂に属する聖職者たちが王の助言者となるとともに、各地の司教や修道院長に任命され王の権力を支えていたが、このような王の宮廷を中心とする教権と俗権の癒着に対して、激しい批判が叙任権闘争期に展開されるようになる。

だがさかのぼれば、宮廷聖職者への批判は、宮廷が王権の統治で大きな意味をもつようになるカロリング期から、すでに見てとれる。カール大帝の統治期に、王の宮廷では、宮廷礼拝堂の聖職者が文書行政を司り、世俗の統治に積極的に関与したが、それは同時に、教会の自立性を主張する教会人からの批判を引き起こしていたからである。この意味で宮廷に対する批判は、カロリング期以降の宮廷の発展とともに生まれ、展開していったといえる。

本章では宮廷批判の伝統を、初期中世から中世盛期における宮廷批判の開花期までたどっていく。それによりとくに、十二世紀から十三世紀にかけて族生した、古典の教養にもとづく人文主義的な宮廷批判の著作の歴史的な意味を明らかにしたい。

一　宮廷批判の始まり

宮廷批判は、聖職者が王の宮廷に深く関与することへの批判として始まった。カロリング期に、王の宮廷における聖職者の役割は増大するが、そのことが、厳格な立場の教会人からの宮廷批判を導いた。最も初期の例としては、九世紀前半のルートヴィヒ敬虔王の時代に、コルビ修道院長となったパスカシウス・ラトベルトゥスが行った批判が有名である。彼は、王の宮廷礼拝堂に所属する聖職者が、修道士の規律にも聖堂参事会の規律にも服していないことを咎め、また彼らが、教会内での昇進と地上の富を求めるために宮廷聖職者となっていると糾弾した(3)。

同様の批判は、同じ頃の八二九年に、フランク王国の司教たちがルートヴィヒ敬虔王に対して提出した、帝国と教会の状態についての建白書においても見られる。そこでは、司教を任命するにあたり、宮廷聖職者が優先されている事態が批判された。だがルートヴィヒ敬虔王は、こうした論難に対して、あくまでも宮廷聖職者を自身の政策の助言者として用いる政策に固執し、フランク王国の政治的な危機を生じさせることになる(4)。

宮廷聖職者が王の統治で果たした役割は、オットー朝からザリエル朝にかけてのドイツで、さらに大きなものとなった。とくにオットー大帝以降、ドイツ王権は教会勢力を統治の支柱とする政策を取ったが、そのさい、宮廷礼拝堂に属する聖職者たちが王の助言者として活動し、さらに彼らの間から、各地の司教や修道院長が任命され、王の国政を支えたからである。そして宮廷の聖職者たちは、王の宮廷で、古典の教養や礼節の規範を学び、独自の宮廷文化を作りあげていった。

ドイツでは、こうした宮廷聖職者の王権への深い関与が、その後十一世紀の教会改革期に、改革派の教会人による、宮廷聖職者への激しい批判を呼び起こすことになる。ゆえに、西欧中世における宮廷批判の問題を考えるにあたって、まず前提として、十世紀後半から十一世紀のドイツで、宮廷聖職者を核として形成された宮廷文化がどのようなものであったかを考察する必要があろう(5)。

十世紀後半から十一世紀のドイツで、宮廷文化を最もよく体現したのは、宮廷聖職者から司教となった者たちであった。彼らの伝記を読めば、彼らがラテン語古典の教養をもちながら、宮廷にふさわしい優雅な振る舞いや礼節できわだつ、新しい宮廷人の人間類型を示していることがわかる。宮廷聖職者から昇進した司教のうち、とくにその伝記で宮廷人としての特徴が明確に描かれている者としては、ヒルデスハイム司教ベルンワルドゥス、パーデルボルン司教マインヴェルク、ケルン大司教アンノ、オズナブリュック司教ベンノ二世、バンベルク司教オットーといった人物があげられる。

それらの伝記では、彼らがいかに高貴な精神をもち、優雅な振る舞いを身に付けていたか、またいかに美しい肉体をもち、話術において雄弁であったかといったことがらが語られている。そしてとくに、彼らが宮廷的な礼節を身に付け、宮廷人としてのさまざまな徳をもっていたことが強調される。それは、敬虔、勤勉、思慮深さ、寛容、温和、愛想の良さといった徳である。こうした司教伝で列挙される一連の徳は、この後の時期に、宮廷人に一般的に求められる徳と一致することからも、この時期の司教たちは、のちの宮廷人の原型となる者であるといえる。だがこうして、司教が世俗的な宮廷人の理想を体現したことは、それに対する批判も生み出すことになった。(6)

宮廷に対する批判は、十一世紀半ばの教会改革の時期にわき起こってくる。この時期の教会改革運動では、シモニア（聖職売買）とニコライスム（聖職者妻帯）が大きな争点となったが、また一方で、司教が王の宮廷聖職者から選ばれ、王権に奉仕する存在であった状況に対しても、大きな批判の声があがった。俗権と密接に結びついた宮廷聖職者への批判は、この時期、教会改革の主唱者ペトルス・ダミアニが、一〇七二年頃に書いた『宮廷聖職者批判』で明瞭に見てとることができる。彼はまた、同時期に書いた『奇蹟譚』でも次のような逸話をあげて、宮廷聖職者のあり方を非難する。

ケルンのある教会に所属する聖職者が、川を渡ろうとしていた。すると突然、一人の男が隣に現れ、彼の馬のたずなを取った。そして彼を立ち止らせた。この人物は、かつてケルン大司教だった聖セヴェリヌスであったが、現在は、地上をさまよう霊となっていた。彼はこの出現に驚き、口がきけなくなる。気を取り直して、ここで何をしているのか問うと、この聖人が答えた。「私の話を聞くよりも、私の手を取って感じることで、私のいいたいことが理解できよう」と。彼らは互いに、手を握りしめて前に進んだ。だがこの聖職者はすぐに、この聖人の手が熱いのに気づく。熱さは増し、その聖人の手の肉が解け始める。この聖職者は、その手に骨をもつようになった。

そして、「なぜこのようなひどい苦しみが、教会によりこれほど尊敬された人に訪れるのか」と問うた。この聖人はそれに対して、彼の行った一つのことが罰せられるべきことと見なされたから、と答えた。つまり彼が、王の宮廷聖職者として、国家の業務に過大な関心をもち、定められた時間に典礼を行うことを怠ったからであった。彼は、その罪のために今苦しんでおり、彼が天国に入ることができるように祈ってくれることを、聖職者の仲間たちに頼んでいるのだといった(7)。

この逸話は、同時代のドイツの司教が、いかにその司教としての義務をないがしろにして、支配者の宮廷で俗権のために奉仕していたかを、よく表している。

もう一人、叙任権闘争期に、ドイツ王の宮廷および宮廷聖職者を批判した者として、教会改革派の枢機卿デウスデーディットを忘れてはならないだろう。彼は一〇九五年頃に書いた、シモニアやシスマを批判した書物で、宮廷礼拝堂を、聖職売買の悪習がはびこる場所として批判した。その理由は、宮廷礼拝堂の聖職者たちが、支配者により司教に任命されることを望んでそこに加わり、支配者の行政を助ける職務をもっぱら行いながら、王の好意を得ようと相争うからである。彼は、このように司牧者としての義務を放棄した宮廷聖職者を、シモニアの罪を犯した異端者として断罪する。また彼は、司教となった者が司教座に定住せず、多くの時間を王の宮廷で過ごし、ひどい場合には自身に託された教会を、年に三、四回しか訪問しないことを批判する。とくに彼は、ドイツ王ハインリヒ四世の取りまきの宮廷聖職者を、へつらい、名誉欲、貪欲、浪費癖といった悪徳に染まった者として糾弾した(8)。

二　ブレーメン大司教アダルベルトの宮廷

宮廷に対する批判は、このように十一世紀の教会改革のなかで、宮廷聖職者への批判として本格的に展開されるようになった。だがまた、宮廷批判は同時期に、人文主義的な理念に従って、宮廷人の道徳的な腐敗や人間性の喪失という観点からもなされ始める。その背景には、十一世紀半ば以降に西欧世界で生じた、ラテン語古典の復興の動きがあった。

こうした、人文主義的な理念にもとづいた宮廷批判の最初の例として、十一世紀後半にブレーメンのアダムが書いた『ハンブルク司教事績録』があげられよう。その第三巻でアダムは、ブレーメン大司教アダルベルト（在位、一〇四三―七二年）の司教座宮廷について、批判的な考察を行っている。ここで対象となっているのは、王の宮廷ではなく司教の宮廷ではあるが、この記述からこの時期、いかに司教の宮廷が、王の宮廷にも匹敵する宮廷文化を開花させ始めていたか、そしてまた、いかに道徳的な腐敗の温床ともなっていたかが見てとれる。

アダムによれば、アダルベルトはブレーメンの大司教座を、王の宮廷にも似た、華やかな宮廷に作りあげようとしていた。彼の宮廷には大勢の人々が集まった。そのなかには、役者、錬金術師、夢解釈者などの宮廷に寄生する者や、大司教の好意を求めてへつらう者たちも多くいた。アダルベルトは、ブレーメンの大司教に登位したあとすぐに、ブレーメンの古い都市壁を壊し、その石を使って、司教座教会を壮麗な教会に改築しようとする。都市の防壁を壊してまで壮麗な教会を作ろうとする行為は、アダルベルトの虚栄心を如実に示すものであった。また彼は、教会のミサで煙や光による演出をしばしば行ったが、それも彼の宮廷人としての虚栄心により動かされた行為であった。(9)

アダムの記述するアダルベルトの像は、まさに名誉を追求する宮廷人のそれである。たとえばアダルベルトは、人々の称賛を得ようとして、大きな宴会をしばしば行い、歓待のために金銭を浪費した。その結果、彼の宮廷は、王の宮廷と見まごうほど人でごったがえしたが、へつらいや悪口がはびこり道徳的に腐敗していった。またアダルベルトは迷信に染まり、自分の夢を解釈させ、また旅する前に鳥占いを行ったりした。そして、彼に都合のよいことだけをいう占い師を信じ、彼に真実をいう者を信頼しなくなる。(10)

アダルベルトは、一時、北方世界の総大司教となることを画策するほどの勢力を誇ったが、王からの支持を確かなものにできずに、ドイツ王国内での影響力を失っていった。その後ブレーメンの大司教区では、大司教の従者たちや周囲の貴族たちの農民に対する掠奪行為により、社会不安が広がる。だがアダルベルトは、死のまぎわまでも、彼にへつらってブレーメンにやがて黄金時代が来るだろうという占い師のいうことを信じていた。アダムは、アダルベルトの晩年の不幸を説明するところで、古典作家ルカヌスの言葉「敬虔であろうとすれば、宮廷を去れ」の言葉を引用しながら、徳ある生活と宮廷生活が両立しないことをいう。(11) アダムの記述は、古典の人文主義的な宮廷批判を援用しながら、宮廷人が迎える悲惨な末路を、アダルベルトを例にして語ったものといえる。その点でアダムの記述は、十二世紀以降の宮廷批判の先駆といってよいものである。

三　宮廷批判の開花

(1) 宮廷人と哲学者——ソールズベリのジョン

十二世紀に、キケロの『義務について』のような古典の道徳論の影響を受けて数多く出現した人文主義的な宮廷批判のうち、最も有名なのはソールズベリのジョンの『ポリクラティクス』であろう。ジョンはカンタベリ大司教のもとに奉職しながら、教皇庁への滞在などを通じて、さまざまな聖俗の宮廷のあり方を熟知していたが、彼は自身の体験にもとづいて『ポリクラティクス』の一巻で、同時代の宮廷人の間で流行した愚行を批判した。

まず第一にあげられるのは、宮廷人たちが行う狩猟である。狩猟はとくに、ヘンリ二世の宮廷で好まれたものだったが、それによりイングランドの森林の多くが王の狩猟地とされたため、農民の生活が抑圧された。ジョンは時と場合によっては役に立つ狩猟も、宮廷人が行う場合は、社会の調和と秩序を脅かすものとなっていると見なす[12]。

さらにジョンは、当時の宮廷における音楽の流行を批判する。彼によれば、音楽は人間を柔弱にし、習俗を堕落させる。とくに、恋愛をテーマとする感傷的な音楽の流行を批判して、次のようにいう。「高貴な人々の前で恋愛の歌を歌うことは、かつては悪趣味と思われた。愛の歌を歌い演奏することは、ほんらい愚行である。だが今は高貴な人々は、それを価値あることと見なしている」[13]と。

さらに彼は、ものまね師、奇術師、道化師、魔術師、役者、剣闘士、レスラーといった者が、宮廷で余興を行うことを批判する(14)。

ジョンは、こうした愚かしい娯楽に興じる者だけでなく、権力者にへつらう者も悪しき宮廷人と見なした。彼によれば、へつらいが宮廷における諸悪の根元であり、へつらう者が宮廷で最も災いを引き起こしている。そして、テレンティウスの喜劇『宦官』に登場する、食客として主人にへつらうグナトを引き合いに出しながら、へつらう者が引き起こす悪を説明する(15)。

最終的にジョンは、グナト的なへつらう者としての宮廷人の生き方と、ソクラテス的な真理を求める哲学者の生き方を対比し、宮廷人が魂の救済へといたりえない者であるのに対して、哲学者こそが、真の生命へといたりうる者であることを述べる(16)。

また、『ポリクラティクス』の七巻では、こうした宮廷人への批判が、エピクロス主義に対する批判の形で詳しく論じられる。それによれば、エピクロス主義者は、その生活で快楽と幸福しか望まない。それは、宮廷人が目指すものと同一である。しかし、快楽の追求と幸福な生活とは両立しない。なぜなら快楽を求める人々は、快楽を手に入れるために徳をないがしろにし、善悪の区別をあいまいにし、偽善者やへつらう者にたやすく屈して、破滅や死へといたるからである(17)。

さらにジョンは、彼の韻文の著作『エンテティクス』でも、宮廷人と哲学者を対比しながら、宮廷人の特徴を描写する。宮廷人は、富と快楽に取り憑かれ、純粋な信仰を知らず、堕落した習俗を愛し、理性について考えるのを拒否する者で、古代のエピクロス主義者と同一の観念に染まった人々である。そしていう。愚行を愛する宮廷人の世界は偽りの世界であり、物質的な善が価値とされる世界である。宮廷人は買収されやすく、何も与えない者を敵と見なす。彼らの友情は贈り物にもとづいている。また宮廷は、高慢、妬み、中傷に満ちており、そこでは貪欲な者、偽哲学者らが見出される。[18]

さらに『エンテティクス』では、現実の宮廷人たちが、実名はあげずに他の名前であてこすられながら、批判の対象とされた。たとえば、ヒルカヌスの名でイングランド王スティーヴンが、マンドロゲルスの名でスティーヴンの取り巻きの重臣、レスタのロバート、ルシのリシャールが悪しき宮廷人として断罪されている。これらはすべて、教会を抑圧する行為を行った同時代人であった。[19]

（2）宮廷聖職者への批判――ブロワのペトルス

ジョンと同時代に、宮廷批判の言説を残した著作家として、この他に、フランス人の聖職者ブロワのペトルス（一一三〇―一二一一／一二年）があげられよう。彼は最初、パレルモのシチリア王の宮廷で、若い王子グリエルモ二世の教育者として、宮廷聖職者としてのキャリアを始めた。だが、シチリア王の宮廷で、あまりにも短期間に王の寵愛を得たことに廷臣たちは嫉妬し、彼は陰謀により、宮廷から追放される。

ペトルスは追放されたあと、フランス王のもとに奉職しようとするが失敗する。彼はその後、カンタベリ大司教リチャード（在位、一一七五―八四年）とボールドウィン（在位、一一八五―九〇年）のもとに奉職し、大司教の代理者として一一八二年から八三年にかけて国王ヘンリ二世の宮廷に滞在し、ヘンリ二世と親しく接した。[20]

彼はヘンリ二世の宮廷に滞在したあと、一一八三年頃に宮廷聖職者たちに宛てて書簡を書く。そこで彼は、もとの同僚たちに対して宮廷にとどまることの危険性を警告し、彼らに宮廷を去るように勧告した。この書簡は中世の宮廷批判の著作のなかでも、とくに現実の宮廷聖職者に対し詳細な批判を行ったものとして、重要なものといえよう。

ペトルスはこの書簡で、聖職者が王の行政や裁判、そして外交に関与することを全面的に批判する。彼によれば、教会の職務と世俗の職務は区別されねばならない。在俗聖職者に割りあてられた職務は典礼と司牧であり、世俗権力の職務への奉仕は彼らのなすべきことではない。聖職者は王のもとにいても、教会固有の職務のみを遂行すべきである。

彼はさらにいう。自分自身、野心に動かされて宮廷に入り、世俗の生活にどっぷりとつかった。だが、そこで初めて、宮廷生活が人間の魂に死をもたらすことを理解した。宮廷に奉仕する聖職者たちは、富と名声という虚栄を追い求める。だが彼らは、その報いを十分に得られないまま、王のために身を犠牲にしながら、魂の救いの可能性までも失ってしまう。だから宮廷聖職者は、世俗のための殉教者、すなわち「宮廷の戦士（miles curialis）」とはいえるが、信仰のための殉教者、すなわち「キリストの戦士（miles Christi）」とはいえない。ゆえに「宮廷のための戦い（militia curialis）」は、「宮廷での悪行（malitia curialis）」にほかならない。結局、王の宮廷で生活することは、それにより自身の魂が死ぬことを意味する。ペトルスはこのように、敬虔な信徒の隠喩である「キリストの戦士」という聖書的な観念を用いながら、それと宮廷生活、つまり「宮廷の戦い」とを対比し、聖職者は、「キリストのための戦い」をなすべき者であることを確認して、ヘンリ二世の宮廷聖職者への書簡を終えている。(21)

ペトルスはまた、同時期に、ヘンリ二世への「君主の鑑」として『国王ヘンリ二世とボンヴァル修道院長との対話』という著作を書いている。これは、彼の書簡における宮廷批判の議論を補うものといってよいもので、ここで簡単に触れておこう。この著作では、ヘンリ二世とボンヴァル修道院長との架空の対話の形で支配者のあるべき姿が語られるが、この対話は、忘恩で不誠実な臣下がいるという王の嘆きから始まる。王は、敵を厳しく罰した旧約聖書の支配者の例にならい、こうした者を厳しく罰しようとする。

これに対して、対話相手の修道院長は、支配者がもつべき徳の観点から厳罰に反対する。つまり、支配者は、謙譲、忍耐、温和、寛厚といった、キリスト教的な信仰に裏づけられた徳をもたねばならず、そうした徳により、敵に対する憎しみの心を克服すべきである。なぜなら、支配者が自身の怒りや憎しみに従って行為すれば、それは、人々の間での憎しみや敵対を引き起こし、その結果、人間の共同体は神の秩序から逸脱し、破壊されるからである。ゆえに支配者は、よき秩序の維持のために、支配者にふさわしい徳を身に付けなければならない、と。この修道院長の意見は、まさに、ペトルスがヘンリ二世に対して教示しようとした助言にほかならない(22)。このようにペトルスは、宮廷聖職者への書簡とヘンリ二世への「君主の鑑」を通じて、ヘンリ二世の宮廷のあり方を正そうとしたのであった。

(3) あるべき君主――ウェールズのジェラルド

同じようにイングランド王ヘンリ二世の宮廷にかかわって宮廷批判の著述を残した者に、ウェールズのジェラルド（一一四六／五〇―一二二〇年）がいる。彼は、地誌、「君主の鑑」、教会論、聖者伝など多種多様な著作を書いており、十二世紀の著作家のなかでもとくにきわだった人物である。

ジェラルドは若い頃、長くパリで勉学を行い、自由学芸の知識を身に付け教師として活動していた。だがその後、彼は、ウェールズのセント・ダヴィッズ司教であった叔父により故郷ウェールズに呼び戻され、ブレクノワの司教となる。そして一一七六年には、叔父の後継者としてセント・ダヴィッズ司教に選ばれるが、ヘンリ二世の同意が得られず、その地位に就くことはできなかった。これは、ヘンリ二世がウェールズに影響力をもつジェラルドの家門を、その司教位から排除しようとしたことによる。ジェラルドは再びパリに行く。そして神学と教会法を学び、また教師としての活動も行った。一一八四年にヘンリ二世は、パリで評判を高めていたジェラルドを王の宮廷に迎え入れる。ジェラルドは宮廷聖職者となり、宮廷で王の行政一般にかかわった(23)。

ジェラルドはヘンリ二世の宮廷を去ったのち、宮廷での体験にもとづいて、一二一七年頃、フランス王ルイ八世に献呈した「君主の鑑」の著作『君主への教示』を書いている。彼がその序文で、自身の心痛を癒すためにこの書物を書いたということからもわかるように、この書物は、ヘンリ二世の宮廷での不快な体験をきっかけにして書かれた。

彼はこのなかで、宮廷を批判して次のようにいう。人は皆、位階を登ろうとする野心や、物質的な富を得ようとする欲望によって宮廷に入る。その結果、宮廷は悪徳が支配する場所となる。そして、宮廷人は王を、位や富を獲得するための手段としか見なさなくなる(24)。また彼は、教会論の著作『教会の宝石』のなかで、宮廷人は、宮廷が与える快楽を十分に享受しようとして他人をだまし、嘘をつき、王や影響力ある宮廷人にへつらう、という(25)。

またジェラルドは、ソールズベリのジョンと同じように、学校と宮廷という二つの世界の対立をその議論の中心にすえている。彼はいう。宮廷は、学問の有用性に比べれば、へつらう者や野心家にとって以外には、何の有用性ももたない。宮廷はもっぱら、贅沢や色欲への関心で満たされ、そこでは、嘘や悪意が渦巻いている。宮廷は、人間を死や地獄へと導くが、真の救済へといたらせることはない。学校はそれに対して、内省的な人間を作り、永遠性、不滅性へと人を導く。宮廷はあらゆる悩みごとの種を作り、人間から自省心を奪う地獄であるのに対して、学問は真の喜びの母、楽園であり、人間を生のあるべき姿に目覚めさせてくれる(26)。

ジェラルドが『君主への教示』で、君主と宮廷について考察を行った理由は、何よりも、自身がヘンリ二世の宮廷にかかわったからだが、彼がヘンリ二世に対して下した評価は、必ずしも最初から否定的なものではない。とくに『アイルランド地誌』のような初期の著作では、ヘンリ二世を、戦いでの卓越性から西方のアレクサンドロス大王として称賛している。だがその後の著作では、ヘンリ二世への評価は否定的になる。たとえば『アイルランド戦役』では、ヘンリ二世がその教会政策で、霊的なものと世俗的なものをごたまぜにしていること、また、十字軍に行くことを拒否したことなどが批判されている。[27]

そして、ジェラルドが宮廷を去った後に書いた『君主への教示』では、ヘンリ二世は完全に暴君と見なされる。彼は、暴政を行ってきたイングランドの王と、君主の理想に近いフランスの王との比較を行う。ノルマン朝の暴君たちは、イングランドを正しく支配しなかったので、どの王も穏やかな死に方をしなかった。また、ヘンリ二世の息子たちも、その父を死に追いやったあと、神の怒りに触れて死んだ。[28]一方、フランスでは、王は専制的な支配をしていないので、王個人の周囲には警護の者も置かれず、民衆はその王を愛している。とくにルイ七世は、節度と聖なる素朴さを体現した、きわめて信仰深い君主であった、と。[29]

ジェラルドは、『教会の宝石』の著作でも次のようにいう。カペー朝の王は臣下に対して、熊やライオンのように振る舞うことはしない。謙譲や慈悲心、そして人間性をもって臣下に対応する。そして、公的な正義を守り、結婚で貞潔を守っている。[30]

(4) 宮廷人の愚行――ウォルター・マップ

ヘンリ二世の宮廷をめぐって書かれた著作としては、さらに、ウォルター・マップの著作『宮廷人の愚行』があげられよう。彼は、一一三〇年頃イングランドのヘレフォードの近くで生まれ、パリでの学生生活の後、ヘンリ二世の宮廷に奉職し、一一七九年には第三回ラテラノ公会議に出席して、一一九七年にはオクスフォード司教座の大助祭になり、一二一〇年に死んだ人物だが、一一八一年から九三年の間に、逸話の集成である『宮廷人の愚行』を書いた。そのタイトルは明らかに、ソールズベリのジョンの『ポリクラティクス』の副題「宮廷人の愚行と哲学者の足跡」を借用したものである。

しかし、これは初めて、宮廷生活を、聖職者としての批判的な立場からではなく、宮廷人の捕らわれのない視点から観察したものであった。それは、宮廷生活への真摯な警告というよりも、読み手にとって気晴らしとなる種々の逸話の集成といったものである。その点で、ソールズベリのジョンやブロワのペトルス、あるいはウェールズのジェラルドとは、明らかに書き手の視点が違う。マップの意図は、宮廷人の気晴らしのために、おもしろい逸話を提供しようとすることにあったといえる。

だがマップの議論のなかでも、多くの箇所で宮廷批判の言説が見られる。そのさい、宮廷人の悪しき運命を示すために、異教の神話のモチーフがしばしば用いられるのが特色である。たとえば、宮廷人の癒されない渇望を示すものとしてのタンタロス（一巻三章）、宮廷人の永遠に満たされない所有欲を示すものとしてのシジフォス（一巻四章）、宮廷人の出世や没落を示すものとしてのイクシオンの車（一巻五章）、農民を苛酷に扱う国王の森林官と比較される異界への渡し守カロン（一巻九章）といった神話の主題が引用されて、宮廷人が批判される。そして、ヘンリ二世の宮廷が繰り返し地獄に見立てられ（五巻七章）、異教の神話における地獄の住人の苦しみと、ヘンリ二世の宮廷人の苛酷な運命とが対比される。さらに、死者の軍隊とともにたえまなく放浪するヘルラ王の説話（一巻十一章）が引用され、それと宮廷の不安定さとが比べられる[31]。マップは、宮廷に深くかかわった廷臣の一人として、ソールズベリのジョンらと違い、宮廷を内側から詳しく観察したといえる。

(5) その他

十二世紀から十三世紀初めにかけての宮廷批判の著作は、これらだけにとどまらない。十二世紀の知的な復興は、自由に社会を批判する放浪学生の集団を生み出したが、そうした学生たちが書いた社会風刺の詩において、とくにやり玉にあげられるのが、この時期に権力を拡大し、富裕になっていった教皇庁である。教皇庁がいかに痛烈な批判の対象となったかは、『マルク銀貨の福音書』のような風刺作品や『カルミナ・ブラーナ』のような詩を読めばよくわかる(32)。

さらに、こうした社会風刺の伝統のなかで書かれた著作として、ロンシャンのニゲルスの『愚者の鏡』があげられる。ニゲルスは、カンタベリ司教座のクライスト・チャーチの修道士であった人物で、一一八〇年頃、ロバを主人公とする風刺詩『愚者の鏡』を書いた。これは、修道士を暗示するブルネルスという名の短いしっぽをもつロバが、自分の家畜小屋を出て、自身のしっぽを長くしようと、宮廷などのさまざまな場所を巡る話である。ここで長いしっぽは高位聖職者の地位を象徴しており、多くの従者を長いしっぽのように引き連れる修道院長の地位を求めて、自分の地位に不満な修道士が宮廷に赴くことを、修道士をロバにたとえて語っている。ここでも、宮廷でへつらう聖職者のありかたが批判されている(33)。

この他にもたとえば、アルタヴィラのヨハネスが一一八四年頃に書いた韻文の著作『アルキトレニウス』がある。この著作では、主人公アルキトレニウスのさまざまな場所への旅が描かれる。そこでは、主人公アルキトレニウスが、貧しい学生たちが集まるパリの学校、野心家でいっぱいの宮廷、高慢な聖職者たちのいる教会へと旅し、最後に、哲学者が住む島へいたり、女神「自然」に出会う。ここでも、野心の渦巻く宮廷が明確に批判されている。彼は偽りの友情、偽善、陰謀に満ちた宮廷について次のようにいう。宮廷では、おだやかな言葉のなかに憎悪が隠されている。裏切りの毒が友情や優しさのなかに隠れる。愛想のよい表現の背後に怪物の魂がひそむ。おだやかなほほえみの仮面をかぶって、腹のなかの悪意がわなをかける、と。(34)

さらに「君主の鑑」のジャンルでは、リモージュのヨハネスが一二〇八年から一八年頃に書き、シャンパーニュ伯チボー四世に献呈した『ファラオの道徳的な夢』があげられよう。これは、『創世記』四十一章の言葉に注釈する形で、支配者に徳を教え、同時に、宮廷生活の不誠実さを語るものである。ここでもまた、宮廷でへつらう者、陰謀を企てる者が批判のやり玉にあげられている。(35)

おわりに

これまで見てきたように、十二世紀から十三世紀初めに書かれた宮廷批判の著作からは、この時代に、いかに宮廷が道徳的な批判の対象とされたかがわかる。だが留意すべき点は、ほとんどの宮廷批判を行った著作家たちが、何らかの形で宮廷に対して反感を抱くような個人的な体験をしており、そのことが彼らに宮廷批判の著作を書かせた動機となっていることである。たとえばソールズベリのジョンは、ヘンリ二世の好意を失ったことをきっかけに『ポリクラティクス』を書き、またブロワのペトルスやウェールズのジェラルドも宮廷での不快な体験や不当な処遇から宮廷を批判する著作を書いた。従って彼らの宮廷批判の言説は、そのまま当時の宮廷の現実にかんする証言として受け取ることはできない。その意味を正しく理解するには、批判する者の置かれた立場をよく考慮する必要がある。

中世盛期の宮廷批判では、宮廷人が、優雅な振る舞い、礼節、愛想のよさの背後に悪意や野心を隠し持ちながら、王に取り入って地位を得ようとする者であることが、決まったトポスとしてたびたび語られる。つまり、宮廷人が体現する二面的な性格がつねに指摘されるのだが、一方での、礼節や優雅さという宮廷文化の核心をなす徳は、十二世紀から十三世紀にかけて、騎士物語などの宮廷文学で詳しく描写されることになる。従って重要なことは、騎士物語などで示される、洗練されたマナーの支配する宮廷の像と、宮廷批判の書物で示される偽善や虚栄の支配する宮廷の像とは、同じ時期に出現する同じ宮廷に対する、ことなる側面からの考察となっていることである。

そして、よき宮廷人の理想を提供したのも、また宮廷批判の典拠となったのも、この時期の古典の復活にもとづく人文主義的な理念であった。たとえば十一世紀後半に、ハインリヒ四世の宮廷に深くかかわったアルバ司教ベンゾは、その著作で、ハインリヒ四世の宮廷では人間の尊厳の観念が再生し、宮廷人の間では人間の知的な才能、ほんらいの能力が開花していると称えたが、これはまさに、人文主義の理念の再生が宮廷文化の根源にあることを示している。[36]だがまた、人文主義的な人間の尊厳の理念は、人間のあるべき姿を論じる道徳の議論を再生させ、宮廷批判の潮流をも生み出したのであった。

しかし、以上のような宮廷批判の議論は、十三世紀半ば以降になると社会のなかで影響力を失っていく。宮廷批判は、社会が専門化し宮廷人に人文主義的な教養よりも、法学や行政の専門知識が要請されるようになった時代に、その生きた意味を失う。人文主義的な宮廷批判が再び脚光をあびるのは、中世末期からルネサンスの時期まで待たねばならない。[37]

第Ⅲ部　教会への視角

第一章　教会観――『ポリクラティクス』を読む

はじめに

ソールズベリのジョンは、その著書『ポリクラティクス』における君主理念の考察、暴君批判、あるいは国家と人体の比較の議論で、十二世紀における世俗国家の観念のあらたな構築者として評価されてきた。確かに『ポリクラティクス』は、イングランド王ヘンリ二世の統治に影響を与えるべく書かれた「君主の鑑」として、第一に、王とその宮廷のモラルを糺し、国家のそれぞれの構成員が果たすべき役割を指し示した著作といえる。だがそれとならんで重要なことは、同時代の教会のあり方にかんしても、そこでさまざまな角度から批判的な議論が展開されていることである。ジョン自身、カンタベリ大司教シオボルドのもとで、文書作成やその他の秘書的な役割を担う聖職者として奉職し、頻繁に教皇庁に滞在しながら、カンタベリ大司教座と教皇庁とをつなぐ役割を果たしていた。それゆえに、彼が『ポリクラティクス』で述べた教会にかんする観念は、当時の教会にかかわった聖職者知識人の具体的な教会観の表明として、とりわけ貴重な記録となっている(1)。

ところでこれまでのジョンの政治思想の研究で、教会にかんする議論はもっぱら、ジョンの教権と俗権の関係の理解という点に集中していた。とくに、彼の人体の隠喩による国家の把握では、聖職者が魂と見なされることから、それと肉体としての国家、あるいは頭としての支配者との関係をどう考えるかという問題が主として議論されてきた。これまでの研究のなかでは、魂としての聖職者が人体諸器官としての国家の構成員を支配するというジョンの議論に、教会による世俗国家の支配という教権制的な理念を見てとったものも多い[2]。しかし以下で考察するように、ジョンが、魂の肉体に対する優位の比喩で意図したのは、法的、政治的な意味での教権による俗権の支配ではない。むしろそこでは、一つの有機体としての国家における教権と俗権との調和的共存が意図され、そのなかで聖職者は、世俗国家の構成員に対して神の法や人間社会の道徳を教示する役割が与えられている。聖職者は、そうした規範の守護者という意味で俗権に対して優位に立つ。そのかぎりで、ジョンによる教権の優位性の言説は、グレゴリウス改革以来の教権制的な理念の展開のなかに位置づけられるものではない[3]。

ではジョンの教会論は、具体的にどのような特色をもつといえるのか。『ポリクラティクス』を子細に読むと き、そこから見てとれる教会にかんする議論の最大の特徴は、教権と俗権をめぐる理論的な考察であるよりも、むしろ司教や修道士らの教会構成員に対する辛辣な批判、そしてその本来あるべき姿の提示であることがわかる。すでにこれまでのジョンの政治思想研究のなかでいわれてきたように、『ポリクラティクス』では、何らかの体系的な政治思想が展開されているのではなく、国家や教会をめぐる諸問題についての道徳的な見地からの批判が主としてなされている。とくに教会に関しては、ジョン自身が教会行政にかかわりながら見聞きした、現実の教会をめぐる種々の腐敗が俎上にあげられている。こうした、教会にかんする理念的な問題よりも、あくまで現実の道徳的な批判を行うジョンの姿勢は、まさに彼の人文主義的な教養に裏づけられたモラリストとしての立場ともいえる。以下では、彼が『ポリクラティクス』のなかで展開した教会にかんする議論を詳しく見ていくことにしたい。

一　聖職者一般について

（1）聖職者の地位

まず初めに、ジョンの聖職者一般にかんする議論を考察しよう。彼は『ポリクラティクス』のなかで、国家を人体と比較し、そこで聖職者には魂の位置を割りあてて、次のようにいう。

「我々の間で信仰の仕事を引き受けて組織し、神の神聖な儀式を伝える者が、国家の体のなかで魂の力をもつ。じっさい、信仰の仕事を統括する者を体の魂のように敬い、尊敬するのは当然のことである。だれが、聖なるものの奉仕者が神自身の代理者であることを疑うだろうか。そして、魂が全体の体を指導するように、宗教の監督者と呼ばれる者たちは全体の体を統括する。(4)」

このように聖職者は、人体における魂のように体全体を統括する者とされる。そして頭としての君主は、人体で頭が魂に支配されるように、神と神の地上での代理者である聖職者に服すべきであるといわれる。しかし、ここで魂の肉体への優位という形で表された教権の俗権に対する優位の論理は、グレゴリウス改革以来の教会論における教権制的な議論とは異質なものである。ジョンの有機体比較は、あらたに勃興しつつあった世俗国家において、諸身分がいかに調和的に個々の役割を果たしうるかを語るために用いられたものであった。ジョンによれば、魂と頭が人体の一部として固有の職務を果たすとき全体の調和が達成されるように、君主と聖職者がそれぞれ正しく行為するとき、国家全体の調和と秩序は実現する。魂としての聖職者は神の代理人として、神の法を守護することにおいて、他の人体の諸器官に対して優位にあるが、それによって、教権制による俗権の支配をめぐっての両権力の対立の図式よりも、そもそもことなった職務をもつ両権力の、自然に従った調和が構想されている。[5]

それでは、ジョンは聖職者の職務を具体的にどのようなものと理解していたのだろうか。彼によれば、聖職者の職務は、騎士の職務と比較されるものである。騎士は選抜と誓約により正式に騎士とされるが、「選抜と誓約という二つの原理は、世俗の騎士のみならず、霊的な騎士である聖職者にも共通する要素である。世俗の騎士が国家の防衛のために選ばれるように、霊的な騎士である聖職者は、教会と祭壇への奉仕のために召し出される。[6]」選抜のあと、聖職者は神に忠誠を誓い、教会により正式に叙任されて初めて、司祭などの品級を与えられる。それは、主君に忠誠を誓わない者が正式の騎士と見なされないのと同じである。[7]

このように、国家のなかで特別な地位を占める聖職者は、すでにローマ皇帝の時代から、さまざまな特権を与えられていた。そのなかでもとくに、聖職者の世俗裁判権からの免除特権は、ローマ法の規定で定められていたものである。[8]ジョンによれば、聖職者が世俗の裁判官のもとへ召喚されず、教会の裁判官の前にのみ召喚されるという特権は、彼の時代、慣習としてすでに定着している特権であった。[9]しかしこれは、周知のように、ヘンリ二世のクラレンドン法令（一一六四年）で否定され、その後のカンタベリ大司教トマス・ベケットとヘンリ二世との対立において最大の論争点となった。[10]

また教会法が定める聖職者への特別な保護として、ジョンは、聖職者に暴行した者が破門の罰を受ける規定をあげている。そして教皇のみが、その破門を赦免できる。[11]また聖職者は、「たとえ暴君的行為を行っても、秘蹟への敬意から、流血を伴う処罰を受けることはない」とされる(12)。

ジョンはさらにいう。聖職者の職務は、名誉だけでなく労苦とも結びついている。聖職者は叙任されるとともに、その官職の重荷を背負わねばならない(13)。また聖職者は「悪徳を拒否し、人々を矯正し、徳を広め、自身と他の人々の霊的救済を配慮すべき」である(14)。だが現実には、こうした理想とは裏腹に、聖職者の堕落が見られると、ジョンは明確に指摘する。なぜなら多くの聖職者は、聖職に就くことを「豊かさと安楽のうちに生活できる機会」と見なしているからである(15)。

(2)　聖職者への批判

ジョンは『ポリクラティクス』において、暴君についての詳しい議論を行っているが、そのなかで聖職者の暴君にも言及している。彼はいう。聖職者のなかにも他の職務の者と同様に、大きな野心をもち、あらゆる策を弄しながら、自身の義務を遂行するという口実のもとで暴政を行う者がいる(16)。

ジョンは聖職者のあり方を、『ヨハネによる福音書』(十・十―十八)での羊飼いの分類に従い、雇い人(mercennarius)、盗人(fur)、よい羊飼い(pastor)の三種類に分けて詳しく説明する。理想的な聖職者は、心から羊たちの世話をするよき羊飼いである。しかし聖職者のなかには、雇い人や盗人の比喩があてはまる悪しき者たちもいる。それらの者は、羊の群を心からではなく見せかけだけで番する者であり、つまり、信徒の魂の救済を配慮しない聖職者である。

雇い人の聖職者について、次のようにいう。

「雇い人の羊飼いが、羊のためよりもそれにより得られる代価のためにそれを行い、狼が攻撃して来るのを見ると羊を見捨てて逃げ、羊ではなく利益にしか関心をもたない[17]」。

雇い人の聖職者は、狼が近づいても吠えることのできない犬のように、世俗の権力者を恐れ、神に従うことをしない。さらに、雇い人の聖職者の間にも段階がある。ある者は、魂の救済と物の獲得の両方に関心があるが、ある者は物欲だけに動かされ、魂の救済にはまったく関心がない[18]。

ところで、これ以上にジョンが断罪するのは、盗人の聖職者である。『ヨハネによる福音書』（十・十）にあるように、「盗人が来るのは盗んだり、滅ぼしたりするためにほかならない」ので、そのような者は、外見も中身も羊飼いとはいえない。金のためなら羊を養わずに殺して、自分の利益とするからである[19]。そして盗人の聖職者には二種類ある。それは、最初から野心や悪徳に満たされた者と、最初は教会の職務を正しく遂行して、司牧活動を行いながら、のちに教会の迫害者となる者である[20]。彼らは教会の収入だけで満足せず、世俗の君主の官吏になって収入を得たりする[21]。いずれにせよ、彼らを動かしているのは貪欲である。ジョンはいう。

「よい羊飼いの聖職者には、彼らが羊たちを真に愛するがゆえに、愛がふさわしい。雇い人の聖職者には、彼らが愛を模倣するように見えるので、忍耐がふさわしい。盗人の聖職者には、教会は罰以外の何の義務も負わない[22]。」

貪欲で悪しき者の多い教会の役職として、ジョンがとくに非難するのは、聖堂参事会長と大助祭であり、この二つの役職の者にはあらゆる悪が可能であるとされる[23]。ジョンはフランス亡命中に書いた書簡のなかで、一般的に大助祭は贈り物を愛し、金を要求し、不法を行い、詐欺を喜んで行うので、救いへの道が閉ざされていると語っている[24]。さらに、人間により裁かれることのない教皇が君臨する教皇庁でも、貪欲な聖職者がいるとジョンはいう[25]。

こうして聖職者が一般的に批判されるとともに、『ポリクラティクス』では、司教と修道士が厳しい批判にさらされる。以下で、それについて見ていきたい。

二　司教について

(1)　司教批判

『ポリクラティクス』で、司教職が最初に批判的に言及されるのは、五巻十六章の、官吏による賄賂の強要の問題が扱われるところである。そこで、ローマ法が行政官に賄賂の強要を禁じていることが述べられ、さらに司教の賄賂の問題へと話題が移っていく[26]。

ジョンはいう。司教は、自身がもつ野心と同じくらい、勤勉さと誠実さとに満たされたときにのみ、その尊敬すべき司教の名前と職務をまっとうしうる。そうすれば、彼は父として愛され、主人として畏怖され、聖者としてあがめられ、賄賂の強要や詐欺などとは無縁の者となるだろう。しかし現実には、彼らは名誉への野心と金銭への貪欲により、みずから陰謀をめぐらしたり、他人の陰謀に加担したりして、あらゆる尊敬や愛を失っている。こうして不正なリベートや利益を要求する司教たちは、汚名や罰から逃れることはできない。そして司教たちは、獲得した利益のうち、全額を自分のものにするか、あるいは少なくとも三分の二を自分のものとして、残りの三分の一を大助祭などの官吏に渡している。(27)

また、司教について語られる八巻十七章の部分で、ジョンは次のようにいう。

「地上における裁き手であり、この世の最も明るい光であるべき教会の父たち、すなわち司教たちが、贈り物を喜び、罰金の徴収と財産の没収ばかりを行い、司教区を荒廃させるほど金を集め、自分の金庫を満たすために他人のそれを空にし、その舌で清貧を説きながら、犯罪を犯してまで富を追求している現実を、だれが信じられるだろうか。(28)」

そして彼らは、自身がやっているにもかかわらず、他人が霊的な職務とひきかえに賄賂を得ていると断罪する。彼らはすべての者に恐れられ、だれにも愛されず、平和を説きながら彼ら自身が争いを引き起こす。そして謙譲を装い、他人にそれを説くが、自身の高慢は許している。また、自身が貪欲でありながら他人の貪欲を咎め、気前よさを他人に命じながら自分は吝嗇である。(29) 本来、司教たちは使徒の足跡を継ぐ者として、使徒の生活を模倣することを義務づけられているのに、こうした悪しき司教たちは、いつも腹いっぱい食べながら、断食の効用について議論している。つまり彼らは、その行為で自分の言葉を裏切っている。(30)

(2) 司教職獲得の方法

さらにジョンは七巻十七章で、名誉欲の起源と帰結について論じるところで、今日の教会が野心家の略奪の対象となっていることを嘆いていう。

「私は神の家の災厄について、つまり、その知恵の部屋が姦淫を行う者たちに開かれていることについて、また、社の深奥が娼楼に変えられていることについて、苦悶と涙なしに嘆くことはできない。神が禁じているにもかかわらず、祈禱の家は商売の家に変えられ、救いとなるべき岩の上に作られている教会は、盗賊の洞穴となっている。そして、教会からの略奪をおおっぴらに行う者もいれば、それを秘密裡に行う者もいる。(31)」

そしてジョンは、こうした教会を略奪する者が、司教職を獲得するために用いるさまざまな方法をあげる。彼はいう。ある者はその高貴さによって、あるいは力ある者の権力を頼って、暴力的に聖なる地位を得てしまう。さらに他の者は、みずからの大きな富に頼って、そこに入る。そしてだれも、彼らとその用いる金銭に永遠の呪いをあびせる者はいない。すなわちそれは、公然とした賄賂による方法である。さらには、ひそやかな金のシャワーで教会の最も奥の部分に入る者がいる。それは、隠された賄賂による方法である。さらに他の者は、贈り物に無知であるかのように、従順に奉仕する。まるで従順な奉仕は贈り物による計算とはまったく別のものであるかのように。つまり、従順に奉仕することで、それに対する埋め合わせを期待する方法である。しかし、他の者は違う方法で、より危険なく教会の権力にたどりつこうとする。その方法とは、力ある君主の好意を確保し、彼らとの密接な友好関係に入ることである。こうした者は、自身の権力への野心を満たすべく、君主たちのために書類の作成、倉庫や公的資金の管理など、あらゆる仕事を引き受ける。こうして世俗の君主の恩顧を得て、司教

職に就こうとする者がいる。(32)

さらなる司教職獲得の方法は、聖職売買である。ジョンはいう。今日あらゆる物が、あからさまに売買されている。貪欲への情熱は聖なる祭壇も脅かし、教会にかかわる物すべてが財として売買されている。また、「聖職推挙権や教会の守護権（ius aduocationis aut patronatus ecclesiae）」も売買されている。かつて教父アンブロシウスは、聖職売買を禁じる布告を出したが、聖職売買を行う者たちは、その布告がイタリアのランゴバルドの地域にのみ適用されるものであると見なし、それを無視してきた。また教会の定めには、俗人の聖職推挙権により教会の職に就く者を非難する布告があるが、聖職売買を行う者は、それがたんなる警告にすぎず、永続的なものではなく、時と場所により免除されうるものだといってその規定を守らない。(33)

また、司教を選出する母胎である司教座聖堂参事会についても、ジョンは批判する。なぜなら、聖堂参事会員が金持ちや権力者、あるいは貴族や宮廷人の場合、そうした者には、参事会員を律する法が課されていないからである。また彼らは、次の司教の継承について互いに契約を結ぶ。そして司教の死を待ちながら、じっさいに司教が死ぬと、次に継承すべき人は心から喜ぶ。司教がなかなかその職を去らないと、彼らはさまざまなしかたで、司教を脅したりする。(34)

続く七巻十八章では、自身の野心をあくまで隠しながら、司教の位を獲得しようとする偽善者が批判される。ジョンはいう。そうした人物は昇進を命ぜられると、ナイーヴな驚きを表し、その名誉の重荷を負うことを拒否する。しかし、破城槌を用いるさい、より強く打つために一旦それを後ろに下げるように、彼らはその目的をまっとうさせるべく、まずため息をつき、うめき声をあげ、すすり泣きをしてそれを断る。そして、なぜ自分が司教にふさわしくないのか、次のようにいって説明する。たとえば、私は人の癒し手にはなれないとか、私には困窮した者に与える十分な財がないとか、私は話す才能がないとかいう。またその人物が年少であれば、私はまだ子供であるとか、知識がないとか、軽率であるとかいう。しかし彼はこうして、ためいきをつき、苦情をいい、偽善の涙を流しながら、人々をわなにかけ、その狡猾さで官職へとたどり着こうとする。

さらにはまた、自分がかつて財務府などの官職を買ったことがあるので、聖職売買の罪の嫌疑をかけられる可能性があり、司教に昇進することはできないとかいう。そして教会の規定を持ち出し、宮廷での世俗の職を買った者、あるいは君主のもとで卑しい職務を行った者は司教に昇進できないと繰り返していう[35]。

ジョンはここで、同時代のエピソードを語る。野心家の修道士が、ある君主に代価を支払い、修道院長職に指名された。だが彼は謙譲を装い、そのような高い地位は自分にふさわしくないといって、登位を拒否した。しかしそれは、彼がその地位に就くように、より強く要請されんがためであった。だがその君主は、彼にこういった。「確かにおまえは、秘密裡に金を支払い、私からその地位を買ったので、それにふさわしくない。だから私が、おまえとの契約を実行しなくても、それは私が悪いわけではない。帰って、誰かふさわしい者をその地位に就けよ」と[36]。

しかしジョンはいう。今の野心家は、これよりももっと巧妙である。その者が、望むものを欲していないと思われるように見せかけ、最終的にその者は、すでに金を払って買ったものを受け取る。そのような人物は巧みな言い抜けにより、彼がその職を望んでいないと人々に信じさせ、一方でその者は、これで彼の敬虔さを証明する。そして現在の昇進はだめでも、将来の昇進をねらう。ジョンはこのやり口を、足の折れた馬を健康な馬であるかのように見せて、不用心な者にうまくつかませる商人の方法にたとえている[37]。

だが、このように本心を偽りながら司教位に到達する者のほかに、もっと大胆な者たちがいることが、次の十九章でいわれる。それは、野心を隠す偽善者を臆病者として笑いとばし、自身の野心をまったく隠そうとしない者たちである。彼らは、他人をはねのけながら、聖職者の椅子に殺到し、聖なる祭壇の上に自分が休むベッドを作るような者である。司教の職は、そのような人々にとって、神に責任を負う厳粛なものではなく、安楽に生活する機会を与えてくれる行政的な地位と見なされる(38)。こうした者は、贈り物をもって君主を訪ね、高位聖職者の地位を求めて自分を推薦する。そして何らかの地位に就けるように、高位の役職者のみならずその従者にも、何か職があったときには自分を思い出してくれるように頼む。また下級の役職者に頼んで、自分を推薦させたりもする。そうした者は、司教の位にある者の年齢を数え、彼らが年老いていれば喜ぶ。そして司教の運命を占星術者に占わせたりする。だが、隠れたしかたで働く神の叡知は、こうした者の昇進を失敗させ、それまで話にも上らなかった無名の者を司教位に就けたりする(39)。

ジョンは、同時代のそのような例を具体的にあげる。シチリア王ルッジェーロ二世が王であったとき、カンパニア地方のアヴェッラの司教位が空位になった。そのさい、王の書記局長セルビのロバートのもとに三人の人物がやってきた。一人は修道院長、一人は大助祭、もう一人は俗人で王の役人であった。三人とも秘密裡に、その司教位のために、莫大な金額を支払うことを申し出た。ロバートは、彼らと個別に金額を取り決めて合意し、互いに誓約も交わした。そして正式の選出の日が決められた。その日が来ると、大司教、司教、そして多くの貴顕が集まったが、ロバートはそこで、この候補者たちとの間で取り決めたことを暴露した。結局、選出は司教たちの判断でなされることになり、司教たちは三人の候補者すべてを退け、まったくかかわりのない一人の貧しい修道士を、教会法に従い選出し、その職に任命した。しかしこの三人は、約束した金は支払うことをしいられた(40)。

ジョンはさらにこの章で、同時代の司教候補者のいいそうな言い抜けを、聖書の登場人物や他の聖者と比較しながら語っている。ここで語られる言い抜けは、まさにユーモアに満ちている。彼の同時代の聖職者に対する批判が、こうした諧謔のなかで展開されるのを見るとき、ジョンという思想家が、教会の護教的知識人というカテゴリーだけでは捉えきれない、奥深いヒューマニズムの精神を備えた人物であることがよくわかる。

ジョンは次のようにいう。そうした候補者は、自身の生まれが卑しければ、「ペテロも貴族ではなかった」といい、自身が年少であれば、「エレミアや洗礼者ヨハネもそうだった」という。また自身が子供であれば、「ダニエルも年長の者たちを断罪したとき、若かった」といい、無口のときは、「モーセもそうだった」という。無教養の場合は、「使徒たちも学校に行かなかった」といい、娼家によく出入りするときには、「神の命令でホセアも娼婦を抱いた」という。愚かなときには、「神は世の愚かさのために、信じる者を救おうとした」といい、軍役で戦ったことがあるときには、「マルティヌスもまた、皇帝ユリアヌスのもとで兵士だった」という。大食と大酒飲みで非難されれば、「キリスト自身もユダヤ人から、大酒飲みで大食漢だといわれた」という。人を殺そうとしたことがあるときには、「ペテロもまた、剣を振るい、人の耳を切り落とした」といい、臆病なときには、「ヨナはニネベに行くのを躊躇した」という。公職に就いているときには、「マタイも徴税人だった」という。口論好きの者であれば、「イエスの弟子たちの間でも、口論がなされていた」という。殺人者の場合は、「モーセも秘密のうちに人を殺し、またサムエルは公衆の面前で人を殺した」という。裏切りと偽誓をする者であれば、「ペテロは、裏切りの上に偽誓までもした」という。口がきけないときには、「ザカリヤはそのことで、祭司から排除されなかった」という。盲目の場合は、「パウロは、アナニヤが彼を祝別したとき目が見えなかった」といい、耳が聞こえないときには、「そのことで神の法を伝えることができないわけはない。説教の聞き手ではなく、説教者になることが求められているから」という。また、誤った信仰の持ち主であれば、「キプリアヌスもそうだったらしい」という。病弱であれば、「教皇グレゴリウス一世もローマ教皇位にあったとき、極度に病弱であった」といい、異端者であったときには、「アウグスティヌスも、自身がマニ教徒であったことを告白している」という。まだキリスト教徒になっていないときには、「アンブロシウスは、まだ洗礼を受けていないときに司教に選出された」といい、神の教会の迫害者であるときには、「パウロは迫害者から説教者になった」という[41]。

ところで、続く二十章では、皇帝ユスティニアヌスが司教候補者に対して定めた規定が言及される。ジョンがここでローマ法から抜粋した司教候補者への要請は、その前の章で、野心ある司教候補者に帰した欠点と反対のものである。そこでは、司教候補者が尊敬すべき人物で、非難されるところなく、教養があり、よい評判の者であるべきこと、また、世俗の官吏や宮廷人が司教になるべきではないこと、さらに独身であり、子供がいないことなどがあげられる[42]。

三　修道士について

(1)　修道士批判

さて『ポリクラティクス』において、司教とならんで痛烈に批判されるのは修道士である。修道士批判は、七巻二十一章から二十三章で展開されている。その最初の章である七巻二十一章のタイトルは、「野心の汚点を、偽りの信仰の口実のもとに隠そうとする偽善者たちについて」であるが、このように悪しき修道士は、野心を偽り隠し、いつもその心の下では狡猾な狐のような者とされる。ジョンはいう。民衆の愚かさや権力者の放縦を批判するにもかかわらず、その野心を押さえることができない者がいる。彼らは公にではなく秘密裡に、かつ欺瞞的に野心を実現する。聖職を得るさいにも、賄賂や暴力により奪うことはしないが、詐欺的な方法に訴えて獲得する。彼らは羊の皮を着ているが、内面は恐ろしい狼である(43)。

さらに修道士の生活の特徴がいわれる。修道士たちは人間の世界に生きながら、他の人々と違って天使のような生活を行い、空と語り合う。彼らは、織りの粗い汚れた服を着て、継続的に断食し、他人に聞こえるような声でたえまなく祈る。彼らは在俗の聖職者たちを批判し、君主や権力者のモラルの改善を要求する。彼らは、仲間とともに厳格な規律に服し、厳しい修行をなす。かくして彼らは、自分たちをバシリウスやベネディクトゥス、あるいはアウグスティヌス、さらには使徒や預言者の足跡の後継者であると宣言する(44)。だが、何と偽善的な修道士の多いことか。ジョンは次のようにいう。

「彼らはいつも、苦行で青ざめた顔をしながら、深いため息をつく。そして突然、不誠実でわざとらしい涙をあふれさせ、ほとんど剃り上げているか、あるいは短い髪のある頭を垂れて、半分、目を閉じ、前に進む。そして低い声で話しながら、つねに唇を祈るかのように動かす。彼らは忍び足で、かつリズミカルな足取りで歩き、ぼろぼろで汚れた服を着て、みすぼらしさを装っている。だがこの謙遜は、彼らが最も低い場所に身を落とすように見える分だけ、より高い場所に上らんがためである。自発的に自分を低めるように見せかけて、その分だけ偉く見えるようにである(45)。」

そしてこうした偽善的な修道士たちは、教会のなかに何らかの汚点を見つけると、自分たちがあらゆる汚点と無縁であることを強調するために、それを公にする。また、敬虔でない人物に与えられた聖職禄が取り上げられるようにと、説教で語ったりする。さらに、ローマ教皇庁と世俗の宮廷の後ろ盾を得て、咎めだてなく大きな悪を行い、教会を掻き乱す。修道士たちはローマ教皇庁の保護を求め、すべての教会の裁治権からの免属を獲得し、ローマ教皇庁の特別な子供となり、どこでだれに対しても法的な訴えを起こすことができるようになるが、自分たちはローマ以外で訴えられることはなくなる。同時に修道士たちは、世俗の権力者の助けを望み、彼らに神の好意を約束する。修道士たちは、権力者や富裕な者から恩顧や金が与えられると、彼らの罪をすぐに赦免する。(46)

こうした偽善的な修道士の像は、ジョンが見た現実を反映しているのだろう。しかしジョンの観察は、これで終わらない。

「修道士たちは、うわさを嗅ぎ出しては興奮して喜ぶ。彼らは、互いに仲の悪い人々をめぐる秘密を詮索し、それを最初に片方の側に、その後に他方の側に報告する。こうやって、それぞれの側に不誠実でありながら、それぞれの側から好意を求める。彼らがこのように情報通であるのは、彼らが着ている信仰の服のために、人々が警戒を緩めるからである。(47)」

そして彼らは、宮廷の会議で、市場の市民集会で、軍役を行う軍隊のなかで、また教会会議において、いつも上席を占める。彼らは公的な見せ物の場所に入り込み、最もよい席を占め、人からうやうやしい挨拶を受け、もしそうされなければ激しく怒る。もし彼らを非難する者があれば、彼らはその者を信仰の敵、真理の敵と呼ぶだろう。(48)

このように修道士のあり方が一般的に批判されたあと、ジョンは同時代の修道会の特徴を述べる。クリュニー系の修道院については、信仰の真の姿を、多くの地域で実践している点で、律修参事会にかんしては、在俗の聖職者が模倣すべき規則を示している点で称賛される。またテンプル騎士団は、同胞のためにその命をなげうつ点で、またホスピタル騎士団は、もてるものすべてを貧者のために使い、キリストの教えに忠実に従っている点で称賛される。シトー会は、ベネディクトゥス戒律を文字通りに実践している点で称賛される[49]。だがシトー会は、客のもてなしにおいて問題がある。ジョンはいう。シトー会の慣習規定のなかで、客の接待の規定は、人間性のみならず礼節も欠いている。なぜならその規定では、客に肉を出さないばかりか、客のために何か特別なものを買うことも禁じているからである。客のためなら断食もやめて、厳格さを緩めることが真の完徳である。この点でベネディクトゥス戒律は、人間的な客へのもてなしを規定しているのでよりよい[50]。修道会のなかで、ジョンがとくに称賛するのは、カルトゥジオ会とグランモン会である。なぜなら彼らは、みずからの欲望を徹底的に制限し、すべての世俗の喜びを断念して苦行の生活を行い、そうすることで、偽善者の汚名を受けないよう努力しているから[51]。

しかしこうした修道士の生活に比べると、在俗聖職者の生活は、はるかに劣っている。ジョンはいう。もし我々のだれかが、九月から復活祭まで毎日、徹夜の勤行を行い、そして肉を食べることをせず、また肉欲にふけることなく、決められた時祷を守り、酒を飲み過ぎず、沈黙を守れば、キリストを完全に模倣する者といわれ、そのきわだった徳が称賛されるだろう。だがこのようなことは、怠惰な修道士ですら行っている[52]。

（2） 十分の一税をめぐって

だが、修道士の最大の悪徳は隠れた物欲である。修道士たちは、司教の同意なく教区の教会を奪い、そこから十分の一税、初穂料を収奪している。また彼らは、自分たちの近くにあるすべてのものを自分の所有物に変える。つまり、人々の先祖伝来の土地を盗み、村や集落を荒野にし、さらには教会堂を破壊し、それを世俗の使用物に変える。以前、祈りのための家であった建物が、しばしば修道士たちにより家畜小屋や牧夫の小屋、あるいは羊毛の織工の仕事場に使われている[53]。

ジョンはここで、修道士の十分の一税所有を厳しく批判する。この当時ほとんどの修道院は、みずからが所有する教区教会の十分の一税を得ていた。それはベネディクト会系の修道院でも、騎士修道会、律修参事会、シトー会でも、さらにジョンが高く評価したカルトゥジオ会でもそうであった。その現実がジョンに、修道士の十分の一税の取得を批判させた最大の原因であった[54]。

ジョンはいう。修道士たちは、ほんらい自身が得るべきではない十分の一税を我がものにすることを、なぜ恥じないのか。彼らは、自分たちが在俗の聖職者よりも信仰深い人間であるから、それを要求できると考え、それを得ることが、自分たちの身分にふさわしいと主張する。あるいは彼らは、教皇からの特権により、自分たちが開墾した土地については、十分の一税を自分のものにできると語る。だが、十分の一税を支払うことこそが、信仰の一部であることを忘れてはならない、と[55]。

そもそも修道士による十分の一税の取得は、十一世紀以降の修道院改革運動のなかで批判された問題であった。改革を目指す修道院は、自身が所有する教区教会からの十分の一税の取得を放棄した。とくに十二世紀初頭には、シトー会もカルトゥジオ会も、自身がもつ教会からの十分の一税を、修道士の身分にふさわしくないものとして放棄していた。また律修参事会でも同じように、十分の一税の取得が批判された。修道士たちは、十分の一税を放棄することで清貧を守り、みずからの手の労働でみずからを養うという改革の理念を実現しようとしたといえる。しかし現実には、十二世紀中葉の時代になると、再び多くの修道院が自身の教会から、十分の一税を取得するようになった。こうしたなかジョンは、修道士の十分の一税取得に強く反対した一人であった[56]。

ジョンはさらに、修道院が自身の所領の収入から、教会に対して十分の一税を支払うべきことについていう。修道士たちは、他人に十分の一税の支払いを要求するが、自分たちは、その支払いから免除されていると考えている。初期キリスト教の時代、貧窮していた修道院には、十分の一税の支払いの免除特権が与えられたが、今やその特権は、修道院の物欲を満たすのみである[57]。ジョンは、同時代の教皇ハドリアヌス四世が修道院に対して、十分の一税支払いの免除特権を新開墾地のみに限定した布告を出したことについて、ここで言及している[58]。

四　教皇について

次に、ジョンの教会にかんする言説のなかで、教皇について語られる部分を見てみたい。ジョンの教皇の理解からは、彼が教権全体をどのように性格づけ、その俗権との関係をいかに考えたかについて、一定の手がかりを得ることができる。とくにジョンは、彼の著作『教皇史』で詳しく描いているように、一一四八年から一一五二年にかけて教皇エウゲニウス三世のもとに頻繁に滞在し、教皇庁の動向を熟知していたので、教皇についての言説は彼の教会観を理解する上で重要である。

ジョンの教皇にかんする言説のなかで、とくに検討しなければならないのは、彼が教皇の神的な権威と、教会ヒエラルヒーのなかでの絶対的な地位を認めるような言説を残しているかどうかであろう。というのは、グレゴリウス改革以降、西欧の教会ヒエラルヒーの中央集権化が進むとともに、教会内での疑似君主的な教皇の地位が、次第に強化されたからである。とくに十三世紀初頭のインノケンティウス三世の時期にいたって、教皇には神の直接の代理者としての絶対的な権威が与えられるようになり、教皇は、それまでのように「ペテロの代理者(vicarius Petri)」と呼ばれるのではなく、地上で神の職務を代行する者として、「キリストの代理者(vicarius Christi)」ともっぱら呼ばれるようになる。そして、このような教皇の神的権威の主張により、教皇は教会ヒエラルヒー内部で至高権をもち、絶対的な権力を行使しうる者と見なされるようになる。こうした観念がジョンの言説でどの程度見られるかは、十二世紀中葉の教会の観念を知る上で非常に興味深いものである[59]。

だが、じっさいに『ポリクラティクス』を検討してみると、教皇の神的権威を強調するような言説は、いまだ成熟した形で現れてはいないことがわかる。ジョンは、教皇のことを「ペテロの代理者」とも「キリストの代理者」とも呼んでおり、教皇をもっぱら「キリストの代理者」として、その権力を神から直接由来させるという議論は行っていない。

ジョンが教皇について詳しく言及するのは、八巻二十三章においてであるが、そこで教皇は「しもべのなかのしもべ(servus servorum)」として特徴づけられる。しかしそれは、教皇の栄光ある地位を表すための呼び名ではなく、教皇が、神のしもべたちに実質的に奉仕するからである。そして、神のしもべたちとは、神に服するすべての人々のことであり、そこには善人も悪人も、あるいは世俗の君主も含まれる。また、しばしば教皇を都市ローマから追い出した、ローマの住民に対しても、教皇はしもべとして奉仕しなければならないとされる[60]。ここにはおそらく、教皇が十二世紀中葉の時期、反乱を起こした都市ローマを武力で奪回しようとしたことに対する、ジョンの批判の意図も込められている。またさらに、教皇ハドリアヌス四世が、教皇の地位が多くの労苦に満ち、その肩に大きな重圧がのしかかるものであると語ったことが述べられる[61]。

こうした彼の教皇の理解からは、教皇の神的な権威の正当化、あるいは教皇の全西欧教会における絶対的支配権の主張は見出されない。だが重要なことは、一方で、ジョンの『初期書簡集』などからわかるように、この時期、教皇庁への上訴が各地から数多くなされており、教皇は、教会ヒエラルヒー内で最高の裁治権者として重要性を高めていたことである[62]。じっさいジョンは、教皇が神以外にはだれにも裁かれない者であるという原則を『ポリクラティクス』で述べており、教皇が西欧教会内での最高権威者であることを明確に意識していた[63]。

さらに、ジョンの教皇に対する見方が示されるものとして、彼の『教皇史』での教皇エウゲニウス三世についての批判的な記述がある。彼はそこで、エウゲニウス三世の優柔不断で、猜疑心あふれる性格を率直にに指摘している[64]。こうした教皇についての忌憚のない叙述からは、ジョンが、教皇を極度に神格化するような立場とはまったく無縁の者であったことがわかる。

おわりに

最初に述べたように、ジョンの『ポリクラティクス』全体の議論を見るとき、魂としての聖職者の位置づけや、あるいは両剣論による教権の俗権への優位の議論だけを個別に取り出して、その後の時代に構築された教権制的な理念をそこに見出すのは無理がある。じっさい、彼が教皇に言及するところでは、教皇の神的権威や至高権をとくに強調する議論は見られず、その点からも彼が教権制論者であったとは到底いえない。このことはまた、

『ポリクラティクス』の意図が、あくまでも国家や社会の構成員への道徳的な教化であって、教権と俗権の関係についての理念的な考察は、ジョンの関心外であったという事情にも深くかかわっている[65]。

ジョンの教会論は、彼が現実に身を置いていた教会世界の内部からの、教会構成員に対する道徳的な批判であることに最大の特徴があるといえる。それはとくに、司教候補者が司教登位のために用いる手段の克明な描写、あるいは修道士の偽善に対する批判のなかで最もよく描かれている。このような彼の教会批判は、当時の教会のあり方を知るための第一級の叙述史料にもなっている。

そしてジョンの教会論の性格は、同時代の他の教会論と比較するとき、その特徴がますます明らかになる。とくに目に付くのは、同時代の教会知識人が書いた、改革修道院についての議論との違いである。この時代、多くの教会知識人は、使徒的生活を目指す改革修道院の理念を称揚し、その人類の救済史における重要な役割をしている。たとえばハーフェルベルクのアンセルムスは、自分たちの時代を、偽りの兄弟たちが支配する教会の第四の時代と見なし、こうした危機のなか、アウグスティヌスやベネディクトゥスの理念に立ち返るさまざまな改革修道会が出現することで、教会は刷新されると語る[66]。またフライジングのオットーも『年代記あるいは二つの国の歴史』において、同様の救済史的な役割を修道士に帰し、新たな修道士たちの活動が、彼の時代の政治的混乱を収集する役割を果たすと語っている[67]。

このように、同時代の著作家たちの間では、シトー会、律修参事会などの改革修道会の人類の救済史における役割が高く評価されたが、ジョン自身は修道士身分について、きわめて控えめにしか評価しない。もちろんジョンは修道士身分について、その世俗から超越した自己否定的態度を賞賛してはいる。だが重要なことは、他の同時代の著作家のように、修道士身分に救済史的な役割を与えることはしていないことである。彼の場合、修道士身分はあくまでも、倫理的に卓越した存在としてのみ意味がある。そして彼が修道士に言及するのは、あくまでも教会の現状を批判する文脈においてである。

このような修道制の評価にかんする同時代の著作家との相違のうちに、ジョンの教会論、ひいては彼の政治思想全体の一つの大きな特徴が垣間見られよう。つまり、彼の教会論では、すでに述べたように教権制についての壮大な理論的考察もなく、また教会の役割にかんする歴史哲学的な考察もない。そこに見られるのは、教会の現状への批判であり、それもあくまでも、名誉欲や貪欲といった人間の倫理的な視点からの教会構成員への批判である。そして、こうした道徳的見地からの現実批判という態度は、ジョンの政治社会論全体をつらぬくモチーフであった(68)。

こうしたジョンの立場は、彼が長期にわたる勉学の過程で、キケロなどの道徳論的著作から学んだ現実観察の方法にもとづいている。その点で彼の教会論は、十二世紀の人文主義の理念を色濃く反映するものであった。さらにいえば、ジョンにおける教会構成員に対する辛辣な批判、とりわけ貪欲や名誉欲といった人間の倫理的な観点からの批判は、同時代の教会知識人の教会論よりも、同時代の放浪学生――いわゆる「ゴリアルドゥス」――の社会風刺詩の精神と相通じるものがある。「ゴリアルドゥス」の詩では、教皇、高位聖職者、修道士といった教会構成員の偽善、貪欲といったものが徹底的にこきおろされ、人間としての徳や品性のない聖職者は、その身分に値しない者として断罪される。ジョンの聖職者批判と「ゴリアルドゥス」のそれとは、その精神類型において驚くほど類似しているが、その理由は両者ともに、この時代の知的な復興のなか、キケロ、セネカなどのラテン語古典の教養を身に付け、人間のあるべきモラルにかんする議論の重要性に目覚めた者であったからだろう。そうした意味で、ジョンが『ポリクラティクス』で展開した教会論は、当時の教会知識人が行った、教権にかんする理念的考察とは異質なものとなる。ジョンの教会論は、一言でいえば、徳の秩序の上に立った教会を夢想するモラリストの議論であったといえるのではないだろうか。

第二章　『教皇史』に描かれた世界

はじめに

ソールズベリのジョンの『教皇史』は、中世からよく読まれていた彼の他の著作――『ポリクラティクス』や『メタロギコン』――と違い、中世ではほとんど存在が知られていなかったものである。この著作は、十三世紀終わりに筆写され、のちに修正を加えられた、ただ一つの写本でしか伝わっていない。この写本は最初、フルーリ修道院にあったが、現在はベルン市立図書館（整理番号 MS. 367）にあり、そこで『教皇史』は、ジャンブルーのシゲベルトゥスの世界年代記に続く形で、まるで続きものであるかのように書かれ、そして、途中の頁の最初のコラムが終わったところで、文章の途中であるにもかかわらず突然終わっており、続くコラムと残り三頁が何も書かれずに残されている。プールによれば、筆写した者がその著作を最後まで書き写さないまま放置したとされる。ほんらい『教皇史』の写本は、これらの空白の頁をすべて満たすはずのものだったに違いない。おそらくエウゲニウス三世（在位、一一四五―五三年）の教皇位の途中で終わるものではなく、その在位の最後の時期まで叙述が続くはずのものであったろう。(1)

『教皇史』のテキストがただ一つの写本でしか残らなかった理由は、この著作が十分に推敲されていない、草稿に近いものだったからと考えられる。またこれには、著者が明記されていなかったことから、中世以降十九世紀まで、著者不明の年代記として伝承されてきた。ソールズベリのジョンの著作であることが確認されたのは、ようやく十九世紀後半になってからのことである。著者をソールズベリのジョンと同定したのは、ドイツの中世史家ギーゼブレヒトであった(2)。彼は、この著作の内容を書くだけの経験と知識をもっていた同時代人がジョン以外にはありえないことを、その著書『ブレシアのエルナルドゥス』で指摘した。これ以後、『教皇史』がジョンの著作であることは疑いのないものとされている。現在では『教皇史』は、ジョンが教皇庁に滞在していた時期の活動の証言としてのみならず、十二世紀中葉の教皇庁をめぐる諸事件の重要な記録として、きわめて高い史料的な価値が与えられている。

ところで『教皇史』の著述にかんして、ジョン自身による言及はまったくない。『教皇史』のなかでムランのロベルトゥスがヘレフォード司教に就任したさいの聖別式(一一六三年十二月)が触れられているので、この著作が、一一六四年より前に完成されたものではないことがわかる。また『教皇史』のなかでジョンは、ランスのサン・レミ修道院長セルのペトルスの勧めでこの著作を書いたと述べているので、ジョンのフランス亡命の初期、つまり一一六四年頃、彼が著作を書くだけの時間的余裕があったときに、サン・レミ修道院で書いたと思われる(3)。また『教皇史』では、ジョンの他の著作でのような豊富な文献の引用がないが、そのことは、ほとんど何の書物ももたずにランスにやってきたヨハネスの状況を反映していると見られる。

以下では『教皇史』の内容について、いくつかの重要な内容に沿いながら概観していきたい。

一　ジョンの歴史観

『教皇史』はその序でいわれるように、ジャンブルーのシゲベルトゥスの世界年代記の続編として、シゲベルトゥスが記述を終えた一一四八年以降の西欧教会の歴史として書かれたものである。だがその内容は、ジョンがエウゲニウス三世の教皇庁に何度か滞在した一一四八年から一一五二年の四年間の出来事を扱うのみであり、またった一つの歴史記述として見た場合、全体のまとまりがなく叙述の散漫な印象を免れない。むしろ『教皇史』で目を引くのは、個々の事件の細部にわたる記述、あるいは、教皇庁周辺の人物にかんする生彩あふれる描写といった点である。そのことからも『教皇史』は、救済史的な歴史哲学にもとづく世界年代記とは異質の歴史記述といえ、むしろそこには、ジョンが好んで読んだローマの歴史家の著作の深い影響が見てとれる。シュペールのように『教皇史』を、十二世紀に復興した人文主義と自然主義の特徴に満たされた歴史記述とするのは、妥当な見解といえよう。(4)

『教皇史』の序でジョンは、歴史を書くことの意味について語る。そこで次のようにいう。ジャンブルーのシゲベルトゥスの年代記が、一一四八年まででその叙述を終えて以来、それを継承する教会の年代記は書かれていない。ゆえに記述を一一四八年から始め、これをシゲベルトゥスの著作の継続の形にした、と。そして歴史を考察することに、三種類の価値があることを述べる。つまり、歴史から、（一）神の意図がこの世で実現される過程を知ることができ、（二）道徳的な範例の宝庫を見出すことができ、（三）諸々の特権の先例を確認することができることである。(5)

（一）はいうまでもなく、アウグスティヌスが『神の国』で明確に述べていらい中世の歴史観の根幹となった、キリスト教的な摂理史の観念である。また（三）は、現在の事象の正当化のために先例を調べようとする態度であり、こうした先例主義は中世に広く流布していた観念であった。だが、ジョンの歴史観を考えるさいにとくに重要なのは、（二）の、歴史に道徳的な範例の宝庫を見る立場である。過去の歴史を人間が範とすべき例の宝庫と見なして、歴史の探求により将来のあるべき姿を見極めようとする態度は、『教皇史』のみならず『ポリクラティクス』にも現れるジョンに特徴的な歴史意識である。ジョンは、『教皇史』の序で『カトーの二行連詩』を引用して、「その異教徒［カトー］がいうように、他人の生涯は我々の教師である。過去について何も知らない者は盲目的に未来へと急ぐ」と語ることでこの理念を強調している。(6)

サザーンによれば、大きな社会変動が生じた十二世紀の西欧社会では、人々の未来への関心が高まり、その結果、占星術や魔術、夢判断など、さまざまな迷信的な予言がもてはやされるとともに、人間の未来を映す鏡としての歴史への関心も高まる。(7) 十二世紀における歴史への関心は、聖書注解による終末論などさまざまな形で表明されたが、そのなかでも、人間が将来なすべき行為への指針として、歴史のなかに一種の範例を見ようとするジョンの姿勢は、十二世紀の歴史意識の一つのあり方としてきわめて重要である。

とくにジョンの場合、『ポリクラティクス』のなかで歴史（historia）という言葉を範例（exempla）という言葉としばしば同義に用いており、そこからも彼にとり歴史の考察が人間の行為の道徳的範例を探ることにほかならないことが明らかである。(8) またジョンが『ポリクラティクス』で展開した暴君批判の議論でも、範例としての歴史の見方が活用されている。そこでは、旧約聖書と古典の歴史書から多くの暴君の事例があげられ、暴君が悲惨な結末しかたどらないことが例証されて、同時代の君主への警告がなされているからである。(9)

二　ランス教会会議

ところで『教皇史』で最初に詳しく扱われる話題は、一一四八年のランス教会会議とそれに付随して行われたポワティエのジルベールに対する異端審問である。十一世紀後半から改革教皇庁の主導のもと、教皇主催の教会会議の重要性が高まった。とくに十二世紀に開催された教皇主宰の教会会議では、聖職者の規律や教会制度の改革にかかわる問題のみならず、神学研究の発展にともなって神学的教義の正統性をめぐる問題も討議の対象となった。その最も有名な例は、一一四〇年のサンス教会会議におけるアベラールの断罪であるが、そのときの審問の中心となったクレルヴォーのベルナールが再び、この一一四八年のランス教会会議で、ポワティエ司教ジルベールへの審問の指導者となる。

ランス教会会議は、第二回十字軍（一一四七―四九年）が行われている最中、一一四八年三月二十一日、四旬節の四番目の日曜日にランスで開かれた。この会議にはフランス、ドイツ、イングランド、スペイン、イタリアから多くの高位聖職者が参集した。ただしイングランド王スティーヴンは、ヘレフォード、ノリッジ、チチェスタの三人の司教にのみ参加を許可したため、カンタベリ大司教シオボルドが、漁師の船に乗り秘密のうちにランスにやってくるというエピソードもあった。また教皇にともないイタリアからやってきた十七人の枢機卿も参加した。会議は十一日間続きその議事日程を終えたが、このときの主たる問題は、教会改革のための教会法の公布であった。[10]だが、ここで討議されたことがらは、それ以前のランス（一一三一年）、ピサ（一一三五年）、第二ラテラノ（一一三九年）の教会議ですでに採択された規定の再確認であった。それらは一つの例外をのぞき全員により同意される。全員の同意が得られなかった規定は、聖職者がさまざまな色の衣服を着用することの禁止の条項であるが、これにはダッセルのライナルトらのドイツ人が反対した。ジョンによればこの会議では、すでに結婚している聖職者あるいは修道女がその配偶者との婚姻を無効にするべきことが教会法として布告されたが、だれもそれが違法であることを知っていたので、この規定は失笑を引き起こした。さらにこのとき、聖職者に暴力を加えた者に破門の罰が課されること、またその破門は、教皇自身が赦免しなければ解除されないことが布告される。これにはエウゲニウス三世自身により、規定の厳格さを和らげるため、例外が付け加えられた。それは、義務からなされた暴力行為、たとえば門番が殺到する聖職者たちに対して杖を振るって秩序を保とうとする場合や、侍祭や教師が学校で、学生に規律を課すために矯正の道具を振るう場合は例外とされるというものである。[11]

ジョンは、このとき同時に議論されたヴェルマンドワ伯ラルフの離婚問題にも触れる。ラルフはルイ七世が十字軍に行っている間、サン・ドニ修道院長シュジェールとともに王国の摂政として働いた人物であった。彼は、最初の妻であったシャンパーニュ伯チボー二世の姪を離縁し、ルイ七世の王妃アリエノールの姉妹を娶ったので破門されていた。だが伯ラルフは、枢機卿たちを買収して破門の撤回を確認していた。そしてこの会議で、彼の最初の結婚を近親婚として、教皇から公式に婚姻解消の宣言を得た。[12] しかしこの決定に対して、クレルヴォーのベルナールが公然と批判する。ジョンは、ベルナールの抗議を書き留めるとともに、離縁された妻の伯父チボーとベルナールが親密な関係にあったことも述べている。[13]

またこの会議では、ステラのユードの異端としての断罪があった。ユードは、自分が最後の審判の時に神としてすべての者を支配するよう定められていると語った。彼には精神異常者として禁固刑が言い渡され、サン・ドニ修道院長シュジェールがその身柄を拘束した。そしてもう一つの異端問題、ポワティエのジルベールの件は、正式の会議の後、特別の教会法廷（consistorium）で審理されることになる。

三　ポワティエのジルベールの審問

ところで、ポワティエ司教であったポワティエのジルベールの神（deus）と神性（deitas）の概念を区別した独自の三位一体論にかんしては、一一四六年にすでに同じポワティエ司教区の大助祭アルナルドゥスにより批判がなされていた。彼はポワティエの司教区会議で公然と、ジルベールの神学を非正統的なものとして論難していた。アルナルドゥスは、その兄弟である大助祭カロとともに、ジルベールへの批判をさらに展開し、彼らはジルベールの神学の正統性について教皇の判断を求めるべく、イタリアへ向かう。これに対して教皇エウゲニウス三世は、ジルベールの件をランスの教会会議で裁定することを約束する。(14)

ジルベールの三位一体論をめぐる問題は、ランス教会会議が公式に終了したのちに大司教の館で開かれた教会法廷で審理された。これに出席した者は、教皇、十七人の枢機卿、十人の司教、少なくとも八人の修道院長、九人の教師（magister）たちである。そのなかには、ペトルス・ロンバルドゥス、シャルトルのティエリ、プティ・ポンのアダムなど、同時代の錚々たる知識人もいた。ジルベールへの審問は二日間続いたが、それについては三つの同時代の史料が伝えている。一つは、のちにクレルヴォー修道院長となったオーセールのゴドフロワの記録である。ゴドフロワは、クレルヴォーのベルナールの忠実な弟子でジルベールの公然たる批判者であり、この事件を反ジルベールの立場から伝えている。(15) もう一つは、フライジンクのオットーの『フリードリヒ事績録』である。だがオットー自身は、このとき第二回十字軍に参加しており、彼はこの事件を人づての話にもとづいて書いている[16]。第三のものがジョンの『教皇史』である。これは目撃証言であることと、ゴドフロワのような党派性がないことから信頼度の高い記述といえる[17]。

『教皇史』では最初に、この教会法廷における二つのグループ、つまりジルベールを支持した枢機卿団と、ベルナールおよびその背後にいるフランスの知識人たちの対立が強調される。そのきっかけとなったのは、ベルナールの行為であった。ベルナールはこの教会法廷が開かれる前の日に、主だったイングランドとフランスの教会人と学者を彼の宿舎に集め、そこでジルベールを批判するために自身が作成した信仰箇条を提示し、集まった者に同意を求めたからである。ジョンは、このベルナールの独断的な行為を批判的に記述しているが、同時にベルナール個人については、「たぐいまれな雄弁家で、きわめて評判のよい人」として、その人間性を称賛している。またここで、ジョン自身の師でもあったジルベールについて、「そのように聖なる人が、神の愛により導かれていないとか、彼にとり意味不明なものを書くなどとはとうてい信じられない」と語り、その学識に最大限の敬意を表している。ジョンによれば、ジルベールは、「ほとんどすべての書物を読み、……ほぼ六十年を読書と研究に費やし、自由学芸に精通し、そのすべての主題で彼を凌ぐ者はいないほど」の者であった[18]。

この教会法廷の前日の集会については『教皇史』で詳しく描かれている。そのときベルナールは集まった人々を前に、ジルベールが正統信仰を守るという司教の任務を果たさず、正統から大きく逸脱していると批判した。そしてベルナールは、自身が定式化した正統の教義を、配下の修道士に読み上げさせ、集まった者にそれに同意できるかどうかたずねた。ジョンによればこのやりかたは、まるで教会会議で教会法を定めるようなものであり、出席者の多くは、このジルベールの件にはふさわしくない方法だと感じていたが、彼らはベルナールの影響力を恐れ、公然と批判することはできなかった[19]。しかし枢機卿たちがこれを知ると、ベルナールに対する怒りがわき起こった。そして彼らは、ベルナールがフランスとイングランドの教会を意のままにして、教皇権を弱体化させようとしているのではないかと疑った[20]。

次の日、教皇の主宰で公開の審問が行われる。そのさいの討論は、ジルベール自身が書いた『ボエティウス「三位一体論」への注釈』によらず、ジルベールの教えをまとめた著者不明の書物にもとづいてなされた。教皇はその場にいた副助祭に、この書物を読み上げさせる。その第一章には、神の救いにあずかれない定めの人間には、洗礼は秘蹟の効力をもたず、罪の赦しはないという内容が書かれていた。これに対してジルベールは怒り、教皇にいう。これは、私の講義を聴いた生徒が私の言葉を理解せずに書いたもので、私のいおうとしたことではない。私もあなたのようにこの書物を断罪する、と[21]。

これを受けて枢機卿たちは、ジルベールの答弁が、この書物にもとづいて行われた彼への告発に対する十分な批判となっていると語った。このあと教皇は、この書物の破棄を命じ、それは皆の目の前で副助祭により細かく破られ風のなかにまかれた。またそこには多くの俗人がいたので、教皇自身が俗語で、それがジルベール自身が書いた書物でないことを彼の名誉のために説明し、ジルベールがすべてにおいてよきカトリック信徒として、教皇の教えに忠実であるといった[22]。

しかし、これでも審問は終わらない。教皇エウゲニウス三世はジルベールに向かい、今度は彼自身が『ボエティウス「三位一体論」への注釈』で書いたことにかんして釈明するように要求した。ジルベールは、自分が誤っていればそれを削除するといい、何が直されるべきか命じるように求めた。それに対して教皇は、前日にベルナールの宿舎での集会で同意されていた四つの信仰箇条に、彼の書物の内容を一致させるように命じる。ベルナールはその場に出席していなかったが、それは明らかにベルナールがしくんだことであった。この信仰箇条は、べルナールの後任としてクレルヴォー修道院長になったオーセールのゴドフロワにより、このとき、次のような文章に定式化された。

「我々は、神性の単純な本質が神であることを信じる。神性が神であり、神が神性であることは、正統信仰において否定されることはない。神が知恵によって賢明で、偉大さによって偉大で、永遠性により永遠で、統一性により一つで、神性により神であるといわれる以上、神は、神自身がそうである知恵によってのみ賢明で、神自身がそうである偉大さによってのみ偉大で、神自身がそうである永遠性によってのみ永遠であると我々は信じる。すなわち神は、その本質で賢明であり、偉大であり、不可分なのである。(23)」

これは、さらに次のように続く。

「我々が三つの位格、すなわち父と子と聖霊について語るとき、我々は、それらが一つの神、そして一つの神的な実体であると理解する。そして逆に、一つの神あるいは一つの神的な実体について語るとき、我々は一つの神と一つの神的な実体が三つの位格であることを認める。我々は父なる神、子と聖霊のみが永遠であり、どんなものであれ、関係とか、属性とか、個別性とか、統一性とか、どんなものも、それらが神でなければ、神のうちに永遠に存在しているとか、かつて存在していたとかとは信じない。我々は神性が、神的実体と呼ばれようが神的本質と呼ばれようが、子においてのみ受肉していることを信じる。(24)」

ジルベールはこれらの命題に対して同意し、教皇は彼に、彼の書物でそれと一致しないところを直すように命じた。ジョンはジルベールの神学の内容を、『教皇史』の十三章と十四章で詳しくまとめているが、ジルベールの議論の主たる特徴は、神学に哲学的な分析を加え、神と神性――神がそれにより神であるところのもの――とを区別した点にある。従ってベルナールらは、神と神性とが論理的に区別されることで、神の三位一体への信仰が危険にさらされるのではないかと危惧したのだった。このとき提示された、四つにまとめられた信仰箇条で、神性は神であり、神は神性であると強調されたのはそのためである。

ところでジョンは、ジルベールの振る舞いを印象的に描いている。ある者は、ジルベールがこの審問での言葉や振る舞いで示した謙虚さは、心からのものではないというが、それは偏見であるとジョンは語る。ジルベールは当時、いやそれ以前の生涯でも極度に控えめだった。しかしジルベールの敵対者は、彼の語ることが難解だったので、彼が言葉の細かい区別を用いて正統の教義を巧妙にあざむいていると考えた[25]。

さらにクレルヴォーのベルナールの側から、審問のあと、ジルベールとの和解のための歩み寄りがなされる。仲介者の役割を果たしたのはジョンであった。彼は『教皇史』で、そのことを思い出として語る。ジョンはベルナールの依頼を受け、彼の代理としてジルベールのもとに赴き、ヒラリウスの著作の解釈について話し合うべく、ポワトゥー地方あるいはブルゴーニュ地方の修道院でベルナールと会うように要求した。だがジルベールは、自分たちがそのことについて十分に議論したと返事する。そして、もしベルナールがヒラリウスを十分に理解しようとするなら、彼はまず、自由学芸などの初歩的な学問を学ばねばならないといった[26]。

だがジョンは、ベルナールを一方的に非難することはしない。ジョンはいう。ベルナールは、グレゴリウス一世以来、彼に匹敵する者がいないほどの卓越した説教者である。ベルナールは、書簡や説教、また会話で、聖書の言葉だけを使うほど聖書に通じており、預言者と使徒の言葉であらゆる主題を適切に解釈しえた。しかし彼は、世俗の著作にはそれほど精通していなかったので、その点では我々の時代、だれもジルベールを超える者はいなかった、と。ジョンはさらにいう。この両者とも鋭い感覚の持ち主で、知性があり、聖書研究に熱心だったが、ベルナールの方が行政的なことがらに精通していた。一方ジルベールは、聖書のテキストには十分に通じていなかったが、彼はヒラリウスやヒエロニムス、アウグスティヌスらの教父の教えをよく知っていた。また彼の教えは、初心者にはあいまいに見えたが、進歩した学者には深遠に思えるものであった[27]。何よりジルベールの方法で特筆すべき点は、神学の問題で、あらゆる学問をその補助として用いたこと――彼は神学の議論で、言葉の属性や性質を語るとき、哲学者や雄弁家や詩人からの引用で説明した――だった。それは彼が、学問全体が相互にかかわりあっていることをよく知っていたからである[28]。こうしたジョンによるジルベールの個性の叙述は、生き生きとしていて特徴をよくつかんでおり、十二世紀の歴史記述での人物描写のなかで、とくに成功したものの一つである。

四　第二回十字軍をめぐって

ところで、『教皇史』での重要な話題の一つとして第二回十字軍がある[29]。ジョンは十字軍の記述を、一一四八年三月のフランス軍のアンティオキア到着とともに始める。十字軍に同行していたフランス王ルイ七世とその妻アリエノールは、十か月の旅のあと、アリエノールの叔父アンティオキア公ポワティエのレイモンのもとに滞在した。アリエノールはこのとき、ボルドーのロンブリエールの城で、この叔父レイモンとともに過ごした少女時代の記憶を呼び起こし、故郷の南フランスに帰ったように感じた。だがこれは、国王夫妻の間に亀裂を生み出すことになる。ジョンはいう。「その公の王妃との親密さ、そして、彼と王妃のたえまない会話は、王に疑念を生じさせた」と。王妃は十字軍に同行せず、ポワティエのレイモンのもとにとどまることを望んだので、ルイ七世のレイモンに対する不信感は強まる[30]。

そしてついに、ルイ七世がエルサレムへ出発しようとしたときに破局は訪れる。アリエノールは、自分たちの結婚が父祖の血縁関係から、教会法の禁じる近親婚にあたるといいだす。これに対して王は、もし彼の助言者とフランスの貴族たちが許せば、離婚に同意すると答えた。このとき王の秘書の騎士が、アンティオキアに彼女を残さないようにと忠告する。なぜなら血縁の口実のもとに、罪がなされることがあろうから。また、王が妻に捨てられたとか、妻を奪われたとかいわれることは、フランス王国にとり恥となろうから。その結果、王妃は王とともにエルサレムに向かい出発することをしいられた。だが彼らの互いの憎悪は増し、いやされぬ心の傷が残る[31]。

ジョンによれば、これはまさに第二回十字軍の悲劇の前兆であった。こののち西欧の諸侯と高位聖職者の間での嫉妬や不和、ビザンツ皇帝の裏切り、そしてトルコ軍の襲撃が十字軍の軍勢を弱体化させた。この十字軍は、最初から失敗であった。ドイツ軍とフランス軍は、ダーダネルス海峡に集結するはずだったが、ドイツの軍隊はフランス軍が来るのを待とうとしなかった。出発したドイツ軍は砂漠で飢餓に苦しめられ、多くの者が死んだ。そして異教徒たちの攻撃を受けると、ようやくフランス王に援軍のための使者を送った。一方フランス軍でも、抜き差しならない不和が芽生えていた。とくに、指導的な立場にあったリジュー司教アルヌルフとラングル司教ゴドフロワとの対立がフランス軍を混乱させていた。この二人は仲が悪く、どんな計画でもめったに意見が一致しなかった。一方が進めようとすることは一方がけなし、両者とも口先だけはうまいが浪費家で、人の仲を裂くことばかり考え、神への畏れをもたなかった。彼らほど、この十字軍に害を与えた者はない。また彼らは、病人や死にかけた者から、罪の赦免のためといって多額の金を受け取り、遠征中に蓄財した(32)。

最終的にフランスとドイツの軍隊は、エルサレム王国の軍隊と合流し、ダマスカスを攻撃するために出発する。そして異教徒の軍を打ち負かし、ダマスカスの郊外を制圧し、都市ダマスカスの城壁を取り囲むところまで進む。だがそこで、進退をめぐって内部の意見は分かれた。結局、包囲が長期戦になることが予想されたので、十字軍の軍隊はダマスカスを占領せずに退却した。その後、彼らはそれぞれ帰国するが、ジョンは、フランス王ルイ七世が南イタリアを通過し、教皇庁に立ち寄ってフランスに帰国した模様を詳しく伝えている(33)。

五　エウゲニウス三世の教皇庁

『教皇史』のなかで、エウゲニウス三世とその教皇庁の人々がどのように描かれているについて、次に見てみよう。まず、ランス教会会議のあとにランスの大聖堂で行われたミサでの事件の記述があげられる。このとき、教皇主宰のミサで、聖杯がローマの習慣に従って助祭により教皇のところに運ばれたが、そのさい助祭たちの一人が不注意にも清められた葡萄酒を祭壇前のカーペットにこぼしてしまう。これが人々に驚きを与えた。教皇は即座に、彼の文書局長ピサのグイドに葡萄酒がこぼれたカーペットの部分を切り取らせ、これを聖遺物がある場所に置かせた。そして、その助祭たちに罰を科したが、多くの思慮ある人々は、これを重大な災いが迫っていることの予兆と見なす。じっさいそれは、はずれはしなかった。ジョンはこの事件を、この年に生じた第二回十字軍の殲滅の前兆となった出来事として説明する。『教皇史』でのこの記述からは、このときの教皇とその取り巻きの人々の、凶兆に対する驚きが生き生きと伝わってくる(34)。

さらに重要なのは、ジョンがエウゲニウス三世の人格について、きわめて客観的に描写していることである。エウゲニウス三世が性格的に問題ある人物であったことについて、ジョンは『教皇史』の二十一章で、エウゲニウスがクレモナでイタリアの司教たちを集めて行った教会会議を例にとり述べている。この会議で、都市モデナがその市民の不服従のゆえに断罪され、その司教区としての地位を剥奪され、司教区は四つの隣接する司教座で分割されることになった。だがその処置は、長くは続かなかった。なぜなら都市モデナは、教皇の好意で再びその地位を回復したからである。これについてジョンはいう。多くのエウゲニウス三世の裁決が、このように容易に取り消されたと。そしてその理由として、二つのことをあげる。第一に、彼がその前任者や同僚の司教たちの下した判決をやっきになって取り消そうとしたこと。第二に、彼が裁決を行うさいに、彼の個人的な意見にあまりにも依拠していたこと。なぜなら彼は疑い深い性格で、自分の個人的な経験か、もしくは強い権威にもとづくものでなければ、何も信じようとしなかったからである。ジョンによれば、彼の猜疑心の深さには、二つの理由があった。それは彼自身の性格の弱さと、彼の「脇腹」――補佐役や助言者をエウゲニウス三世はこう呼んでいた――が弱いことを彼が自覚していたことによる(35)。

さらに、エウゲニウス三世の個性が生き生きと描写される箇所として、四十一章のモリーゼ伯フゴーの離婚訴訟の記述がある。フゴーはアプリア生まれのノルマン人で、トゥスクルムのプトレミウスという貴族の親戚であった妻との離婚を教皇に求めていた。彼は証人として、シチリア王国の官吏や、アプリア、カラブリアの貴族たちを連れ、婚姻の解消を求めて教皇庁にやって来た。この伯はその訴訟に勝つために教皇庁へ賄賂を送っていた。その結果、離婚に反対する者は教皇の周囲でだれもいなかった。教皇は審理にあたったすべての者の意見を聞いて、その訴訟に判決を与えるべく、伯らのいる法廷に入った。教皇はこういった。「証人の証言には一貫性がない。真実は他のところからわかっており、余はこの結婚を確認する。教皇の権威によって、どんな司教も、また他の者も、これを否定すべきではない。」その後、教皇は涙を流して、皆の見ている前でその席をおり、伯の前にひれ伏した。教皇の司教冠は頭からすべり落ち、ほこりにまみれた。伯は驚愕し、司教や枢機卿たちがひれ伏した教皇を抱き起こした。そして教皇は、伯に懇願した。悪意を取りのぞき、夫の愛でその妻を自分のもとに引き戻すように、と。出席していた者すべてが涙を流し、伯は尊敬と喜びをもって教皇のいうことに従うことを約束した。その後エウゲニウス三世は伯に対し、妻に近づくように命じ、教皇自身の手で彼女を伯にゆだねた。ジョンは、自身がこの場面に居合わせたこと、そして、神の栄光とこの偉大なる教皇の名誉のために、これらのことを十分に語りたいと述べている[36]。

こうしたエウゲニウス三世のやや感傷的ともいえる性格は、『教皇史』の二十九章で描かれた、離婚に直面するルイ七世と王妃アリエノールへの態度でも見てとれる。教皇は、十字軍の帰途に教皇庁に滞在した王夫妻を同じベッドに寝かせる。そして彼らの短い滞在の間、その部屋に通い、友人のような態度で話し合い、彼らの仲を回復させようとした。教皇は厳格な人であったが、彼らの出発にさいして涙を流しながら見送った[37]。

ジョンの人物描写における繊細で生彩に富んだ記述は、教皇についてだけではない。教皇庁の周囲に集まっていた枢機卿および他の高位聖職者に対して、ジョンは辛辣な批判や風刺を行う。それは、ジョンの同時代に放浪学生の「ゴリアルドゥス」たちが行った社会批判と同質のものであり、十二世紀の人文主義精神の現れともいえる[38]。ジョンがとくに辛辣な批判の対象とした高位聖職者は、第二回十字軍を失敗に導いた、すでに触れたリジユー司教アルヌルフとラングル司教ゴドフロワであるが、ジョンのこの両者に対する批判はきわめて厳しい。

さらに三十八章では、枢機卿ヨルダヌスとオクタビアヌスに対する批判がなされている。この二人の枢機卿は、ドイツ王コンラート三世が教皇に彼の王国内の紛争の解決、とくに教会にかかわる訴訟の裁定のために教皇特使の派遣を要求したとき、教皇が派遣した枢機卿であった。ジョンはいう。両者はともに貪欲であったということをのぞいては、性格においても習慣においてもまったくことなっていた。ヨルダヌスはみすぼらしい服を着て、言葉遣いと物腰が厳格で節約家ではあったが、その貪欲をカルトゥジオ会士の修道服の背後に隠していた。オクタビアヌスは高貴な生まれで、愛想がよく寛大であったが高慢であった。彼はドイツ人にこびへつらい、教皇の好意を熱心に得ようとしていた。両者とも羊の服のなかに狼の野心をもっていた。

教皇は、彼らに協力させて行為させようとしたが、まもなく彼らの間でどちらが上位であるかをめぐり争いが生じる。彼らは教会法を少しも守らなかった。あらゆることで喧嘩し、教会を物笑いの種にした。訴訟当事者の一方が片方の教皇使節のもとへ行き、もう一人はもう片方の教皇使節のもとへ行った。そして一方により無罪とされた者が、他方により有罪とされた。彼らは人を苦しめ金銭を収奪し、罪のない者を抑圧し、教会の金庫を空にした。その結果、多くの上訴者が教皇庁に来た。教皇は彼らに、そのやり方を修正するようにいったが無駄だった。結局彼らは、帰還を命じられる。オクタヴィアヌスは、ドイツ王国の諸侯を自分の側に付け、このときから彼は、教皇庁でのドイツ人の代弁者となる。両者がドイツを去ると、教皇庁への憎しみだけが残った(39)。

オクタヴィアヌスはすぐにイタリアに帰ったが、ヨルダヌスはフランスへと向かい、彼がかつて修練士であったモンデ修道院を訪ねた。彼はそこで枢機卿にふさわしい敬意で歓迎される。イタリアへと出発するさいに彼は、修道院長フゴーに、彼が不正に蓄財していた金から二十マルクを与えた。だがその修道院長は、その受け取りを拒否して、「あなたの金は、あなたとともに滅びてしまうがよい。なぜならあなたは、我々の運命とかかわりないし、我々もあなたの運命とかかわりがないからである」といった。そしてヨルダヌスに対して、彼のよくない評判について語り聞かせた。その評判とは、ヨルダヌスが教皇庁の財務官職にあったとき、教皇庁への税金について秤で計量するさい、通常よりも重い分銅を使って多く徴収し、物笑いの種になっていたことである。その結果ローマではなお、次のようにいわれているとジョンはいう。「税の徴収のさいには、カルトゥジオ会の［重い］分銅を使わなければ馬鹿げている。金を貸すときには町の分銅を使うがよい」と。(40)

おわりに

『教皇史』に記録された多くの事実は、ジョンが書かなければ忘却の淵に沈んだであろう。とくにジョンが自身の見聞にもとづいて語る部分で、その記述は高い史料的価値をもつ。なかでもポワティエのジルベールの異端審問についての記述は、フライジングのオットー、あるいはオーセールのゴドフロワの記述よりも、はるかに信頼できるものといえる。

ところで、『教皇史』全体の歴史記述としての特徴は、どこにあるのだろうか。一つには、中世の歴史記述の伝統を規定していた、アウグスティヌス的な救済史の思想がそこではほとんど言及されないことがある。ジョンの記述の目新しさは、シュペールもいうように、事件や登場人物の自然主義的な描写にある。地上世界で生じるさまざまな事件を客観的に描き、そうした出来事を生み出した原因を多角的に探究しようとする態度、また、とくにはっきりと理由が説明できない事象に対する判断の留保が彼の記述の根底にある。このように、ジョンが救済史的な歴史哲学に対し一定の距離をとり、歴史の諸事件が図式的に解釈しえない多様な側面をもつことを意識できた背景には、古典古代の歴史家からの深い影響が見てとれる。これはまた、過去の人間の行為に、道徳的な範例を見ようとした彼の歴史観と通底するものである[41]。

スモーリはその中世の歴史記述にかんする研究で、ジョンの『教皇史』を、十二世紀に新たに出現した、行政官による政治の記録として分類した。彼は同じ類型として、カファッロが書いた都市ジェノヴァの年代記、あるいはブルージュのガルベールによるフランドル伯の年代記をあげている[42]。だがジョンの『教皇史』をつぶさに読むとき、それは現実の教皇庁の政治的な記録であるだけでなく、ジョンによる同時代の教会批判の記述でもあったことも忘れてはならない。すでに指摘したように『教皇史』では、教会行政の腐敗、聖職者の貪欲と無規律、教皇使節の職権乱用、教皇庁での賄賂などがやり玉にあげられ、とくに何人かの枢機卿らの高位聖職者が辛辣に批判されている。

ジョンの場合、フライジングのオットーやハーフェルベルクのアンセルムスのように、現状の教会を批判し、一方で同時代の教会改革から生まれた改革修道院に、教会および現世を刷新する歴史的使命を見るような歴史哲学的な観念はない。むしろ、聖職者の腐敗を批判しながら、その背後に人間が繰り返してきた道徳的な堕落の諸類型を指摘しているといってよい。徳と悪徳の範例を歴史のなかに見る、という態度が、ジョンの歴史観の根幹にある。ジョンにとっての関心は、形而上学的な歴史哲学ではなく、あくまでも善悪の行為を飽くことなく繰り返してきた人間そのものにある。歴史を生の教師として見ようとする姿勢が、ジョンの歴史意識をつらぬいている。『教皇史』が十二世紀の人文主義的な歴史記述の代表だとされる所以がここにある。

『教皇史』の内容について

現在のところ、ジョンの『教皇史』にかんしては我が国ではまったく研究がない。『教皇史』の内容についての邦語による紹介もないので、とりあえず以下で各章の梗概を提示しておきたい。

（序）

これまでの教会の歴史記述について。福音史家は、キリストが人間の世界のために行ったことを伝えた。そして、カエサレアのエウセビオス、カッシオドルス、オロシウス、セビーリャのイシドルス、ベーダらが、教会についての歴史記述を行った。ジョンの同時代では、サン・ヴィクトルのユーグが、世界の始まりから教皇インノケンティウス二世とフランス王ルイ七世の時代までの出来事を記した。彼のあとには、ジャンブルー修道院の修道士シゲベルトゥスが、一一四八年のフランス王ルイ七世の時代のランス教会会議までについて書いた。だがそれ以降、一つの年代記も見出されない。『教皇史』は、シゲベルトゥスの年代記の継続とするため、ランス教会会議の記述から始められる。

（一章）

一一四八年のランス教会会議で討議された内容について。リヨン大司教が、ルーアン、サンス、トゥールの大司教に対して自身の権威に服すべきことを主張したが、慣習を理由にそれらの大司教から抗議され、うまくいかなかったこと。また同じくブールジュ大司教が、ナルボンヌ大司教、ル・ピュイ司教などの服属を要求したが成功しなかった。

（二章）

イングランド王スティーヴンが、ランス教会会議に召集されていた多くのイングランドの司教と修道院長に参加を許可しなかったので、それが教皇の怒りを引き起こす。だがカンタベリ大司教は小型の漁船を雇い、海峡を渡り参加する。

（三章）

教会会議の最後に、討議された諸規定が教会法として、出席者の同意のもと布告された。しかし一つだけ、全員の同意を得られないものがあった。それは、聖職者がさまざまな色の服を着ることの禁止規定である。それには、ドイツの聖職者たちが反対した。また定められた教会法のなかには、司教、修道院長、聖職者、助祭、副助祭、律修参事会員、修道士、修練士、修道女に結婚を禁じ、またすでに結婚している者は、それを解消するようにとの規定もあった。

（四章）

教皇は、教会会議への召集に従わなかった者すべてを停職にした。これらのうちウィンチェスタ司教は、彼の兄弟の伯シオボルドと他の貴族の執りなしで、教皇のもとに来るために六か月間の猶予を得る。他の者はこの判決に服した。マインツ大司教は最終的に廃位された。

（五章）

教会会議後、教皇がランスの大聖堂でミサを行ったが、聖杯がローマの慣習に従って助祭により教皇へともたらされたとき、彼らの一人が不注意にも、聖別された葡萄酒を祭壇前のカーペットにこぼした。教皇はその部分を即座に切りとらせる。しかし多くの人はこれを何かの警告と見なす。事実それは外れなかった。この年にドイツ王コンラートとフランス王ルイ七世の十字軍の軍隊が東方で惨憺たる敗北を喫する。

（六章）

ヴェルマンドワ伯ラルフは、不当に妻を離縁したために三年前に破門された。だがこの教会会議で、枢機卿たちの執り成しで教皇から赦免を得た。伯はその妻とランスの大司教の館で会い、教皇の立ち会いのもとで近親婚の理由で離婚が宣言される。

（七章）

だが、クレルヴォーのベルナールは、伯ラルフが長年、他の女性と同棲生活をしていたので彼を批判する。ラルフは同棲していた女性が死ぬと、ラウラというフランドル伯の娘と結婚する。だがまもなく彼は重い病になり死ぬ。王の意志によりヴェルマンドワ伯領は、フランドル伯フィリップにゆだねられる。

（八章）

ポワティエ司教のジルベールが、クレルヴォーのベルナールの批判に答えるべく、法廷に召喚されることになる。それは一年前から予定されていて、このときまで延期されていたものだった。ベルナールは指導的な立場にある教会人に対して、ジルベールの審問の前に、私的に彼の宿舎で会合をもつことを求めた。

（九章）

そうした会合のニュースが枢機卿たちのもとに来ると、ベルナールへの怒りが生じ、彼らはジルベールを支持することで一致する。枢機卿たちはベルナールが、イングランドとフランスの教会を自身のもとにおき、教皇権を弱体化させようとしていると考える。

（十章）

ジルベールは、枢機卿団の支持と助言を信頼して戦いを始める。教皇が教会法廷でジルベールの誤りを含むとされる書物を読み上げさせるが、ジルベールは、それが自分のものではなく学生が書いたものだという。

（十一章）

教皇はジルベールに、彼が『ボエティウス「三位一体論」注釈』で述べた言説を咎める。そしてこの書物の内容を書き直すように命じる。彼は、直す必要がある箇所は訂正したいと答える。教皇は、ベルナールが教会人との私的な会合で同意を得ていた四つの信仰箇条を提示する。そして、それに一致させて書物の内容を訂正するようにジルベールに命じる。オーセールのゴドフロワが四つの命題を読み上げ、ジルベールはそれに同意する。

（十二章）

ジルベールとベルナールとの和解がなされる。ジョン自身が、ベルナールの代理でジルベールのもとを訪れ、ベルナールが彼と会い議論したいという旨を伝えるが、ジルベールは断る。またジルベールの神学の方法は、哲学者や雄弁家、詩人らが用いる方法を縦横に取り入れたものだったが、それは、あらゆる学が相互にかかわりあうというジルベールの考えにもとづいていた。

（十三章）（十四章）

この二つの章では、ジルベールの神学について解説がなされる。

（十五章）

教皇は、聖務停止にされたイングランドの司教たちの件をカンタベリ司教シオボルドにゆだね、自身はイタリアへと帰る。シオボルドがイングランドに上陸したとき、王の使節ルシのリシャールが出迎えるが、彼から王の命令としてイングランドを離れないように警告される。

(十六章)

教皇がランスを出発したあと、シトー会の修道士たちから、免職にされていたトゥール司教フィリップの地位回復を要求される。シトー会出身の教皇はそれを聞こうとするが、枢機卿たちの反対で結局だめになる。

(十七章)

アンジュー伯ジェフリーは、イングランド王スティーヴンを、偽誓およびイングランド王国とノルマンディー公領の強奪のかどで訴えるために、テルアンヌ司教ミロをイングランドに送る。だが王は、この二つの地位を自身の権利により、ローマ教会の認可とともに得たと返事する。

(十八章)

教皇はイタリアに帰還する。そこで東方での十字軍壊滅のニュースを聞く。カンタベリ大司教の代理者たちが、ブレシアで教皇と会う。教皇は、スティーヴン王により没収されたカンタベリ大司教の財産の回復と、受けた損害に対する正当な補償を王に行わせるようにと、すべてのイングランドの司教たちに書簡を書く。

(十九章)

グロスタ修道院長ギルバートが、カンタベリ大司教シオボルドの要請によりヘレフォード司教に選ばれる。シオボルドは、サン・トメールの教会で彼の聖別式を行う。カンブレ司教ニコラウス、テルアンヌ司教ミロなどフランスの司教たちが、教皇の命令により証人となる。

（二十章）

カンタベリ大司教シオボルドは、再びイングランドに帰る。ノーフォーク伯ヒュー・ビゴッドから保護を受けながら、シオボルドは一時的にフラムリンガムの城に滞在し、イングランドの司教たちをそこに集め会議を開く。

（二十一章）

そのころ教皇はローマに向かう。教皇は途中のクレモナでイタリアの司教たちを集め、教会会議を開いた。そこでランス教会会議での決議を公布する。ラヴェンナ大司教とミラノ大司教との間でなされた上位権をめぐる争いで、彼らに同等の位を与えることでそれを解決した。また都市モデナがその市民の不服従のゆえに断罪され、その司教区としての位を剥奪され、司教区は四つの隣接する司教区の間で分割された。しかしこの処置は長く続かなかった。モデナは教皇の好意で、その古くからの地位を回復する。

（二十二章）

カンタベリ大司教シオボルドと、大司教と対立していた聖アウグスティヌス修道院が和解する。この修道院は一定期間、聖務停止のもとにおかれ、修道士たちは修道院の教会でミサを行うことを禁じられた。

（二十三章）

一一四九年（じっさいには一一四八年三月）、フランス王ルイ七世の十字軍の軍隊がアンティオキアに到着する。そこで王らは、故ポワティエ伯ギヨームの兄弟であるアンティオキア公ポワティエのレイモンにより歓待される。レイモンと王妃の仲を、王は疑う。王妃がそこに残ることを望んだので、いっそう嫌疑を強める。王妃は王に、自分たちの結婚が近親婚であることをいう。王は離婚に同意する。その後、王と王妃はエルサレムへ向かう。

（二十四章）

十字軍の軍隊は、ドイツ軍とフランス軍との不和、また聖職者間の対立により弱体化していた。とくに、指導的な地位にあったリジュー司教アルヌルフとラングル司教ゴドフロワがそれぞれの党派を作り、対立していた。フランドル伯ティエリは帰国しようとするが、リジュー司教が伯に反対する。ドイツ王コンラート三世はフランドル伯の意見に同調する。一方フランス王ルイ七世はとどまろうとした。

（二十五章）

二人の王はその軍隊をエルサレム王国の軍隊と合流させる。そしてダマスカスを攻撃するために出発し、その都市を包囲するが、内部の意見対立で退却を始める。

（二十六章）

ドイツ王コンラート三世は、シチリア王と不和であったので海路で帰国せず、コンスタンティノープル経由で陸路で帰る。フランスの諸侯は海路で帰る。

（二十七章）

教皇はローマの市民の暴動により、ローマを離れることをしいられる。民衆が都市ローマの行政と裁判の全権を奪い、あらたに元老院を創設する。またその長として、パトリキウスの職を創設する。教皇はトゥスクルムへ向かい、そこで軍隊を召集し、ローマへの攻撃を命じ、聖プデンティアーナの枢機卿司祭グイドに軍隊の指揮権を与える。だが、このために莫大な出費をしたにもかかわらず攻撃に失敗する。

（二十八章）

一一五〇年に、フランス王ルイ七世は帰国の途に就く。途中でビザンツ皇帝のガレー船が、王らの乗った船を拿捕するが、シチリア王のガレー船が助けに来て王と王妃は解放される。シチリア王はフランス王と会見し、パレルモまで同行する。

(二十九章)

枢機卿と教皇の役人たちが、ケプラーノでフランス王と会見する。そして、教皇がいるトゥスクルムへと、王を連れていく。教皇はそこで王を迎え、王と王妃の仲違いについて説明を受ける。そして、どんな口実によってもその婚姻は解かれるべきでないという。教皇は彼らを同じベッドで寝させ、彼等の間の愛を回復させようとした。王たちの出発のときが来ると、彼らのために多くの贈り物を与えて見送った。

(三十章)

フランス王がトゥスクルムを出発するかしないかのうちに、ローマの元老院議員たちと貴族たちがフランス王のもとにやってきて、都市ローマをフランス王への服従のもとに置きたいと申し出る。フランス王はその後、安全にフランスへと帰る。

(三十一章)

教皇と都市ローマとの間で、和平の協議が進む。しかし、都市ローマの指導者だったブレシアのエルナルドゥスは拒否する。エルナルドゥスは司祭の位階をもち、鋭い知性の持ち主で、フランスでアベラールのもとで勉学し、クレルヴォーのベルナールを批判した。その結果、ベルナールはフランス王を説き伏せて、彼をフランスから追放させる。エルナルドゥスはローマで弟子を集めるとともに、民衆から多くの支持者を得た。さらに公の場で枢機卿団を、高慢、貪欲、偽善、破廉恥のゆえに批判する。さらには、教皇が使徒的な生活をしていないので、教皇に服従する必要もないと語った。

（三十二章）

シチリア王ルッジェーロ二世は暴君の流儀により、自分が指名した者を司教に任命していた。ローマ教会は、こうして選ばれた司教の聖別を禁じていた。王と教皇は、双方の領土の境界のケプラーノ近くで会見を行う。王は教皇に対して、司教の教会による自由な選出を認める。教皇との和解がなされると王は、将来、教皇のために奉仕することを約束した。

（三十三章）

パレルモ司教フゴーの聖別後、ルッジェーロ二世は教皇に、この司教への大司教の象徴物である肩被い《パリウム》の授与と属司教の割りあてを求める。属司教の獲得は失敗するが、肩被い《パリウム》は与えられる。教皇は、属司教がいないのに肩被い《パリウム》が授与されることの理由として、それにより他の大司教を聖別できることと、王を戴冠させることができることをあげる。

（三十四章）

シチリア王ルッジェーロ二世は、一一五一年の復活祭を祝うために大司教と司教たちを召集する。そのさいパレルモ司教に、自身の息子を王として聖別させた。これに対して教皇は異議を唱えることができない。

（三十五章）

フランス王ルイ七世の兄弟で、クレルヴォー修道院の修道士アンリが一一四九年にボーヴェ司教となる。彼は同年教皇庁へ行き、フェレンティーノで教皇と会見する。

（三十六章）

教皇は、アイルランドで初の大司教が任命されるべきことを布告する。枢機卿ヨハネス・パパロが教皇使節として、肩被《パリウム》いをもってアイルランドへ出発する。彼はアイルランドで、二つの大司教座を創設した（一一五二年三月）。

（三十七章）

サラセン人の攻撃で、アンティオキア公レイモンが殺される。東方の教皇使節フィレンツェのグイドとエルサレム総大司教とが対立する。その結果、総大司教が教皇庁に召喚される。

（三十八章）

ドイツ王コンラート三世は、彼の王国内の紛争解決と教会にかかわる訴訟の裁決のために、助言者として教皇使節の派遣を教皇に要請する。その結果、枢機卿のヨルダヌスとオクタヴィアヌスが派遣される。両者とも羊の服のなかに狼の心をもつ者であった。彼らの間で対立が生じる。

（三十九章）

オクタヴィアヌスはイタリアに帰り、ヨルダヌスはフランスへと向かう。ヨルダヌスは、かつて修練士であったモンデ修道院で、院長からその貪欲さを批判される。

（四十章）

ウィンチェスタ司教ヘンリがローマ教皇庁に赴いて、ランス教会会議に出席しなかったことを謝罪する（一一四八年）。彼は教皇の好意を取り戻したのち、イングランド王国での教皇特使の地位と、彼の司教区のカンタベリ大司教区からの独立を求める（一一四九―五〇年）。しかし教皇は聞き入れず、ヘンリはローマで古い彫像を買い漁って帰る。

（四十一章）

アプリア生まれのノルマン人のモリーゼ伯フゴーが、妻との離婚を求めて教皇庁にやって来る。賄賂を贈っていたので、教皇庁に離婚に反対する者はいなかったが、教皇みずから彼に、離婚をやめるよう懇願する。その場に居合わせた者たちは教皇の行為に感動する。

（四十二章）

ヨークの大司教ヘンリがイングランド王スティーヴンと和平を結ぶ。ヘンリは教皇から、王の息子ユスタスを戴冠させることの同意を得る（一一五一年一月）。

（四十三章）

カンタベリの聖アウグスティヌス修道院長フゴーが亡くなり、その修道院の副修道院長であったシルヴェステルがその職を継ぐ（一一五一年一月二十五日）。だが彼の選出には、聖職売買の疑いがあった。

第三章　教会政治活動——伝記的事実の復原

はじめに

十二世紀の人文主義者として著名なソールズベリのジョンは、思想家として政治社会論や学芸論の著作を書いたのみならず、自伝的要素の強い記述や書簡を残すことによって、同時代の社会状況を知る上での興味深い証言を行っている。そのなかで最もよく知られているのは、彼が自身のパリとシャルトルでの勉学について語った『メタロギコン』二巻十章での説明であろう。それは、十二世紀前半のフランスにおける学者たちの活動、教育のありかたを知るための貴重な史料となっている。また同様によく知られているものとして、彼が一一六三年以降、フランスに亡命してから書いた膨大な数の書簡がある。それは、イングランド王ヘンリ二世とカンタベリ大司教トマス・ベケットとの間の争いを知る上で最も重要な証言の一つである。

ところで、こうしたジョンの自伝的記述のうち、彼がカンタベリ大司教シオボルドのもとに奉職していた時期について書かれたものも、同時代史にとっての貴重な証言となっている。ジョンは、シオボルドのもとでの活動について『教皇史』や『前期書簡集』などで言及しているが、それは一一四〇年代終わりから一一五〇年代の教皇庁やイングランドの教会の様相を知る上で欠くことのできない史料である。しかし、ジョン自身の記述が断片的なものであることから、この時期にジョンが、カンタベリ大司教座や教皇庁でいかなる活動を行ったかについてはなお十分に解明されていない。ここでは、ジョンがカンタベリ大司教シオボルドのもとに奉職していた時期の伝記的な事実を復原しながら、同時代の教皇庁とイングランドの教会とのかかわりのなかで、彼のカンタベリ及び教皇庁における教会政治活動を明らかにしていきたいと思う。

まず最初に、彼の出生からカンタベリ大司教座に奉職するまでの伝記的事実を簡単にたどっておこう。ジョンは一一一五年から一一二〇年の間の時期に、イングランドのソールズベリの町に生まれた(1)。彼がいかなる家系の出自であったかについては不明であるが、彼の家がソールズベリとエクセタの司教座聖堂参事会と何らかの関係をもっていたことが推定されている(2)。ジョンの少年時代についてはほとんど知られていない。ただ一つ、ジョンが自分の少年時代について語る逸話は、占い師でもあった聖職者のもとで教育を受け、その水晶占いの助手をさせられたということのみである(3)。その後ジョンは、一一三六年に本格的な勉学のためにフランスに渡り、まずアベラールのもとへと赴く(4)。さらに彼は、パリとシャルトルで当時の著名な学者たちの教えを受けながら、ほぼ十二年間勉学を続けた(5)。

ジョンはこの長期の勉学を終えてから、カンタベリ大司教座に奉職した。彼は一一五九年に完成した『ポリクラティクス』のなかで、自身が教会の職務を遂行することで、十二年間にわたって自分の時間を浪費してきたと述べている(6)。そこから逆算すると、一一四七年または一一四八年に彼は勉学を終え、カンタベリ大司教のもとで奉職するようになったと考えることができる。以下ではまず、ジョンがカンタベリ大司教座に奉職するにいたった過程を考察し、さらに奉職後、どのような職務を果たしていたのかについて詳しく見ていきたい。

一　カンタベリ大司教のもとでの奉職と教皇庁滞在

(1) プールの説

ジョンが勉学を終えてからの経歴について、最初に本格的な実証研究を行ったのはプールである。彼に従えば、ジョンは、パリとシャルトルでの勉学を終えたあと、一一四六年頃から教皇庁に書記として奉職した。そして少なくとも一一五四年まで、教皇エウゲニウス三世とアナスタシウス四世のもとでその職にあったとされる。彼のあげる根拠は次のようなものである。

まず『教皇史』のなかで、一一四八年から一一五二年にかけての教皇庁の動きが詳しく叙述されていることから、ジョンはこの間ずっと教皇のもとに奉職していたと、プールは考える。さらにプールは、ジョンの教皇庁への奉職が、パリで神学を学んだときの師であったロベルトゥス・プルスの推薦によるものとする。ロベルトゥス・プルスは、すでに一一四四年から教皇庁で枢機卿及び文書局長として活動していたが、プールの推測によれば、ジョンは勉学を終えるとロベルトゥス・プルスの個人的なつてによって、ランス教会会議以前の時期、つまり一一四六年頃に教皇庁に入った。ジョンの教皇庁への奉職の時期が一一四六年頃とされるのは、ロベルトゥス・プルスが一一四六年に亡くなっていることから、それ以降の時期ではありえないからである。さらにプールに従えば、ジョンは、エウゲニウス三世のみならずアナスタシウス四世のもとでも奉職していた。その証拠としてあげられるのは、アナスタシウス四世が一一五三年十二月十三日にモンティエ・ラ・セル修道院に与えた特許状を、ジョン自身が部分的に作成している事実である。ここからジョンが、一一五三年の終わりまでは確実に教

皇庁に奉職しており、カンタベリ大司教シオボルドのもとに奉職するのはこの直後の時期であると、プールは結論する。(7)

しかし、このようなジョンの経歴の年代確定は、他の史料が示す証拠と矛盾するものである。プールのいうように、ジョンがロベルトゥス・プルスによって教皇庁に引き入れられたとすれば、遅くともプルスの没した一一四六年までには、ジョンは教皇庁に奉職していなければならない。だがそれでは、一一三六年からほぼ十二年間勉学したというジョン自身の証言に反する。それでは時期的に早すぎる。そしてさらに、それよりも決定的なプール説への反証がある。それは、プールによりジョンが教皇庁に奉職していると想定された時期に、大司教シオボルドが発給した証書のなかで、ジョンが二度にわたって証人としてあげられていることである。

(2) 大司教シオボルドの証書

第一の証書は、リーズの司教座聖堂参事会に対してケント地方のイースリング教会の管轄権を確認したことを、ロチェスタ司教アスケリヌスとカンタベリ大司教座の大助祭ウォルターに告示したものである。このなかの証人としてジョンの名が見出される。ここで言及されるロチェスタ司教アスケリヌスは、一一四八年一月二十四日に没しているので、ジョンがこれ以前の時期に大司教シオボルドのもとに奉職していたことが明らかになる。(8)

第二の証書は、大司教シオボルドが、ファヴァシャム修道院の修道士のために作られた付属墓地を聖別したことを告示するものである。ジョンは、ここでの証人としても登場する。この証書での証人としては、ほかにカンタベリの大助祭ロジャーの名も出るが、彼が大助祭の職に就いたのは一一四八年以降の時期であり、同じくこのなかで言及される聖アウグスティヌス修道院長フゴーは、一一五一年六月より前の時期に没していることから、この証書は一一四八年以降、一一五一年の前半までの時期に発給されたことがわかる。ファヴァシャム修道院は一一四八年に創設された修道院だが、ジョンの『教皇史』はこの修道院創設の記事で終わっている。おそらくジョンは、一一四八年にこの修道院が落成したさい、そこに居合わせたものと思われる。そしてそのとき付属墓地の聖別が行われ、ジョンも証人として登場する証書が発給されたのであろう(9)。

結局、第一の証書から、ジョンが一一四八年一月二十四日以前にカンタベリ大司教に奉職していたことが明らかになる。また第二の証書からは、彼が一一四八年頃に、カンタベリのシオボルドのもとで何らかの職務を遂行していたことがわかる。

(3)　クレルヴォーのベルナールの推薦状

さらに、この時期のジョンの経歴を知る上で非常に重要な史料として、クレルヴォーのベルナールがカンタベリ大司教シオボルドに対して書いた、ジョンを推薦する書簡がある。この書簡の書かれた年代は不明であるが、そのなかでクレルヴォーのベルナールは、ジョンのことを、自分がかつてシオボルドと会ったときに、すでに個人的に推薦した人物として語っている。そしてクレルヴォーのベルナールは、シオボルドに対しジョンの資質を保証し、彼に生計の道を与えるように頼み、次のようにいう。

「彼が見苦しくなく品位をもって生活できるような生計の道を、彼に与えてほしい。それも早く。彼は行くべきところがないので(10)。」

このクレルヴォーのベルナールの文面は、ジョンがこの時期いかに生活に窮していたかを、十分に推察させてくれるものである。プールは、クレルヴォーのベルナールが一一四八年のランス教会会議でシオボルドと会ったときに、ジョンをシオボルドに推薦したと推定している。さらにプールに従えば、その後クレルヴォーのベルナールは、一一五三年八月に亡くなる以前にこの推薦状を書き、ジョンはそれを使う機会を待ちつつ、一一五三年末以降の時期にこの推薦状を使い、シオボルドのもとに奉職したとされる(11)。

この解釈によれば、ジョンはかなりの間、この推薦状を使わずにしまっておいたことになる。しかしすでに見たように、この推薦状には、ジョンが生計を立てるあてもなく窮迫していた様子がはっきりと現れている。ゆえにこの推薦状が書かれたのは、プールがいうように一一四八年のランス教会会議以降の時期ではなく、ジョンがほぼ十二年にわたる勉学を終え、当座の生活に困窮していた時期、つまり一一四七年頃と考えるべきであろう。

すでに述べたように、この推薦状のなかでクレルヴォーのベルナールは、ジョンのことを、かつてシオボルドに会ったときに推薦した人物として語っている。では、この推薦の時期はいつのことであろうか。プールやブルックは、クレルヴォーのベルナールとシオボルドが同席した一一四八年三月のランス教会会議のときに、このジョンの推薦が行われたものと考えている(12)。

しかし、シオボルドの証書から明らかなように、ジョンは、少なくとも一一四八年一月以前にシオボルドのもとに奉職していた。とすると、この直接の推薦はそれ以前の時期になされていなければならず、ランス教会会議のときではない。では、このクレルヴォーのベルナールがシオボルドに対して行ったジョンの推薦は、いつのことなのか。シオボルドは、一一四八年のランス教会会議のとき以外には、一一四四年、一一四七年春、一一五二年にフランスに旅している。このうち、クレルヴォーのベルナールによるジョンの推薦があったと最も考えられうるのは、年代的に見て、一一四七年春のフランス行きの機会である。おそらくこのときクレルヴォーのベルナールは、シオボルドに会ってジョンを推薦し、その直後に今度は、ジョンを推薦する書簡を書いたのであろう。その結果、一一四七年中にジョンはシオボルドのもとに奉職し、リーズの司教座聖堂参事会への証書に証人として登場すると考えれば、すべて整合的に説明できる。そしてジョンは、シオボルドとともに一一四八年三月のランス教会会議に出席する。その後、彼はシオボルドとともにイングランドへと帰り、一一四八年に創設されたファヴァシャム修道院の付属墓地にかんする証書で証人として現れるのである。

(4)　セルのペトルスとの関係

ところで、ジョンがカンタベリ大司教に奉職するまでの過程については、もう一つ大きな問題がある。それは、彼が一一四七年にほぼ十二年間の勉学を終え、クレルヴォーのベルナールの推薦状を得てシオボルドのもとに奉職するまでの間、一時的にセルのペトルスのもとに滞在していたのではないかと推定されることである。セルのペトルスは、ジョンがパリ遊学時代に家庭教師として教えた貴族の師弟の一人であったらしい人物で、ジョンの終生の友人であるが、彼はその高貴な生まれのゆえに、一一四四年頃に若くしてモンティエ・ラ・セルの修道院長となっていた[13]。ジョンは、一一四七年に自身の勉学に終止符を打つが、当座の生計の道を見出せず、彼のもとに一時的に滞在し、書記の仕事に携わったと思われる。この推定を裏づけるいくつかの証拠がある。

まず、セルのペトルスがジョンに対して、書簡のなかで「教師（magister）」とか「私の友人（suus amicus）」という呼びかけを用いるのみならず、「私の書記（suus clericus）」といった呼びかけを行っていることがあげられる。それによってジョンが、ペトルスのもとで何らかの書記的活動をしていたと考えられる[14]。さらに、ジョンがセルのペトルスに送った書簡で、ジョンが極貧であったとき、ペトルスが彼を養ってくれたことが次のように言及されている。

「あなたの好意によって、私が生活の糧を得ることができたのはこれが初めてではない。かつてあなたは、異国で貧窮していた私を救ってくれたが、そのときの好意は父母の愛にまさるものがあった。[15]」

セルのペトルス自身も、後年カンタベリ大司教リチャードに宛てた書簡で、ジョンがシオボルドのもとに奉職する前に、職もなく貧窮していたことに言及して、「聖なる思い出に満ちたあなたの先任者、大司教シオボルドは、貧窮して助けを求めていたシャルトル司教ジョン師を受け入れた」と語っている。[16]

ここでいわれるジョンの窮状は、クレルヴォーのベルナールの推薦状が語るジョンの切迫した状況と一致する。おそらく彼は、一一四七年に勉学を終えたあと、一時的にセルのペトルスが修道院長であったモンティエ・ラ・セル修道院か、またはそれに従属するプロヴァンの聖アイグルフ小修道院に滞在していたと考えられる。[17] そしてその後、クレルヴォーのベルナールの推薦状を得て、シオボルドのもとに奉職した。

(5) ジョンの教皇庁滞在

このような経緯でカンタベリ大司教のもとに奉職したジョンは、その後、頻繁に教皇庁に滞在したことが知られている。彼は大司教の代理としてカンタベリと教皇庁をつなぐ役割を果たしていた。以下では、彼の教皇庁滞在の時期と活動内容について、『教皇史』での記述などを手掛かりにしながら再構成したい。

（一）　ウィンチェスタ司教ヘンリが教皇庁を訪問したとき［一一四九年または五〇年］

ジョンが教皇庁に滞在していたことがわかる最も早い機会は、『教皇史』四十章に描かれたウィンチェスタ司教ヘンリの教皇庁訪問のさいである。『教皇史』での記述の詳細さから、このときジョンが教皇庁に滞在していたことが推定される。まず最初に、『教皇史』が語るランス教会会議からウィンチェスタ司教ヘンリの教皇庁訪問にいたる経緯について、ここでたどっておこう。

『教皇史』の記述によれば、教皇のことを快く思っていなかったイングランド王スティーヴンは、イングランドの高位聖職者たちがランス教会会議に出席することを妨害した。しかしカンタベリ大司教シオボルドは、王の監視を逃れ、密かに漁師の小船に乗って海峡を横断し、ランスへ赴き教会会議に現れ、他の出席者たちから敬意をもって受け入れられた(18)。そして教皇エウゲニウス三世は、教会会議の召集に従わなかった者を停職処分にしたが、イングランドの聖職者については、シオボルドにその処罰を一任した。シオボルドは、スティーヴン王の兄弟であるウィンチェスタ司教ヘンリを除いて、すべてのイングランドの司教、修道院長を赦免し、停職を解いた。その結果ヘンリだけは、六か月以内に個人的に教皇のもとに行き、赦免を得ることが命ぜられたのである(19)。

その後ウィンチェスタ司教ヘンリは、教皇庁に赴いて謝罪し、教皇と和解した。そのときヘンリは、『教皇史』の記述によれば、教皇に次のような要求をしたとされる。それは、自分がイングランドの西の地域を監督下に置く大司教になるか、またはイングランドでの教皇特使の地位を得るか、または少なくとも彼の司教区がカンタベリの裁治権から独立するという要求であった。しかし教皇は、イングランドにおける教会の腐敗の原因が彼にあると見なしたので、彼の願いを聞かなかった(20)。

そして彼は、教会会議欠席についての赦免以上のものが望めないと知ると、教皇庁を去る前にローマで、ウィンチェスタにもち帰るべく古代の彫像を買いあさった。ヘンリがこのように、異教徒の作った彫像を買いあさるのを見て、ある文法学者が「古い胸像を買うことにダマシップスは熱狂した」というホラティウスの『風刺詩』の言葉を引用して彼を嘲笑したと、ジョンは『教皇史』で語っている。(21)ヘンリは、トスカナ、ロンバルディア、ブルグントを通って帰ることが危険であると見なし、海路スペインへ行き、そこからサンティアゴ・デ・コンポステラを経由して、無事にイングランドに帰国した。

これが、ヘンリについて『教皇史』が語ることの要約であるが、この記述は、ウィンチェスタ司教ヘンリの伝記的事実を知る上で重要な史料であるとともに、ジョンがこの時期教皇庁に滞在していたことを示す貴重な証言ともなっている。しかし、ジョンがこのように『教皇史』で詳しく描いたウィンチェスタ司教ヘンリの教皇庁訪問については、これがヘンリの二回にわたる教皇庁訪問を一つにまとめた記述であるとする説が有力である。

この時期のヘンリの教皇庁訪問に言及するものとしては、『教皇史』のほかに四つの史料が残っている。

A　ヘンリが一一四九年に、財政的に逼迫していたクリュニー修道院に対し、多額の金銭の貸与を行ったときの証書。このなかで彼は、自分のことを、「ローマから帰る者（rediens a Roma）」といっているので、彼がクリュニーに行ったのは、教皇庁からイングランドに帰る途中であったことがわかる。「ローマ」という表現は、中世において漠然と教皇庁を指し示す言葉であったから、これは、ヘンリが必ずしも都市ローマから帰ったことを示すのではなく、教皇庁から帰還したことを意味する。(22)

B　ヘクサムのジョンがその年代記『諸王の歴史』で行った記述。ヘンリが一一四九年に赦免を求めて、ローマへ行ったとする。そしてそのさい教皇エウゲニウス三世から、ヨーク大司教ヘンリ宛ての書簡を得たことを述べている。その書簡はヨーク大司教に対して、当時ヨーク大司教座の財務官であったウィンチェスタ司教ヘンリの甥ピュイーゼのフゴーを迫害するのを止めるように命じたものであった。この記述の内容は、この年代記の編者によって、前後関係から一一四八年のことであるとされている[23]。

C　ウィンチェスタの年代記の記述。このなかで、ヘンリが一一五一年に、ハイド修道院の修道士たちとクレルヴォーのベルナールによって彼に対してなされた告訴に答えるためにローマを訪ねたと記載されている[24]。

D　ヘンリからサン・ドニ修道院長シュジェール宛ての日付のない書簡。このなかで、フランドル伯領内での安全通行を保証する文書を、フランドル伯から自分のために得てくれるようにシュジェールに頼んでいる。これは、敵対関係にあったアンジュー家が、ヘンリの通行を妨害するのではないかと恐れてのことであった。この書簡の書かれた年代は、一一四八年から一一四九年頃と考えられている。この書簡から、この時期にヘンリが、フランドルを通って教皇庁へ行こうとしていたことがわかる[25]。

これらの史料から推定されることは、ヘンリが少なくともこの時期、二回は教皇庁に行ったことである。第一のものは、彼がランス教会会議後の六か月内の謝罪を求められて教皇庁に行ったときで、これは一一四八年秋頃と考えられる。そして史料Aが示すように、この帰路、一一四九年に彼は、クリュニーで証書を発給した。さらに史料Dのシュジェールへの依頼が功を奏して安全通行を保証する文書が得られたとすれば、その後フランドルを通ってイングランドへ帰ったと思われる。そしてさらに、このとき、史料Bでヘクサムのジョンが言及する教皇エウゲニウス三世の書簡を持ち帰ったであろう。

一方、ジョンが『教皇史』のなかで語るヘンリの教皇庁訪問の記述には、これとは別の機会も含まれている。というのは、ヘンリが教皇庁を去る前に都市ローマで古代の彫像を買ったと『教皇史』で記述されていることから、ヘンリはローマに教皇が滞在していたときに少なくとも一度、教皇庁を訪ねていることがわかるからである。

この時期、教皇がローマにいたのは、一一四九年十一月二十八日から一一五〇年七月中頃までである。そうするとヘンリは、ランス教会会議の欠席の謝罪訪問とは別に、その後二度目の教皇庁訪問を、都市ローマに教皇が滞在していた時期に行ったと考えられる。そしてこのとき、ジョンが『教皇史』でいうように、ヘンリはコンポステラを通って海路イングランドに帰ったと思われる。

ただし、以上のような年代的見取り図の場合、史料Cのウィンチェスタ年代記の記述がおそらく一年誤って記載されていること、つまり一一五一年とされているヘンリのローマ訪問は一一五〇年の誤りであろうことを前提としなければならない。またさらに、『教皇史』の記述が、二度にわたるヘンリの教皇庁訪問の事実を、一つにまとめて記載していることも仮定しなければならない。しかし、当該の史料全体から見ると、これが最も妥当な仮説のように思われる。この仮説に従えば、一一四九年末から一一五〇年の前半の時期にジョンが、ローマの教皇庁に滞在していたことが導かれるのである。(26)

(二)　ケプラーノにおける教皇エウゲニウス三世のもとでの滞在［一一五〇年夏］

ジョンは『教皇史』四十一章で、ノルマン人のモリーゼ伯フゴーが妻との離婚を求めて、教皇エウゲニウス三世のもとに赴いた事件について述べている。このときジョンは、その場に居合わせたと『教皇史』のなかで語っており、おそらくこれは、教皇エウゲニウス三世が一一五〇年夏にローマを出て南に向かい、教皇領とシチリア王国との境界に位置するケプラーノに滞在していたときのことであろうと考えられる。

この教皇のケプラーノ滞在については、『教皇史』三十二章で描かれている。一一五〇年夏に教皇エウゲニウス三世は、暴動が生じたローマを離れ、アナーニを経由してケプラーノへと赴いた。そして、教皇はそこで、対立していたシチリア王ルッジェーロ二世と和平のための会談を行った。教皇庁は、教皇インノケンティウス二世が一一三九年にルッジェーロ二世側によって捕囚されるという事件があって以来、その罰としてシチリア王国の司教の叙階のために使う聖油を与えず、一方ルッジェーロ二世も教皇特使の王国内への立ち入りを禁じていた。しかしこのとき両者は和解し、ルッジェーロ二世は教皇に、シチリア王国内の教会に対する監督権を認めた(27)。

この同じときにモリーゼ伯フゴーは、トゥスクルムのプトロメウスの親戚であった妻との婚姻解消を求めて教皇のもとにやってきたと思われる。『教皇史』四十一章に従えば、フゴーは、シチリア王の行政官、またアプリア、カラブリアの役人や貴族をともなっていた。しかし教皇は、フゴーと会見したとき、彼に対して妻とよりを戻すように懇願し、涙を流してその席を降り、伯の前にひれ伏した。そして、その司教冠は頭から落ち、埃にまみれたと、ジョンは語っている。この場面の記述は、『教皇史』のなかでもとりわけ生彩があり、臨場感あふれるものである。ジョンによれば、すべての出席者は涙を流し、フゴーは、敬意と喜びを表して教皇の言葉に従うことを約束したという(28)。

ところで、ルッジェーロ二世の庶出の娘アデライデが一二〇六年に発給した証書では、彼女がモリーゼ伯フゴーの妻であると明記されている。しかしアデライデは、『教皇史』で語られるフゴーが離婚しようとした女性ではない。この証書を研究したジェイミスンの結論によれば、フゴーは王の娘アデライデと結婚するために、一一五〇年のこのとき、トゥスクルムのプトロメウスの親戚であった妻と離婚しようとした(29)。『教皇史』の記述でも、シチリアの司教たちがすでにこの離婚に同意していたことが示唆されるが、おそらくこの離婚は、すでにシチリア王国では認められ、王の娘との新たな結婚の誓約がなされていたと思われる。ゆえに、『教皇史』で語られるフゴーと妻との劇的な和解も、結局はその場かぎりのもので、よりは戻らなかったことがわかる(30)。

ジョンはまた、一一五七年にセルのペトルスに対して書いた書簡でも、この一一五〇年夏のケプラーノ滞在について触れている。ジョンはそのなかで、かつてシチリア王の尚書部長官から勧められて飲んだ、ファルファやパレルモ、あるいはギリシアの葡萄酒で、健康を損うほど酔ったと語っている。ここで言及されているシチリアの尚書部長官とは、イングランド人セルビのロバートのことであり、彼はその職を一一五一年十月に辞めていることから、このエピソードは、シチリア王ルッジェーロ二世と教皇の会談が行われたケプラーノでの出来事であろうと考えられる。こうした事実から、ジョンが一一五〇年の夏に、ケプラーノの教皇エウゲニウス三世のもとに滞在していたことがわかる。(31)

(三)　フェレンティーノにおける教皇エウゲニウス三世のもとでの滞在［一一五〇年または五一年］

ジョンは『ポリクラティクス』六巻二十四章で、教皇ハドリアヌス四世のもとでベネヴェントに約三か月間滞在していたときに、教皇と教会の状態について交わした対話を再現している。このハドリアヌス四世のもとでの滞在は、一一五五年から一一五六年にかけての時期のことであり、それについては以下で詳しく見るが、ジョンはこの対話のなかで、かつてフェレンティーノにいた教皇エウゲニウス三世のもとに滞在していたときのエピソードについて語っている。そのエピソードとは、聖プデンティアーナの枢機卿司祭グイドが教皇の同席する場で、教皇庁における貪欲が教会の悪の根源であると語ったのを、ジョンがその場で聞いたというものである。(32)教皇エウゲニウス三世がフェレンティーノにいたのは、一一五〇年十一月二十三日から一一五一年六月二十二日までのことであるが、その時期にジョンも教皇庁に滞在していたことは、ここから確実である。

さらにこの滞在のことは、一一六九年にジョンからエクセタ司教区のトトニスの大助祭ボールドウィンへ送られた書簡でも言及されている(33)。また、ジョンからハドリアヌス四世へ送られた書簡で、ジョンがフェレンティーノに滞在していたとき、ハドリアヌス四世から指輪とベルトを贈られたことに触れているが、それはおそらく、このときのことであろう。当時ハドリアヌス四世は、枢機卿として教皇庁で活動していた(34)。

（四）　ドイツの使節が教皇庁にフリードリヒ・バルバロッサの国王選出を知らせにきたとき［一一五二年春］

ジョンは、一一六〇年夏にサールのラルフに対して、同年二月のパヴィアの帝国議会が対立教皇ヴィクトル四世を支持する決定を下したことを批判する書簡を送っているが、そのなかで、かつてドイツの使節がフリードリヒ・バルバロッサの国王選出を教皇庁に知らせにきたとき、そこに居合わせたことに言及して、次のようにいう。

「聖なるエウゲニウスが位にあった頃、私はローマにいたが、そのとき、彼［フリードリヒ］が統治を始めてから最初の使節団が到着したが、彼らは信じがたいほどの高慢さと無分別な言動で、恥知らずな行為をした(35)。」

ドイツの使節団が教皇庁にバルバロッサの国王選出を告げにきたのは、一一五二年の春である。ジョンはここで、「ローマにいた」といっているが、これは教皇庁にいたことを意味する。このとき教皇が滞在していたのはセーニである。

（五）　教皇アナスタシウス四世がモンティエ・ラ・セル修道院に特権を与えたとき［一一五三年十二月］

セルのペトルスは、モンティエ・ラ・セル修道院に所属するある墓地への権利を確認する訴えを教皇庁に行い、それに対してアナスタシウス四世は、一一五三年十二月ローマで、この権利を認める教勅を出した。ペトルスはジョンに宛てた書簡で、この教勅について、「あなた自身が見て、そして部分的に作成したもの」であると語っている。ここから、ジョンがペトルスの代理として、教勅の草稿を教皇庁で作成したものと推定される。(36) ジョンは『メタロギコン』の第三巻の序で、「私はローマ教皇庁で、私の上司や友人のためにしばしば仕事をした(dominorum et amicorum negotia in ecclesia Romana saepius gessi)」と語ることからもわかるように、これもそうした教皇庁で彼が行った仕事の一つであったに違いない。(37) いずれにせよジョンは、この教勅が作成された一一五三年十二月に教皇庁に滞在していたと考えられる。

（六）　ベネヴェントでハドリアヌス四世のもとで過ごした三か月間［一一五五年から五六年］

すでに見たようにジョンは、『ポリクラティクス』六巻二十四章で、ベネヴェントにいた教皇ハドリアヌス四世のもとで約三か月間過ごしたときのことについて述べている。そのときジョンは、教皇と多くのことがらについて友人のように語りあった。とくに教皇庁の腐敗について忌憚なく語っている。すでに触れたように、この対話のなかでは、エウゲニウス三世の在位中にフェレンティーノで、聖プデンティアーナの枢機卿司祭グイドが、はっきりと教皇庁の腐敗を批判したエピソードも語られている。(38) ハドリアヌス四世がその教皇在位中、ベネヴェントに滞在したのはただ一度だけであり、それは一一五五年十一月から一一五六年七月までのことである。ジョンが述べる約三か月間に及ぶ教皇庁滞在は、この間のいつかである。

二　王の不興

（1）史料としての『前期書簡集』

ジョンがカンタベリ大司教シオボルドに奉職していたさいの伝記的事実において、教皇庁滞在とならんで重要な意味をもつものは、イングランド王ヘンリ二世の不興を買った事件である。そのことについては、彼の書簡のなかで述べられている。以下で、このジョンに対する王の不興が生じた過程を年代的に復元するとともに、その意味について詳細に検討していくことにしたい。

まず最初に、王の不興についての主要な史料となるジョンの書簡集について触れておこう。ジョンは、大司教シオボルドのもとに奉職してから書いた書簡を、一一六一年または六二年に集成し、セルのペトルスへ贈っている。それらの書簡は、一一五三年から大司教シオボルドが没する一一六一年の時期までわたるものである。これは、一一六三年以降のフランス亡命中に書かれた書簡集と区別して『初期書簡集』と呼ばれるが、シオボルドのもとに奉職していた時期のジョンの活動を知る上で非常に重要な史料である(39)。

『前期書簡集』には、全部で一三二の書簡が集められているが、そのうち九十八は、ジョンが大司教シオボルドの名で書いた公的な書簡である。そしてその大半が、教皇への上訴にかかわるものであった。ジョンが大司教座で教皇庁に対する公的書簡を書いていたという事実は、彼が大司教により教皇庁との関係におけるエキスパートと見なされていたことを示している。それは彼が教皇庁に頻繁に滞在した結果として当然のことであったに違いない。さらにブルックによれば、これらの公的書簡の文体および個々の言葉において、当時の教勅の模倣が見られ、その点でもジョンと教皇庁との深いつながりが見てとれる[40]。

こうした公的書簡以外の三十五の書簡が、ジョンが彼自身の名で書いた個人的な書簡である。そして、彼のこの時期の活動や王の不興の事件についての情報を得ることができるのは、これらの彼が個人的に書いた書簡からである。しかし、これらジョンの私的な書簡には、多くの場合宛名がなかったり、当時の書簡の慣例に従い日付がなかったりする。またそれらは書簡集の形にまとめられたさい、年代順に並べられなかったことから、書簡の書かれた年代を確定するのが容易でなく、王の不興の生じた時期についてもなかなか確定できなかった。プールの古典的な研究では、王の不興が一一五九年のこととされたが、その後コンスタブルによるジョンの『前期書簡集』の詳細な研究によって、それが一一五六年のことであることがほぼ確実に実証された[41]。ここでは、主としてコンスタブルの研究に依拠しつつ、書簡の内容を検討しながら、王の不興の経過とその原因について考えることにする。

(2) 王の不興の年代的再構成

(一) ヘンリ二世の教皇庁への使節 [一一五五年十月九日出発]

ヘンリ二世のジョンに対する不興と深くかかわる出来事として、彼が行った教皇庁への使節の派遣がある。ヘンリ二世は即位の翌年、一一五五年に、教皇ハドリアヌス四世のもとに最初の使節を送っている。その使節の構成員は、エヴルー、ル・マン、リジューの各司教と、セント・オールバンズ修道院長、サン・ロの司教座聖堂参事会長であった。彼らは、教皇とさまざまな政治的な問題について交渉すべく指示されていた。任務の一つには、教皇からアイルランド征服の公的な認可を得ることもあった。ちなみにヘンリ二世は、アイルランド征服について、一一五五年のミカエル祭（九月二十九日）頃に開催されたウィンチェスタ教会会議で聖職者たちに提案していた。そしてこの使節は、その直後の一一五五年十月九日に、イングランドから教皇庁に向かって出発する。使節団は、ベネヴェントにいた教皇のもとに、十二月中頃以降に到着したであろうと考えられる。(42) 一方ジョンは、すでに見たように、この時期約三か月間、ベネヴェントの教皇のもとに滞在していた。それは一一五五年十一月から一一五六年七月までの間のいつかであった。まさに同じ時期に、ヘンリ二世の使節はベネヴェントに到着し、教皇庁に滞在することになったのである。

ジョンが、この王の使節のなかに加わっていたのか、それとも使節とは別にカンタベリ大司教の代理として教皇庁にいたのかについてはわからない。いずれにせよジョンは、このときの使節の任務、とりわけアイルランド問題で重要な役割を果たしたように見える。ジョンが、教皇によるヘンリ二世へのアイルランド授与に深くかかわったことについては、『メタロギコン』で次のようにいわれる。

「[教皇ハドリアヌスは]私の願いで、卓越したイングランド王ヘンリ二世に、アイルランドを世襲の権利で所有するものとして授与した。そのことは現在でも、その証書から明らかである。すべての島々は、コンスタンティヌスが行った寄進にもとづく古い権利によってローマ教会に属するものだが、[教皇は]私を通じて、最高のエメラルドで飾られた金の指輪を送り、それによってアイルランドを所有する権利の叙任がなされた。(43)」

ここでジョンが語ることは、コンスタンティヌスの寄進状を根拠にしてアイルランドの所有権を主張する教皇が、指輪を象徴物とした叙任で、イングランド王ヘンリ二世にアイルランドを封土として与えたということである。そして「私の願いで」という言葉からわかるように、ジョン自身がハドリアヌス四世に対する交渉を行ったことが示唆されている。

この文章で重要なことは、アイルランドの所有権がほんらい、コンスタンティヌスの寄進にもとづいて教皇に属するものであるという、いわゆる教皇の至上権にもとづく理念が述べられていることである。教皇ハドリアヌス四世は、とくに教皇至上主義的な理念を表明していたことで知られていた。たとえば彼は、カンタベリ大司教シオボルドへの一一五六年一月二十三日付の書簡で、シオボルドがイングランドの聖職者たちの教皇庁への上訴を妨げ、イングランド王の利益を教皇庁のそれよりも優先させていると非難している[44]。そしてこうしたハドリアヌス四世の言動から、彼がイングランドの王権や教会の諸問題に、積極的に介入しようとしていたことが見てとれるのである。ジョンが、こうしたハドリアヌス四世の教皇至上主義的な理念に共鳴していたのかどうかはわからないが、少なくともヘンリ二世の使節たちは、ハドリアヌス四世と親密な関係にあったジョンを、ハドリアヌス四世の政策に同調する者と見なしていたであろうことは考えられる。そしてこのことが、この後の時期、ヘンリ二世のジョンに対する怒りを引き起こすきっかけとなったと思われる。

（二）　教皇ハドリアヌス四世からアンジェの司教座聖堂参事会への書簡［一一五六年四月二十五日］

ヘンリ二世の使節が、アイルランド授与問題を含む政治的な協議のために教皇庁に滞在していたことについては、教皇ハドリアヌス四世からアンジェの司教座聖堂参事会へ送られた書簡でも言及されている。この書簡で扱われている問題は、アンジェの司教座における司教任命をめぐる争いである。ここでは司教の任命をめぐって、ヘンリ二世と司教座聖堂参事会とが対立し、その争いは、ヘンリ二世によって教皇庁に上訴されていた。しかし、この教皇の書簡では、司教座聖堂参事会に味方する判決が下されている。それは、ヘンリ二世の教会への影響力を少なくしようとする教皇の判断にもとづくものと考えられる。

この書簡のなかで、王の使節が、政治的諸問題の交渉のために教皇庁に滞在していることが述べられ、その使節の構成員としてエヴルー、ル・マンの各司教、セント・オールバンズ修道院長、サン・ロの司教座聖堂参事会長が言及されている(45)。しかしこのなかには、使節のなかで最も政治的な影響力があった王の腹心リジュー司教アルヌルフの名は出てこない。おそらく彼は、このときすでに教皇庁を離れていたと思われる。そのことは、アルヌルフが一一五六年二月二日にルーアンで発給された国王証書で、証人のなかに登場することからも確かである(46)。いずれにせよ一一五六年四月の時点で、イングランドからの使節は、アルヌルフを除いて、なお教皇庁に滞在していたことがわかる。

(三)　ジョンからノリッジ司教ウィリアムへの書簡［一一五六年春または夏］

一方、この後のジョンの足取りは、ジョンからノリッジ司教ウィリアムへ送られた書簡（書簡番号十三）から見てとれる。ここでは、ヘンリ二世が兄弟ジェフリーとの戦いにさいしてイングランドの教会に課した軍役代納金のことが触れられている。このなかでジョンは、ノリッジ司教に対して、ヘンリ二世がシオボルドと協調的な関係にあり、教会に好意を示していると述べ、さらに、王は当分の間、この軍役代納金の徴収を止めないだろうと語っている。この時点では、ジョンに対する王の不興についてはまだ語られていない(47)。ところで、このヘンリ二世とジェフリーとの戦いは、一一五六年二月から七月まで続いた。ジョンがここで、イングランドの教会への軍役代納金をめぐる議論を行っていることから、彼はこの戦いが終わる一一五六年七月以前に、教皇庁から再びイングランドに戻っていたと推定される(48)。

（四）ジョンからセルのペトルスへの書簡［一一五六年の夏の終わりか秋］

ジョンは、セルのペトルスに送った書簡（書簡番号十九）で、教皇庁から帰ったあとにヘンリ二世の不興を買ったことについて述べている。これが王の不興について語る彼の最初の書簡である。ジョンは一一五六年七月以前にはイングランドに帰っていることから、この不興はおそらく一一五六年の夏頃よりあとの時期であろうと推定される。そうしたことから、この書簡は一一五六年の夏の終わりか秋頃に書かれたもののように見える。彼はここで、教皇庁の名を強調しすぎたために責められていると述べ、さらに次のようにいう。

「イングランドの教会が、聖職者の選出や教会にかかわる訴訟の裁判において、自由なやり方を要求したことが、私のせいにされている。それはまるで、私が一人でカンタベリ大司教や他の司教たちに、何をすべきか教えているかのようにである(49)。」

このようにジョンは、司教などの選出や、教会の裁判にかんする問題で彼が取った一定の態度が、不興の直接の理由であると述べる。おそらく、ジョンが教皇庁の手先としてイングランドの教会の諸問題に介入しているとヘンリ二世に思われたことが、不興の原因であろうとこの書簡からは考えられる。そしてジョンはこのなかで、一一五七年の一月一日以前にイングランドを去るつもりであると述べている。ここから、王の不興が、王に友好的な調子で書かれたノリッジ司教ウィリアムへの書簡とこの書簡との間の時期、つまり一一五六年の夏頃か秋頃に生じたと考えられる(50)。

（五）　ジョンから教皇ハドリアヌス四世への書簡［一一五六年の夏の終わりか秋］

ジョンから教皇ハドリアヌス四世へ宛られた書簡（書簡番号十八）は、今見たセルのペトルスへの書簡と同じ時期か少しあとの時期に書かれたと考えられるものだが、そこでもヘンリ二世のジョンに対する不興のことが言及されている。この書簡は、サンスの大司教とサンスの司教座の聖歌隊長マテウスとの争いにかんして、マテウスの側を弁護するために書かれたものである。この書簡は教皇宛てになっているが、直接教皇庁に送られたのではなく、マテウスのもとに送られている。というのは、マシューがその係争をローマに上訴するさいに、この書簡を提示して訴訟を有利に運べるようにとの配慮からであった。

この書簡では、ヘンリ二世のジョンに対する不興の責任が、リジウュー司教アルヌルフにあることが明確に述べられている。つまりアルヌルフによって、ジョンはもはやイングランドで安全に生活できず、またかといってイングランドを立ち去ることも許されない状況に陥ったとされる。ここでジョンは、亡命すべきかどうか迷っていると述べる。この書簡は内容からいって、おそらく一一五六年秋頃に書かれたものである(51)。

（六）　トマス・ベケットとその秘書エルヌルフへの書簡［一一五六年末から五七年初めにかけて］

ジョンはこの後の時期に、ヘンリ二世の不興を取り除くために、友人であり当時王の尚書部長官であったトマス・ベケットの助力を書簡（書簡番号二十八）で懇願している。このなかで、トマスがなお大陸にいることが示唆されるが、そこからこの書簡が、一一五七年二月または三月のトマスのイングランド帰還より前に書かれたものであることがわかる。おそらくこれは、一一五六年から五七年の年の変わり目頃に書かれたと思われる。[52]

同時にジョンは、「友人にして最も親愛なる教師」と彼自身が呼ぶ、ベケットの秘書エルヌルフに書簡（書簡番号二十七）を書いている。このなかでジョンは、ベケットがジョンのために王への執り成しをするようエルヌルフからも頼んでくれるように求めている。また、ジョン自身が王に送ろうとしている書簡を、王が受け取ったかどうか知らせるようにいっている。[53]

（七）　ジョンから教皇ハドリアヌス四世への書簡［一一五七年初め］

ジョンは、一一五七年初めに教皇ハドリアヌス四世に書いた書簡（書簡番号三十）で、王の不興を取り除こうとして彼が行った努力の結果について報告している。この書簡の終わりの部分で、リジュー司教アルヌルフが、ジョンに対する王の怒りを増幅させた者として指摘され、ジョンはここで、アルヌルフを「罪ある者」、「誤りを犯した者」などと呼んで非難している。さらにジョンは、「彼［アルヌルフ］は、卑小な私に対して王の怒りを積み上げ、その結果王自身が、私が王の威厳を貶めたということで、私のことをカンタベリ大司教と王の尚書部長官に対して非難した[54]」と語っている。

さらにここでの文面によれば、アルヌルフは、教皇から王に対してジョンの無実を示す書簡が送られたことを聞いたとき、その書簡をあざわらい、「教皇は彼の望むことを書いた。私が王に報告することが、真実として知られていることだ」と語った。[55]ここから、この書簡が書かれたとき、王はすでに教皇からジョンの無実を示すために書かれた、何らかの書簡を受け取っており、それに対する王の反応がジョンに伝わっていたことがわかる。

そしてそうした王の反応は、ベケットら王の周囲にいた人物のだれかが、すでに見たベケットとその秘書エルヌルフに助力を頼む書簡の返事としてジョンに知らせたものと思われる。コンスタブルはこの書簡の書かれた時期を、ベケットとエルヌルフへの書簡より四週間から六週間後、つまり一一五七年初め頃と推定している。(56)

（八）　ジョンからセルのペトルスへの書簡［一一五七年の復活祭以降の時期］

さらにこのあとの時期、ジョンはセルのペトルスへ宛てた書簡（書簡番号三十一）で、王の不興に言及している。この書簡は、セルのペトルスから一一五七年の復活祭のときにジョンのもとに届いた書簡への返事として書かれているので、この復活祭（この年は三月三十一日）以降の時期に書かれたものである。セルのペトルスの書簡では、ジョンが以前の書簡（書簡番号十九）で、自身がイングランドを去りペトルスのもとへ行くか、もしくは少なくとも書簡を出すといったにもかかわらず、その約束を実行しなかったことが咎められていた。ジョンはその咎めを、ここで謙虚に受け入れている。彼は、ペトルスを訪ねようとしたが、友人たちにより思いとどまらせられたといっている。そして、次のようにいう。

「昨年、我々の高貴なる主人であるイングランドの王の怒りが、私を妬ましく思う人々の扇動によって生じた。それはありがたくも重いものであった。もしあなたがその原因を尋ねるなら、私の罪は、私が自由を表明し、真実を擁護したことにある。(57)」

ここで言及される「自由」そして「真実」とは、司教の任命や教会の裁判における、王の影響から独立した姿勢のことをいっているのであろう。ジョンは、そうした教会の独立性の立場を擁護する言動を行ったがゆえに王の不興を買ったと思われる。ところで、この書簡の書かれた時期だが、文面のなかで「数日中のうちの王の帰還が知らされた」と語られ、ヘンリ二世がイングランドに着いたのは一一五七年四月八日であったことから、これは、復活祭の翌日一一五七年四月一日から四月七日の間に書かれたと考えられる(58)。

(3) 王の不興の原因

このようにジョンの書簡のなかで言及される王の不興の原因はいったい何であったのか。コンスタブルは、王の不興のありうる原因として二つのことをあげている。一つは、ジョンが教会に課された軍役代納金について、それを批判するようなことを語ったのではないかということである。もう一つの可能な原因としてあげられるのは、ヘンリ二世の使節がベネヴェントの教皇庁に滞在していたときのジョンの言動である(59)。

ジョンは、教会からの軍役代納金の徴収について、ノリッジ司教ウィリアムへの書簡で触れているが、そこではこの王の処置を正当なものと認めている。ゆえにむしろ、彼が一一五五年から五六年にかけての時期、ベネヴェントの教皇庁に滞在していたときに、王の使節と教皇との政治的協議にかかわり、そのさい王の使節とりわけリジュー司教アルヌルフを刺激するような言動を行った結果、王の不興を買ったと考えた方がよいであろう。とくにそれは、ジョンからハドリアヌス四世へ送られた書簡（書簡番号三十）などに見られるアルヌルフへの激しい非難から推察することができる。おそらく教皇庁におけるアルヌルフとジョンの政治的諸問題にかんする見解の相違こそが、この不興の真の原因であっと考えてよいであろう。そしてジョン自身が、王の不興の原因を、彼が教会の自由を擁護したことにあると語ることから、このとき使節のなかにいたアルヌルフが、ヘンリ二世に対して、ジョンがヘンリの教会政策に反するような教会の独立性と教皇の上位の権威を主張する者であると、多少誇張して語ったのではないかと考えられる。(60)

しかしじっさいには、ジョン自身は王に対して敵対的な態度は取っていない。むしろ彼は、ヘンリ二世のために教皇庁で積極的に活動しようとしていたことが、書簡における文面からも窺えるのである。彼は王の不興について、自分が王のために過度に働こうとしたことへの神罰であるとセルのペトルスへの書簡(書簡番号十九)で語り、次のようにいう。

「高貴で力強く、不敗の我が主君の大きな怒りが、私に対して爆発した。もしあなたが、その[不興の]理由を尋ねるなら、それはおそらく、私が過度に彼を愛し、彼の栄達のためになすべき以上に働いたからである。(61)」

とくにジョンは、教皇のヘンリ二世に対するアイルランドの授与について多大な働きを行い、イングランド王権のために大きな貢献をしたと自負していたと思われる。しかし一方で、この授与が、コンスタンティヌスの寄進にもとづく教皇の全西欧への支配権を前提にした行為であったこと、さらにジョンがそうした教皇至上権の観念を支持する者と見なされた点に、アルヌルフによるヘンリ二世への讒言を招く原因があったのかもしれない。(62)さらには、この同じ時期に協議されたであろう、司教の任命や教会にかかわる訴訟の問題など、さまざまな教会政治的な議論において、ジョンが教皇庁の側に立って、教会の独立性を擁護する主張を行ったことが、そうした王の不興の原因になったとも考えられる。だが、ジョン自身はこの時期、教皇の権威や教会の自由を尊重する立場にあったのみならず、同時にイングランド王ヘンリ二世の利益をも代表していたように見える。おそらくそうしたなかで、アルヌルフらとの個人的な対立も相俟って、こうした王の不興が生じたといえよう。

おわりに

ジョンがカンタベリ大司教シオボルドのもとで奉職していた時期の二つの重要な伝記的事実、すなわち教皇庁滞在と王の不興についてこれまで詳しく考察してきたが、そこから彼が、イングランドの教会と教皇庁との間の教会政治的な業務に深くかかわっていたことが見てとれた。しかしながら、ジョンが大司教のもとでいかなる役職に就いていたのかということや、教皇庁滞在時に果たしていた具体的な職務については詳しくわかっていない。これまでの研究から明らかになったことに従えば、ジョンは、大司教のスタッフとしてとくに定まった役職に就いてはおらず、シオボルドの個人的な秘書であったように見える。(63) そして彼は、すでに述べたように、シオボルドのもとで大司教の公的な書簡を作成していた。ちなみに彼が書いた公的な書簡のうち、ほとんどは教皇へのものであり、それらの大半は、教区教会に対する支配権などをめぐる争いの教皇への上訴にかんするものであった。そうした教皇へ上訴を行うための書簡は、『前期書簡集』のなかに五十通以上あり、ほとんどがイングランド出身であった教皇ハドリアヌス四世の在位期間中(一一五四—五九年)に書かれたものである。地域的な教会内での争いを解決するために教皇への上訴を行うという事例は、とくに十二世紀の半ばから、教皇庁の権威が高まるとともに急速に増加するが、それは同時に、教皇の政治的な影響力を発揮する手段にもなった。ジョンの『前期書簡集』に、このような十二世紀後半の教皇権の発展を示す痕跡が如実に現れているのは興味深い。(64)

ところで、ジョンのカンタベリ大司教座での職務は、シオボルドが病いに伏した一一五五年以降、たんに公的書簡の作成といったことだけでなく、大司教が果たすべき職務全般を代行するようなものに拡大していった。ジョンはこのような職務の増大について、『メタロギコン』のなかで次のようにいう。

「カンタベリ大司教シオボルドは重い病気である。……もはや彼は習慣どおりにその職務をなしえないので、彼は私に困難な責務をゆだねた。彼は、教会の全業務の配慮という支えきれない重荷を課したのである。[65]」

ここでの「教会の全業務の配慮」は誇張であるとしても、シオボルドの病気の時点から何らかの重要な役割がジョンに課されたことは事実であろう。しかしながら、こうした彼の立場の変化にもかかわらず、ジョンは、大司教の館で、結局一定の役職をもつことはなかった。じっさいこの時期、ジョンが、どのような形で収入を得ていたのかもはっきりとわかっていない。彼のこの時期の財政状況について分かっている事実は、一一六〇年の時期に、彼が借金に苦しめられていたことぐらいである。ジョンは結局、ベケット闘争後、亡命から帰って一一七四年に、エクセタの司教座の財務官職を得るまでは、よい財政状態になったことはなかった。[66]

このようにジョンは、大司教の館で一定の役職に就いてはいなかったが、大司教の証書における証人リストでは、十六回言及されるうち六か所で、「教師（magister）」という称号をともなって現れている。[67]ことによるとジョンが、カンタベリ大司教座で教師として活動していたために、この称号が付けられたのかもしれない。カンタベリ大司教座はこの当時、イングランドにおける最大の学問の中心地であった。この時期のカンタベリのクライスト教会が所蔵していた写本については、一一七〇年頃に作成された目録が残されているが、当時としてはその数は多く内容も充実しており、何らかの知的な教育活動がここで行われていたことが推定されるのである。じっさい同じ時期にカンタベリ大司教座で、法学者ヴァカリウス、歴史家ゲルヴァシウス、風刺家ロンシャンのニゲルスなどが教師として活動していたことがわかっており、ジョンも何らかの教師としての活動を行っていたとしても不思議はない(68)。

最後に、王の不興とジョンの思想との関係について触れておきたい。王の不興の原因については、すでに見たように明確な原因はわかっていないが、それが王と教皇の間に立つジョンの微妙な立場によるものであるだけに、彼の政治的理念を考えるさいにも重要な意味をもつ。彼の思考様式については、教権の俗権に対する優位を主張する教権主義的なものか、それとも王権を擁護するものかという二項対立的な観点から以前には論じられてきたが、ジョンの政治理念は、そうした二元的な対立の図式にあてはまらないものであることが次第に明らかになってきている(69)。それは『ポリクラティクス』などの彼の著作の分析からのみならず、この時期の彼の教会政治活動からも理解することができる。とくに彼自身が書簡のなかで、自分がヘンリ二世のために過度に働いたことが逆に不興を買ったといっていることは重要である。そのことは、ヘンリ二世に対するアイルランド授与などの問題で、ジョンが深くかかわっていたことを示唆している。一方ジョンは、教皇ハドリアヌス四世と個人的に親密な関係にあったことからもわかるように、教皇庁の政策や利害も十分に知り尽くしていたと思われる。おそらくジョンにとっては、こうした親教皇庁的であることと、ヘンリ二世の王権を擁護することとが矛盾なく両立するものと理解されていたのである。そしてそのことは、すでに見たように、王の不興に触れた彼の書簡における言説で明確に見てとれる。

ところで、一一六一年に大司教シオボルドが没すると、その一年後には、それまで王の尚書部長官であったトマス・ベケットがカンタベリ大司教になる。そしてこの後、ジョンの運命は大きく変化する。ジョンはベケットとヘンリ二世の対立に深くかかわり、セルのペトルスが修道院長になっていたランスのサン・レミ修道院に一一六三年以降亡命する。この時期から一一七〇年のベケット殉教にいたる過程におけるジョンの活動は、『後期書簡集』から詳しくたどることができる。そしてそこには、ジョンがこの教権と俗権を代表する者の間でなされた闘争をどのように見て、どのようにそれとかかわったのかといった興味深い問題がある。しかしそれについては、『後期書簡集』を分析する次の章で改めて論じることにしたい。

第四章　トマス・ベケットをめぐる闘争――『後期書簡集』から

はじめに

ソールズベリのジョンは、カンタベリ大司教トマス・ベケットとイングランド国王ヘンリ二世との対立にかかわってフランスに亡命し、ベケットの「教会の自由（libertas ecclesiae）」を要求する立場からの闘争に深く関与した。ジョンがいったい、いかなる形でベケットとヘンリ二世の間の争いに関与したのかを、ここではジョンの『後期書簡集』の内容をたどりながら分析したい。ジョンとベケットとの関係は、ベケットがカンタベリ大司教シオボルドの家政で奉職していた時期にさかのぼる。二人はシオボルドの家政の構成員として、友人関係にあり、十分に互いを知り合っていた。二人の密接な関係は、ベケットがイングランド王の尚書部長官となってから、ジョンが一一五九年に『メタロギコン』と『ポリクラティクス』を彼に献呈したことからも明らかである。また同時期に書かれた韻文の著作『エンテティクス』のなかでも、ベケットのことが暗示されている。さらにジョンは、カンタベリ大聖堂でのベケット殉教にも居合わせ、後にはベケットの『聖者伝』も書いている。

このように、ジョンとベケットが互いに非常に親密な関係にあったことは明白である。ジョンはベケットに与する者としてイングランドから追放され、フランスに滞在してベケット支援のため、活発に書簡を書いていたが、この時期に書かれた『後期書簡集』から窺えるのは、ジョンがひたすらベケットに追随する姿ではない。むしろ、彼のベケットをめぐる闘争への関与は、時期によりことなる様相を見せる。またジョンがフランス亡命中、ベケットの家政から別れてフランスのサン・レミ修道院に滞在していたことや、彼が書いた書簡のなかで、ベケットを批判する文言が多く見られることからも、ベケットへの態度が、一定の距離を取ったものであったことがよくわかる。(1)

ジョンが物理的にも心理的にもベケットに対し一定の距離を置いたのは、これまでの研究史のなかで、ジョンがあくまでも中庸の精神を保ち、ベケットの極端に走る性格とその過激な行動を許容できなかったことから説明されてきた。しかしこのような理解に対しては、スモーリなどのように、ジョンとベケットの性格の不一致ということだけでは両者の距離感を説明できず、むしろジョンのベケットへの態度が、政治状況の推移とともに変化することを重視すべきだとする主張もある。(2)

じっさい、ジョンが書簡で表明するベケットに対する態度は、書簡の宛先や書かれた時期によって明らかに相違する。以下では『後期書簡集』の内容に従い、ジョンがフランス亡命の開始からベケット殉教にいたるまで、ベケットをめぐる闘争にかかわってどのような立場を取ったのかを見ていきたい。

一　フランスへの亡命

ジョンの『後期書簡集』は、一一六三年から六四年への変わり目における、ジョンのフランス亡命から始まる。そしてこの書簡集は、ベケットの殺害後の列聖とカンタベリ大司教の後継者の選出により一一七三年から七四年にかけてイングランド教会が機能を回復するところで終了する。ジョンの『後期書簡集』に収められた書簡の中心は、ベケットに宛てた書簡であるが、それは、ジョンがフランス亡命中、ランスに滞在し、一方ベケットは、ポンティニーに、続いてサンスに滞在していて、両者が離れた場所にいたことにもよっている。またジョンはこの間、ポワティエ司教カンタベリのジョン、エクセタ司教バーソロミューのような友人にも多くの書簡を書いている。とりわけ、危機的な状況にさいして生じた重大な事件について書き送っている。そのうち最も有名なものは、一一七〇年のベケット殉教の前後に、カンタベリ司教座から友人たちに書き送った書簡であろう。彼は書簡で、その劇的な事件の詳細を生き生きと描いている。ベケット殉教事件を大団円とする『後期書簡集』は、『初期書簡集』のような教会行政にかかわる書簡の集成ではない。それは、ジョンの個人的感情が随所に表白されたトマス・ベケットをめぐる闘争の貴重な証言集となっている。

『初期書簡集』の終わりから『後期書簡集』の始まりまでの間、すなわち一一六一年四月から一一六三年末か六四年初めの時期に、ジョンがどのような生活を送っていたかはよくわかっていない。ジョンはその間の一一六二年七月、カンタベリ大司教に就任したベケットの大司教位を象徴する肩被い《パリウム》を、モンペリエで教皇の使者から受け取る使節の一人であった。また彼はこの時期、一一六三年五月に開催される予定であったトゥールの教会会議に間に合うように、カンタベリ大司教であったアンセルムスの列聖のために『アンセルムス伝』を準備している。その後その年末から一一六四年初めの時期にフランスへと赴く。ジョンがなぜ、イングランドから追放されフランスへと亡命したのか、その直接の理由、そしてその日時はよくわかっていない。おそらくジョンが追放された理由は、ヘンリ二世がジョンのベケットを支持する活動を止めさせようとしたためであろう[3]。

彼の亡命時の状況がよくわかる書簡は、フランスに着いた直後にベケットに宛てて出された書簡である。ジョンは、まだ亡命するにいたっていないベケットに対して自身の旅について語る。それによれば、大陸に上陸したジョンは、まずサン・トメールに行く。そこで彼は、その地のサン・ベルタン修道院の修道士たちから大きな敬意をもって受け入れられる。そこからアラスへと行き、その地の伯であるアルザスのフィリップと会う。この人物が、ベケットがもし亡命することになれば、伯の権限を用いて船を供出し、手助けすることをジョンに約束した。その次の日、彼はノワイヨンへと向かう。そこでジョンがいたるところで耳にしたのは、イングランドでの教会迫害のニュースであった。彼はそこで、ロンドンとウィンチェスタの教会会議で決定された多くの事項を初めて知った。ジョンは、フランス王がランにいること、そしてランス大司教もその近くにいて王との会見を待っていることを聞き、自身も彼らを訪ねようとするが、ランス大司教と近隣の貴族との戦闘のために、決心を変えてパリへと向かう。パリで彼は、豊かな食料、幸福な人々、そして聖職者への尊敬、教会の威厳と壮麗さ、学生たちの学問の多様さを目の当たりにして驚く。ジョンはそれを、天使が天に届く梯子を登り降りするのを夢で見て驚いたヤコブと同じ思いだと語る。(4)

二　ランス滞在

ベケットが亡命する前、一一六四年十一月にはすでに、ジョンは友人のセルのペトルスが院長をしていたランスのサン・レミ修道院に定住している。その前月の十月に、ヘンリ二世とベケットとの争いは、ノーサンプトンの教会会議で最終段階を迎えた。そして王と決裂したベケットは、フランスへと亡命する。ベケットは、サンスにいた教皇アレクサンデル三世を訪ねたあと、ポンティニーのシトー派修道院に落ち着いた。ジョンは一一六五年一月に、ポンティニーに落ち着いたベケットに対して書簡を送る。この書簡からは、亡命初期におけるジョンのベケットに対する態度がよくわかる。

この書簡でジョンは、彼も教皇のもとに行き、教皇と和平の道を探る議論を行ったこと、またヘンリ二世の母マティルダが、教皇の願いを受け入れるようにヘンリ二世を説得することを約束したことを述べている。またジョンは教皇のもとを去ったあと、パリ近くでフランス王ルイ七世と会い、会見を行った。ルイ七世は、ベケットとその従者の亡命者たちに同情を示し、王の頑固さを非難したが、ルイ七世はヘンリ二世との友好関係を損なわないために、今は動くことはできないとジョンに語ったと書いている。ジョンはベケットに向かって、全身全霊で神と祈りに向かうように忠告する。さらに彼はベケットにいう。教会法やローマ法は、現在は必要ない。学問はしばしば学識を腫れ物に変える。学問が信仰の火を燃え立たせることはほとんどないから、今は学問のことを考えるよりも、『詩編』やグレゴリウス一世の道徳的な著作を読むべきだ、と。[5]

ジョンが亡命の初めに書いた書簡では、王の好意を回復してイングランドへ帰還する希望が明確に述べられている。そのためにベケットとの密接なかかわりを避け、ベケットの誠実さと大義を認めながらも、ジョン個人の独立性を強調する書簡が多い。ジョンはヘンリ二世との個人的な和解を求めて、影響力ある友人や知人の協力を求めている。

たとえば、バイユー司教ボーモンのアンリへの書簡（一一六四年か六五年）では、「私は、しばしば書いたように、カンタベリ大司教とその教会に忠実であったことを否定しない。だが私は、王にふさわしい威厳も王の利害も、私にとって苦痛だったことはないことを示す用意がある」と述べる。[6]

この言葉のなかに、ジョンのこの時期の政治的立場は集約されている。つまり、ベケットの主張に忠実であることを認めながらも、王に対しても誠実であることを強調する立場である。このような態度を表明した書簡は、この他にもこの時期に見出すことができる。たとえばハンフリー・ボスへの書簡（おそらく一一六四年か六五年）では、「私はカンタベリ教会とその大司教に当然の忠誠を保ってきた。正義と思慮が彼とともにあると思われたとき、イングランドでも大陸でも彼に忠実だった。また彼が正義から逸脱するように見えたときには、彼に立ちはだかった。だがこうしたことで私は、何も王の名誉や利害に反することを意図的に行うことはなかった」と語る。(7) そして、最近、自分に対して平和を回復しようとの議論があり、赦免とイングランドへの帰還の条件として、彼が大陸で王の名誉や利害に反することをしなかったことを、聖遺物の上で誓うことが王により提示されたと述べる。ジョンはこの条件を教皇に問い合わせ、教皇は、もしジョンが王の意志に反することを行ったと認めれば、王はそれを王の名誉に反することを行ったと解釈するだろうことから、この条件では帰還すべきではないとの返答を受け取ったことをいう。(8)

ともあれこの時期ジョンは、ベケットとあまりに密接にかかわることで、王との和解のチャンスを逃さないように考えていた。そうした観点から書かれた書簡には、この他にも、ポワティエの大助祭イルチェスタのリチャードに宛てた書簡（一一六五年夏頃）がある。そこでジョンは安全に帰還できれば、自身が無実であると弁解できない点については、王に対して十分な償いをする準備があると述べている。(9) また、エクセタ司教バーソロミューに宛てた書簡（一一六五年夏）でも同様である。ジョンは自分の名誉、そして大司教への忠誠が損なわれないかぎりで、王に対する償いをする用意があるという。(10) また、マートン修道院長ロバートへの書簡（一一六五年夏）では、王との和解のために努力してほしいと要請している。(11) このように王との和解を求める一方で、ベケットへの書簡に見られるように、王が自分たちの財産を没収している事実を非難している。(12)

ところでなぜジョンは、ベケットとその従者たち――彼らは「学者たち（eruditi）」と周囲から呼ばれていた――と同じポンティニー修道院に滞在せず、ランスにいたのだろうか。一つにはセルのペトルスという古くからの友人がランスのサン・レミ修道院長であったこと、さらにはランスがドイツとの交通の要衝の地であり、ケルンにいた友人のジェラール・プセルなどから情報を得るために好都合であったことがその理由としてあげられよう。しかしこれだけではなく、ジョンがランスに積極的に住むことを選んだ理由は、彼がベケットの支持者であっても、ベケットの行動様式を完全には承認していなかったことがあろう。おそらくまたジョンは、トマスの側近たちに対して反感を抱いていたと思われる。とくにジョンの書簡では、ボシャムのハーバートを含めたベケットの側近の者がまったく言及されないことからも、それは窺える。一方でボシャムのハーバートは、彼が書き記したベケット側近の「学者たち」の人名リストで、ジョンを、ベケットと教師ピアチェンツァのロンバルドゥスの次の三番目に置いている。これはジョンの人格や知性が、ベケットの従者たちの間で十分に認められていたことを意味する。(13) おそらく、ジョンも含めて亡命した者たちの間には、当然、嫉妬や反目があったと思われる。こうしたなかウィリアム・フィッツスティーヴンのように、ベケットのもとを離れて、王の側へと帰順した従者も出た。

亡命したベケットの党派にとり、書簡がほとんど唯一の戦う手段となったのはいうまでもない。じっさいにこの時期の十二世紀後半までに、高位聖職者の間では書簡が数多く取り交わされるようになる。現実の書簡作成は、ラテン語の文章表現の高度な教育を受けた者のみがなしうる仕事であり、書簡作成術を知る者たちは「書簡作成者（dictatores）」と呼ばれ、ソールズベリのジョン、ブロワのペトルスらは、この時期の代表的な「書簡作成者」であった。(14)

ベケット自身はこうした特別な書簡作成の技術をもたず、単純なラテン語の書簡以上のものは書けなかった。

ベケットのもとで書簡作成の仕事に携わった者は、ウィリアム・フィッツスティーヴン、ボシャムのハーバート、教師ピアチェンツァのロンバルドゥスといった人物であるが、ソールズベリのジョンもまたこの仕事に関与したと思われる。これらベケットのもとで書簡を作成した者のうち、教皇庁で書簡作成の訓練を受けたことのある人物はジョンのみであった。

ところでジョンは、ベケットとその従者たちが滞在するポンティニーから離れたランスにいたが、離れて滞在しながら、注意深く彼自身の問題とベケットの問題とを分けて考えようとしていたと見られる。彼は少なくとも一一六七年までは、自身の名誉が失われなければヘンリ二世との和解を果たそうとしていた。ジョンは、王側に対抗して教会の自由を守ろうとするベケットの立場を支持したが、問題を単純な善悪の図式に還元せず、つねに状況の推移を冷静に客観的に見ており、ベケットの行動を完全には承認してはいなかった(15)。

ヘンリ二世は、一一六六年の復活祭をアンジェで祝ったが、そのときヘンリ二世は、彼の封建的な主君でもあるフランス王ルイ七世とアンジェで会見することにしていた。ルイ七世はこの機会に、ベケット側の亡命者の執り成しを求めて、三人の亡命者、つまりソールズベリのジョン、ボシャムのハーバート、カーンのフィリップを連れてやってきた。ルイ七世は、この三人はベケットとヘンリとの争いで無実の者だと見なし、彼らの執り成しを求めてヘンリ二世のもとに連れてきたのであった。ヘンリ二世は一週間後、彼らと謁見した。その会見についてはジョンの書簡でのみならず、カーンのフィリップから聞いた話としてウィリアム・フィッツスティーヴンが伝えている(16)。

このとき彼ら三人は、一人ずつヘンリの面前に出た。ソールズベリのジョンが最初に出た。彼は王に直接、平和と彼の聖職禄の回復を求めた。そして、王に対する攻撃を行わなかったこと、彼の身分が守られれば自身の地上の主君として王に服し、忠実に仕える用意があることを述べた。ヘンリ二世はそれに答えていう。ジョンはイングランドで生まれ育ったのだから、王に対して忠実であるべきで、教皇、大司教、司教らが何といおうと、法に従い、伝承された慣習と王の権威を守ることを誓約しなければならない、と。ジョンはこれに対し、返事をしぶった。彼は次のように返答する。自分は、教皇と大司教に従うことを誓った。だから、カンタベリ教会やその主人である大司教を捨てることはできない。また、教皇や大司教に反対して慣習を守ることもできない。彼らが受け入れることのみを、受け入れることができる、と。この答えにはヘンリ二世の同意は得られず、ジョンは退出させられた。二番目にボシャムのハーバートが王の前に出た。彼は以前、王の宮廷聖職者を務めたので王を個人的によく知っていた。彼は慣習についてジョンと同じことを繰り返し、同様に許されなかった。結局、三番目に召喚されたカーンのフィリップのみが、何の誓約も求められずに平和と財産の回復を許された。彼の場合、一一六二年以降はベケットの側に加わっていなかったことがその理由であった。ヘンリ二世は意図的に、この会見で三人の聖職者のうちだれかを許すことで、大司教の地位を弱めようとしたと見られる(17)。

ジョンは、このアンジェでの会見で王が提示した条件について、ポワティエ司教座の文書局長レイモンに送った書簡（一一六六年六月初め）で詳しく述べている。王がこのとき平和回復の条件としたのは、王側が提示した法を守る誓約を行うことであった。ジョンは、この条件では平和の回復を望まないと、この書簡で明確に述べている。ここではまた、このときのアンジェの旅で大きな出費があったことを述べている。十三ポンド使い、二匹の馬を失っただけで、何の成果もなかったと語る(18)。

三　ヴェズレーの破門宣告

ベケットはこの復活祭の会見のあと、王側に対して報復行動に出る。彼はこの年、一一六六年の五月に、ルーアンのモン・サン・ジャック修道院の修道士ニコラウスを介して、王の母マティルダに、彼がヘンリ二世とその配下の者に対して聖霊の剣を抜く、と伝えた。また彼は同時に、王に対して三通の書簡を送った。それらのうち二つの書簡で彼は、王との個人的な面会を求めている。他の一つは、神とローマ教会の名誉と彼の身分が保たれれば、王に忠実に仕える用意があることを述べるが、もし王がこの条件で平和と彼の復位を許さなければ、王は激しい神の復讐に遭うだろうとも書いている[19]。

ヘンリ二世の側は、これらのベケットの書簡を無視し、彼をカンタベリ大司教から廃位しようと画策していた。しかし、この頃にベケットのもとに送られた教皇の書簡が彼の行動を過激なものにしていく。まず教皇アレクサンデル三世は、四月八日付でベケットに送った書簡で、カンタベリ大司教のイングランド教会内での首位権を確認する。これはかつて教皇カリクストゥス二世がカンタベリ大司教アンセルムスに送った書簡で、彼とその後継者に対して認めた首位権を再確認するものであった。この首位権には、王を戴冠させる権利も含まれていた[20]。

しかしこの首位権の確認も、ほぼ同時期にベケットに与えられた教皇特使の地位に比べれば、非常に小さな出来事になった。教皇は、この年の復活祭の日曜日の四月二十四日付で、教皇特使の地位をベケットに授与することを決めたからである。教皇特使の地位には、前任者のカンタベリ大司教シオボルドも就いていた。シオボルドは一一四九年か一一五〇年から、教皇ハドリアヌス四世が没する一一五九年までその職にあったが、それによりカンタベリ大司教の権威はかなり高められた。今度はベケットが教皇アレクサンデル三世からこの地位を与えられることになったが、ベケットに認められた教皇特使の地位では、その裁治権からヨークの大司教管区は除かれていた。またこの特使の任期は、その授与者の教皇アレクサンデル三世が亡くなるまでとされ、また任意に取り上げられるものとされた。とくに教皇庁から特使が派遣されたときには、その職から解かれるものとされた(21)。

しかしこのベケットに認められた教皇特使の権限には、イングランドにおいて教会財産に対して暴力行為や権利侵害を行ったすべての者――国王ヘンリ二世とその配下の者を含めて――を法に従って罰する力も付与されていた。ベケットは、この教皇特使の権力を授与されることで、予期しない大きな権威を身に帯びる。彼はこの後、イングランドにいる者への書簡では、「教皇庁の特使」という称号を肩書きに含めるようになる。そしてベケットは、この新しい地位に就いたことで、一一六六年六月に、王側の側近への破門宣告という極端な行動を起こすことになった。彼はこの破門宣告の計画を、教皇にも信頼できる友人にも秘密にしていたが、それはこの大胆な行為が周囲の承認を得られずに挫折することを恐れたからであった。

ベケットは、おそらく教皇特使に任命されることを知ってから、五月の終わり頃、ポンティニーから二百キロ北に離れたソワッソンへと旅した。その地で、ランスから来たソールズベリのジョンと会ったように思われる。ベケットはソワッソンで、三晩の間、寝ずに祈った。一方ヘンリ二世は、六月一日にベケットからの三つの書簡を受け取り驚愕する。その後、ルーアン大司教や他のノルマンディーの司教たちがシノンに集まり、いかにベケットからの書簡に答えるべきかについて会議が開かれた。リジュー司教アルヌルフは、一一六七年四月十六日を期限として、ベケットが提示する批判に対し、教皇への上訴を行うように助言した。また同時に、リジュー司教アルヌルフとセーズ司教フロジェールらがポンティニーのベケットを訪ねることが決定された。ソワッソンにいたベケットは、さらにポンティニーの南にあるヴェズレーに旅する。そして彼はヴェズレーで、六月十二日の聖霊降臨祭の日に、彼の敵たちに対して破門宣告を下すことになる。ヴェズレーでこの重大な宣告を行った理由は、何よりそこでは多数の聴衆を前にできること、また、自身がポンティニーのシトー会修道院に身を寄せていたので、シトー会と無関係な場所を選んだからと推定される[22]。

ベケットは、聖霊降臨祭の日曜日にヴェズレーで、民衆を前に公的なミサを挙行した。まず福音を説いた後、説教壇に上り会衆に説教を行う。彼と王との争いの理由を説明し、彼の苦難を語り、最初にクラレンドン法令自体を非難した。そしてそれを遵守し施行する者を破門にすると述べた。彼はクラレンドン法令の文書を無効とし、とくに教皇庁との接触を制限した条文、教会の破門の力を制限した条文、教会の裁治権を限定した条文を批判した。ベケットはその後、オクスフォードのジョンの名をあげ、破門宣告を行った。その理由は、彼がケルンでシスマ主義者ダッセルのライナルトと接触したこと、そしてソールズベリ司教座の聖堂参事会長の職を簒奪したことであった。また、イルチェスタのリチャードも、ライナルトと接触したことで破門された。またルシのリシャール、バユールのジョスランも、王の暴政を促し、異端的な悪であるクラレンドン法令を作成したことで破門された。ブロックのラヌルフ、サン・クレールのユーグ、トマス・フィッツバーナードは、カンタベリ司教座教会の財産、所領を簒奪したことで破門された。また、同様の簒奪を将来行う者はすべて破門されるだろうことが宣言された。ベケットは王個人には破門宣告をしないことを述べたが、王が正道に戻りその政策を改めないかぎり、宣告をいずれ下すであろうといった。ベケットはこのように王を除外することで、より対処しやすい敵対者に対して限定した闘いを行うことになるが、それはかえって、王の側近の間で彼の不評を増すことになった[23]。

ところで教皇特使の行為は、教皇により認可されたとき初めて完全なものとなる。ベケットは破門宣告の内容を、その確認の要求とともにアレクサンデル三世に送った。そしてこれを教皇のもとに届けたベケットの使節は、十一月に教皇の裁可をもって帰ってきた。ベケットはその教皇の裁可を、さまざまな枢機卿や大司教に伝えた。一方ヘンリ二世は、ヴェズレーでの破門宣告への応答として、教皇のもとへ上訴のためにノルマンディーの司教たちを派遣した。またイングランドの司教たちにも、ヘンリ二世は同様の行為を要求し、司教たちは六月二十四日頃、ロンドンでそれに応じることを全会一致で決め、ギルバート・フォリオトが中心になり、教皇と大司教に送る二つの書簡を作成した。ベケット側とヘンリ二世側は一一六六年の終わりに、それぞれローマへ使節を送った。一方はヴェズレーでの破門宣告の確認を求め、もう一方は莫大な金銭を携えてそれに対する上訴を行うために赴いた。そして両者とも、自身が優位に立とうとした。このときとくに王側が求めたのは、ベケットの権威を超えて決定を下せる教皇特使の派遣である。両陣営は一一六六年の夏と秋に、互いに相手を批判する書簡を出し合っている。ベケットは、七月にギルバート・フォリオトにより書かれた二つの書簡を受け取った。ベケット側はそれに答えて、イングランドの司教たちに集合的に宛てた書簡と、ギルバート・フォリオト個人に宛てた書簡とを書いた。(24)

この時期の出来事が描かれた書簡として、ジョンからエクセタ司教バーソロミューとポワティエ司教カンタベリのジョン宛に出された書簡が注目に値する。エクセタ司教バーソロミューに送られた書簡では、一一六六年六月の出来事が詳しく述べられている。(25)そこでジョンはまず、ヘンリ二世がトゥールーズの攻撃で、古くからの慣習と教会の自由に反して全教会に恣意的な課税を行ったこと、それも税額において世俗諸侯と同額であることを許さず不当な強奪を行ったことを述べる。さらに最近、王がシノンで貴族や家政の者たちを招集して会議を開き、教会を攻撃する方法について議論しつつベケットを批判したことが語られている。さらにジョンはいう。そのことは、ベケットが王に送った威嚇の書簡に起因していた。これに対して、王側はリジュー司教アルヌルフとセーズ司教フロジェールらが中心になって教皇への上訴を行おうとした。彼らは上訴の内容を提示するために、ベケットのもとに赴くが、ベケットは破門宣告を下すべく、ソワッソンからヴェズレーへと旅立っていた。しかし途中で、王が病気であることを知ると、ヘンリ二世に対する破門宣告は止め、他の者たち、つまりオックスフォードのジョンの破門を教皇特使の権威にもとづいて宣告した。ベケットはこの場でさらに、王側が「王の父祖の慣習」と呼ぶもの、つまりクラレンドン法令の内容を非難し、この文書を今後、権威あるものと見なす者は破門されると述べた、と。この書簡によれば、ベケットが非難したクラレンドン法令の内容は以下のようなことであった。(一) 司教が王から所領を得た者を、王の許可なく破門できないこと、(二) 司教が偽誓あるいは誓約違反のために、その司教区の信徒を罰することができないこと、(三) 聖職者が世俗の法廷で裁かれうること、(四) 俗人が教会や十分の一税にかんする訴訟を裁きうること、(五) どんな訴訟の上訴も、王とその官吏の許可がなければ教皇庁に提出しえないこと、(六) 大司教も司教も他の者も、王の許可がなければ、教皇からの召喚に応じてはならないこと、である。そしてベケットは、司教たちが誓約したこの文書を守る義務を解除した、とジョンはいう。[26]

さらにこの翌月に、同じバーソロミューに送られた書簡では、ベケットが教皇の命令として下した破門宣告に対して、イングランドの司教たちが王の命令で、教皇アレクサンデル三世の法廷に上訴を行い、ベケットにもそれを伝えたことが記されている。ジョンはこの書簡で、ヘンリ二世について、教会を抑圧している点ではフリードリヒ・バルバロッサのようなシスマ主義者と変わらず、彼は教会を隷属に陥れ、自分の評判を落としていると語る。[27] ジョンの文章の調子は、この書簡から明白に変わってくる。つまり、王に対する激しい批判が書簡に現れるようになる。

同年の七月にベケットに送った書簡では、ベケットに対して、イングランドの司教たちを召喚してカンタベリ司教座の状況について議論するように助言している[28]。また、同じ七月にバーソロミューに送った書簡では、司教たちの王に追従する態度を批判し、王が教会に対して行った攻撃に対して、王への態度が甘いことを批判している。そして彼らの行為を神の法、教会法をないがしろにする行為と非難する[29]。またこの七月にベケットに送った書簡では、司教たち、とくにロンドン司教とヘレフォード司教が非難される。そしてとくに王に対して、教会の自由を攻撃した者として、そしてベケットやその聖職者たちを不当に追放した者として激しく批判される。さらにジョンは、司教たちを招集するのがよいと勧める。司教の一部や下級聖職者の多くは、純粋なる信仰の持ち主であるから、この状況をよく理解してくれるだろうという[30]。しかし次のベケット宛の書簡では、彼に対して抑制することを勧める[31]。王への批判は、同時期の七月頃にポワティエ司教カンタベリのジョンに宛てて出された書簡でも見られる。そこで、王が和解の条件として誓約を要求するだけで、王の側からの補償は何もなく終わる可能性をジョンは指摘する[32]。一方でラルフ・ニゲル宛の書簡では、悪しき慣習と神の法を対比させ、自分があくまでも神の法に忠実であると述べるとともに、王のことも責めないことも強調している[33]。自分が教会の大義に忠実であったが、王に対して攻撃したことはなかったというジョンの主張は、ヴァル・サン・ピエール修道院長エンゲルベルトゥスへの書簡でも繰り返される[34]。

四　教皇使節の派遣とジソル・トリ間の会談

ジョンはこの時期、一一六六年十月頃に、ケルンにいる友人ジェラール・プセルに宛てた書簡で、王がパヴィアのグイレルムスなどの枢機卿に教皇使節として赴くことを頼み、それによりこの問題を、王に好都合に解決しようとしていると批判している。この時期には教皇庁を脅かす対立教皇ヴィクトル四世の問題があったが、ジョンは、この書簡でジェラール・プセルに、対立教皇を擁護するシスマ主義者ダッセルのライナルトと行動を共にしないように警告している。(35) また一一六六年終わりにエクセタ司教区のトトニスの大助祭ボールドウィンに宛てた書簡では、一連の問題を教会の自由と神の法のための戦いと規定し、ヘンリ二世を暴君と呼んでいる。(36)

この後ジョンは、教皇使節に決定した枢機卿たち、とくにパヴィアのグイレルムスについて厳しい批判を展開する。ポワティエ司教カンタベリのジョンに送った書簡（一一六七年一月頃）では、パヴィアのグイレルムスが王の富しか見ていないこと、教会のことよりも、自身の財産のことしか考えていないことを批判し、彼らの判決には、まったく期待していないと語る。(37) この同じ時期に、教皇アレクサンデル三世に宛てた書簡では、こうしたジョンの懸念がはっきりと表明されている。つまり、教皇使節パヴィアのグイレルムスが王と協定を結んでいるという噂があることなどである。またここでは、王の使節の役割を果たしたオックスフォードのジョンについても言及し、彼がソールズベリの司教座聖堂参事会長の職を不当に受け取ったことを批判している。そして、彼がイングランドに帰り、教皇の権威によりベケットにより破門された者たちを、再び許すような行為をなすのではないか、という懸念を表明している。(38) オックスフォードのジョンが行った王の代理としての教皇庁における活動について、ジョンは一一六七年初めに、テルアンヌ司教ミロ宛の書簡で明確に述べている。つまりオックスフォードのジョンがローマへ行き、まず対立教皇を支持したことについて教皇からの赦免を獲得し、その上で王の使者として、王とベケットの間の争いを教皇の判断にゆだねる旨の王の書簡を教皇に提示し、これにより、教皇に教皇使節を派遣させることに同意させた、と。(39)

一方でジョンはこの時期、一一六七年三月頃、教皇への上訴を行ったイングランド司教の一人ソールズベリ司教ジョスランにも書簡を送っている。そこではこの司教に対して、神の法に従い、大司教に対する従順に戻るべきことを諭し、不服従のまま誤りを認めないかぎり、ベケットは破門宣告を解除する気がないことを伝えている[40]。

さらにジョンは一一六七年九月から十月頃に、教皇アレクサンデル三世へ書簡を出しているが、そこで再び教皇使節を批判するとともに、自分たちが人間の悪しき慣習に対して神の法と教父の決定を優先したがために多年の間追放され、法の外に置かれていると述べ、教皇が我々を救うことを決めれば、我々は自由になるだろうと語る。しかし現実には、派遣された教皇特使は大きな権限をもっているので、大司教を廃位し、また破門された者たちを許すのではないか、という不安があることを率直に語る。とくに任命された教皇特使は、王の暴虐を止めるにはふさわしくない人物だと指摘する[41]。こうした不安は、同じ十月頃に教師ラウレンティウスに宛てられた書簡でも表明されている[42]。また同様にこのような不安を表明した書簡として、ポワティエ司教座の文書局長レイモンに同じ十月に宛てた書簡もある[43]。

同じ十月、王に通じていると思われた書記ペトルス宛の書簡では、ベケットがイングランド教会の自由以外は望まず、君主の法よりも神の法を上に置こうとするので、和平が延期される可能性があることを示唆している。また同時に、フリードリヒ・バルバロッサのローマからの退却、ケルン大司教ダッセルのライナルトら皇帝の助言者たちの死について言及している[44]。教皇使節との会談が始まる前の時期には、ジョンはあらゆる方面に書簡を出して、ベケットにとり有利になるように画策している。

ジョンはこの時期のベケット宛の書簡で、ベケットがパヴィアのグイレルムスに出そうとした書簡の草稿を読んだ感想として、それがあまりに挑発的であると警告している。ここにジョンとベケットの性格の違いが現れているといえる。ジョンはベケットに、パヴィアのグイレルムスの悪事が露見するまではその感情を隠すように忠告する[45]。一方でジョンが同じ十月にパヴィアのグイレルムスに対して送った書簡は、文章の調子が非常に丁重で謙抑的なものとなっている。そこでは、グイレルムスが王と教皇の要請で、王とベケットとの間の和解のために南フランスにきていることを知ったので、そこに書簡を送ること、また王とウィリアムの友情により教会にとって良い結果が生じるのを期待する旨が記されている。そしてジョン自身、王の好意を回復するためなら、王が提示する慣習への誓約以外なら何でもするだろう、と述べる[46]。

ジョンがこのように書簡を出すことで形勢を有利にしようと努力した後、会談はじっさいに十一月に行われた。そこにはジョンも同席しており、彼はその会談の結果について、十一月終わりにポワティエ司教カンタベリのジョンに書き送っている[47]。それによれば、この会談は次のようであった。ベケットは十一月十八日、滞在していたブルゴーニュ地方のポンティニーからヴェクサン地方のトリの町まで枢機卿との会見のために赴いた。一方、枢機卿たちは、王がいたカーンからジソールの町までやってきた。そしてこのジソールとトリとの間の場所で、両者の会談が行われた。それには、教皇特使として派遣された二人の枢機卿、ルーアンの大司教、王の側の多数の者、そしてカンタベリ大司教ベケットとソールズベリのジョンも含めた亡命中の者たちが加わった。

まず枢機卿たちが、自分たちがローマを三月頃に出発して、危険に満ちた旅をしながら、ノルマンディーに十一月に着いたことを語った。さらに、多くの贈り物と恩顧を与えてくれた王に対する感謝を述べ、また、王がベケットから受けた危害、とりわけベケットがフランス王を扇動して、王を戦いへと挑発したことについて指摘した。そして彼らはベケットに対し、いかにして王の怒りを和らげるか問い質した。これに対してベケットは、教会が王から被った損失について説明した。今度は枢機卿たちがベケットに、彼がクラレンドンの慣習を守るように決断するかどうか尋ねた。ベケットはこれに対し、彼の前任者のだれも、王によりそのような告白を強いられることはなかったといい、神の法に反し、教皇庁の特権を侵害し、教会の自由を踏みにじる慣習に従うことは決して約束しないと答えた。ベケットは、この法令のなかで、とくに悪しき条項として次のものをあげる。それは、王の許可なしに教皇庁への上訴は行われるべきではないという条項、また、王の許可なしに大司教や司教は、王国を離れ教皇の招集に従ってはならないとする条項、また、司教は偽誓や誓約破棄を理由にして、何人も抑圧してはならないとする条項、また、聖職者も世俗の法廷に出席をしいられるとする条項、また、王であれ誰であれ、俗人も教会や十分の一税についての訴訟を扱いうるとする条項、である。続いて枢機卿たちは、ベケットにクラレンドンの慣習を承服しないまでも、受け入れることが約束できるかどうか、あるいは、この慣習に言及することなく和平を受け入れ、司教区に帰ることができるかどうか尋ねた。これに対しベケットは、こうした慣習が教皇使節の介入で公認されるとすれば、王がこの争いに勝利したように見えるだろうといい、彼自身は教会の自由の正義を犠牲にするよりも、神が定めるなら永遠に追放され法の外に置かれ、正義を守るために死ぬことも辞さないと語ったとされる。(48)

結局この会談は、何も進展させなかった。それが失敗に終わったことについては、ジョンが十一月か十二月頃にポワティエ司教座の文書局長レイモンに宛てた書簡に述べられている。(49) また、この年の終わりに枢機卿アルベルトゥスに宛てた書簡では、ジョンは教会の自由を語ることを大逆罪と見なすイングランド王への批判を述べる。さらに、司教の職務の行使に、つねに君主の同意が必要とされれば、犯罪は罰せられず、暴君には制限が加えられず、教会は滅びるだろうと語る。(50) 十二月の中頃か終わりに、ポワティエ司教カンタベリのジョンに宛てた書簡では、この会談後のことが報告されている。この会談後、王は枢機卿たちを怒ったが、王は最終的に枢機卿の判

断に委ねることにした。しかしもはや枢機卿たちもベケットに判決を下すことができないでいる、と。(51)

五　モン・ミレイユの会見とフレトヴァルの和解

ジョンは一一六八年初めの時期に、南フランスのサン・ジルに巡礼に赴く。そしてそこで、イタリアから来る情報の収集を行っている。その帰りにはサンスを訪ね、そこに移り住んでいたベケットらに会い、彼らが良い健康状態で祈りに励んでいるのを見出している。(52)ベケットはこの年になると、財政的に窮するようになっていた。ジョンはベケットの大義に好意的と思われる人々に書簡を書いて支持を求めるとともに金銭の援助を請うている。

翌年一一六九年の一月六日と七日に、シャルトル伯領内の町モン・ミレイユの近くで、ヘンリ二世とルイ七世との間で和平会談が開かれた。二人はこのとき、彼らの間の懸案について包括的な解決を目指そうとした。その一つとしてベケットの問題も議論されることになり、ベケットとその従者たちは、二人の王が会見するモン・ミレイユの郊外へと赴いた。ベケットはヘンリ二世と会見することになるが、二人が直接会うのは、四年以上も前のノーザンプトンでの会議以降、初めてであった。ベケットは王に服従することを述べ、「私は今、我々の間にあるすべての問題を、あなたの慈悲と判断に任せる」といった。しかしベケットはそれに「神の名誉を除いて」と付け加える。ベケットは、彼の聖職者としての身分にかんする事項を除いて、彼に忠誠を誓う用意があるといった。ヘンリ二世は、無条件の服従ではないことに怒った。この事態はそこに集まったすべての者が恐れたことであった。これによりベケットは、ヘンリ二世と和解する好機を逃した。(53)

ヘンリ二世は翌年の一一七〇年、自分の子ヘンリの戴冠式を、カンタベリ大司教ベケットの不在のまま強行しようとする。ベケットは、それがカンタベリ大司教の国王戴冠式を司式する特権を侵すものとして、イングランドの司教に対し、戴冠式に参加しないように呼びかけた。ベケットはこの戴冠式の問題について教皇に上訴し、同時にカンタベリ大司教の戴冠の権利を守るように、ヨーク、ウィンチェスタ、エクセタの各司教にも書簡を出した。しかしヘンリ二世は六月十四日に、ウェストミンスタ教会でヨーク大司教ロジャーの手で戴冠式を挙行させた。おそらくこのときには、ロンドン、ソールズベリ、チェスタ、ロチェスタなどの司教も参加していた。

このあと七月二十一日に、ヘンリ二世とルイ七世との会談がトゥーレーヌ地方の町フレトヴァル近くの野原で開催されたが、それにベケットも参加することになる。そこでヘンリ二世は和解のためのキスを拒否したものの、ベケット側は王からの和平の申し出を受け入れた。それによりヘンリ二世は、イングランドの役人や司教たちに対して、追放されていた者たちの平和と財産の回復を命じる令状を出す[54]。十一月五日、ソールズベリのジョンは、ベケットに先だってイングランドに戻る。しかしジョンは、回復されるはずの所領が荒廃しているのを見出す。彼は、所領の農場の建物が破壊され、教会が掠奪者により占拠されているのを見た。ジョンは書簡で、自分がイングランドに帰るとすべてが王の監督下に置かれていた、と記している。それはまるで、牢獄のなかにいるようであった。しかし彼は、カンタベリでは民衆から天使のように受け入れられた。その後ジョンは、母を訪ねる[55]。

六　トマス・ベケットの殉教

そしてついにベケットも帰還することになった。ベケットは前もって、ヨーク大司教とダラム司教に聖務停止を命じる書簡と、ロンドンとソールズベリの司教に破門宣告の書簡を出す。ベケットがイングランドのサンドウィッチの海岸に到着したとき、王の従者たちがやって来て取り囲んだが、彼らはそこに集まっていた群衆を恐れ何もしなかった。次の日ベケットはカンタベリへと行く。彼のもとに、聖務停止を言い渡されたヨーク大司教と他の司教たちの使者が来る。彼らは教皇庁に上訴するという。また王の官吏たちも、この聖務停止の解除を要求してきた。ベケットはカンタベリからロンドンへと行くが、王側から都市に入ることを禁じられる。彼は再びカンタベリへと戻るが、もはや高貴な人物はだれも訪ねなくなった(56)。

このあとの時期にジョンは、ポワティエ司教カンタベリのジョンに宛てて書簡を書いているが、その書簡では、ベケットの殺害を解説している(57)。ベケットはクリスマスを祝う一連の行事がまだ続く十二月二十九日に、カンタベリ大司教座の祭壇の前で殺された。そのときベケットは、カテドラル内のキリストを祭る祭壇の前に立っていた。騎士たちが「大司教はどこだ」と叫びながらやって来る声を聞いて、「私はここにいる。何が望みだ」と答えた。騎士の一人が彼に突進し、「おまえは今死ぬのだ。これ以上生きることはできない」といった。ベケットは「私は正義と教会の自由を守るべく、神のために死ぬ準備ができている」と答えた。騎士がその剣を抜くと、彼は頭を祈る人のように垂れた。ベケット殺害後、騎士たちは大司教の館へと入り、金、銀、財宝を奪った、と(58)。

ジョンのこの書簡では、殺害の叙述に続いて、ベケットの力により奇蹟が生じたことが報告されている。彼が殺された場所、遺体が一晩置かれた場所、埋葬された場所で、悪魔に取り憑かれた者が癒されたり、熱病、ハンセン病が治ったり、足萎え、身体麻痺者が回復したり、盲目の者の視力が回復したり、聾唖者が話せるようになったりしたといわれる(59)。この奇蹟の叙述は、ベケットが殺害後、非常に早い時期に列聖されたことと無関係ではないだろう。ベケットの列聖は、教皇により四年後に実現されたが、ジョンも奇蹟の報告で、その実現のために大きく貢献したに違いない。じっさい、これに続くサンス大司教ギヨーム宛の書簡では、こうした奇跡が生じていることからベケットの列聖が早く実行されるべきだと述べられる[60]。『後期書簡集』ではその次に、ヘンリ二世がエクセタ司教バーソロミューに宛てた書簡が挿入されている。そこでは、ヘンリ二世が教会の自由に対して譲歩したことが記されている。教皇への上訴が、王と王国の名誉を傷つけないかぎりで自由に行いうることが承認され、また、教会の自由を侵害する慣習の緩和、カンタベリ教会の所領の回復、大司教側の人々の平和の回復、といったことが認められた[61]。

『後期書簡集』の最後には、シャルトル司教になったジョンが一一七七年から七九年の間の時期に、カンタベリ大司教リチャードと司教座の聖職者たちに送った書簡が置かれる。そこで、ベケットをめぐる闘争を主題とする『後期書簡集』の締めくくりにふさわしい逸話が述べられる。それは、その書簡の運び手であるペトルスという者が経験した話である。ペトルスはシャルトルのサン・ペール修道院での作業をしていた時に、他の作業者と昼食時にベケットの奇蹟を話題にしたが、彼だけそれを信じず、作り話だと笑い飛ばし、家に帰ったあとで口がきけなくなり精神錯乱に陥った。その後ジョン自身が、ベケットの血が入った小瓶に向かい祈ったところ、この者は癒されたというものである。ここでは、のちに有名になるベケットの血に対する崇拝がすでに早い時期から始まっているのがわかり興味深い[62]。

おわりに

このように、最後の書簡で言及される逸話が列聖されたベケットの偉大さを称えるものであることからわかるように、ジョンの『後期書簡集』は、ベケットをめぐる闘争を後世に伝えるべく、ジョンがかなり意図的に自分の書簡をのちに編纂したものであることが明らかである。とくに、ここに収められた書簡では、ベケットをめぐる闘争の論点や事件の詳細が伝えられるというよりも、ジョンが卓越したラテン語の文体を駆使しながら、そのときどきのみずからの立場を明確にしつつ、私的な思いを表白する叙述がなされている。『後期書簡集』が、ベケットをめぐる闘争の公式の歴史叙述ではなく、あくまでもジョンが友人たちに宛てた書簡の集成である以上、このような一種の文学的な形式を取るのは当然ともいえよう。すなわち、ジョンの書簡から垣間見られるのは、王やその周囲にいる人々の具体的な政治的行為への弾劾よりも、教会の自由を擁護しようとする理念や、それを踏みにじる者に対する嫌悪の感情である。

ジョンはベケットをめぐる闘争の過程で、教会の自由をあくまで追求するベケットの態度に忠実でありながらも、ベケットの現実の行動とはやや距離を置いていた。しかし最後にはベケットの殉教の目撃者となり、それを後世に伝える役割を果たした。これまでの研究がすでに指摘していることだが、この『後期書簡集』に編まれた書簡から一貫して感じとれるのは、ベケットの性格とジョンの性格の相違である。高邁な精神の持ち主だが頑なで融通のきかない性格のベケットに対して、状況をよく判断して妥協も辞さないジョンの態度との間には、越えられない溝があったように思える。こうした『後期書簡集』のなかで感じられるジョンの態度は、他の著作で明確に見てとれる彼の中庸の精神にも通じるものだろう。そこにまさに、十二世紀を代表する人文主義者としての彼の立場を見ることができる。

結　語

本書では、十二世紀ルネサンスを代表する人文主義者ソールズベリのジョンがその著作で表明した思想について、十二世紀の歴史的・文化的な状況のなかでその特徴を考察した。それにより十二世紀ルネサンスの時期に、中世の聖職者知識人が構想した新しい知のあり方を明らかにしようとした。

とくに、これまでのソールズベリのジョンの研究が、政治思想史の視点、あるいは教育思想史の視点、あるいはトマス・ベケットとヘンリ二世の対立における教会の自由をめぐる論争の視点から主として考察されてきたことに対して、本書では、これまでの研究成果を踏まえた上で、『ポリクラティクス』、『メタロギコン』、『教皇史』、『前期・後期書簡集』などの著作を可能なかぎり精読することにより、政治思想史や教育思想史の図式に捕らわれることなく、同時代の歴史的・文化的な状況のなかで、彼の思想の意味を解き明かし、これまで見落とされてきたジョンの思想の多面的な性格を明るみに出すことを目指した。

第Ⅰ部では、彼の学問観、自然観を扱い、そのなかに、十二世紀ルネサンスにおいて開花した人文主義の理念の典型的なあり方を見ようとした。最初に、彼がパリでの長期の勉学時に、シャルトル学派が共有した人文主義の教養に裏づけられた新たな人間観・道徳観を受容し、それにもとづき『メタロギコン』で、知識と倫理のバランスの取れた自由学芸の教育と古典の研究のあり方を表明したことを述べた。同時に、これまで多くの論争がなされてきた、『メタロギコン』二巻十章で十二世紀中葉のパリの教師たちに言及する部分も分析し、シャルトル学派と同時代のパリの教師たちの関係についても詳しく考察した。さらに第Ⅰ部では、ジョンの歴史思想についても扱い、『ポリクラティクス』や『教皇史』では、キリスト教的な摂理史観とはことなる人文主義的な歴史観が表明されている点を明確にした。また、彼の異教的俗信に対する批判の考察から、彼の人間世界や自然に対する観念を明らかにした。

第Ⅱ部で考察の対象としたのは、彼の君主と国家の観念である。これまで、彼の政治論の著作『ポリクラティクス』は、十二世紀の政治思想の到達点、とくに王権と国家の理念の成熟を示すものと理解されてきたが、この第Ⅱ部では、これまでの政治思想史的な分析の成果を十分に顧慮しつつ、詳細なテキスト分析を行うことにより、ジョンの政治論が同時代のさまざまな思想――シャルトル学派的な自然・社会観、ローマ法や教会法、神学や教会論、古典の人文主義的な思想――の影響を受けつつ、それらを咀嚼して彼独自の議論を展開していることを明らかにした。とくに彼の政治論のうち、もっとも人口に膾炙した議論である暴君論を分析し、彼がキケロの著作から暴君殺害の正当性を原則として受け入れつつも、聖書の教えに従い、暴君の排除を神への祈りにより達成すべきだとして、必ずしも古典古代的な暴君放伐論を受け入れず、それを最終的には拒否するという微妙な態度を取ったことを明らかにした。そこには、権威への服従を唱える聖書の理念に最終的に忠実であった、ジョンの姿勢が見てとれる。この第Ⅱ部ではさらに、『ポリクラティクス』を「君主の鑑」としての側面から考察し、その同時代の「君主の鑑」に与えた影響を分析し、さらには、この著作でなされた宮廷批判が、同時代の宮廷批判の著作群に及ぼした影響も跡づけた。

第Ⅲ部で行ったのは、ジョンの教会にかんする議論の分析である。まず、『ポリクラティクス』で展開される教会論を考察した。とくに彼は、『ポリクラティクス』で同時代の聖職者の腐敗について辛辣に批判したが、そこには、十二世紀の知識人特有の人文主義的な倫理意識が感じとれた。次には、彼の『教皇史』を分析した。彼はカンタベリ大司教のスタッフとして頻繁に教皇庁を訪れ、そこで見聞した出来事をのちに『教皇史』の著作で描いている。『教皇史』は、教皇庁から見た西欧の教会史であり、この著作からはエウゲニウス三世期の教皇庁のあり方を知ることができるが、そこではまた、彼がすぐれた人物の観察と描写を行っていることも指摘した。

さらに分析の対象としたのは、ジョンの書簡集である。『前期書簡集』は、ジョンがカンタベリ大司教に奉職した時期に大司教シオボルドの秘書として活動しつつ出した書簡の集成であり、その分析から、彼がカンタベリ大司教座において果たした役割を考察した。続いて扱ったのは『後期書簡集』である。『後期書簡集』は、彼がトマス・ベケットとヘンリ二世の闘争にかかわりフランスに亡命してから出された書簡の集成であり、彼はベケット側に立って、書簡を通じて教会の自由を擁護しようとした。ここでは、ジョンが書簡でどのような態度を表明したかを分析したが、それにより、ジョンが思想家として卓越していただけでなく、現実の教会政治や実践的な業務にも関与した聖職者であった側面が明らかにされた。

以上のように本書では、十二世紀を代表する人文主義者ソールズベリのジョンが書き残した種々の著作を分析することで、彼の多岐にわたる問題関心を浮き彫りにしてきたが、それらには、一定の共通する態度が見られた。それは、古典の知識とキリスト教信仰、政治と倫理、国家と教会といった一見対立する事象を総合的に論じながら、人間や社会のあるべき姿を追求する姿勢である。本書での個別の議論から浮かび上がるジョンの思想の特徴は、学問論でも政治論でも、十三世紀になってから確立する中世スコラ学の論理的な分析方法によらず、分析対象を、人間にとっての意味や価値の視点から総合的に議論しようとする態度にある。このようにあらゆる事象を総合的に論じようとする態度は、十二世紀ルネサンス期の知識人が共有する精神といってもよい。

これまでの研究では、『メタロギコン』や『ポリクラティクス』における体系性のなさが指摘され、とくに『ポリクラティクス』については、それが断片的な逸話の集成を出ないという評価が下されてきた。しかし、たとえ論理的な体系性や一貫性がなく、思想の星雲状態が存在するのみだと判断されようとも、そこには明らかに、新しい思想の息吹が感じられる。そこには、十二世紀における古典の復興にもとづいた、新しい人間、社会、自然へのまなざしがある。

ジョンにとって、コンシュのギヨームらのシャルトル学派の影響がきわめて大きかったことは本書でも繰り返し述べた。ただこれまで、シャルトル学派がのちの世代に残した影響として考えられてきたのが、自由学芸、とくに文法学や自然学の分野での影響であり、政治や社会にかんする議論での影響は十分に議論されないできた感がある。しかしジョンの場合、シャルトル学派の自由学芸教育の理念も受け継ぐとともに、コンシュのギヨームが表明した国家や社会についての議論にも大きな影響を受けており、ジョンの政治論は、コンシュのギヨームとの出会いがなければ深まることはなかったであろう。

さらに、『ポリクラティクス』の政治論の重要な点は、コンシュのギヨームの影響もあって、それが道徳論や倫理学と深く結びついていることであり、政治を君主の倫理の側面から考察しようとしたことである。その点で、ジョンの思想に対するキケロの影響を強調しておきたい。プラトンやアリストテレスが、ジョンの思想に影響を及ぼしていることは、これまでの研究でも明確に指摘されてきたが、一方でキケロが、ジョンの思想構造において果たした役割について指摘する研究は少ない。その理由は、プラトンやアリストテレスの哲学が、その宇宙論や論理学の方法などで、キリスト教神学の体系化に深く影響を与えたのに対して、キケロなどのローマの古典は、その関心が主として人間の実践的な道徳哲学にあり、キリスト教神学の体系化に寄与するところが少ないと考えられたからであろう。

しかしジョンのような十二世紀ルネサンス期の人文主義者にとって、キケロの思想が及ぼした影響は過小評価できない。中世社会が新しい飛躍を見せ、新しい倫理、人間観が求められた十二世紀ルネサンスの時代、キケロの『義務について』や『友情について』で語られた道徳哲学は、知識人たちの間で、人間の従うべき倫理の手がかりとなるものとして注目されるようになる。十二世紀においてキケロの最も強い影響を受けた思想家が、ソールズベリのジョンだといっても過言ではない。『メタロギコン』と『ポリクラティクス』では、彼がパリ遊学時代に学んだキケロの思想の影響が全体を通じて感じられるが、ジョンの思想において、とくにキケロの影響で展開された議論として有名なものは、本書でも分析した『ポリクラティクス』での暴君放伐論であろう。

ただ、ジョンの思想でキケロの影響が感じられるのは、こうした政治的な倫理にかかわることがらだけではない。キケロの哲学の根幹にある懐疑主義の精神が、ジョンの自然や世界の認識に深く影響している。キケロは、世界を支配する一定の法則の存在には懐疑的であり、世界の動きは蓋然性によってのみ語れるものと見なし、変化する状況のなかで、人間がいかにしてよりよく生きるかという主題を追求した。彼は世界を支配する不動の法則といった考え方を好まず、懐疑の精神と蓋然性の理念こそ自由な人間の主体性を認める立場と考えたが、ソールズベリのジョンはこの立場を、そのまま受け継いでいる。

十二世紀ルネサンスの時代には、アラビア語からラテン語への翻訳活動を通じて自然学の知識が増加するが、このような自然学の知識を、いかにしてキリスト教的な世界観と調和させるかという問題が聖職者知識人にとり大きな問題になっていた。この問いに対して彼が用いた方法が、キケロから学んだ蓋然性の議論であったといえる。それは、決定論的な自然理解をあくまでも否定しながら、一方で自然のなかに、一定の蓋然性を措定できる現象を経験主義的に認めていく立場である。ジョンがキケロによりつつ開いた経験主義的な自然認識の方法、あるいは、その道徳哲学、蓋然性の議論の十二世紀ルネサンスにおける重要性については、これまで十分に指摘されてこなかったといえる。ジョンのキケロ主義者としての側面が、今後も研究されるべき重要なテーマであることを指摘しておきたい。

このように社会が急激に発展し新しい人間の倫理が求められた十二世紀の時代に、ジョンの思想は形成されたわけだが、彼の思想の特徴を考えるさい、十二世紀の大きく変動する社会の様相を無視することはできない。ジョンが生きた十二世紀中葉の時代、パリを中心に学問が飛躍的に発展するとともに、新しい商業的社会が成立するなかで、ラテン語の読み書きを教える教師の需要が増え、自由学芸の知識を売ることで生計を立てる人々が多く出現するようになる。そのような状況を目の前にして、ジョンは、知識と倫理との調和を最も重要な問題として考えていた。それは、十二世紀ルネサンス期の知識人たちに共通する知的な態度であったといえる。

さらに国家の問題についていえば、十二世紀におけるイングランド、フランスにおける新しい集権的な国家体制の成立が、王権や国家を正統化する理念を生み出すことになる。とくにジョンがかかわったイングランド王ヘンリ二世の国家がますます集権化し、統治機構が整備されてくると、同時代の知識人たちは、こぞって国家の統治のあり方について活発な議論を行うようになる。ジョンはまさに、こうした集権的な国家の勃興のさなか、古典の知識を媒介にして、古典が提示する倫理とキリスト教の信仰の両方に一致する理想的な国家のあり方を構想したのである。その議論の詳細さは、同時代のどの作家よりも卓越したものであった。とくに、教権と俗権の関係の議論では、教権の俗権に対する優位ではなく、むしろ教権と俗権との調和的な共存を求めようとする姿勢が見てとれるが、それは、叙任権闘争後の十二世紀に特有の教会論と考えることもできよう。彼は、単純な両方の権力の対立の図式に固執せず、教会が勃興する世俗国家権力との調和的共存を図ることが教会の発展にとり重要であるという立場を取った。

じっさいベケットをめぐる闘争にかかわったジョンにとり、教会と国家の関係が最大の現実的な懸案であった。ただ、彼を教会の自由の頑なな擁護者とだけ見なすことはできない。彼はつねに、教会の発展にとっての世俗国家の役割を理解していた。社会の安寧を導くのは世俗国家の役割であり、教会は、国家の保護のもとでこそ独立性を保つことができると考えていた。ゆえに彼は、「君主の鑑」として『ポリクラティクス』を書き、それを当時ヘンリ二世の尚書部長官だったトマス・ベケットに献呈して、国家の統治に影響を与えようとしたのである。国家なしには教会もない。彼の思想の根底には、国家の必要性が十分に前提されており、その意味でジョンは、教会が世俗国家の上に君臨することを主張する教権主義的な理念の主唱者ではない。彼は、新しい集権的国家がもたらす民衆への恩恵を認めつつ、そのなかで教会がいかにして独立を保つことができるか、そしてそれが、いかに道徳的に国家を導くことができるかを考えていた。

従ってジョンの思想家としての独自性は、十二世紀の大きな社会の変革期に、新しい個人、社会、国家、教会のあり方を模索したところにこそある。それは、彼がイングランド人でありながら、パリの学問世界で勉学し古典の著作への深い造詣を獲得し、教皇庁にも滞在して教皇や取り巻きの高位聖職者の知遇を得て、古代ローマの文化にも出会ったという、まさにコスモポリタン的な人生を送ったことと無関係ではないと思われる。彼は、異教の古代ローマの遺産に深く感銘を受けつつ、古典の人文主義の理念をキリスト教の信仰と結びつけ、その結合のなかから新しい人間の理想を語ろうとしたが、それはまさに、十二世紀ルネサンス期の人文主義者たちが追求した理想でもあった。その意味で彼は、十二世紀ルネサンスを典型的に代表する知識人といってよい。ジョンが、古典の知識とキリスト教の信仰とを調和させながら論述した種々の議論は、その後の時代に、より精緻なものに発展していくことになる。

最後に指摘しておきたいのは、中世後期の時代になお、ジョンの書いた『ポリクラティクス』は読み継がれ、その生命力を失っていないことである。それは、『ポリクラティクス』の残存する写本数が十二世紀のものが六点、十三世紀のものが十二点、十四世紀のものが二十九点、十五世紀のものが五十二点と、しだいに数を増していることからもわかる(1)。じっさい『ポリクラティクス』は、中世後期のイタリアの法学者たちに大きな影響を与えている。そのことはすでにウルマンが明らかにしたが、最も著名な例は、ナポリ大学で学んだ法学者ペンナのルカスである。彼は十四世紀中葉に、ローマ法の注釈書を書いているが、そこで、『ポリクラティクス』での法の議論や有機体的な国家観を詳細に紹介している(2)。さらにジョンの暴君論も、のちの時代まで、暴君を論じるさいの基本的な典拠とされ続けた。その例としては、フィレンツェの有名な人文主義者コルッチョ・サルターティがあげられよう。彼は『ポリクラティクス』の暴君論の大きな影響を受けて、彼自身の『暴君論』(一四〇〇年)を書いている(3)。

さらに『ポリクラティクス』は、ラテン語の書物として影響を与え続けたのみでなく、十四世紀後半には俗語フランス語のテキストとしても流布した。すなわちフランス王シャルル五世が、フランシスコ会士ドニ・フルシャに『ポリクラティクス』のフランス語訳を作らせ、その結果、ラテン語を理解できない王や宮廷人もその内容を理解できるようになったからである。このことは、中世後期になお『ポリクラティクス』が「君主の鑑」としての有用性をもつ書物であったことを示している(4)。

このようにソールズベリのジョンの思想は、十二世紀を超えて中世後期まで大きな影響を与え続けた。彼の思想は、古典の人文主義とキリスト教の信仰との調和を図りつつ、人間や社会のあるべき姿を構想しているかぎりで、少なくとも中世キリスト教世界の知識人の間では、現実的な意義を持ち続けたのである。

あとがき

本書に所収された論文で最も早い時期に書いたのは、第Ⅱ部第一章の政治社会論であるが、これはもともと私が、東京大学の大学院での修士論文として書いた論文である。このようなテーマを選ぶにあたっては、やはり恩師の樺山紘一先生とその著書『ゴシック世界の思想像』の影響がきわめて大きかったのは当然であった。しかしそれとともに、あの当時漠然と考えていた、中世ヨーロッパ文化の核心に肉薄するようなテーマで論文を書きたいという気持ちにもよっていた。そこから関心が十二世紀ルネサンスへと行き、具体的なテーマとしては、ソールズベリのジョンという十二世紀ルネサンスを代表する人文主義者の政治社会論の分析に取り組むことになった。

このとき書いた修士論文は、私が修士修了直後に京都大学人文科学研究所の助手に採用されたこともあって、同研究所の『人文学報』に掲載されたが、それについて一九八六年の『史学雑誌』の「回顧と展望」で、堀越孝一先生から好意的に評価していただいたことは今でも大変ありがたく思っている。そこでは「ひたすら読むのは快い」とコメントしていただいたが、ひたすら読むというのはおそらく私の本書全体にわたる研究の姿勢をいいあてている。私自身あの当時、欧米の研究者たちの学説紹介を行うことよりも、中世に書かれたテクストを読み、中世に生きた人間の生の声を聴くことに強い関心をもっていて、とりあえずソールズベリのジョンのテクストを何の先入観もなしにラテン語原文で読み解いていこうと考えていたからである。あれから年月は経ったが、私は今でも中世ヨーロッパに生きた人々の思考を真に理解するには、まずはひたすらテクストに没入することが肝要だと思っている。とくに欧米とは異質の言語体系の世界に生きる我々日本人にとって、中世ヨーロッパの聖職者知識人が書いたラテン語テクストを正確に読むことは至難の業であり、そうだからこそ、中世の人々が書いたテクストを虚心坦懐に読んだ研究でなければ、批判に耐えうる中世文化史の研究にはならないのではないか、と思う。

そのような意味でも、私にとって上智大学中世思想研究所編『中世思想原典集成8巻シャルトル学派』所収の『メタロギコン』の翻訳に携わることができたのは、ジョンのテクストを精読するためのとてもよい機会となった。この翻訳は中世哲学の共訳者に恵まれたとはいえ、多くの部分がアリストテレスの議論の要約である難解なテクストを日本語に翻訳する作業は、それまで経験したことのない難行苦行であった。しかしこの翻訳に従事できたおかげで、十二世紀ルネサンス期の聖職者知識人の思考様式がそれまでに比べて、より鮮明に理解できるようになった。『メタロギコン』のテクストを味読する機会を与えて下さり、訳文を査読までしていただいたクラウス・リーゼンフーバー（Klaus Riesenhuber）先生には改めて謝意を表したい。

いずれにせよ、私のソールズベリのジョン研究の立場は、あくまでも十二世紀の歴史的背景を考慮しつつ、それとの関わりのなかで彼のテクストを読み解くことであり、それは一種の思想の歴史学的な研究ともいってもよい。私がジョンのテクストの分析にかんして重視する点については、すでに以前、柴田平三郎氏の『中世の春――ソールズベリのジョンの思想世界』に対する書評（『史学雑誌』一一二編三号、二〇〇三年）のなかでも述べたが、ここで再びその要点だけ書き記しておきたい。

一つは、十二世紀の知識人の書いたテクストはおしなべて思想の「星雲状態」のなかにあり混沌としているので、そこにあまりに理論的な解釈を加えすぎると、かえってテクストの真の意味が見えてこないということである。とくに、これまでの政治思想史の分析では、『ポリクラティクス』のテクストの断片から、のちの時代に構築される政治理論の萌芽をそこに読みとるということがしばしばなされてきた。そうした理解は一方で、教会と国家を一つの大きなキリスト教共同体と想定する、十二世紀の聖職者知識人が共有していた思考様式を把握できなくしてしまう危険がある。『ポリクラティクス』が、教会をも含めたキリスト教共同体の全構成員への道徳的な訓戒であることを強調しておきたい。

もう一つは、ジョンも含め十二世紀の人文主義者の思想が、ルネサンス期の人文主義の初期形態としては語ることができないことである。つまり、シャルトル学派やその影響を受けたジョンなどに見られる人文主義の特徴は、彼らが共有した古典の書物への態度に端的に表される。十二世紀に、それまで数少なかった古典の写本の数が突如増加し、彼らは多くの古典との出会いから、個としての人間の尊厳に目覚め、周囲の自然事象へもまなざしを向け始める。しかし彼らには、古典に対して、それを古代という異質の時代の産物と見なして距離感をもって向かおうとする態度はまったくない。彼らにとり、古典は聖書と同様に絶対的な権威であり、古典という巨人の肩に乗ることでのみ、知の水準は向上していくものと考えられた。十二世紀の人文主義をどのように理解すべきかという問題は、サザーンにより提示された「スコラ学的人文主義」の立場からの批判もあり、今後さらなる研究が必要であろう。

さらにもう一つ、ジョンが学校の教師としてではなく、教会の行政職に就きながらさまざまな著作を書き残したことが重要である。彼のテクストには、自身が身を置く教会政治の状況がつねに反映しており、そこに一貫した体系的な思考を読みとるのは難しい。むしろ彼のテクストは、十二世紀の混沌とした知や政治の状況を写し出す鏡として読み解かれるとき、歴史の史料として輝き出すものといえることを指摘しておきたい。

このように私自身、ヨーロッパ中世史を専攻する者として、テクストを先入観なく読み、そこから同時代の思考様式や社会のありようを考察することに関心をもってきたが、思想史研究を歴史学の研究としてどのように展開していくかについては迷う時期もあった。その点で、ソールズベリのジョンの研究からパリ大学史研究に転じた、今は亡き田中峰雄さんの研究（遺稿集『知の運動』）からは、思想史研究の展開の仕方について多くを学ばせていただいた。私の場合は自身の研究を発展させるべく、京都大学人文科学研究所助手の在任中に、まずアメリカでの十二世紀ルネサンス研究に触れようと思い、ハーヴァード・エンチン研究所の客員研究員として一年間ハーヴァード大学で学び、その過程で教会史の方向へと研究を発展させていくことに決め、その後ドイツ学術交流会の奨学生として、オットー・ゲルハルト・エクスレ（Otto Gerhard Oexle）教授を頼りゲッティンゲンにあったマックス・プランク歴史研究所に一年半ほど留学した。留学中にドイツの中世史研究、とくに教会史と思想史の豊饒な成果に触れることができたことは、私の研究の関心を拡大・深化させる貴重な機会となった。このときから自分の関心は十二世紀ルネサンスから、より広く中世の教会史や思想史のさまざまなテーマに移っていった。このような関心の転換は、歴史学の立場から中世の聖職者知識人のテクストを読んできた者としては当然の変化ともいえる。しかしそのこともあって、ソールズベリのジョンと十二世紀ルネサンスの問題で一書をまとめるという作業は、当初考えていたよりもはるかに時間がかかってしまった。

このような、いつまとまるかわからない研究を曲がりなりにも集成できたのは、二〇〇八年度から専任となった早稲田大学とのかかわりが大きい。私は専任になる五年前から大学院の授業を非常勤で担当してきたが、院生諸君から多くの刺激を受けるなか、自身もソールズベリのジョンの研究に一区切りつけ、新たな領域の研究に向かいたいという思いが強くなっていたからである。そして何よりも、私の早稲田との出会いは、ハスキンズやヴェルジェの『十二世紀ルネサンス』の翻訳者である野口洋二先生の後任として授業を担当したことに始まっているから、新しい職場での最初の成果として本書を上梓できたことは望外の幸せである。
また最後になったが、学術出版がきわめて困難な状況のなか、本書の刊行を快くお引き受けいただいた知泉書館の小山光夫氏にも衷心より御礼申し上げる。

二〇〇九年一月

甚野尚志

初出一覧

序　論

樺山紘一ほか編『世界歴史大系フランス史1』の「第十章1　フランス中世の思想と文化」（山川出版社、一九九五年）および「ソールズベリーのヨハネス『メタロギコン』解説」（上智大学中世思想研究所編『中世思想原典集成8　シャルトル学派』平凡社、二〇〇二年）にもとづき加筆

第Ⅰ部

第一章「ソールズベリのジョンの学問観」（上智大学中世思想研究所編『中世の学問観』創文社、一九九五年）

（補論）新稿

第二章　新稿

第三章「ソールズベリのヨハネスと異教的俗信の批判」（『中世思想研究』四一号、一九九九年）

（補論）新稿

第Ⅱ部

第一章「ジョン・オヴ・ソールズベリの政治社会論」（『人文学報〈京都大学人文科学研究所〉』五八号、一九八五年）

第二章「ソールズベリのジョンの暴君論」（樺山紘一編『西洋中世像の革新』刀水書房、一九九五年）

第三章「ソールズベリのジョンと『トラヤヌスへの教え』」（『歴史と地理』四六二号、一九九四年）

（付録）新稿

第四章「初期スコラ学期の君主鑑における徳と政治」（中村賢二郎編『国家――理念と制度』京都大学人文科学研究所、一九八九年）

第五章　「宮廷批判の系譜」（高山博、池上俊一編『宮廷と広場』刀水書房、二〇〇二年）

第Ⅲ部

第一章　「ソールズベリのヨハネスの教会観――『ポリクラティクス』を読む」（『超域文化科学紀要〈東京大学・駒場〉』四号、一九九九年）

第二章　「ソールズベリのヨハネスと『教皇史』」（『超域文化科学紀要〈東京大学・駒場〉』五号、二〇〇〇年）

第三章　「ソールズベリのジョンと教会政治活動――伝記的事実の復原」（『比較文化研究〈東京大学教養学部〉』三一号、一九九三年）

第四章　新稿

結　語　新稿

甚野 尚志（じんの・たかし）

1958年，福島県福島市生まれ。東京大学大学院人文科学研究科修士課程修了。京都大学人文科学研究所助手，東京大学教養学部助教授，東京大学大学院総合文化研究科教授を経て，現在，早稲田大学文学学術院教授。専門，ヨーロッパ中世史。
〔主要著訳書〕『中世ヨーロッパの社会観』（講談社学術文庫，2007年。『隠喩のなかの中世』弘文堂，1992年の改訂版），『中世の異端者たち』（山川出版社，1996年），『中世ヨーロッパを生きる』（共編著，東京大学出版会，2004年），『東大駒場連続講義　歴史をどう書くか』（編著，講談社，2006年），『西洋中世像の革新』（共著，1995年），『中世の学問観』（共著，創文社，1995年），『学問への旅　ヨーロッパ中世』（共著，山川出版社，2000年），『再生する終末思想』（共著，青木書店，2000年），『西洋中世史料集』（共著，東京大学出版会，2000年），『宮廷と広場』（共著，刀水書房，2002年），『ヨーロッパ中世の権力編成とその展開』（共著，東京大学出版会，2003年），『新書ヨーロッパ史　中世篇』（共著，講談社現代新書，2003年），『幻影のローマ』（共著，青木書店，2006年），『祖国のために死ぬこと』（翻訳，エルンスト・カントロヴィッチ，みすず書房，1993年），『ルネサンス人』（共訳，ガレンほか，岩波書店，1990年）など。

〔十二世紀ルネサンスの精神〕　ISBN978-4-86285-053-9

2009年3月15日　第1刷印刷
2009年3月20日　第1刷発行

著　者　甚野尚志
発行者　小山光夫
印刷者　藤原愛子

発行所　〒113-0033 東京都文京区本郷1-13-2
電話03(3814)6161 振替00120-6-117170
http://www.chisen.co.jp
株式会社　知泉書館

Printed in Japan　印刷・製本／藤原印刷

The Spirit of the Twelfth-Century Renaissance

—— Analysis of the Thought of John of Salisbury (1115/20-1180) ——

by

Takashi JINNO

Chisenshokan Tokyo

2009

CONTENTS

Part 1. Inquiry into Knowledge

Part 2. Analysis of Kingship and State

Part 3. Consideration to Church

人名索引

ア　行

アヴェロエス Averroes……23
アウグストゥス Octavianus Augustus……236, 238
アウグスティヌス Aurelius Augustinus……67, 85, 90, 91, 101, 103, 115, 138, 227, 244, 245, 300, 301, 314, 322
アスケリヌス Ascelinus（ロチェスタ Rochester 司教）……344
アダム Adam（ブレーメン Bremen の）……272, 273
アダム Adam（プティ・ポン Petit Pont の）……12, 15, 76, 78, 79, 81, 82, 317
アダルベルト Adalbert; Adalbertus（ハンブルク・ブレーメン Hamburg-Bremen 大司教）……272, 273
アッティラ Attila（フン族の王）……213
アデライデ Adelaide（ルッジェーロ 2 世の娘）……353
アデラード Adelard; Adelardus（バース Bath の）……38, 110, 123, 126, 127
アナスタシウス 4 世 Anastasius IV（教皇）……343, 355, 356
アナニヤ Ananias……299
アハブ Achab……216
アプレイウス Lucius Apuleius……67
アベラール Petrus Abaelardus（あだ名「パレ出身の逍遙学派の者 Peripateticus Palatinus」）……10, 12, 14, 15, 31, 43, 45, 46, 73, 78, 79, 83, 88, 162, 163, 219, 315, 337
アボ Abbo（フルーリ Fleury 修道院長）……6
アラン Alanus（リール Lille の）……8, 43, 144, 151, 154, 157, 160, 176, 196
アリエノール Aliénor（アキテーヌ Aquitaine の，ルイ 7 世の王妃）……316, 322, 323, 326
アリストテレス Aristoteles……18-24, 35, 36, 39, 52, 54, 67-70, 76, 97, 146, 147, 150, 155, 173, 197, 219, 230, 244, 247, 249, 263, 400
アルクイン Alcuin; Alcuinus……4
アルテミドロス Artemidoros……115
アルナルドゥス Arnaldus（ポワティエ Poitiers 司教区の大助祭）……317
アルヌルフ Arnulf（リジュー Lisieux 司教）……323, 326, 336, 361, 363, 364, 366, 367, 383, 386
アルベリクス Albericus（パリ Paris の）……15, 46, 75, 78
アルベルトゥス Albertus（枢機卿）……391
アルベルトゥス・マグヌス Albertus Magnus……18

アレクサンデル3世 Alexander III（教皇）……………33,382,383,385,386,388,389
アレクサンドロス大王 Alexandoros III………………………97,98,117,222,223,227
アレクサンドロス4世 Alexandoros IV……………………………………………117
アロン Aaron ……………………………………………………………………216
アンセルムス Anselmus（カンタベリ Canterbury の）………………34,215,375,382
アンセルムス Anselmus（ハーフェルベルク Havelberg の）……87-90,93,100,102,
308,329
アンセルムス Anselmus（ラン Laon の）……………………………………11,44
アンティオコス Antiochos ……………………………………………………212
アンノ Anno（ケルン Köln 大司教）…………………………………………270
アンブロシウス Ambrosius（ミラノ Milano 司教）……………………………300
アンリ Henri; Henricus（ボーモン Beaumont の，バイユー Bayeux 司教）………377
アンリ Henri; Henricus（クレルヴォー Clairvaux 修道院の修道士）………………338
イヴォ Ivo（シャルトル Chartres 司教）……………………………………9,13,170
イシドルス Isidorus（セヴィーリャ Sevilla の）……111-113,130,133,134,136,137,
164,184,199,267,330
インノケンティウス2世 Innocentius II（教皇）…………………………330,353
インノケンティウス3世 Innocentius III（教皇）………………………………306
ヴァカリウス Vacarius…………………………………………………212,370
ヴァンサン Vincent; Vincentius（ボーヴェ Beauvais の）……………………19,247
ウィクトリヌス Marius Victorinus…………………………………38,124,125
ヴィクトル4世 Victor IV（対立教皇）…………………………………33,355
ウィリアム征服王 William the Conqueror（イングランド王）………………92,105
ウィリアム William; Guillelmus（ノリッジ Norwich 司教）……………361,363,366
ウィリアム・フィッツスティーヴン William fitzStephen…………………………380
ウィリアム William; Guillelmus（モエルベカ Moerbeca の）………………18,147
ウィリアム・ルフス William Rufus（イングランド王）…………………………215
ウェゲティウス Vegetius………………………………………………114,220
ウェルギリウス Publius Vergilius Maro……………………111,114,159,175,223,241
ウォルター Walter（カンタベリ Canterbury の大助祭）…………………………344
ウォルター・マップ Walter Map……………………………………………280,281
ウルグリヌス Ulgrinus（シャルトル Chartres 司教座の文書局長）……………………9
エウセビオス Eusebios（カエサレア Caesarea の）……………………………330
エウゲニウス3世 Eugenius III（教皇）…………305,307,311,313,316,317,319,324-
326,343,349-352,354,356,399
エギディウス・ロマーヌス Aegidius Romanus…………………………166,248,264
エゲシップス Egessipus, Hegessipus………………………………………………95
エティエンヌ・タンピエ Étienne Tempier…………………………………………23
エリナン Helinand; Helinandus（フロワモン Froidmont の）…………………181,246
エルナルドゥス Ernaldus（ブレシア Brescia の）……………………32,102,337

エルヌルフ Ernulf（トマス・ベケットの秘書）……363-365
エレミア Ieremias……299
エンゲルベルトゥス Engelbertus（ヴァル・サン・ピエール Val-Saint-Pierre 修道院長）……387
オウィディウス Publius Ovidius Naso……151, 154
オクタビアヌス Octavianus（枢機卿）……327, 339
オド Odo（シャルトル Chartres 司教座の付属学校教師）……9
オットー大帝 Otto der Große……269
オットー Otto（バンベルク Bamberg 司教）……270
オットー Otto（フライジング Freising の）……10, 88, 90, 91, 93, 97, 100-103, 106, 308, 317, 328, 329
オルデリクス・ヴィタリス Ordericus Vitalis……88, 92, 93, 101, 102, 106
オロシウス Orosius……330

カ　行

カエサル Gaius Julius Caesar……97, 105, 117, 118, 210
カッサンドロス Cassandoros……117
カッシオドルス Cassiodorus……330
大カトー Cato maior……223, 238
カファッロ Caffaro……86, 329
カリクストゥス２世 Calixtus II（教皇）……382
カリグラ Caligula……189, 209, 253
ガリヌス Garinus（シャルトル Chartres 司教座の付属学校教師）……9
カルキディウス Calcidius……7, 67, 144, 148, 150, 162-164, 186, 197, 231
カール大帝 Karl der Große……4, 5, 91, 104, 268
ガルバ Galba……222
ガルベール Galbert; Galbertus（ブルージュ Bruges の）……329
キケロ Marcus Tullius Cicero……36-39, 47, 52, 67, 70, 98, 124, 125, 175, 188, 190, 208, 219, 225, 227, 229, 243, 246, 259, 264, 400-402
ギデオン Gideon……212
キプリアヌス Cyprianus……300
偽キプリアヌス Pseudo-Cyprianus……245
ギベール Guibert; Guibertus（トゥルネ Tournai の）……247
ギベール Guibert; Guibertus（ノジャン Nogent の）……88
ギヨーム Guillaume; Guillelmus（コンシュ Conches の）……7, 8, 45-47, 73-75, 78-84, 110, 116, 123, 126, 127, 144, 148, 158, 162-165, 171, 173, 174, 177, 196, 219, 230-232, 264, 400
ギヨーム Guillaume; Guillelmus（シャンポー Champeaux の）……16
ギヨーム Guillaume; Guillelmus（サンス Sens の）……395

ギヨーム Guillaume; Guillelmus（ソワッソン Soisson の）…………………47,76,79,82
ギヨーム Guillaume; Guillelmus（サン・ティエリ Saint-Thierry の）…………………47
ギヨーム Guillaume; Guillelmus（ポワティエ Poitiers 伯）……………………………335
キリスト Jesus Christus ……………………………90,103,114,124,254,256,299,330
ギルバート Gilbert; Gilbertus（グロスタ Gloucester 修道院長）……………………334
ギルバート・フォリオト Gilbert Foliot（ロンドン London 司教）…………………385
グイド Guido（シャルトル Chartres 司教座の付属学校教師）…………………………9
グイド Guido（ピサ Pisa の，聖コスマス・ダミアヌス St. Coasmas et Damianus の枢機卿助祭，教皇庁の文書局長）……………………………………………………………324
グイド Guido（フィレンツェ Firenze の，聖クリソゴヌス St. Chrysogonus の枢機卿司祭，東方の教皇使節）………………………………………………………………339
グイド Guido（聖プデンティアーナ St. Pudentiana の枢機卿司祭，「娘 Puella」のあだ名）……………………………………………………………………336,354,356
グイレルムス Guillelmus（パヴィア Pavia の，枢機卿）………………………388-390
グイレルムス・デ・モダリブス Guillelmus de modalibus（シャルトル Chartres 司教座の付属学校教師）…………………………………………………………………9
クィンティリアヌス Marcus Fabius Quintilianus……………………………64,65,236
クィントゥス・クルティウス Quintus Curtius ……………………………………95
クラウディアヌス Claudianus………………………………………………………151
グラティアヌス Gratianus……………………………………131,148,168,171,193
クラレンバルドゥス Clarenbaldus（アラス Arras の）……………………………153
グリエルモ 2 世 Guglielmo II（シチリア王）………………………………………276
グレゴリウス 1 世 Gregorius I（教皇）……………………146,225,245,300,321,377
グレゴリウス 9 世 Gregorius IX（教皇）……………………………………………17
ゲラシウス 1 世 Gelasius I（教皇）………………………………………………262
ゲラルド Gerald; Geraldus（クレモナ Cremona の）…………………………………22
ゲリウス Gellius……………………………………………………………………220
ゲルヴァシウス Gervasius …………………………………………………………370
ゲルホー Gerhoh（ライヒェルスベルク Reichersberg の）…………………………87
ゴデフリドゥス Godefridus（ヴィテルボ Viterbo の）……………………………247
ゴドフロワ Godefroy; Godefridus（オーセール Auxerre の）…317,318,320,328,333
ゴドフロワ Godefroy; Godefridus（ラングル Langres 司教）……………323,326,336
コドロス Codros（アテネ王）………………………………………………………203
コルッチョ・サルターティー Coluccio Saltati ……………………………………404
コルニフィキウス Cornificius ……………………………………………34,48-50,71
コルネリウス・タキトゥス Cornelius Tacitus ……………………………………95
コンスタンティヌス大帝 Constantinus I ………………………91,103,104,203,359
コンラート 3 世 Conrad III（ドイツ王）……………………91,203,251,327,336,339

サ　行

サウル Saul……202,211
ザカリヤ Zacharias…… 299
サムエル Samuel……202,299
シャルル禿頭王 Charles le Chauve（西フランク王）……5
シャルル5世 Charles V（フランス王）……404
ジャン・ジェルソン Jean Gerson……249
ジェフリー Geoffrey（アンジュー Anjou 伯，ヘンリ2世の父）……334
ジェフリー Geoffrey（ヘンリ2世の兄弟）……361
ジェラルド Gerald; Giraldus（ウェールズ Wales の）……133,144,166,176,181,185,191,196,244,246,249-252,257,263,264,267,278-281,283
ジェラール・プセル Gerard Pucelle（ケルンにいた教師）……99,379,387,388
ジェルベール Gerbert; Gerbertus（オーリヤック Aurillac の，教皇シルヴェステル2世 Silvester II）……6
シオボルド Theobald; Theobaldus（カンタベリ Canterbury 大司教）……31,48,217,219,287,315,333-335,341,342,344-346,349,357,368-370,373,382
シオボルド Theobald; Theobaldus（ウィンチェスタ司教ヘンリの兄弟）……331
シゲベルトゥス Sigebertus（ジャンブルー Gembloux の）……93,94,311,313,330
シゲルス Sigerus（ブラバン Brabant の）……23,24
シモン Simon（ポワシィ Poissey の）……48,77,78
シュジェール Suger; Sugerius（サン・ドニ St. Denis 修道院長）……316,351
ジョスリン Joceline; Jocelinus（バユール Bailleul の）……384
ジョスリン Joceline; Jocelinus（ソールズベリ Salisbury 司教）……389
ジョン John; Johannes（オックスフォード Oxoford の）……384,386,388
ジョン John; Johannes（カンタベリ Canterubry の，ポワティエ Poitiers 司教）……375,385,390,391,394
ジョン John; Johannes（ヘクサム Hexam の）……351
シルヴェステル Silvester（聖アウグスティヌス St. Augustinus 修道院長）……340
シルヴェステル1世 Silvester I（教皇）……254
ジルベール Gilbert; Gilbertus（ポワティエ Poitiers の）……9-11,20,31,32,45,47,48,77-81,83,102,144,315-319,321,322,328,332,333
スウェイン Sweyn（デーン人の王，イングランド王も兼ねる）……212
スエトニウス Suetonius……95
スキピオ・アフリカヌス Scipio Africanus……222,225
スキピオ・アエミリアヌス Scipio Aemilianus……223
ステファヌス Stephanus……89
スティーヴン Stephen（ブロワ Blois の，イングランド王）……144,212,217,276,315,331,334,340,349

スマラグド Smaragd; Smaragdus（サン・ミエル St. Mihiel 修道院長） ………… 245
聖セヴェリヌス Severinus（ケルン Köln 大司教） ……………………………… 271
セデキヤ Sedechias …………………………………………………………… 211
セドゥリウス・スコトゥス Sedulius Scotus ……………………………………… 245
セネカ Lucius Annaeus Seneca ……………………… 47,67,69,235,243,246,259
ゼノン Zenon ……………………………………………………………………… 97
セプティミウス Septimius ……………………………………………………… 210
セレヌス Serenus ………………………………………………………………… 95
センナリブ Sennarib（アッシリア王） ………………………………………… 212
ソクラテス Socrates …………………………………………… 97,159,241,275
ソフォクレス Sophocles ………………………………………………………… 240

タ　行

ダニエル Daniel …………………………………………………………… 119,299
ダビデ David ……………………………………………………… 203,211,253
チボー 2 世 Thibaut II（シャンパーニュ Champagne 伯） ……………………… 316
チボー 4 世 Thibaut IV（シャンパーニュ Champagne 伯） …………………… 283
ティエリ Thierry; Theodoricus（シャルトル Chartres の） ………7,9-13,31,45,47,
　76,78,82,143,153,317
ディオニシオス Dionysios（シチリアの暴君） …………………………………… 206
ディオニシオス・アレオパギテース Dionysios Areopagites …………………… 5
ティトゥス・リウィウス Titus Livius …………………………………………… 95
デウスデーディット Deusdedit（枢機卿） ……………………………………… 271
テオドシウス帝 Theodosius I ……………………………………………… 104,203
テレンティウス Publius Terentius Afer ………………………………………… 275
ドニ・フルシャ Denis Foulechat ……………………………………………… 404
トマス・アクィナス Thomas Aquinas ………………… 18,19,24,57,166,200,248,264
トマス・ベケット Thomas Becket ……30,32,33,48,145,167,192,194,195,201,216,
　229,290,341,363,371,373-397,399,402,403
トマス・フィッツバーナード Thomas fitzBernard ……………………………… 384
トラヤヌス Trajanus …………………………………………………… 223,225,238
トランクィルス Tranquillus ……………………………………………………… 95
トログス・ポンペイウス Trogus Pompeius ……………………………………… 95

ナ　行

ニゲルス Nigellus（ロンシャン Longchamp の） ……………………… 282,370
ニコラウス 1 世 Nicolaus I（教皇） ………………………………………… 247
ニコラウス Nicolaus（モン・サン・ジャック Mont-Saint-Jacques 修道院の修道士）

……382
ニコラウス Nicolaus（カンブレ Cambrai 司教）……334
ニムロッド Nimrod……210
ネロ Nero……189
ネブカドネザル Nebuchadnezzar……211
ノア Noe……247
ノルベルトゥス Norbertus（クサンテン Xanten の）……88

ハ　行

ハインリヒ4世 Heinrich IV（ドイツ王）……91，284
ハインリヒ6世 Heinrich VI（ドイツ王）……247
パウルス・ディアコヌス Paulus Diaconus……4
パウロ Paulo……61，230，237，299，300
パガヌス・ベロティヌス Paganus Berotinus（シャルトル司教座の付属学校教師）……9
バシリウス Basilius……301
パスカシウス・ラトベルトゥス Paschasius Radbertus……269
バーソロミュー Bartholomew（エクセタ Exeter 司教）……375，378，385-387，395
ハドリアヌス4世 Hadrianus IV（教皇）……33，182，305，354-356，358，360，363，364，366，368，370，382
ハーバート Herbert; Herbertus（ボシャム Bosham の）……379-381
ハルデウィヌス Hardewinus（ドイツ人 Teutonicus）……76
ハンニバル Hannibal……223
ハンフリー・ボス Humphrey Bos……378
ヒエロニムス Hieronymus……227，322
ヒゼキヤ Ezechias……203，212
ピタゴラス Pytagoras……67，68，227
ピピン1世 Pippin I（フランク王）……247
ピピン Pippin（アクィタニア Aquitania 王，ルートヴィヒ敬虔王の息子）……245
ヒュー・ビゴット Hugh Bigot（ノーフォーク Norfolk 伯）……335
ヒラリウス Hilarius……321，322
ヒルデガルト Hildegard; Hildegardus（ビンゲン Bingen の）……99
ヒンクマール Hincmar; Hincmarus（ランス Rheims の）……5，131，166
フィリップ Philippe（アルザス Alsace の，アミアン Amiens とヴェルマンドワ Vermandois の伯，のちにフランドル Flandres 伯）……332，376
フィリップ2世 Philippe II（フランス王）……252
フィリップ Philippe（カーンの）……380，381
フゴー Hugo（モンデ Mondaye 修道院長）……327
フゴー Hugo（シャルトル Chartres 司教座の付属学校教師）……9
フゴー Hugo（聖アウグスティヌス St. Augustinus 修道院長）……340，344

フゴー Hugo（パレルモ Palermo 司教）……………………………………………338
フゴー Hugo（ピュイーゼ Puiset の）…………………………………………………351
フゴー Hugo（モリーゼ Molise 伯）……………………………………325,340,352,353
プトロメウス Ptolomeus（トゥスクルム Tusculum の）……………………325,353
フュルベール Fulbert; Fulbertus（シャルトル Chartres 司教）………………………7
偽プラウトゥス Pseudo-Plautus……………………………………………………………214
プラケンティヌス Placentinus ………………………………………………………154,165
ブラクトン Bracton ………………………………………………………………165,185,191
プラトン Platon ………………………7,36,67,68,97,150,158,159,175,219,230,400
フリードリヒ・バルバロッサ Friedrich Barbarossa ………………32,216,355,386,389
フリードリヒ2世 Friedrich II ……………………………………………………………165
ブルカルドゥス Burkcardus（ヴォルムス Worms の）…………………………………131
プルタルコス Plutarchos ……………………………220-224,226,230,235-239,241,242
偽プルタルコス Pseudo-Plutarchos ……………………………………………………177,247
大プリニウス Gaius Plinius Secundus ……………………………………………………111
ブルグンディオ Burgundio（ピサ Pisa の）……………………………………………69
フロジェール Froger（セーズ Séez 司教）……………………………………………383,386
プロタゴラス Protagoras……………………………………………………………………227
フロンティヌス Frontinus ……………………………………………222,226,228,233,238
フンベルトゥス Humbertus（シルヴァ・カンディダ Silva Candida の，枢機卿司教）
……………………………………………………………………………………………232
ベーダ Beda…………………………………………………………………………………330
ペテロ Petrus……………………………………………………………………………299,249
ペトラルカ Petrarca ………………………………………………………………………223
ペトルス Petrus（セル Celle の）…32,229,312,347,348,354,356,357,362,365,367,
371,376,379
ペトルス Petrus（ブロワ Blois の）…………………………144,267,276-278,283,379
ペトルス・ダミアニ Petrus Damiani………………………………………………………270
ペトルス・ヘリアス Petrus Helias………………………………12,45,47,76,79,81-83
ペトルス・ロンバルドゥス Petrus Lombardus…………………………………22,162,317
ベネディクトゥス Benedictus（ヌルシア Nursia の）…………………………301,308
ペリデス（ペリクレス）Perides, Pericles……………………………………………240
ベルナール Bernard; Bernardus（クレルヴォー Clairvaux の）……15,31,32,47,48,
144,315-319,321,332,333,337,345-348,351
ベルナール Bernard; Bernardus（シャルトル Chartres の）………7-11,25-27,44,45,
47,65,70,73,143
ベルナルドゥス・シルヴェストリス Bernardus Silvestris …8,144,151,153,158-160,
177,184,196,231
ベルンワルドゥス Bernwardus（ヒルデスハイム Hildesheim 司教）………………270
ベレンガリウス Berengarius（トゥール Tours の）……………………………………14

ベンノ2世 Benno II（オズナブリュック Osnabrück 司教）……270
ヘンリ Henry（ウィンチェスタ Winchester 司教）……339,349-352
ヘンリ Henry（ヨーク York 大司教）……340,350
ヘンリ Henry（ヘンリ2世の息子）……392
ヘンリ1世 Henry I（イングランド王）……30,74
ヘンリ2世 Henry II（イングランド王）……32,48,144,145,183,191,192,194,195,201,215-217,252,267,274,276-281,283,287,290,341,357-359,361-363,366-368,370,371,373,375-377,380-383,385,386,392,393,395,397,399,402,403
ボエティウス Boethius……8
ホセア Hosea……299
ホノリウス・アウグストドゥネンシス Honorius Augustodunensis……87,156,183
ホラティウス Quintus Horatius Flaccus……239,350
ボールドウィン Baldwin（エクセタ Exeter 司教区トトニス Totnes の大助祭，のちにカンタベリ Canterbury 大司教）……276,354,388
ポルフュリオス Porpyrios……19
ホロフェルネス Holofernes……210,211

マ行

マイケル・スコット Michael Scot……22
マインベルク Mainwerk（パーデルボルン Paderborn 司教）……270
マクロビウス Macrobius……8,67,116,150,151,231
マタイ Matthaios……299
マテウス Matheus（サンス Sens 司教座の聖歌隊長）……363
マティルダ Mathilda（ヘンリ二世の母）……377,382
マネゴルドゥス Manegoldus（ラウテンバッハ Lautenbach の）……200
マリア Maria……124
マルティアヌス・カペラ Martianus Capella……47
マルティヌス Martinus……299
ミロ Milo（テルアンヌ Thérouanne 司教）……334,388
モーセ Moyses……67,216,299

ヤ行

ヤコブ Jacobus（ヘブライ人の族長）……376
ヤコブス Jacobus（ヴェネツィア Venezia の，アリストテレスの著作の翻訳者）…18
ヤハウェ Yahweh……115
ユーグ Hugues; Hugo（サン・ヴィクトル St. Victor の）……16,45,58,59,71,131,163,176,330
ユーグ Hugues; Hugo（サン・クレール St. Claire の）……384

ユスタス Eustace……212,215,340
ユスティニアヌス Justinianus I……169,203,300
ユディト Judith……211
ユード Eude（ステラ Stella の）……316
ユリアヌス Flavius Claudius Julianus（背教者 Apostata）……212,299
ヨシュア Josias……203,211
ヨセフ Joseph……119
ヨセフス Josephus……95
ヨナ Jonas……299
ヨナス Jonas（オルレアン Orléans の）……245
洗礼者ヨハネ Johannes……299
ヨハネス Johannes（アルタヴィラ Hartavilla の）……282
ヨハネス Johannes（ヴィテルボ Viterbo の）……244,246,249-251,257,262-264
ヨハネス・スコトゥス・エリウゲナ Johannes Scotus Eriugena……5,156
ヨハネス・パパロ Johannes Paparo（枢機卿）……338
ヨハネス Johannes（リモージュ Limoges の）……283
ヨルダヌス Jordanus（枢機卿）……327,328,339

ラ　行

ライナルト Rainald; Rainaldus（ダッセル Dassel の，ケルン Köln 大司教）……217,316,384,388,389
ライナルドゥス Rainaldus（シャルトル Chartres 司教座の付属学校教師）……9
ラウレンティウス Laurentius（教師）……389
ラテリウス Ratherius（ヴェローナ Verona の）……6
ラヌルフ Ranulf（ブロック Broc の）……384
ラバーヌス・マウルス Hrabanus Maurus……131
ラルフ Ralph（ヴェルマンドワ Vermandois 伯）……316,332
ラルフ Ralph（サール Sarre の）……355
ラルフ・ニゲル Ralph Niger（教師）……387
リカルドゥス Ricardus（「司教 Episcopus」のあだ名。のちにアヴランシュ Avranches 司教）……47,75,76,78,79,82,83
リシャール Richard（ルシ Luci の）……214,276,334,384
リチャード Richard（イルチェスタ Illchester の，ポワティエの大助祭）……378,384
リチャード Richard（ソールズベリのジョンの兄弟）……29,30
リチャード Richard（カンタベリ Canterbury 大司教）……276,348,395
ルイ７世 Louis VII（フランス王）……203,217,251,316,322-324,330,332,335,336,338,377,380,392,393
ルイ８世 Louis VIII（フランス王）……252,279
ルイ９世 Louis IX（フランス王）……247

ルイ11世 Louis XI（フランス王）……249
ルカス Lucas（ペンナ Penna の）……185, 404
ルカヌス Lucanus……273
ルッジェーロ２世 Ruggero II（シチリア王）……216, 217, 298, 338
ルートヴィヒ敬虔王 Ludwig der Fromme（フランク王）……269
ルプス Lupus（フェリエール Ferrière の）……5
ルペルト Rupert（ドイツ Deutz の）……87
レイモン Raymond（ポワティエ Poitiers の，アンティオキア Antiochia 公）……322, 323, 335
レイモン Raymond（ポワティエ Poitiers 司教座の文書局長）……381, 389, 391
ロゲリウス Rogerius（サン・エヴルール St. Evroul 修道院長）……92
ロジャー Roger（ソールズベリ Salisbury 司教）……30
ロジャー Roger（ヨーク York 大司教）……393
ロジャー Roger（カンタベリ Canterbury 大司教区の大助祭）……344
ロスケリヌス Roscelinus……14
ロタール３世 Lothar III（ドイツ王）……91
ロバート Robert（セルビ Selby の）……298, 354
ロバート Robert（レスタ Leicester 伯）……214, 276
ロバート Robert（マートン Merton 修道院長）……378
ロベール Robert（クールソン Courçon の）……23
ロベルトゥス Robertus（ムラン Melun の，のちにヘレフォード Hereford 司教）……15, 31, 46, 75, 78, 312
ロベルトゥス・パルヴス Robertus Parvus（シャルトル司教座の付属学校教師）……9
ロベルトゥス・プルス Robertus Pullus……31, 77, 78, 80, 174, 343, 344
ロンバルドゥス Lombardus（ピアチェンツァ Piacenza の）……379, 380

ワ　行

ワラフリド・ストラボ Walahfrid; Walahfridus Strabo……5

事項索引

サ 行

タ 行

ナ 行

ハ 行

マ　行

ヤ　行

ラ　行

ワ　行

ソールズベリのジョン関係年表

1115年から1120年の間	現在のソールズベリの北に位置するオールド・セイラム（Old Sarum，中世のソールズベリの町）に生まれる。ソールズベリとエクセタの司教座聖堂参事会と関係をもつ家門の出自。少年時代に一時，占いを行う聖職者のもとで教育を受けた。
1136年から12年間	ヘンリ１世の死の翌年にパリへ行く。サント・ジュヌヴィエーヴの丘でアベラールに師事する。その後コンシュのギヨームのもとで３年間学ぶ。さらにシャルトルのティエリ，ポワティエのジルベールなどの教師に師事する。アリストテレスの論理学に通じたプティ・ポンのアダムとも親交を結ぶ。
1147年あるいは1148年	12年に及ぶ勉学を終え，クレルヴォーのベルナールの推薦でカンタベリ大司教シオボルドのもとに奉職する。
1148年３月	かつての師ポワティエのジルベールが審問されたランス教会会議に出席する。
1149年あるいは1150年	エウゲニウス３世の教皇庁滞在。おそらくローマ。
1150年春	エウゲニウス３世の教皇庁滞在。ケプラーノ。
1150年あるいは1151年	エウゲニウス３世の教皇庁滞在。フェレンティーノ。
1152年春	エウゲニウス３世の教皇庁滞在。おそらくセーニ。
1153年12月	アナスタシウス４世の教皇庁滞在。ローマ。
1155年から1156年	ハドリアヌス４世の教皇庁に三ヶ月間，滞在。ベネヴェント。
1156年	国王ヘンリ２世の不興を買う。
1159年	『ポリクラティクス』と『メタロギコン』を完成させ，国王ヘンリ２世の尚書部長官となったトマス・ベケットに献呈する。
1161年	カンタベリ大司教シオボルド没。
1161年あるいは1162年	シオボルドのもとで書いた書簡の集成をセルのペトルスに贈る。
1162年	教皇アレクサンデル３世がトマス・ベケットに授与したパリウムを受け取るため，モンペリエに行く。トマス・ベケットがカンタベリ大司教に就任。
1163年終わりか1164年初め	フランスへ亡命。セルのペトルスが院長を務めるランスのサン・レミ修道院に居住する。
1164年頃	ランスのサン・レミ修道院で『教皇史』を著述する。
1166年	復活祭にアンジェで国王ヘンリ２世と会見。和解は不成功。
1170年11月	カンタベリに帰還。
1170年12月	トマス・ベケットがカンタベリ大聖堂で殺害される。
1176年	シャルトル司教に就任。
1180年	死去。

文 献 目 録

1　一次史料

(1)　ソールズベリのジョン（Ioannes Saresberiensis）の著作

『全集』

GILES, John Allen, *Joannis Saresberiensis Postea Episcopi Carnotensis Opera Omnia*, 5 vols., Oxford 1848.

Joannis Saresberiensis Carnotensis Episcopi Opera Omnia. MPL, vol. 199, Paris 1855.

『ポリクラティクス』

WEBB, Clement C. J. (ed.), *Ioannis Saresberiensis Episcopi Carnotensis Policratici sive De Nugis Curialium et Vestigiis Philosophorum Libri VIII*, Oxford 1909, rep. with a Introduction by P. McNulty, New York 1979.

KEATS-ROHAN, K. S. B. (ed), *Iaonnis Saresberiensis Policraticus I-IV. CCCM*, vol. 118, Turnhout 1993.

（英訳）DICKINSON, John, *The Statesman's Book of John of Salisbury*, New York 1927.

NEDERMAN, Cary J., *John of Salisbury. Policraticus*, Cambridge 1990.

PIKE, Joseph, *Frivolities of Courtiers and Footprints of Philosophers*, Minneapolis 1938.

（独訳）BRÜNSCHWEILER, Roman, W., *Das sechste Buch des 'Policraticus' von Ioannes Saresberiensis (John of Salisbury). Ein Beitrag zur Militärgeschichte Englands im 12. Jahrhundert*, Zürich 1975.

STEFAN, Seit, *Policraticus: eine Textauswahl: Lateinisch, Deutsch. Johannes von Salisbury*, Freiburg im Breisgau 2008.

『メタロギコン』

WEBB, Clement C. J. (ed.), *Ioannis Saresberiensis Episcopi Carnotensis Metalogicon Libri IIII*, Oxford 1929.

HALL, J. B. (ed.), *Ioannis Saresberiensis Metalogicon. CCCM*, vol. 98, Turnhout 1991.

（英訳）McGARRY, Daniel, *The Metalogicon of John of Salisbury. A Twelfth-Century Defense of the Verbal and Logical Arts of the Trivium*, Berkeley & Los Angeles 1955.

（邦訳）ソールズベリーのヨハネス『メタロギコン』（甚野尚志，中澤務，F・ペレス訳，上智大学中世思想研究所編『中世思想原典集成 8 シャルトル学派』，平凡社，2002年，581-844頁）

『エンテティクス』

LAARHOVEN, Jan van, *John of Salisbury's Entheticus Maior and Minor*, 3 vols., Leiden 1987.

『教皇史』

CHIBNALL, Majorie (ed.), *The Historia Pontificalis of John of Salisbury,* Oxford 1956, rep. 1998.
『前期書簡集』
MILLOR, W. J. & BUTLER, H. E. (eds.), *The Letters of John of Salisbury. vol. 1. The Early Letters (1153-1161)*, London 1955.
『後期書簡集』
MILLOR, W. J. & BROOKE, C. N. L. (eds.), *The Letters of John of Salisbury. vol. 2. The Later Letters (1163-1180),* Oxford 1979.

(2) シャルトル学派の著作

リールのアラン（Alanus ab Insulis）
『自然の嘆き』
HÄRING, Nikolaus, "Alan of Lille. De Planctu Naturae," *Studi Medievali, 3e Série*, 14 (1978), pp. 797-879.
（英訳）SHERIDAN, James, J., *Alan of Lille. The Plaint of Nature*, Toronto 1980.

シャルトルのベルナール（Bernardus Carnotensis）
『プラトン「ティマイオス」注釈』
DUTTON, Paul Edward (ed.), *The „Glosae super Platonem" of Bernard of Chartres*, Toronto 1991.
（邦訳）シャルトルのベルナルドゥス『プラトン註釈』（伊藤博明訳『中世思想原典集成8シャルトル学派』，67-194頁）

ベルナルドゥス・シルヴェストリス（Bernardus Silvestris）
『コスモグラフィア』
BARACH, C. S. & WROBEL, J., *Cosmographia. De mundi universitate. Bernardi Silvestris De mundi universitate libri duo sive megacosmus et microcosmus*, Frankfurt am Main 1964.
DRONKE, Peter (ed.), *Cosmographia*, Leiden 1978.
（英訳）WETHERBEE, Winthrop (ed.), *The Cosmographia of Bernardus Silvestris*, New York 1973.
（邦訳）ベルナルドゥス・シルヴェストリス『コスモグラフィア（世界形状誌）』（秋山学訳『中世思想原典集成8シャルトル学派』，489-580頁）
『ウェルギリウス「アエネイス」注釈』
JONES, W. & JONES, E. F. (eds.), *The Commentary on the First Six Books of the Aeneid of Vergil Commonly Attributed to Bernardus Silvestris,* Lincoln 1977.

アラスのクラレンバルドゥス（Clarenbaldus Atrebatensis）

『「創世記」注釈』
Häring, Nikolaus, *Life amd Works of Clarenbaldus of Arras. A Twelfth-Century Master of the School of Chartres*, Toronto 1965.
（邦訳）アラスのクラレンバルドゥス『創世記についての小論考』（須藤和夫訳『中世思想原典集成 8 シャルトル学派』，845-885頁）

コンシュのギヨーム（Guillelmus de Conchis）
『プラトン「ティマイオス」注釈』
JEAUNEAU, Édouard (ed.), *Guillaume de Conches. Glosae super Platonem*, Paris 1965.
——— (ed.), *Guillelmi de Conchis Glosae super Platonem. CCCM*, vol. 203, Turnhout 2006.
（邦訳）コンシュのギョーム『プラトン「ティマイオス」逐語註釈』（大谷啓治訳『中世思想原典集成 8 シャルトル学派』，405-436頁）
『宇宙の哲学』
MAURACH, Gregor (ed.), *Philosophia mundi*, Pretoria 1974.
（邦訳）コンシュのギョーム『宇宙の哲学』（神崎繁，金澤修，寺本稔訳『中世思想原典集成 8 シャルトル学派』，269-404頁）
『ドラグマティコン』
RONCA, I. & BADIA, L. (eds.), *Dragmaticon Philosophiae. Guillelmi de Conchis Opera Omni*a, *vol. 1. CCCM,* vol. 152, Turnhout 1997.
『ボエティウス注釈』
NAUTA, L. (ed.), *Glosae super Boetium. Guillelmi de Conchis Opera Omnia, vol. 2. CCCM*, vol. 158, Turnhout 1999.
『道徳哲学の教義』
HOLMBERG, John (ed.), *Das moralium dogma philosophorum des Guillaume de Conches*, Paris 1929.

ポワティエのジルベール（Gilbertus Porretanus Pictaviensis Episcopus）
『ボエティウス注釈』
HÄRING, Nikolaus (ed.), *The Commentaries on Boethius by Gilbert of Poitiers*, Toronto 1966.
（邦訳）ギルベルトゥス・ポレタヌス『ボエティウス「デ・ヘブドマディブス」註解』（伊藤博明，富松保文訳『中世思想原典集成 8 シャルトル学派』，195-267頁）

シャルトルのティエリ（Theodoricus Carnotensis）
『六日間の御業について』
HÄRING, Nikolaus, *Commentaries on Boethius by Thierry of Chartres and his School*, Toronto 1971.

（邦訳）シャルトルのティエリ『六日の業に関する論考』（井澤清訳『中世思想原典集成8シャルトル学派』，437-473頁）

⑶ **その他の主要著作**

ブレーメンのアダム（Adam Bremensis）『ハンブルク司教事蹟録』

"Gesta Hammaburgensis Ecclesiae Pontificum," in; W. Trillmich & R. Buchner (eds.), *Quellen des 9. und 11. Jahrhunderts zur Geschichte der Hamburgischen Kirche und des Reiches*, Darmstadt 1961.

バースのアデラード（Adelardus Bathensis）『同一性と差異について』

"De eodem et diverso,"; WILLNER, Hans (ed.), *Beiträge zur Geschichte der Philosophie des Mittelalters. Texte und Untersuchungen,* Bd. IV. Heft 1, Münster 1903.

ハーフェルベルクのアンセルムス（Anselmus Havelbergensis）『対話』

"Dialogi,"; *MPL,* vol. 188, Paris 1890, cols. 1139-1148.

アウグスティヌス（Augustinus）『神の国』

DIVJAK, J. (ed.), *Sancti Aurelii Augustini Episcopi De Civitate Dei*, 2 vols., Turnholt 1981.

（邦訳）アウグスティヌス『神の国』（服部英次郎，藤本雄三訳，1982-1991年，岩波文庫，全5巻）

カルキディウス（Calcidius）『プラトン「ティマイオス」注釈』

WASZINK, Jan H. (ed.), *Timaeus a Calcidio translatus commentarioque instructus,* London 1962.

キケロ（Cicero）『義務論』

MILLER, Walter (ed.), *Cicero. De officiis. Loeb Classical Library,* vol. 30, Cambridge, Mass. 1947.

（邦訳）キケロー「義務について」（高橋宏幸訳『キケロー選集9』岩波書店，1999年）

デウスデーディット（Deusdedit）『略奪者，聖職売買者，シスマ主義者への駁論』

"Libellus contra invasores et symoniacos et reliquos schismaticos," in; *MGH. Libelli de lite,* vol. 2, Hannover 1892, pp. 292-365.

ウェールズのジェラルド（Giraldus Cambrensis）『君主への教示』

WARNER, G. F. (ed.), *De principis instructione Liber Giraldi Cambrensis Opera*, vol. 8, *RS*, no. 21, London 1891.

フロワモンのエリナン（Helinadus Frigidi Montis）『君主の善政について』

"De bono regimine principis," in; *MPL,* vol. 212, Paris 1855, cols. 735-746.

サン・ヴィクトルのユーグ（Hugo de Sancto Victore）『ディダスカリコン』

BUTTIMER, Charles Henry (ed.), *Hugonis de Sancto Victore Didascalicon. De studio legendi,* Washington, DC. 1939.

（英訳）TAYLOR, James, *The Didascalicon. A Medieval Guide to the Arts*, New York 1968.

（邦訳）サン＝ヴィクトルのフーゴー『ディダスカリコン（学習論）―読解の研究につ

いて』（五百旗頭博治，荒井洋一訳『中世思想原典集成 9 サン＝ヴィクトル学派』，1996年，25-199頁）
ホノリウス・アウグストドゥネンシス（Honorius Augustodunensis）『エルシダリウム』
"Elucidarium sive dialogus de summa totius christianae theologiae," in; *MPL*, vol. 172, Paris 1895, cols. 1109-1176.
セヴィーリャのイシドルス（Isidorus Hispalensis）『語源』
LINDSAY, W. M. (ed.), *Isidori Hispalensis Episcopi Etymologiarum sive originum libri XX*, 2 vols., Oxford 1962.
ヴィテルボのヨハネス（Johannes Viterbiensis）『都市国家の統治について』
"Liber de regimine civitatum,"in; SALVEMINI, C. (ed.), *Bibliotheca Iuridica Medii Aevi*, vol. 3, 1901, pp. 215-280.
マクロビウス（Macrobius）『キケロ「スキピオの夢」注釈』
WILLIS, James (ed.), *Commentarii in Somnium Scipionis*, Leipzig 1963.
（英訳）STAHL, W. H., *Macrobius' Commentary in the Dream of Scipio*, New York 1952.
フライジングのオットー（Otto Frisingensis）『年代記あるいは二つの国の歴史』
LAMMERS, Walter (ed.), *Chronik oder die Geschichte der zwei Staaten. Otto Bishof von Freising*, Berlin 1960.
オルデリクス・ヴィタリス（Ordericus Vitalis）『教会史』
CHIBNALL, Majorie (ed.), *The Ecclesiastical History of Orderic Vitalis*, 6 vols., Oxford 1968-1980.
ブロワのペトルス（Petrus Blesensis）『国王ヘンリ 2 世とボンヌヴァル修道院長の対話』
HUYGENS, R. B. C. (ed.), "Dialogus inter regem Henricum secundum et abbatem Bonevallis. Un écrit de Pierre de Blois réédité," *Revue Bénédictine*, 68 (1958), pp. 87-112.
ペトルス・ダミアニ（Petrus Damiani）『奇跡譚』
"De variis miraculosis narrationibus,"in; *MPL*, vol. 145, Paris 1853, cols. 571-590.
偽キプリアヌス（Pseudo-Cyprianus）『十二の世俗の悪習について』
HELLMANN, Siegmund (ed.), *Pseudo-Cyprianus. De XII abusivis saeculi*, Leipzig 1909.
スマラグドゥス（Smaragdus）『王の道』
"Via regia,", in; *MPL*, vol. 102, Paris 1865, cols. 931-970.
ウォルター・マップ（Walter Map）『宮廷人の愚行』
JAMES, M. R. (ed.), *Walter Map. De Nugis Curialium. Courtiers' Trifles*, Oxford 1983.
テレンティウス（Terentius）『宦官』
"Eunuchus,"in; KAUER, R. & LINDSAY, W. R., *P. Terenti Afri Comoediae*, Oxford 1990.
（邦訳）テレンティウス『宦官』（谷栄一郎訳『西洋古典叢書テレンティウス　ローマ喜劇集 5』京都大学学術出版会，2002年）

2　欧文文献

ADAM, Traute, *Clementia Principis. Der Einfluß hellenistischer Fürstenspiegel auf den*

Versuch einer rechtlichen Fundierung des Principats durch Seneca, Stuttgart 1970.
ALLERS, R., "Microcosmus. From Anaximandorus to Paracelsus," *Traditio*, 2 (1944), pp. 319-407.
ALVERNY, Marie-Therese d', "Le cosmos symbolique du XIIe siècle," *ADLM*, 20 (1953), pp. 31-81.
———, "Maître Alain- «Nova et Vetera»," in; M. de Gandillac & É. Jeauneau (eds.), *Entretiens sur la Renaissance du 12e siècle*, Paris 1968, pp. 118-145.
———, "Translations and Translators," in; *Renaissance and Renewal in the Twelfth Century*, pp. 421-462.
ANTON, Hans Hubert, *Fürstenspiegel und Herrscherethos in der Karolingerzeit*, Bonn 1968.
ARCHAMBAULT, P., "The Analogy of the « Body » in Renaissance Political Literature," *Bibliothèque d'Humanisme et Renaissance*, 29 (1967), pp. 21-53.
ARNOLD, Th. (ed.), *Symeonis Monachi Opera Omnia*, vol. 2, *Historia Regum*, *RS*, no. 75, London 1885.
ARQUILLIÈRE, H. -X., "Origines de la théorie des deux glaives," *Studi Gregoriani*, 1 (1947), pp. 501-521.
ASPELIN, Gunnar, "John of Salisbury's Metalogicon. A Study in Mediaeval Humanism," *Kungl. Human. Vetenskapssamfundets I Lund Arsberättelse*, 1951-1952, pp. 19-37.
AUBÉ, Pierre, *Thomas Becket*, Paris 1988.
BALDWIN, John W., *Masters, Princes and Merchants. The Social View of Peter the Chanter and His Circle*, Princeton 1970.
———, *The Scholastic Culture of the Middle Ages, 1000-1300*, Lexington, Mass. 1971.
———, "Masters at Paris from 1179 to 1215. A Social Perspective," in; *Renaissance and Renewal in the Twelfth Century*, pp. 138-172.
BARLOW, Frank, *Thomas Becket*, Berkeley & Los Angeles 1986.
——— "John of Salisbury and his Brothers," *Journal of Ecclesiastical History*, 46 (1995), pp. 95-109.
BAUTIER, Robert-Henri, "Paris au temps d'Abélard," in; J. Jolivet (ed.), *Abélard en son temps*, Paris 1981, pp. 21-77.
BARZILLAY, Phyllis, "The Entheticus de dogmate philosophorum of John of Salisbury," *Medievalia et Humanistica*, 16 (1964), pp. 11-29.
BEIERWALTES, Werner (ed.), *Platonismus in der Philosophie des Mittelalters*, Darmstadt 1969.
BELLENGUEZ, Pierre, *Un philosophe académicien du XIIe siècle. Jean de Salisbury, sa vie, son œuvre, sa pensée*, Aire-sur-la-Lys 1926.
BENSON, Robert, "Political Renovatio: Two Models from Roman Antiquity," in; *Renaissance and Renewal in the Twelfth Century*, pp. 339-386.

BENTON, John F., "Philology's Search for Abelard in the Metamorphosis Goliae," *Speculum* (1975), pp. 199-217.

———, "Consciousness of Self and Perceptions of Individuality," in; *Renaissance and Renewal in the Twelfth Century*, pp. 263-295.

BERGES, Wilhelm, *Die Fürstenspiegel des hohen und späten Mittelalters*, Stuttgart 1938.

———, "Anselm von Havelberg in der Geistesgeschichte des 12. Jahrhunderts, "*Jahrbuch für die Geschichte Mittel-und Ostdeutschlands*, 5 (1956), pp. 39-57.

BERNARDO, A. S. & LEVIN, S. (eds.), *The Classics in the Middle Ages. Papers of the Twentieth Annual Comference of the Center for Medieval and Early Renaissance Studies*, New York 1990.

BERSCHIN, Walter, "Sueton und Plutarch im 14. Jahrhundert," in; A. Buck (ed.), *Biographie und Autobiographie in der Renaissance*, Wiesbaden 1983, pp. 35-43.

BEZOLD, F. von, "Die Lehre von der Volkssouveränität während des Mittelalters," *HZ*, 36 (1876), pp. 313-367.

BLACK, Antony, *Political Thought in Europe 1250-1450*, Cambridge 1992.

BLACKMANN, Albert, "Die Wandlungen der Staatsanschauungen im Zeitalter Kaiser Friedrichs I.," *HZ*, 145 (1931), pp. 1-18.

BLOCH, Herbert, "The New Fascination with Ancient Rome," in; *Renaissance and Renewal in the Twelfth Century*, pp. 615-636.

BÖHMER, Heinrich, *Kirche und Staat in England in der Normandie im XI. und XII. Jahrhundert. Eine Historische Studie*, Leipzig 1899.

BOEHM, L., "Der wissenschaftliche Ort der historia im frühen Mittelalter. Die Geschichte auf dem Wege zur Geschichtswissenschaft ,"in; C. Bauer, L. Boehm, M. Müller (eds.), *Speculum Historiale. Geschichte im Spiegel von Geschichtsschreibung und Geschichtsdeutung*, München 1965, pp. 664-693.

BOLGAR, Robert (ed.), *Classical Influences on European Culture A. D. 500-1500. Proceedings of an International Conference held at King's College, Cambridge, April 1969,* Cambridge 1971.

BOOZ, Ernst, *Fürstenspiegel des Mittelalters bis zur Scholastik*, Freiburg im Breisgau 1913.

BORN, L. K., "The Perfect Prince," *Speculum*, 3 (1928), pp. 470-504.

———, "The specula principis of the Carolingian Renaissance," *Revue belge de philologie et d'histoire*, 12 (1933), pp. 583-612.

BOUSSARD, Jacques, *Le gouvernement d'Henri II Plantegenêt,* Paris 1956.

———, *De la fin du siège 885-886 à la mort de Philippe Auguste,* Paris 1997.

BOWEN, James, *A History of Western Education. vol. II. Civilisation of Europe: Sixth to Sixteenth Century*, London 2003.

BRIDE, M., "John of Salisbury's Theory of Rhetoric," *Studies in Medieval Culture,* 2 (1966), pp. 56-62.

BROOKE, Christopher, *The Twelfth Century Renaissance*, London 1969.
———, *Medieval Church and Society*, London 1971.
———, "John of Salisbury and his World," in; *World of John of Salisbury*, pp. 1-20.
———, "Aspects of John of Salisbury's Historia Pontificalis," in; L. Smith & B. Ward (eds.), *Intellectual Life in the Middle Ages,* London 1992, pp. 185-195.
BROOKE, C. N. L. & LUSCOMBE, D. (eds.), *Church and Government in the Middle Ages. Essays presented to C. R. Cheney*, Cambridge 1976.
BROOKE, Z. N., *The English Church and the Papacy. From the Conquest to the Reign of John,* Cambridge 1931.
BRUCKER, Charles, " Les Neologismes de Denis Foulechat, traducteur de Charles V, d'après les trois premiers livres du Policratique," *Revue de Linguistique Romane*, 33 (1969), pp. 317-324.
———, "Quelques aspects du style de Denis Foulechat, traducteur de Charles V," *Zeitschrift für französiche Sprache und Literatur*, 80 (1970), pp. 97-106.
———, "Le Policratique: un fragment de manuscrit dans ms. B. N. Fr. 24287," *Bibliothèque d'Humanisme et de Renaissance*, 34 (1972), pp. 269-273.
———, "A propos de quelques hellénismes de Jean de Salisibury et de leur traduction au XIVe siècle," *Archivium Latinitatis Medii Aevi* (*Bulletin Du Cange*), 39 (1974), pp. 85-94.
——— (ed.), *Denis Foulechat. Le Policratique de Jean de Salisbury* (*1372*). *Livres I-III,* Genève 1994.
——— (ed.), *Denis Foulechat. Le Policratique de Jean de Salisbury* (*1372*), *Livre V,* Genève 2006.
BROWN, M. Anthony, "John of Salisbury," *Franciscan Studies*, 19 (1959), pp. 241-297.
BUC, Philippe, "Exégèse et pensé politique: Radulphus Niger (vers 1190) et Nicolas de Lyre (vers 1330),"in; J. Blanchard (ed.), *Représentation, pouvoir et royauté à la fin du moyen âge,* Paris 1995, pp. 145-164.
BUMKE, Joachim, *Höfische Kultur. Literatur und Gesellschaft im hohen Mittelalter*, München 1986.（ヨアヒム・ブンケ『中世の騎士文化』平尾浩三ほか訳，白水社，1995年）
BURNETT, Charles, "The Content and Affiliation of the Scientific Manuscripts written at or brought to Chartres in the Time of John of Salisbury," in; *World of John of Salisbury*, 1984, pp. 127-160.
BURNS, James H. (ed.), *The Cambridge History of Medieval Political Thought c. 350- c. 1450*, Cambridge 1988.
BUSCHMANN, E. J., *Das Herrscheramt nach der Lehre der mittelalterlichen Fürstenspiegel*, Frankfurt am Main 1918.
CANNING, Joseph, *A History of Medieval Political Thought 300-1450*, London 1996.

CARLYLE, R. W. & CARLYLE, A. J., *A History of Mediaeval Political Theory in the West*, 6 vols., London 1903-06.

CHATILLON, Jean, "La culture de l'école de Saint-Victor au 12e siècle," in; M. de Gandillac & É. Jeauneau (eds.), *Entretiens sur la renaissances du 12e siècle*, Paris 1968, pp. 147-178.

CHENEY, Christopher, *English Bishop's Chanceries 1100-1250*, Manchester 1950.

———, *From Becket to Langton. English Church Government 1170-1213*, Manchester 1955.

CHENU, Marie-Dominique , "L'homme et la nature, perspectives sur la renaissance du XIIe siècle," *ADLM*, 27 (1952), pp. 39-66.

———, *La théologie au douzième siècle*, Paris 1966.

CHIBNALL, Marjorie, *The World of Orderic Vitalis*, Oxford 1984.

———, "John of Salisbury as Historian," in; *World of John of Salisbury*, pp. 169-178.

CHODOROW, Stanley, "Magister Gratian and the Problem of 〈Regnum〉 and 〈Sacerdotium〉," *Traditio*, 20 (1964), pp. 364-381.

———, *Christian Political Theory and Church Politics in the Mid-Ttwelfth Century*, Berkeley 1972.

CHRISTENSEN, K., "The 'lost' Papal Gloss on Si quis suadente (C. 17 q. 4 c. 29): John of Salisbury and the Canonical Tradition in the Twelfth Century," *Bulletin of Medieval Canon Law, N. S.* 18 (1988), pp. 1-11.

CLANCHY, M. T., *From Memory to Written Record*, London 1979.

———, *Abaelard. A Medieval Life*, Oxford 1998.

CLASSEN, Peter, *Gerhoh von Reichersberg. Eine Biograpohie*, Wiesbaden 1960.

———, "Die hohen Schulen und die Gesellschaft des 12. Jahrhunderts," *Archiv für Kulturgeschichte*, 48 (1966), pp. 155-180.

———, "Res Gestae. Universal History, Apocalypse: Visons of Past and Future," in; *Renaissance and Renewal in the Twelfth Century*, pp. 387-420.

CLERVAL, M. A., *Les école de Chartres au moyen âge*, Chartres 1895.

COLEMAN, J., *A History of Political Thought. From the Middle Ages to the Renaissance*, Oxford 2000.

COLISH, Marcia L., *Medieval Foundations of the Western Intellectual Tradition 400-1400*, New Haven 1997.

COLKER, M. L., "The Trial of Gilbert of Poitiers, 1148: A previously unknown Record," *Mediaeval Studies*, 27 (1965), pp. 152-183.

CONGAR, Yves, "Les Laïcs et l'ecclésiologie des 〈ordines〉 chez les théologiens des XIe et XIIe siècle," in; Id., *Études d'ecclésiologie médiévales*, London 1983, pp. 83-116.

CONSTABLE, Giles, "The Second Crusade as seen by Contemporaries," *Traditio*, 9 (1953), pp. 213-279.

———, "The alleged Disgrace of John of Salisbury," *EHR*, 68 (1953), pp. 67-76.
———, *Letters and Letter-Collections. Typologie des sources du moyen âge occidental,* Fasc. 17, Turnholt 1976.
———, *Three Studies in Medieval Religious and Social Thought*, Cambridge 1995.
———, *Culture and Spirituality in Medieval Europe*, London 1996.
Crump, Charles G., etc. (eds), *The Legacy of the Middle Age*, Oxford 1926.
CURTIUS, E. R., *Europäische Literatur und lateinische Mittelalter,* Bern 1948.（邦訳，E. R. クルツィウス『ヨーロッパ文学とラテン中世』南大路振一，岸本通夫，中村善也訳，みすず書房，1971年）
DANIELS, Hans, *Die Wissenschaftslehre des Johannes von Salisbury*, Kaldenkirchen 1932.
DELHAYE, Philippe, "L'organisation scolaire au XIIe siècle," *Traditio*, 5 (1947), pp. 211-268.
———, "L'enseignement de la philosophie morale au XIIe siècle," *Mediaeval Studies*, 11 (1949), pp. 77-99.
———, "Le bien suprême d'après le Policraticus de Jean de Salisbury," *Recherche théologique ancienne et médiévale*, 20 (1953), pp. 203-221.
———, "〈Grammatica〉 et 〈Ethica〉 au XIIe siècle," *Revue théologique ancienne et médiévale,* 25 (1958), pp. 59-110.
DEMIMUID, Maurice, *Jean de Salisbury*, Paris 1873.
DENIFLE, Heinrich, *Die Entstehung der Universitäten des Mittelalter bis 1400*, Berlin 1885.
DENIS, L., "La question des universaux d'après Jean de Salisbury," *Revue des sciences philosophiques et théologique*, 16 (1927), pp. 425-434.
DESIDERI, Saverio, *La Institutio Traiani*, Genova 1958.
DICKINSON, John, "The Mediaeval Conception of Kingship as developed in the Policraticus of John of Salisbury," *Speculum*, 1 (1926), pp. 308-337.
DOBIACHE-ROIDESTVENSKY, O., *Les poésies des Goliards*, Paris 1931.
DOTTO, Gianni, *Giovanni di Salisbury. La filosofia come sapienza*, Cerbara 1986.
DOYLE, E. G. (ed.), *On Chistian Rulers, and the Poems, Sedulius Scotus,* Binghamton, N. Y. 1983.
DRONKE, Peter, "New Approaches to the School of Chartres," *Annuario de estudios medievales*, 6 (1969), pp. 117-140.
———, "Bernard Silvestris, Nature and Personification," *JWCI, 43* (1980), pp. 16-31.
DUBY, George, *Les trois ordres ou l'imaginaire du féodalisme*, Paris 1978.
DUGGAN, Anne, *Thomas Becket. A Textual History of his Letters,* Oxford 1980.
———, "John of Salisbury and Thomas Becket," in; *World of John of Salisbury*, pp. 427-438.
——— (ed.), *The Correspondence of Thomas Becket. Archbishop of Canterbury 1162-1170*, 2 vols., Oxford 2000.

———, *Thomas Becket: Friends, Networks, Text and Cult,* Aldershot 2007.

DUTTON, Paul Edward, *The Glosae Super Platonem of Bernard of Chartres,* Toronto 1991.

EBERENZ, J., *The Concept of Sovereignty in Four Medieval Political Philosophers: John of Salisbury, St. Thomas Aquinas, Egidius Colonna and Marsilius of Padua,* Ph. . D. The Catholic University of America 1968.

EBERHARDT, Otto, *Via Regia. Der Fürstenspiegel Smaragds von St. Mihiel und seine literarische Gattung,* München 1977.

ECONOMOU, George, *The Goddess Natura in Medieval Literature,* Cambridge, Mass. 1972.

EHLERS, Joachim, *Hugo von St. Viktor. Studien zum Geschichtsdenken und zur Geschichtsschreibung des 12. Jahrhunderts,* Wiesbaden 1973.

———, "Monastische Theologie, historischer Sinn und Dialektik," in; Id., *Ausgewählte Aufsätze,* Berlin 1996, pp. 11-32.

———, "Historiographische Literatur," in; Id., *Ausgewählte Aufsätze,* Berlin 1996, pp. 78-114.

———, "Die hohen Schulen," in; Id., *Ausgewählte Aufsätze,* Berlin 1996, pp. 115-142.

ELSMANN, Thomas, *Untersuchungen zur Rezeption der Institutio Traiani,* Stuttgart 1994.

ELSWIJK, H. C. van, *Gilbert Porreta. Sa vie, son oeuvre, sa pensée,* Leuven 1966.

EVANS, G. R., "John of Salisbury and Boethius on Arithmetic," in; *World of John of Salisbury,* pp. 161-169.

———, *Alan de Lille. The Frontiers of Theology in the Later Twelfth Century,* Cambridge 1983.

EWIG, Eugen, "Das Bild Constantins des Großen in den ersten Jahrhunderten des abendländischen Mittelalters," *Historisches Jahrbuch,* 75 (1956), pp. 1-46.

FERRUOLO, Stephen C., *The Origins of the University: The Schools of Paris and Their Critics 1100-1215,* Stanford 1985.

———, "The Twelfth-Century Renaissance," in; W. Treadgold (ed.), *Renaissance before the Renaissance. Cultural Revival of Late Antiquity and the Middle Ages,* Stanford 1984, pp. 114-143.

FICHTENAU, Heinrich, "Vom Verständnis der römischen Geschichte bei deutschen Chronisten des Mittelalters," in; Id., *Beiträge zur Mediävistik. Ausgewählte Aufsätze,* vol. 1, Stuttgart 1979, pp. 1-23.

FLINT, Valerie, I. J., *Ideas in the Medieval West: Texts and their Contexts,* London 1988.

———, *The Rise of Magic in Early Medieval Europe,* Princeton 1991.

FLORI, Jean, "La chevalerie selon Jean de Salisbury (nature, fonction, idéologie)," *Revue d'histoire ecclésiastique,* 77 (1982), pp. 35-77.

———, *L'essor de la chevalerie. XIe-XIIe siècle,* Genève 1986.

———, *Le chevalerie en France au moyen âge,* Paris 1995.（邦訳，ジャン・フローリ『中世フランスの騎士』新倉俊一訳，白水社，1998年）

FOREVILLE, Raymonde, *L'église et la royauté en Angleterre sous Henri II Plantagenêt (1154-89)*, Paris 1943.
———, " Naissance d'une conscience politique dans l'Angleterre du 12e siècle," in; M. de Gandillac & É. Jeauneau (eds.), *Entretiens sur la renaissance du 12e siècle*, Paris 1968, pp. 179-208.
——— (ed.), *Thomas Becket. Acte du colloque international de Sédières, 19-24 août 1973*, Paris 1975.
———, *Thomas Becket dans la tradition historique et hagiographique*, London 1981.
FORHAN, Kate L., *The Twelfth Century 〈Bureaucrat〉 and the Life of the Mind: The Political Thought of John of Salisbury's Policraticus*, Ph. D. The Johns Hopkins University 1987.
FRANZ, G., *Tugenden und Laster der Stände in der didaktischen Literatur des späten Mittelalters*, Ph. D. Bonn 1957.
FREDBORG, K. M., "The Commentary of Thierry of Chartres on Cicero's De Inventione," *Cahiers de Institut du Moyen-Âge Grec et Latin*, 7 (1971), pp. 1-36.
FUHRMANN, Horst, *Cicero und das Seelenheil oder Wie kam die heidnische Antike durch das christliche Mittelalter?*, München 2003.
FUNKENSTEIN, J., "Samuel und Saul in der Staatslehre des Mittelalters," *Archiv für Rechts- und Sozialphilosophie*, 40 (1952/53), pp. 129-140.
GAGNÉR, Sten, *Studien zur Ideengeschichte der Gesetzgebung*, Uppsala 1960.
GALLE, R., "Eine geistliche Bildungslehre des Mittelalters," *Zeitschrift für Kirchengeschichte*, 31 (1910), pp. 523-555.
GAMMERSBACH, Suitbert, *Gilbert von Poitiers und seine Prozesse im Urteil der Zeitgenossen*, Köln 1959.
GENNRICH, Paul, *Die Staats- und Kirchenlehre Johanns von Salisbury*, Gotha 1874.
GAUDEMET, J., "Utilitas Publica," *Revue historique de droit français et éranger, 4e Série*, 29 (1951), pp. 467-499.
GHELLINCK, Joseph de, "Nagi et gigantes," *Archivum Latinitatis Medii Aevi*, 18 (1945), pp. 25-29.
———, "Magister Vacarius. Un juriste théologien peu aimable pour les canonistes," *Revue d'histoire ecclésiastique*, 44 (1949), pp. 173-178.
———, *L'essor de la littérature latine au XIIe siècle*, Paris 1955.
GIERKE, O. von, translated by F. W. Maitland, *Political Theories of the Middle Age*, Cambridge 1900.（邦訳，オットー・ギールケ『中世の政治理論』阪本仁作訳，ミネルヴァ書房，1985年）
GIESEBRECHT, Wilhelm von, *Arnold von Brescia*, München 1873.
GILSON, Étienne, "La cosmogonie de Bernardus Silvestris," *ADLM*, 3 (1928), pp. 5-28.
———, *La philosophie au moyen âge. Des origines patristiques à la fin du XIVe siècle*, Paris

1944.

GLEBER, Helmut, *Papst Eugen III (1145-1153) unter besonderer Berücksichtigung seiner politischer Tätigkeit,* Jena 1936.

GOETZ, Hans-Werner, *Das Geschichtsbild Ottos von Freising. Ein Beitrag zur historischen Vorstellungswelt und zur Geschichte des 12. Jahrhunderts,* Köln 1984.

GRABMANN, Martin, *Die Geschichte der scholastischen Methode, vol. 2: Die scholastische Methode im 12. und beginnendem 13. Jahrhundert,* Freiburg im Breisgau 1911.

———, "Aristoteles im 12. Jahrhundert," in; L. Ott (ed.), *Mittelalterliches Geistesleben. Abhandlungen zur Geschichte der Scholastik und Mystik,* vol. 3, München 1956, pp. 64-127.

GRANSDEN, Antonia, *Historical Writing in England c. 550 to c. 1307,* London 1974.

GRAY, J. W., "The Problem of Papal Power in the Ecclesiology of St. Bernard," *Transactions of the Royal Historical Society, 5th Series,* 24 (1973), pp. 1-17.

GREEN, R. H., "Alan of Lille's De planctu naturae," *Speculum,* 31 (1956), pp. 649-674.

GREGORY, Tullio, *Anima mundi. La filosofia di Guglielmo di Conche e la Scuola di Chartres,* Firenze 1955.

GROSSO Anna Lazzio del, *Armut und Reichtum im Denken Gerhohs von Reichersberg,* München 1973.

GRUNDMANN, Herbert, "Litteratus-Illitteratus," *Archiv für Kulturgeschichte,* 40 (1958), pp. 1-65.

———, *Geschichtsschreibung im Mittelalter*, Göttingen 1965.

GUALAZZINI, U., "Natura, id est Deus," *Studia Gratiana,* 3 (1955), pp. 412-424.

GUENÉE, Bernard, "Histoire, annales, chroniques. Essais sur les genres historiques au moyen âge," *Annales E. S. C.,* 28 (1973), pp. 997-1016.

———, *L'Occident aux XIVe et XVe siècle: les États,* Paris 1971.

GUTH, Klaus, *Johannes von Salisbury (1115/1120-1180). Studien zur Kirchen, Kultur- und Sozialgeschichte Westeuropas im XII. Jahrhundert,* München 1978.

———, "Hochmilltelalterlicher Humanismus als Lebensform: ein Beitrag zum Standesethos des westeuropäischen Weltklerus nach Johannes von Salisbury," in; *World of John of Salisbury,* pp. 63-76.

HADOT, P., "Fürstenspiegel," in; *Reallexikon für Antike und Christentum,* vol. 8, Stuttgart 1972, pp. 617-624.

HAGEN, John J., *Gerald of Wales. The Jewel of Church,* Leiden 1979.

HALE, David George, *The Body Politic. A Political Metaphor in Renaissance English Literature,* Mouton 1971.

HALL, J. H., "Notes on the 〈Entheticus〉 of John of Salisbury," *Traditio,* 39 (1983), pp. 444-447.

———, "Toward a Text of John of Salisbury's 〈Metalogicon〉," *Studi Medievali, 3e Série,*

24 (1983), pp. 791-816.

HÄRING, Nikolaus, "Notes on the Council and Consistory of Rheims," *Mediaeval Studies*, 28 (1966), pp. 39-59.

———, "The Writings against Gilbert of Poitiers by Geoffrey of Auxerre," *Analecta Cisterciensia*, 22 (1966), pp. 3-83.

———, "Das Pariser Konsistorium Eugen III. von April 1147," *Studia Gratiana*, 11 (1967), pp. 91-117.

———, "Chartres and Paris revised,"in; J. R. O'Donnell (ed.), *Essays in Honour of A. Ch. Pegis*, Toronto 1974, pp. 268-329.

HAMPE, Karl, "Der Kulturwandel um die Mitte des 12. Jahrhunderts," *Archiv für Kulturgeschichte*, 21 (1931), pp. 129-150.

HARWICK, C. (ed.), *Thomas of Elmham, Historia Monusterii Sancti Augustini Cantuariesis, RS*, no. 8, London 1858.

HASELDINE, Julian, "Friendship and Rivalry: the Role of Amicitia in Twelfth-Century Monastic Relations," *Journal of Ecclesiastical History*, 44 (1993), pp. 390-414.

———, "Understanding the Language of Amicitia: the Friendship Circle of Peter of Celle (c. 1115-1183)," *Journal of Medieval History*, 20 (1994), pp. 237-260.

———, "The Creation of a Literary Memorial: the Letter Collection of Peter of Celle," *Sacris Erudiri*, 37 (1997), pp. 333-379.

———, *The Letters of Peter of Celle*, Oxford 2001.

HASKINS, Charles Homer, *The Renaissance of the Twelfth Century*, Cambridge, Mass. 1927.（邦訳，C. H. ハスキンズ『十二世紀ルネサンス』野口洋二訳，創文社，1985年．別宮貞徳，朝倉文市訳，みすず書房，1989年）

———, *The Rise of Universites*, New York 1940.（邦訳，C. H. ハスキンズ『大学の起源』青木靖三，三浦常司訳，法律文化社，1970年．再刊，社会思想社，1977年）

———, *Studies in the History of Mediaeval Science*, New York 1955.

HAYOUN, M. -R. & LIBERA, A. de, *Averroès et L'Averroïsme*, Paris 1991.

HEER, Friedrich, *Aufgang Europas. Eine Studie zu den Zusammenhängen zwischen politischer Religiosität, Frömmigkeitsstil und dem Werden Europas im 12. Jahrhundert*, Wien & Zürich 1949.

———, *Europäische Geistesgeschichte*, Stuttgart 1970.（邦訳，フリードリヒ・ヘーア『ヨーロッパ精神史』小山宙丸，小西邦雄訳，二玄社，1982年）

HELBING-GLOOR, Barbara, *Natur und Abergalube im Policraticus des Johannes von Salisbury*, Zürich 1956.

HENDLEY, Brian, "John of Salisbury and the Problem of Universals," *Journal of the History of Philosophy*, 8 (1970), pp. 289-302.

HERTTER, Fritz, *Podestàliteratur Italiens im 12. und 13. Jahrhundert*, Leipzig 1910.

HIBST, Peter, *Utilitas Publica-Gemeiner Nutz-Gemeinwohl. Untersuchungen zur Idee*

eines politischen Leitbegriffes von der Antike bis zum Mittelalter, Frankfurt am Main 1991.

HILL, Benett D., *Church and State in the Middle Ages,* New York 1970.

HOFFMANN, Hartmut, "Die beiden Schwerter im hohen Mittelalter," *DA*, 20 (1964), pp. 78-114.

HOHENLEUTNER, Heinrich, *Studien zur Briefsammlung und zur Kirchenpolitik des Johannes von Salisbury*, München 1953.

———, "Johannes von Salisbury in der Literatur der letzten zehen Jahre," *Historisches Jahrbuch*, 77 (1958), pp. 493-500.

———, "Johannes von Salisbury," in; *Staatslexikon*, vol. 4, Freiburg im Breisgau, 1959, pp. 644-645.

HOLLISTER, Charles Warren, *The Twelfth-Century Renaissance*, New York 1969.

HOMES, U. T., *Daily Living in the Twelfth Century: Based on the Observations of Alexander Neckam in London and Paris*, Wisconsin 1964.

HORN, Michael, *Studien zur Geschichte Papst Eugens III. (1145-1153)*, Frankfurt am Main 1992.

HOWLETT, R. (ed.), *Chronicles of the Reigns of Stephen, Henry II, and Richard I,* vol. 4, *The Chronicle of Robert de Torigni, RS,* no. 82, London 1889.

ILLICH, Ivan, *In the Vineyard of the Text: A Commentary to Hugh's Didascalicon*, Chicago 1993.（邦訳，イヴァン・イリイチ『テクストのぶどう畑で』岡部佳世訳，法政大学出版局，1995年）

JACOB, E. F. "John of Salisbury and the Policraticus", in, F. J. C. Hearnshaw (ed.), *The Social and Political Ideas of Some Great Thinkers*, London 1923, pp. 53-84.

JAEGER, C. Stephen, *The Origins of Courtliness. Civilizing Trends and the Formation of Courtly Ideals 939-1210,* Philadelphia 1985.

———, *Scholars and Courtiers: Intellectuals and Society in the Medieval West,* Aldershot 2002.

JEAUNEAU, Édouard, *La philosohie médiévale*, Paris 1963.（邦訳，エドワール・ジョノー『ヨーロッパ中世の哲学』二宮敬訳，白水社，1964年）

———, "Nains et géants," in; M. de Gandillac & É. Jeauneau (eds.), *Entretiens sur la renaissance du 12e siècle,* Paris 1968, pp. . 21-52.

———, "Jean de Salisbury et la lecture des philosophes," in; *World of John of Salisbury*, pp. 77-108.

———, *L'âge d'or des écoles de Chartres,* Chartres 1995.

JOHNSON, E. N., "Adalbert of Hamburg-Bremen: A Politician of the Eleventh-Century," *Speculum*, 9 (1934), pp. 147-179.

JOLIVET, J. & LIBERA, A. de (eds.), *Gilbert de Poitiers et ses contemporains aux origins de la logica modernorum*, Napoli 1987.

JOLLIFFE, J. E. A., *Angevin Kingship,* London 1955.

JONES, A., *Die Bienensymbolik in der Staatslehre der frühen und hohen Mittelalters,* Salzburg 1975.

JONES, Thomas M., *The Becket Controversy,* New York 1970.

KANTOROWICZ, Ernst H., *The King's Two Bodies. A Study in Mediaeval Political Theology,* Princeton 1957.（邦訳，エルンスト・カントローヴィチ『王の二つの身体』小林公訳，平凡社，1992年．ちくま学芸文庫版『王の二つの身体（上）（下)』，2003年）

———, "Kingship under the Impact of Scientific Jurisprudence," in; M., Clagett etc. (eds.), *Twelfth-Century Europe and the Foundation of Modern Society,* Wisconsin 1961. pp. 89-111.（邦訳，エルンスト・カントロヴィッチ『祖国のために死ぬこと』甚野尚志訳，みすず書房，1993年，所収）

KANTOROWICZ, Hermann, *Studies in the Glossators of the Roman Law,* Cambridge 1938.

———, "The Poetical Sermon of a Medieval Jurist: Placentinus and his 'Sermon de Legibus'," *Journal of the Warburg Institute,* 2 (1938-39), pp. 22-30.

KEATS-ROHAN, K. S. B., "The Textual Tradition of John of Salisbury's 〈Metalogicon〉," *Revue d'histoire des textes,* 16 (1986), pp. 229-282.

———, "John of Salisbury and Education in 12th-Century Paris from the Account of His 〈Metalogicon〉," *History of Universities,* 6 (1986-87), pp. 1-45.

———, "The Chronology of John of Salisbury's Studies in France," *Studi Medievali, 3e Série,* 28 (1987), pp. 193-203.

———, "Marklandus in 〈Policraticus〉 Ioannis Saresberiensis," *Studi Medievali, 3e Série,* 29 (1988), pp. 375-421.

KEMPF, Friedrich, "Untersuchungen über das Einwirkungen der Theologie auf die Staatslehre des Mittelalters," *Römische Quartalschrift,* 54 (1959), pp. 203-233.

KENNAN, E. "The 'De Consideratione' of St. Bernard of Clairvaux and the Papacy in the Mid-Twelfth Century," *Traditio,* 23 (1967), pp. 73-115.

KERN, Fritz, *Gottesgnadentum und Widerstandsrecht im früheren Mittelalter,* Darmstadt 1954.

KERNER, Max, "Zur Entstehungsgeschichte der Institutio Traiani," *DA,* 32 (1976), pp. 558-571.

———, *Johannes von Salisbury und die logische Struktur seines Policraticus,* Wiesbaden 1977.

———, "Natur und Gesellschaft bei Johannes von Salisbury," in; A. Zimmermann (ed.), *Soziale Ordnungen im Selbstverständnis des Mittelalters,* vol. 1, Berlin 1979, pp. 179-202.

———, *Ideologie und Herrschaft im Mittelalter,* Darmstadt 1981.

———, "Die Institutio Traiani- spätantike Lehrschrift oder hochmittelalterliche Fiktion?",

in; *Fälschungen im Mittelalter, MGH Schriften*, vol. 33-1, Hannover 1988, pp. 713-738.

———, "Randbemerkungen zur Institutio Traiani," in; *World of John of Salisbury*, pp. 203-206.

———, "Römisches und kirchliches Recht im Policraticus des Johannes von Salisbury," in; *World of John of Salisbury*, pp. 365-380.

———, "Freiheit im Verständnis des Johannes von Salisbury," in; J. Fried (ed.), *Die abendländische Freiheit vom 10. zum 14. Jahrhundert: der Wirkungszusammenhang von Idee und Wirklichkeit im europäischen Vergleich*, Sigmaringen 1991, pp. 107-146.

———, "Johannes von Salisbury im späteren Mittelalter", in; J. Miethke (ed.), *Das Publikum politischer Theorie im 14. Jahrhundert*, München 1992, pp. 25-47.

———, "Johannes von Salisbury und das gelehrte Recht," in; P. Landau, etc. (eds.), *Proceedings of the Ninth International Congress of Medieval Canon Law*, Vatican 1997, pp. 503-521.

KLEINEKE, Wilhelm, *Englische Fürstenspiegel vom Policraticus Johanns von Salisbury bis zum Basilikon Doron König Jakobs II.*, Halle 1937.

KLIBANSKY, Raymond, "Standing on the Shoulders of Giants," *Isis*, 26 (1936), pp. 147-149.

———, *The Continuity of the Platonic Tradition during the Middle Ages*, London 1939.

———, "The School of Chartres," in; M. Clagett etc. (eds.), *Twelfth-Century Europe and the Foundation of Modern Society*, Wisconsin 1961, pp. 3-14.

KLINKENBERG, H. M., "Über karolingische Fürstenspiegel," *Geschichte in Wissenschaft und Unterricht*, 7 (1956), pp. 82-98.

KLOFT, Hans. & KERNER, Maximilian, *Die Institutio Traiani: ein pseudo-plutarchischer Text im Mittelater. Text, Kommentar, Zeitgenössischer Hintergrund*, Stuttgart 1992.

KNOWLES, David, "The Humanism of the Twelfth Century," in; Id., *The Historian and Character*, Cambridge 1963, pp. 16-30.

———, *Thomas Becket*, Stanford 1971.

KÖHN, R., "Militia curialis. Die Kritik am geistlichen Hofdienst bei Peter von Blois und in der lateinischen Literatur des 9. -12. Jahrhunderts," in; A. Zimmermann (ed.), *Soziale Ordnungen im Selbstverständnis des Mittelalters*, vol. 1, Berlin 1979, pp. 227-257.

KÖLMEL, Wilhelm, *Regimen Christianum. Weg und Ergebnisse des Gewaltenverhältnisses und des Gewaltenverständnisses (8. bis 14. Jahrhundert)*, Berlin 1970.

———, *Soziale Reflexion im Mittelalter*, Essen 1985.

KRANZ, W., " Kosmos," *Archiv für Begriffsgeschichte*, vol. 2-1, 1956.

KREY, A. C., "John of Salisbury's Knowledge of the Classics," *Transactions of the Wisconsin Academy of Sciences, Arts and Letters*, 16-2 (1909-1910), pp. 948-987.

KRÜGER, Karl Heinrich, *Die Universalchroniken. Typologie des sources du moyen âge occidental*, Fsc. 16, Turnhout 1976.

KURDZIALEK, Marian, "Der Mensch als Abbild des Kosmos," in; A. Zimmermann (ed.),

Der Begriff der Repraesentatio im Mittelalter, 1971, pp. 35-75.
KUTTNER, Stephan, "Sur les origines du terme 'droit positif'," *Revue historique de droit français et étranger, 4e Série*, 15 (1936), pp. 736-739.
———, "A forgotten Definition of Justice," *Studia Gratiana*, 20 (1976), pp. 75-109.
———, "The Revival of Jurisprudence," in; *Renaissance and Renewal in the Twelfth Century*, pp. 299-323.
KUTTNER, S. & RATHBONE, E., "Anglo-Norman Canonists of the Twelfth Century," *Traditio*, 7 (1949/51), pp. 279-358.
LAARHOVEN, Jan van, "Iustitia bij John of Salisbury," *Nederlands Archief voor Kerkgeschiednis*, 58 (1977-78), pp. 16-37.
———, "Thou shalt not slay a Tyrant! The so-called Theory of John of Salisbury," in; *World of John of Salisbury*, pp. 319-342.
LADNER, Gerhard, "Aspects of Medieval Thought on Church and State," *The Review of Politics*, 9 (1947), pp. 403-452.（邦訳，バーカー/アレン/ラドナー『中世ヨーロッパ政治理論』柴田平三郎訳，御茶の水書房，1980年，所収）
———, "Terms and Ideas of Renewal," in; *Renaissance and Renewal in the Twelfth Century*, pp. 1-33.
LECLERCQ, Jean, *La spiritualité de Pierre de Celle* (*1115-1183*), Paris 1946.
———, "The Renewal of Theology," in; *Renaissance and Renewal in the Twelfth Century*, pp. 68-87.
———, *St. Bernard et l'esprit Cistercien*, Paris 1966.
LE GOFF, Jacques, *Les intellectuels au moyen âge*, Paris 1957.（邦訳，ジャック・ルゴフ『中世の知識人—アベラールからエラスムスへ』柏木英彦，三上朝造訳，岩波新書，1977年）
LEHMANN, Paul, *Pseudo-Antike Literatur im Mittelalter*, Leipzig 1927.
———, "Die Vielgestalt des 12. Jahrhunderts," *HZ*, 177 (1954), pp. 225-250.
LEVISON, W., "Die mittelalterliche Lehre von den beiden Schwertern," *DA*, 9 (1951), pp. 14-42.
LEWIS, Ewart, *Medieval Political Ideas*, 2 vols., London 1954.
LIBERA, Alain de, *Penser au moyen âge*, Paris 1993.（邦訳，アラン・ド・リベラ『中世知識人の肖像』阿部一智，永野潤訳，新評論，1994年）
———, *La philosophie médiévale*, Paris 1993.（邦訳，アラン・ド・リベラ『中世の哲学』阿部一智，永野潤，永野拓也訳，新評論，1999年）
LIEBERMANN, F., "Magister Vacarius," *EHR*, 11 (1896), pp. 305-315.
LIEBESCHÜTZ, Hans, "Kosmologische Motive in der Bildungswelt der Frühscholastik," *Vorträge der Bibliothek Warburg*, 1923/24 (1926), pp. 83-148.
———, "John of Salisbury and Pseudo-Plutarch," *JWCI*, 6 (1943), pp. 33-39.
———, *Medieval Humanism in the Life and Writings of John of Salisbury*, London 1950.

(邦訳，ハンス・リーベシュッツ『ソールズベリのジョン—中世人文主義の世界』柴田平三郎訳，平凡社，1994年)

———, "Englische und europäische Elemente in der Erfahrungswelt des Johann von Salisbury,"*Die Welt als Geschichte*, 2 (1951), pp. 38-45.

———, "Das zwölfte Jahrhundert und die Antike," *Archiv für Kulturgeschichte*, 35 (1953), pp. 247-271.

———, "Chartres und Bologna: Naturbegriff und Staatsidee bei Johannes von Salisbury," *Archiv für Kulturgeschichte*, 50 (1968), pp. 3-32.

LINDER, Amnon, "The Knowledge of John of Salisbury in the Late Middle Ages," *Studi Medievali, 3e Série*, 18-2 (1977), pp. 315-366.

———, "John of Salisbury's 'Policraticus' in Thirteenth-Century England," *JWCI*, 40 (1977), pp. 276-282.

LÖFSTEDT, B., "Notizen zu den Briefen des Johannes von Salisbury," *Acta Classica*, 30 (1987), pp. 75-80.

LLOYD, Roger, "John of Salisbury," *Church Quarterly Review*, 108 (1929), pp. 19-38.

LOVEJOY, A. O. & BOAS, G., *Primitivism and Related Ideas in Antiquity*, Baltimore 1935.

LUARD, H. R. (ed.), *Annales Monastici*, vol. 2, *Annales Monastici de Wintonia, RS*, no. 36, London 1864.

LUSCOMBE, David, *The School of Peter Abelard. The Influence of Abelard's Thought in the Early Scholastic Period,* Cambridge 1969.

———, "John of Salisbury in recent Scholarship," in; *World of John of Salisbury*, pp. 21-38.

MAIOLI, Bruno, *Gilberto Porretano. Dalla grammatica speculative alla metafisica del concreto,* Roma 1979.

MARTIN, Janet, "Uses of Tradition: Gelius, Petronius, and John of Salisbury," *Viator*, 10 (1979), pp. 57-96.

———, "Classicism and Style in Latin Literature," in; *Renaissance and Renewal in the Twelfth Century*, Oxford 1982, pp. 537-568.

———, "John of Salisbury as classical Scholar," in; *World of John of Salisbury*, pp. 179-202.

MANITIUS, Max, *Geschichte der lateinischen Literatur des Mittelalters*, vol. 3, München 1931.

MANSELLI, Raoul, "Giovanni di Salisbury e l'Italia del suo tempo," in; *World of John of Salisbury*, pp. 401-414.

MASSEY, Hector, "John of Salisbury. Some Aspects of His Political Philosophy," *Classica et mediaevalia*, 28 (1967), pp. 357-372.

McGARRY, Daniel, "Educational Theory in the 'Metalogicon' of John of Salisbury," *Speculum*, 23 (1948), pp. 659-675.

McGUIRE, Brian Patrick, *Friendship and Community. Monastic Experience 350-1250,* Kalamazoo 1988.

McILWAIN, Charles Howard, *The Growth of Political Thought in the West*, New York 1932.
McKITTERICK, Rosamond, *Carolingian Culture: Emulation and Innovation*, Cambridge 1994.
McLOUGHLIN, J., "Amicitia in Practice: John of Salisbury (c. 1120-1180) and his Circle", in; D. Williams (ed.), *England in the Twelfth Century. Proceedings of the 1998 Harlaxton Symposium,* Woodbridge 1990, pp. 165-175.
MEINHOLD, Peter, "Revolution im Namen Christi," *Saeculum*, 10 (1959), pp. 380-405.
MERTON, Robert, *On the Shoulders of Giants,* New York 1965.
MICHAUD-QUANTIN, Pierre, *Universitas. Expressions du mouvement communautaire dans le moyen âge latin,* Paris 1970.
MICZKA, Georg, *Das Bild der Kirche bei Johannes von Salisbury,* Bonn 1970.
———, "Zur Benutzung der Summa Codicis Trecensis bei Johannes von Salisbury," in; *World of John of Salisbury*, pp. 381-400.
MIETHKE, Jürgen, "Theologenprozesse in der ersten Phase ihrer institutionellen Ausbildung. Die Verfahren gegen Peter Abaelard und Gilbert von Poitiers," *Viator*, 6 (1975), pp. 87-116.
MISCH, Georg, *Geschichte der Autobiographie*, vol. 3-2, Frankfurt am Main 1962.
MISCH, Manfred, *Apis est animal- apis est ecclesia. Ein Beitrag zum Verhältnis von Naturkunde und Theologie in spätantiker und mittelalterlicher Literatur*, Bern 1974.
MOMIGLIANO, Arnaldo, "Notes on Petrarch, John of Salisbury and the Institutio Traiani," *JWCI*, 12 (1949), pp. 189-190.
MOORMAN, J. R. H., *A History of the Church in England,* London 1953.（邦訳，J. R. H. ムアマン『イギリス教会史』八代崇，中村茂，佐藤哲典訳，聖公会出版，1991年）
MOOS, Peter von, *Geschichte als Topik: das rhetorische Exemplum bei Johannes von Salisbury,* Darmstadt 1984.
———, "The Use of Exempla in the Policraticus of Johm of Salisbury," in; *World of John of Salisbury*, pp. 207-263.
———, "Fictio auctoris-Eine theoriegeschichtliche Miniatur am Rande der Institutio Traiani," in; *Fälschungen im Mittelalter, MGH Schriften*, vol. 33-1, Hannover 1988, pp. 739-780.
MORRALL, John B., *Political Thought in Medieval Times*, London 1958.（邦訳，J. B. モラル『中世の政治思想』柴田平三郎訳，未来社，1975年．平凡社ライブラリー版，2002年）
MORRIS, Colin, *The Discovery of the Individual 1050-1200*, London 1972.（邦訳，C. モリス『個人の発見』古田暁訳，日本基督教団出版局，1983年）
———, "Zur Verwaltungsrthik: Die Intelligenz des 12. Jahrhunderts im politischen Leben," *Saeculum*, 24 (1973), pp. 241-250.

MORTENSEN, J. B., "The Texts and Contexts of Ancient Roman History in Twelfth-Century Western Scholarship," in; P. Magdalino (ed.), *The Perception of the Past in Twelfth-Century Europe*, London 1992, pp. 99-116.

MORRISON, Karl F., *History as a Visual Art in the Twelfth-Century Renaissance*, Princeton 1990.

MÜNICH, W., *Gedanken über Fürstenerziehung aus alter und neuer Zeit*, München 1909.

MUNK-OLSEN, Birger, "L'humanisme de Jean de Salisbury -Un cicéronien au 12e siècle," in; M. de Gandillac & É. Jeauneau (eds.), *Entretiens sur la Renaissance du 12e siècle*, Paris 1968, pp. 53-83.

———, "Note sur quelques préfaces de florilèges latins du XIIe siècle;" *Revue romane*, 8 (1973), pp. 185-191.

———, *L'étude des auteurs classiques latins aux XIe et XIIe siècles*, 4 vols., Paris 1982-89.

———, "La popularité des textes classiques entre le IXe siècle et le XIIe siècle,"*Revue d'histiore des textes*, 14-15 (1984-1985), pp. 169-181.

MUNK-OLSEN, B. & LEONARDI, C. (eds.), *The Classical Tradition in the Middle Ages and the Renaissance. Proceeding of the first European Science Foundation Workshop on 〈The Reception of Classical Texts〉*, Spoleto 1995.

NEDERMAN, Cary J., "The Aristotelian Doctrine of the Mean and John of Salisbury's Concept of Liberty," *Vivarium*, 24-2 (1986), pp. 128-142.

———, "Aristotle as Authority. Alternative Aristotelian Sources of Late Medieval Political Theory," *History of European Ideas*, 8 (1987), pp. 31-44.

———, "Aristotelian Ethics and John of Salisbury's Letters," *Viator*, 18 (1987), pp. 161-173.

———, "The Physiological Significance of the Organic Metaphor in John of Salisbury's 〈Policraticus〉," *History of Political Thought*, 8 (1987), pp. 311-223.

———, "Aristotelian Ethics and John of Salisbury's Letters," *Viator*, 18 (1987), pp. 161-173.

———, "A Duty to Kill. John of Salisbury's Tyrannicide," *The Review of Politics*, 1 (1988), pp. 365-389.

———, "Nature, Sin and the Origins of Society: The Ciceronian Tradition in Medieval Political Thought," *Journal of the History of Ideas*, 49 (1988), pp. 3-26.

———, "The Changing Face of Tyranny: The Reign of the King Stephen in John of Salisbury's Thought", *Nottingham Medieval Studies*, 33 (1989), pp. 1-20.

———, "Knowledge, Virtue and the Path to Wisdom: the unexamined Aristotelism of John of Salisbury's Metalogicon," *Mediaeval Studies*, 51 (1989), pp. 268-286.

———, "Aristotelian Ethics and the Doctrine 'Habitus'. Aristotelian Moral Psychology in the Twelfth Century," *Traditio*, 45 (1989-90), pp. 87-110.

———, "Aristotelianism and the Origins of 'Political Science' in the Twelfth Century," *Journal of the History of Ideas*, 52 (1991), pp. 179-194.

———, *Medieval Aristotelianism and its Limits*, Aldershot 1997.

———, "The Virtues of Necessity: Labor, Money and Corruption in John of Salisbury' Thought," *Viator*, 33 (2002), pp. 54-68.
———, etc., "Aristotelianism in John of Salisbury's Policraticus," *Journal of the History of Philosophy*, 21 (1983), pp. 203-229.
———, etc., "Aristotelianism in John of Salisbury's Policraticus," *Journal of the History of Philosophy*, 21 (1983), pp. 179-194.
———, etc., "Priests, Kings and Tyrants. Spiritual and Temporal Power in John of Salisbury's Policraticus; " *Speculum*, 66 (1991), pp. 572-590.
———, etc., "To the Court and back again: the Origins and Dating of the Entheticus de Dogmate Philosophorum," *Journal of Medieval and Renaissance Studies*, 21 (1991), pp. 129-145.
———, etc., *Medieval Political Theory-A Reader. The Quest for the Body Politic, 1100-1400*, London 1993.
NESTLE, W., "Die Fabel des Menenius Agrippa," *Klio*, 21 (1927), pp. 350-360.
NIELSEN, L. O., *Theology and Philosophy in the Twelfth Century. A Study of Gilbert Porreta's Thinking and the Theological Expositions of the Doctrines of the Incarnation during the Period 1130-1180,* Leiden 1982.
NORGATE, Kate, "The Bull Laudabiliter," *EHR*, 8 (1893), pp. 18-52.
ODOJ, Ursula, *Wissenschaft und Politik bei Johannes von Salisbury,* Ph. D. München 1974.
OEXLE, Otto Gerhard, "Deutungschemata der sozialen Wirklichkeit in frühen und hohen Mittelalter. Ein Beitrg zur Geschichte des Wissens," in; F. Graus (ed.), *Mentalitäten im Mittelalter, methodische und inhaltliche Probleme, Vorträge und Forschungen*, vol. 35, Sigmaringen 1987, pp. 65-117.
———, "Stand, Klasse," in; *Geschichtliche Grundbegriffe*, vol. 6, Stuttgart 1990, pp. 156-200.
OLSEN, G. W., "John of Salisbury's Humanism ," in; *Gli umanesimi medievali. Atti del II. congresso dell' Internationales Mittellateinkomitee*, Firenze 1998, pp. 447-468.
PACAUT, Marcel, *Alexandre III. Étude sur la conception du pouvoir pontifical dans sa pensée et dans son œuvre*, Paris 1956.
———, *La théocratie. L'église et la pouvoir au moyen âge*, Aubier 1957.（邦訳，M．パコー『テオクラシー』坂口昴吉，鷲見誠一訳，創文社，1985年）
PARÉ, G. etc. (eds.), *La renaissance du XIIe siècle: les écoles et l'enseignement,* Paris 1933.
PARSONS, W., "The Medieval Theory of the Tyrant," *The Review of Politics*, 4 (1942), pp. 129-143.
PARTNER, Nancy. F., *Serious Entertainments: the Writing of History in 12th-Century England,* Chicago 1977.
———, "The New Cornificius: Medieval History and the Artifice of Words," in; E. Breisach (ed.), *Classical Rhetoric & Medieval Historiography*, Kalamazoo 1985, pp. 5-60.

PAULI, Reinhold, "Über die kirchenpolitische Wirksamkeit des Johannes Saresberiensis," *Zeitschrift für Kirchengeschichte*, 16 (1881), pp. 265–287.

PEDERSEN, Olaf, *The First Universities. Studium Generale and the Origins of University Education in Europe*, Cambridge 1997.

PENNINGTON, Kenneth, *Pope and Bishops: The Papal Monarchy in the Twelfth and Thirteenth Centuries*, Philadelphia 1984.

PEPIN, Ronald, "The Entheticus of John of Salisbury. A Critical Text," *Traditio*, 31 (1975), pp. 127–193.

PIKE, Joseph, *Frivolities of Courtiers and Footprints of Philosophers*, Minneapolis 1938.

PIPER, Alan, "New Evidence for the Becket Correspodence and John of Salisbury," in; *World of John of Salisbury*, pp. 439–444.

PONTAL, O., "Les évêques dans le monde Plantagenêt", *Cahiers de civilisation médiévale*, 29 (1986), pp. 129–137.

POOLE, Reginald, *Illustrations of the History of Medieval Thought and Learning*, London 1884.

———, "John of Salisbury," in; *Dictionary of National Biography*, vol. 10, London 1908–1913, pp. 876–883.

———, "The Masters of Schools at Paris and Chartres in John of Salisbury's Time," *EHR*, 35 (1920), pp. 321–342.

———, "John of Salisbury at the Papal Court," *EHR*, 38 (1923), pp. 321–330.

———, "The Early Correspondence of John of Salisbury," *Proceedings of the British Academy*, 11 (1924), pp. 27–53.

———, "The Early Lives of Robert Pullen and Nicholas Breakspear," in; A. G. Little & F. M. Powicke (eds.), *Essays in Medieval History Presented to Thomas Frederick Tout*, Manchester 1925, pp. 61–70.

———, *From Domesday Book to Magna Carta*, Oxford 1951.

POORTER, A. de, *Le traité eruditio regum et principum de Guibert de Tournai*, Louvain 1914.

POST, Gaines, *Studies in Medieval Legal Thought*, Princeton 1964.

———, etc., "The Medieval Heritage of a Humanistic Ideal, 〈Scientia donum dei est, ergo vendi non potest〉," *Traditio*, 11 (1955), pp. 195–234.

PRA, Mario dal, *Giovanni di Salisbury*, Milano 1951.

RAY, R., "Rhetorical Scepticism and Verisimilar Narrative in John of Salisbury's Historia Pontificalis," in; E. Breisach (ed.), *Classical Rhetoric & Medieval Historiography*, Kalamazoo 1985, pp. 61–102.

REUTER, Hermann, *Johannes von Salisbury. Zur Geschichte der christlichen Wissenschaft im 12. Jahrhundert*, Berlin 1842.

REUTER, Timothy, "John of Salisbury and the Germans," in; *World of John of Salisbury*,

pp. 415-426.
RICHÉ, Pierre, "Jean de Salisbury et le monde scolaire du XIIe siècle," in; *World of John of Salisbury*, pp. 39-62.
RICHTER, M., "Gerald of Wales. A Reassessment on the 750th Annversary of his Death," *Traditio*, 29 (1973), pp. 379-390.
ROBINSON, Ian S., *The Papacy 1073-1198. Continuity and Innovation*, New York 1990.
RÖDER, J., *Das Fürstenbild in den mittelalterlichen Fürstenspiegel auf französischen Boden*, Diss. Müsnter 1933.
ROSS, J. B., "A Study of Twelfth-Century Interest in the Antiquities of Rome," in; E. N. Anderson, etc. (eds.), *Medieval and Historiographical Essays in Honor of James Westfall Thompson*, Chicago 1938, pp. 302-321.
ROTA, Antonio, "L'influsso civilistico nella concezione dello stato di Giovanni Salisberiense," *Rivista di storia del diritto italiano*, 26/27 (1953-54), pp. 209-226.
ROUSE, R. & ROUSE M., "John of Salisbury and the Doctorine of Tyrannicide," *Speculum*, 17 (1967), pp. 693-709.
SABINE, George Holland, *A History of Political Theory*, London 1937.
SALTMAN, Avron, *Theobald. Archbishop of Canterbury*, London 1956.
———, "John of Salisbury and the World of the Old Testament," in; *World of John of Salisbury*, pp. 343-364.
SANDYS, John Edwin, "English Scholars of Paris and Franciscans of Oxford. Latin Literature of England from John of Salisbury to Richard of Bury," in; A. W. Ward & A. R. Waller (eds.), *The Cambridge History of English Literature, vol. 1: From the Beginnings to the Cycles of Romance*, Cambridge 1963, pp. 183-216.
SANFORD, E. M., "The Study of Ancient History in the Middle Ages," *Journal of the History of Ideas*, 5 (1944), pp. 21-43.
———, "The Twelfth-Century Renaissance or Proto-Renaissance," *Speculum*, 26 (1951), pp. 635-642.
SAVIGNY, Friedrich Carl von, *Geschichte des römischen Rechts im Mittelalter*, Heidelberg 1850.
SCHAARSCHMIDT, Carl, "Johannes Saresberiensis in seiner Verhältnis zur klassischen Litteratur," *Rheinisches Museum für Philologie*, 14 (1859), pp. 200-234.
———, *Johannes Saresberiensis nach Leben und Studien, Schriften und Philosophie*, Leipzig 1862.
SCHIMMELPFENNIG, Bernhard, *Das Papsttum. Von der Antike bis zur Renaissance*, Darmstadt 1984.
SCHIPPERGES, Heinrich, "Einflüsse arabischer Medizin auf die Mikrokosmosliteratur des 12. Jahrhunderts," in; P. Wilpert (ed.), *Antike und Orient im Mittelater*, Berlin 1971, pp. 129-153.

SCHMUGGE, Ludwig, "Thomas Becket und König Heinrich II. in der Sicht des Radulfus Niger," *DA*, 32 (1976), pp. 572-579.

SCHNEIDER, Fedor, *Rom und Romgedanke im Mittelalter. Die geistigen Grundlagen der Renaissance,* München 1925.

SCHRAMM, Percy Ernst, "Das Alte und das Neue Testament in der Staatslehre und Staatssymbolik des Mittelalters," in; *La Bibbia nell'alto Medioevo. Settimane di studio del Centro italiano di studi sull'alto Medioevo*, vol. 10, Spoleto 1963, pp. 229-255.

SCHUBERT, Ernst, *Die Staatslehre Johanns von Salisbury. Ein Beitrag zur Staasphilosohpie des Mittelalters*, Berlin 1897.

SCHULZ, Fritz, "Bracton on Kingship," *EHR*, 60 (1945), pp. 136-176.

SCHULZ, Marie, *Die Lehre von der historischen Methode bei den Geschichtsschreibern des Mittelalters* (*VI. -XIII. Jahrhundert*), Berlin 1909.

SEIDLMAYER, Michael, "Rom und Romgedanke im Mittelalter," *Saeculum*, 7 (1956), pp. 395-412.

SICARD, Patrice, *Hugues de St. Victor et son école*, Louvain 1991.

SILVERSTEIN, Theodore, "The Fabulous Cosmogonie of Bernardus Silvestris," *Modern Philology*, 46 (1948), pp. 92-116.

SINGER, Bruno, *Die Fürstenspiegel in Deutschland im Zeitalter des Humanismus und der Reformation*, München 1984.

SIVERS, Peter von (ed.), *Res Publica Christiana. Politisches Denken des orthodoxen Christentums im Mittelalter. Sacerdotium ac imperium, John of Salisbury, Thomas von Aquin, Wilhelm von Ockham, Konzilstheoretiker,* München 1969.

SMALLEY, Beryl, *The Study of the Bible in the Middle Ages,* Oxford 1952.

——— (ed.), *Trends in Medieval Political Thought,* Oxford 1965.

———, *The Becket Conflict and the Schools. A Study of Intellectuals in Politics in the Twelfth Century*, Oxford 1973.

———, *Historians in the Middle Ages*, London 1974.

SOT, Michel (ed.), *Histoire culturelle de la France, tom 1. Le Moyen Age*, Paris 1997.

SOUTHERN, Richard W., *The Making of the Middle Ages*, London 1953.（邦訳，R. W. サザーン『中世の形成』森岡敬一郎，池上忠弘訳，みすず書房，1978年）

———, *Medieval Humanism and Other Studies*, Oxford 1970.

———, *Western Society and the Church in the Middle Ages*, London 1970（邦訳，R. W. サザーン『西欧中世の社会と教会』上條敏子訳，八坂書房，2007年）

———, "Aspects of the European Traditions of Historical Writings. I. The Classical Tradition from Einhard to Geoffrey of Monmouth," "II. Hugh of St. Victor and the Idea of Historical Development," "III. History as Prophecy," *Transactions of the Royal Historical Society, 5th Series*, vol. 20 (1970), pp. 173-196, vol. 21 (1971), pp. 159-179, vol. 22 (1972), pp. 159-180.

———, *The Monks of Canterbury and the Murder of Archbishop Becket*, Canterbury 1981.
———, "The Schools of Paris amd the school of Chartres," in; *Renaissance and Renewal in the Twelfth Century*, pp. 113-137.
———, *Scholastic Humanism and the Unification of Europe, vol. 1. Foundations*, Oxford 1995.
SPÖRL, Johannes, *Grundformen hochmittelalterlicher Geschichtsanschauung. Studien zum Weltbild der Geschichtsschreiber des 12. Jahrhunderts*, München 1935.
———, "Rainald von Dassel auf dem Konzil von Reims 1148 und sein Verhältnis zu Johannes von Salisbury," *Historisches Jahrbuch*, 60 (1940), pp. 250-257.
———, "La Teoria del Tirannicidio nel Medioevo," *Humanitas: Rivista Mensile di Cultura*, 8 (1953), pp. 1009-1020.
———, "Gedanken zum Widerstandsrecht und Tyrannenmord im Mitteltlater," in; B. Pfister, etc. (eds.), *Widerstandsrecht und Grenzen der Staatsgewalt*, Berlin 1956.
SPRANDEL, Rolf, *Ivo von Chartres und seine Stellung in der Kirchengeschichte*, Stuttgart 1968.
STACKELBERG, J. von, "Das Bienengleichnis: ein Beitrag zur Geschichte der literarischen Imitatio," *Romanische Forschungen*, 68 (1956), pp. 271-293.
STAUNTON, Michael (ed.), *The Lives of Thomas Becket*, Manchester 2001.
STEENBERGHEN, Fernand van, *Maître Siger de Brabant*, Louvain 1977.
STEINEN, Wolfram von den, "Natur und Geist im 12. Jahrhundert," *Die Welt als Geschichte*, 14 (1954), pp. 71-90.
———, *Menschen im Mittelalter. Gesammelte Forschungen, Betrachtungen, Bilder*, München 1967.
STERNAGEL, Peter, *Die Artes Mechanicae im Mittelalter. Begriffs- und Bedeutungsgeschichte bis zum Ende des 13. Jahrhunderts*, Kallmünz 1966.
STIEFEL, Tina, *The Intellectual Revolution in Twelfth-Century Europe*, New York 1985.
STOCK, Brian, *Myth and Science in the Twelfth Century. A Study of Bernard Silvestris*, Princeton 1972.
———, *The Implications of Literacy. Written Language and Models of Interpretation in the Eleventh and Twelfth Century*, Princeton 1983.
STOLLBERG, Gunnar, *Die soziale Stellung der intellektuellen Oberschicht im England des 12. Jahrhundert*, Lübeck 1973.
STRAYER, Joseph R., *On the Medieval Origins of the Modern State*, Princeton 1970.（邦訳，ジョセフ・ストレイヤー『近代国家の起源』鷲見誠一訳，岩波新書，1975年）
STRUVE, Tilman, *Die Entwicklung der organologischen Staatsauffassung im Mittelalter*, Stuttgart 1978.
———, "Bedeutng und Funktion des Organismusvergleichs in den mittelalterlichen Theorien von Staat und Gesellschaft," in; A. Zimmermann (ed.), *Soziale Ordnungen im*

Selbstverständnis des Mittelalters, vol. 1, 1979, pp. 144-161.

———, "Vita civilis naturam imitetur. Der Gedanke der Nachahmung der Natur als Grundlage der organologischen Staatskonzeption Johanns von Salisbury," *Historisches Jahrbuch*, 101 (1981), pp. 341-361.

———, "Pedes rei publicae. Die dienenden Stände im Verständnis des Mittelalters," *HZ*, 236 (1983), pp. 1-48.

———, "The Importance of the Organism in the Political Theory of John of Salisbury," in; *World of John of Salisbury*, pp. 303-318.

———, *Staat und Gesellschaft im Mittelalter*, Berlin 2004.

STUBBS, William, "Learing and Literature at the Court of Henry II," in; Id., *Seventeen Lectures on the Study of Medieval and Modern History and Kindred Subjects*, London 1886, rep. 1967 pp.132-178.

STÜRNER, Wolfgang, *Natur und Gesellschaft im Denken des Hoch- und Spätmittelalters*, Stuttgart 1975.

———, "Die Gesellschaftsstruktur und ihre Begründung bei Johannes von Salisbury, Thomas von Aquin und Marsilius von Padua," in; A. Zimmermann (ed.), *Soziale Ordnungen im Selbstverständnis des Mittelalters*, vol. 1, Berlin 1979, pp. 162-178.

———, *Peccatum und Potestas. Der Sündenfall und die Entstehung der herrscherlichen Gewalt im mittelalterlichen Staatsdenken*, Sigmaringen 1987.

SWANSON, R. N., *The Twelfth-Century Renaissance*, Manchester 1999.

TACCHELLA, E., "Giovanni di Salisbury e i Cornificiani," *Sandalion*, 3 (1980), pp. 273-313.

TAYLOR, Henry Osborn, *The Medieval Mind*, 2vols., Cambridge, Mass. 1911, rep. 1966.

THOMSON, Rodney, "John of Salisbury and William of Malmesbury: Currents in Twelfth-Century Humanism," in; *World of John of Salisbury*, pp. 117-126.

———, "What is Entheticus ?," in; *World of John of Salisbury*, pp. 287-302.

TIERNEY, Brian, "Natura, id est Deus," *Journal of the History of Ideas*, 24 (1963), pp. 307-322.

———, *The Crisis of Church and State 1050-1300*, Englewoood Cliffs, N. J. 1964.

———, *Church Law and Constitutional Thought in the Middle Ages*, London 1979.

———, *Religion, Law, and the Growth of Constitutional Thought, 1150-1650*, Cambridge 1982.（邦訳，B. ティアニー『立憲思想』鷲見誠一訳，慶應通信，1986年）

——— *Rights, Laws and Infallibility in Medieval Thought*, Aldershot 1997.

TÜRK, Egbert, *Nugae Curialium. Le règne d'Henri II Plantagenêt (1145-1189) et l'éthique politique*, Genève 1977.

———, *Pierre de Blois. Ambitions et remords sous les Plantagenêts*, Paris 2006.

UHLIG, Claus, *Hofkritik im England des Mittelalters und Renaissance*, Berlin 1973.

ULLMANN, Walter, "The Influence of John of Salisbury on Medieval Italian Jurists," *EHR*, 59 (1944), pp. 384-392.

———, *Medieval Papalism. The Political Theories of the Medieval Canonists*, London 1949.
———, *The Growth of Papal Government in the Middle Age*, London 1953.
———, *A History of Political Thought. The Middle Ages,* London 1961.（邦訳，ヴァルター・ウルマン『中世ヨーロッパの政治思想』朝倉文市訳，御茶の水書房，1983年）
———, *Principles of Government and Politics un the Middle Age,* London 1961.
———, "The Bible and Principles of Government in the Middle Ages," in; *La bibbia nell'alto medioevo. Settimane di studio del Centro italiano di studi sull'alto Medioevo,* vol. 10, Spoleto 1963, pp. 181-227.
———, *The Individual and Society in the Middle Ages*, London 1967.（邦訳，ウルマン『中世ヨーロッパの個人と社会』鈴木利章訳，ミネルヴァ書房，1970年）
———, *The Carolingian Renaissance and the Idea of Kingship,* London 1969.
———, *History of Political Thought. The Middle Ages,* Harmondsworth 1970.
———, *Law and Politics in the Middle Ages*, London 1975.
———, *The Church and the Law in the Earlier Middle Ages. Selected Studies*, London 1975.
———, "John of Salisbury's Policraticus in the later Middle Ages," in; K. Hauck & H. Mordak (eds.), *Geschichtsschreibung und geistiges Leben. Festschrift für Heinz Löwe zum 65. Geburtstag,* Köln 1978, pp. 519-545.
VERGER, Jacques, *Les universités au moyen âge*, Paris 1973（邦訳，ジャック・ヴェルジェ『中世の大学』大高順雄訳，みすず書房，1979年）
———, *La Renaissance du 12e siècle,* Paris 1996.（邦訳，ジャック・ヴェルジェ『入門12世紀ルネサンス』野口洋二訳，創文社，2001年）
———, *Les gens du savoir en Europe à la fin du moyen âge,* Paris 1998（邦訳，ジャック・ヴェルジェ『中世後期の学識者』野口洋二訳，創文社，2005年）
VINOGRADOFF, Paul, *Roman Law in Medieval Europe*, Oxford 1961.（邦訳，P. ヴィノグラドフ『中世ヨーロッパにおけるローマ法』矢田一男訳，中央大学出版部，1967年）
VOISENET, Jacques, *Bestiaire chrtétien. L'imagerie animale des auteurs du haut moyen âge,* Toulouse 1994.
VOLLRATH, Hanna, *Thomas Becket. Höfling und Heiliger*, Göttingen 2004.
VOSS, Lena, *Heinrich von Blois. Bischof von Winchester* (*1129-71*), Berlin 1932.
WAGNER, David L. (ed.), *The Seven Liberal Arts in the Middle Ages*, Bloomington 1983.
WADDELL, Helen, "John of Salisbury," in; *Essays and Studies by Members of the English Associatons*, 13 (1928), Oxford 1928.
———, *The Wandering Scholars of the Middle Ages,* London 1932.
WALBERG, Emmanuel, *La tradition hagiographique de Saint Thomas Becket avant la fin du XIIe siècle*, Paris 1929, rep. Genève 1975.
WALTHER, Hans, *Imperiales Königtum. Konziliarismus und Volkssouveränität,* München 1976.

WARD, John, "The Date of the Commentary on Cicero's De Inventione by Thierry of Chartres and the Cornifician Attack on the Liberal Arts," *Viator,* 3 (1972), pp. 219-273.

———, "Some Principles of Rhetorical Historiography in the Twelfth Century," in; E. Breisach (ed.), *Classical Rhetoric & Medieval Historiography*, Kalamazoo 1985, pp. 103-166.

WARREN, W. Lewis, *Henry II*, London 1973.

WATT, John A., *The Theory of Papal Monarchy in the Thirtennth Century. The Contribution of the Canonists,* New York 1965.

WEBB, Clement, C. J., "John of Salisbury," *Proceedings of the Aristotelian Society*, 2-2 (1894), pp. 91-107.

———, "Notes on John of Salisbury," *EHR,* 46 (1931), pp. 260-262.

———, *John of Salisbury. Great Medieval Churchman*, London 1932.

———, "Note on Books bequeathed by John of Salisbury to the Cathedral Library of Chartres," *Mediaeval and Renaissance Studies*, 1 (1941), pp. 128-129.

WEIJERS, Olga, "The Chronology of John of Salisbury's Studies in France (Metalogicon, ii. 10)," in; *World of John of Salisbury*, pp. 109-116.

WEIMAR, P., "Die legistische Literatur der Glossarenzeit," in; H. Coing (ed.), *Handbuch der Quellen und Literatur der neueren europäischen Privatrechtsgeschichte. Erster Band: Mittelalter (1100-1500). Die gelehrten Rechte und die Gesetzgebung*, München 1973, pp. 129-260.

WEMPLE, Suzanne, "Claudius of Turin's Organic Metaphor on the Carolongian Doctrine of Corporations," *Speculum*, 49 (1974), pp. 222-237.

WERMINGHOFF, A., "Drei Fürstenspiegel des 14. und 15. Jahrhunderts," in; *Geschichtliche Studien. Albert Hauck zum 70. Geburtstage*, Leipzig 1916, pp. 152-176.

WETHERBEE, Winthrop, *Platonism and Poetry in the Twelfth Century. The Literary Influence of the School of Chartres*, Princeton 1972.

———, *The Cosmographia of Bernardus Silvestris. A Translation with Introduction and Notes,* London 1973.

WHATLEY, G., "The Use of Hagiography: The Legend of Pope Gregory and the Emperor Trajan in the Middle Ages," *Viator,* 15 (1984), pp. 25-65.

WHITNEY, Elspeth, *Paradise Restored: the Mechanical Arts from Antiquity through the Thirteenth Century*, Philadelphia 1990.

WIDMER, B., "Thierry von Chartres. Ein Gelehrtenschicksal des 12. Jahrhunderts," *HZ*, 200 (1965), pp. 552-571.

WIERUSZOWSKI, Helene, "Roger II of Sicily. Rex-Tyrannus in Twelfth-Century Political Thought, " *Speculum*, 38 (1963), pp. 46-78.

WILKS, Michael, "John of Salisbury and the Tyranny of Nonsense," in; *World of John of Salisbury*, pp. 263-286.

WILLIAMS, John R., "The Cathedral School of Reims in the Time of Master Alberic 1118-1136," *Tradito*, 20 (1964), pp. 93-114.
WINTER, Johanna Maria van, *Rittertum, Ideal und Wirklichkeit*, München 1969.（邦訳，ファン・ウィンター『騎士—その理念と現実』佐藤牧夫，渡部治雄訳，東京書籍，1992年）
WOLSTER, H., "Geschichtliche Bildung im Rahmen der Artes Liberales," in; D. J. Koch (ed.), *Studien und Texte zur Geistesgeschichte des Mittelslters, vol. 5. Artes Liberales von der Antiken Bildung zur Wissenschaft des Mittelalters*, Leiden 1959, pp. 50-83.
WOODGATE, Mildred, *Thomas Becket*, Slough 1971.
WOOLSEY, R., "Bernard Sivester and the Hermetic Asclepius," *Traditio*, 6 (1948), pp. 340-344.
ZENKER, Barbara, *Die Mittglieder des Kardinalkollegiums von 1130 bis 1159*, Würzburg 1964.
ZIEGLER, A. K., "Pope Gelasius I and his Teaching on the Relation of Church and State," *The Catholic Historical Review*, 27 (1942), pp. 412-437.
ZIMMERMANN, H., "Römische und kanonische Rechtskenntnis und Rechtschulung im früheren Mittelalter," in; *La scuola nell'Occidente latino dell'alto Medioevo. Settimane di studio del Centro italiano di studi sull'alto Medioevo*, vol. 19-2, Spoleto 1972, pp. 767-794.

3　邦語文献（アイウエオ順）

アルテミドロス『夢判断の書』（城江良和訳，国文社，1994年）
有光秀行「二人の年代記作者はイングランドとノルマンディをいかにとらえたか」（『史学雑誌』100編１号，1991年，74-99頁）
石渡明夫「ジョン・オブ・ソールズベリの政治思想」（『学習院史学』25号，1987年，36-52頁）
池上俊一「十二世紀の歴史叙述と歴史意識」（上智大学中世思想研究所編『中世の歴史観と歴史記述』創文社，1986年，89-107頁）
――『ロマネスク世界論』（名古屋大学出版会，2000年）
伊東俊太郎「十二世紀ルネサンスと西ヨーロッパ世界」（『岩波講座世界歴史10 中世４』岩波書店，1970年，151-182頁）
――『十二世紀ルネサンス—西欧世界へのアラビア文明の影響』（岩波書店，1993年．講談社学術文庫，2006年）
岩熊幸男「十二世紀パリの教師たち」（中村賢二郎編『歴史のなかの都市』ミネルヴァ書房，1986年，310-337頁）
――「シャルトル学派・総序」（上智大学中世思想研究所編『中世思想原典集成８シャルトル学派』平凡社，2002年，8-31頁）
岩村清太「中世における自由学芸」（上智大学中世思想研究所編『教育思想史Ⅲ中世の教

育思想（上）』東洋館出版社，1984年，29-52頁）
———『ヨーロッパ中世の自由学芸と教育』（知泉書館，2007年）
柏木英彦「ソールズベリのヨハネスのグランマティカ論と人文主義の理念」（『慶応義塾大学言語文化研究所紀要』 3 号，1972年，59-80頁）
———『中世の春—十二世紀ルネサンス』（創文社，1976年）
———『アベラール—言語と思惟』（創文社，1985年）
兼岩正夫『ルネサンスとしての中世—ラテン中世の歴史と言語』（筑摩書房，1992年）
———『西洋中世の歴史家—その理想主義と写実主義』（東海大学出版会，1964年）
兼平昌昭「ヨアンネス・サレスベリエンシスとレース・プブリカ概念」（『西洋史学』81号，1969年，43-59頁）
———「シャルトル学派について」（『静岡大学教育学部研究報告　人文・社会科学篇』32号，1981年，29-47頁）
———「ソールズベリのジョンとパリの教育状況」（『静岡大学教育学部研究報告 人文・社会科学篇』34号，1984年，1-15頁）
樺山紘一『ゴシック世界の思想像』（岩波書店，1976年）
———ほか編『世界歴史大系フランス史 I』（山川出版社，1995年）
北嶋繁雄『中世盛期ドイツの政治と思想—初期シュタウファー朝時代の研究』（梓出版社，2001年）
ギラルドゥス・カンブレンシス『アイルランド地誌』（有光秀行訳，青土社，1996年）
熊倉庸介「十二世紀ルネッサンスの自然学思想—シャルトルのティエリの「六日間の御業」をめぐって」（『上智史学』27号，1982年，41-64頁）
———「〈十二世紀ルネサンス〉とシャルトル学派の自然学」（橋口倫介編『西洋中世のキリスト教と社会』刀水書房，1983年，118-133頁）
佐藤伊久男「カンタベリ大司教トマス・ベケットの戦い—12世紀の国制と教会の一側面」（『西洋史研究』新編13号，1984年，1-25頁）
———「中世中期イングランドの「教会」と王権—転換期としての12世紀」（佐藤伊久男，松本宣郎編『歴史における宗教と国家』南窓社，1990年，291-333頁）
柴田平三郎『中世の春—ソールズベリのジョンの思想世界』（慶應義塾大学出版会，2002年）
———『アウグスティヌスの政治思想』（未来社，1985年）
柴原大造「十二世紀ルネサンスとソールズベリのジョン」（橋口倫介編『西洋中世のキリスト教と社会』刀水書房，1983年，134-146頁）
シュミット，ジャン=クロード『中世の迷信』（松村剛訳，白水社，1998年）
甚野尚志「ジョン・オヴ・ソールズベリの政治社会論」（『人文学報〈京都大学人文科学研究所〉』58号，1985年，115-163頁）
———「ソールズベリーのジョンと教会政治活動—伝記的事実の復原」（『比較文化研究〈東京大学教養学部〉』31号，1993年，247-289頁）
———「初期スコラ学期の君主鑑における徳と政治—ウェールズのジェラルドとヴィテル

ボのヤコブスを中心に」(中村賢二郎編『国家―理念と制度』京都大学人文科学研究所，1989年，87-112頁)
――「ソールズベリのジョンと『トラヤヌスへの教え』」(『歴史と地理』462号，1994年，1-14頁)
――「ソールズベリのジョンの暴君論」(樺山紘一編『西洋中世像の革新』刀水書房，1995年，51-74頁)
――「ソールズベリのジョンの学問観」(上智大学中世思想研究所編『中世の学問観』創文社，1995年，162-202頁)
――「ソールズベリのヨハネスと異教的俗信の批判」(『中世思想研究』41号，1999年，35-51頁)
――「ソールズベリのヨハネスの教会観―『ポリクラティクス』を読む」(『超域文化科学紀要〈東京大学/駒場〉』4号，1999年，132-148頁)
――「ソールズベリのヨハネスと『教皇史』」(『超域文化科学紀要〈東京大学/駒場〉』5号，2000年，8-22頁)
――「宮廷批判の系譜」(高山博，池上俊一編『宮廷と広場』刀水書房，2002年，109-127頁)
――「ブレーメンのアダムと北方世界の「発見」」(樺山紘一ほか編『岩波講座世界歴史12遭遇と発見―異文化への視野』岩波書店，1999年，89-107頁)
――「十二世紀の精神を求めて―ジャック・ヴェルジェ著『入門十二世紀ルネサンス』を読んで」(『創文』434号，2001年，23-26頁)
――「ソールズベリーのヨハネス『メタロギコン』解説」(上智大学中世思想研究所編『中世思想原典集成8シャルトル学派』，平凡社，2002年，582-597頁)
――「書評：柴田平三郎『中世の春―ソールズベリのジョンの思想世界』」(『史学雑誌』112編3号，2003年，98-102頁)
――『中世ヨーロッパの社会観』(講談社学術文庫，2007年．『隠喩のなかの中世』弘文堂，1992年，の改訂版)
杉崎泰一郎『12世紀の修道院と社会』(原書房，1999年．改訂版，2005年)
鈴木成高「シャルトル・ルネサンス」(『早稲田大学大学院研究科紀要』19号，1973年，121-138頁)
関口武彦「ローマ教皇庁と情報」(『歴史学研究』625号，1991年，48-59頁)
田中峰雄「ヨアンネス・サレスベリエンシスの学芸観」(『史林』58巻5号，1975年，56-96頁．同『知の運動』ミネルヴァ書房，1995年に所収)
――「ソールズベリのヨハネス」(上智大学中世思想研究所編『教育思想史Ⅲ中世の教育思想（上）』東洋館出版社，1984年，309-334頁．同『知の運動』に所収)
ディルゼー，ステファン『大学史　その起源から現代まで』(池端次郎訳，東洋館出版社，上，下，1988年)
デュビー，ジュルジュ『十二世紀の女性たち』(新倉俊一，松村剛訳，白水社，2003年)
トマス・アクィナス『君主の統治について』(柴田平三郎訳，慶應義塾大学出版会，2005

年）
永野藤夫訳『全訳カルミナ・ブラーナ』（筑摩書房，1990年）
ノウルズ，M. D. ほか『キリスト教史４　中世キリスト教の発展』（上智大学中世思想研究所編訳，平凡社，1996年）
野口洋二「「12世紀ルネサンス」と視覚芸術」（『早稲田大学大学院文学研究科紀要』46号，2000年，17-31頁）
橋口倫介「中世年代記に見られる12世紀精神―オルデリクス・ヴィタリスをめぐって」（『上智史学』21号，1976年，1-19頁）
平田耀子『ソールズベリのジョンとその周辺』（白桃書房，1986年）
フィルハウス，ヨゼフ「中世における教会法学者の社会論」（上智大学中世思想研究所編『中世の社会思想』創文社，1996年，143-172頁）
聖ベルナルド『熟慮について』（古川勲訳，中央出版社，1984年）
ホイジンガ，ヨハン『文化史の課題』（里見元一郎訳，東海大学出版会，1965年．改訂版，1978年）
堀米庸三，木村尚三郎編『西欧精神の探究―革新の十二世紀』（日本放送出版協会，上，下，2001年．堀米庸三編の同名書，1976年，の復刊）
三上朝造「シャルトル学派とその周辺―12世紀の人文主義」（『史学』48巻３号，1977年，81-105頁）
三上茂「カロリング時代における「君主の鑑」」（上智大学中世思想研究所編『中世の社会思想』創文社，1996年，41-64頁）
山代宏道『ノルマン征服と中世イングランド教会』（渓水社，1996年）
ヨーロッパ中世史研究会編『西洋中世史料集』（東京大学出版会，2000年）
ラシュドール，ヘイスティングス『大学の起源　ヨーロッパ中世大学史』（横尾壮英訳，東洋館出版社，上，中，下，1966年）
ラスカム，デイヴィッド『十二世紀ルネサンス』（鶴島博和，吉武憲司編訳，慶応義塾大学出版会，2000年）
ラッセル，J. B.『魔術の歴史』（野村美紀子訳，筑摩書房，1987年）
リシェ，ピエール『ヨーロッパ成立期の学校教育と教養』（岩村清太訳，知泉書館，2002年）
――『聖ベルナール小伝』（稲垣良典，秋山知子訳，創文社，1994年）
リーゼンフーバー，クラウス「サン＝ヴィクトルのフーゴーにおける学問体系」（同『中世哲学の源流』創文社，1995年，173-208頁）
――「十二世紀における自然哲学と神学―シャルトルのティエリにおける一性の算術と形而上学」（同『中世における理性と霊性』知泉書館，2008年，97-136頁）
ルーベンスタイン，リチャード・E.『中世の覚醒―アリストテレス再発見から知の革命へ』（小沢千重子訳，紀伊國書店，2008年）
渡辺愛子「ソールズベリのジョンにみるヒューマニズムの精神」（『史学研究』157号，1982年，24-40頁）

———「ソールズベリのジョンの書簡集にみるベケット論争の一側面」（橋口倫介編『西洋中世のキリスト教と社会』刀水書房，1983年，147-160頁）

注

序

1）　ヨハン・ホイジンガ『文化史の課題』（里見元一郎訳，東海大学出版会，1965年．改訂版，1978年）123-158頁。

2）　R. McKitterick, *Carolingian Culture:Emulation and Innovation*, Cambridge 1994.

3）　M. Sot (ed.), *Histoire culturelle de la France, tom 1. Le Moyen Age,* Paris, 1997, pp. 108-118.

4）　Ⅰ部１章「学問観」注(62)参照。

5）　Ⅱ部１章「政治社会論」注(40)参照。

6）　Ⅱ部１章「政治社会論」173-185頁参照。

7）　R. W. Southern, “Humanism and the School of Chartres, ” in; Id., *Medieval Humanism and Other Studies*, Oxford 1970, pp. 61-85.

8）　M. A. Clerval, *Les écoles de Chartres au moyen âge du Ve au XVIe siècle*, Paris 1895, rep. Genève 1977, pp. 174-179. R. L. Poole, “The Masters of Schools at Paris and Chartres in John of Salisbury's Time,” *EHR*, 35 (1920), pp. 321-342.

9）　R. W. Southern, *op. cit.,* pp. 66-67.

10）　*Ibid.,* pp. 68-73.

11）　*Ibid.,* pp. 73-76. サザーンはその後に出版した著書（R. W. Southern, *Scholastic Humanism and the Unification of Europe, vol. 1. Foundations*, Oxford 1995.）の一つの章（“Chartrian Humanism: A Romantic Misconception,” pp. 58-101.）でもシャルトル学派について論じ，それまでになされた自説への批判に答えているが，基本的に彼の主張を変えていない。

12）　R. W. Southern, *Medieval Humanism and Other Studies,* pp. 73-76. サザーンの中世の人文主義にかんする論点を要約すれは以下のようになる。まず彼は，1150年頃以前の思想とそれ以降の思想を質的に区別する。つまり，アリストテレスらの膨大な古典著作の影響を受ける以前に著作活動を行ったコンシュのギヨームなどのシャルトル学派と，それ以後の古典の知識が圧倒的に増えた時代の知識人との間に思想的な断絶を見る。その上で中世の人文主義は，後者の世代から連続的に発展して，トマス・アクィナスの『神学大全』で完成すると述べる。このサザーンの主張は，人文主義がシャルトル学派の衰退とともに後退し，ルネサンス期に再生するというそれまでの考え方を否定するもので，中世の人文主義は，中世盛期のスコラ学において開花するものと見なす。この主張は，*Medieval Humanism and Other Studies* の「中世の人文主義」の章（“Medieval Humanism,” pp. 29-60.）で明確に述べられ，その後，*Scholastic Humanism and the Unification of Europe, vol. 1. Foundations* の「スコラ学的人文主義」の章（“Scholastic Humanism,” pp. 17-57.）で繰り返されている。

13）　A. de Libera, *La philosophie mediévale*, Paris, 1993, pp. 289ff.（邦訳，アラン・ド・

リベラ『中世哲学史』阿部一智，永野潤，永野拓也訳，新評論，1999年，360頁以下）

14） *Ibid.*, pp. 316-339.（邦訳，392-421頁）

15） P. Sicard, *Hugues de St. Victor et son école*, Louvain 1991.

16） S. C. Ferruolo, *The Origins of the University*, Stanford 1985, pp. 279-315. J. Verger, *Les universités au moyen âge,* Paris 1973, rep. 1999, pp. 25-36.（邦訳，ジャック・ヴェルジェ『中世の大学』大高順雄訳，みすず書房，1979年，22-34頁）なお，十二世紀後半から十三世紀初頭のパリ大学成立期における教師への教授免許授与の問題をめぐっては，岩熊幸男「十二世紀パリの教師たち」（中村賢二郎編『歴史のなかの都市』ミネルヴァ書房，1986年，310-337頁）を参照。

17） A. de Libera, *op. cit.*, pp. 358-363.（邦訳，445-456頁）

18） *Ibid.*, pp. 319-320.（邦訳，397-399頁）

19） I部1章「学問観」51-53頁参照。

20） A. de Libera, *op. cit.*, pp. 365-367.（邦訳，453-456頁）

21） M. -R. Hayoun & A. de Libera, *Averroès et L'Averroïsme*, Paris, 1991, pp. 82-85. パリ司教エティエンヌ・タンピエの命題については，ヨーロッパ中世史研究会編『西洋中世史料集』（東京大学出版会，2000年）の「アヴェロエス主義批判」の項を参照。ブラバンのシゲルスのアヴェロエス主義については，参照，F. van Steenberghen, *Maître Siger de Brabant*, Louvain 1977.

22） J. Verger, *La Renaissance du 12e siècle*, Paris 1996.（邦訳，ジャック・ヴェルジェ『十二世紀ルネサンス入門』野口洋二訳，創文社，2001年）

23） C. H. Haskins, *The Renaissance of the Twelfth Century*, Cambridge, Mass. 1927.（邦訳，C. H. ハスキンズ『十二世紀ルネサンス』野口洋二訳，創文社，1985年．別宮貞徳，朝倉文市訳，みすず書房，1989年）

24） J. Verger, *La Renaissance du 12e siècle,* pp. 21-23.（邦訳，18-21頁）

25） *Metalogicon*, III-4, p. 116: Dicebat Bernardus Carnotensis nos esse quasi nanos gigantium humeris insidentes, ut possimus plura eis et remotiora uidere, non utique proprii uisus acumine aut eminetia corporis, sed quia in altum subuehimur et extollimur magnitudine gigantia.

26） J. Verger, *La Renaissance du 12e siècle,* pp. 24-25.（邦訳，23頁）

27） M, Kerner, *Johannes von Salisbury und die logische Struktur seines Policraticus*, Wiesbaden 1977, pp. 16-17. É. Jeauneau, "Nains et géants," in; M. de Gandillac & É. Jeauneau (eds.), *Entretiens sur la Renaissance du 12e siècle,* Paris 1968, pp. 21-52.

28） J. Verger, *op. cit.*, pp. 120-121.（邦訳，123-124頁）

29） I部2章「歴史思想」104-107頁参照。

30） *Metalogicon*, I-4, pp. 17-20.

31） *Renaissance and Renewal in the Twelfth Century.*

32） C. N. L. Brooke, "John of Salisbury and his World," in; *World of John of Salisbury*, pp. 1-20.

33） *Later Letters*, ep. 304, p. 716. Ⅲ部4章「トマス・ベケットをめぐる闘争—後期書簡集から」注(55)参照。

34） *Metalogicon*, II-10, pp. 70-73. Ⅰ部1章「学問観」(補論)「遊学時代をめぐって—『メタロギコン』二巻十章の解釈」参照。

35） *Metalogicon*, III-Prologus, p. 101:Siquidem Alpium iuga transcendi decies egressus Angliam, Apuliam secundo peragraui, dominorum et amicorum negotia in ecclesia Romana saepius gessi, et emergentibus uariis causis, non modo Angliam, sed et Gallias multotiens circuiui.

36） *Later Letters*, ep. 272, pp. 552-570.

37） *Later Letters*, ep. 276, p. 588: Lumbardi, in ignominiam imperatoris, in castro cui Roboretum nomen erat, aedificant ciuitatem prope Papiam, quam Alexandriam appellant in honorem papae Alexandri――.

38） Ⅱ部2章「暴君論」216-217頁参照。

39） ヨハン・ホイジンガ『前掲書』141-142頁。

40） 『初期書簡集』の序文で，編者のC. N. L. ブルックは次のようにいう。「ジョンの著作は，古代と同時代の事物の博物館である。魅力的な人物や風景の描写に満ち，理念は豊富だが，がらくたが散乱するようでほとんど整理されていない。そこには，中世の人文主義者に可能なあらゆる文芸の技巧—豊かで優美なラテン語の文章，鋭敏な思想と明晰な叙述，多くの興味深い物語や例話—がある。ただ一つだけが欠けている。それは書物を書く能力である。」(*Early Letters*, p. xlv.)

41） M. Kerner, *op. cit.*, P. von Moos, *Geschichte als Topik: das rhetorische Exemplum bei Johannes von Salisbury*, Darmstadt 1984.

42） Ⅰ部3章「異教的俗信への批判」注(49)参照。

43） Ⅰ部3章「異教的俗信への批判」注(37)参照。

44） Ⅰ部3章「異教的俗信への批判」注(44)参照。

45） Ⅰ部3章「異教的俗信への批判」123-128頁参照。

46） ソールズベリのジョンの研究は19世紀以来なされてきたが，研究文献は膨大な数がある。主要なものは参考文献にあげたが，とくに重要な欧米での研究は，注(41)であげたマックス・ケルナーやペーター・フォン・モースらの研究であろう。またジョンの生涯と思想にかんする種々の問題を多面的に扱った論文集 *World of John of Salisbury* が，現在の研究状況を知る上で重要である。我が国の研究も多数あるが，参考文献にあげたもののうち，思想関係では柏木英彦，兼平昌昭，柴田平三郎，田中峰雄らによる研究，ベケット闘争との関係では渡辺愛子，平田耀子らによる研究がこれまでの研究状況を知る上で有益である。またとくにジョンの政治思想を中心に論じた労作として，柴田平三郎『中世の春—ソールズベリのジョンの思想世界』(慶應義塾大学出版会，2002年）がある。

第Ⅰ部

第１章　学問観

1）　ヨハン・ホイジンガ『文化史の課題』129-130頁。

2）　P. Riché, "Jean et le monde scolaire du XIIe siècle," in; *World of John of Salisbury*, pp. 39-43. Ph. Delhaye, "L'organisation scolaire au XIIe siècle," *Traditio*, 5 (1947), pp. 211-268.

3）　*Metalogicon*, II-10, p. 70: contuli me ad Peripateticum Palatinum qui, tunc in monte sancte Genouefae clarus doctor et admirabilis omnibus presidebat. Ibi ad pedes eius prima artis huius rudimenta accepi et pro modulo ingenioli mei quicquid excidebat ab ore eius tota mentis auiditate excipiebam. ジョンの遊学時代については，この章の補論「遊学時代をめぐって」を参照。

4）　*Metalogicon*, II-10, p. 71.

5）　*Metalogicon*, II-10, p. 71: Deinde, reuersus in me et metiens uires meas, bona preceptorum meorum gratia, consulto me ad grammaticum de Conchis transtuli, ipsumque triennio docentem audiui.

6）　R. W. Southern, *Medieval Humanism and Other Studies*, Oxford 1970, pp. 61-85. Id., "The School of Paris and the School of Chartres", in; *Renaissance and Renewal in the Twelfth Century*, pp. 113-137.

7）　コンシュのギヨームとジョンの思想の関係，とくに国家の観念における影響については，参照，M. Kerner, *Johannes von Salisbury und die logische Struktur seines Policraticus*, Wiesbaden 1977, pp. 9ff. H. Liebeschütz, "Chartres und Bologna: Naturbegriff und Staatsidee bei Johannes von Salisbury", *Archiv für Kulturgeschichte*, 50 (1968), pp. 3ff. および，本書の第Ⅱ部第１章「政治社会論」を参照。

8）　*Metalogicon*, II-10, pp. 70-73.

9）　*Metalogicon*, II-10, p. 72: Reuersus itaque in fine triennii repperi magistrum Gilebertum, ipsumque audiui in logicis et diuinis.

10）　P. Dronke, "New Approaches to the School of Chartres," *Annuario de estudios medievales*, 6 (1969), pp. 22-23. また同様に，ジョンがシャルトルでジルベールと知り合い，パリで再会したとする研究として，次のものを参照，C. Schaarschmidt, *Johannes Saresberiensis nach Leben und Studien, Schriften und Philosophie,* Leipzig 1862, pp. 14-15. R. L. Poole, "The Masters of the Schools of Paris and Chartres in John of Salisbury's Time," *EHR*, 139 (1920), pp. 332-333.

11）　*Historia Pontificalis*, p. 27. 第Ⅲ部第２章「『教皇史』に描かれた世界」注(28)参照。

12）　*Metalogicon*, II-10, p. 72.

13）　ドナートゥスのウェルギリウス伝で言及されるウェルギリウスの中傷者。

14）　*Metalogicon*, I-2, p. 14: Ipsum uero uulgato designarem ex nomine, et tumorem

uentris et mentis, oris impudicitiam, rapacitatem manuum, gestus leuitatem, foeditatem morum quos tota uicina despuit, obscenitatem libidinis, deformitatem corporis, turpitudinem uitae, maculam famae pubilicis aspectibus ingerens denudarem, nisi me Christiani nominis reuerentia cohiberet.

15） P. Riché, *op. cit.*, pp. 48-50. この時期にゴリアルドゥスが残した風刺詩のなかに，学問の世界を批判して「金が勝ち，支配し，命令する（Nummus vincit, nummus regnat, nummus imperat）」と語るものもある。これは「キリストが勝ち，支配し，命令する」という中世の教会で流布した定型句のパロディー。

16） *Metalogicon*, I-4, pp. 19-20: Nihil enim sordidum putant, nihil stultum, nisi paupertatis angustias, et solas opes ducunt esse fructum sapientiae.

17） *Metalogicon*, I-6, p. 22: Non est ergo ex eius sententia si tamen falsa opinio sententia dicenda est, studendum praeceptis eloquentiae, quoniam eam cunctis natura ministrat aut negat. Si ultro ministrat aut sponte, opera superfluit et diligentia. Si uero negat, inefficax est et inanis.

18） *Metalogicon*, I-2, p. 15: Ceterum opinioni reluctor quae multos perdidit, eo quod populum qui sibi credat habet, et licet antiquo nouus Cornificius ineptior sit, ei tamen turba insipientium adquiescit. Illorum tamen maxime qui cum inertes sint et ignaui, uideri quam esse appetunt sapientes.

19） *Metalogicon*, I-8, p. 25: Quare ergo doctissimi Cornificiani peritiam omnium non habetis linguarum? Quare non saltem Hebraeam nostis, quam ut aiunt natura parens primigenis tradidit et generi conseruauit humano, donec unitatem scidit impietas, et confusione linguarum prostrata est elatio, quae in caelum conscendere non uirtute sed uiribus moliebatur, turre constructa? Quare non hanc quae ceteris naturalior est, ut sic dicatur, natura docente loquimini?

20） *Metalogicon*, I-8, p. 27: Prodest utique natura, sed eatenus aut nunquam aut raro, ut sine studio culmen optineat. ――sicut econtra quamlibet humilem gradum cura diligens erigit, et conseruat. Ergo si natura propitia est contemni non debet sed excoli, ut facile prosit――.

21） *Metalogicon*, I-11, p. 29: Natura enim quamuis uiuida nisi erudiatur, ad artis facilitatem non peruenit. Artium tamen omnium parens est, eisque quo proficiant et perficiantur dat nutriculam rationem.――.

22） *Metalogicon*, II-7, p. 66: Non tamen ut in logicam inuehar haec propono, scientia enim iucunda est et fructuosa, sed ut illis eam liqueat non adesse qui clamant in compitis, et in triuiis docent, et in ea quam solam profitentur non decennium aut uicennium sed totam consumpserunt aetatem. Nam et cum senectus ingruit, corpus eneruat, sensuum retundit acumina, et praecedentes comprimit uoluptates, sola haec in ore uoluitur, uersatur in manibus, et allis omnibus studiis praeripit locum.

23） *Metalogicon*, II-10, p. 73: Expertus itaque sum quod liquido colligi potest, quia sicut

dialectica alias expedit disciplinas, sic si sola fuerit iacet exanguis et sterlis, nec ad fructum philosophiae fecundat animam, si aliunde non concipit.

24） *Metalogicon*, I-3, p. 16: Insolubilis in illa philosophantium scola tunc temporis quaestio habebatur, an porcus qui ad uenalicium agitur, ab homine an a funiculo teneatur. Item an caputium emerit qui cappam integram comparauit. 当時，ソフィスト的な議論をすることで有名だったグアロ（Gualo）という人物がおり（彼は1126年にパリ司教エティエンヌと争った事実が知られており，おそらくボーヴェ司教座の聖歌隊長であった者），グアロまたはその支持者をコルニフィキウスとする説もある。Cf. P. Riché, *op. cit.*, pp. 53-54. R. -H. Bautier, "Paris au temps d'Abélard," in; *Abélard en son temps. Actes du colloque international organisé à l'occasion du 9e centenaire de la naissance de Pierre Abélard*, Paris 1981, pp. 66-67. しかし，ジョンがコルニフィキウスとして類型化した者は，『ポリクラティクス』で暴君として類型化される者と同じように，具体的な人物が想定されているというよりも，同時代の状況を批判する集合的モデルと見なすべきだろう。コルニフィキウスが誰を指すかの問題については，参照，G. Aspelin, "John of Salisbury's 'Metalogicon'. A Study in Mediaeval Humanism," in; *Arsberättelse. Bulletin de la Société Royale des Lettres de Lund* (1951/52), pp. 19-37. G. Misch, "Johann von Salisbury und das Problem des mittelalterlichen Humanismus," in; Id., *Geschichte der Autobiographie*, vol. III-2, Frankfurt am Main 1962, pp. 1157-1295.

25） *Entheticus*, 111-114, pp. 112-113: laudat Aristotilem solum, spernit Ciceronem/et quicquid Latiis Graecia capta dedit./Conspuit in leges, vilescit phisica, quaevis/litera sordescit, logica sola placet.

26） ジョンにおける認識の理解については，参照，D. D. McGarry, "Educational Theory in the Metalogicon of John of Salisibury," *Speculum*, 23 (1948). pp. 659-675. H. Daniels, *Die Wissenschaftslehre des Johannes von Salisbury*, Kaldenkirchen 1932.

27） *Metalogicon*, IV-8, p. 147: Sic itaque sensus corporis qui prima uis, aut primum exercitium animae est, omnium artium praeiacit fundamenta, et praeexistentem format cognitionem quae primis principiis uiam non modo aperit, sed et parit.

28） *Metalogicon*, IV-9, pp. 147-148: Nam cum sensus secundum Aristotilem sit naturalis potentia indicatiua rerum, aut omnino non est, aut uix est cognitio, deficiente sensu. Siquis opera naturae quae ex elementis uel materia constant et forma, pertractet cum phisico, ratiocinandi uiam ab indicio sensuum mutuatur. ――Philosophus quoque qui rationalem exercet, qui etiam tam phisici, quam mathematici cliens est, ab his incipit quae sensuum testimonio conualescunt, et proficiunt ad intelligibilium incorporaliumque notitiam.

29） *Metalogicon*, IV-9, p. 148; IV-10, pp. 148-149: Imaginatio itaque a radice sensuum per memoriae fomitem oritur, et non modo praesentia sed et absentia loco quidem uel tempore per quandam simplasim, quam nos conformationem possumus dicere, intuetur.

30） *Metalogicon*, IV-11, p. 150: Quod Aristotiles docens, dicit ex eo contingere lactentes

omnes uiros putare patres, feminas autem matres. Quod sensus rudis fallitur, nec firmum potest afferre iudicium. Baculus uero in aqua fractus uidetur, etiam perspicacissimis.

31) *Metalogicon*, IV-12, pp. 150-151.

32) *Metalogicon*, IV-16, p. 154.

33) *Metalogicon*, IV-15, p. 152-153: Anima itaque pulsata sensibus, et prudentiae sollicitudine ualdius concussa se ipsam exerit, collectisque in unum uiribus, dolos sensuum et opinionum studet intentius declinare. Sua uero intentione perspicacius uidet, firmius tent, et sincerius iudiat. Et haec est uis quae ratio nominatur. Siquidem ratio est potentia spiritualis naturae, discretiua rerum corporalium, et incorporalium, quae res appetit firmo et sincero examinare iudicio.

34) *Metalogicon*, IV-16, p. 154: solus homo assecutus est uim efficacius, et sincerius discernendi, quod ei uitam inspirans Deus, diuinae rationis uoluit esse participem. Hominis uero spiritus quoniam a Deo datus et ad Deum rediturus est, solus diuina meditatur, et in eo fere solo ceteris animalibus praestat.

35) *Metalogicon*, IV-33, p. 170: Natura uero angelica quae noxio corpore non tardatur, et diuinae puritati familiarius inhaeret, rationis incorruptae uiget acumine, et licet non aequaliter Deo cuncta examinet, ea rationis praerogatiua ditatur, ut nullo supplantetur errore. At humana infirmitas quae tam ex condicione naturae quam merito cuplae multis patet erroribus, immo et capta labitur, a prima et secunda puritate degenerat in examinatione rerum, id est in exercitio rationis.

36) *Metalogicon*, I-1, pp. 13-14: Et quamuis solam uideatur eloquentiam persequi, omnia liberalia studia conuellit, omnem totius philosophiae impugnat operam, societatis humanae foedus distrahit, et nullum caritati aut uicissitudini officiorum relinquit locum. Brutescent homines si concessi dote priuentur eloquii,――.

37) *Metalogicon*, IV-18, p. 156: Qua uero proportione ratio transcendit sensum, ea sicut Plato in politia auctor est, excedit intellectus rationem. Nam intellecutus assequitur quod ratio inuestigat. ――Est itaque intellectus suprema uis spiritualis naturae, quae humana contuens et diuina penes se causas habet omnium rationum, naturaliter sibi perceptibilium. ―― Hunc solius Dei esse, et admodum paucorum hominum, scilicet electorum asserit Plato.

38) 哲学の目標が知恵であることについて，*Policraticus*, V-9, vol. 1, p. 319: Hunc uero insistere philosophari est, eo quod philosophia sit studium sapientiae. また神への愛であることについて，*Entheticus*, 305-306, vol. 1, p. 125: Si verus Deus est hominum sapientia vera, /tunc amor est veri Philosophia Dei.

39) *Policraticus*, IV-Prologus, vol. 1, p. 11: Est ergo primus philosophandi gradus, genera rerum proprietatesque discutere, ut quid in singulis uerum sit, prudenter agnoscat; secundus, ut quisque id ueritatis, quod ei illuxerit, fideliter assequatur. *Policraticus*, VII-11, vols. 2 p. 136: Loqui ergo vera et iusta philosophantibus et non philosophantibus commune

est. Vera et falsa loqui, bona et mala docere non philosophantium est. Sed et recta dumtaxat interdum docet vanus philosophi imitator; sed qui recta quae docet, sequitur, vere philosophus est. *Metalogicon*, Prologus, p. 11: Est enim quaelibet professio philosophandi inutilis et falsa, quae se ipsam in cultu virtutis et vitae exhibitione non aperit. Cf. H. Daniels, *op. cit.*, p. 60.

40）ジョンの時代まで学問分割には二通りの方法が流布していた。一つは，ジョンが大枠で受け継いだ自然学，倫理学，論理学への分割であるが，それはアウグスティヌスがプラトンによるものとして提示したものである。もう一つは，ボエティウスからカッシオドルスへと受け継がれた理論学と実践学への分割である。ちなみに，この両者の分割方法を折衷したのがサン・ヴィクトルのユーグの理論学，実践学，論理学，技術的学芸への学問分割である。Cf. J. A. Weisheipl, "Classification of the Sciences in Medieval Thought," *Medieval Studies*, 27 (1965), pp. 54-90.

41）*Metalogicon* II-13, pp. 74-75: Tres itaque facultates, naturalis, moralis, et rationalis, materiam praestant, quia singulae suas exponent quaestiones. Quaerit enim ethica parentibus magis an legibus opprteat oboedire, si forte dissentiant. Phisica, mundus aeternus sit, aut perpetuus, aut initium habuerit, et sit finem habiturus in tempore, aut sit nihil horum. Logica, an contrariorum ait eadem disciplina, quoniam eorum est idem sensus. このような三分割については，『ポリクラティクス』でも言及されている。*Policraticus*, VII-5, pp. 107-108.

42）*Metalogicon*, II-24, p. 52: Mathematica quadruuii sui rotis uehitur, aliarumque uestigiis insistens, colores et uenustates suas multiplici uarietate contexit. Phisica exploratis naturae consiliis, de promptuario suo affert multiplicem colorum uenustatem. *Policraticus*, II-18, p. 106.

43）Ch. H. Buttimer (ed.), *Hugonis de Sancto Victore Didascalicon de Studio Legendi. A Critical Text*, Washington D. C. 1939, pp. 12-22.

44）*Entheticus*, 444-450, vol. 1, pp. 134-135: Hanc caput agnoscit Philosophia suum./ Huic omnes artes famulae; mecanica quaeque/dogmata, quae variis usibus apta vides,/ quae ius non reprobat, sed publicus approbat usus,/huic operas debent militiamque suam./ Practicus huic servit, servitque theoricus. Arcem/imperii sacri Philosophia dedit.

45）*Metalogicon*, II-9, p. 70: Mecanici opifices facile singuli loquuntur de artibus suis, ――. Cf. E. Sternagel, *Die Artes Mechanicae im Mittelalter. Begriffs- und Bedeutungsgeschichte bis zum Ende des 13. Jahrhunderts*, Kallmünz 1966. E. Whitney, *Paradise Restored. The Mechanical Arts from Antiquity through the Thirteenth Century*, Philadelphia 1990.

46）*Metalogicon*, I-24, p. 52: II-13, p. 75. 自然学の一部として動物の分類や記述が含まれることについては，*Policraticus*, VIII-12, vol. 2, p. 315. 自然の法則に従った出来事の経過を探求することで将来の出来事の認識が可能になることについては，*Policraticus*, II-29. vol. 1, pp. 166-167.

47） *Policraticus*, II-29, vol. 1, pp. 167-168. Cf. B. Helbling-Gloor, *Natur und Aberglaube im Policraticus des Johannes von Salisbury*, Zürich 1956, pp. 107-109.

48） *Metalogicon*, I-24, p. 52: Illa autem quae ceteris philosophiae partibus praeminet ethicam dico, sine qua nec philosophi subsistit nomen, collati decoris gratia, omnes alias antecedit.

49） *Metalogicon*, I-10, p. 28: Est itaque logica ut nominis significatio latissime pateat, loquendi uel disserendi ratio. Contrahitur enim interdum, et dumtaxat circa disserendi rationes, uis nominis coartatur.

50） *Metalogicon*, I-10, p. 28: Siue itaque ratiocinandi uias doceat, siue omnium sermonum regulam praebeat, profecto desipiunt qui eam dicunt esse inutilem, Cum utrumque ratione uerissima doceatur esse pernecessarium. Duplicitatem uero huius significationis nomen a Graeca quidem origine contrahit, quoniam ibi logos nunc sermonem nunc rationem significat.

51） *Metalogicon*, I-13, p. 32: Harum autem omnium prima et logica, ab ea tamen sui parte quae in prima sermonum institutione uersatur, ut nomen logices sicutiam dictum est quam latissime pateat, et non modo ad disserendi scientiam contrahatur. Est enim grammatica scientia recte loquendi scribendique, et origo omnium liberalium disciplinarum.

52） *Metalogicon*, I-13, p. 32: Eadem [grammatica] quoque est totius philosophiae cunabulum, et ut ita dixerim totius litteratorii studii altrix prima, quae omnium nascentium de sinu naturae teneritudinem excipit, nutrit infantiam, cuiusque gradus incrementa in philosophia prouehit, et sedulitate materna omnem philosophantis producit et custodit aetatem. 基礎的な学としての文法の重要性については，*Metalogicon*, I-21, p. 48.

53） *Metalogicon*, II-3, p. 60: Siquidem ei [logicae] demonstratiua, probabilis, et sophistica subiciuntur. ――. とくに虚偽を見抜くために，詭弁的論理学を知る必要があることについては，*Metalogicon*, IV-22, pp. 159-160.

54） *Metalogicon*, II-3, p. 60.

55） *Metalogicon*, IV-28, p. 164: Fere enim inutilis est logica si sit sola: tunc demum eminet, cum adiunctarum uirtute splendescit.

56） *Policraticus*, II-8, vol. 1, p. 106: et ad totius philosophiae compendium, utilissima est haec speculatio, in qua magnitudinis et multitudinis, quae duo totum orbem complectuntur et ambiunt, natura discutitur. ――multitudinem ergo quae potentia sui in infinitum crescit, sicut e contra magnitudo decrescit in infinitum, bimembri diuisione partitur, dum eam nunc simpliciter et per se, nunc ad aliud relatam contuetur, alteram demandans arithmeticae, alteram musicae pleno iure reseruans. Magnitudinem quoque secat in duas species, alteram immobilem subiciens geometris, alteram scilicet mobilem his qui astrorum et celestium scientiam profitentur.とくに音楽については，*Policraticus*, I-6, pp. 39ff.

57） *Policraticus*, II-19, vol. 1, p. 111. 第I部第3章「異教的俗信への批判」の注(44)参

照。Cf. B. Helbling-Gloor, *op. cit.*, pp. 94-106.

58) *Historia Pontificalis*, pp. 1-4. 第Ⅲ部第２章「『教皇史』に描かれた世界」の注(6)参照。『ポリクラティクス』でも，歴史的な範例（exempla）によって倫理的な要請を行うという方法が言及される。歴史記述の任務としての範例の伝達については，*Policraticus,* Prologus, vol. 1, pp. 12ff. Cf. M. Chibnall, "John of Salisbury as Historian," in; *World of John of Salisbury*, pp. 169-177.

59) *Policraticus*, V-11, vol. 1, pp. 330-332; V-13, vol. 1, pp. 339-342; V-14, vol. 1, pp. 342-344. ローマ法と教会法の区別について，*Metalogicon,* II-16, p. 71 Cf. M. Kerner, "Römische und kirchliches Recht im Policraticus," in; *World of John of Salisbury*, pp. 365-379.

60) *Metalogicon*, I-23, vol. 1p. 50: Precipua autem sunt ad totius philosophie et uirtutis exercitium, lectio, doctrina, meditatio, et assiduitas operis. Lectio uero scriptorium preiacentem habet materiam; doctrina et scriptis plerumque incumbit, et interdum ad non scripta progreditur, que tamen in archiuis memoriae recondita sunt aut in presentis rei intelligentia eminent, At meditatio etiam ad ignota protenditur et usque incomprehensibilia saepe se ipsam erigit et tam manifesta rerum quam abdita rimatur.

61) *Metalogicon*, I-24, vol. 1, p. 51: Sed quia legendi uerbum aequiuocum est, tam ad docentis et discentis exercitium quam ad occupationem per se scrutantis scripturas, alterum, id est quod inter doctorem et discipulum communicatur, ut uerbo utamur Quintiliani dicatur praelectio. Alterum quod ad scrutinium meditantis accedit, lectio simpliciter appelletur.

62) *Metalogicon*, I-24, vol. 1, pp. 52-54: Sequebatur hunc morem Bernardus Carnotensis, exundantissimus modernis temporibus fons litterarum in Gallia, et in auctorum lectione quid simplex esset, et ad imaginem regulae positum ostendebat. Figuras grammaticae, colores rethoricos, cauillationes sophismatum, et qua parte sui propositae lectionis articulus respiciebat ad alias disciplinas, proponebat in medio. ——.

63) *Policraticus*, VII-12, vol. 2, pp. 136-138.

64) *Metalogicon*, III-1, pp. 103-105.

65) 注(44)参照。

66) *Entheticus*, 1207-1208, vol. 1, pp. 182-183.

67) É. Jeauneau, "Jean de Salisbury et la lecture des Philosophes," in; *World of John of Salisbury*, pp. 77-108. ジョンの古典の知識については，A. C. Krey, "John of Salisbury's Knowledge of the Classics," *Transactions of the Wisconsin Academy of Sciences and Letters,* XVI-2 (1909-1910), pp. 948-987. D. D. McGarry, "Educational Theory in the Metalogicon of John of Salisbury," *Speculum*, 23 (1948), pp. 659-675.

68) *Policraticus*, VII-6, vol. 2, p. 111.

69) *Metalogicon,* II-2, p. 58: Tradunt ergo Apuleius, Augustinus, et Isidorus, quod Plato philosophiam perfecisse laudatur, phisicae quam Pitagoras et ethicae quam Socrates plene

docuerant adiciens logicam, per quam discussis rerum morumque causis uim panderet rationum.

70) *Metalogicon, Metalogicon,* II-2, p. 58: Non tamen hanc in artis redegit peritiam. Praeerat tamen usus et exercitatio, quae sicut in aliis, ita et hic praecepta antecessit. Deinde Aristotiles artis regulas deprehendit et tradidit.

71) 『ティマイオス』とジョンの関係については，参照，P. E. Dutton, "Illustre civitatis et populi exemplum. Plato's Timaeus and the Transmission from Calcidius to the End of the 12th Century of a Tripartite Scheme of Society," *Mediaeval Studies*, 45 (1983), pp. 79-119.

72) *Metalogicon*, II-20, p. 99. Cf. B. P. Hendley, "John of Salisbury and the Problems of Universals," *Journal of History of Philosophy*, 8 (1970), pp. 289-302.

73) *Policraticus,* VII-10, vol. 2, p. 133-134: Dum innocentiam, frugalitatem, contemptum mundi docent Pitagorici, audiantur; dum animas, quas in celum euexerunt, retrudunt in corpora bestiarum, iuguletur uel Plato. Nam in eo Pitagoram nimis secutus est――.

74) *Entheticus*, 1109-12, vol. 1, p. 177: Non nocet errantem cautis audisse Platonem,/ qui male pauca docet et bona plura malis,/ Docta manus cavet urticas, herbasque salubres/ tollit, et a spinis intemerata rosas.

75) *Policraticus,* IV-4, vol. 1, p. 245. *Metalogicon*, II-2, p. 58, II-20, p. 99.

76) *Metalogicon,* III-5, p. 119: Cum itaque tam euidens sit utilitas topicorum, miror quare cum aliis a maioribus tam diu intermissus sit Aristotilis liber, ut omnino aut fere in desuetudinem abierit, quando aetate nostra diligentis ingenii pulsante studio quasi a morte uel a somno excitatus est, ut reuocaret errantes, et uiam ueritatis quaerentibus aperiret.

77) *Metalogicon*, IV-27, p. 164: Ceterum contra eos qui ueterum fauore potiores Aristotilis libros excludunt, Boetio fere solo contenti, possent plurima allegari, sed miserationem imperfectum illorum qui in solo Boetio tempus et rem consumpserunt, ut fere nihil sciant.

78) *Metalogicon*, IV-7, p. 145: Si mihi non creditur, audiatur, uel Burgundio Pisanus, a quo istud accepi.

79) *Metalogicon*, IV-27, p. 164: Siquidem non modo studiosum quemlibet sed et Deum ipsum praua posse committere, asserit. Item prouidentiam Dei usque ad regionem lunae progredi diffitetur, ――. Cf. *Entheticus*, 831ff., vol. 1, p. 159.

80) *Metalogicon*, III-10, p. 130. campidoctor とは，若い兵士を訓練する教師のことである。ここからジョンが，まさに論理学を弁論の戦いの武器として考えていることがわかる。

81) *Metalogicon*, I-22, p. 49.

82) *Entheticus*, 1215, pp. 184-185. Cf. É. Jeauneau, *op. cit.*, pp. 93-94. Cf. B. Munk-Olsen, "L'humanaisme de Jean de Salisbury. Un cicéronien au 12e siècle," in; M. de Gandillac & É. Jeauneau (eds.), *Entretiens sur la Renaissance du 12e siècle*, Paris 1968, pp. 53-83.

83) T. Struve, "Vita civilis naturam imitetur," *Historisches Jahrbuch*, 101 (1981), pp.

341-361. また本書の第Ⅱ部第１章「政治社会論」を参照。

84) *Metalogicon,* III-4, p. 136.

85) D. D. McGarry, *op. cit*, p. 675.

86) この時期の「キリスト教人文主義者」については，C. Morris, "Zur Verwaltungsethik: Die Intelligenz des 12. Jahrhunderts im politischen Leben," *Saeculum*, 24 (1973), pp. 241-250.

第１章補論　遊学時代をめぐって

1) O. Weijers, "The Chronology of John of Salisbury's Studies in France (Metalogicon, ii. 10)," in; *World of John of Salisbury*, pp. 109-116.

2) *Metalogicon*, II-10, pp. 70-71: Cum primum adulescens admodum studiorum causa migrassem in Gallias, anno altero postquam illustris rex Anglorum Henricus leo iustitiae rebus excessit humanis, contuli me ad Peripateticum Palatinum, qui tunc in monte sanctae Genouefae clarus doctor, et admirabilis omnibus praesidebat.――Deinde post discessum eius qui mihi praeproperus uisus est, adhaesi magistro Alberico qui inter ceteros opinatissimus dialecticus enitebat, et erat reuera nominalis sectae acerrimus impugnator. Sic ferme toto biennio conuersatus in monte, artis huius praeceptoribus usus sum. Alberico, et magistro Roberto Meludensi, ut cognomine designetur quod meruit in scolarum regimine, natione siquidem Angligena est;――. Apud hos toto exercitatus biennio, sic locis assignandis assueui et regulis, et aliis rudimentorum elementis quibus pueriles animi imbuuntur, et in quibus praefati doctores potentissimi erant et expeditissimi, ut haec omnia mihi uiderer nosse tanquam ungues digitosque meos. Hoc enim plane didiceram, ut iuuenili leuitate pluris facerem scientiam meam quam erat. Videbar mihi sciolus, eo quod in his quae audieram promptus eram.

3) *Metalogicon*, II-10, p. 71: Deinde reuersus in me et metiens uires meas, bona praeceptorum meorum gratia consulto me ad grammaticum de Conchis transtuli, ipsumque tiriennio docentem audiui. Interim legi plura, nec me unquam paenitebit temporis eius.

4) *Metalogicon*, II-10, pp. 71-72: Postmodum uero Richardum cognomento Episcopum, hominem fere nullius disciplinae expertem――secutus sum, et quae ab aliis audieram ab eo cuncta relegi, et inaudita quaedam ad quadruuium pertinentia, in quo aliquatenus Teutonicum praeaudieram Hardewinum. Relegi quoque rethoricam, quam prius cum quibusdam aliis a magistro Theodorico tenuiter auditis paululum intelligebam. Sed eam postmodum a Petro Helia plenius accepi. Et quia nobilium liberos qui mihi amicorum et cognatorum auxiliis destituto paupertati meae solaciante Deo alimenta praestabant instruendos susceperam,――. Vnde ad magistrum Adam acutissimi uirum ingenii, et quicquid alii sentiant multarum litterarum, qui Aristotili prae ceteris incumbebat, familiaritatem contraxi ulteriorem, ut licet eum doctorem non habuerim, mihi sua benigne

communicaret, et se quod aut nulli faciebat, aut paucis alienis, mihi patentius exponebat. Putabatur enim inuidia laborare. Interim Willelmum Suessionensem qui ad expugnandam ut aiunt sui logicae uetustatem, et consequentias inopinabiles construendas et antiquorum sententias diruendas machinam postmudum fecit, prima logices docui elementa, et tandem iam dicto praeceptori apposui――. Extraxerunt me hinc rei familiaris angustia, sociorum petitio, et consilium amicorum, ut officium docentis aggrederer. Parui.

5) *Metalogicon*, II-10, p. 72: Reuersus itaque in fine trienni repperi magistrum Gillebertum, ipsumque audiui in logicis et in diuinis, sed nimis cito subtractus est. Successit Rodbertus Pullus, quem uita pariter et scientia commendabant. Deinde me excepit Simon Pexiacensis, fidus lector, sed obtusior disputator. Sed hos duos in solis theologicis habui praeceptores.

6) *Metalogicon*, II-10, pp. 72-73: Sic fere duodennium mihi elapsum est, diuersis studiis occupato. Iucundum itaque uisum est, ueteres quos reliqueram et quos adhuc dialectica detinebat in monte reuisere socios, conferre cum eis super ambiguitatibus pristinis, ut nostrum inuicem ex collatione mutua commetiremur profectum. Inuenti sunt qui fuerant et ubi. Neque enim ad palmum uisi sunt processisse. Ad quaestiones pristinas dirimendas, nec propositiunculam unam adiecerant. Quibus urgebant stimulis, eisdem et ipsi urgebantur. Profecerant in uno dumtaxat, dedidicerant modum, modestiam nesciebant. Adeo quidem, ut de reparatione eorum posset desperari. Expertus itaque sum quod liquido colligi potest, quia sicut dialectica alias expedit disciplinas, sic si sola fuerit iacet exanguis et sterilis, nec ad fructum philosophiae fecundat animam, si aliunde non concipit.

7) R. L. Poole, "The Masters of the Schools at Paris and Chartres in John of Salisbury's Time", *EHR*, 35 (1920) , pp. 333-335.

8) R. W. Southern, "Humanism and the School of Chartres," in; Id., *Medieval Humanism and other Studies*, Oxford 1970, pp. 61-85.

9) *Metalogicon*, I-5, p. 20: Solebat magister Gillebertus tunc quidem cancellarius Carnotensis, et postmodum uenerabilis episcopus Pictauorum,――.

10) P. Dronke, "New Approaches to the School of Chartres," *Annuario de estudios medievales,* 6 (1969) , pp. 117-140.

11) H. Liebeschütz, *Medieval Humanism in the Life and Writings of John of Salisbury,* London 1950, Appendix 1, pp. 111-113.（この書の邦訳には，ハンス・リーベシュッツ『ソールズベリのジョン―中世人文主義の世界』柴田平三郎訳，平凡社，1994年，がある。ただしこの訳書では，この付論 Appendix の部分が「訳者と編集部の判断により，これを割愛」するとのことで翻訳されていない。）

第2章　歴史思想

1) C. H. Haskins, *The Renaissance of the Twelfth Century*, Cambridge, Mass. 1927, pp. 224-278.（邦訳，創文社版，199-245頁．みすず書房版，188-232頁）

2) B. Smalley, *Historians in the Middle Ages,* London 1974, pp. 107-119. スモーリは，ジョンと同様の官僚的な歴史記述の例として，12世紀中葉に書かれたカファッロによるジェノヴァの都市年代記をあげる。これは都市ジェノヴァで生じた出来事を年ごとに記入した政治史の公的な記録であり，12世紀における新しい類型の歴史記述とされる。また，この時期の新しい歴史記述の類型については，次のクラッセンの研究も参照，P. Classen, "Res Gestae, Universal History, Apocalypse: Visions of Past and Future," in; *Renaissance and Renewal in the Twelfth Century,* pp. 387-420.

3) 初期中世に世界年代記を書いた有名な著作家としては，プリュムのレギノ（プリュム修道院長，915年没)，メルゼブルクのティトマール（メルゼブルク司教，1018年没)，ライヒェナウのヘルマン（ライヒェナウ修道院の修道士，1054年没）らがあげられる。Cf. Anna-Dorothee von den Brincken, *Studien zur Weltchronik bis in das Zeitalter Ottos von Freising,* Düsseldorf 1957.

4) J. Spörl, *Grundformen hochmittelalterlicher Geschichtsanschauung. Studien zum Weltbild der Geschichtsschreiber des 12. Jahrhunderts,* München 1935, pp. 18-19.

5) E. M. Sanford, "The Study of Ancient History in the Middle Ages," *Journal of the History of Ideas,* 5 (1944), pp. 21-43.

6) ハーフェルベルクのアンセルムスについては参照，W. Berges, "Anselm von Havelberg in der Geistesgeschichte des 12. Jahrhunderts," *Jahrbuch für die Geschichte Mittel-und Ostdeutschlands,* 5 (1956), pp. 39-57.

7) Anselm von Havelberg, "Dialogi," in; *MPL,* vol. 188, cols. 1149-1160.

8) *Ibid.,* col. 1154: In hoc statu ecclesiae apparuerunt viri religiosi, amatores veritatis, instauratores religionis, ――.

9) J. Spörl, *op. cit.,* pp. 27-31.

10) W. Lammers (ed.), *Otto von Freising. Chronik oder die Geschichte der zwei Staaten,* Berlin 1960.

11) H, -W. Goetz, *Das Geschichtsbild Ottos von Freising. Ein Beitrag zur historischen Vorstellungswelt und zur Geschichte des 12. Jahrhunderts,* Köln 1984, pp. 99ff.

12) J. Spörl, *op. cit.,* pp. 27-31.

13) W. Lammers (ed.), *op. cit.,* pp. 494ff. J. Spörl, *op. cit.,* pp. 44-50.

14) M. Chibnall (ed.), *The Ecclesiastical History of Orderic Vitalis,* 6 vols., Oxford 1969-1980.

15) M. Chibnall, *The World of Orderic Vitalis,* Oxford 1984, pp. 181ff. J. Spörl, *op. cit.,* pp. 51-72.

16) *Historia Pontificalis,* pp. 2-3. シゲベルトゥスの年代記は，Sigebert de Gembloux, "Chronicon," *MGH Scriptores,* vol. 6, pp. 268-374.

17) *Historia Pontificalis,* p. 3. Ⅲ部２章「『教皇史』に描かれた世界」注(5)参照。

18) *Historia Pontificalis,* p. 3. Ⅲ部２章「『教皇史』に描かれた世界」注(6)参照。

19) *Policraticus,* VIII-18, vol. 2, pp. 363-364: Haec quidem possunt et apud alios

historicos inueniri diffusius, qui tirannorum atrocitates et exitus miseros plenius scribunt. Quae si quis diligentius recenseri uoluerit, legat ea quae Trogus Pompeius, Iosephus, Egesippus, Suetonius, Quintus Curtius, Cornelius Tacitus, Titus Liuius, Serenus et Tranquillus et alii historici, quos enumerare longum est, suis comprehenderunt historiis.

20) *Policraticus*, VIII-20, vol. 2, p. 373: Sed, ne Romanae historiae uilescat auctoritas, quae plerumque ab infidelibus et de infidelibus scripta est, hoc diuinae et fidelis historiae comprobetur exemplis.

21) R. W. Southern, "Aspects of the European Traditions of Historical Writings. III. History as Prophecy," *Transactions of the Royal Historical Society, 5th Series*, 22 (1972), pp. 159-180.

22) *Policraticus*, I-Prologus, vol. 1, p. 12: Nam et artes perierant, euanuerant iura, fidei et totius religionis officia quaeque corruerant, ipseque recti defecerat usus eloquii, nisi in remedium infirmitatis humanae litterarum usum mortalibus diuina miseratio procursset. Exempla maiorum, quae sunt incitamenta et fomenta uirtutis, nullum omnino erigerent aut seruarent, nisi pia sollicitudo scriptorum et triumphatrix inertiae diligentia eadem ad posteros transmisisset. Siquidem uita breuis, sensus hebes, negligentitae torpor, inutilis occupatio, nos paucula scire permittunt, et eadem iugiter excutit et auellit ab animo fraudatrix scientiae, inimica et infida semper memoriae nouerca, obliuio.

23) *Policraticus*, I-Prologus, vol. 1, pp. 12-13: Quis enim Alexandros sciret aut Cesares, quis Stoicos aut Peripateticos miraretur, nisi eos insignirent monimenta scriptorum? Quis apostolorum et prophetarum amplexanda imitaretur uestigia, nisi eos posteritati diuinae litterae consecrassent?

24) *Policraticus*, I-Prologus, vol. 1, p. 16: Neque enim Alexandrum uidi uel Cesarem: nec Socratem Zenonemue, Platonem aut Aristotilem disputantes audiui; de his tamen et aliis aeque ignotis ad utilitatem legentium retuli plurima.

25) *Policraticus*, III-14, vol. 1, p. 225. Ⅱ部3章「『トラヤヌスの教え』をめぐって」注(24)参照。

26) *Policraticus*, V-10, vol. 1, p. 328. Ⅱ部3章「『トラヤヌスの教え』をめぐって」注(25)参照。

27) *Policraticus*, V-12, vol. 1, p. 338. Ⅱ部3章「『トラヤヌスの教え』をめぐって」注(26)参照。

28) P. von Moos, *Geschichte als Topik: das rhetorische Exemplum bei Johannes von Salisbury*, Darmstadt 1984, pp. 157-159.

29) *Later Letters*, pp. 364-367: Quod si meum consilium interim quaeritur, ――respondeo quod in omni ardua dubietate censeo faciendum, scilicet, ut primo omnium quaeramus et sequamur quid super hoc lex diuina praescripserit; quae si nichil certum exprimit, recurratur ad canones et exempla sanctorum――.

30) *Later Letters*, pp. 224-225: si no aliud occurrit quod nostratibus desit, saltem

uisiones et oracula beatae illius et celeberrimae Hildegardis apud uos sunt; quae michi ex eo commendataest et uenerabilis, quod eam dominus Eugenius speciali caritatis affectu familiarius amplectebatur.

31） *Policraticus*, II-20, II-21, vol. 1, pp. 113-121.

32） *Historia Pontificalis,* p. 26. Ⅲ部２章「『教皇史』に描かれた世界」注(27)参照。

33） *Historia Pontificalis,* pp. 62-65.

34） *Policraticus*, II-27, vol. 1, p. 154: Ante legem, sub lege, sub gratia, nemini rectum sapienti uenit istud in dubium. Sine ista nemo umquam ingressus est ad salutem.

35） *Policraticus*, IV-6, vol. 1, pp. 252-253: Constantinus noster, Theodosius, Iustinianus et Leo etalii Christianissimi principes principem possunt instruere Christianum.

36） *Policraticus*, V-7, vol. 1, pp. 314-315: Constantia quoque, cum ex pluribus stragemmatibus pateat, in uirtute Romanorum maxime claret. Eorum siquidem maginificentia et uirtute, si omnium gentium historiae reuoluantur, nichil clarius lucet.

37） *Policraticus*, VIII-19, vol. 2, pp. 364-365: Siquidem Iulius Cesar primus orbem prudentiae et rei militaris uiribus adquisiuit. Homo perpaucorum et cui nullum expresse similem adhuc edidit natura mortalium.

38） *Policraticus*, VIII-7, 267-268: Simile aliquid fecisse uisus est rex Anglorum Willelmus primus, cuius uirtuti Normannia Cenomannis et tandem maior Britannia cessit. ――Sed meo arbitratu laudabilius extitisset, si in gentem quam armis uicerat et quam luxuriae praeuicerat magnitudo legem temperantiae promulgasset.

39） *Policraticus*, VI-15, vol. 2, p. 40: Sed, cum omnium gentium exempla reuoluo, disciplina Romanorum prae ceteris lucet.

40） R. L. Benson, “Political Renovatio: Two Models from Roman Antiquity,” in; *Renaissance and Renewal in the Twelfth Century,* pp. 339-386. M. Seidlmayer, “Rom und Romgedanke im Mittelalter,” *Saeculum*, 7 (1956), pp. 395-412.

第３章 「異教的俗信への批判」

1） Cf. V. I. J. Flint, *The Rise of Magic in Early Medieval Europe*, Princeton 1991, pp. 87-126. 教父による異教的俗信への批判としては，アウグスティヌス『神の国』の５巻１章から10章での占星術批判がとくに有名である。

2） G. Maurach (ed.), *Philosophia Mundi,* Pretoria 1974, pp. 18ff. ギヨームの自然哲学について，参照，H. Liebeschütz, “Kosmologische Motive in der Bildungswelt der Frühscholastik,”, in; *Vorträge der Bibliothek Warburg. Vorträge 1923-1924*, Leipzig 1924, rep. Nendeln/Liechtenstein 1967, pp123ff.

3） Adelard of Bath, “De eodem et diverso,” in; H. Willner (ed.), *Beiträge zur Geschichte der Philosophie des Mittelalters*, Bd. IV, Heft 1, Münster 1903, p. 32: Haec enim sua disciplina comprehensam mundi formam, numerum quantitatemque circulorum, distantias orbium, cursus planetarum, situs signorum describit, parallelos colurosque depingit,

zodiacum in duodecim partes rata ratione dispertit, stellarum magntudinem, polorum oppositionem, axium extensionem non ignorat. Hanc si quis sibi priuatam facere posset, non modo praesentem rerum inferiorum statum, uerum etiam praeteritum uel futurum non diffiteretur.

4) ジョンの自然と俗信の知識については，参照，B. Helbing-Gloor, *Natur und Aberglaube im Policraticus des Johannes von Salisbury*, Zürich 1956. ジョンの古典の知識については，参照，A. C. Krey, "John of Salisbury's Knowledge of the Classics," *Transactions of the Wisconsin Academy of Sciences, Arts and Letters*, 16-2 (1909-1920), pp. 948-987.

5) *Policraticus*, I-13, vol. 1, p. 58: Aues quoque domesticae artificii huius non sunt expertes, cum galli cantus spem, iter, uel opus inchoantis promoueat. ――. Bubonis, strigis, et noctuae semper infausta sunt omina.

6) *Policraticus*, I-13, vol. 1, p. 60: Equus quandoque bonus est; sed in eo nichil utilius quam quod humanis usibus seruit. Cf. B. Helbing-Gloor, *op. cit.*, pp. 32ff.

7) *Policraticus*, I-13, vol. 1, p. 59: Leporis timebis occursum, si tamen euaserit. Est enim proculdubio longe commodior in mensa quam in uia.

8) *Policraticus*, I-13, vol. 1, p. 56: Aquila namque sicut rex auium est, si non alarionem excipias, quae forte aquilarum species potentissima est, regni sui maiestate omnium auium, si contra loquatur, fidem euacuat.

9) *Policraticus*, I-13, vol. 1, p. 60: Locusta etsi minimum possit, itinerantium tamen praepedit uota; ex eo forte sic dicta, quod loco stare faciat gradientes. E contra cicada uiatoris promouet gressum et initiatorum amenat exitum. Aranea dum a superioribus filum ducit, spem uenturae pecuniae uidetur afferre. Obuius buffo futuros successus denuntiat.

10) *Policraticus*, I-13, vol. 1, p. 58: Si auis, quae uulgo dicitur albanellus, praeteruolans uiam, a sinistris feratur ad dextram, de hospitii hilaritate ne dubites; si contra, contrarium expectabis.

11) *Policraticus*, I-13, vol. 1, p. 58: Nec tamen minores contemptui habeas, cum et pica loquax, sicut ad multa, sic ad susceptionem hospitum te faciat cautiorem.

12) *Policraticus*, I-13, vol. 1, p. 58: Si accipiter quippiamue generis huius sub oculis proficiscentis solitam rapinam exerceat, inter eundum rapacitas imminebit.

13) *Policraticus*, II-1, vol. 1, pp. 65-66: Quid enim refert ad consequentiam rerum, si quis semel aut amplius sternutauerit?— Quid denique si undecumque sonum emiserit? Haec tamen, ex causis quas phisici nouerunt, aliquatenus ad eum pertinent circa quem fiunt.

14) *Policraticus*, II-13, vol. 1, p. 87: Hoc quoque diuinae miserationis est, quod signorum suorum indicio ignorantiam nostram quandoque praemunit. Cometa siquidem apparente creduntur imminere comitia.

15) *Policraticus*, II-11, vol. 1, p. 84: Quae uero huiusmodi stupore digna in his contingunt plerumque signa esse non ambigit quisquis euangelicae promissionis fideliter meminit, cum scriptum sit: Erunt signa in sole et luna et stellis, et cetera. Ea tamen quae hic praenuntiantur, sine praeiudicio sententiae melioris ea intelligenda arbitror, quae in his contra naturam fiunt; quale est quod in passione Domini sol obscuratus est, uelum scissum, petrae ruptae, aperta monumenta, et sanctorum corpora qui dormierant surrexerunt.

16) *Policraticus*, II-1, vol. 1, p. 67: Omnia tamen omina tantum possunt quantum excipientis fides permittit.

17) *Policraticus*, II-3, vol. 1, p. 70: Quae uero in sole et luna secundum naturam signa contingerint, certissima sunt et auctorum multorum testimonio comprobata. solem quis dicere falsum audeat? Quotiens ergo sol in celo geminari uidebitur, inundationem aquarum subiectus orbis expectet. Et licet a raritate aui miraculis uideatur accedere, opus tamen naturae est, quae quidem soles non geminat, sed nubem simillimam facit, uocaturque parelion.

18) *Policraticus*, II-2, vol. 1, p. 69: Multis quoque signis tranquillitas et uariae tempestatum formae procellarumque produntur, quae uelut in specula lunae orbis insinuat. Ostendit namque rubicundus color uentos, cerulus pluuias, ex utroque commixtus nimbos indicat furentesque procellas.

19) アルテミドロス『夢判断の書』城江良和訳，国文社，1994年。

20) マクロビウスのテキストとその12世紀における受容について，参照，J. Willis (ed.), *Commentarii in Somnium Scipionis,* Leipzig 1963. W. H. Stahl, *Macrobius' Commentary on the Dreams of Scipio,* New York 1952. É. Jeauneau, "Macrobe, source du platonisme chartrain," *Studi Medievali, 3e Série,* 1 (1960), pp. 3-24. ジョンによるマクロビウス受容について，参照，M. Kerner, *Johannes von Salisbury und die logische Struktur seines Policraticus,* Wiesbaden 1977, pp. 20ff.

21) *Policraticus*, II-14, vol. 1, p. 88: Contingit interim ut animus corporis exercitio releuatus in seipsum liberius redeat, et ueritatem nunc per figuras et enigmata nunc immediata facie licentius contempletur.

22) *Policratiucs*, II-15, vol. 1, p. 88: Sunt autem multae species somniorum, et multiplices causae, et uariae figurae et significationes. Aut enim insomnium, aut phantasma, aut somnium, aut oraculum, aut uisio est.

23) *Policratiucs*, II-15, vol. 1, p. 88: Porro insomnia ex ebrietate uel crapula, aut uariis passionibus corporis affectuumque tumultibus et relinquiis cogitationum frequentissime oriuntur. Vnde et male sanis amantium mentibus insomnia numquam desunt.

24) *Policratiucs*, II-15, vol. 1, p. 89: Phantasma, cum rerum ignotae uidentur species, qualitate uel quantitate aut partium modo uel numero a natura discrepantes, ――. In quo genere et ephialtem, quo quis uariis pressuris quodam quasi interuigilio sed sompno potius inquieto opinans se uigilare cum dormiat, putatur ab aliquo interim praegrauari,

connumerandum arbitrantur. Quae quidem omnia medicorum potius indigent cura quam uentilatione nostra; praesertim cum nichil in eis uerum appareat, nisi quod uerissimae sunt et molestissimae passiones. Cf. B. Helbing-Gloor, *op. cit.*, pp. 75ff.

25) *Policratiucs*, II-15, vol. 1, p. 89: Somnium uero cuius appellatio communis est, licet in specie propria censeatur, per quaedam inuolucra rerum gerit imagines, in quibus coniectorum praecipue disciplina uersatur, et nunc suum cuiusque est, nunc alienum, modo commune, interdum publicum aut generale est. In his uero omnibus qualitas personarum rerum et temporum diligentissime obseruatur.

26) *Policratiucs*, II-15, vol. 1, p. 89: Vt enim ait Nestor, de statu publico regis credatur somnio aut eius qui magistratum gerit, uel re quidem uel rei uicina praedestinatione.

27) *Policratiucs*, II-15, vol. 1, p. 90: Dum autumnus adultus est aut praeruptus, somnia frequentius euanescunt. Arborum namque labentibus foliis, insomniorum uanitas dominatur: quod et Virgilius, in libro in quo totius philosophiae rimatur archana, sensisse uisus est, dum labentia folia apud inferos uariis somniis onerauit. Locorum quoque diuersitas uarias figuras quietis admittit, ut alia aliis nunc horum nunc illorum somniorum uberiora sint. Locus namque palustris aut desertus eminentiori aut celebriori phantasticarum imaginum fecundior est.

28) *Policratiucs*, II-15, vol. 1, p. 91: Cum uero luce immediata seipsam infundit, uisio est, ex eo quod plena et uera specie sui oculis uideatur esse subiecta; quale est, quod Cassandrum omnino non uisum, a quo Alexander hausto ueneno perimendus erat, agnouit, quia eum quies ei repraesentauerat. Porro uisionum alia manifestior est, ut quae clara rei occurrit imagine; alia profundiorem desiderat intellectum, ut cum rem admixta species figurarum obnubilat; sicut est, quod Gaio Cesare transito Rubicone bellum patriae inferente, ad designandum terrorem ciuium, qui erant per conciuis iniuriam opprimendi, ingens uisa duci patriae trepidentis imago, duci suo denuntians ne conciues armis ciuilibus impugnaret.

29) *Policratiucs*, II-15, vol. 1, p. 92: Est enim oraculum, ut ait quidam, diuina uoluntas ore hominis enuntiata. Hominis uero appelatione censetur quicquid in specie uidetur hominis, homo, angelus sit, an deus, an quauis alia creatura. Persona autem cuiusque honesta est et uenerabilis, aut natura, ut parentis; aut conditione, ut domini; aut moribus, aut religiosi; aut fortuna, ut magistratus; aut religione, ut dei, angeli, homonisue sacris et cerimoniis diuinis consecrati.

30) *Policratiucs*, II-15, vol. 1, p. 92: Sicut enim catholicae religionis uiri uero Deo eisque quae munere eius sacra sunt piam uenerationem impendunt, ita hereticae et superstitiosae religionis homines fictis numinibus, immo potius ueris domonibus et execrabilibus sacris eorum non debitam reuerentiam, quae nulla est, sed turpissimum exhibent famulatum.

31) *Policratiucs*, II-16, vol. 1, p. 94: Est itaque tam ad interpretationem somniorum quam ad reuelationem enigmatum et figurarum sollerter attendenda rerum significatio,

quae tanto multiplicior est quam uocum, quanto ab operibus naturae opera uincuntur artificis imitantis naturam.

32) *Policratiucs*, II-16, vol. 1, p. 95: Non tamen praetereundum est signorum uim pro qualitate personarum seuiorem aut mitiorem esse. Pecuniae siquidem contrectatio aliis letum, tristem aliis euentum denuntiat. ——. Res quoque quae turpis et obscena est in superficie, honestissimae ueritatis quandoque substantiam tegit. Gaius Cesar in minori etate in sompnis sibi uisus est matris incestrare cubicula, et turpitudine soporis attonitus, cum rem ad mathematicos retulisset, uniuersam terram ditioni eius subieciendam responderunt.

33) *Policratiucs*, II-17, vol. 1, p. 97: Sed dum has coniectorum traditiones exequimur, uereor ne merito non tam coniectoriam exequi, quae aut nulla aut inanis ars est, quam dormitare uideamur. Quisquis enim somniorum sequitur uanitatem, parum in lege Dei uigilans est, et dum fidei facit dispendium, perniciossime dormit. Veritas siquidem ab eo longe facta est, nec eam facilius potest apprehendere quam urionem expungere uel puncto curare carcineam qui caligantibus oculis in meridie palpat.

34) *Policratiucs*, II-17, vol. 1, pp. 97-98: Vnde patet coniectorium, qui nomine Danielis inscribitur, auctoritatis et ueritatis robore destitutum, cum res singulas singulis significationibus arcet; de quibus non uidetur latius exequendum, cum tota huiusmodi sit inepta traditio, et uagus coniectorum liber per curiosorum manus impudenter discurrat. この『ダニエルの夢の解釈』に言及する中世の史料は，ジョンの他にはない。この箇所は中世の夢判断の書物の存在についての貴重な証言である。 Cf. B. Helbing-Gloor, *op. cit.*, p. 88.

35) *Policratiucs*, II-17, vol. 1, p. 99: Siccine solent coniectores etiam cogitationes excutere et umbras exinanire, explicare inuolucra et illustrare tenebras figurarum? Si quis est qui pari gratiae priuilegio gaudeat, accedat ad Danielem et Ioseph, et similiter eis Domino gratuletur. Quem uero ueritatis spiritus non illustrat, de arte sompnolenta frustra confidit, cum ars omnis habeat a natura originem, ab usu et ratione processum. Ratio uero in his tantum dfectum patitur, ut quo se uertat, quid iudicet, plerumque omnio non habeat.

36) *Policratiucs*, II-18, vol. 1, p. 102: Mathesim ergo probabilem quae penultima breui enuntiatur, quam et natura inducit, ratio probat, et utilitatis experientia approbat, quasi quoddam doctrinae suae iaciunt fundamentum, ut exinde opinionum suarum lubrico quasi quadam imagine rationis in mathesim reprobam, quae profertur extensa penultima, perniciossime prolabantur. Cf. B. Helbing-Gloor, *op. cit.*, pp. 94ff.

37) *Policratiucs*, II-19, vol. 1, p. 107: Est autem astronomiae nobilis et gloriosa scientia, si clientelam suam intra moderationis metas cohibeat, quam si licentiori uanitate excedit, non tam philosophiae species quam impietatis decipula est. Et quidem multa sunt mathesi doctrinali et diuinatoriae mathesi communia, sed dum diuinatio sobrietatis mensuram excedit, toto dissidens fine non instruit sed suum dedocet professorem.

38） *Policraticus*, II-19, vol. 1, pp. 107-108.

39） *Policraticus*, II-19, vol. 1, pp. 107-108.

40） *Policraticus*, II-19, vol. 1, p. 109: ——, cum in tota mathematicorum domo adhuc non sit quaestio expedita, an ex elementis sidera constent an ex quinta essentia quam Aristotiles introducit.

41） *Policraticus*, II-19, vol. 1, p. 113: Nec mirum, cum et aues et alia plurima institutione Dei et naturae beneficio quaedam futura signis praeueniunt. Si igitur celestia signa sunt rerum quae procul dubio uenturae sunt necessario, cum eas immutabilis dispositio ordinauerit, quid prohibet ea quae celestium praenuntiantur indicio sciri ab homine et homini inuicem indicari? Signa siquidem hominibus data sunt ad eruditionem, non illis qui celestium conscii secretorum nullis indigent signis.

42） *Policraticus*, II-19, vol. 1, pp. 113-114: Deinde mentes hominum tumore elationis extollunt aut desperationis pusillanimitate prosternunt, dum uel uitam diuturnam aut mundi prospera deiciendis promittunt, uel e contra imminentia fata aut seculi aduersa minantur erigendis.

43） *Policratiucs*, II-19, vol. 1, p. 111: Si ergo mathematici probabilis matheseos, id est, doctrinalis essent fine contenti, et ueram possent assequi positionem stellarum, et ex signis suis sobria eruditione secundum quod naturaliter proueniunt qualitatem praescire temporum et speculationis suae iocundissimum carpere fructum. Cum uero dilatant philateria sua et magnificant fimbrias, dum constellationibus et planetis nimium uirtutis ascribunt, eis nescio quam auctoritatem operum ascribentes, in creatoris prorumpunt iniuriam.

44） *Policratiucs*, II-19, vol. 1, p. 112: Longe uero commodius in celum ascendunt astrologi, qui Academicorum more quicquid eis occurrerit probabile suo iure defendunt.

45） ジョンは「蓋然性の論理学」の概念を，アリストテレスの『新論理学』から受容している。Cf. M. Kerner, *op. cit.*, pp. 52ff. ジョンの学問観における「蓋然性の論理学」の位置付けについては， H. Daniels, *Die Wissenschaftslehre des Johannes von Salisbury*, Kaldenkirchen 1932. また本書の第I部第1章「学問観」を参照。

46） *Metalogicon*, II-12, pp. 75-76: Si peperit, cum aliquo concubuit, aut corrupta est, necessarium esse duxerunt saecula multa. Sed tandem in fine temporum, non necessarium esse docuit integerrimae Virginis partus. Quod enim simpliciter necesse est, nullo modo aliter esse potest. Mutari uero potest, quod a determinatione necesse est. ——et quod ad partum corruptio non quidem necessario, sed probabiliter consequatur.

47） *Policratiucs*, II-21, vol. 1, p. 120: Scio equidem lapidem uel sagittam, quam in nubes iaculatus sum, exigente natura recasuram in terram, in quam feruntur omnia nutu suo pondera, nec tamen simpliciter recidere in terram aut, quia noui, recidere necesse est. Potest enim recidere et non recidere; alterum tamen, etsi non necessario, uerum tamen est; illud utique quod scio futurum.

48) *Policraticus*, I-Prologus, vol. 1, p. 17: In his ergo quae incidenter de prouidentia et fato et libertate arbitrii et similibus dicta sunt, me Academicum potius esse noueris, quam eorum quae dubia sunt temerarium assertorem. ジョンのキケロ受容については参照, B. Munk-Olsen, "L'humanisme de Jean de Salisbury -Un Cicéronien au 12e siècle," in; M. de Gandillac & É. Jeauneau (eds.), *Entretiens sur la Renaissance du 12*e siècle, Paris 1968, pp. 53-83.

49) *Metalogicon*, Prologus, p. 11: Academicus in his quae sunt dubitabilia sapienti, non iuro uerum esse quod loquor, sed seu uerum seu falsum sit, sola probabilitate contentus sum.

50) R. W. Southern, *Medieval Humanism and Other Studies*, Oxford 1970, pp. 43ff.

51) ジョンの歴史認識における懐疑主義について, 参照, R. Ray, "Rhetorical Scepticism and Verisimilar Narrative in John of Salisbury's Historia Pontificalis," in; E. Breisach (ed.), *Classical Rhetoric & Medieval Historiography*, Kalamazoo 1985, pp. 61-102.

第3章補論　魔術への批判

1) *Policraticus*, I-10, vol. 1, pp. 49-50: Et quidem magi sunt et ob magnitudinem maleficiorum sic appellantur, qui Domino permittente elementa concutiunt, rebus adimunt species suas, uentura plerumque praenuntiant, turbant mentes hominum, immittunt sompnia, hominesque uiolentia carminis dumtaxat oocidunt——.

2) W. M. Lindsay (ed.), *Isidori Hispalensis Episcopi Etymologiarum sive originum libri XX,* Oxford 1911, rep. 1957, vol. 1, Liber VIII, IX, 9-10: Magi sunt, qui vulgo malefici ob facinorum magnitudinem nuncupantur. Hi et elementa concutiunt, turbant mentes hominum, ac sine ullo beneni haustu violentia tantum carminis interimunt.

3) *Policraticus,* I-27, vol. 1, p. 152: Praeterea diuinatio fere sine munere non fiebat, utpote quae in auaritate et nequitiae spiritu exercetur.

4) *Policraticus,* I-28, vol. 1, pp. 161-162: Quid retinuit creatori, qui mentem linguam corpus demonibus obtulit? An non ueritati fecit iniuriam, qui integritatem eius in tanta corruptione quaesiuit? Plane nemo in talibus per ignorantiam excusatur. Omnes enim in commune sciunt aut scire debent hanc ignominiam fidei anathematis obprobrio condempnatam.

5) B. Helbling-Gloor, *Natur und Aberglaube im Policraticus Johannes von Salisbury*, Zürich 1956, p. 50.

6) *Policraticus,* I-12, vol. 1, pp. 150-157: Arioli, qui circa aras nefarias preces aut execrata sacrificia faciunt,——.

7) *Policraticus,* I-12, vol. 1, p. 51: Aruspices sunt inspectores horarum, praescribentes quid qua hora fieri expediat, quorum errorem dampnat Apostolus dicens: Timeo ne frustra laborauerim in uobis, obseruatis enim dies et annos, menses et tempora; cum felicitas operis non a tempore sed a nomine Domoni debeat expectari. Aruspicium quoque in

extorum inspectione uiget,——. Ex quo liquet eos esse aruspices, qui uaticinantur in ossibus animalium sine sanguine, siue futura praenuntient, siue praesentia pronuntient uel praeterita.

8) W. M. Lindsay (ed.), *op. cit.*, Liber VIII, IX, 17: Haruspices nuncupati, quasi horarum inspectores: dies enim et horas in agendis negotiis operibusque custodiunt, et quid per singula tempora observare debeat homo, intendunt. Hi etiam exta pecudum inspiciunt, et ex eis futura praedicunt.

9) *Policraticus,* I-27, vol. 1, p. 143: Hos [aruspices] pro parte in extis animalium diuinare praedictum est. Extorum quidem censentur nomine omnia quae cutis extremitate teguntur. Vnde et illos, qui in humerulis arietum uel quorumcumque ossibus animalium uaticinantur, eis connumerandos esse manifestum est.

10) B. Helbling-Gloor, *op. cit.*, p. 57.

11) *Policraticus,* I-12, vol. 1, p. 51: Si uero adhibeatur sanguis, ad nigromantiam iam accedit; quae inde dicitur, quod tota in mortuorum inquisitione uersatur. Cuiusuis ea esse uidetur, ut ad interpretationem ueri mortuos ualeat suscitare. Ea namque ludificantium demonum et humanae perfidiae illudentium fallacia est.

12) *Policraticus,* I-27, vol. 1, pp. 143: Quid de nigromanticis dicam, quorum impietas Deo auctore per se ipsam ubique iam uiluit, nisi quod morte digni sunt qui a morte conantur scientiam mutuare?

13) W. M. Lindsay (ed.), *op. cit.*, Liber VIII, IX, 11-12: Necromantii sunt, quorum praecantationibus videntur resuscitati mortui divinare, et ad interrogate respomndere. Necros enim Graece mortuus, manteia divinatio nuncupatur: ad quos sciscitandos cadaveri sanguis adicitur. Nam amare Daemones sanguinem dicitur. Ideoque quotienis necromantia fit, cruor aqua miscetur, utcruore sanguinis facilius provocentur.

14) B. Helbling-Gloor, *op. cit.* p. 58.

15) *Policraticus,* I-12, vol. 1, pp. 51-52: Vultiuoli sunt qui ad affectus hominum immutandos, in molliori materia, cera forte uel limo, eorum quos peruertere nituntur effigies exprimunt.

16) B. Helbling-Gloor, *op. cit.* p. 62.

17) *Policraticus,* I-12, vol. 1, p. 52: Imaginarii sunt, qui imagines quas faciunt quasi in possesionem praesidentium spirituum mittunt, ut ab eis de rebus dubiis doceantur. Hos idolatras esse sacra scriptura conuincit et diuinae maiestatis iudicio condempnatos.

18) *Policraticus,* I-12, vol. 1, p. 52: Chironomantici sunt qui a manuum inspectione rerum uaticinantur abscondita.

19) *Policraticus,* I-29, vol. 1, pp. 143: Chironomantici quoque uera, quae in rugis manuum latent, se nosse gloriantur. Quorum errorem, quia ratione non nititur, non necesse est rationibus impugnare, licet eo ipso illos expugnet ratio, quod deficiunt ratione. Vnum tamen est quod ate, si me patienter audias, attentissime quaero.

20) B. Helbling-Gloor, *op. cit.*, pp. 64-65.

21) *Policraticus,* I-12, vol. 1, p. 52: Specularios uocant, qui in corporibus leuigatis et tersis, ut sunt lucidi enses, pelues, ciathi, speculorumque diuersa genera diuinantes, curiosis consultationibus satisfaciunt, quam et Ioseph exercuisse aut potius simulasse describitur, cum fratres argueret surripuisse ciphum, in quo consueuerat augurari.

22) *Policraticus,* I-12, vol. 1, p. 53: Salissatores qui ex saltu membrorum aut inopinato corporis motu prosperum aliquid futurum autumant uel aduersum.

23) *Policraticus,* I-12, vol. 1, pp. 53-54: Sortilegi sunt, qui sub nomine fictae religionis superstitiosa quadam obseruatione rerum pollicentur euentus, quod genus sortes apostolorum et prophetarum et diuidentium, et inspectio tabulae, quae Pitagorica appellatur, obseruatio quoque cuiusque casus in rei de qua quaeritur significatione.

24) W. M. Lindsay (ed.), *op. cit.*, Liber VIII, IX, 28: Sortilegi sunt qui sub nomine fictae religionis per quasdam, quas sanctorum sortes vocant, divinationis scientiam profitentur, aut quarumcumque scripturarum inspectione future promittunt.

25) B. Helbling-Gloor, *op. cit.* pp. 59-60.

26) *Policraticus,* I-12, vol. 1, p. 54: Augurium uero, quod est in auium obseruatione, Phriges inuenisse traduntur, quod in uoce proditur aut uolatu.――Hoc etenim ad ominis pertinet felicitatem, si columbae gradientes, dum tamen in pastu, itinerantes praecedant.

27) *Policraticus,* I-28, vol. 1, p. 164: Dum enim puer, ut psalmos addiscerem, sacerdoti traditus essem, qui forte speculariam magicam exercebat, contigit ut me et paulo grandiusculum puerum, praemissis quibusdam maleficiis, pro pedibus suis sedentes ad speculariae sacrilegium applicaret, ut in unguibus sacro nescio oleo aut crismate delibutis uel in exterso et leuigato corpore peluis quod quaerebat nostro manifestaretur indicio. Cum itaque praedictis nominibus, quae ipso horrore licet puerulus essem demonum uidebantur, et praemissis adiurationibus, quas Deo auctore nescio, socius meus se nescio quas imagines tenuiter tamen et nubilosas uidere indicasset, ego quidem ad illud ita cecus extiti, ut nichil michi appareret nisi ungues aut peluis et cetera quae antea noueram. Exinde ergo ad huiusmodi inutilis iudicatus sum,――.

28) *Policraticus,* I-28, vol. 1, pp. 164-165: Cum uero paululum processissem, flagitium hoc magis et magis exhorrui, et eo fortius confirmatus est horror meus, quod, cum multos tunc nouerim, omnes antequam deficerent aut defectu naturae aut manu hostili beneficio luminis orbatos uidi, ut cetera incommoda taceam, quibus in conspectu meo a Domino aut prostrati aut perturbati sunt, exceptis duobus, sacerdote uidelicet quem praemisi et diacono quodam, qui speculariorum uidentes plagam effugerunt alter ad sinum canonicae alter ad portum cellulae Clunicensis sacris uestibus insigniti. Eosdem tamen prae ceteris in congregationibus suis aduersa plurima postmodum perpessos esse misertus sum.

第Ⅱ部

第1章　政治社会論

1）12世紀に重要な司教座付属学校があった場所は，ランス，シャルトル，ラン，トゥール，パリといったところである。ジョンが『メタロギコン』2巻10章で描写しているように，この当時の司教座付属学校は，大学が形成される以前の時期の知的中心として活況を呈していた。

2）J. Le Goff, *Les intellectuels au moyen âge*, Paris 1957, pp. 53-60.（ジャック・ルゴフ『中世の知識人——アベラールからエラスムスへ』柏木英彦，三上朝造訳，岩波書店，1977年，68-77頁）

3）C. Morris, "Zur Verwaltungsethik: Die Intelligenz des 12. Jahrhunderts im politischen Leben," *Saeculum*, 24 (1973), pp. 241-250.

4）P. Gennrich, *Die Staats-und Kirchenlehre Johanns von Salisbury*, Gotha 1874, pp. 149-150. また，同様の見方として，Cf. O. von Gierke, *Political Theories of the Middle Age*, Cambridge, Mass. 1900, pp. 11-12, 105.

5）J. Spörl, *Grundformen hochmittelalterlicher Geschichtsanschauung: Studien zum Weltbild der Geschichtsschreiber des 12. Jahrhunderts*, München 1935, pp. 73-113.

6）G. Post, *Studies in Medieval Legal Thought*, Princeton 1964, pp. 494-561.

7）H. Liebeschütz, *Medieval Humanism in the Life and Writings of John of Salisbury*, London 1950, pp. 34-44.（邦訳，70-90頁）

8）J. B. Morall, *Political Thought in Medieval Times*, London 1958, pp. 68-69, 79-80.（邦訳，J. B. モラル『中世の政治思想』柴田平三郎訳，未来社，1975年，90-91，105-106頁）

9）G. Post, *op. cit.*, pp. 494-561.

10）*Ibid.*, pp. 514-516. W. Berges, *op. cit.*, pp. 43-46.

11）G. Post, *op. cit.*, p. 517. カルキディウスにおけるこの観念については，cf. J. H. Waszink (ed.), *Timaeus a Calcidio translatus commentarioque instructus*, London & Leiden 1962, p. 73: Omnia enim quae sunt uel dei opera sunt uel naturae uel naturam imitantis hominis artificis. ここで「すべてのものは，神の作品か，自然の作品か，自然を模倣する職人たる人間の作品である」といわれるが，これはコンシュのギヨームによって繰り返された。ジョンにこの観念を伝えたのはギヨームと思われる。Cf. É. Jeauneau (ed.), *Guillaume de Conches. Glosae super Platonem,* Paris 1965, p. 104: Et sciendum quod omne opus uel opus Creatoris, uel naturae, uel artificis imitantis naturam.

12）G. Post, *op. cit.*, pp. 518-519. *Metalogicon,* I-1, p. 12: Omnibus autem recte sapientibus indubium est quod natura clementissima parens omnium et dispositissima moderatrix, inter cetera quae genuit animantia, hominem priuilegio rationis extulit, et usu eloquii insigniuit,——; I-11, p. 29: Natura enim quamuis uiuida, nisi erundiatur, ad artis facilitatem non peruenit, Artium tamen omnium parens est, eisque, quo proficiant et perficiantur, dat nutriculam rationem.; I-14, p. 33: Ceterum cum haec ad placitum sit, non a

natura uidetur esse profecta. ——eique in omnibus, quantum potest studet esse conformis.

13) *Policraticus*, V-9, vol. 1, p. 322; VI-21, vol. 2, pp. 59-60.

14) G. Post, *op. cit.*, pp. 521ff.

15) *Ibid.*, pp. 535-552.

16) *Ibid.*, pp. 552-561.

17) アリストテレスでは，個々の事物の「自然」は，外在的な原因による変化に対比されるものとして，その自己実現，つまり自発的な成長と活動の内在的な原因または自動的な原理として考えられる。それは同時に，事物の終局的な目的でもある。Cf. A. O. Lovejoy & G. Boas, *Primitivism and Related Ideas in Antiquity*, Baltimore 1935, p. 450. 樺山紘一『ゴシック世界の思想像』（岩波書店，1976年）117-118頁，参照。

18) J. H. Waszink (ed.), *op. cit.*, p. 324: idea scilicet, quae exemplum est rerum omnium quas natura pregenuit. ——quod uero ex his duobus est prolix, generatae scilicet speciei. Cf. G. Economou, *The Goddess Natura in Medieval Literature,* Cambridge, Mass. 1972, pp. 20-24.

19) J. Willis (ed.), *Ambrosii Theodosii Macrobii Commentarii in Somnium Scipionis,* Leipzig 1963, Comm., 1, 6, 63, p. 30: verum semine semel intra formandi hominis monetam locato hoc primum artifex natura molitur ut die septimo folliculum circumdet umori ex menbrana tam tenui——.

20) E. R. Curtius, *Europäische Literatur und lateinisches Mittelalter,* Bern 1948, pp. 114-135.（E. R. クルツィウス『ヨーロッパ文学とラテン中世』南大路振一，岸本通夫，中村善也訳，みすず書房，1971年，153-184頁）

21) P. Dronke (ed.), *Bernardus Silvestris. Cosmographia*, Leiden 1978, Megacosmus, IV, 14, p. 120: Sicut enim divine voluntatis semper est pregnans sic exemplis eternarum quas gestat Imaginum Noys Endelichiam, Endelichia Naturam, Natura Imarmenen quid mundo debeat informavit. Substantiam animis Endelichia subministrat; habitaculum anime, coprpus, artifex Natura de initiorum materiis et qualitate conponit——.

22) *Ibid.*, Microcosmus, XI, 1, p. 142: Trina igitur tribus superincunbit opera, cuique sua——. Compositio anime: ex Endelichia, et virtutum edificatione: corporis, ex materie preparatione; utrorumque corporis et anime formativa concrecio, de celestis ordinis emulatione. Prior igitur ad Uraniam, secunda ad Physim, tertia ad te, O Natura, dinoscitur pertinere. 『コスモグラフィア』は，1147年から1148年の間に書かれたと推定される。この著書がシャルトルのティエリに献呈されていることからわかるように，ベルナルドゥスはシャルトル学派の影響を強く受けている。Cf. *Ibid.*, pp. 1ff. P. Dronke, "Bernard Silvestris. Natura and Personification," *JWCI*, 43 (1980), pp. 16-31. T. Silverstein, "The fabulous Cosmogony of Bernardus Silvestris," *Modern Philology*, 46 (1948), pp. 92-116.

23) N. M. Häring (ed.), "Alan of Lille, De Planctu Naturae," *Studi Medievali, 3e Série,* 14 (1978), p. 826: Ego illa sum, que ad exemplarem mundanae machine similitudinem himinis exemplaui naturam, ut in ea uelut in speculo ipsius scripta natura compareat. シェリダン

によれば，『自然の嘆き』は，およそ1160年から1165年の間に書かれたものと推定されている。Cf. J. J. Sheridan, *Alan of Lille. The Plaint of Nature*, Toronto 1980, pp. 31–35.

24) N. M. Häring (ed.), "Alan of Lille, De Planctu Naturae,", p. 831: O dei proles genitrixque rerum,/vinculum mundi stabilisque nexus./――/Que, Noys puras recolens ideas,/singulas rerum species monetas./Rem togans forma clamidemque forme/Pollice formam. Cf. G. Economou, *op. cit.*, pp. 72ff. H. M. Nobis, "Die Umwandlung der mittelalterlichen Naturvorstellung," *Archiv für Begriffsgeschichte*, vol. 13, Bonn 1969, p. 39.

25) N. M. Häring, "The Creation and Creator of the World According to Thierry of Chartres and Clarenbaldus of Arras," *ADLM*, 22 (1955), p. 202: Mundus iste ex contrariis elementis coniunctus est, calidis, frigidis, humidis, siccis. Natura ergo uel casus uel artifex haec tam adversantia sibi coniunxit.

26) *Policraticus*, II–1, vol. 1, p. 66: Nichil etenim est uel fit, cuius ortum legitima causa et ratio non praecedant; et, ut alius ait, nichil fit in terra sine causa.――constat itaque quia artificis naturae manum nichil euadit. Policraticus, II–18, vol. 1, p. 105: Et primo substantiam, quae omnibus subest, acutius intuetur, in qua manus naturae probatur artificis――. *Metalogicon*, I–8, p. 25: Est autem natura, ut quibusdam placet, ――licet eam sit definire difficile, uis quaedam genitiuarebus omnibus insita ex qua facere uel pati possunt. Genitiua autem dicitur, eo quod ipsam res quaeque contrahat a causa suae generationis, et ab eo quod cuique est principium existendi. *Metalogicon*, I–8, pp. 24–25: Nam et hec ipsa prima natur est, auctore Platone, qui sicut Victorinus et alii multi testantur, certissimam omnium rerum naturam esse asseruit diuinam uoluntatem.

27) ポウストはジョンのほかに，注目すべき例としてリールのアランもあげる。Cf. G. Post, *op. cit.*, pp. 520–521.

28) *Ibid.*, p. 538, Placentinus Summa Inst. I. 2. De iure naturali: "Ius naturale est 'quod'――'Natura', id est, deus quia facit omnia nasci; unde Oui (dius), 'hanc deus et melior――."

29) O. von Gierke, *op. cit.*, pp. 7–8.

30) *Ibid.*, pp. 22ff. A. H. Chroust, "The Corporate Idea and Body Politic in the Middle Age," *Review of Politics*, 9 (1947), pp. 423–426.

31) R. Allers, "Microcosmus. From Anaximandros to Paracelsus," *Traditio*, 2 (1944), pp. 321–322.

32) Honorius Augustodunensis, "Elucidarium," in; *MPL*, vol. 172, col. 1116 b–c: De quatuor elementis: unde et microcosmus, id est minor mundus dicitur: habet namque ex terra carnem ex aqua sanguinem, ex aere flatum, ex igne calorem. Caput ejus est rotundum, in coelestis sphaerae modum: in quo duo oculi ut duo luminaria in coelo micant; quod etiam septem foramina, ut septem coelum harmoniae ornant. Pectus, in quo flatus et tussis versantur, simulat aerem, in quo venti et tonitrua concitantur. Venter omnes liquores, ut mare omina flumina recipit. Pedes totum corporis pondus, ut terra cuncta,

sustinent; col. 1116c: Ex coelesti igne visum, ex superiore aere auditum, ex inferiore olfactum, ex aqua gustum, ex terra habet tactum. Participiumduritiae lapidum habet in ossibus, vigorem arborum in unguibus, decorum graminum in crinibus, sensum cum animalibus: haec est substantia corporalis. Cf. M. Kurdzialek, "Der Mensch als Abbild des Kosmos," in; A. Zimmermann (ed.), *Der Begriff der Repraesentatio im Mittelalter*, Berlin 1971, pp. 51ff. M. T. d'Alverny, "Le cosmos symbolique du XIIe siècle,"*ADLM*, 20 (1953), pp. 31-81.

33) Alanus de Insulis, "Liber in distinctionibus dictionum theologicalium," in; *MPL*, vol. 210, col. 755a: homo qui habet similitudinem cum omni creatura, esse cum lapidibus, vivere cum herbis, sentire cum brutis, ratiocinari cum angelis.

34) N. M. Häring (ed.), "Alan of Lille, De Planctu Naturae," p. 826: Sicut enim quatuor elementorum concors discordia, unica pluralitas, consonantia dissonans, ——inequalis equalitas, difformis conformitas, diuersa idemptias, edificium corporis humani conpaginat.

35) プラトン『ティマイオス』(種山恭子訳,『プラトン全集・第12巻』, 32, 57-58頁, 岩波書店, 1975年). Cf. R. Allers, *op. cit.*, pp. 351ff.

36) É. Jeauneau (ed.), *op. cit.*, p. 148: Quando quidem Deus voluit mundum fieri animal intelligens, intelligens autem sine anima esse non poterat, ergo excogitavit animam.

37) P. Dronke (ed.), *Bernardus Silvestris. Cosmographia*, Megacosmus IV, 8-9, p. 118: Mundus quidem est animal. Verum sine anima substantiam non inuenias animalis. De terra porro pleraque consurgunt, sed sine vegetatione non stirpea, non plantaria, non cetera conpubescunt. Ex mentis igitur vita, silve spiritu, Anima mundi, mundialium vegetatione, rerum eternitas coalescit. In deo, in Noy scientia est, in celo ratio, in sideribus intellectus.——In magno vero animali cognitio viget et sensus, causarum precedentium fomitibus enutritus.

38) *Ibid.*, Microcosmus, XIII, 10, p. 148: In minori mundo, homine, Physis intelligit non errandum, si maioris mundi similitudinem sibi sumpserit in exemplum.

39) R. Allers, *op. cit.*, pp. 367-369. M. Kurdzialek, *op. cit.*, pp. 66-67.

40) ジョノーによれば, ギヨームはマクロビウスの『スキピオの夢への註釈』に対する注釈で (Glosae super Macrobium, Com. I, I, i, in; Cod. Bernen., 266, fol. Ir-Iv.), 国家と人体の比較を行っている。É. Jeauneau (ed.), *op. cit.*, p. 75: Plato voluit in r(e) p(ublica) esse quosdam inperantes Providentes ut senatum, quosdam pugnantes ut milites, quosdam servientes ut plebem, ——Ita sub militibus sunt cupedenarii, sutores, pelliparii et ceteri artifices. Ad ultimum sunt pedes. Sic extra muros in suburbio sunt agricole ad colenda rura. Cf. T. Struve, *Die Entwicklung der organologischen Staatsauffassung im Mittelalter*, Stuttgart 1978, pp. 116-119.

41) J. W. Jones & E. F. Jones (eds.), *The Commentary on the First Six Books of the Aeneid of Virgil Commonly Attributed to Bernardus Silvestris. A New Critical Edition,* Lincoln & London 1977, p. 109: Et secundum hoc dicimus mundum qui a Iove regitur

hominem qui ab anima movetur. Unde microcosmus i. e. minor mundus dicitur——. Divinum autem opus est mundus, res autem publica adeo est eius forma quae etiam alter mundus dicitur.

42) *Ibid.*, p. 109: Sicut enim mundus quattuor habet regiones et unaquaque habet suum ornatum, sic et civitas per quattuor a politicis divisa est et sicut in celsa regione sunt rationabiles substantie et in infima brute, sic et in civitate. In arce enim Plato et Socrates ponunt philosophos, in secundo loco milites, in tercio cupidinarios, in suburbio agricolas.

43) *Ibid.*, pp. 15-16: Iterum quemadmodum in civitate sunt quattuor mansionum divisiones et quattuor hominum ordines mansiones illas incolentes ita quoque in humano corpore quattuor sunt mansiones et potentie sedem in illis habentes. Prima civitatis mansio est arcs, quam sapientes incolunt; ita in corpore prima et eminentior mansio et arx corporis est caput, in quo sapientia sedem habet, in eo sunt instrumenta sensuum et tres ingenii et rationis et memorie cellule. Secunda civitatis mansio est militum: ita secunda corporis mansio est animositatis in corde, scilicet quemadmodum illa est animosorum. Tercia mansio civitatis est cupidinariorum: ita tertia est in corpore cupiditatis; hec autem est in renibus. In ultimo civitatis est suburbium, sedes agricolarum, ita in extremo corporis sunt manus et pedes ad agendum. Ideoque civitas corpus dicitur.

44) N. M. Häring (ed.), "Alan of Lille, De Planctu Naturae," pp. 827-828: Huius ergo ordinatissime rei publicae in homine resultat simulacrum. In arce enim capitis imperatrix Sapientia conquiescit——. Renes uero tanquam suburbia cupidinariis uoluptatibus partem corporis largiuntur extremam——.

45) E. H. Kantorowicz, *The King's Two Bodies. A Study in Medieval Political Theology*, Princeton 1957, pp. 193ff.（邦訳，エルンスト・カントーロヴィチ『王の二つの身体』小林公訳，平凡社，1992年，201頁以下）

46) M. Kerner, *op. cit.*, pp. 179-181. また，ローマ法における有機体比較については，参照，H. Fitting, *Juristische Schriften des frühen Mittelalters,* Halle 1876, p. 148: Princeps quasi primum caput——post principem sunt illustres, qui sunt quasi occuli imperatoris, post illustres sunt spectabiles quasi manus——.

47) F. Kern, *Recht und Verfassung im Mittelalter*, Basel 1952.（邦訳，フリッツ・ケルン『中世の法と国制』世良晃志郎訳，創文社，1968年）

48) J. B. Morall, *op. cit.*, pp. 44-58.（邦訳，未来社版，57-76頁）

49) S. Kuttner, "Sur les origines du terme 'droit positif'," *Revue historique de droit français et étranger, 4e Série,* 15 (1936), pp. 728-740.

50) J. H. Waszink (ed.), *op. cit.*, pp. 59-60: Igitur cum in illis libris quaesita atque inuenta uideretur. Esse iustitia quae uersaretur in rebus humanis——. Ex quo apparet in hoc libro principaliter Illud agi. Contemplationem considerationemque institui non positiuae sed naturalis illius iustitiae atque aequitatis——.

51) É. Jeauneau (ed.), *op. cit*, p. 59: Iusticia enim alia positiva, alia naturalis. Et est

positiva que ab hominibus est inventa ut suspensio latronum etc. Naturalis vero que non est ab homine inventa ut dilectio parentum et similia.

52) *Ibid.*, p. 59: Sed quoniam positiva iusticia circa instituta rei publice maxime apparet, in tractatu de ea ad rem publicam se transtulit ut circa eam iusticiam ostenderet. ——Sed quoniam* illa circa creationem mundi maxime apparet, ad illam se transfert. Unde possumus dicere quod materia huius libri est naturalis iusticia vel creatio mundi. De ea enim propter naturalem iusticiam agit. ジョノーによれば，＊の部分は，写本Bでは次のようになっている。*Ibid.*, p. 59: legalis positivaque iusticia ex naturalis ratione iusticie suam traxit originem, ob id naturalem iusticiam se deflectens de eadem tractavit. この場合，「実定的正義」が「自然的正義」の似姿であることが明確に述べられる。

53) S. Gagnér, *op. cit.*, pp. 214ff.

54) Hugo de S. Victore, “De eruditione didascalicae,” in; *MPL*, vol. 176, col. 766b: Ethicae inventor Socrates fuit, de qua XXIV libros secundum positivam justitiam tradidit. Deinde Plato discipulus ejus libros multos de republica secundum ultramque justitiam, naturalem scilicet et positivam, conscripsit; col. 805c: In illa enim naturalis justitia est, ex qua disciplina morum nostrorum, id est positiva justitia nascitur. またシャルトルのティエリも同様に，この法の対観念を使っている。Cf. Ph. Delhaye, “L’enseignement de la philosophie morale au XIIe siècle,” *Medieval Studies*, 11 (1949), p. 98.

55) Petrus Abaelardus, “Dialogus inter philosophum, Judaeum et christianum,” in; *MPL*, vol. 178, col. 1656b: Oportet autem in his quae ad justitiam pertinent non solum naturalis, verum etiam positivae justitiae tramitem non excedi. Jus quippe aliud naturale, aliud positivum dicitur.

56) *Ibid.*, col. 1655b-c: Naturale quidem jus est quod opere complendum esse ipsa quae omnibus naturaliter inest ratio, persuadet, et idcirco apud omnes permanet ut Deum colere parentes amare, perversos punire,——. Positivae autem justitiae illud est, quod ab hominibus institutum, ad utilitatem scilicet vel honestatem tutius muniendam.

57) E. Friedberg (ed.), *Corpus Iuris Canonici: Pars Prior Decretum Magistri Gratiani*, Leipzig 1879, rep. Graz 1959. p. 1: D. i. Gratianus. Humanum genus duobus regitur, naturali videlicet jure et moribus. Jus naturae est, quod in lege et evangelio continentur, quo quisque jubetur alii facere, quod sibi vult fieri, et prohibetur alii inferre, quod sibi nolit fieri. Cf. R. W. &A. J. Carlyle, *A History of Medieval Political Thought in the West*, London 1903-1936, vol. 2, pp. 96ff.

58) S. Kuttner, *op. cit.*, pp. 730-733.

59) クットナーによれば，逸名のフランスの前期教会法学者《デクレティスト》が1185年頃に書いた『教令集』の最初の部分への注釈で，次のように「実定法」の観念が『ティマイオス』に由来していることが明確に述べられる。*Ibid.*, p. 733. “——dicitur et generali vocabulo mos prout nomen moris in primo cap. huius distinctionis sumitur; hoc autem apud pl’onem in thimeo ius positivum dicitur——.” (pl’onem = platonem) また13世紀初めには，この対観

念はボローニャでも知られていた。

60） S. Gagnér, *op. cit.*, pp. 221-232.

61） E. H. Kantorowicz, *op. cit.*, pp. 94-97.（邦訳，平凡社版，119-121頁）

62） *Ibid.*, pp. 97ff.（邦訳，平凡社版，121頁以下）

63） *Ibid.*, pp. 107-108.（邦訳，平凡社版，131-133頁以下）「正義の寺院」の比喩は，『法の正確さの問題（Quaestiones de iuris subtilitatibus)』の序にある。Cf. H. Kantorowicz, *Studies in the Glossators of the Roman Law*, Cambridge 1938, pp. 183ff.

64） 初期中世の「君主の鑑」については，Cf. H. H. Anton, *Fürstenspiegel und Herrscherethos in der Karolingerzeit,* Bonn 1968. 十二世紀以降のものについては，Cf. W.. Berges, *op. cit.*

65） *Ibid.*, pp. 1ff. C. Morris, *op. cit.*, p. 244.

66） 『ポリクラティクス』の副題は，「宮廷人の愚行と哲学者の足跡（de nugis curialiumet vestigiis philosophorum)」であるが，リーベシュッツに従えば，1巻から6巻までが「宮廷人の愚行」について論じられる部分であり，7巻と8巻が「哲学者の足跡」の部分にあたる。前者において，同時代の宮廷人の生活における愚行が批判され，後者で，その批判が古典に従い，哲学的に正当化される。さらに1巻から6巻までは，内容的に1巻から3巻までと，4巻から6巻までに分けることができる。1巻から3巻までの主要な内容は，宮廷人の私的愚行としての狩猟，音楽，演劇，魔術，占星術などの批判である。また4巻から6巻までは，君主と廷臣の公的な統治行為と，社会全体について論じられており，ジョンの政治社会論の中心をなす。さらに，固有の意味で「君主の鑑」といわれるべき部分は4巻であり，そこでは『申命記』への注釈の形で君主のあるべき姿が述べられる。Cf. H. Liebeschütz, *op. cit.*, pp. 15, 23-33.（邦訳，51-69頁）

67） W. Berges, *op. cit.*, pp. 40-52. ベルゲスによれば，『ポリクラティクス』は，十二世紀の古典の復活にもとづき，新しい政治倫理の議論を内包する「君主の鑑」とされる。そこでは，伝統的な「君主の鑑」が扱ってきた君主への個人的・道徳的教示を超えて，包括的な政治倫理が表明されている。

68） H. Liebeschütz, *op. cit.*, pp. 23-26, 34-37.（邦訳，51-57,70-77頁）

69） Cf. W. Kleineke, *Englische Fürstenspiegel von Policraticus Johanns von Salisbury bis zumBasilikon Doron Konig Jacobs I.*, Halle 1937, pp. 25, 32-33. P. Delhaye, "Le bien supreme d'après le Policraticus de Jean de Salisbury," *Recherche théologique ancienne et médiévale,* 20 (1950), pp. 203-221. ジョンにおける倫理的目標が「至福」であり「生の安寧」であることについて，*Policraticus,* VII-8, vol. 2, p. 118: Illud autem quo omnium rationabilium uergit intentio uera beatitudo est; III-1, vol. 1, p. 171: Nichil enim homini praestantius uita eius, incolumitate uitae nichil salubrius. 国家の目標としての公的福利が「生の安寧」とされる箇所は，*Policraticus,* III-1, vol. 1, p. 171: Est igitur salus publica, quae universos fouet et singulos, incolumitas uitae.

70） J. Dickinson, "The Mediaeval Conception of Kingship and its Limitations, as developed in the Policraticus of John of Salisbury," *Speculum*, 1 (1926), pp. 335ff. M. Kerner,

op. cit., pp. 189-190, 205-209.

71) ジョンのローマ法の知識に多大な貢献をした者として，ボローニャの註釈学派の一人ヴァカリウスがあげられる。ジョンは1140年代の後半に，カンタベリ大司教のもとでヴァカリウスと接触をもったと考えられる。ヴァカリウスは，ローマ法学の学問的知識を初めてイングランドに伝えたとされる人物である。また教会法については，カンタベリ大司教のもとに奉職し教皇庁をたびたび訪れたジョンは，容易にその知識を得ることができたであろう。Cf. H. Liebeschütz, "Chartres und Bologna, Naturbegriff und Staatsidee bei Johannes von Salisbury," *Archiv für Kulturgeschichte*, 50 (1968), pp. 24ff. M. Kerner, *op. cit.*, pp. 156-157.

72) *Policraticus*, VIII-17, vol. 2, p. 345: Porro lex donum Dei est, aequitatis forma, norma iustitiae, diuinae uoluntatis imago, salutis custodia, anio et consolidatio populorum, regula officiorum, exclusio et exterminatio uitiorum, uiolentiae et totius iniuriae pena.

73) *Policraticus*, IV-4, vol. 1, p. 244: Quod diuinae legis auctoritate constat principem legi iustitiae esse subiectum. ――At ne ipsum principem usquequaque solutum legibus opineris, audi quam legem imponat principibus Rex magnus super omnem terram terribilis et qui aufert spiritum principum. このように神の法の権威により君主が拘束されることが述べられた後，続いて，神の法として君主に課せられる法として「申命記」が言及される。つまり，神の法とは，第一に聖書の規定である。また，他のところで，コンスタンティヌス，テオドシウスらのキリスト教徒の皇帝が，後世のキリスト教徒の君主のために教えを与えていることが語られ，それが「最も神聖な法」つまりローマ法であることが指摘される。*Policraticus*, IV-6, vol. 11, p. 253: In eo namque praecipuam operam dabant, ut sacratissimae leges, quae constringunt omnium uitas scirentur et tenerentur ab omnibus, nec illarum esset quisquam ignarus――. Cf. G. Miczka, *Das Bild der Kirche bei Johannes von Salisbury*, Bonn 1970, pp. 56-66.

74) *Policraticus*, IV-6, vol. 1, p. 251: Omnium legum inanis est censura, si non diuinae legis imaginem gerat.

75) *Entheticus*, 1517-1522., vol. 1, p. 203: Lex divina bonis vivendi sola magistra, / non veterum ritus, qui ratione carent. /――/ Lex humana, Dei si sit contraria legi, / auctorem damnat, quo pareunte perit.

76) *Policraticus*, IV-1, vol. 1, p. 237: Digna siquidem uox est, ut ait Imperator, maiestate regnantis se legibus alligatum principem profiteri――ut nichil sibi princeps licere opinetur, Quod a iustitiae aequitate discordet. これは，T. Mommsen, etc. (eds.), *Corpus Iuris Civilis*, 12th ed. Berlin 1954, vol. 2, codex Iustinianus, p. 68, Cod. I, 14, 4. にもとづく。

77) *Policraticus*, IV-2, vol. 1, p. 237: Nec in eo sibi princeps detrahi arbitrentur, nisi iustitiae suae statuta praeferenda crediderint iustitiae Dei, cuius iustitia in eum est, et lex eius aequitas.

78) *Policraticus*, IV-2, vol. 2, p. 237: Porro aequitas, ut iuris periti asserunt, rerum conuenientia est, quae cuncta coaequiparat ratione et imparibus rebus paria iura desiderat,

in omnes aequabilis, tribuens unicuique quod suum est. 12世紀から13世紀初めにかけて，註釈学派のロゲリウス，プラケンティヌス，アゾらに共通する「衡平」の観念は，次のようなものであり，ジョンもそれに従ったと考えられる。“Aequitas est rerum convenientia quae paribus in causis paria jura desiderat.”［衡平とは，同じ訴訟に同じ法を求める事物の調和である。］Cf. R. W. & A. J. Carlyle, *op. cit.*, vol. 2, pp. 7–12.

79） *Policraticus*, IV–2, vol. 1, p. 237: Lex uero eius interpres est, utpote cui aequitatis et iustitiae uoluntas innotuit. Vnde et eam omnium rerum diuinarum et humanarum compotem esse Crisippus asseruit, ideoque praestare omnibus bonis et malis et tam rerum quam hominum principem et ducem esse.

80） *Policraticus*, IV–2, vol. 1, p. 237: Lex omnis inuentio quidem est et donum Dei, dogma sapientum, correctio uoluntariorum excessuum, ciuitatis compositio, et totius criminis fuga; secundum quam decet uiuere omnes qui in politicae rei uniuersitate uersantur.

81） *Policraticus*, IV–2, vol. 1, p. 238: Princeps tamen legis nexibus dicitur absolutus, non quia ei iniqua liceant, sed quia is esse debet, qui non timore penae sed amore iustitiae aequitatem colat, rei publicae procuret utilitatem, et in omnibus aliorum commoda priuatae praeferat uoluntati. Sed quis in negotiis publicis loquetur de principis uoluntate, cum in eis nil sibi uelle liceat, nisi quod lex aut aequitas persuadet aut ratio communis utilitatis inducit? Cf. G. Post, *op. cit*, pp. 259–260. ポウストは，ジョンの「国家の利益（reipublicae utilitas）」，「公共の利益の理性（ratio communis utilitatis）」といった言葉のなかに，一種の中世的な「国家理性」の論理をみいだそうとする。これはポウストにとり，彼の「国家の自然性」にかんする理論の傍証となっている。

82） *Policraticus*, IV–7, vol. 1, p. 259: Sunt autem praecepta quaedam perpetuam habentia necessitatem, apud omnes gentes legitima et quae omnino impune solui non possunt.

83） *Policraticus*, IV–7, vol. 1, p. 259. このことが，自然法の定義として『教令集』に述べられていることについては，注(57)参照。

84） *Policraticus*, IV–7, vol. 1, p. 259: Procedant nunc dealbatores potentum, susurrent aut, si hoc parum est, publice praeconentur principem non esse legi subiectum, et quod ei placet, non modo in iure secundum formam aequitatis condendo, sed qualitercumque, legis habere uigorem——. Nec tamendispensationem legis subtraho manibus potestatum, sed perpetuam praeceptionem aut prohibitionem habentia libito eorum nequaquam arbiter subponenda. In his itaque dumtaxat quae mobilia sunt, dispensatio uerborum admittitur. Ita tamen ut compensatione honestatis aut utilitatis mens legis integra conseruetur. ケルナーによれば，ジョンがここで使っている観念は，シャルトルのイヴォから受け継いだものである。Cf. M. Kerner, *op. cit.*, pp. 155–157.

85） *Metalogicon*, II–Prologus, p. 60: Nam et leges ciuium ab humana constituitone plerumque uigorem sumunt; et quod publice utilitati creditur expedire, naturali iusticie

coequatur. ジョンは「実定的正義（iustitia positiva)」という言葉も受け入れている。*Policraticus*, VIII-8, vol. 2, p. 274: Sobria enim sunt et omni luxuria castigata non impediunt. Socratem ne positiuam iustitam exequatur, a naturalis inquisitione Platonem non reuocant――. ここでも，コンシュのギヨームでのように，国家の「実定的正義」について語るソクラテスと，『ティマイオス』で宇宙の「自然的正義」について探究するプラトンという，カルキディウスの『プラトン「ティマイオス」注釈』に起源をもつ対比が語られる。

86） 注(81)参照。

87） *Policraticus*, IV-2, vol. 1, p. 238: iudex etenim incorruptus est cuius sentential ex contemplatione assidua imago est aequitatis. Publicae ergo utilitatis minister et auquitatis seruus est princeps, et in eo personam publicam gerit, quod omnium iniurias et dampna sed et crimina omnia aequitate media punit.

88） E. H. Kantorowicz, *op. cit.*, pp. 94ff.（邦訳，平凡社版，117頁）また，この媒介者としての君主の性格についてジョンは，法のもとに生まれ，法のすべての正義を行いながらも自発的に法に服したキリストも引き合いに出して提示する。*Policraticus*, IV-6, vol. 1, p. 252: Attende quanta debeat. ――sicut Rex regum, factus ex muliere, factus sub lege, omnem impleuit legis, ei non necessitate sed uoluntate subiectus.

89） H. Liebeschütz, "John of Salisbury and Pseudo-Plutarch," *JWCI*, 6 (1943), p. 38. Id., "Das zwölfte Jahrhundert und die Antike," *Archiv für Kulturgeschichte*, 35 (1953), pp. 264-265.

90） W. Berges, *op. cit.*, pp. 40-48. ベルゲスの場合もポウストと同様に，シャルトル学派の宇宙論の影響が，ジョンに早熟のアリストテレス的自然主義をもたらしたとする。その議論は，「自然」の観念が明確にされていない点でポウストと同じである。また，リーベシュッツの議論は，Cf. H. Liebeschütz, "Chartres und Bologna. Naturbegriff und Staatsidee bei Johannes von Salisbury," pp. 19-21. さらにリーベシュッツは，ジョン自身が国家と人体との比較で典拠としたと述べている偽プルタルコスの『トラヤヌスへの教示』自体がジョンによる偽作であるとする。つまり，ロベルトゥス・プルスにならって構想した有機体論をプルタルコスに帰することで，自身の政治論に古典の権威を与えようとしたとされる。Id., "John of Salisbury and Pseudo-Plutarch," pp. 33-39. だが，プルスと関係づけるリーベシュッツの議論は説得力がない。なぜなら，リーベシュッツが例示するプルスの著作の部分では，国家の階層が三つの身分，つまり国王，戦士，農民・手工業者に分けられているものの，それらと人体の諸器官との比較はないからである。プルスにおいて現れる人体との比較は，魂と肉体という伝統的な教権と俗権についての比喩でしかない。Cf. T. Struve, *op. cit.*, pp. 126-127.

91） ジョンが『ポリクラティクス』で，国家と人体とを比較するとき典拠とする『トラヤヌスへの教示』は，ジョン自身はプルタルコスの著作としているものの，プルタルコスの名を騙った偽作であることは，今日まで一般的に受け入れられている説である。しかし，この作品が，誰によって，いかにして書かれたものなのかについては，これが12世紀にいたるまで，ジョンによってしか伝えられていないため推測の域を出ない。

ウェッブは，これがプルタルコスからの抜粋をもとにしたもので，内容から判断して，初期キリスト教時代に書かれた偽作と考えている。またリーベシュッツは，すでに指摘したようにジョン自身の偽作とする。これに対してケルナーは，デシデリの研究に従いながら，使われている官職用語などから，そのオリジナルな核が4世紀から5世紀にでき，その上に特殊中世的な聖職者を魂に比較する観念が叙任権闘争期に付与されたものと見ている。Cf. C. C. J. Webb, *John of Solisbury,* London 1932, p. 39. M. Kerner, "Zur Entstehungsgeschichte der Institutio Traiani," *DA*, 32 (1976), pp. 558–571. S. Desideri, *La Institutio Traiani,* Genova 1958, pp. 31ff.

92) *Policraticus*, V–2, vol. 1, p. 282: Est autem res publica, sicut Plutarco placet, corpus quoddam quod diuini muneris beneficio animatur et summae aequitatis agitur nutu et regitur quodam moderatione rationis.

93) *Policraticus*, VI–21, vol. 2, pp. 59–60: Scripserunt de re publica etsi diuerso modo Cicero et Plato, cum alter qualis esse debeat disseruerit, alter qualis fuerit a maioribus instituta. Hanc tamen uterque et institutae et instituendae praescripsit formulam, ut uita ciuilis naturam imitetur quam optimam uiuendi ducem saepissime nominauimus. この最初の部分は，明らかにマクロビウスに従っている。Cf. J. Willis (ed.), *op. cit.*, 1–1, p. 1. "Inter Platonis et Ciceronis libros, quos de re publica uterque constituuit——, hoc interesse prima fronte perspeximus, quod ille rem publicam ordinavit, hic rettulit; alter esse deberet, alter esset a maioribus instituta disseruit."

94) *Policraticus*, VI–21, vol. 2, p. 60: Quae sit autem naturae institutio, ipsa rationis expertia monstrare sufficiunt. Poetarum doctissimus Maro, ad quem Plutarchus suum destinat Traianum ut ciuilem uitam ab apibus mutuetur." これに続き，ウェルギリウスの『農耕詩』の蜜蜂の社会の描写が引用され，その後，次のようにいわれる。*Policraticus*, VI–21. vol. 2, p. 62: Rei publicae omnes auctores percurre, rerum publicarum reuole historias, uita ciuilis tibi rectius et elegantius nusquam occuret. Essentque proculdubio beatae ciuitates, si hanc sibi uiuendi praescriberent formam.

95) Alanus de Insulis, "Summa de arte praedicatoria," in; *MPL*, vol. 210, col. 150c: Natura convincat esse regem, quod ex aliis animalibus licet cognoscere quibus natura praefecit regem, ut apibus——. Cf. G. Post, *op. cit.*, pp. 520–521.

96) G. F. Warner (ed.), *De principis instructione liber. Giraldi Cambrensis Opera*, vol. 8, *RS*, no. 21, London 1891, p. 8: In apibus rex unus est; ——Nec solum in apibus, avibus aut brutis animalibus, verum in hominibus ingenio ingentibus et ratione principalis potestas est necessaria——. Item et Egessipus, 'Paucis praeesse natura dedit pluribus obtemperare——. ウェールズのジェラルド（1146年頃-1220年頃）のこの「君主の鑑」は，以前から書き続けられていたものだったが，1216年以前には完成していない。

97) Hugo de S. Victore, *op. cit.*, col. 815d: Quid de humani corporis compare loquar, ubi omnium membrorum juncturae tantam adinvicem servant concordiam, ut nullum omnino possit inveniri membrum, cuius officium alteri non videtur praestare adminiculum? Sic

omnis natura se diligit, et miro quodam modo plurium dissimilium et in unum redactorum concordia unam in omnibus harmoniam facit.

98) *Policraticus*, IV-1, vol. 1, p. 235: Vnde merito in eum omnium subditorum potestas confertur, ut in utilitate singulorum et omnium exquirenda et facienda sibi ipse sufficiat, et humanae rei publicae status optime disponatur, dum sunt alter alterius membra. In quo quidem optimam uiuendi ducem naturam sequimur, quae microcosmi sui, id est, mundi minoris, homonis scilicet, sensus uniuersos in capite collocauit, et ei sic uniuersa membra subiecit, ut omnia recte moueantur, dum sani capitis sequuntur arbitrium.

99) *Policraticus*, V-9, vol. 1, p. 322: Et forte ideo crates pectoris costarumque solidatem et externae cutis calaustrum natura dilligentissima parens curcumposuit intestinis, quo aduersus omnem exteriorem uiolentiam fierent tutiora, et eis quod necesse est ministrat, nec umquam sine salutissuae dispendio exterioribus exponuntur. Oportet autem in re publica hanc naturae opificis seruari imaginem et his necessariorum copiam de publico ministrari.

100) *Policraticus*, V-2, vol. 1, p. 282: Ea uero quae cultum religionis in nobis instituunt——. Porro, sicut anima totius habet corporis principatum, ita et hii, quos ille religionis praefectus uocat, toti corpori praesunt.

101) *Policraticus*, V-2, vol. 1, pp. 282-283: Princeps uero capitis in re publica optinet locum uni subiectus Deo et his qui uices illius agunt in terris, quoniam et in corpore humano ab anima uegetatur caput et regitur.

102) *Policraticus*, V-2, vol. 1, p. 283: Cordis locum senatus optinet, a quo bonorum operum et malorum procedunt initia.

103) *Policraticus*, V-2, vol. 1, p. 283: Quaestores et commentarienses (non illos dico qui carceribus praesunt, sed comites rerum priuatarum) ad uentris et intestinorum refert imaginem. Quae, si immensa auiditate congesserint et congesta tenacius reseruauerint, innumerabiles et incurabiles generant morbos, uitio eorum totius corporis ruina immineat. また注(101)参照。ここに出る，quaestor, commentariensis という官職名は，ローマ帝国末期の4世紀から5世紀に使われたものである。Cf. S. Desideri, *op. cit.*, pp. 31ff.

104) *Policraticus,* V-2, vol. 1. p. 283: Qui semper adsistunt principi, lateribus assimilantur.『ポリクラティクス』全体を貫くモチーフが，「宮廷人の愚行（nugae curialium)」に対する批判であるだけに，ジョンの君主の側近に対する批判はきびしい。*Policraticus*, V-10, vol. 1, p. 329: Quis est enim cui uirtutem non excutiant curialium nugae? Quis est tantus, quis tam solidus ut corrumpi non possit?

105) *Policraticus*, V-2, vol. 1, p. 283: Oculorum aurium et linguae officia sibiuendicant iudices et praesides prouinciarum. *Policraticus* V-11, vol. 1, p. 332: iudicem oportet esse religiosissimum et qui omne iniquum morte ipsa magis oderit——. Est itaque primum quod ex necessitate officii utrisque indicitur, ut iustitiae in omnibus pareatur et nichil eorum quae facienda sunt, fiat ad pretium.

106) *Policraticus*, V-2, vol. 1, p. 283: Officiales et milites manibus coaptantur; VI-1, vol. 2, p. 2: Manus itaque rei publicae aut armata est aut inermis. Armata quidem est quae castrensem et cruentam exercet militiam; inermis quae iustitiam expedit et ab armis feriando iuris militiae seruit——. Sicut enim alia sunt officia pacis, alia belli, ita eadem necesse est per alios et alios expediri.

107) *Policraticus*, V-2, vol. 1, p. 283: Pedibus uero solo iugiter inherentibus agricolae coaptantur, quibus capitis prouidentia tanto magis necessaria est, quo plura inueniunt offendicula, dum in obsequio corporis in terra gradiuntur, eisque iustius tegumentorum debetur suffragium, qui totius corporis erigunt sustinent et promouent molem. *Policraticus* VI-20, vol. 2, pp. 58-59: Pedes quidem qui humiliora exercent officia, appellantur, quorum obsequio totius rei publicae membra per terram gradiuntur. *Policraticus* VI-20, vol. 2, p. 59: Verumtamen quod generale est omnibus et singulis procuratur, ut legis scilicet limites non excedant et ad publicam utilitatem omnia referantur. Debent autem obsequium inferiora superioribus quae omnia eisdem uicissim debent necessarium subsidium prouidere.

108) *Policraticus*, VI-20, vol. 2, p. 59: Haec autem tot sunt ut res publica non octipedes sed et centipedes pedum numerositate transcendat, et quidem prae multitudine numerari non possunt, cum tamen non infinita sint per naturam, sed quia tam uariae figurae sunt ut nullus umquam officiorum scriptor in singulas species eorum specialia praecepta dederit.

109) *Policraticus*, I-4, vol. 1, pp. 31-32: Potest igitur uenatica esse utilis et honesta; sed ex loco, tempore, modo, persona, et causa. Persona namque uenustat studium, dum suo insistit officio etnon praeripit alienum. Nec est quod quemquam magis deceat, quam quod officio cuiusque magis accommodum est. —— Quid ergo michi et tibi cum uenatoris professione? Sua namque neglecta turpissimum est, quemque studiosius in aliena uersari. Quid ei cum priuato et rusticano fortasse studio, qui publicae auctoritatis insignibus fulget?

110) *Policraticus*, I-4, vol. 1, p. 32: Sic utique cum multa sint eiusdem corporis membra non omnia eidem actui seruiunt, sed sua sunt officia singulorum. Qui ergo tuum uenatori non cedis, cur illius usurpas officium? Nonne reputabis indignum, si ad regnum uel ad pontificium uenator aspiret? Cf. M. Kerner, *Johannesvon Salisbury und die logische Struktur seines Policraticus*, pp. 168-169. Id., "Natur und Gesellschaft bei Johannes von Salisbury," in; A. Zimmermann (ed.), *Soziale Ordnungen im Selbstverständnis des Mittelalters*, vol. 1, Berlin 1979, pp. 181-182. ケルナーによれば，ジョンの狩猟批判の背景にはヘンリ２世の宮廷における過度の狩猟の愛好があった。

111) *Policraticus*, I-4, vol. 1, pp. 34-35: Tunc etenim totum reipublicae corpus roboris sui integritate uigebit, tunc optimae compositionis specie uenustabitur et elegantis pulcritudinis decorem induet, si singula quaeque locum teneant sortita decenter, si fuerit officiorum non confusio sed distributio. Hoc ita, si optimam uiuendi ducem naturam sequimur.

112) *Policraticus*, VI-20, vol. 2, p. 59: Est enim quasi discalciata quando iniuriis exponitur, quo nichil potest ignominiosius esse gerentibus magistratum. Afflictus namque populus quasi principis podagram arguit et conuincit. また同様の表現として，*Policraticus*, V-2, vol. 1, p. 283: Pedum adminicula robustissimo corpori tolle, suis uiribus non procedet sed aut turpiter inutiliter et moleste manibus repet aut brutorum animalium ope mouebitur.

113) *Policraticus*, VI-20, vol. 2, p. 59: Tunc autem totius rei publicae salus incolumis praeclaraque erit, si superiora membra se impendant inferioribus et inferiora superioribus pari iure respondeant, ut singula sint quasi aliorum ad inuicem membra et in eo sibi quisque maxime credat esse consultum in quo aliis utilius nouerit esse prospectum.

114) *Policraticus*, V-7, vol. 1, pp. 308-309: Perinde est cum subditos opprimit magistratus, ac si caput corporis intumescat, ut a membris aut omnino aut sine molestia ferri non possit. Hanc autem passionem sine grauissimo dolore membrorum tolerari uel curari impossibile est. Si uero incurabilis fuerit passio, sic uiuere quam mori miserius est. ――percelebre est, et eam tunc demum recte procedere, cum caput eius se inutile esse cognoscit, nisi fideliter membris cohereat.

115) Helinandus Frigidi Montis monachus, "De bono regimine principis," in; *MPL*, vol. 212, col. 737c: Plato (inquit) cum subditos opprimunt magistratus. Perinde est illud, ac si caput corporis intumescat, ut a membris aut omnino, aut sine ingenti molestia ferri non possit. フロワモンのエリナン（1170年頃-1235年）は，1200年頃フランス王フィリップ2世のために書いたこの著作で，ジョンの国家と人体の比較をまったくそのまま模倣した。*Ibid.*, col. 740a-b.

116) G. F. Warner (ed.), *op. cit.*, p. 105: Princeps dicitur quasi primum caput. Sicut enim hominis seu cujuslibet animalis caput non solum sibi aut videt aut audit――. Sed nec sibi vivere tenetur, immo suis. Quod enim caput sine membris, hoc princeps sine subjectis.

117) *Policraticus*, VIII-17, vol. 2, p. 348: Habet enim et res publica impiorum caput et membra sua, et quasi ciuilibus institutis legittimae rei publicae nititur esse conformis. .

118) *Policraticus*, VIII-17, vol. 2, pp. 348-349: Caput ergo eius tirannus est imago diaboli; anima heretici scismatici sacrilegi sacerdotes et, ut uerbo Plutarchi utar, praefecti religionis, impugnantes legem Domini; cor consiliarii impii, quasi senatus iniquitatis; oculi, aures, lingua, manus inermis, iudices et leges, officiales iniusti; manus armata, milites uiolenti, quos Cicero latrones appellat; pedes qui in ipsis humilioribus negotiis praeceptis Domini et legittimis institutis aduersantur.

119) *Policraticus*, VI-24, vol. 2, pp. 71-72: Ait ergo. Accidit ut aduersus stomachum membra omnia totius corporis conspirarent tamquam aduersus eum qui uoracitate sua labores omnium exhauriret――. Qui stomachum regem totius corporis esse contendunt, uera niti ratione uidentur.

120) *Policraticus*, IV-4, vol. 1, p. 246: Hoc utique principem non oportet, qui officiis ita

sibi omnium uincit affectus, ut quisque subditus pro eo periculis imminentibus caput opponat, cum etiam urgente natura se pro capite soleant membra exponere, et pellem pro pelle et cuncta quae homo habet, ponat pro anima sua.

121） R. B. C. Huygens (ed.), "Dialogus inter regem Henricum et abbatem Bonvallis. Un écrit de Pierre de Blois réédite," *Revue Bénédictine*, 68 (1958), p. 99: Non uidetur illicitum quod michi est a natura permissum——. Cf. G. Post, *op. cit.*, p. 558. これもポウストにとり，彼の「国家の自然性」の論拠のひとつにされている。

122） Honorius Augustodunensis, "Liber duodecim quaestionum," in; *MPL*, vol. 172, col. 1179b: Summus namque opifex universitatem quasi magnam citharam condidit, in qua veluti varias chordas ad multiplices sonos reddendos posuit——. Cf. M. -D. Chenu, *La théologie au douzieme siècle*, Paris 1976, pp. 23-24.

123） *Policraticus*, IV-8, vol. 1, p. 264: Si enim citharedus aliique fidicines multa diligentia procurant quomodo oberrantis cordae compescant uitium, et eandem aliis unanimem reddant, faciantque dulcissimam dissidentium consonantiam, cordis non ruptis sed tensis proportionaliter uel remissis; quanta sollicitudine oportet principem moderari nunc rigore iustitiae, nunc remissione clementiae, ut subditos faciat quasi unanimes esse in domo et quasi discordantium in ministerio pacis et caritatis operibus unam faciat perfectam et maximam armoniam?

124） R. W. & A. J. Carlyle, *op. cit.*, vol. 3, pp. 125-146.

125） W. M. Lindsay (ed.), *Isidori Hispalensis Episcopi Etymologiarum sive originum. libri XX*, Oxford 1911, rep. 1957, vol. 1, Liber I, XXIX, 3: Reges a regendo vocati——. *Ibid.*, col. 344a-b: Tyranni Graece dicuntur——. Jam postea in Usum accidit tyrannos vocari pessimos atque improbos reges——. Cf. R. W. &A. J. Carlyle, *op. cit.*, vol. 1, pp. 172-173.

126） 叙任権闘争期の著名な政論家のうち，たとえばフルーリのユーグは俗権の立場から，国王の職務が正義と衡平の維持であり，それを守らない国王は暴君となり権力を失うとした。またラウテンバッハのマネゴルドは王と暴君を区別し，暴君的な支配者は人民の服従を要求できないと語る。Cf. *Ibid.*, vol. 3, pp. 132-136.

127） W. Ullmann, "The Influence of John of Salisbury on Medieval Italian Jurists," *EHR*, 59 (1944), pp. 384-392.

128） J. Dickinson, "The Mediaeval Conception of Kingship and Some of its Limitations, as Developed in the Policraticus of John of Salsibury," pp. 325-335.

129） M. J. Massey, "John of Salisbury. Some Aspects of his Political Philosophy," *Classica et medievalia*, 28 (1967), pp. 365-369.

130） E. Schubert, *Die Staatslehre Johanns von Salisbury. Ein Beitrag zur Staatsphilosophie des Mittelalters*, Berlin 1897, pp. 21-24.

131） R. & M. Rouse, "John of Salisbury and the Doctrine of Tyrannicide," *Speculum*, 42 (1967), pp. 703-704. ウェッブも同様に暴君放伐論をそのまま認めず，ジョンの議論がキケロの古典のレトリックに従ったもので，そもそも現実に適用しようとは考えなかったとす

る。Cf. C. C. J. Webb, *op. cit.*, p. 66.

132) *Policraticus*, VIII-17, vol. 2, p. 345: Est ergo tirannus, ut eum philosophi depinxerunt, qui uiolentia dominatione populum premit, sicut qui legibus regit princeps est.

133) *Policraticus*, VIII-17, vol. 2, p. 345: Princeps pugnat pro legibus et populi libertate; tirannus nil actum putat nisi leges euacuet et populum deuocet in seruitutem.

134) *Policraticus*, VIII-18, vol. 2, p. 359: Est enim tirannis a Deo concessae homini potestatis abusus. In hoc tamen malo multus et magnus est bonorum usus. Patet ergo non in solis principibus esse tirannidem, sed omnes esse tirannos qui concessa desuper potestate in subditis abutuntur.

135) *Policraticus*, VII-17, vol. 2, p. 162: Dum ergo ambitio inualescit, calcata aequitate procedit, iniustitia et, tirannidis procurans ortium, omnia quibus illa crescit exequitur.

136) *Policraticus*, VIII-16, vol. 2, pp. 343-344: uirium affectatio quodammodo hactenus mansit intacta, quae, etsi libertatis et celsitudinis uideatur afferre suffragium, a ueritate utriusque perniciosius abducit errantem. Haec est enim quae perniciosissimam inducit pestem et, tirannidis procurans ortum, compagem quietis et pacis, qua nichil salubrius est, molitur extinguere.

137) *Policraticus,* VIII-17, vol. 2, p. 348: Nam et in sacerdotio inueniuntur quam plures, id tota agentes ambitione et omnibus artibus eius, ut sub praetextu officii suam possint tirannidem exercere.

138) *Policraticus,* VIII-17, vol. 2, p. 346: Et quidem non soli reges tirannidem exercent; priuatorum plurimi tiranni sunt, dum id uirium quod habent in uetitum efferunt.

139) *Policraticus,* VIII-18, vol. 2, p. 364: Non enim de priuatis tirannis agitur sed de his qui rem publicam premunt. Nam priuati legibus publicis, quae constringunt omnium uitas, facile cohercentur; in sacerdotem tamen, etsi tirannum induat, propter reuerentiam sacramenti gladium materialem exercere non licet, nisi forte, cum exauctoratus fuerit, in Ecclesiam Dei cruentam manum extendat.

140) *Policraticus,* VIII-15, vol. 1, p. 232: Amico utique adulari non licet, sed aures tiranni mulcere licitum est. Ei namque licet adulari, quem licet occidere. Porro tirannum occidere non modo licitum est sed aequum et iustum. ここは，キケロ『義務について』iii, 6, §32. に従って述べている。

141) *Policraticus,* III-15, vol. 1, pp. 232-233: Et, cum multa sint crimina maiestatis, nullum grauius est eo, quod aduersus ipsum corpus iustitiae exercetur. Tirannus ergo non modo publicum crimen sed, si fieri posset, plus quam publicum est.

142) *Policraticus,* III-15, vol. 1, p. 233: Et quisquis eum non persequitur, in seipsum et in totum rei publicae mundanae corpus delinquit.

143) *Policraticus,* VIII-18, vol. 2, p. 364: Ex quibus facile liquebit quia semper tiranno licuit adulari, licuit eum decipere et honestum fuit occidere, si tamen aliter coherceri non

poterat.

144) *Policraticus,* VIII-17, vol. 2, p. 345: Imago deitatis, princeps amandus uenerandus est et colendus; tirannus prauitatis imago, plerumque etiam occidnedus.

145) *Policraticus,* VIII-20, vol. 2, pp. 377-378: Hoc tamen cauendum docent historiae, ne quis illus moliatur interitum cui fidei aut sacramenti religione tenetur astrictus.

146) *Policraticus,* VIII-20, vol. 2, p. 378: Et hic quidem modus delendi tirannos utilissimus et tutissimus est, si qui premuntur ad patrocinium clementiae Dei humiliati confugiant et puras manus leuantes ad Dominum deuotis precibus flagellum quo affliguntur auertant. なお現存していないが，ジョンは，自身が『暴君の最後について(De Exitu Tirannorum)』という書物を書いたことに言及している。Cf. *Policraticus,* VIII-20, vol. 2, p. 373. また，ジョンが暴君論の対象として同時代のどの君主を想定していたかという問題は，これはしばしば論じられてきた。フリードリヒ・バルバロッサ，シチリアのルッジェーロ２世，イングランドのスティーヴン王とヘンリ２世といった君主との関連が考えられている。ジョンが明確に語っていないため，推定の域を出ないが，自身のおかれた状況からみて，最もありうるのはスティーヴン王とヘンリ２世であろう。Cf. J. Spörl, "Gedanken zum Widerstandsrecht und Tyrannenmord im Mittelalter," in; B. Pfister & G. Hildemann (eds.), *Widerstandsrecht und Grenzen der Staatsgewalt,* Berlin 1956, pp. 100-101. H. Wieruszowski, "Roger II of Sicily, Rex-Tyrannus, in the Twelfth Century Political Thought," *Speculum,* 38 (1963), pp. 67-68. H. Liebeschütz, *Medieval Humanism in the Life and Writings of John of Salisbury,* p. 52.（邦訳，105-106頁） R. &. M. Rouse, *op. cit.,* pp. 705-709. M. Kerner, *Johannes von Salisbury und die logische Struktur seines Policraticus,* p. 202.

147) G. F. Warner (ed.), *op. cit.,* p. 54. "tyranno vero, ――proprium est violento dominatu populum opprimere. Tyrannus autem nec pacis nec belli tempore populi procurat indemnitatem; nec solum non instruit, sed etiam universos utpote praeesse cupiens et non prodesse, pravae vitae potius exemplo corrumpit." シュルツによれば，この暴君の定義もブランクトンの暴君の定義も『ポリクラティクス』から取られたとされる。Cf. F. Schulz, "Bracton on Kingship," *EHR,* 60 (1945), p. 153.

148) Ibid., p. 140, Text A (22): Exercere igitur debet rex potestatem iuris sicut Dei vicarius――; (23) Igitur, dum facit iustitiam, vicarius est Regis aeterni――; (25) tyrannus, dum populum sibi creditum violentia opprimit dominatione.

149) E. H. Kantorowicz, *op. cit.,* pp. 143ff.（邦訳，平凡社版，170頁以下）

150) 聖職者の犯罪が教会裁判でのみ裁かれるという聖職者の特権は，ヘンリ２世の集権化政策の上で最大の障害の一つであった。1164年にヘンリ２世は，クラレンドンで会議を開き，聖職者の裁判特権などの「教会の自由」を制限する法令を成分化した。Cf. J. R. H. Moormann, *A History of the Church in England,* London 1953, pp. 76-81.（邦訳，J. R. H. ムアマン『イギリス教会史』八代崇，中村茂，佐藤哲典訳，聖公会出版，1991年，100-118頁） D. Knowles, *Thomas Becket,* London 1970, pp. 77ff.

151） H. Hohenleutner, *Studien zur Briefsammlung und zur Kirchenpolitik des Johannes von Salisbury*, Diss., München 1953, pp. 106-165.

152） *Policraticus,* IV-3, vol. 1, p. 239: Hunc ergo gladium de manu Ecclesiae accipit princeps, cum ipsa tamen gladium sanguinis omnino non habeat. Habet tamen et istum, sed eo utitur per principis manum, cui cohercendorum corporum contulit potestatem, spiritualium sibi in pontificibus auctoritate seruata. Est ergo princeps sacerdotii quidem minister et qui sacrorum officiorum illam partem exercet quae sacerdotii manibus uidetur indigna.

153） *Policraticus*, IV-3, vol. 1, pp. 240-241: maior est qui benedicit quam qui bendicitur, et penes quem est conferendae dignitatis auctoritas eum, cui dignitas ipsa confertur, honoris priuilegio antecedit. Porro de ratione iuris, eius est nolle cuius est uelle, et eius est auferre qui se iure conferre potest.

154） J. B. Morrall, *op. cit.,* pp. 54-56.（邦訳，未来社版，72-74頁）

155） *Policraticus*, VII-20, vol. 2, p. 182: Nam, si hoc quidem inculpabile sit undique et apud Deum fiducia erit plenum, impeprium autem recte et competenter exornet traditam sibi rem publicam, erit consonantia quaedam bona, omne quicquid utile est humano conferens generi.

156） *Later Letters*, no. 172, p. 128: in hoc conflictu potestatis et iuris ea moderatione incedat, praeuia lege, duce gratia, iuuante ratione——.［1166年に自身の兄弟リチャードに宛てた書簡］; no. 281, p. 618: an assistere domino Cantuariensis pro libertate ecclesiae et defensione diuinae legis omnia supra quam dici possit pericula in se et suis fortiter sustinenti. ［1168年から70年の間に書かれたエクセタの大助祭ボールドウィンに宛てた書簡］. Cf. H. Hohenleutner, *op. cit.*, p. 94.

157） *Later Letters,* no. 219, p. 372: omnes exulamus et diu proscripti sumus ut uel sic nefarias hominum traditiones compellamur praeferre legi Dei——.［1167年に教皇アレクサンデル３世に宛てた書簡］; no. 187, p. 248: Iam enim sola iniquitas consuetudinum et aequitas diuinae legis ab aduerso confligunt——.［1166年にエクセタの大助祭ボールドウィンに宛てた書簡］. Cf. H. Hohenleutner, *op. cit.* p. 96.

158） H. Liebeschütz, *Medieval Humanism in the Life and Writings of John of Salisbury*, p. 103.（邦訳，204-205頁）

第２章　暴君論

1） A. Linder, "The Knowledge of John of Salisbury in the Middle Ages," *Studi Medievali, 3e Série,* 18-2 (1977), pp. 349-352. J. Dickinson, *The Statesman's Book of John of Salisbury*, New York 1927, pp. lxxiv-lxxvi. R. & M. Rouse, "John of Salisbury and the Doctorine of Tyrannicide," *Speculum*, 42 (1967), p. 693. このほかにたとえば，14世紀イタリアの法学者ペンナのルカスは，ジョンの『ポリクラティクス』における暴君放伐の言説をそのまま自著で引用している。Cf. W. Ullmann, "The Influence of John of Salisbury on

Medieval Italian Jurists," *EHR*, 59 (1944), pp. 384-392. また参照，Id., "John of Salisbury's Policraticus in the later Middle Ages," in; K. Hauk & H. Mordak (eds.), *Geschichtsschreibung und geistiges Leben. Festschrift für Heinz Löwe zum 65. Geburtstag*, Köln 1978, pp. 519-545.

2） R. W. & A. J. Carlyle, *A History of Mediaeval Political Theory in the West*, vol. 3, London 1915, pp. 126ff. またとくに，カロリング期の「君主の鑑」における暴君への言及については，参照，H. H. Anton, *Fürstenspiegel und Herrscherethos in der Karolingerzeit*, Bonn 1967.

3） ジョンの議論と古典との関係については，本書の第Ⅰ部第1章「学問観」，第Ⅱ部第3章「『トラヤヌスへの教え』をめぐって」を参照。

4） R. W. & A. J. Carlyle, *op. cit.*, pp. 125-139. マネゴルトが述べた抵抗権の観念とジョンの暴君論との近接性については，参照，W. Parsons, "The Medieval Theory of the Tyrant," *The Review of Politics*, 4 (1942), pp. 129-143. J. Spörl, "Gedanken zum Widerstandsrecht und Tyrannenmord im Mittelalter," in; B. Pfister & G. Hildmann (eds.), *Widerstandsrecht und Grenzen der Staatsgewalt*, Berlin 1956. また，ジョンの暴君論の古典的な政治思想史上の位置付けについては，参照，C. H. McIlwain, *The Growth of Political Thought in the West*, New York 1932, pp. 285-286, 319-320. F. Kern, *Gottesgnadentum und Widerstandsrecht im früheren Mittelalter*, Darmstadt 1954, pp. 334-338, 356-357. また，叙任権闘争期以降に支配者の地位が，個人を超えた永続性をもつ位階と見なされることについては，参照，エルンスト・カントロヴィッチ『祖国のために死ぬこと』（甚野尚志訳，みすず書房，1993年），52-62頁。

5） G. Post, *Studies in the Medieval Legal Thought*, Princeton 1964, pp. 494-561. J. Spörl, *Grundformen hochmittelalterlicher Geschichtsanschauung. Studien zum Weltbild der Geschichtsschreiber des 12. Jahrhunderts*, München 1935, p. 106.

6） J. Dickinson, "The Mediaeval Conception of Kingship as Developed in the Policraticus of John of Salisbury," *Speculum*, 1 (1926), pp. 325-335.

7） トマスはその暴君論のなかで，支配者を殺害する権利を無条件に私的個人に認めれば，国家秩序がゆらぐことを指摘する。J. Mathis (ed.), *De regimine principum*, Turin 1948, L. I, c. 6, pp. 7-8.（トマス・アクィナス『君主の統治について』柴田平三郎訳，慶應義塾大学出版会，2005年，34-40頁）Cf. J. Dickinson, *The Statesman's Book of John of Salisbury*, pp. lxxiv-lxxvi. トマス・アクィナスの暴君概念については，参照，P. Meinhold, "Revolution im Namen Christi," *Saeculum*, 10 (1959), pp. 380-405.

8） C. Morris, "Zur Verwaltungsethik: Die Intelligenz des 12. Jahrhunderts im politischen Leben," *Saeculum*, 24 (1973), pp. 241-250. M. Kerner, *Johannes von Salisbury und die logische Struktur seines Policraticus*, Wiesbaden 1977, p. 200.

9） ジョンを典型的な暴君放伐の唱導者と見なす者として，フリッツ・ケルンなどがあげられる。Cf. F. Kern., *op. cit.*, pp. 356-357.

10） *Policraticus*, IV-1, vol. 1, p. 235: Est ergo tiranni et principis haec differentia sola uel

maxima, quod hic legi obtemperat et eius arbitrio populum regit cuius se credit mnistrum,――.

11） *Policraticus*, IV-2, vol. 1, p. 237.

12） *Policraticus*, IV-2, vol. 1, p. 237: Porro aequitas, ut iuris periti asserunt, rerum conuenientia est, quae cuncta coaequiparat ratione et imparibus rebus paria iura desiderat in omnes aequabilis, tribuens unicuique quod suum est. ジョンは，同時代のローマ法学者ロゲリウスの『スンマ・トレケンシス（Summa Trecensis)』から，この「衡平」の定義を知ったと思われる。Cf. M. Kerner, *op. cit.*, pp. 152-154. G. Miczka, "Zur Benutzung der Summa Codicis Trecensis bei Johannes von Salisbury," in; *World of John of Salisbury*, pp. 381-399.

13） *Policraticus*, IV-2, vol. 1, p. 237: Vnde et eam [legem] omnium rerum diuinarum et humanarum compotem esse, ――, ideoque praestare omnibus binis et malis et tam rerum quam hominum principem et ducem esse.

14） *Policraticus*, IV-2, vol. 1, p. 238. Cf. G. Post, *op. cit.*, pp. 494-561. エルンスト・カントロヴィッチは，ここでジョンが示すような，王の至高性を法の観念を媒介にして提示する王権論のありかたを「法中心的王制」と呼ぶ。

15） *Policraticus*, IV-7, vol. 1, p. 259. ここでの変えうる法と不変の法の対比は，シャルトルのイヴォの教会法集成『パノルミア』の序文から受け継いだものとされる。Cf. M. Kerner, *op. cit.*, pp. 155-157. また参照，G. Miczka, *Das Bild der Kirche bei Johannes von Salisbury*, Bonn 1970, pp. 56ff.

16） *Policraticus*, IV-3, vol. 1, pp. 239-241. 両剣論については，参照，O. von Gierke, *op. cit.*, pp. 13ff. W. Levision, "Die mittelalterliche Lehre von den beiden Schwertern," *DA*, 9 (1951), pp. 14-42. 第Ⅱ部第1章「政治社会論」注(152)参照。

17） *Policraticus*, IV-3, vol. 1, p. 241. アテネの伝説上の王コドロスは，ドーリア人が侵入して来たとき，王自身が敵に殺害されればアテネは救われるというデルフォイの神託に従い，みずから敵中に入り死を選んだとされるが，ジョンはその逸話をここで引用している。

18） *Policraticus*, IV-4, vol. 1, p. 245: Nam de historionibus et mimis, scurris et meretricibus, lenonibus et huiusmodi prodigiis hominum, quae principem potius oportet exterminare quam fouere, non fuerat in lege mentio facienda; quae quidem omnes abominationes istas non modo a principis aula excludit, se eliminat a populo Dei. ――. これは，「王は自分のために馬を増やしてはならない」（『申命記』17-16）への注釈。これは，ジョンの書物自体が，宮廷における愚行への批判であることに対応する。有用性をもつもののみが，名誉あるものであることは，参照，Cicero, *De officiis*, iii, 3 § 11.（キケロー「義務について」高橋宏幸訳，『キケロー選集 9 』岩波書店，1999年，285頁).

19） *Policraticus*, IV-5, vol. 1, pp. 246-247. これは，「馬を増やすために民をエジプトに送り返してはならない」（『申命記』17-16）への注釈。こうした支配者のもつべき徳について教示するのが，中世の「君主の鑑」の伝統である。ジョンを含めた，この時代の支配者の徳の議論については，参照，L. K. Born, "Perfect Prince", *Speculum*, 3 (1928), pp.

470-504. また本書の第Ⅱ部第4章「中世盛期の「君主の鑑」における徳と政治」を参照。

20） *Policraticus*, Ⅳ-5, vol. 1, pp. 247-248.「王は大勢の妻をめとって心を迷わしてはならない」(『申命記』17-16）への注釈。

21） *Policraticus*, Ⅳ-5, vol. 1, pp. 248-250.「銀や金を大量に蓄えてはならない」(『申命記』17-17）への注釈。

22） *Policraticus*, Ⅳ-6, vol. 1, pp. 250-254.「彼が王位についたならば，レビ人である祭司のもとにある原本からこの律法の写しを作り，それを自分の傍らに置き，生きている限り読み――」(『申命記』17-18, 19）の部分への注釈。グルントマンによれば，このような自己批判的な書簡を，コンラートがルイ7世に送ったとは到底考えられないとし，ここでのこの格言がそうした書簡によるものではないだろうとしている。が，この格言自体は，その後の君主鏡などで繰り返されるものとなった。H. Grundmann, “Litteratus-illiteratus. Der Wandel einer Bildungsnorm vom Altertum zum Mittelalter,” *Archiv für Kulturgeschichte*, 40 (1958), p. 51. じっさい，ジョンが『ポリクラティクス』で引用する例話については，彼がいう出典とはことなる場合，元のものが歪められていることがよくある。Cf. P. von Moos, “The Use of Exempla in the Policraticus of John of Salisbury,” in; *World of John of Salisbury*, pp. 232ff. また本書の第Ⅱ部第3章「『トラヤヌスへの教え』をめぐって」を参照。

23） *Policraticus*, Ⅳ-6, vol. 1, p. 254: Si tamen ex dispensatione ob egregiae uirtutis meritum, principem contingat esse illiteratum, eundem agi litteratorum consiliis, ut ei res procedat, necesse est. ―― Legat itaque mens principis in lingua sacerdotis, et quicquid egregium uidet in moribus, quasi legem Domini ueneretur.

24） *Policraticus*, Ⅳ-8, p. 262. 慈悲という点で最も称賛されるのは，皇帝トラヤヌスである。ジョンがとくにトラヤヌスを称賛したことについては，参照，H. Liebeschütz, “John of Salisbury and Pseudo-Plutarch,” *JWCI*, 6 (1943), pp. 34ff. G. Whatley, “The Uses of Hagiography: The Legend of Pope Gregory and the Emperor Trajan in the Middle Ages,” *Viator* (1984), pp. 25-65. また本書の第Ⅱ部第3章「『トラヤヌスへの教え』をめぐって」を参照。

25） *Policraticus*, Ⅳ-9, vol. 1, p. 266ff.

26） *Policraticus*, Ⅳ-6, vol. 1, p. 252.

27） *Policraticus*, Ⅳ-10, vol. 1, 267: Sed legitimae huius obseruantiae quaenam erit utilitas? Eam utique propheticus sermo protinus subdit. Ait enim: Vt longo tempore regnet ipse, et filius eius super Israel. Ecce quaenam tantae difficultatis futura sit merces, dum regna paterna filiis longo tempore protelantur. De uirtute namque parentum protenditur successio filiorum et succedentium felicitas ex decedentium iniquitate praeciditur.

28） *Policraticus*, Ⅳ-12, vol. 1, pp. 276ff. ジョンによれば，これらの四つの悪徳は，四つの枢要徳の反対物である。不正（iniustitia）は正義（iustitia）の，侮蔑（iniuria）は節度（temperantia）の，傲慢（contumelia）は知恵（prudentia）の，偽り（dolus）は剛勇（fortitudo）の反対物であるとされる。

29） *Policraticus*, VIII-16, vol. 2, pp. 343-344: Haec［uirium affectatio］ est enim quae perniciosissimam inducit pestem et, tirannidis procurans ortum, compagem quietis et pacis, ——.

30） W. Kleineke, *Englische Fürstenspiegel von Policraticus Johanns von Salisbury bis zum Basilikon Doron Konig Jacobs I.*, Halle 1937, pp. 25ff.

31） *Policraticus*, VII-17, vol. 2, p. 161: Dicitur autem quia tirannus est qui uiolenta dominatione populum permit; sed tamen non modo in populo sed in quantauis paucitate potest quisque suam tirannidem exercere.

32） *Policraticus*, VIII-18, vol. 2, p. 359: Patet ergo non in solis principibus esse tirannidem, sed omnes esse tirannos qui concessa desuper potestate in subditis abutuntur.

33） *Policraticus*, VIII-17, vol. 2, p. 345: Est ergo tirannus, ——, qui uiolenta dominatione populum premit, sicut qui legibus regit princeps est.

34） *Policraticus*, VIII-17, vol. 2, p. 345: Porro lex donum Dei est, aequitatis forma, norma iustitiae, diuinae uoluntatis imago, salutis custodia, unio et consolidatio populorum, regula officiorum, exclusio et exterminatio uitiorum, uiolentiae et totius iniuriae pena.

35） *Policraticus*, VIII-17, vol. 2, p. 345: Princeps pugnat pro legibus et populi libertate; tirannus nil actum putat nisi leges euacuet et populum deuocet in seruitutem. ——Imago deitatis, princeps amandus uenerandus est et colendus; tirannus, prauitatis imago, plerumque etiam occidendus.

36） *Policraticus*, IV-1, vol. 1, p. 235. 第Ⅱ部第１章「政治社会論」注(98)参照。Cf. R. & M. Rouse, *op. cit.*, pp. 702-703.

37） *Policraticus*, IV-4, vol. 1, p. 246.: Plato, ut ferunt historiae gentium, cum uidisset Dionisium Siciliae tirannum corporis sui septum custodibus: Quod tantum, inquit, malum fecisti, ut a tam multis necesse habeas custodiri?Hoc utique principem non oportet, qui officiis ita sibi omnium uincit affectus, ut quisque subditus pro eo periculis imminentibus caput opponat, cum etiam urgente natura se pro capite soleant membra exponere, ——. Cf. P. Gennrich, *Die Staats-und Kirchenlehre Johanns von Salisbury*, Gotha 1894, pp. T. Struve, *Die Entwicklung der organologischen Staatsauffassung im Mittelalter*, Stuttgart 1978, p. 132. またジョンは，支配者を胃に喩え四肢にあたる被支配者の奉仕を説いたメネニウス・アグリッパの有名な寓話（Livy in Fourteen Volumes, vol. 1. Loeb Classical Library, London 1919, p. 324［リーウィウス『ローマ建国史（上)』鈴木一州訳，岩波文庫，2007年，228頁］にも言及している。*Policraticus*, VI-24, vol. 2, p. 72. Cf. T. Struve, *op. cit.*, pp. 131-132.

38） *Policraticus*, VIII-17, vol. 2, pp. 348-349. 第Ⅱ部第１章「政治社会論」注(118)参照。

39） *Policraticus*, VIII-17, p. 348: Nam et in sacerdotio inueniuntur quam plures, id tota agentes ambitione et omnibus artibus eius, ut sub praetextu officii suam possint tirannidem exercere. Cf. J. H. Eberenz, *The Concept of Sovereignty in four Medieval Political Philosophers: John of Salisbury, St. Thomas Aquinas, Egidius Colonna and Marsilius of Padua*, The Catholic University of America, Ph. D., 1968, pp. 83ff. P. Gennrich,

op. cit., pp. 76ff.

40） *Policraticus*, VIII-17, vol. 2, p. 349. Cf. P. Gennrich, *Die Staats-und Kirchenlehre Johanns von Salisbury*, Gotha 1874, pp. 79ff. 第Ⅲ部第１章「教会観」参照。

41） *Policraticus*, VIII-18, vol. 2, p. 364.

42） R. & M. Rouse, *op. cit.*, p. 703.

43） C. C. J. Webb, *John of Salisbury*, New York 1932, p. 66. M. Kerner, *op. cit.*, pp. 199ff.

44） E. Schubert, *Die Staatslehre Johanns von Salisbury. Ein Beitrag zur Staatsphilosophie des Mitttelalters*, Berlin 1897, pp. 21-24. R. & M. Rouse, *op. cit.*, pp. 703-704.

45） J. van Laarhoven, "Thou Shalt not Slay a Tyrant! The So-called Theory of John of Salisbury", in: *World of John of Salisbury*, pp. 319-341. またこのほかには，リーベシュッツによれば，ジョンの暴君放伐論は，スティーヴン王の行った教会へ蛮行の記憶にもとづくもので，『ポリクラティクス』を書いたときには，それを現実に適用しうるものとは考えていなかったので，暴君放伐を否定する議論との矛盾が生じたという。Cf. H. Liebeschütz, *Medieval Humanism in the Life and Writings of John of Salisbury*, London 1950, pp. 52-53.（邦訳，105-107頁）M. J. Massey, "John of Salisbury. Some Aspects of his Political Philosophy," *Classica et mediaevalia*, 28 (1967), pp. 365-69.

46） *Policraticus*, III-15, vol. 1, p. 232. 第Ⅱ部第１章「政治社会論」注(140)参照。

47） J. van Laarhoven, *op. cit.*, p. 320.

48） Cicero, *De officiis*, iii, 6 § 32.（『キケロー選集９』，294頁）Cf. J. van Laarhoven, *op. cit.*, pp. 320-321.

49） *Policraticus*, III-15, vol. 1, p. 232: Qui enim gladium accipit, gladio dignus est interire.Sed accipere intelligitur qui eum propria temeritate usurpat, non qui utendi eo accipit a Domino potestatem. 第Ⅱ部第１章「政治社会論」注(141)参照。

50） *Policraticus*, VIII-17, vol. 2, p. 345. 第Ⅱ部第１章「政治社会論」注(144)参照。

51） *Policraticus*, VIII-17, vol. 2, p. 347.

52） *Policraticus*, VIII-17, vol. 2, p. 358.

53） *Policraticus*, VIII-18, vol. 2, pp. 358-359: Electus est ergo Saul, regis tamen iure praedicto, id est qui filios eorum tolleret ut faceret aurigas, et filias ut panificae fierent et focariae, et agros et praedia ut ea pro libito distribueret serius suis, populumque totum seruitutis premeret iugo. Idem tamen chrsitus Domini dictus est, et tirannidem exercens regium non amisit honorem.

54） *Policraticus*, VIII-18, vol. 2, pp. 359-360: Si uero cadat in insipeintem, etsi bonis, quibus omnia cooperantur in bonum, mala esse non possit, molesta tamen ad modicum temporis est.

55） *Policraticus*, VIII-18, vol. 2, p. 359: Omnis autem potestas bona, quoniam ab eo [Domino] est a quo solo omnia et sola sunt bona. —— Sicut enim in pictura fuscus aut niger color aut aliquis alius per se consideratus indecens est, et tamen in tota pictura decet; sic

per se quaedam inspecta indecora et mala, relata ad uniuersitatem bona apparent et pulchra, eo omina sibi adaptante cuius omnia opera ualde sunt bona.

56) *Policraticus*, VIII-18, vol. 2, p. 364. 第Ⅱ部第1章「政治社会論」注(143)参照。

57) J. van Laarhoven, *op. cit.*, p. 328.

58) *Policraticus*, VIII-20, vol. 2, p. 372: Quod auctoritate diuinae paginate licitum et gloriosum est publicos tirannos occidere, si tamen fidelitate non sit tiranno obnoxius interfector aut alias iustitiam aut honestatem non amittat.

59) *Policraticus*, VIII-20, vol. 2, p. 373: Libellus tamen qui De Exitu Tirannorum inscriptus est quid de tirannis sentiam plenius poterit aperire, ――. Sed, ne Romanae historiae uilescat auctoritas, quae plerumque ab infidelibus et de infidelibus scripta est, hoc diuinae et fidelis historiae comprobetur exemplis.

60) *Policraticus*, VIII-20, vol. 2, p. 373.

61) *Policraticus*, VIII-20, vol. 2, pp. 373-374.

62) *Policraticus*, VIII-20, vol. 2, p. 376.

63) *Policraticus*, VIII-20, vol. 2, pp. 377-378: Hoc tamen cauendum docent historiae, ne quis illius moliatur interitum cui fidei aut sacramenti religione tenetur astrictus.

64) *Policraticus*, VIII-20, vol. 2, p. 378: Sed nec ueneni, licet uideam ab infidelibus aliquando usurpatam, ullo umquam iure indultam lego licentiam.

65) *Policraticus*, VIII-20, vol. 2, p. 378.

66) *Policraticus*, VIII-20, vol. 2, p. 378: 第2部第1章「政治社会論」注(146)参照。

67) *Policraticus*, VIII-21, vol. 2, p. 379: Punitur autem malitia semper a Domino; sed interdum suo, interdum quasi hominis utitur telo in penam impiorum. Afflixit Pharao populum Dei et ab eodem grauissimis, sicut in Exodo legitur, flagellatus est plagis.

68) *Policraticus*, VIII-21, vol. 2, p. 380.

69) *Policraticus*, VIII-21, vol. 2, pp. 394-395: Nostris tamen temporibus Eustachius filius Stephani, qui in Ecclesiam Dei seuire decreuerat, cum omnia pro uiribus depopulatus esset,――. Vbi sunt, ut de domesticis loquar, Gaufridus, Milo, Ranulfus, Alanus, Simon, Gilebertus, non tam comites regni quam hostes publici?

70) *Policraticus*, VIII-22, vol. 2, p. 399: Tempore regis Stephani a regno iussae sunt leges Romanae, quas in Britanniam domus uenerabilis patris Theodbaldi Britanniarum primatis asciuerat. Ne quis etiam libros retineret edicto regio prohibitum est et Vacario nostro indictum silentium.

71) *Policraticus*, VIII-23, vol. 2, pp. 399ff.

72) *Policraticus*, IV-1, vol. 1, p. 236: Omnis etenim potestas a Domino Deo est, et cum illo fuit semper, et est ante euum. ―― Qui ergo resistit potestati, Dei ordinationi resistit, penes quem est auctoritas conferendi eam et, cum uult, auferendi uel minuendi eam. Neque enim potentis est, cum uult seuire in subditos, sed diuinae dispensationis pro beneplacito suo punire uel exercere subiectos.

73) *Policraticus*, IV-1, vol. 1, p. 236: Vnde et in persecutione Hunorum Athila interrogatus a religioso cuiusdam ciuitatis episcopo quis esset, cum respondisset: Ego sum Athila flagellum Dei; ueneratus in eo——diuinam maiestatem episcopus: Bene, inquit, uenerit minister Dei; et illud: Benedictus qui uenit in nomine Domini, ingeminans reseratis ecclesiae foribus persecutorem admisit, per quem et assecutus est martirii palmam.

74) *Policraticus*, VIII-21, vol. 2, p. 379. 前注(67)参照。

75) H. Liebeschütz, *op. cit.*, p. 52.（邦訳，105-106頁）またシュペールも，ジョンが『ポリクラティクス』で支配者の正しい定義を行おうとしたのは，本質的にスティーヴンの治世の印象によっているとする。J. Spörl, *Grundformen hochmittelalterlicher Geschichtsanshauung. Studien zum Weltbild der Geschichtsschreiber des 12. Jahrhunderts*, München 1935, p. 106.

76) *Policraticus*, VII-22, vol. 2, p. 399. 前注(70)参照。Cf. C. Uhlig, *Hofkritik im England des Mittelalters und der Renaissance*, Berlin 1973, pp. 34ff.

77) *Entheticus*, 1303-1306, vol. 1, p. 191, vol. 2, pp. 377-378. Ph. Barzillay, "The Entheticus de dogmate philosophorum of John of Salisbury," *Medievalia et Humanistica*, 16 (1964), pp. 20-21.

78) *Entheticus*, 1363-1378, vol. 1, p. 195, vol. 2, pp. 382-383. Cf. *Policraticus*, II-25, p. 137.

79) *Entheticus*, 1379-1394, vol. 1, pp. 195-197, vol. 2, p. 384.

80) *Entheticus*, 1341-1347, vol. 1, p. 193.: Illa tirannorum pax est, ut nemo reclamet: / quicquid agant, possint omnia, iura nihil. / Iura vacant, sacras leges evertit abusus, / velle suum statuunt iuris habere locum. cf. Ph. Barzillay, *op. cit.*, pp. 22-23. 第Ⅱ部第1章「政治社会論」注(75)参照。

81) *Policraticus*, VIII-21, vol. 2, p. 394. 前注(69)参照。

82) *Policraticus*, VI-18, vol. 2, p. 48.: Rex Anglorum qui Ruffus cognominatus est, armis quidem strenuus sed parum religiosus et qui persecutione sanctorum et praecipue sancti Anselmi Cantuariensis spiculum inuidiae quo suffocatus est in se uisus est prouocasse, is, inquam, Cenomannum expugnauit, ——教会を抑圧した暴君ルフスについて，ジョンは彼が書いたアンセルムス伝でも言及している。Cf. J. van Laarhoven, *op. cit.*, p. 330.

83) 本書の第Ⅲ部第3章「教会政治活動」を参照。

84) R. & M. Rouse, *op. cit.*, p. 708. M. Kerner, *op. cit.*, p. 99. K. Gut, *Johannes von Salisbury (1115/20-1180). Studien zur Kirchen-, Kultur- und Sozialgeschichte Westeuropas im 12. Jahrhundert,* München 1978, pp. 208-209. ジョンは書簡で，トゥールーズ戦での教会への課税が過去の慣習に反した行為であると批判している。*Later Letters*, no. 168, p. 104.

85) R. & M. Rouse, *op. cit.*, pp. 708-709.

86) とくにクラレンドン法令のゆえにヘンリを暴君と呼ぶ書簡として，*Later Letters*, no. 187, p. 246. また一般的に，教会あるいはトマス・ベケットへの迫害のゆえにヘンリを暴君と呼ぶ書簡として，参照，*Later Letters*, no. 187, p. 236; no. 234, p. 426; no. 235, p. 434;

no. 275, p. 580. Cf. K. Gut, *op. cit.*, p. 208.

87） *Later Letters*, no. 176, pp. 164ff. Cf. A. Saltman, "John of Salisbury and the World of the Old Testament," in; *World of John of Salisbury*, pp. 344-347.

88） *Later Letters*, no. 171, p. 126; no. 186, p. 244; no. 187, p. 232. Cf. A. Saltman, *op. cit.*, pp. 347-348.

89） *Later Letters*, no. 187, p. 246; no. 176, p. 172; no. 174, p. 146. Cf. A. Saltman, *op. cit.*, pp. 348-349.

90） *Historia Pontificalis*, pp. 65-67: Rex enim aliorum more tirannorum ecclesiam terre sue redegerat in seruitutem, nec alicubi patiebatur electionem libere celebrari, sed prenominabat quem eligi oportet, et ita de officiis ecclesiasticis sicut de palacii sui muneribus disponebat. H. Wieruszowski, "Roger II of Sicily, Rex-Tyrannus in the Twelfth Century Political Thought," *Speculum*, 36 (1963), pp. 67-70.

91） バルバロッサが「ドイツの暴君」として言及される書簡に，以下のものがある。*Later Letters*, no. 177, p. 182; no. 181, p. 200; no. 184, p. 216; no. 242, p. 472; no. 287, p. 632; no. 288, p. 648; no. 289, p. 656. Cf. K. Gut, *op. cit.*, pp. 209-211. J. van Laarhoven, *op. cit.*, pp. 330-331. P. Gennrich, *op. cit.*, p. 73. F. Böhm, *Das Bild Friedrich Barbarossas und seines Kaisertums in den ausländischen Quellen seiner Zeit*, Berlin 1936.

92） *Later Letters*, no. 186, p. 228.

93） W. Berges, *Die Fürstenspiegel des hohen und späten Mittelalters*, Leipzig 1938, p. 142.

94） M. Kerner, *op. cit.*, pp. 205-209. C. Uhlig, *op. cit.*, pp. 39ff.

第3章　『トラヤヌスへの教え』をめぐって

1） ジョンの伝記的事実については，本書の第Ⅲ部第3章「教会政治活動―伝記的事実の復原」を参照。また次の文献も参照，Cf. C. Schaarschmidt, *Johannes Saresberiensis nach Leben und Studien, Schriften und Philosophie*, Leipzig 1862. C. C. J. Webb, *John of Salisbury*, London 1932. ジョンが遊学時代に学んだ古典の知識については，本書の第一部第一章「学問観」を参照。次の文献も参照，É. Jeauneau, "Jean de Salisbury et la lecture des philosophes," in; *World of John of Salisbury*, pp. 77-108. J. Martin, "John of Salisbury as Classical Scholar," in; *Ibid.*, pp. 179-201.

2） 『ポリクラティクス』の思想構造については，本書の第Ⅱ部第1章「政治社会論」を参照。

3） *Policraticus*, V-1, vol. 1, pp. 281-282. なおジョンが『ポリクラティクス』のなかで『トラヤヌスへの教え』の内容として語る部分は，デシデーリの著書の巻末に抜粋されている。Cf. S. Desideri, *Institutio Traiani*, Genova 1958, pp. 83-92.

4） *Policraticus*, V-2, vol. 1, p. 282.

5） *Ibid.*, V-2, vol. 1, pp. 282-283. ジョンは『ポリクラティクス』の8巻17章で，暴君的な国家のありかたを，同じくプルタルコスに従うかたちで提示しているが，そこでは，こ

の有機体比較と正反対の像が述べられる。つまり，頭である暴君は悪魔の似姿であり，魂は異端的で神の法を攻撃する聖職者，心臓は不正な元老院といったようにである。Ibid., VIII-17, vol. 2, pp. 348-349. また，同じ8巻17章で，ジョンの語る暴君論一般がプルタルコスに従っていることがいわれる。*Ibid.*, VIII-17, vol. 2, p. 345. ジョンの暴君国家の議論については，参照，P. Gennrich, *Die Staats- und Kirchenlehre Johanns von Salisbury,* Gotha 1874, pp. 71ff. M. Kerner, *Johannes von Salisbury und logische Struktur seines Policraticus*, Wiesbaden 1977, pp. 193ff. R. & M. Rouse, "John of Salisbury and the Doctorine of Tyrannicide", *Speculum*, 13 (1967), pp. 693-709.

6) *Policraticus*, V-3, vol. 1, p. 284.

7) *Ibid.*, V-4, vol. 1, pp. 289-294. ジョンは，ガルバの例をスエトニウスを典拠にして語っている。参照，スエトニウス『ローマ皇帝伝（下）』（岩波文庫，1986年），200-223頁。

8) *Policraticus*, V-7, vol. 1, pp. 309-310. Cf. Ch. E. Bennett (ed.), *Frontinus. The Stratagems and the Aqueducts of Rome*, London 1925, pp. 190, 192, 306-308. 他のふたつの例話は，カミルスにかんするものであり，ひとつは，カミルスがファリスキ人を攻囲していたとき，裏切りを申し出たファリスキ人の教師の申し出を拒絶した話，そしてもうひとつは，周囲の嫉妬でローマを追放されたカミルスが，ガリア人のローマ侵入にさいして，ローマの人々の忘恩にもかかわらず国を救ったことである。これらは，フロンティヌス『戦略論』の2，3，4巻に見出される。*Ibid.*, pp. 246, 294.

9) *Policraticus*, V-8, vol. 1, pp. 313-318.

10) *Ibid.*, VI-1, vol. 2, pp. 2-3.

11) *Ibid.*, VI-21, vol. 2, pp. 59-62. 蜜蜂の社会に，人間の国家の理想を見る観念は，ジョン以降の「君主の鑑」で，『ポリクラティクス』を模倣するかたちで受け継がれた。たとえば，13世紀初めに書かれたウェールズのジェラルドの『君主への教示』にも見られる。Cf. G. F. Warner (ed.), *De principis instructione liber. Giraldi Cambrensis Opera*, vol. 8, *RS*, no. 21, London 1891, p. 8. 蜜蜂の隠喩の思想史的な伝統については，拙著『中世ヨーロッパの社会観』（講談社学術文庫，2007年）の第1章「蜜蜂と人間の社会」を参照。

12) *Policraticus*, VI-25, vol. 2, p. 73.

13) ペトラルカの著作における『トラヤヌスへの教え』への言及については，参照，A. Momigliano, "Notes on Petrarch, John of Salisbury and the Institutio Traiani," *JWCI*, 12 (1949), pp. 189-190. なお，モミリアーニはこの論文のなかで，ペトラルカが『ポリクラティクス』以外から『トラヤヌスへの教え』を知った可能性を示唆する箇所があることを指摘している。ペトラルカ研究が進むなかで『トラヤヌスへの教え』の実在が実証される可能性もあろう。

14) 『トラヤヌスへの教え』をめぐるこれまでの議論については，参照，S. Desideri, *op. cit.*, pp. 11ff. M. Kerner, "Zur Entstehungsgeschichte der Institutio Traiani," *DA*, 32 (1976), pp. 559-571. Id., "Randbemerkungen zur Institutio Traiani," in; *World of John of Salisbury,* pp. 203-206. H. Liebeschütz, "John of Salisbury and Pseudo-Plutarch," *JWCI*, 6 (1943), p. 38.

15) *Ibid.*, pp. 35–36. 6巻の序で，これから述べることが『トラヤヌスへの教え』にもとづいていると，ジョンは明言する。*Policraticus*, VI–Prologus, vol. 2, p. 3.

16) *Ibid.*, I–Prologus, vol. 1, pp. 16–17: Si quis ignotos auctores cum Lanuino calumpniatur aut fictos, rediuiuum Platonis, Affricanum Ciceroni sompniantem, et philosophos Saturnalia exercentes accuset, ――. Cf. H. Liebeschütz, "John of Salisbury and Pseudo-Plutarch," p. 39.

17) *Policraticus*, vol. 1, V–8, p. 317. この逸話の内容は，9世紀終わりにヨハネス・ディアコヌスにより書かれた『聖グレゴリウス伝』で述べられている。だがこれは，それ以前に，8世紀にイングランドで書かれた著者不明の著作でも見出される。Cf. *Ibid.*, p. 35. G. Whatley, "The Uses of Hagiography: The Legend of Pope Gregory and the Emperor Trajan in the Middle Ages," *Viator*, 15 (1984), pp. 25–65.

18) H. Liebeschütz, "John of Salisbury and Pseudo-Plutarch," pp. 34–35.

19) Ch. E. Benett (ed.), *op. cit.*, pp. 288–292. 十三の例話のうち，十二が明らかに，フロンティヌスに由来するものである。アウグストゥスが質素な生活をしていたという例話のみが，フロンティヌスでは見られない。

20) H. Liebeschütz, "John of Salisbury and Pseudo-Plutarch," pp. 37–38.

21) J. Martin, "John of Salisbury's Manuscripts of Frontinus and of Gellius," *JWCI*, 40 (1977), pp. 1–26.

22) P. von Moos, "The Use of Exempla in the Policraticus of John of Salisbury," in; *World of John of Salisbury*, pp. 207–261. Id., *Geschichte als Topik: Das rhetorische Exemplum bei Johannes von Salisbury*, Darmstadt 1984.

23) *Policraticus*, I–Prologus, vol. 1, p. 16: Cedo tamen ne uidear contentione gaudere, et me officiosis fateor usum esse mendaciis, et si aliter aemulus non quiescit, quoniam et ego meum Cornificium habeo et Lanuinum, me mendacii reum esse consentio, qui scriptum noui, quia omnis homo mendax.

24) *Ibid.*, III–14, vol. 1, p. 225: Cum enim Alexander interrogaret quid ei uideretur quod mare haberet infestum, ille libera contumacia: Quod tibi, inquit, ut tu orbem terrarum? Sed, quia id ergo uno navigio facio, latro uocor; quia tu magna classe, diceris imperator. Si solus et captus sit Alexander, latro erit; si ad nutum Dionidi populi famulentur, erit Dionides imperator. Cf. J. Divjak (ed.), *Sancti Aurelii Augustini Episcopi De Civitate Dei*, vol. 1, Turnhout 1981, pp. 150–151.（アウグスティヌス『神の国（一）』服部英次郎訳，4巻4章，岩波文庫，273頁）

25) *Policraticus*, V–10, vol. 1, p. 328: Cum Publius Cineus Grecinus (aut si alio potius dicitur nomine) argueretur ab amicis quod uxorem formosam castam et nobilem repudiaret, ――.

26) *Ibid.*, V–12, vol. 1, p. 338: Nec multum refert ad propositum Pitagoras an Protagoras, ――, litigauerit.

27) ペーター・フォン・モースによれば，ジョンが『ポリクラティクス』で，例話に

よってさまざまな道徳的な命題について論証しようとした方法は，ジョンが『メタロギコン』で言及する，弁証家や修辞家が論敵や裁判官を説得しようとするさいに用いる「蓋然性の論理学（logica probabilis）」の方法とされる。P. von Moos, "The Use of Exempla in the Policraticus of John of Salisbury," p. 247. *Metalogicon*, II-3, pp. 59-60. また本書の第Ⅰ部第１章「学問観」を参照。偽作論に立つモースの議論の詳細については，参照，Id., "Fictio auctoris-Eine theoriegeschichtliche Miniatur am Rande der Institutio Traiani," in; *Fälschungen im Mittelalter, MGH Schriften,* vol. 33, 1, Hannover 1988, pp. 739-780.

28）五つの例話のうち，アレクサンドロス大王と生気を失った兵士の話とカミルスによるファリスキ人の攻囲の話が『戦略論』の４巻に由来する。前注(8)参照。

29）S. Desideri, *op. cit.*, pp. 20-21, 36-42.

30）*Ibid.*, pp. 44-47.

31）M. Kerner, "Die Institutio Traiani — spätantike Lehrschrift oder hochmittelalterliche Fiktion?," in; *Fälschungen im Mittelalter*, pp. 730-731.

32）古典作家を騙った中世の他の偽作については，参照，P. Lehmann, *Pseudo-Antike Literatur im Mittelalter*, Leipzig 1927.

33）M. Kerner, "Die Institutio Traiani," pp. 733-734. 一方，まったく反対の立場からジャネット・マーティンは，『トラヤヌスへの教え』が引用される直前に，ゲリウスが引用されていることから，まさにゲリウスを使ったことが，ジョンがトラヤヌスについての知識を得る源泉になったと主張する。J. Martin, *op. cit.*, p. 20. Id., "John of Salisbury as Classical Scholar," in; *World of John of Salisbury*, pp. 179-201. Id., "Uses of Tradition: Gellius, Petronius, and John of Salisbury," *Viator*, 10 (1979), pp. 57-76.

34）たとえば，シュトゥルーフェもこのような立場にたっている。T. Struve, *Die Entwicklung der organologischen Staatsauffassung im Mittelalter*, Stuttgart 1978, pp. 127-128.

35）こうした有機体論の思想史的な流れについては，拙著『中世ヨーロッパの社会観』の第３章「人体としての国家」を参照。Cf. T. Struve, "Pedes rei publicae. Die dienenden Stände im Verständnis des Mittelalters," *HZ*, 236 (1983), pp. 1-48. W. Heinemann, "Zur Ständedidaxe in der deutschen Literatur des 13. -15. Jahrhunderts," *Beiträge zur Geschichte der deutschen Sprache und Literatur (Halle), Teil. 1*, 88 (1966), pp. 1-90.

36）本書の第Ⅱ部第１章「政治社会論」を参照。Cf. O. G. Oexle, "Stand, Klasse," in; *Geschichtliche Grundbegriffe*, vol. 6, Stuttgart 1990, pp. 156-200.

37）*Policraticus,* VI-21, vol. 2, pp. 59-60. 自然の観念が，一種の神の代理人として擬人化されるのは，ジョンがシャルトル学派から受けついた特徴的な観念である。本書の第Ⅱ部第１章「政治社会論」を参照。Cf. T. Struve, "Vita Civilis Naturam Imitetur," *Historisches Jahrbuch der Görres-Gesellschaft*, 101 (1981), pp. 341-361.

38）H. Liebeschütz, "John of Salisbury and Pseudo-Plutarch," pp. 33-34. リーベシュッツは，このようにジョンの有機体論を教権主義的な伝統のなかに入れるが，これは，ジョンの有機体論の世俗国家論としての画期性を低く評価する彼独自の見解と根底においてつ

ながっている。Cf. H. Liebeschütz, “Das zwölfte Jahrhundert und die Antike,” *Archiv für Kulturgeschichte*, 35 (1953), pp. 264-265.

39) ジョンの有機体論の起源として考えられるもうひとつの重要な証言がある。それは，『教皇史』でジョンが，教皇エウゲニウスがしばしば，側近のことを脇腹と呼んでいたということである。ここから，ジョンが教皇庁滞在中に，何らかの国家と人体の比較への刺激を得ていたことが推定される。*Historia Pontificalis*, London 1956, rep. 1998, p. 51. Cf. H. Liebeschütz, “John of Salisbury and Pseudo-Plutarch,” p. 34.

40) M. Kerner, “Die Institutio Traiani,” pp. 732-733. Id., *Johannes von Salisbury und logische Struktur seines Poliraticus*, pp. 149-158. ローマ法への注釈文献での具体的な有機体比較については，参照，H. Fitting, *Juristische Schriften des frühen Mittelalters*, Halle 1876, p. 148.

第3章付録　偽プルタルコス『トラヤヌスへの教え』抄訳

1) *Policraticus*, V-1, vol. 1, pp. 281-282: Extat Epistola Plutarchi Traianum instruentis, quae cuiusdam politicae constitutionis exprimit sensum. Ea dicitur esse huiusmodi: Plutarcus Traiano salutem dicit. Modestiam tuam noueram non appetere principatum, quem tamen semper morum elegantia mereri studuisti. Quo quidem tanto dignior iudicaris, quanto a crimine ambitionis uideris esse remotior. Tuae itaque uirtuti congratulor et fortunae meae, si tamen recte gesseris quem probe meruisti. Alioquin te periculis et me detrahentium linguis subiectum iri non dubito, cum et ignauiam imperatorum Roma non ferat, et sermo publicus delicta discipulorum refundere soleat in praeceptores. Sic Seneca Neronis sui merito detrahentium carpitur linguis, adolescentium suorum temeritas in Quintilianum refunditur, et Socrates in pupillum suum fuisse clementior criminatur. Tu uero quiduis rectissime geres, si non recesseris a te ipso. Si primum te composueris, si tua omnia disposueris ad uirtutem, recte tibi procedent uniuersa. Politicae constitutionis maiorum uires tibi exscripsi, cui si obtemperas, Plutarcum uiuendi habes auctorem. Alioquin praesentem epistolam testem inuoco, quia in perniciem imperii non pergis auctore Plutarco.

2) *Policraticus*, V-2, vol. 1, pp. 282-283: Sequuntur eiusdem politicae constitutionis capitula in libello qui inscribitur Institutio Traiani, quae pro parte praesenti opusculo curaui inserere, ita tamen ut sententiarum uestigia potius imitarer quam passus uerborum. Est ergo primum omnium ut princeps se totum metiatur et quid in toto corpore rei publicae, cuius uice fruatur, diligenter aduertat. Est autem res publica, sicut Plutarco placet, corpus quoddam quod diuini muneris beneficio animatur et summae aequitatis agitur nutu et regitur quodam moderamine rationis. Ea uero quae cultum religionis in nobis instituunt et informant et Dei (ne secundum Plutarcum deorum dicam) cerimonias tradunt, uicem animae in corpore rei publicae obtinent. Illos uero, qui religionis cultui praesunt, quasi animam corporis suspicere et uenerari oportet. Quis enim sanctitatis

ministros Dei ipsius uicarios esse ambigit? Porro, sicut anima totius habet corporis principatum, ita et hii, quos ille religionis praefectos uocat, toti corpori praesunt. Augustus Cesar eo usque sacrorum pontificibus subiectus fuit donec et ipse, ne cui omnino subesset, Vestalis creatus est pontifex et paulo post ad deos relatus est uiuus. Princeps uero capitis in re publica optinet locum uni subiectus Deo et his qui uices illius agunt in terris, quoniam et in corpore humano ab anima uegetatur caput et regitur. Cordis locum senatus optinet, a quo bonorum operum et malorum procedunt initia. Oculorum aurium et linguae officia sibi uendicant iudices et praesides prouinciarum. Officiales et milites manibus coaptantur. Qui semper adsistunt principi, lateribus assimilantur. Quaestores et commentarienses (non illos dico qui carceribus praesunt, sed comites rerum priuatarum) ad uentris et intestinorum refert imaginem. Quae, si immensa auiditate congesserint et congesta tenacius reseruauerint, innumerabiles et incurabiles generant morbos, ut uitio eorum totius corporis ruina immineat. Pedibus uero solo iugiter inherentibus agricolae coaptantur, quibus capitis prouidentia tanto magis necessaria est, quo plura inueniunt offendicula, dum in obsequio corporis in terra gradiuntur, eisque iustius tegumentorum debetur suffragium, qui totius corporis erigunt sustinent et promouent molem. Pedum adminicula robustissimo corpori tolle, suis uiribus non procedet sed aut turpiter inutiliter et moleste manibus repet aut brutorum animalium ope mouebitur.

3) *Policraticus*, V-3, p. 284: In summa ergo quattuor sunt quae nititur rei publicae principibus inculcare: reuerentiam Dei, cultum sui, disciplinam officialium et potestatum, affectum et protectionem subditorum. . Deum ergo in primis asserit honorandum; deinde seipsum colendum unicuique ut, secundum quod Apostolus sentit (licet ille Apostolum non agnoscat) , unusquisque uas suum possideat in sanctificatione et honore; post ut doctrinam praepositi totius disciplina domus redoleat et tandem uniuersitas subiectorum de capitis praepositorum sibi incolumitate letetur. Magnorum quoque uirorum strategemmatibus et strategemmaticis utitur, quae, si per singula inserantur, tediosa erunt lectori et pro parte a fidei nostrae sinceritate recedent.

4) *Policraticus*, V-7, vol. 1, p. 311: Nam praecedentia Plutarchi in Institutione Traiani, et Iulii Frontini in libro Strategemmatum sunt.

5) *Policraticus*, V-7, vol. 1, p. 313: Quid de continentia dicam rerumque contemptu, quandoquidem Plutarchi strategemmatica nonnulla promisi? Marcum Catonem eodem uino quo remiges contentum fuisse traditur.

6) *Policraticus*, V-8, vol. 1, p. 315: Nunc autem, ut in Traiano Plutarchi strategemmaticis ponatur modus, tantae fortitudinis et ciuilitatis fuit ut Romani imperii fines, quod post Augustum defensum magis fuerat quam nobiliter ampliatum, longe lateque diffunderet.

7) *Policraticus*, V-9, vol. 1, pp. 318-319: Cordis locum, auctore Plutarco, senatus optinet. Senatus uero, sicut maioribus placuit, officii nomen est et habet etatis notam; siquidem senatus dicitur a senectute. Eum uero Athenienses Ariopagum dicebant, eo quod in illis

totius populi uirtus consisteret et, cum ab eis praeclara plurima inuenta sint, nichil salubrius, nichil gloriosius institutum est quam senatus.

8) *Policraticus,* VI-Prologus, vol. 2, p. 1: Dum Plutarchi uestigia in Traiani Institutione familiarius sequor, meipsum hac imagine arbitror compellari, eroque ludibrio omnium, nisi diligentius persequar quod incepi. Me enim in praesenti clientem eius esse professus sum. Sequor ergo eum et a capite rei publicae cum eo ad pedes usque descendam, ea tamen conditione ut si his, quibus iura permittitur ignorare, mordacior in hac parte apparuero, id non michi sed Plutarco adscribant, aut sibi potius, qui regulam, quam profitentur et qua uiuendum est eis, discere noluerunt.

9) *Policraticus,* VI-1, vol. 2, pp. 2-3: Manus itaque rei publicae aut armata est aut inermis. Armata quidem est quae castrensem et cruentam exercet militiam; inermis quae iustitiam expedit et ab armis feriando iuris militiae seruit. Neque enim rei publicae militant soli illi qui galeis toracibusque muniti in hostes exercent gladios aut tela quaelibet, sed et patroni causarum qui gloriosae uocis confisi munimine lapsa erigunt, fatigata reparant; nec minus prouident humano generi quam si laborantium uitam, spem posterosque armorum praesidio ab hostibus tuerentur. Militant et publicani apparitores et officiales omnium iudicum. Sicut enim alia sunt officia pacis, alia belli, ita eadem necesse est per alios et alios expediri. Armata itaque manus in hostem dumtaxat exercetur, at inermis extenditur et in ciuem. Porro utriusque necessaria est disciplina, quia utriusque solet insignis esse malitia. Vsus quoque manuum capitis sui protestatur imaginem, quia, ut ait Sapientia, rex iniquus omnes ministros impios habet; et qualis rector est ciuitatis, tales sunt et inhabitantes in ea. Oportet, inquit Perides, collegam Soffoclem arguens, praetorem non modo manus sed oculos habere continentes. Est autem praesidentium continentia illa laudabilis, cum ab exactionibus et iniuriis continent manus suas et cohibent alienas. Manus tamen utriusque militiae, armatae uidelicet et inermis, manus principis est; et nisi utramque cohibeat, parum continens est. Et quidem artius est compescenda inermis, eo quod cum armati praecipiantur abstinere ab exactionibus et rapinis, inermis etiam a muneribus arcetur. Si tamen pena alicui irrogatur legitima, si exigitur aut accipitur quod iure statutum est uel concessum, nequaquam punitur aut reprehenditur. Hoc enim quicquid sit, exactionis nomen non recipit; neque cadit in muneris rationem quod officiales accipere prohibentur. Quia uero officialium licentia maior est, dum sub praetextu officii spoliare possunt aut uexare priuatos, quod contra officium praesumunt pena feriendum est grauiori.

10) *Policraticus,* VI-19, vol. 2, p. 58: Quocirca qui miles esse uoluerit, praediscat artem eamque usu et exercitio firmet ut, cum electus fuerit et militiae sacramento ascriptus, rei publicae et sibi utiliter uiuat et non sit, prout Plutarchus ait, manus manca. His enim uerbis in Institutione Traiani nouissime usus est, cum a manibus prolapsus est ad pedes. Sequamur ergo eum et, sicut ipse ait, quasi soccos pedibus faciamus ut non offendantur ad lapidem obicemue alium quem multiplex ingerit casus.

11) *Policraticus*, VI-20, vol. 2, p. 59: Vnde Plutarchus ea dicit in omnibus exequenda quae humilioribus, id est multitudini, prosunt.

12) *Policraticus*, VI-21, vol. 2, p. 60: Poetarum doctissimus Maro, ad quem Plutarchus suum destinat Traianum ut ciuilem uitam ab apibus mutuetur, admiranda canit leuium spectacula rerum.

13) *Policraticus*, VI-25, vol. 2, p. 73: Rem politicam legitur Socrates instituisse et in eam dedisse praecepta quae a sinceritate sapientiae quasi quodam fonte naturae manare dicuntur. Hoc autem in summa colligitur, ut quae in re publica humiliora sunt, maiorum officio diligentius conseruentur. Institutionem Traiani, cuius mentio superius facta est, diligentius relege, et haec latius conscripta inuenies.

14) *Policraticus*, VII-17, vol. 2, p. 162: Sed poterunt de his quae sunt ab Institutione Traiani superius dicta sufficere.

15) *Policraticus*, VIII-17, vol. 2, 345: In quo princeps differat a tyranno, dum reuolueretur auctore Plutarco InstitutioTraiani, superius dictum est et quae principis sint officia aut rei publicae membra diligenter expositum.

第4章　中世盛期の「君主の鑑」における徳と政治

1) 「君主の鑑」一般を概観した文献として，参照，P. Hadot," Fürstenspiegel," in; *Reallexikon für Antike und Christentum*, vol. 8, Stuttgart, 1972, pp. 555-632. H. H. Anton, "Fürstenspiegel," in; *Lexikon des Mittealters*, vol. 4, München 1988, pp. 1040-1049. また，トマス・アクィナス『君主の統治について』（柴田平三郎訳，慶應義塾大学出版会，2005年）も参照。

2) W. Berges, *Die Fürstenspiegel des hohen und späten Mittelalters,* Stuttgart 1938. C. Uhlig, *Hofkritik im England des Mittelalters und Renaissance,* Berlin 1973. W. Münich, *Gedanken über Fürstenerziehung aus alter und neuer Zeit,* München 1909. E. Booz, *Fürstenspiegel des Mittelalters bis zur Scholastik,* Freiburg im Breisgau, 1918. E. J. Buschmann, *Das Herrscheramt nach der Lehre der mittelalterlichen Fürstenspiegel,* Frankfurt am Main 1918. L. K. born, "The Perfect Prince, "*Speculum*, 3 (1928), pp. 470-504. J. Röder, *Das Fürstensbild in den mittelalterlichen Fürstenspiegel auf französischen Boden,* Münster 1933. W. Kleineke, *Englische Fürstenspiegel vom Policraticus Johanns von Salisbury bis zum Basilikon Doron König Jakobs I.,* Halle 1937. G. Stollberg, *Die soziale Stellung der intellektuellen Oberschicht im England des 12. Jahrhunderts,* Lübeck 1973. W. Stürner, *Natur und Gesellschaft im Denken des Hoch- und Spätmittelalters,* Stuttgart 1975. T. Struve, *Die Entwicklung der organologischen Staatsauffassung im Mittelalter,* Stuttgart 1978.

3) J. Divjak (ed.), *Sancti Aurelii Augustini Episcopi De Civitate Dei,* vol. 1, Turnhout 1981, pp. 237-238.（邦訳，アウグスティヌス『神の国（一）』服部英次郎訳，5巻24章，岩波文庫，426-427頁）Cf. J. Röder, *op. cit.*, pp. 18-19.

4) M. Adriaen (ed.), *Sancti Gregorii Magni Moralia in Iob, Corpus Christianorum Series Latina,* vol. 143, Turnhout 1979. Cf. J. Röder, *op. cit.*, p. 21.

5) S. Hellmann (ed.), *Pseudo-Cyprianus. De XII abusivis saeculi*, Leipzig 1909, p. 43: Sextus abusionis gradus est dominus sine virtute, quia nihil proficit dominandi habere potestatem, si dominus ipse non habeat et virtutis rigorem. Sed his virtutis rigor non tam exteriori fortitudine, quae et ipsa saecularibus dominis necessaria est, indiget quam animi interiorem fortitudinem per bonos mores exercere debet. *Ibid,* p. 51: Nonus abusionis gradus est rex iniquus. Quem cum iniquorum correctorem esse oportuit, licet in semet ipso nominis sui dignitatem non custodit. Nomen enim regis intellectualiter hoc retinet, ut subiectis omnibus rectoris officium procuret. Cf. J. Röder, *op. cit.*, pp. 21-22.

6) Smaragdus, "Via regia," in, *MPL*, vol. 102, pp. 931-970. Cf. J.. Röder, *op. cit.*, p. 22. O. Eberhardt, *Via Regia. Der Fürstenspiegel Smaragds von St. Mihiel und seine literalische Gattung*, München 1977, pp. 491ff.

7) J. Röder, *op. cit.* p. 22.

8) *Ibid.*, p. 23. E. G. Doyle (ed.), *On Christian Rulers. and the Poems, Sedulius Scotus,* Binghamton, N. Y. 1983. 三上茂「カロリング時代の『君主の鑑』」(上智大学中世思想研究所編『中世の社会思想』創文社，1996年，所収）も参照。

9) *Ibid.*, pp. 23-24.

10) 本書の第Ⅱ部第１章「政治社会論」参照。

11) W. Stürner, *op. cit.*, pp. 134-139. J. Röder, *op. cit.*, pp. 30-34.

12) Godefridi Viterbiensis, "Speculum Regum", in; *MGH, SS,* 22, pp. 21-93. J. Röder, *op. cit.*, p. 29.

13) A. de Poorter, *Le traité eruditio regum et principum de Guibert de Tournai*, Louvain 1914. J. Röder, *op. cit.*, pp. 34-37. W. Stürner, *op. cit.*, pp. 143-146. W. Berges, *op. cit.*, pp. 151-159.

14) J. Röder, *op. cit.*, pp. 37-39.

15) *Ibid.*, p. 54.

16) Aegidius Romanus, *De regimine principum libri III*, Roma, 1607, rep. 1967. J. Röder, *op. cit.*, pp. 56-62.

17) *Ibid.*, pp. 66-75.

18) *Policraticus* IV-2, vol. 1, p. 237. 本書の第Ⅰ部第２章「暴君論」を参照。

19) *Policraticus* IV-3, vol. 1, pp. 239-241.

20) *Policraticus* IV-4, vol. 1, pp. 245-246.

21) *Policraticus* IV-5, vol. 1, pp. 248-250.

22) *Policraticus* IV-6, vol. 1, pp. 250-254.

23) *Policraticus* IV-8, vol. 1, pp. 262ff.

24) *Policraticus* IV-12, vol. 1, pp. 276ff.

25) G. F. Warner, *De principis instuctione liber. Giraldi Cambrensis Opera*, vol. 8, *RS*,

no. 21, London 1891, pp. 6-7. Cf. C. Uhlig, *op. cit.*, pp. 27ff. R. Bartlett, *Gerald of Wales 1146-1223*, Oxford 1982, pp. 69-100. M. Richter, "Gerald of Wales. A Reassessment on the 750th Anniversary of his Death," *Traditio*, 29 (1973), pp. 379-390.

26) G. F. Warner, *op. cit.*, pp. 5-6: Quis enim hodie princeps, qui non indultam desuper potestatem ad omnes animi motus, ad omnem carnis libitum ac luxum, ad omnem pravae tyrannidis atrocitatem, indifferenter extendat, et, tanquam quicquid libet liceat, velut aequis ambulantia passibus posse partier et velle non metiatur?—— Praeterea quis hodie praelatus, qui canonicam illam pastoralis viri descriptionem vel in paucis adimpleat? Quis orphanorum et pupillorum sustentator? Quis bonorum ecclesiae fidelis dispensator?Et, ut de anima pro ovibus ponenda taceam, quis hodie pastor, qui, lacte solum et lana perceptis, debitam gregis sollicitudinem vel in modico gerat? Paucos etenim in partibus nostris praelatos hodie videmus, qui non fiscalibus longe propensius quam episcopalibus curis indulgeant. Sunt quippe pastores qui non pascerequaerunt, sed pasci; sunt praepati qui praeesse cupiunt, non prodesse; sunt episcopi qui non omen dignitatis sed nomen, non onus sed honorem amplectuntur. Cf. W. Berges, *op. cit.*, pp. 143ff.

27) G. F. Warner, *op. cit.*, p. 9: Cum autem in cunctis sit modus observandus atque modestia, in nullo magis actu humano opus est observantia quam sermone. Quid enim magis familiare sapienti et praecipue principi quam pro locis et temporibus aptae sermones?

28) *Ibid.*, p. 8: In apibus rex unus est; grues unam sequuntur ordine litterato; taurus armentis, aries in grege, equus equitio praeminet emissarius. Nec solum in apibus, avibus aut brutis animalibus, verum in hominibus ingenio ingentibus et ratione principalis potestas est necessaria.

29) *Ibid.*, pp. 11-12: Expedit itaque viro principali regis exemplo David diligi potius a subditis quam timeri; expedit siquidem et timeri, dum tamen ex dilectione potius timor ille perveniat quam coercione. Quicquid enim teneris affectibus adamatur, consequens est ut et timeatur; quod autem timetur, non statim et amatur. Sic itaque timor cum dilectione temperetur, ut nec remissa liberalitas lenetescat in teporem, nec insolenti rigore violenter extortus timor in tyrannidem convertatur.

30) *Ibid.*, p. 12: Mansuetudini vero cognatam et annexam aestimo verecundiam; quae quoniam ingenuos prodit natales et ingenuitatis ingenia magno opere decet, ejusdem quoque immorari partibus delectabile duxi.

31) *Ibid.*, p. 13: Viros autem in eminenti specula constitutos, quorum facta palam populos provocant ad exempla, quid magis quam pudicitia decet? —— Quod et in tribus Augustis, Gaio Caligula, Nerone et Vitellio, libidini datis palam fuit; quorum Gaius sorore se polluit, Nero quoque tam sorore quam matre. Horum autem trium duo gladiis cecidere alienis, tertius autem, scilicet matricida, proprio se pertulit ense.

32) *Ibid.*, pp. 15-16: Patientia vero, quae prioribus non aliena putanda virtutibus, nulli

magis quam illi cui multi sunt debitores praeditum esse convenit. Oratione dominica, ut nobis debita dimittantur, et aliis quoque dimittenda docentur. —— Magnam quoque patientiam ostendit Dominus, improperantibus ei Judaeis et dicentibus "Daemonum habes", et "Samaritanus es"——. Trajani vero imperatoris patientia non tacenda quidem est nec omittenda, sed potissime in exemplum humanitatis et benignitatis est trahenda.

33) *Ibid.*, pp. 18-21: Temperantia vero quasi caeterarum virtutum condimento quodam in omni utenda actione. ——Praecipuus autem ejus effectus est, ut iracundiam mitiget et moderetur. —— Cum igitur ira principis, Salomone testante, sit rugitus leonis, irasci non debet princeps quin sentiat orbis, neque a statu mentis moveri quin mundus moveatur. Absit enim ut iram facile frustraque saepius effundens puerique more temere ponens et resumens constantiae, simul reverentiae, damna sustinesat; absit etiam ut frequentem caedibus et sanguine satiare sitiat iracundiam. Aut nunquam igitur principis animum ira perturbet aut rarissime. ——Non solum igitur irae impetus, sed et omnes Animi motus illicitos, luxusque noxios atque libidines, temperantia sedat.

34) *Ibid.*, pp. 21-25: Virtus autem nulla magis hominem quam clementia, et haec ipsa nullum magis ex omnibus quam regem aut principem decet. ——Ad Salvatoris etiam in terris opera recurramus. ——Est itaque boni principis offensas remittere, non omnes quidem, sed multas, et poenas debitas mitigare, longeque ut pronior sit, salvo solum regiminis moderamine, reos absolvere quam condemnare; et, cum forte justitia mediante poenis addicti fuerint, clementiae est aliquid ultrici detrahere sententiae. ——Sanguinem autem, sicut non privati, sic neque principis etiam inimici, princeps turpiter aut crudeliter sitire debet. —— Nunquam enim princeps ad ultima recurrit supplicia, nisi cum consumpserit remedia.

35) *Ibid.*, pp. 27-30: Munificentiae virtus viros non minus quam praedictae magnos decet, tantoque est principi magis accomomoda quanto eundem opera foecundum et facultate multa dare multorumque obsequia remunerare favor et gratia fortunavit. ——Constantinus quoque Augustus, a lepra miraculose mundatus, qui beato Silvestro et successoribus ejus Romam et occidentale imperium totum contulit, inter principes munificos non immerito est annumerandus et cunstis minificis in terra pro doni majestate longe praeferendus. Dandum est igitur, dandum; sed tamen habendus est modus in dando. Non enim propter liberalitatis officia aut thesauri exhauriendi, aut patrimonia funditus effundenda.

36) *Ibid.*, p. 30: Magnificentia vero, quae et fortitudo dicitur, non solum principes ornat, sed etiam magnos quosque suae virtutis efficacia majores reddit.

37) *Ibid.*, pp. 32-33: Virtus autem nulla magis principem quam justitia decet, per quam, humanae societatis vinculum servans, et ambitiones majorum impetus frangit et suam minoribus securitatem custodiat et tranquillitatem. Sicut enim armis tueri, sic et legibus princeps atque justitia reipublicae statum regere tenetur et moderari. —— Ubi notandum

quod in novitate legum graviori animadversione opus est, ut rigorem promulgatae legis sentiat severitas disciplinae. —— Porro ad terrenam justitiam, quae tamen de superna descendit, revertamur, per quam humana societas et cohabitatio confoederantur. Dum enim cohabitant homines, obtinet unus vel agros vel alias possessiones quibus eget alter. Alii quoque militiam, alii mercaturam variosque vivendi modos exercent, per quod accidit ut unius plerumque quaestus lucrum munuat alterius; quae res livorem pariter moveret ac seditionem si non adesset justitia, suum cuique tribuens atque conservans.

38) *Ibid.*, pp. 34–35: Quemadmodum igitur in humano corpore membrum, quanquam saucium, quanquam languidum et vitio quolibet depravatum, non statim tamen vel praecidendum vel projiciendum, sed, quoniam redeunt ad sanitatem saucia, projiciuntur abscissa, potius adhibenda sunt medicamina et alliganda formenta, ut totius integritas plena valeat partium sospitate gaudere; sin autem partialis incommodi incurabilis fuerit forte corruptio, ne mali vis pestilens per universa se subinde membra transfundat, membrum illud, tanquam inutile, quantocius est a toto movendum; haud aliter regni bonus princeps partis vitiosae cum omni diligentia et mansuetudine spem prosequitur. —— Cavenda vero est maxime ira in puniendo, cum qua nemo tenebit mediocritatem, quae est inter nimium et parum.

39) *Ibid.*, p. 37: Laudabilem in Francorum regno vidimus consuetudinem et a vero naturalium principum pietatis fonte manantem. In primis namque facinorosis quorumlibet excessibus—— primo per urbem reus in publico conspectu fustigatione confunditur et flagellantur. Deinde, si forte reciderit, aut fronte et facie cauteriatur aut auriculae inferiore pulpa mutilatur. Tertio vero, cum damnabili nota si deprehenditur, durius in ipsum, tanquam incorrigibilem et humano coetui prorsus inutilem, animadvertitur; et sic demum quasi publicus hostis juxta delicti quantitatem vel exoculatur vel patibulo sublevatur. Laudabilis haec et digna memoria dispensatio.

40) *Ibid.*, pp. 39–43: Prudentia vero, caeterarum quasi lima virtutum esse videtur, tanto principi magis accommoda, quanto plures per hanc virtutem regere tenetur et moderari. Hujus enimvero virtutis efficaciae non immerito debetur, quod nec justitia in crudelitatem, nec fortitudo in temeritatem, nec temperantia in lentitudinem vertitur vel teporem. —— nisi prudentia regatur, facile quis in vitium a virtute labatur. —— In rebus autem bellicis, sicut et aliis cunctis, multum principi prudentia confert; dum enim ad victoriam variis agitur viis, nunc maturatione, nunc mora, nunc insidiis occultis et subitatione, nunc milites in turma ordinando et per cuneos disponendo, magistratus etiam et tribunos per cohortes praeficiendo, in ipso quoque conflictu, nunc fortius insistendo et acrius in hostes insurgendo, nunc quasi declinando et hostiles ex industria impetus eludendo, sicut hi qui de re militari scripsere satis ducuerunt, diversis martia negotia modis et cautelis expediuntur.

41) *Ibid.*, pp. 43–44: Providentia vero, quanquam prudentiae pars sit et pars potissima,

de ipsa tamen separatim agere prae eminentia suae dignitatis non indignum reputavi. Est itaque providentia non solum principi, sed et omni valde competens et accommoda sapienti, adeo ut hac sine nec regni gubernacula solide subsistant, nec ea subtracta debitum sapientia sortiatur effectum. —— Ex minutis etiam animalibus, ape videlicet et formica, quae tam provido labore, unde vitam in bruma producant, congerunt in aestate, providentiae sumamus exempla. Nec solum ad vivendum, verum etiam ad secure feliciterque tempus agendum, plurimum providentia valet. Urbes enim muris claudere, cingere fossatis, turribus erigere, armis atque alimentis copiose munire, ad haec etiam civium animos libertatibus extollere, crebris excitare donariis, ipsam juventutem martis exercitio negotiis erudire, et tanquam ad bella saeva praeludiis quibusdam non inutilibus sub pace formare, providae mentis est et sapientis.

42) *Ibid.*, p. 46: Modestia vero, quae et temperantiae pars est, sed sicut illa ad frenandos irae impetus, sic ista ad ambitum animi sedandum specialius applicatur, tanto principi competentior quanto majorem in magnis et conspicuis quam minoribus et obscuris ambitionis macula notam incurrit. —— Ambitionis itaque morbo incurabili modestiae remedium utiliter apponere praesens haec pagina nostra curabit.

43) *Ibid.*, p. 48: Cum autem audaces fortuna juvet et provehat, quem magis animositas et audacia quam magnos et fortunatos decet? Sicut enim non audenda inconsideranter aggredi temeritatis est proprium et non virtutis, sic audere audenda et ratione praevia viriliter attentare virtus est.

44) *Ibid.*, p. 51: Sicut gloria patris est filius sapiens, sic principis gloria est pax subditorum et tranquillitas.

45) *Ibid.*, pp. 54–57: Rex autem, qui a regendo dicitur, primo se ipsum, deinde subditum sibi populum, regere tenetur. —— Habet etiam rex non solum armis in bello, verum etiam legibus in pace, populum gubernare, et utroque tempore moribus electis et vitae laudabilis exemplis informare. —— Tyrannus autem nec pacis nec belli tempore populi procurat indemnitatem; nec solum non instruit, sed etiam universos, utpote praeesse cupiens et non prodesse, pravae vitae potius exemplo corrumpit. ——Hanc etiam adjicimus inter regem et tyrannum differentiam, quod ille, tanquam patriae pater atque patronus, paterno populum tractat affectu, iste vero se tanquam vitricum per omnia repraesentans, non supportare quaerit, sed suppeditare, non defendere cupit, sed confundere, non construere curat, sed destruere, non prodesse parat aut properat, sed praeesse, non patrocinari revera novit, sed per omnia novercari. —— Haec quoque diversitas discrepantiam parit, quod regis vitam longam, tyranni vero brevissimam, omnes desiderant. —— Percussori vero tyranni non quidem poena, sed palma promittitur. Juxta illud, qui tyrannum occiderit, praemium accipiet. —— Ut itaque finalem inter reges et tyrannos dissonantiam assignemus, reges, diutius viventes et in bonis dies suos ducentes, demum morte naturali consumendi liberis ac nepotibus sua feliciter regna contradunt; tyrannorum autem brevis

potestas est et execrabilis, eorumque finis et exitus exitialis ferro plerumque sive veneno maturatur, proximis eorum filiis aut consanguineis perraro eisdem succedentibus.

46) Iohannes Viterbiensis, "Liber de regimine civitatum," C. Salvemini (ed.), in; *Bibliotheca Iuridica Medii Aevi*, vol. 3, 1901, pp. 215–280. F. Hertter, *Die Podestàliteratur Italiens im 12. und 13. Jahrhundert*, Leipzig 1910. W. Stürner, *op. cit.*, pp. 140–1423. W. Berges, *op. cit.*, pp. 298–299.

47) C. Salvemini (ed.), *op. cit.*, pp. 218–220: Regimen est gubernatio quedam, qua civitas gubernatur et regitur. —— Vel dici potest regimen substentatio quedam, qua substentatur homo, et tenetur homo sicut equus freno: equus enim prave agilitatis et levitatis tenetur freno maturitatis et gravitatis, et sine eo sepe perire solet.

48) *Ibid.*, pp. 220–221: Querendus est igitur vir bene morigeratus. —— Item sapiens et iustitie amator, non callidus. —— Sit boni ingeni et veritatis amator et subtilis intelligentie. —— Sit fortis et magnaminus, non vanaglorie deditus vel pomposus seu adulatorum amator. —— Non sit pecunie cupidus vel voluntati sue deditus. —— Sit eloquentissimus et bonus orator. —— Sit ut supra eloquentissimus, non tamen loquax. —— Sit etiam personatus; multum enim facit persona et statura conveniens in preside, dum alie insint virtutes.

49) *Ibid.*, pp. 235–236: Ebrietatem autem devitent et pocula ebrietatem inferentia penitus spernant, ——. Qui enim ebrii sunt extra se positi sunt. O quam magna infamia est et dedecus rectori ebrio, qui nec sibi nec aliis consulere potest; nec se nec alios regere valet, qui positus est ad regendum alios, ut reddat cuique ius suum.

50) *Ibid.*, pp. 236–238: Superbiam vero omnimodo potestas civitatis a se expellat, de qua licet prius dicendum fuisset quam de ebrietate, cum sit radix omnium malorum, quia tamen in colloquiis et contionibus et aliis non decet potestatem linguam balbutientem habere, etiam superbiendo, ideo de ebrietate prius tractatus est supra habitus. Et merito superbia est repellenda a preside.

51) *Ibid.*, p. 238: Abstineat autem potestas ab ira gravi, et maxime inter suos. Ira enim animum impedit ne possit cernere verum. Et si non potest in totum se abstinere ab ira, tamquam vir fortis et prudens mitiget ipsam nec permittat sibi ab ea imperari. —— Ira procul absit cum qua nihil recte fieri potest. Nil minus quam irasci punientem decet.

52) *Ibid.*, p. 240: Avaritie autem pestem preses provincie et civitatis rector sive potestas devitet, quonam mater est omnium malorum. In nullo enim avarus bonus est, in se pessimus. Avarus miserie sue causa est. —— Nullum igitur vitium tetrius—— quam avaritia, presertim in principibus et reipublice gubernationibus. ——Propter avaritiam sane et cupiditatem sepe furta committuntur, et fama presidum et iudicium denigratur, et etiam puniri merentur potestates et administratores civitatum. —— Comtempti enim esse debent suo feudo seu salario, pro quo voluntarie promittunt et iurant servire publice civitatibus.

53) *Ibid.*, p. 241: Set quoniam multi et etiam sapientes decepti sunt propter luxuriam a mulieribus adulteris et fornicantibus, conveniens est hoc in loco adnectere, qualiter ab ipsis sit abstinendum, et ipsa luxurie pestis a potestatibus, presidibus et rectoribus civitatum, atque iudicibus sit reicienda. —— Extrema libidinis turpitudo non solum mentes effeminat, sed etiam corpus enervat, non solum maculat animam, sed fedam efficit personam.

54) *Ibid.* pp. 242-243: A multiloquio autem se potestas civitatis et rector abstineat; rara enim sit elocutio sua, ut ex hoc magis sapiens presumatur. Et cum loquitur, discrete loquatur, et modus sit eidem apte et moderate loquendi. —— Item ex sermonibus et gestibus vel operibus presumitur quis sapiens, ——.

55) *Ibid.*, p. 243: Ab immoderato risu temperet se civitatis potestas seu rector ne propter immoderatum risum de ipso insipientia presumatur. Sic enim scriptum est: Risus in ore stultorum. —— Odibilem quoque risus hominem facit aut superbus aut clarus, aut malignus, aut furtivus, aut alienis malis evocatus.

56) *Ibid.*, p. 243: Abstineat vero potestas a laude sue persone: omnis enim laus in proprio ore sordescit.

57) *Ibid.*, p. 244: Caveat autem sibi potestas et preses seu rector civitatis a percunctatoribus et spionibus, qui quod secrete audiunt referunt aliis et in publicum inducunt.

58) *Ibid.*, p. 244: Auro autem civitatis rector vel potestas iustitiam non vendat. Qui enim auro vendit Iustitiam penis furis merito est subdendus.

59) *Ibid.*, p. 244: Evitet autem rector nimiam familiaritatem civium et conversationem equalem. ——nam ex conversatione equali nascitur contemptio dignitatis.

60) *Ibid.*, p. 244: Auricularia consilia seu auricularem allocutionem alicuius civium evitet potestas, nec frequenter cum aliquo eorum consilium habeat in cameris vel locis clandestinis vel remotis a suis curialibus, vel etiam nocturno tempore, ne aliquod sinistrum de eo suspicetur vel presumatur.

61) *Ibid.*, p. 245: Cum autem contingerit potestatem ire spatiatum per civitatem vel extra, prope tamen, non ducat secum aliquem ex civibus, sed associet sibi militem suum, vel iudicem suum, vel camerarium comunis propter suspitionem civium.

62) *Ibid*, p. 245: Licet autem sit superius denotatum ut potestas seu civitatis administrator a furtis pecunie et rerum, quas administrare diligenter tenetur, se abstineat: quia tamen quidam sunt qui in persona hoc facere timent vel cessant, sed per alios etiam officiales suos hoc facinus committentes, non erubescunt participes clandestine fieri huiusmodi maleficii, ——.

63) *Ibid.*, pp. 245-246: Timeat itaque deum potestas seu civitatis rector. ——Sanctamque ecclesiam venerans, rectam fidem catholicam habeat. ——Confidat ergo in domino et faciat iudicium et iustitiam in omni tempore. Item sit adiutor et defensor

eius, nec temeat aliquod contrarium, iustus et rectus existens.

64) *Ibid.*, pp. 245–246: Ecclesia utem, templa, hospitalia et alia loca venerabilia tueantur presides, potestates et civitatum rectores, et alia loca venerabilia et merito sunt tuenda. Dignum enim donarium est omnipotenti deo divinarum rerum tuitio, et maxime quia in hiis salutem petimus.

65) *Ibid.*, p. 246: Pupillo et vidue, secundum propheticum verbum, preses seu potestas adiutor sit. —— Sic igitur pupillus et vidua et ale miserabiles persone in suo iure tuendi sunt, ut divitibus et potentibus, seu divitum et potentiorum iustitia non auferatur seu conculcetur.

66) *Ibid.*, p. 252: Quatuor virtutum species multorum sapientum sententiis diffinite sunt, quibus animus humanus componi ad honestatem vite possit: harum prima est prudentia, secunda magnamitas, tertia continentia, quarta iustitia. Quisquis ergo hanc sequi desideras tunc per rationem recte vives,——.

67) *Ibid.*, pp. 252–253: Prudentis est proprium examinare consilia et non cito facili credulitate ad falsa—— probabi. De dubiis non diffinias sed suspensam tene sententiam. Nichil inexpertum affirmes; quis non omne, (quod) verisimile (est), statim verum est, sicut et sepius quod primum incredibile videtur, non continuo falsaum est. —— nam prudens nunquam otio marcet, aliquando autem remissum habet animum, nunquam solutum; accelerat tarda, perplex expedit, dura mollit vel exequat. Scit enim, quid qua via aggredi debeat et distincte cuncta videt consilia imperitorum; ex apertis obscura extimat, ex parvulis magna, ex proximis remota, ex partibus tota.

68) *Ibid.*, p. 253: Magnanimitas vero, que (et) fortitudo dicitur, si insit animo tuo, cum magna fiducia vives liber, intrepidus et alacer. Magnanimi hominis bonum est non vaccillare sed constare sibi et finem vite intrepidum expectare.

69) *Ibid.*, p. 253: Si continens fueris usque eo pervenies ut te ipso contentus sis; nam qui sibi ipsi satis est, cum divitiis natus (est). ——Ad iram tardus, ad misericordiam pronus. In adversis firmus, in Prosperis cautus et humilis. Occultator virtutum, sicut all vitiorum. Vane glorie contemptor et bonorum, quibus preditus es, non acerbus exactor.

70) *Ibid.*, pp. 253–254: Et quidem iustitia non nostri animi constitutio sed est divina lex et vinculum societatis humane. —— Non transies veritatem, ne iustitie transeas legem.

71) *Ibid.*, pp. 254–255: Nam si prudentia terminos suos excedat, callidi et pavidi acuminis eris. —— Magnanimatas autem, si se extra modum suum extollat, faciet virum minacem, inflatum, turbidum, inquietum——.

72) *Ibid.*, pp. 265–266: Non est mirandum si humanum genus duobus iuribus et duabus potestatibus regitur et gubernatur, scilicet divino et civili et communi iure, et maxime genus christianorum; quoniam hoc constat ex spiritu et carnali corpore. —— deus——per ministros suos se vindicat in hac vita, idest per ambas potestas, scilicet spiritualem et temporalem, per quas utrumque ius regitur et redditur humano generi. —— Utraque

tamen potestas, scilicet, spiritualis et temporalis a domino deo est, ——. Unde colligitur ex hoc, quod duo gladii in mensa domini fuissent appositi, quod, cum sint ad invicem diversi propter diversa officia, doversos meruerunt habere ministros; ut alter esset qui dignos verbis percuteret gladio, alter qui meritos ferri puniret instrumento.

第 5 章　宮廷批判の系譜

1) R. Köhn, '"Militia curialis." Die Kritik am Geistlichen Hofdienst bei Peter von Blois und in der lateinischen Literatur des 9.–12. Jahrhunderts,' in; A. Zimmermann (ed.), *Soziale Ordnungen im Selbstverständnis des Mittelalters*, vol. 1, Berlin 1979, p. 246.

2) W. M. Lindsay (ed.), *Isidori Hispalensis Episcopi Etymologiarum sive originum libri XX,* Oxford 1962, vol. 2, Liber XV, II, 28: Curia dicitur eo quod ibi cura per senatum de cunctis administretur.

3) R. Köhn, *op. cit.*, pp. 243–244.

4) *Ibid.*, p. 244.

5) C. S. Jaeger, *The Origins of Courtliness. Civilizing Trends and the Formation of Courtly Ideals 939–1210,* Philadelphia 1985, pp. 19ff.

6) *Ibid.*, pp. 35ff.

7) Petrus Damiani, "De variis miraculosis narrationibus," in; *MPL*, vol. 145, cols. 578–579: Clericus, inquit, Coloniensis Ecclesiae vadum fluminis transibat, et ecce beatus Severinus ejusdem Ecclesiae nuper episcopus, equi ejus habenas apprehendit, eumque retinens, sistit. Cumque ille in stuporem versus, et graviter admiratus, cur illic tam clarus et tam celebris famae vir moraretur inquireret: Da mihi, ait, manum tuam, et quae circa me sunt, non auditu disce, sed tactu. Cumque datam manum fluctibus episcopus impressisset, tantus eam ardor absorbuit, utundique carnes ejus resolutae diffluerent, et ossa nuda vix haerentibus articulis remanerent. Ad quem clericus, nomen, inquit, tuum in tanta benedictione sit apud nos, et fama tua consonis totius Ecclesiae praeconiis celebretur, cur te pestilens haec vorago constringit, tantoque, proh dolor! incendio cruciaris? Ad quem sanctus episcopus: Nihil, ait, aliud in me remansit ultione plectendum, praeter hoc tatntum, quia dum, in aula regia constitutus, imperialibus me consiliis vehementer implicui, canonicae synaxis officia per distincta horarum spatia non persolvi. ——. Cf. C. S. Jaeger, *op. cit.*, pp. 54–55.

8) Deusdedit, "Libellus contra invasiores et symoniacos et reliquos scismaticos," in; *MGH, Libelli de lite,* Hannover 1892, vol. 2, p. 314.: et relictis suis cathedralibus ecclesiis assistunt imperatoribus; cum canones spiritu Dei conditi prohibeant pontificibus palacia regis adire. Cf. R. Köhn, *op. cit.*, pp. 249–250.

9) "Adami Bremensis Gesta Hammaburgensis Ecclesiae Pontificum," in; W. Trillmich, R. Buchner (eds.), *Quellen des 9. und 11. Jahrhunderts zur Geschichte der Hamburgischen Kirche und des Reiches,* Darmstadt 1961, pp. 398ff. Cf. E. N. Johnson, "Adalbert of

Hamburg-Bremen: A Politician of the Eleventh-Century," *Speculum*, 9 (1934), pp. 147-179. また，拙稿「ブレーメンのアダムと北方世界の『発見』」(『岩波講座世界歴史12・遭遇と発見―異文化への視野』岩波書店，1999年，所収)，89-107頁，参照。

10) W. Trillmich, R. Buchner (eds.), *op. cit.*, pp. 408-409.

11) *Ibid.*, pp. 376-379. Cf. Jaeger, *op. cit.*, pp. 67ff.

12) *Policraticus*, I-4, vol. 1, p. 31. Cf. M. Kerner, *Johannes von Salisbury und die Logische Struktur seines Policraticus*, Wiesbaden 1977, pp. 165ff. 本書の第Ⅱ部第1章「政治社会論」，参照。

13) *Policraticus*, I-6, vol. 1, p. 41: Amatoria bucolicorum apud uiros graues esse, fuerat criminis; nunc uero laudi ducitur, si uideas grauiores amatoria, quae ab ipsis dicuntur elegantius stulticinia, personare.

14) *Ibid.*, I-8, vol. 1, pp. 46-48: cum gratiam suam histrionibus et mimis multi prostituant, et in exhibenda malitia eorum ceca quadam et contemptibili magnificentia non tam mirabiles quam miserabiles faciunt sumptus. ――Hinc mimi, salii uel saliares, balatrones, emiliani, gladiatores, palestritae, gignadii, praestigatores, malefici quoque multi, et tota ioculatorum scena procedit. Cf. C. Uhlig, *Hofkritik im England des Mittelalters und der Renaissance*, Berlin 1973, pp. 43ff. ジョンはこの他にも，宮廷人が魔術，夢解釈，予兆の占い，占星術などに没頭するのを批判している。本書の第Ⅰ部第4章「異教的俗信の批判」を参照。

15) へつらう者への批判について，*Policraticus*, III-4, vol. 1, p. 177: Adulator enim omnis uirtutis inimicus est, et quasi clauum figit in oculo illius cum quo sermonem conserit, eoque magis cauendus est, quo sub amantis specie nocere non desinit, donec rationis obtundat acumen et modicum id luminis, quod adesse uidebatur, extinguat. へつらう者を象徴するテレンティウス『宦官 (Eunuchus)』の登場人物グナトについて，*Policraticus*, III-4, vol. 1., p. 178: Quos ut plenius noueris, Gnatonem apud comicum uide, et quid de se fateatur ausculta: Negat quis, Nego; ait, aio. Denique imperaui egomet michi omnia assentari. ――. ジョンが引用する『宦官』のこの部分は次の箇所。Eunuchus, ii, 19-2: sed eis ultro adrideo et eorum ingenia admiror simul. quidquid dicunt laudo; id rursum si negant, laudo id quoque; negat quis: nego; ait: aio; postremo imperaviegomet mihi omnia adsentari. is quaestu' nunc est multo uberrimus. [R. Kauer & W. M. Lindsay (eds.), *P. Terenti Afri Comoediae*, Oxford 1990, p. 123.] (翻訳，「連中の所に行ってこちらから微笑で近づき，彼らの才能を誉めてやるのだ。かれらが言うことには何でも相づち，かれらが層でないと言えば，それに相づち，ノーと言えば，ノー，イエスと言えば，イエス。要するに，すべてにわたって同意するんだ。これが今では金をかせぐ一番の方法なのだ。」，谷栄一郎訳『西洋古典叢書　テレンティウス　ローマ喜劇集5』京都大学学術出版会，2002 年，261-262 頁) また，*Policraticus*, VI-27, vol. 2., pp. 80-81: Ceterum si Gnatonicreditur , quisquis non arridet diuitibus etiam cum malefecerint aut non applaudit in pessimis eorum, uidetur aut inuidere fortunae aut officio non deferre; nam apud

Gnatonicos ueritatis eloquium crimen est maiestatis.

16) *Policraticus*, V-10, vol. 1., pp. 329-330: Qui curialium ineptias induit et philosophi uel boni uiri officium pollicetur, hermafroditus est——. Res siquidem monstruosa est philosophus curialis; et, dum utrumque esse affectat, neutrum est, eo quod curia philosophiam excludit et ineptias curiales philosophus usquequaque non recipit. Cf. C. Uhlig, *op. cit.*, pp. 53.

17) *Policraticus*, VII-15, vol. 2, pp. 154ff.; VII-22, vol. 2, pp. 160ff. Cf. C. Uhlig, *op. cit.*, pp. 52ff.

18) *Entheticus* vol. 1, pp. 196ff. Cf. E. Türk, *Nugae Curialium. Le règne d'Henri II Plantagenêt (1145-1189) et l'éthique politique*, Genève 1977, pp. 82ff.

19) *Entheticus*, pp. 197ff. ジョンの同時代人への批判については，本書の第II部第2章「暴君論」を参照。

20) E. Türk, *op. cit.*, pp. 124ff.

21) Petrus Blesensis, "Epistola, 14," in; *MPL*, vol. 207, col. 44: Pro hac vanissima vanitate militant hodie nostri curiales in labore et oerumna, in vigiliis multis, in periculis magnis, periculis maris, periculis fluminum, periculis pontium, periculis montium, periculis in falsis fratribus. ——. Cf. R. Köhn, *op. cit.*, pp. 227ff. C. Uhlig, *op. cit.*, pp. 99ff. R. W. Southern, "Peter of Blois: A Twelfth Century Humansit?" , in; Id., *Medieval Humanism and Other Studies*, Oxford 1970, pp. 105-132.

22) R. B. C. Huygens (ed.), "Dialogus inter regem Henricum et abbatem Bonvallis. Un écrit de Pierre de Blois réédité, " *Revue Benedictine*, 68 (1958), pp. 87-112. Cf. W. Stürner, *Natur und Gesellschaft im Denken des Hoch-und Spätmittelalters*, Stuttgart 1975, pp. 131ff.

23) E. Türk, *op. cit.*, pp. 95ff.

24) G. F. Warner (ed.), *De principis instructione liber Giraldi Cambrensis Opera*, vol. 8, *RS*, no. 21, London 1891, p. lix: Porro quoniam satius est sero poenitere quam nunquam, curiam devovens in perpetuum ac detestans ejusdemque fallacias decipulas et dolos, ambitiones quoque et assentatines curialibus appropriatas, longe post terga relinquens et vix tandem me mihi restituens, congestis undique bibliothecae dispersae thesauris ad studium redii, procelloso tanquam a pelagi profundo tranquillos intra sinuosi portus angulos constitutus; ubi et mea mediocritate contentus atque modestia, deportato penitus plus habendi desiderio, vigilandum duxi propensius et indulgendum parum quidem tempori, sed plurumum aeternitati. Cf. C. Uhlig, *op. cit.*, pp. 60-61. Cf. W. Kleineke, *Englische Fürstenspiegel vom Policraticus Johanns von Salisbury bis zum Basilikon Doron König Jakobs II.*, Halle 1937, pp. 47ff. また，本書の第II部第4章「中世盛期の君主鑑における徳と政治」を参照。

25) "Gemma Ecclesiastica, " in; J. S. Brewer (ed.), *Giraldi Cambrensis Opera*, vol. 2, London 1862, II-22, pp. 275ff. Cf. J. J. Hagen, *Gerald of Wales. The Jewel of Church*, Leiden 1979, pp. 208ff.

26) G. F. Warner (ed.), *op. cit.,* pp. lvii-lxiii.: Inter varia vitae istius ludibria duo mihi vivendi genera prae caeteris occurrunt notabilia. Curia curarum genetrix; et schola deliciarum. Illa terrena sapit et ambit insatiabilis; haec, aeternitatis amica et tranquillitatis, modestia est pariter et diligentia commendabilis. Illa, luxu rerum atque libidine ducta, temporalibus agitata nugis, corporis indulget ambitioni; haec, in tempore tempora cogitans transitoria, hominem attentius imbuit et instriut interiorem. Cf. W. Berges, *Die Fürstenspiegel des hohen und späten Mittelalters*, Stuttgart 1938, pp. 43ff.

27) E. Türk, *op. cit.*, pp. 112ff.

28) G. F. Warner (ed.), *op. cit.*, vol. 8, II-8. pp. 172-173.

29) *Ibid.*, pp. 131-132, Cf. L. K. Born, "The Perfect Prince," *Speculum*, 3 (1928), pp. 470-504.

30) "Gemma Ecclesiastica, "in; J. S. Brewer(ed.), *op. cit.,* II-11, pp. 216ff. Cf. J. J. Hagen, *Gerald of Wales. The Jewel of Church,* Leiden 1979, pp. 165ff.

31) M. R. James (ed.), *Walter Map, De Nugae Curialium, Courtiers' Trifles*, Oxford 1983. Cf. E. Türk, *op. cit.*, pp. 158ff.

32) 12世紀にはローマ教皇庁の貪欲さを批判する風刺が多く書かれるようになるが，『マルク銀貨の福音書』は，聖書のパロディーとして有名なものである。冒頭の部分だけをあげておく。「マルク銀貨による聖なる福音の始まり。そのとき教皇は，ローマの人々にいった。『人の子が教皇庁に来たなら，彼にまずこういいなさい。友よ，なぜおまえは来たのか。彼が何もあなた方に与えずに，門を叩き続けるなら，彼を外の闇に放り出しなさい。』(Initium sancti evangeli secundum marcas argenti. In illo tempore dixit papa Romanis: "Cum venerit filius hominis ad sedem majestatis nostre, primum dicte: "Amice, ad quid venisti?" At ille si perseverarit pulsans, nil dans vobis eicite eum in tenebras exterioras. "——)」[O. Dobiache-Roidestvensky, *Les Poésies des Goliards*, Paris 1931, pp. 78-79.] カルミナ・ブラーナでの教皇庁批判は，次のようにいわれる。「ローマは人どころか　物まで次々ととらえ，/ローマ教皇庁は　市場にほかならん。/ローマの判官は　金で買え，/裁判もこれ　万事金次第。——貪欲だけがローマで　安売りだ。けちな贈主は容赦されぬ。/金が神の代りで金銭《マルク》が聖マルコの代り，祭壇《アーラ》より金庫《アルカ》を　大事にする。」(永野藤夫訳『全訳カルミナ・ブラーナ』筑摩書房，1990年，50頁)

33) 『愚者の鏡』のテキストは，Th. Wright (ed.), *The Anglo-Latin Satirical Poets and Epigrammatists of the Twelfth Century,* vols 2, London 1872, vol. 1, pp. 3-145. にある。Cf. C. Uhlig, *op. cit.*, pp. 111ff.

34) 『アルキトレニウス』のテキストは，Th. Wright (ed.), *op. cit.,* vol. 1, pp. 240-392. Cf. C. S. Jaeger, *op. cit.*, p. 62. C. Uhlig., *op. cit.*, pp. 88ff.

35) C. Uhlig, *op. cit.,* pp. 73-75. J. Röder, *Das Fürstenbild in den mittelalterlichen Fürstenspiegel auf französischen Boden*, Diss. Müsnter 1933, pp. 28ff.

36) C. S. Jaeger, *op. cit.*, pp. 122-123.

37) 中世末からルネサンス期の宮廷批判については，参照，C. Uhlig, *op. cit.,* pp. 139ff.

第Ⅲ部

第1章　教会観――『ポリクラティクス』を読む

1)　ソールズベリのジョンと教会政治活動については，本書の第Ⅲ部第3章「教会政治活動――伝記的事実の復原」を参照。また参照，M. Kerner, *Johannes von Salisbury und die logische Struktur seines Policraticus*, Wiesbaden 1977, pp. 58-88. K. Guth, *Johannes von Salisbury (1115/1120-1180). Studien zur Kirchen, Kultur- und Sozialgeschichte Westeuropas im XII. Jahrhundert*, München 1978, pp. 83-103.

2)　たとえば次のような研究を参照，P. Gennrich, *Die Staats- und Kirchenlehre Johanns von Salisbury*, Gotha 1874, pp. 29-31. E. Schubert, *Die Staatslehre Johanns von Salisbury. Ein Beitrag zur Staatsphilosophie des Mittelalters*, Berlin 1897, pp. 33-37. H. Liebeschütz, "John of Salisbury and Pseudo-Plutarch," *JWCI*, 6 (1943), pp. 37-39.

3)　本書の第Ⅱ部第1章「政治社会論」を参照。また参照，M. Kerner, *op. cit*, pp. 189-193.

4)　*Policraticus*, V-2, vol. 1, p. 282: Ea uero quae cultum religionis in nobis instituunt et informant et Dei――cerimonias tradunt, uicem animae in corpore rei publicae obtinent. Illos uero, qui religionis cultui praesunt, quasi animam corporis suspicere et uenerari oportet. Quis enim sanctitatis ministros Dei ipsius uicarios esse ambigit? Porro, sicut anima totius habet corporis principatum, ita et hii, quos ille religionis praefectos uocat, toti corpori praesunt.

5)　本書の第Ⅱ部第1章「政治社会論」と第Ⅱ部第3章「『トラヤヌスへの教え』をめぐって」を参照。

6)　*Policraticus*, VI-5, vol. 2, p. 16: Haec enim duo communia sunt his qui spiritualem et corporalem militiam exercent. Hos enim ad ministerium altaris et cultum ecclesiae uocat lingua pontificis, illos ad defensionem rei publicae eligit lingua ducis.

7)　*Policraticus*, VI-8, vol. 2, pp. 21-22: Vnde quod praedixi, qui nec electi sunt nec iurati, etsi militum nomine censeantur, on magis in ueritate milites sunt quam sacerdotes et clerici quos ad ordines Ecclesia non uocauit. Cf. G. Miczka, *Das Bild der Kirche bei Johannes von Salisbury*, Bonn 1970, p. 178.

8)　*Policraticus*, V-5, vol. 1, pp. 296-297: Si quis in hoc genus sacrilegii prorupit, ut in ecclesias catholicas irruens sacerdotibus et ministris uel in ipso culto loco aliquid importet iniuriae, quod geritur a prouinciae rectoribus animaduertatur, atque ita prouinciae moderator sacerdotumet catholicae Ecclesiae ministrorum loci quoque illorum et diuini cultus iniuriam capitali in conuictos siue confessos reos sententia nouerit uendicandam.

9)　*Policraticus*, V-5, vol. 1, p. 297: Quae uero priuilegia ecclesiarum locorumque uenerabilium et ministrorum sunt, diuino fiunt et humano iure notissima, cum uel usu iam liqueat quod non possunt nisi iudices ecclesiasticos conueniri. Cf. G. Miczka, *op. cit.*, p. 179.

10)　クラレンドン法令と聖職者裁判特権の問題について参照，D. Knowles, *Thomas*

Becket, London 1970, pp. 77ff. J. R. H. Moormann, *A History of the Church in England*, London 1953, pp. 76-81（ムアマン『イギリス教会史』八代崇，中村茂，佐藤哲典訳，聖公会出版，1991年，105-109頁）. Ch. Duggan, "The Becket Dispute and the Criminous Clerks," *Bulletin of the Institute of Historical Research*, 35 (1962), pp. 1-28.

11） *Policraticus*, V-5, vol. 1, p. 297: et si quis in aliquem de clero uiolentas manus iniecerit, anathemate feriatur, ut nisi per Romanum pontificem absolui non possit.

12） *Policraticus*, VIII-18; vol. 2, p. 364: in sacerdotem tamen, etsi tirannum induat, propter reuerentiam sacramenti gladium materialem exercere non licet——.

13） *Policraticus*, VI-11, vol. 2, p. 26: Licet enim sacerdos in ordinatione ordinis sui difficultatem ignoret, eo ipso quod sine contradictione oneroso succedit officio, suscepti sacerdotii onera cogitur sustinere.

14） *Policraticus*, V-4, vol. 1, p. 295: Ministri uero sunt quos dispositio diuina uocauit ut corripiendo et corrigendo uitia aut uirtutes inserendo aut propagando suam et aliorum procurent salutem.

15） *Policraticus*, VII-19, vol. 2, p. 170: ——ordo ille uideatur institutus sed esse occasio quaedam in abundantia et securitate uiuendi.

16） *Policraticus*, VIII-17, vol. 2, p. 348. 本書の第Ⅱ部第２章「暴君論」を参照。

17） *Policraticus*, *Ibid*., VIII-17, vol. 2, p. 351: Mercennarius autem oues quidem uel specie pascit; sed, quia omnia facit ad pretium, si lupum uideat irruentem, dimittit oues et fugit——nec quidem ouium sed lucri curam habet, canis utique mutus, latrare non ualens ut uel clamore et tumultu lupum absterreat uenientem; siquidem eum timet qui temporalium dirripit facultatem, et eum non attendit qui animam cruciaturus est in gehenna.

18） *Policraticus*, VIII-17, vol. 2 p. 353: Nam et in ipsis mercennariis gradus et differentiae sunt. Laxant quidem omnes retia in capturam; sed hi in capturam animarum et rerum, illi res Piscantur dumtaxat, contempto periculo animarum.

19） *Policraticus*, VIII-17, vol. 2, 352: Fur autem conuincitur ab operibus suis quia non uenit nisi ut furetur et occidat et mactet et perdat. Inimicus utique perniciosus et apertus qui nec rem pastoris habet nec speciem, et nec ad lucrum pascit sed suum lucrum reputat, etiam cum occidit.

20） *Policraticus*, VIII-17, vol. 2, pp. 356-357: Fur autem quis sit duplici ratione colligitur. Nam ille qui de conuersatione terrena per superbiae scalam ambitionis et uitiorum gradibus innitentem in ouile ascendit Christo contempto, id est neglecta recta uia et plana sinuosis amfractibus liminaria suffodit aut parietum iuncturas irrumpit aut per tegulas infusus illabitur, profecto fur est et latro. Qui uero Christo aperiente ostium, id est Ecclesia uocante, ingreditur, et postmodum sub umbra pastoris efficitur persecutor, id est spoliat mactat occidit et perdit, fur indubitatus est.

21） *Policraticus*, VIII-17, vol. 2, p. 357: Tu uide in quo gradu ponendi uideantur quibus

non sufficit diuini iuris licentia tondere et deuocare pecus nisi secularium legum implorent auxilia et officiales principum facti ea committere non uerentur quae facile alius quilibet publicanus erubescat.

22) *Policraticus*, VIII-17, vol. 2, p. 352: Pastori itaque debetur amor, quia diligit; mercennario patientia, quia uidetur amantem imitari; furi uero non debet Ecclesia nisi penam.

23) *Policraticus*, V-16, vol. 1, pp. 353-354: Quod ut ab humilioribus liqueat, qui decani sunt uel archidiaconi, nisi illi—— in quorum manibus iniquitates sunt, dextera eorum repleta est muneribus?

24) ハンティンドンの大助祭ニコラウスへの書簡。*Later Letters (1163-1180)*, no. 140, p. 24. Cf. G. Miczka, *op. cit.*, p. 181.

25) *Policraticus*, VIII-17, vol. 2, p. 354: Ecclesiam Romanam, quae parens auctore Deo et nutricula fidei et morum est et non potest ab homine iudicari et argui celesti priuilegio munita, relinquo intactam; nec enim credibile est quod ea committere praesumant uel dignentur, quae de iure gentilium in praesidibus prouinciarum et proconsulibus, id est legatis Cesaris, constat esse illicita.

26) *Policraticus*, V-16, vol. 1, pp. 349, 352-354.

27) *Policraticus*, V-16, vol. 1, p. 354: Episcoporum nomen et officium uenerabile est, si tanta impleretur sollicitudine quanta interdum petitur ambitione. Et diligerentur ut patres, timerentur ut domini, colerentur ut sancti, si exactionibus parcerent et proicerent ex animo quicquid prouenit ex calumpnia et omnem quaestum minime crederent pietatem. Ceterum sibi reuerentiam subtrahunt et amorem, dum honores ambiunt, pecuniam cupiunt, et uel suas faciunt uel alienas calumpnias fouent. Et quidem nescio quomodo notam et penam omnem euadant qui exactionem et totius calumpniosi quaestus sibi ad minus bessem uendicant. Nam aut solidum assem usurpant sibi aut, ut multum, trientem dumtaxat archidiaconus, et aliis officialibus—— cedunt.

28) *Policraticus*, VIII-17, vol. 2, p. 355: Quis ergo credet quod patres ecclesiae, iudices orbis et, ut ita dicam, clarissima lumina mundi diligant munera, sequantur retributiones, prouincias concutiant ut excutiant, loculos exinaniant alienos ut solident suos, uerbis praedicent paupertatem et criminibus ad diuitias prosperent——.

29) *Policraticus*, VIII-17, vol. 2, p. 355: bonorum spiritualium dampnent commercia ut cum eis dumtaxat in talibus contrahere liceat, id agentes ut omnibus sint terrori, amentur a nullo, quietem doceant ut faciant rixas, humilitatem indicant et simulent ut uendicent fastum, alienam pulsantes et suam fouentes auaritiam, dictantes largitatem, tenacitati insistentes.

30) *Policraticus*, VIII-17, vol. 2, p. 356: Constat enim quia Apostolorum oportet adorare uestigia et Illos esse ut patres honorandos, colendos ut dominos, qui eorum possident sedem et imitantur uitam, Illos potius haec pagina respicit qui plumis uehuntur pensilibus,

in saturitate disputant de ieiuniis, et quod ueribis astruunt operibus destruunt.

31) *Policraticus*, VII-17, vol. 2, pp. 162: Domesticas calamitates et thalamum sapientiae expositum fornicatoribus et sanctuarii interioris recessum in prostibulum permutatum sine gemitu et lacrimis nequeo deplorare. Domus namque orationis negotiationis, Domino prohibente, facta est domus; et templum fundatum in lapide adiutorii in latronum speluncam uersum est. Siquidem Ecclesia data est in direptionem aliis palam, aliis clam occupantibus eam——.

32) *Policraticus,* VII-17, vol. 2, pp. 163-164: Alius enim de nobilitate confiscus aut uiribus potestatum uiolenter in sancta irruit et si forte pulsat ad hostium, parietem aut limina suffodere non ueretur. —— Alius, sperans in multitudine diuitiarum, Simone ducente ingreditur, non inueniens ibi qui eum et pecuniam suam ire iubeat in perditionem. Alius in muneribus ad Petrum reformidat accedere; clanculo tamen per impluuium auri—— sic in sinum Ecclesiae procus descendit incestus. Alius obsequio quasi muneris igrarus adest, ac si obsequia non cedant in muneris rationem; profecto nullum maius est munus quam cum homo seipsum hominis deuouet seruituti. —— Diu siquidem alius simulauit; ambitionem namque multis indiciis prodidit et se diuitem potentem insignem uelle fieri confessus est, sed alia uia, sed in alio statu, sed in minori periculo, maiori libertate. Voluit esse nobilis inter uirorum quaesiuit gratiam, familiaritatem iniit, ab eis quamcumque suscepit functiones. Scriniis forte praelatus est aut consignandi suscepit officium aut cimilii custodiam aut publici claues erarii aut ratiocinii uarias cautiones aut, si quid aliud nequit, ut corbibus praeficeretur optinuit.

33) *Policraticus*, VII-17, vol. 2, p. 164: Iam palam emuntur omnia, nisi modestia uenditoris impediat. Adeo enim sacris altaribus auaritiae prophanus imminet ardor ut haec omnia quasi quaedam parodica praeemantur——. Ius ergo aduocationis aut patronatus ecclesiae quid prohibet distrahi? Nam quod beatus Ambrosius heresim simoniacam committi dicit in talibus, prouinciale decretum interpretantur esse et quod in sola Ithalia et inter Lumbardos debeat optinere. At constitutio apostolica inhibens ne illi qui, dum ecclesias ambiunt, quo facilius subintrent, ius aduocationis quaerunt, admittantur in ecclesias quarum aduocatio fraude quaesita est, ad timorem dictum referunt et nequaquam esse perpetuum sed pro loco et tempore dispensandum.

34) *Policraticus*, VII-17, vol. 2, pp. 165-166: Si dispensationis modum quaeris, probabilis quidem est si erga diuites, erga nobiles, erga potentes aut curiales rigor canonum temperatur. Nam de moribus ultima fiet mentio; et istis lex canonum nequaquam posita est. —— Episcopos ad prima beneficia obligant et de futura succesione pacisci non uerentur, Restat itaque ut tristi pactio repleatur euentu et illius quisque animetur et armetur in necem cuius ambit succesionem. Si enim cedere moretur, aduersantur, uexant et multipliciter concutiunt possessorem. Cf. G. Miczka, *op. cit.,* p. 172.

35) *Policraticus,* VII-18, vol. 2, p. 167: Amice, ascende superius. Stupidi itaque

obstupescunt, nomen dignitatis abhorrent, refugiunt onus et, ut auidius impellantur, more—— arietis ut fortius feriat recedentis, cum suspiriis gemitibus et singultibus interrumpentibus simulatas lacrimas retrocedunt.

36) *Policraticus*, VII-18, vol. 2, pp. 168-169: Cum ambitiosus quidam monachus ad abbatiam, quam praeemerat, uocaretur et ille modestiam simulans ut auidius peteretur, onus refugeret, recusaret honorem et se palam tantae rei fateretur indignum; Plane, inquit princeps, indignus es, quia eam clam data michi tanta pecunia—— emisti. Sed, quandoquidem per me non stat quo minus pactio impleatur, liberum me haberi iustum est; et tu domum redeas, et qui dignus est destitutae praeficiatur ecclesiae.

37) *Policraticus*, VII-19, vol. 2, pp. 169-170.

38) *Policraticus*, VII-19, vol. 2, pp. 170.

39) *Policraticus*, VII-19, vol. 2, p. 172: Hi sunt qui crebris muneribus uisitant potestates, laterales et Familiares eorum sollicitant, ecclesiarum primis se commendant, applaudant omnibus et etiam magnarum domuum non modo officiales sed ciniflones rogant ut, cum locum uiderint, meminerint sui. —— Hi sunt qui uitam scrutantur alienam, negligunt suam, infulatorum annos dinumerant, canis letantur, phisicos et genelliacos de fatis praesidentium consulunt, ——. Sic ergo plerumque, dum competitorum rixa crudescit, sapientia Dei per occultam et rectam dispositionis suae uiam fidelem incognitum introducit de quo nequaquam praecesserat sermo uel cogitatio.

40) *Policraticus*, VII-19, vol. 2, pp. 173-174: Regnante Rogero Siculo contigit uacare ecclesiam Auellanam Campaniae. Apuliae et Cslabriae Rodbertus iam dicti regis cancellarius praesidebat uir quidem in rebus gerendis strenuus et sine magna copia litterarum acutissimus——. Ad eum utique uiri tres accesserunt, abbas quidam, alter archidiaconus, tertius laicus quidam praepositus regis, —— singuli clam pro iam dicto episcopatu grandem pecuniam offerentes. —— Adhibitis familiaribus seorsum cum unoquoque eorum conuenit de pretio. ——Cum itaque sd diem archiepiscopi episcopi et multae uenerabiles personae conuenissent, praefatus cancellarius competitiorum causas et quid cum unoquoque eorum egisset exposuit, dicens se exinde ex episcoporum sententia processurum. Dampnatis ergo competitoribus simoniacis, pauper monachus et totius rei ignarus canonice electus approbatus et introductus est.

41) *Policraticus*, VII-19, vol. 2, pp. 175-176: Ignobilis est; sed nec Petrus patricius extitit aut alicubi de claritate sanguinis gloriatur. Minor est; Ieremiam et praecursorem Domini habet auctores. Puer est; et monstrat seniores a Daniele puero condempnatos. ——

42) *Policraticus*, VII-20, vol. 2, p. 185: Ab episcopis Deo amabilibus secundum diuinas regulas religiosos clericos cum multa fieri inquisitione et boni testimmonii uiros ordinari sancimus, litteras omnimodo scientes, eruditos, sed nullos magis in sacris ordinationibus diligimus quam cum castitate uiuentes aut cum oxoribus non cohabitantes. この文章は, Novell. vi, cc. 4, 5. に従う。

43) *Policraticus*, VII-21, vol. 2, pp. 190-191: Licet autem populi temeritas aut licentia potestatum praeceptis legittimis et diuina institutione reprimi possit, ambitio tamen domari non potest. Si enim in manifesto non audet, clanculo serpit et fraudulenter ingreditur. Si fores ecclesiae muneribus non aperiat, si nec sua nec aliena uiolentia reseruatur, confugit ad artes fallaciae suae. —— Simulat et dissimulat et astutam gerit sub pectore uulpem. Cf. G. Miczka, *op. cit.*, p. 191.

44) *Policraticus*, VII-21, vol. 2, pp. 191-192: Mortificat ergo carnem cum uitiis et concupiscentiis et, non sicut ceteri hominum, cum hominibus degens uitam agit angelicam et in celestibus conuersatur. Ieiunant hi continue, sine intermissione orant, clare tamen et ut audiat hospes, asperis et sordidis uestibus induuntur et populum increpant. Arguunt clerum, de moribus corrigendis sollicitant principatus et potestates, testimonium sibi adquirentes iustitiae si uitae detrahant alienae. —— Se ergo Basilii, Benedicti, Augustini, aut, si hoc parum est, Apostolorum et Prophetarum fatentur successores; uestes Cartuariensium, Cisterciensium, Cluniacensium induunt, et qui dignantur esse canonici gloriantur in laneis tunicis et pellibus agninis.

45) *Policraticus*, VII-21, vol. 2, p. 194: Inde est quod faciei pallorem ostentant, profunda ab usu trahunt suspiria, artificiosis et obsequentibus lacrimis subito inundantur, obstipo capite, luminibus interclausis, coma breui, capite fere raso, uoce demissa, labiis ab oratione mobilibus, Incessu tranquillo et quasi gressu quadam proportione composito, pannosi, obsiti, sordes uestium et affectatam uenditant uilitatem, ut eo facilius ascendant quo se studiosius uidentur in locum nouissimum deiecisse, et qui sponte sua decrescunt, crescere compellantur inuiti.

46) *Policraticus*, VII-21, vol. 2, pp. 194-195: Hi sunt qui, si quid maculae inhesit Ecclesiae dum peregrinatur, publicis aspectibus detegunt, ut ipsi ab omni macula uideantur immunes. Hi sunt qui beneficia, quae necdum sanctis collata sunt, praedicant auferenda. ——Ad ecclesiam namque Romanam confugiunt, quae pietatis mater religioni consueuit prouidere quietem. Implorent opem eius, protectionis impetrant clipeum, ne cuiusquam possint malignitate uexari et, ut se possint plenius exhibere et caritatis implere munus, ne decimas dent apostolico priuilegio muniuntur. Procedunt ulterius et, quo sibi plura impune liceant, a iurisdictione omnium ecclesiarum seipsos eximunt et efficiuntur Romanae ecclesiae filii speciales.

47) *Policraticus*, VII-21, vol. 2, p. 196: ——rumusculos inquirunt, tumultibus gaudent, dissidentium secreta explorant et eadem nunc ad amicos perferunt, nunc ad hostes, utrisque grati, utrisque Perfidi, magis tamen ad ista uidentur idonei quia ab imagine religionis minus habentur suspecti.

48) *Policraticus*, VII-21, vol. 2, p. 196: Si conueniant patres in curia, ciues in foro, milites in expeditione, si denique concilium aut synodus conuocetur, praecipuam sedium partem praeoccupabit umbratilis ista religio. ——Si eis obloqueris, religionis inimicus et ueritatis

diceris impugnator.

49) *Policraticus*, VII-21, vol. 2, pp. 192-193: Siquidem Cartuarienses quasi auaritiae triumphatores praecipui ubique clarescunt; Cistercienses beati Benedicti, quem omnium iustorum spiritu plenum fuisse constat, praecepta et uestigia sequuntur ad unguem; Cluniacenses religionis formam multis prouinciis tradiderunt. Et canonicis sufficere debet ad plenissimam laudem quod regulam eorum oportet omnes clericos imitari. Heremitae quoque Baptistam Saluatoris et filios prophetarum institutionis suae habent auctores. Fratres Templi Machabeorum exemplo ponunt animas suas pro fratribus suis. Xenodochi siue hospitalium procuratores Apostolorum sequuntur uestigia et ad perfectionis cumulum aspirantes in eo fidelissime audiunt Christum quod uiuunt innocenter et omnia quae habent pauperibus erogant.

50) *Policraticus*, VIII-13, vol. 2, p. 326: Postremo, ――, beatus Benedictus in capitulo de hospitibus frugalem humanitatem non modo religiose sed etiam comiter et urbane uidetur exprimere. hoc tamen quod in libro consuetudinum Cisterciensium apud plerosque legitur et tenetur, quod ad duos articulos spectat hospitalitatis instituendae, ab omni ciuilitate, ne dicam humanitate, alienum est; si tamen uerum est hoc in tantae perfectionis consuetudinibus inueniri ut nec carnes apponantur hospitibus nec propter eos aliquid ematur; cum et ipsa ieiunia propter hospitem perfectio soluat et in multis de rigore suo plurimum indulgeat caritati.

51) *Policraticus*, VII-23, vol. 2, p. 204: Ypocritarum autem nomen et notam cautissime et fidelissime declinant Cartuarienses et Magni Montis noua professio in antiquae uirtutis culmine, Saluatore praeuio, solidada. Siquidem Cartuarienses cupiditati suae immo necessitati limites praefixerunt et moderationis habenis omnem auaritiam cohibent et interdum ipsi necessitati aliquid subtrahunt ne sub obtentu illius quippiam auaritia moliatur. Magni proculdubio uiri et inter praecipuos numerandi, cum non modo professiones sed iam senescente mundo in tanta multitudine labentium seculorum pauci processerint homines qui satietatis sibi aliquos praescripserint terminos.

52) *Policraticus*, VII-23, vol. 2, p. 207: Si quis enim in nobis a Septembris Idibus usque ad Pascha ieiunet omni die, nocturnis assit uigiliis, iugiter abstineat ab esu carnium, omnem Veneris immunditiam nesciat, horis competentibus numquam desit aut raro et hoc ex iusta causa, sobrietatis limites non excedat, cautam ponat silentii cutodiam ori suo, ――; quis non eum quasi uirtutis egregiae et singularis meriti hominem admiretur et cum reuerentia praeconetur tamquam reuera apostolicum uirum et expressum Christi imitatorem?

53) *Policraticus*, VII-21, vol. 2, p. 194: Hi sunt qui potestatibus persuadent ut propter uitia personarum iure suo priuentur ecclesiae. Decimationes et primitias ecclesiis subtrahunt, et ecclesias ipsas accipiunt de manu laicorum episcopis inconsultis. Hi sunt qui, praedia auita subtrahentes indigenis, uicos et pagos redigunt in solitudinem et in suos usus

uicina quaeque conuertunt, ecclesias diruunt aut in usus reuocant seculares. Quae domus orationis fuerat, aut efficitur stabulum pecoris aut opilionis aut lanificii officina.

54） G. Miczka, *op. cit.*, p. 192. G. Constable, *Monastic Tithes from their Origins to the Twelfth Century*, Cambridge 1964, pp. 99–136.

55） *Policraticus*, VII–21, vol. 2, pp. 196–197: Miror tamen, ――, quidnam sit quod decimas et iura Aliena usurpare non erubescunt? Inquient forte: Religiosi sumus. Plane decimas soluere Religionis pars est, et eas a Deo populus dumtaxat religiosus exigitur. ―― Sumus, inquiunt, Tuti apostolico priuilegio, cuius beneficio de nutrimentis animalium et laboraribus nostris Decimas retinemus.

56） G. Constable, *op. cit.*, pp. 136–165.

57） *Policraticus*, VII–21, vol. 2, pp. 197–198: Primo quidem, dum religio paupertate gaudebat et in aliorum necessitates aut usus effundebat uiscera inopiae suae, indulta sunt priuilegia professionibus quae, necessitate cessante et frigescente caritate, potius auaritiae quam religionis instrumenta creduntur.

58） *Policraticus*, VII–21, vol. 2, p. 198: Inde est quod, cum ad iniquum compendium auaritiae priuilegia trahhi conspiceret beatus Adrianus, nolens ea omnino reuocare, licentiam eorum hac moderatione compescuit ut quae de laboribus usurpant, circa noulalia dumtaxat interpretetur.

59） K. Pennington, *Popes and Bishops. The Papal Monarchy in the Twelfth and Thirteenth Centuries*, Pennsylvania 1984, pp. 1–74. W. D. McCready, "Papal Plenitudo Potestatis and the Source of Temporal Authority in Late Medieval Papal Hierocratic Theory," *Speculum*, 48 (1973), pp. 654–674.

60） *Policraticus*, VIII–23, vol. 2, pp. 409–410: Praeterea qui Romanus pontifex est, eundem, pro conditione Ecclesiae quae nunc est, esse seruum seruorum necesse est; non equidem nuncupatiue ad gloriam, ut quidam opinantur, sed substantiue, utpote qui seruis Dei seruiet uel inuitus.

61） *Policraticus*, VIII–23, vol. 2, p. 410: Dominum Adrianum, cuius tempora felicia faciat Deus, huius rei testem inuoco, quia Romano pontifice nemo miserabilior est, conditione eius nulla miserior. ――.

62） *Early Letters*, p. xxxi. また，本書の第Ⅲ部第３章「教会政治活動――伝記的事実の復原」も参照。

63） *Policraticus*, VIII–23, vol. 2, p. 405.: Quis enim praesumet summum iudicare pontificem, cuius causa Dei solius reseruatur examini?

64） *Historia Pontificalis*, p. 51. 第Ⅲ部第２章「『教皇史』に描かれた世界」を参照。

65） M. Kerner, *op. cit.* pp. 189. また，本書の第Ⅱ部第１章「政治社会論」も参照。

66） Anselm von Havelberg, "Dialogi," 1, 10, in; *MPL*, vol. 188, cols. 1152–1154. Cf. G. Miczka, *op. cit.*, p. 186.

67） W. Lammers (ed.), *Otto von Freising*. Chronik oder die Geschichte der zwei

Staaten, Berlin 1960, p. 560. Cf. G. Miczka, *op. cit.*, p. 186.

68） B. Munk-Olsen, “L'humanisme de Jean de Salisbury-Un cicéronien au 12e siècle,” in; M. de Gandillac & É. Jeauneau (eds.), *Entretiens sur la Renaissance du 12e siècle*, pp. 53-83. R. Ray, “Rhetorical Scepticism and Verisimilar Narrative in John of Salisbury's Historia Pontificalis,” in; E. Breisach (ed.), *Classical Rhetoric & Medieval Historiography*, Kalamazoo 1985, pp. 61-102. また，本書第Ⅰ部の第１章「学問観」，第４章「異教的俗信への批判」を参照。

第２章 『教皇史』に描かれた世界

1） *Historia Pontificalis*, p. xlvii.

2） W. von Giesebrecht, *Arnold von Brescia*, München 1893, pp. 6-7.

3） *Historia Pontificalis*, pp. xxiv-xxv. Cf. Id., “John of Salisbury as Historian“, in; *World of John of Salisbury*, pp. 169-178. セルのペトルスの依頼でジョンが『教皇史』を書いたことについては，序で「我が親愛なる友人にして師よ，私は喜んであなたの命令に従い，神の恩寵によって，あなたが命ずるように，教皇の歴史にかんする短い出来事の記述を企てたい（Vnde uoluntati ue, dominorum amicorumque karissime, libentius acquiescens, omissis aliis, ea quead pontificlem hystoriam pertinent, prout precipis, Dei gratia preeunte perstringere curabo)」といわれ，その著述を命じた人間が，１章の冒頭で「我がペトルス（mi Petre)」と呼びかけられることから，この依頼者がジョンが滞在したランスのサン・レミ修道院長セルのペトルスであることがわかる。Cf. *Historia Pontificalis*, pp. 3-4.

4） J. Spörl, *Grundformen hochmittelalterlicher Geschichtsanschauung. Studien zum Weltbild der 12. Jahrhunderts*, München 1935. シュペールは，ハーフェルベルクのアンセルムス，フランジングのオットー，オルデリクス・ヴィターリス，ソールズベリのジョンの４人の12世紀の歴史家を比較しながら，ジョンの歴史記述の特徴を，古代ローマの歴史家の影響による人文主義と自然主義の精神，そして反ドイツ的な傾向，救済史的な歴史哲学の欠如などに求めている。

5） *Historia Pontificalis*, p. 3: Horum uero omnium iniformis intentio est, scitu digna referre, ut per ea que facta sunt conspiciantur inuisibilia Dei, et quasi propositis exemplis premii uel pene, reddant homines in timore Domini et cultu iustitie cautiores. ――Valet etiam noticia cronicorum ad statuendas uel euacuandas prescriptiones et priuilegia roboranda uel infirmanda.

6） *Historia Pontificalis*, p. 3: Nam, ut ait ethnicus, aliena uita nobis magistra est, et qui ignarus est preteritorum, quasi cecus in futurorum prorumpit euentus. ジョンは『メタロギコン』でも同様のことをいう。「プラトンが『国家』で，繰り返し生じることから容易に自然の秘密を発見することができるといっているように，我々は，現在と過去を観察することで未来を想像できる（Et quia ut in politia ait Plato, facile est assequi naturalia arcana ex his quae frequenter accidunt, imaginem eorum quae praesentialiter sentit, uel

aliquando sensit.)。」(*Metalogicon*, IV-10, p. 149.)

7) R. W. Southern, "Aspects of the European Traditions of Historical Writing, III. History as Prophecy," *Transactions of the Royal Historical Society, 5th Series*, 22, London 1972, pp. 159-180. ジョンが未来を知ることに強い関心を示した例として，ギラルドゥス・プセル宛の彼の書簡のなかで，ビンゲンのヒルデガルトに，シスマの終わる時期について予言してもらうように求めていることが挙げられる。Cf. *Later Letters (1163-1180)*, Oxford 1979, pp. 224-225.

8) ジョンにおける「歴史（historia）」と「範例（exempla）」の概念の密接な関係については，フォン・モースの研究を参照。P. von Moos, *Geschichte als Topik. Das rhetorische Exemplum von der Antike zur Neuzeit und die historiae im "Policraticus" Johanns von Salisbury*, Darmstadt 1984. Id., "The Use of Exempla in the Policraticus of John of Salisbury," in; *World of John of Salisbury*, pp. 207-262.

9) ジョンの暴君論については，本書の第Ⅱ部第２章「暴君論」を参照。

10) ランス教会会議の概要については，参照，N. M. Häring, "Notes on the Council and Consistory of Rheims," *Mediaeval Studies*, 28 (1966), pp. 39-59.

11) *Historia Pontificalis*, pp. 8-10: Nam inhiberetur ne episcopi, abates, presbiteri, duaconi, subdiaconi, canonici regulares, monachi, conuersi professi, item ne moniales, coniugia contrahunt, etsi contraxerint ab inuicem separentur, quia talium personarum nullum est matrimonium, res friuola et risu digna nonnulis acta esse uidetur. ――Queritur autem quatenus protendi debeat ut excommunicati mittantur ad dominum papam absoluendi, qui in clericos, monachos, conuersos, et moniales uiolentas iniecerint manus. Sed dominus papa mentem suam interpretatus est dicens eos hoc canone non teneri, qui ex necessitate iusti officii tale quid commisisse noscuntur. ―― Alias autem si forte quis hostiarius ut irruentes clericos ab introitu repellat, uirga percutit non uoluntate nocendi; item si acolitus phonastro uel correptorio, quod uulgus nostratum bosretum nuncupat, non tenetur. Item si doctor in scolis discipulum uel condiscipulus alium, uel claustrensis claustralem aut conuersus conuersum, aut paterfamilias filium uel domesticum sum feriat, hoc canone non tenetur.

12) *Historia Pontificalis*, p. 12: Radulfus comes Viromannensis, qui triennio fuerat excommunicatus, eo quod uxorem suam, quam iniuste dimiserat, recipere nolebat, absolutionem quam per regem Francorum nec in nouissimo colloquio quando Ierosolimam proficiens licentiam petiit, potuit impetrare, fretus auxilio et consilio diaconorum cardinalium, Iohannis Paparonis [et] Gregorii de sancto Angelo obtinuit, non sine suspitione interuenientis peccunie.

13) *Historia Pontificalis*, p. 14: Interfuit uir sanctissimus et precepte auctoritatis domnus Bernardus abbas Clareuallensis et comitis Theobaldi, pro cultu iusticie et honedstatis titulo et religionis ueneratione et beneficentia in pauperes Christi, uehementissimus amator. Hic uidens comitem Radulfum diu scandalizasse ecclesiam et adhuc in

contubernio a tribus apostolicis condempnato permanere, dixit, sicut multi testantur adhuc, nescio si ex indignatione quam zelus accenderet, siue in spiritu prophetie, quod nunquam erat de lecto illo soboles egressura que laudabilem fructum faceret in populo Dei, et quod diu non erant ad inuicem gauisuri.

14) ランスでのジルベールの審問にいたる過程については，参照，N. M. Häring, "Das Pariser Konsistorium Eugens III. von April 1147", *Studia Gratiana*, 11 (1967), pp. 91-117. ジルベールの神と神性との区別の議論については，柏木英彦『アベラール』創文社，1985年，59-69頁，参照。

15) オーセールのゴドフロワによる記録には次の二つがある。"Epistola ad Albinum Cardinalem et episcopum Albanensem," in; *MPL*, vol. 185, cols. 587-596. "Contra capitula Gilberti Pictaviensis episcopi," in; *MPL*, vol. 185, cols. 596-613.

16) オットーによるジルベールの審問の記述については，参照，F. J. Schmale (ed.), *Bischof Otto von Freising und Rahewin. Die Taten Friedrichs oder richtiger Cronica*, Darmstadt 1974, pp. 236-249.

17) ジルベールの審問の同時代人による記述については，参照，S. Gammersbach, *Gilbert von Poitiers und seine Prozesse im Urteil der Zeitgenossen*, Köln 1959, pp. 39-75. またこの審問での議論については，参照，A. Hayen, "Le concile de Rheims et l'erreur théologique de Gilbert de la Porrée, "*ADLM*, 10-11 (1935-36), pp. 29-102.

18) *Historia Pontificalis*, p. 16: Erat enim uir ingenii perspicacissimi, legerat plurima, et ut ex animi sententia loquar, circiter annos lx expenderat in legendo et tritura litterarum, sic in disciplinis liberalibus eruditus, ut eum in uniuersis nemo precederet. ジョンによるジルベールとベルナールの性格描写の特徴については，参照，G. Misch, *Geschichte der Autobiographie*, vol. 3-2, Frankfurt am Main 1962, pp. 332-344.

19) *Historia Pontificalis*, pp. 17-18: Abbas ergo, ut erat religiosissimus et disertissimus, ad eos elegantem et compendiosum sermonem habuit, subiciens in fine, quod illorum erat de ecclesia Dei tollere scandala, ——.

20) *Historia Pontificalis*, pp. 19-20: Quod cum ad cardinalium audientiam peruenisset, supra modum indignati sunt aduersus abbatem et illos qui prece eius conuenerant. ——.

21) *Historia Pontificalis*, p. 22: Item in Boetium de Trinitate; et si ibi quid inuenitur erroneum, suum esse professus est, et correctioni daturum operam. De quaterno illo ait nichil ad se. Legit tamen subdiaconus et in primo capitulo habebatur quod dampnandis nichil remittitur in baptismo, nec habet in talibus efficatiam sacramenti, sed est eis quasi balneum. Quo audito excanduit episcopus dicens domino pape, Videte, pater, qualiter me tractetis, cum in infamiam meam in sacro consistorio uestro alieni recitantur errores. Fateor me plures habuisse discipulos, qui me quidem omnes audierunt, sed quidem minus intellexerunt. ——.

22) *Historia Pontificalis*, p. 23: Clamauerunt cardinales et alii hoc pro episcopo contra accusationem libri debere sufficere, iussitque dominus papa librum destrui, qui statim ab

eodem subdiacono coram omnibus in minutas particulas cesus est et dispersus. Sed quia multitudo laicorum, aderat, ipse apostolicus ad excusationem episcopi Gallica utens lingua dixit hoc non factum esse in iniuriam eius, quia liber illius non fuerat, quoniam ipse catholicus in omnibus inuentus est et apostolice doctrine consentiens, ――.

23) *Historia Pontificalis*, p. 24: Credimus simplicem naturam diuinitatis esse Deum, nec aliquo sensu catholico posse negari, quin diuinitas sit Deus, et Deus diuinitas. Si uero dicitur Deum sapiencia sapientem, magnitudine magnum, eternitate eternum, unitate unum, diuinitate Deum esse, et alia huiusmodi; credimus nonnisi ea sapiencia que est ipse Deus sapientem esse, nonnisi ea magnitudine que est ipse Deus magnum esse, nonnisi ea eternitate que est ipse Deus eternum esse, nonnisi ea unitate unum que est ipse Deus, nonnisi ea diuinitate Deum que ipse est; id est se ipso sapientem, magnum, eternum, unum Deum. Cf. N. M. Häring, "Das sogenannte Glaubensbekenntnis des Rheimser Konsistoriums von 1148," *Scholastik*, 40 (1965), pp. 55–90. H. Denzinger & A. Schönmetzer, *Enchiridion symbolorum. Difinitionum et declarationum de rebus fidei et morum*, Freiburg im Breisgau 1965, p. 238.

24) *Historia Pontificalis*, p. 24: Cum de tribus personis loquimur, Patre, Filio, Spiritu sancto, ipsas unum Deum, unam diuinam substantiam esse fatemur; et e conuerso cum de uno Deo, una diuina substantia loquimur, ipsum unum Deum unam diuinam substantiam esse tres personas profitemur. Credimus solum Deum Patrem, et Filium, et Spiritum sanctum eternum esse, nec aliquas omnino res siue relationes, siue proprietates, siue singularitates uel inutates dicantur, et huiusmodi alia, inesse Deo, et esse ab eterno, que non sint Deus. Credimus ipsam diuinitatem, siue substantiam diuinam siue naturam dicas, incarnatum esse, sed in Filio.

25) *Historia Pontificalis*, p. 26: Opinati uero sunt aliqui episcopum non ea sinceritate incedere quam fatebatur nec conscium esse humilitatis quam uerbis pretendebat et gestu. Tunc enim sicut in tota anteacta uita moderatissimus fuit, et quia ab aduersatibus non potuit comprehendi, dicebatur a multis quod astu et obscuritate uerborum occultabat perfidiam, et religionem iudicis circumuenerat arte.

26) *Historia Pontificalis*, p. 26: Memini me ipsum ex parte abbatis episcopum sollicitasse quatinus conuenirent in aliquo religioso loco, siue in Pictauia siue in Francia siue in Burgunsia, ubi episcopo uisum esset, ut amice et sine contentione coferrent super dictis beati Hylarii. Ille uero respondit iam satis esse quod hucusque contenderant, et abbatem, si plenam intelligenciam Hylarii affectaret, prius in disciplinis liberalibus et aliis prediscendis plenius instrui oportere.

27) *Historia Pontificalis*, p. 26: Abbas enim, quod ex operibus patet, predicator erat egregius, ut ei post beatum Gregorium neminem censeam conferedum; singulariter eleganti pollebat stilo, adeo diuinis exercitatus in litteris ut omnem materiam uerbis propheticis et apostolicis decentissime explicaret. ―― Vterque ingenio perspicax et

scripturis inuestigandis deditus, sed abbas negociis expendiendis exercitatior et efficatior. Et licet episcopus bibliothece superficiem non sic haberet ad manum, doctorum tamen uerba, Hylarii dico, Ieronimi, Augustini, et similium, sicut opinio communis est, familiarius nouerat. Doctrina eius nouis obscurior sed prouectis compendiosior et solidior uidebatur.

28） *Historia Pontificalis*, p. 26: Vtebatur, prout res exigebsat, omnium adminiculo disciplinarum, in singulis quippe sciens auxiliis mutuis uniuersa constare.—— Proprietates figurasque sermonum et in theologia tam philosophorum et oratorum quam poetarum declarabat exemplis.

29） *Historia Pontificalis*, pp. 26-27. 『教皇史』を含めた第2回十字軍の歴史記述の問題については，参照，G. Constable, "The Second Crusade as seen by Contemporaries," *Traditio*, 9 (1953), pp. 213-279.

30） *Historia Pontificalis*, pp. 52-53.

31） *Historia Pontificalis*, p. 53.

32） *Historia Pontificalis*, pp. 54-56. エウゲニウス3世期の教皇庁については，参照，H. Gleber, *Papst Eugen III. (1145-1153) unter seiner politischen Tätigkeit*, Jena 1936.

33） *Historia Pontificalis*, pp. 56-57.

34） *Historia Pontificalis*, p. 11.

35） *Historia Pontificalis*, p. 51: Suspitionem uero ex duabus causis prouenisse arbitror, tum ex Infirmitate nature, tum quia conscius erat egritudinis laternum suorum.

36） *Historia Pontificalis*, pp. 80-82.

37） *Historia Pontificalis*, pp. 61-62.

38） ジョンの教会批判については，本書の第Ⅲ部第1章「教会観」を参照。

39） *Historia Pontificalis*, pp. 75-77.

40） *Historia Pontificalis*, pp. 77-78: Nam adhuc Rome dicitur, Inconsultus est cui soluitur, si non ad marcam Cartusiensem appendit; si credit, appendat ad urbanam. Sic enim Iordanus in contractibus uersabatur. エウゲニウス3世期の枢機卿団については，参照，N. M. Häring "Das Prariser Konsistorium Eugens III. von April 1147," pp. 96ff.

41） ジョンは『ポリクラティクス』の8巻で暴君の歴史的な例を詳細に論じながら，暴君がいかに悲惨な最期を遂げるかについて知りたいのなら，トログス・ポンペイウス，ヨセフス，スエトニウス，タキトゥス，リヴィウスなどの歴史家の著作を読めと語る。ジョンがいかに古典古代の歴史家の歴史記述に親しんでいたかがそこから窺える。*Policraticus*, VIII-18, vol. 2, p. 305.

42） B. Smalley, *Historians in the Middle Ages*, London 1974, pp. 107-119.

第3章　教会政治活動——伝記的事実の復原

1） ジョンの生年はわかっていない。彼が1136年にパリに勉学に赴いたとき，自分が「本当に若かった（adolescens admodum）」と語ることから，このとき十代後半から二十才ぐらいだったと推定され，そこから彼が1115年から1120年の間に生まれたという，共通

理解ができている。Cf. C. Schaarschmidt, *Johannes Saresberiensis nach Leben und Studien, Schriften und Philosophie*, Leipzig 1862, p. 10.

2) ジョン自身，1160年までの時期にエクセタの司教座聖堂参事会員職を得，また1163年までにはソールズベリのそれを得ていること，またジョンの兄弟リチャードもエクセタの司教座聖堂参事会員だったことから，そのような推定がなされている（*Early Letters*, xii-xiii.)。なお，ジョンの父についての言及はないが，母は1170年にエクセタでなお存命であった。ジョンは，亡命先のフランスからイングランドに帰った1170年に病気の老母をたずねたと，セルのペトルス宛の書簡で語っている。*Later Letters*, no. 304, p. 716: Festinanter inde ad matrem meam deflexi iter, quam, iam altero languentem anno et amodo iam diem Domini cum gaudio praestolantem ex quo me uidit, ――. さらにジョンの親戚として知られる者として，彼が書簡を送っているエギディアの息子ロバートという人物がいる。ジョンはそこで，彼のことを血を分けた親戚と語っており，おそらく異母兄弟であろうと推測される。*Later Letters*, no. 147, p. 42.: Tu ergo cum michi sanguine (quod facies ipsa conuincit) iunctus sis, ――. Cf. C. C. J. Webb, *John of Salisbury*, New York 1932, pp. 2-3.

3) 『ポリクラティクス』で次のようにいう。「私は少年の頃，ある聖職者のもとで詩篇を学んでいたが，彼は水晶占いを行っていた。彼は魔術的な儀式をまず行ったあと，その神聖を汚す技のために，私と少し年長の少年を彼の足元に座らせて手伝わせていた」。*Policraticus*, II-28, vol. 1, p. 164. 第Ⅰ部第４章（補論）「魔術への批判」の注(30)参照。

4) ジョンは『メタロギコン』で，「卓越したイングランド王，正義の獅子ヘンリの死の翌年，私は本当に若かったが，初めてガリアに勉学のために旅し，その頃サント・ジュヌヴィエーヴの山で教えていたアベラールのもとへ赴いた」と語る。*Metalogicon*, II-10, p. 70. ヘンリ1世は1135年に没したので，ジョンがフランスに行ったのは1136年のことである。第Ⅰ部第１章「学問観」参照。

5) 「私はまったく異なった領域のことがらに熟練しながら，すでにほぼ12年間を浪費したことを後悔し，恥ずかしく思う」 とジョンは語る。*Policraticus*, Prologus, vol. 1, p. 14: Iam enim annis fere duodecim nugatum esse taedet et penitet me longe aliter institutum.

6) R. L. Poole, "John of Salisbury at the Papal Court,"*EHR*, 151 (1923), pp. 321-330. またロベルトゥス・プルスの生涯については，参照，R. L. Poole, "The Early Lives of Robert Pullen and Nicholas Breakspear," in; A. G. Little & F. M. Powicke (eds.), *Essays in Medieval History Presented to Thomas Frederick Tout*, Manchester 1925, pp. 61-70. なおアナスタシウス4世がモンティエ・ラ・セル修道院に与えた特許状については，以下の注(37)参照。

7) A. Saltman, *Theobald Archbishop of Canterbury*, New York 1969, pp. 170, 369-370,

8) *Ibid*., pp. 170, 283.

9) "Epistola 361," in; *MPL*, vol. 182, col. 562b-d: providete ei, unde honeste, imo honorabiliter vivere possit.; sed et hoc velociter, quia non habet quo se vertat.

10） R. L. Poole, "John of Salisbury at the Papal Court," p. 330.

11） *Ibid.*, p. 330. *Early Letters*, pp. xv-xvi.

12） こうした年代の見取り図は基本的にソールトマンに従ったものであり，それはケルナーによっても受け継がれている。A. Saltman, *op. cit.* p. 173. M. Kerner, *Johannes von Salisbury und die logische Struktur seines Policraticus*, Wiesbaden 1977, pp. 59-60.

13） ペトルスは，シャンパーニュのプロヴァン地域出身の貴族であったと考えられる。彼が修道院長となったモンティエ・ラ・セル修道院は，トロワの司教区内で最も大きな修道院の一つであった。ペトルスはその後，1162年にランスのサン・レミ修道院長になったが，ジョンは，トマス・ベケット擁護のためにフランスに亡命したさい，そこに滞在した。ペトルスはジョンと多くの書簡を交わしており，よき理解者であった。ジョンの『教皇史』はペトルスに捧げられている。またジョンの死後，シャルトル司教位を継いだのも彼であった。Cf. *Early Letters*, pp. ix-x.　R. L. Poole, "The Early Correspondence of John of Salisbury," *Proceedings of the British Academy*, 11 (1924), pp. 32-34. *Dictionnaire de Spiritualité*, pp. 1525-1532. Cf. J. Leclerq, *La spiritualité de Pierre de Celle (1115-1183)*, Paris 1946.

14） *Early Letters*, vol. 1, pp. xvi-xvii. J. Haseldine (ed.), *The Letters of Peter of Celle*, Oxford 2001, pp. 300-322. Cf. Id., "Friendship and Rivalry: the Role of Amicitia in Twelfth-Century Monastic Relations, " *Journal of Ecclesiastical History*, 44 (1993), pp. 390-414. Id., "The Creations of the Letters of Abbot of Peter of Celle, " *Sacris Erudiri*, 37 (1997), pp. 333-379.

15） *Early Letters*, no. 33, p. 55: Non est nouum quod michi uestra benignitas alimentorum subsidia procurauit, quae sic meam in terra aliena paupertatem excepit, nec patris animus nec maternus michi deesse uideretur affectus.

16） J. Haseldine (ed.), *The Letters of Peter of Celle*, no. 103, pp. 418-420: Sanctissime memoriae predecessor uester, arichiepiscopus Theobaldus, de gremio et sinu nostro magistrum Iohannem Carnotensem episcopum, inopem et pauperem suscepit, ――. Cf. *Early Letters*, pp. xviii-xix.

17） ジョンがセルのペトルスに送った書簡［書簡番号34］からは，彼が，ペトルスが修道院長であったモンティエ・ラ・セル修道院のみならず，それに従属するプロヴァンの聖アイグルフ小修道院にも一時的に滞在したことが推測される。ジョンはここでペトルスに対し，彼がかつてペトルスのもとに置いていったボエティウスの『三位一体について』と，プロヴァンの聖アイグルフ小修道院長シモンに預けた書物を，兄弟リチャードに送ってほしいと頼んでいる。シモンは1155年12月にはこの院長職を辞めているので，ジョンは1155年12月以前に，プロヴァンのこの修道院を訪ねていたことがわかる。*Early Letters*, no. 34, p. 62.

18） *Historia Pontificalis*, pp. 6-8.

19） *Historia Pontificalis*, pp. 10-11.

20） *Historia Pontificalis*, p. 78.

21) *Historia Pontificalis*, pp. 79-80.: Vnde, cum eum uidisset gramaticus quidam barba prolixa et philosophi grauitate ceteris in curia spectabiliorem idola coemere, subtili et laborioso magis quam studioso errore gentilium febrefacta, sic lusit in eum: Insanit ueteres statuas Damasippus emendo. パウリによれば，ホラティウスの骨董商人ダマシップスに対する風刺を引用して，ヘンリを嘲笑した文法学者はジョン自身のことだとされる。Cf. R. Pauli, “Über die kirchenpolitische Wirksamkeit des Johannes Saresberiensis,” *Zeitschrift für Kirchenrecht*, 16 (1881). p. 273.

22) *Historia Pontificalis*, Appendix I, pp. 91-92. Cf. L. Voss, *Heinrich von Blois. Bischof von Winchester (1129-71)*, Lübeck 1932, pp. 114-115.

23) この年代記は最初ダラムのシメオンが書き始めたものを，途中からヘクサムのジョンが書きついだものである。Th. Arnold (ed.), *Symeonis Monachi Opera Omnia*, vol. 2, *Historia Regum*, *RS*, no. 75 London 1885. Cf. *Historia Pontificalis*, Appendix I, p. 92. R. L. Poole, “John of Salisbury at the Papal Court,” pp. 326-327.

24) H. R. Luard (ed.), *Annales Monastici*, vol. 2, *Annales Monasiterii de Wintonia*, *RS*, no. 36, London 1864 pp. 54-55. Cf. *Historia Pontificalis*, Appendix I, p. 92.

25) *Historia Pontificalis*, Appendix I, p. 92.

26) *Historia Pontificalis*, Appendix I, p. 94. Cf. *Early Letters*, pp. 253-254. M. Kerner, *Johanes von Salisbury und die logische Struktur seines Policraticus*, Wiesbaden 1977, pp. 60-61.

27) *Historia Pontificalis*, pp. 65-67.

28) *Historia Pontificalis*, pp. 80-82.

29) ジェイミスンの議論については，参照，*Historia Pontificalis*, Appendix V, pp. 99-100.

30) 教皇エウゲニウス3世が行った裁定は，しばしば後で簡単に取り消されたと，ジョンは『教皇史』32章で語る。ジョンによれば，エウゲニウス3世は自らの威厳を高めるべく，前任の教皇の裁定や周囲の司教の意見とことなる判断を強引に下す傾向があった。そのため，彼の裁定は長続きせず，周囲の圧力によって取り消さざるをえなくなる場合が多かった。この離婚訴訟におけるエウゲニウス3世の態度にも，そうした彼の性格が現れている。Cf. *Historia Pontificalis*, p. 51.

31) *Early Letters*, no. 33, pp. 57-58. シチリア王の尚書部長官を務めたセルビのロバートについては，『ポリクラティクス』でも言及されている。*Policraticus*, VII-9, vol. 2, pp. 173-174. 第Ⅲ部第1章「教会観」の注(40)参照。

32) *Policraticus*, VI-24, vol. 2, p. 69: Verumtamen, quia Guido Dens sanctae Potentianae presbiter cardinalis populo testimonium perhibet, ei usquequaque contradicere non praesumo. Asserit enim in Romana ecclesia quandam dupplicitatis esse radicem et fomentum auaritiae quae caput et radix est malorum omnium.

33) この書簡のなかでジョンは，ヴェズレーを訪問したさい，教皇の使節団に出会ったことを述べているが，その使節団のなかにいたであろう教皇エウゲニウス3世の甥グラ

ティアヌスと会えなかったことを残念がって次のようにいう。「私は，私の同胞であり兄弟のような者だったグラティアヌスに会いたかった。あなたは，聖なる思い出のある教皇エウゲニウスによって，フェレンティーノで彼の教師に任じられたことを思い出すであろう。」*Later Letters*, no. 289, p. 650: Desiderabam autem reuera meum uidere cognominem et, quod magis est, compatriotam et quodammodo fratrem Gratianum, cuius tu, ut meminisse potes, a sanctae recordationis papa Eugenio Ferentini decretus es institutor.

34) ジョンは次のようにいう。「あなたがフェレンティーノで，将来のための保証として私に，あなた自身の指輪とベルトを与えてくれたときに，あなたの口から出た言葉を，私はいつも喜びをもって思い出している。」*Early Letters*, no. 52, p. 90: semper reminiscens cum gaudio et exultatione quae processerunt de labiis uestris quando Ferentini, arram futurorum, anulum proprium michi contulistis et balteum. Cf. R. L. Poole, "The Early Lives of Robert Pullen and Nicholas Breakspear," pp. 64–70.

35) *Early Letters*, no. 124, p. 207: Eram enim Romae praesidente beato Eug (enio) quando, prima legatione missa in regni sui initio, tanti ausi impudentiam tumor intolerabilis et lingua incauta detexit.

36) *MPL*, 202, col. 519. Epistola, no. 72: —— privilegium Anastasii papae, quod tu ipse vidisti, et partim fabricasti, ——.

37) *Metalogicon*, III-Prologus, p. 101: dominorum et amicorum negotia in ecclesia Romana saepius gessi, et emergentibus uariis causis, non modo Angliam, sed et Gallias multotiens circuiui.

38) *Policraticus*, VI-24, vol. 2, p. 67: Memini me causa uisitandi dominum Adrianum pontificem quartum, qui me in ulteriorem familiaritatem admiserat, profectum in Apuliam, mansique cum eo Beneuenti ferme tres menses. Cum itaque, ut fieri solet inter amicos, saepe super plurimis conferremus, ——.

39) ジョンが書いた書簡は，おそらく発信されるさいに写しが作られており，それらを集成したものがのちにセルのペトルスへ贈られたと考えられる。セルのペトルスは書簡［書簡番号70］で，ジョンから贈られたこの書簡集に対する感謝を述べている。"Epistola 70", in; *MPL*, vol. 202, cols. 515–517: Magistro suo Joanni de Saresberia, suus Abbas Cellensis, quidquid melius est in vita prasenti sive futura. More sitientis sub aestu, et praestolatione diu desiderati potus jamjam supra modum fatigati, vasculum litterarum tuarum amanter suscipiens, ardenter relegens, frequenter resupinans, et quasi novi gustus iteratione in dulcendinis abundantia ad fundum usque ebibo. ブルックに従えば，シオボルドが1161年4月に没してから1162年にかけての時期に，ジョンが書簡集を贈呈し，セルのペトルスはそれに対して礼状を書いた。*Early Letters*, pp. ix–xi.

40) *Early Letters*, p. xiv. Cf. M. Kerner, *op. cit.* p. 72.

41) R. L. Poole "The Early Correspondence of John of Salisbury," *Proceedings of the British Academy*, 11 (1924), pp. 27–53. G. Constable, "The Alleged Disgrace of John of Salisbury,"*EHR*, 68 (1954), pp. 67–76.

42） R. Howlett (ed.), *Chronicles of the Reigns of Stephen, Henry II, and Richard I*, vol. 4, *The Chronicle de Robert de Torigni*, *RS*, no. 82, London 1889, p. 186. Cf. G. Constable, *op. cit.*, p. 67. M. Kerner, *op. cit.*, pp. 65-66.

43） *Metalogicon* IV-42, pp. 183: Ad preces meas illustri regi Anglorum Henrico Secundo concessit et dedit Hiberniam iure hereditario possidendam, sicut litterae ipsius testantur in hodiernum diem. Nam omnes insulae de iure antiquo ex donatione Constantini, qui eam fundauit et dotauit, dicuntur ad Romanam ecclesiam pertinere. Anulum quoqu per me transmisit aureum, smaragdo optimo decoratum, quo fieret inuestitura iuris in regenda Hibernia.

44） C. Harwick (ed.), *Thomas of Elmham, Historia Monasterii Sancti Augustini Cantuariensis*, *RS*, no. 8, London 1858, pp. 411-413. Cf. G. Constable, *op. cit.* pp. 68-69. M. Kerner, *op. cit.*, p. 66. A. Saltman, *op. cit.*, p. 74.

45） M. Kerner, *op. cit.*, pp. 66-67.

46） *Ibid.*, p. 67.

47） *Early Letters*, no. 13, pp. 21-22.

48） G. Constable, *op. cit.*, pp. 69-70. M. Kerner, *op. cit.*, pp. 67.

49） *Early Letters*, no. 19, pp. 32: Quod in electionibus celebrandis, in causis ecclesiasticis examinandis uel umbram libertatis audet sibi Anglorum ecclesia uendicare, michi imputatur, ac si dominum Cantuariensem et alios episcopos quid facere oporteat solus instruam.

50） M. Kerner, *op. cit.*, p. 68.

51） *Early Letters*, no. 18, p. 30: Episcopo Lexouiensi, cum excellentiae uestrae uisum fuerit, gratiam rependetis pro eo quod in me seruum uestrum serenissimi domini regis tantam conflauit indignationem, ut morari in Anglia michi tutum non sit, et exire aut inpossibile sit aut difficillimum.

52） *Early Letters*, no. 28, pp. 45-46.

53） *Early Letters*, no. 27, p. 44.

54） *Early Letters*, no. 30, p. 48: De cetero, episcopus Lexou (iensis) malleus iniquitatis est ad conterendam ecclesiam Dei. Hic in me pauperem tantam regis coaceruauit indignationem, ut domino Cantuariensi et cancellario suo rex ipse denuntiauerit me maiestatem regiam minuisse, et ob hoc ab amicorum et fidelium numero excludendum.

55） *Early Letters*, no. 30, p. 48.: Auditis etiam litteris, quibus innocentiam meam uestra benignitas excusauit, mendosus ille et mendax dicere ausus est, 'Dominus papa scripsit quod uoluit; ego domino regi refero quod uerum noui.'

56） G. Constable, *op. cit.* p. 73.

57） *Early Letters*, no. 31, p. 50: Serenissimi domoni nostri regis Anglorum, ab anno praeterito, gratis sed grauis in me studio aemulorum exicitata est indignatio. Si causam quaeritis, professio libertatis, ueritatis defensio criminal mea sunt.

58) *Early Letters*, no. 31, p. 50. Cf. M. Kerner, *op. cit.*, p. 68. G. Constable, *op. cit.* p. 71.

59) G. Constable, *op. cit.*, pp. 74-75.

60) M. Kerner, *op. cit.*, p. 69-70.

61) *Early Letters*, no. 19, p. 31: Serenissimi domini, potentissimi regis, inuictissimi principis nostri tota in me incanduit indigntio. Si causam quaeritis, ei forte plus iusto faui, promotioni suae ultra quam oportuerit instititi——.

62) G. Constable, *op. cit.*, pp. 75-76.

63) *Early Letters*, pp. xxix. Cf. M. Kerner, *op. cit.*, pp. 71-72.

64) *Early Letters*, pp. xxxi-xxxii. Cf. M. Kerner, *op. cit.* p. 72.

65) *Metalogicon*, IV-42, p. 184: Theobaldus Cantuariensis archiepiscopus in aegritudinem incidit,——. Negotiis more solito superesse non potest, iniunxitque mihiprouinciam duram, et importabile onus imposuit, omnium ecclesiasticorum sollicitudinem.

66) 「私は負債のくびきと債権者のしつこさによって苦しんでいる」とサールのラルフへの書簡で述べている。*Early Letters*, no. 124, p. 205: Et me quidem rei famliaris sub onere alieni aeris et inportunitate creditorum urget angustia. Cf. A. Saltman, *op. cit.*, p. 174.

67) A. Saltman, *op. cit.*, pp. 233ff. M. Kerner, *op. cit.*, p. 74.

68) *Ibid.*, p. 74.

69) 本書の第Ⅱ部第１章「政治社会論」を参照。

第４章　トマス・ベケットをめぐる闘争

1) ジョンの『後期書簡集』およびフランス亡命中のジョンとベケットとの関係については，次の文献を参照，H. Hohenleutner, *Studien zur Briefsammlung und zur Kirchenpolitik des Johannes von Salisbury*, München 1953. K. Guth, *Johannes von Salisbury (1115/1120-1180). Studien zur Kirchen, Kultur- und Sozialgeschichte Westeuropas im XII. Jahrhundert*, München 1978. A. Duggan, "John of Salisbury and Thomas Becket", in: *World of John of Salisbury*, pp. 427-438. またトマス・ベケットおよびベケットをめぐる闘争にかんしては，次の文献を参照，D. Knowles, *Thomas Becket*, London 1970, B. Smalley, *The Becket Conflict and the Schools. A Study of Intellectuals in Politics in the Twelfth Century*, Oxford 1973. F. Barlow, *Thomas Becket*, Berkeley & Los Angeles 1986. P. Aubé, *Thomas Becket*, Paris 1988. A. Duggan, *Thomas Becket*, New York 2004. Id., *Thomas Becket: Friends, Networks, Text and Cult*, Aldershot 2007. Id., *The Correspondence of Thomas Becket. Archbishop of Canterbury, 1162-1170*, 2 vols., Oxford 2000.

邦語文献として次のものを参照，佐藤伊久男「カンタベリ大司教トマス・ベケットの戦い―12世紀の国制と教会の一側面」(『西洋史研究』新編　13号，1984年)，同「中世中期イングランドの『教会』と王権―転換期としての12世紀」(佐藤伊久男，松本宣郎編『歴史における宗教と国家』南窓社，1990年)，渡辺愛子「ソールズベリのジョンの書簡集にみるベケット論争の一側面」(橋口倫介編『西洋中世のキリスト教と社会』刀水書房，1983年，所収)，平田耀子『ソールズベリのジョンとその周辺』(白桃書房，1986年)。

2) B. Smalley, *op. cit.*, pp. 87-108.

3) *Entheticus*, vol. 1, pp. 5-7.

4) *Later Letters*, ep. 136, p. 6: a proposito reuocatus Parisius iter deflexi. Vbi cum uiderem uictualium copiam, laetitiam populi, reuerentiam cleri, et totius ecclesiae maiestatem et gloriam, et uarias occupationes philosophantium, admirans uelut illam scalam Iacob cuius summitas caelum tangebat, ——.

5) *Later Letters*, ep. 144, p. 34: Mallem uos Psalmos ruminare et beati Gregorii morales librosreuoluere, quam scolastico more philosophari. Expedit conferre de moribus cum aliquo spirituali, cuius exemplo accendamini, quam inspicere et discutere litigiosos articulos saecularium litterarum.

6) *Later Letters,*, ep. 138, p. 20: Vt autem saepe scripsi, non diffiteor quin ecclesiae et archiepiscopo Cantuariensi debitam fidem seruauerim, sed quod ex conscientia contra honorem regi debitum aut utilitatem me in nullo uersatum esse monstrare paratus sum——.

7) *Later Letters,* ep. 139, pp. 20-22: Ecclesiae et archiepiscopo Cantuariensi debitam seruaui fidemet ei, ubi iustitia et modestia uidebantur adesse, et in Anglia et in partibus cismarinis fideliter astiti. Sicubi uero aut exorbitare a iustitia aut modum excedere uidebatur, restiti ei infaciem. ——In his autem omnibus contra honorem domino regi debitum aut utilitatem ex proposito nichil feci, sicut dictante iustitia docere paratus sum, si liberum et tutum fuerit.

8) *Later Letters,* ep. 139, p. 22: Tractatum est in hoc anno de pace mea et optentum est a rege ut michi liceret redire si tactis sanctis iurare uellem quod contra honorem uel utilitatem eius non fuerim in partibus cismarinis. Retuli hoc ad dominum papam et respondit regem et curiam interpretaturos fuisse contra eius honorem si quid a me factum agnoscerem contra ipsius uoluntatem, et dissuasit ne sub ea conditione redirem sed expectarem ut ira eius aliquantulum deferueret.

9) *Later Letters,* ep. 149, p. 46: Nam si redire tutum fuerit, paratus sum domino regi condigne satisfacere ubicumque non potero meam innocentiam excusare.

10) *Later Letters,* ep. 150, p. 48.

11) *Later Letters*, ep. 151, p. 50.

12) *Later Letters*, ep. 152, pp. 50-52.

13) F. Barlow, *op. cit.,* pp. 77-78.

14) G. Constable, *Letters and Letter-Collections. Typologie des sources du moyen âge occidental,* Fasc, 17, Turnholt 1976.

15) F. Barlow, *op. cit.,* p. 135.

16) *Ibid.,* p. 140.

17) *Ibid.,* pp. 140-142.

18) *Later Letters*, ep. 167, p. 98: In profectione uersus Andegauim et paschalibus

colloquiis regum tredecim libras expendi et duas amisi equitaturas, ut de laboribus, molestiis et curiarum taediis taceatur; quodque magis piget, cuncta cesserunt in cassum.

19) F. Barlow, *op. cit.,* pp. 144-145.

20) *Ibid.,* p. 145.

21) *Ibid.,* pp. 145-146..

22) *Ibid.,* pp. 146-147.

23) *Ibid.,* pp. 147-148. A. Duggan, *Thomas Becket*, pp, 101-123.

24) F. Barlow, *op. cit.,* pp. 149-152.

25) *Later Letters*, ep. 168, pp. 100-116.

26) *Later Letters*, ep. 168, p. 114: [1] Quod non liceat episcopo excommunicare aliquem qui de rege teneat sine licentia ipsius. [2] Quod non liceat episcopo cohercere aliquem parrochianorum suorum pro periurio uel fide laesa. [3] Quod ad saecularia iudicia trahantur clerici. [4] Quod laici siue rex siue alii causas de ecclesiis uel decimis tractent. [5] Quod non appelletur pro causa aliaua ad sedem apostolicam nisi regis et officialium suorum uenia inpetrata. [6] Quod non liceat archiepiscopo uel episcopo uel alii personae uenire ad uocationem domini papae absque licentia regis. Alia quoque in hunc modum quae diuinis legibus et constitutionibus sanctorum patrum inueniuntur aduersa.

27) *Later Letters*, ep. 171, p. 126: Ceterum factum est istud episcoporum Francia tota miratur, dicens eos conuenire ut tractarent de salute regis sui quem, sicut imperatorem ex causa scismatis, ita propter clerum et ecclesiam, quam collidit, cotidie labefactari conspiciunt.

28) *Later Letters,* ep. 173, pp. 134-136: expedire tamen arbitror ut de uestris suffraganeis testato, si fieri potest, aliquos euocetis uel audituros domini papae mandatum aut uobiscum de statu Cantuariensis ecclesiae tractaturos, ——.

29) *Later Letters,* ep. 174, p. 142: quia non facile credi potest ut tot sapientes conuenerint, tot contulerint religiosi in fraudem diuinae legis et canonum et in perniciem ecclesiae conscripserint, unde conualescat et praeualeat usquequaque iniquitas et iusticia opprimatur.

30) *Later Letters* ep. 175, pp. 160-162: michi et quibusdam aliis amicis uestris uidetur consilium ut euocetis episcopos, et nominatim illos qui litteras signauerunt——. Licet enim aliqui plus iusto taceant, et quacumque consideratione dissimulent, credo tamen aliquos in episcopis et multas personas de puritate fidei et conscientia bonorum operum seperare et expectare regnum Dei.

31) *Later Letters* ep. 176, pp. 164-178.

32) *Later Letters,* ep. 177, pp. 178-184.

33) *Later Letters*, ep. 181, pp. 198-204.

34) *Later Letters*, ep. 183, pp. 208-210

35) *Later Letters,* ep. 186, p. 226: Absit hoc, absit, dilectissime, a discretione et

honestate uestra, ut pro temporali emolumento ponatis cum scismaticis portionem, et quicquam de Iericontino anathemate imprudentius et impudentius rapiatis, quod castris Domini exercituum in ruinam et perniciem conuertatur.

36) *Later Letters,* ep. 187, pp. 236: Ex quo liquidum esse debet omnibus iustissimam esse causam eorum qui pro libertate ecclesiae dimicant, et preciosiorem habent legem Dei quam fortunas, immo quam animas suas. ——.

37) *Later Letters* ep. 212, pp. 344: Nam Papiensis hactenus in causa ista regis opes, non timorem Dei uel ecclesiae honestatem habuit ante conspectum suam; siquidem ubi amor eius, et oculus.

38) *Later Letters* ep. 213, pp. 346-352.

39) *Later Letters* ep. 214, pp. 352-354.

40) *Later Letters* ep. 218, pp. 366-370.

41) *Later Letters* ep. 219, pp. 370-372. Alii enim nostrum pro defensione iusticiae morientes a Deo et ab ecclesia expetunt innocentis sanguinis ultionem, alii uariis afficiuntur suppliciis omnes exulamus et diu proscripti sumus ut uel sic nefarias hominum traditiones compellamur praeferre legi Dei et sanctionibus partum.

42) *Later Letters* ep. 222, p. 382.

43) *Later Letters* ep. 224, p. 388.

44) *Later Letters,* ep. 225, p. 390: Et quidem spes est reformandae pacis in breui, interueniente opera et diligentia cardinalium qui ad hoc missi sunt, nisi forte hoc pacem differat, quod dominus Cantuariensis nullis condicionibus acquiescet, nisi ecclesia Anglorum debita gaudeat libertate.

45) *Later Letters,* ep. 227, p. 398: Esto quod fuerit et sit adhuc Willelmus inimicus; dissimulandum puto donec mala opera eius in lucem prodeant, quoniam et dominum papam ita consuluisse ex relatione nuntiorum uestrorum certum est.

46) *Later Letters* ep. 229, p. 404: ——pro recuperanda gratia eius libenter facerem quicquid ei placeret, salua conscientia et famae integritate. Actum est autem mecum per quosdam mediatores ut recederem a fidelitate et obsequio domini Cantuariensis, et iurarem fidelitatem regi et obseruantiam consuetudinum regni; quod quia facere nequeo nec uolo, quoniam contra conscientiam est et honestatem, proscriptus exulo, et exulabo libenter dum Deo placuerit.

47) *Later Letters* ep. 230, pp. 406-414.

48) F. Barlow, *op. cit.*, pp. 179-181.

49) *Later Letters* ep. 232, pp. 422-424.

50) *Later Letters* ep. 234, p. 428: Si pastorale officium non nisi ad nutum principis liceat exercere, proculdubio nec crimina punientur nec tirannorum arguetur immanitas nec re ipsa diu stabit ecclesia.

51) *Later Letters* ep. 236, pp. 438-446.

52) *Later Letters* ep. 272, pp552-570.

53) F. Barlow, *op. cit.*, pp. 179-181. A. Duggan, *Thomas Becket*, pp. 149-153.

54) F. Barlow, *op. cit.*, pp. 206-211. A. Duggan, *Thomas Becket*, pp. 183-187.

55) *Later Letters* ep. 304, p. 716: Cum itaque praeter spem et contra bonam opinionem et bonas promissiones domini regis sic omnia turbata repperissem, ut de pace nostra et de reditu archiepiscopi desperaretur ab omnibus, et me tanquam in carcere positum cognouissem, ――.

56) F. Barlow, *op. cit.*, pp. 179-181.

57) *Later Letters* ep. 305, pp. 724-738.

58) *Later Letters* ep. 305, pp. 730: Passurus autem in ecclesia, ――, coram altari Christi martir, antequam feriretur, cum se audisset inquiri, militibus qui ad hoc uenerant in turba clericorum et monachorum uociferantibus, 'Vbi est archiepiscopus ?', occurrit eis e gradu quem ex magna parte ascenderat, uultu intrepido dicens, 'Ecce ego. Qiud uultis ?' Cui unus funestrorum militum in spiritu furoris intulit, 'Vt modo moriaris. Inpossibile enim est ut ulterius uiuas'. Respondit autem archiepiscopus non minori constantia uerbi quam animi――, 'Et ego pro Deo meo mori paratus sum, et pro assertione iustitiae et ecclesiae libertate――'.

59) *Later Letters* ep. 305, p. 736: Nam et in loco passionis eius et ubi ante maius altare pernoctauit humandus et ubi tandem sepultus est, paralitici curantur, caeci uident, surdi audiunt, loquuntur muti, claudi ambulant, euadunt febricitantes, leprosi mundantur, arrepticii a daemonio liberantur, et a uariis morbis sanantur aegroti, blasphemi a daemonio arrepti confunduntur, ――.

60) *Later Letters* ep. 308, p. 750: Siquidem iam adeo ad memoriam martiris inaudita miracula crebuerunt ut, si alias audita illic prouenerint, uix censeantur illius miraculis ascribenda. ――Mirarer itaque supra modum cur eum dominus papa in cathalogo martirum recipi non praeceperit, ――.

61) *Later Letters* ep. 309, pp. 752-754.

62) *Later Letters* ep. 325, pp. 804-806: Praecepi igitur afferri philaterium in quo reposueram sanguinem beati Thomae, quem mecum Carnotum detuli, et aquam in qua philaterium lauaretur. Orauimus paulisper ante reliquias et, oratione completa, philaterium misero tradidi osculandum; qui statim uoce magna, ut a circumstantibus omnibus posset audiri, 'Sancte Thoma, sancte Thoma, Miserere mei'. Hausit aquam in qua philaterium laueram eet cultellum boni martiris, et illico pristinam receepit sanitatem, ――.

結語

1) *Entheticus*, vol. 1, p. 11.

2) W. Ullmann, "The Influence of John of Salisbury on Medieval Italian Jurists," *EHR*, 59 (1944), pp. 384-392. Id., "John of Salisbury's Policraticus in the later Middle Ages," in; K.

Hauck & H. Mordak (eds.), *Geschichtsschreibung und Geistiges Leben. Festschrift für Heinz Löwe zum 65. Geburtstag*, Köln 1978, pp. 519–545.

3) A. von Martin, *Coluccio Salutati's Trakt vom Tyrannen. Eine kulturgeschichtliche Untersuchung nebst Textedition mit einer Einleitung über Salutati's Leben und Schriften und einem Exkurs über seine philologisch-historische Methode*, Berlin 1913.

4) Ch. Brucker (ed.), *Denis Foulechat. Le Policratique de Jean de Salisbury (1372). Livres I–III*, Genève 1994. Id. (ed.), *Denis Foulechat. Le Policratique de Jean de Salisbury (1372). Livre V*, Genève 2006.